Tax Compliance im Kooperationsverhältnis zwischen Unternehmen und Finanzverwaltung

Intradisziplinäre Forschung zur Compliance
Studien zur Rechtsentwicklung und -praxis

Herausgegeben von Andrea Lohse und Roman Seer

Band 5

Zur Qualitätssicherung und Peer Review der vorliegenden Publikation

Die Qualität der in dieser Reihe erscheinenden Arbeiten wird vor der Publikation durch Herausgeber der Reihe geprüft.

Notes on the quality assurance and peer review of this publication

Prior to publication, the quality of the work published in this series is reviewed by editors of the series.

Christian Schützler

Tax Compliance im Kooperationsverhältnis zwischen Unternehmen und Finanzverwaltung

PL ACADEMIC RESEARCH

Bibliografische Information der Deutschen Nationalbibliothek
Die Deutsche Nationalbibliothek verzeichnet diese Publikation in der Deutschen Nationalbibliografie; detaillierte bibliografische Daten sind im Internet über http://dnb.d-nb.de abrufbar.

Zugl.: Bochum, Univ. Diss., 2013

D 294X
ISSN 2196-9795
ISBN 978-3-631-65152-0 (Print)
E-ISBN 978-3-653-04379-2 (E-Book)
DOI 10.3726/978-3-653-04379-2

PL Academic Research ist ein Imprint der Peter Lang GmbH.

Peter Lang – Frankfurt am Main · Bern · Bruxelles · New York · Oxford · Warszawa · Wien

Diese Publikation wurde begutachtet.

www.peterlang.com

Vorwort

Die vorliegende Arbeit wurde von der Juristischen Fakultät der Ruhr-Universität Bochum im Wintersemester 2013 als Dissertation angenommen. Gesetzgebung, Rechtsprechung und Literatur sind bis zum Frühjahr 2013 berücksichtigt.

Zu besonderem Dank verpflichtet bin ich meinem Doktorvater, Herrn Professor Dr. Roman Seer, der die Arbeit hervorragend betreut und zu einer überaus angenehmen, offenen Arbeitsatmosphäre beigetragen hat. Zudem danke ich Frau Professorin Dr. Andrea Lohse und Herrn Prof. Dr. Seer für die Aufnahme in die intradisziplinäre Schriftenreihe.

Herrn Prof. Dr. Martin Burgi danke ich für die vielfältigen Anregungen und fruchtbaren Diskussionen im Rahmen des Graduiertenkollegs sowie die zügige Erstellung des Zweitgutachtens.

Die Arbeit entstand im Wesentlichen während meiner Zugehörigkeit zum Graduiertenkolleg „Bochumer Nachwuchsforscherkolleg intradisziplinäre Rechtswissenschaft – BoNiR". Für die in diesem Zusammenhang gewährte großzügige Förderung danke ich ganz herzlich der Henkel AG & Co. KGaA, Düsseldorf. Mein Dank gilt insbesondere Herrn Robert Risse, der durch seine Impulse und Begeisterung für ein innovatives, modernes Besteuerungsverfahren ganz wesentlich zum Gelingen des Promotionsvorhabens beigetragen hat.

Besonderer Dank gebührt selbstredend meiner Familie, insbesondere Frau Christine Behm-Schützler und Frau Lieselotte Bartholomé, die mich in jeglicher Hinsicht unterstützt und gefördert haben. Last but not least bedanke ich mich von ganzem Herzen bei Frau Marie Janka Huttenlocher für ihre Geduld, Unterstützung und Heiterkeit.

Thumbs up!

Frankfurt am Main, 2014 *Christian Schützler*

Inhaltsverzeichnis

1. Kapitel: Einleitung und Blick ins Ausland

A. Einleitung

Spätestens nach den Vorkommnissen um die Siemens AG ist die Thematik Compliance[1] in der deutschen Rechtswissenschaft und -praxis in aller Munde[2]. Obgleich die anglizistische Terminologie vereinzelt kritisiert[3] und der Wirtschaft bisweilen ein „Compliance-Wahn" attestiert wird[4], kann die elementare Bedeutung des Themas nicht ernsthaft in Abrede gestellt werden[5]. Dabei ist zu beobachten, dass sich das rechtliche Verständnis von Compliance in den letzten Jahren deutlich gewandelt hat[6]. Bezog sich Compliance zunächst nur auf die Einhaltung kapitalmarktrechtlicher Regelungen, avancierten im Laufe der Zeit die verschiedensten Teilrechtsgebiete zu Bezugspunkten von Compliance[7]. Diese Entwicklung kann namentlich auf zahlreiche Wirtschaftsskandale und eine in der Folge allgemein stark angestiegene Regelungsdichte sowie drastische Erhöhungen der Strafen und Bußgelder – insbesondere in den Bereichen des Kartell- und Korruptionsstrafrechts - zurückgeführt werden[8]. Auch wenn sich die gegenwärtige

---

1 Allgemein lässt sich der Begriff mit „Einhaltung", „Befolgung", „Übereinstimmung" oder „Einhaltung bestimmter Gebote" übersetzen, siehe *Hauschka*, in: Hauschka, Corporate Compliance, 2010, § 1, Rn. 2; vgl. auch *Dietl/Lorenz*, Wörterbuch für Recht, Wirtschaft und Politik, 2000, S. 147.

2 Rechtsverstöße im Rahmen der im November 2006 ans Licht gekommenen „Korruptionsaffäre" kosteten die Siemens AG einschließlich Bußgeldern, Gewinnabschöpfung, Steuernachzahlung und internen Ermittlungen schätzungsweise rund 2,5 Milliarden Euro, siehe *Schmidt*, CCZ 2012, 121.

3 Siehe dazu etwa *Hauschka*, ZRP 2006, 258; *Rotsch*, ZIS 2010, 614.

4 FAZ-Artikel vom 25.07.2012, Nr. 171, S. 19: „Genervt vom Compliance-Wahn".

5 Vgl. *Hüffer*, in: FS Roth, 2011, S. 299.

6 *Lösler*, NZG 2005, 104.

7 Vgl. *Rotsch*, ZIS 2010, 614. Eine Übersicht der besonders „compliance-relevanten" Rechtsgebiete findet sich bei *Hauschka*, in: Hauschka, Corporate Compliance, 2010, § 1 Rn. 8 bis 20.

8 Zur Verbreitung des Compliance-Gedankens siehe *Eisele/Faust*, in: Schimansky/Bunte/Lwowski, Bankrechts-Handbuch Band II, 2011, § 109, Rn. 2, 7.

Compliance-Debatte daher besonders auf die letztgenannten Rechtsgebiete fokussiert, gelangt das Steuerrecht – unter der neudeutschen Bezeichnung Tax Compliance – langsam in den Blickpunkt der Compliance-Diskussion[9]. Bei alledem steht die rechtswissenschaftliche Auseinandersetzung mit Tax Compliance noch an ihrem Anfang.

Augenscheinlich ist dabei, dass verschiedenartige Zielsetzungen und Interessen auf den unscharfen, gesetzlich nicht determinierten Begriff Tax Compliance projiziert werden. In concreto bildeten sich *zwei Perspektiven von Tax Compliance* heraus, die sich auf den ersten Blick grundlegend unterscheiden. Auf der einen Seite wird Tax Compliance aus Sicht steuerpflichtiger Unternehmen definiert und im Hinblick auf deren Ziele, Pflichten und Organisationsstrukturen erörtert. Auf der anderen Seite finden sich Stimmen, die Tax Compliance primär aus dem Blickwinkel des hoheitlichen Steuervollzuges beleuchten und eigenständig definieren. Während es aus Unternehmenssicht zuvörderst darum gehen soll, die Normenkonformität im Steuerbereich strategisch und prozessorientiert sicherzustellen, stehen aus hoheitlicher Vollzugsperspektive die eigenmotivierte verfahrensmäßige Mitwirkung der Steuerpflichtigen und eine daraus resultierende Entlastung der angespannten staatlichen Vollzugsressourcen im Mittelpunkt. Unter Betonung einer natürlichen *Interessendivergenz* zwischen steuerpflichtigen Unternehmen und Steuervollzug („Der Fiskus will so viel Geld wie möglich, der Steuerpflichtige möchte so wenig wie möglich zahlen") wird in der – soweit ersichtlich – ersten deutschsprachigen Monografie zum Thema Tax Compliance von *Streck/Mack/Schwedhelm* schließlich ein grundlegender Widerstreit der genannten Tax Compliance-Perspektiven postuliert[10]. Tax Compliance aus Unternehmenssicht beinhalte in diesem Sinne nicht die Notwendigkeit, die Arbeit der Finanzverwaltung zu erleichtern; vielmehr sei es legitim und oftmals durch Tax Compliance geboten, „dem Handeln der Finanzverwaltung arbeitsintensive Steine in den Weg zu legen, um die eigene Auffassung durchzusetzen"[11]. Mithin sei die Optimierung der finanzbehördlichen

9 Enthält beispielsweise die erste Auflage des umfassenden Werks zu Compliance von *Hauschka* aus dem Jahr 2007 keinerlei Ausführungen zum Steuerrecht, widmet die zweite Auflage aus dem Jahr 2010 dem Phänomen Tax Compliance nunmehr ein eigenes Kapitel, siehe *Besch/Stark,* Tax Compliance, in: Hauschka, Corporate Compliance, 2. Aufl., 2010, § 34.

10 *Streck,* in: Streck/Mack/Schwedhelm, Tax Compliance, 2010, Kapitel 1, Rn. 1.13 ff., 1.26.

11 *Streck/Binnewies*, DStR 2009, 229, 230; *Streck*, StbJb 2009/2010, 415, 423; *ders.*, in: *Streck/Mack/Schwedhelm*, Tax Compliance, 2010, Kapitel 1, Rn. 1.15.; ebenso *Schwedhelm*, AnwBl 2009, 90, 93; *ders.*, Liechtenstein-Journal 2009, 7, 11.

Aufgabenerfüllung nur das verwaltungsseitig mit Tax Compliance assoziierte Ziel[12].

Auch wenn im Ausgangspunkt keine Zweifel an unterschiedlichen Interessen von Unternehmen und Steuerstaat bzw. Steuervollzug bestehen, schließt dies jedoch keineswegs die Überlegung aus, ob bei Tax Compliance auch *Schnittmengen* existieren, die zu einer für beide Seiten vorteilhaften Situation (Win-win-Situation) führen können[13]. Statt in einem holzschnittartigen, schematischen Freund-Feind-Denken zu verharren, widmet sich die Untersuchung daher der Fragestellung, inwieweit die beiden Tax Compliance-Perspektiven zur Deckung gebracht werden können. Der Frage liegt insoweit die Idee einer für den Steuervollzug unverzichtbaren „Kooperationskultur“[14] zwischen Steuerpflichtigen und Verwaltung zu Grunde[15]. Sie korrespondiert mit dem vor geraumer Zeit konstatierten Wandel vom konfrontativ-autoritären zum kooperativen Steuerstaat[16] und ist vor dem Hintergrund politischer Signale für eine neue, partnerschaftlichere Steuerkultur zu sehen. So nennt namentlich der aktuelle Koalitionsvertrag für die 17. Legislaturperiode die spürbare Vereinfachung und Entbürokratisierung des Steuerrechts bzw. -verfahrens als wesentliche Zielsetzungen und führt etwa die Erhöhung der „Planungssicherheit auf Seiten der Unternehmen“ und den Gedanken der „zeitnahen Betriebsprüfung“ auf[17]. Ganz in diesem Sinne soll insbesondere das Steuervereinfachungsgesetz 2011[18] dazu beitragen, die Steuerpflichtigen bei der Erfüllung ihrer steuerlichen Verpflichtungen zu entlasten und das Besteuerungsverfahren „vorhersehbarer, transparenter und nachvollziehbarer zu gestalten“[19]. Eine entsprechende Tendenz findet sich überdies auf internationaler Ebene: Zahlreiche ausländische Finanzverwaltungen entwickelten in den letzten Jahren Konzepte und Strategien, die auf einen kooperativen und beschleunigten Steuervollzug gerichtet sind;

---

12 Vgl. *Streck*, in: Streck/Mack/Schwedhelm, Tax Compliance, 2010, Kapitel 1, Rn. 1.13.

13 Siehe dazu insbesondere die Erwägungen von *Seer*, in: FS Streck, 2011, S. 403 ff. und *dems.*, FR 2012, 1000, 1002 sowie *Risse*, DB 2011, 667 ff. Eine umfassende Untersuchung der Tax Compliance-Schnittmengen steht indes noch aus.

14 *Drüen*, DStR 2010, 2, 8.

15 Siehe dazu auch FAZ-Artikel vom 01.12.2010, Nr. 280, S. 21: „Wo Firmen und Fiskus ein Herz und eine Seele sind“.

16 *Eckhoff*, StuW 1996, 107 ff. Grundlegend auch *Seer*, Verständigungen in Steuerverfahren, 1996, S. 176 ff.

17 Wachstum. Bildung. Zusammenhalt. Koalitionsvertrag zwischen CDU, CSU und FDP vom 26.10.2009, 17. Legislaturperiode, S. 12 f. Siehe dazu *Drüen*, DStR 2010, 2, 5; *Hey*, WPg 2011, Editorial I.; *Spengel/Ortmann-Babel/Matenaer*, Ubg 2012, 466.

18 Steuervereinfachungsgesetz vom 01.11.2011, BGBl I 2011, Nr. 55, 2131 ff.

19 Siehe die amtliche Begründung BT-Drucks 17/5125, S. 21.

korrespondierend propagiert die Organisation für wirtschaftliche Zusammenarbeit und Entwicklung (OECD) das Prinzip „enhanced relationship"[20] zwischen Steuerpflichtigen und Vollzugsbehörden (siehe dazu **B.**).

In concreto gilt es zu untersuchen, inwiefern eine – systematisch sichergestellte – steuerliche Normenkonformität der Unternehmen für beide Seiten nützlich ist bzw. nützlich sein kann. Im Fokus steht die Überlegung, ob sich steuerlich korrektes Verhalten der Unternehmen respektive eine entsprechende unternehmensinterne Struktur positiv auf das Interaktionsverhältnis zwischen Unternehmen und Finanzverwaltung auswirken kann[21]. Von zentraler Bedeutung ist dabei die Erkenntnis, dass die herkömmliche hoheitliche Kontrolle der Steuerpflichtigen seitens des Steuerstaates bzw. der Verwaltung durch Prüf- und Sanktionsmaßnahmen an personelle und finanzielle Grenzen stößt; vielfach ist von einer „Krise" oder einem „Notstand" des hoheitlichen Steuervollzuges die Rede[22]. Die korrekte Einhaltung der Steuerpflicht, unterlegt durch unternehmensinterne Prozesse und Organisationsstrukturen, verspricht insoweit erhebliches Entlastungspotential zu Gunsten der hoheitlichen Kontrolle (Idee der Selbstregulierung) und also einen Vorteil für den Steuervollzug. In der Folge stellt sich die Frage, ob die Kontrolle im Gegenzug bei steuerlich korrektem Verhalten bzw. dem Vorhandensein eines funktionierenden Tax Compliance-Systems reduziert oder modifiziert werden kann, mithin Vorteile zu Gunsten der Unternehmen gewährt werden können? Sind also Privilegierungen „complianter" Unternehmen möglich – und wenn ja, welche? Denkbar sind vor allem *Prüfungserleichterungen und Kooperationen im Rahmen des Besteuerungsverfahrens*, namentlich bei der steuerlichen Außenprüfung[23] als zentralem Verifikationsinstrument im Unternehmensteuerbereich oder bei der Erteilung steuerlicher Auskünfte[24]. Freilich können entsprechende Privilegierungen nicht grenzenlos gewährt werden; die Verwaltung hat verfassungsrechtliche und

---

20 *OECD*, Study into the Role of Tax Intermediaries, 2008, S. 39 ff. sowie *OECD*, Tax Compliance and Tax Accounting Systems, 2010, S. 7, Rn. 20.

21 Vgl. allgemein bereits *Burgi*, CCZ 2010, 41, 44 f.

22 Siehe dazu **3. Kapitel A. II.**

23 Die Begriffe „Außenprüfung" und „Betriebsprüfung" werden nachfolgend synonym verwendet, geht es im Rahmen der Untersuchung doch stets um die Außenprüfung von Betrieben; zur Terminologie siehe *Schallmoser*, in: H/H/Sp, AO/FGO, Vor § 193 AO, Rn. 122 (02/2011).

24 Die Ausgestaltung des Besteuerungsverfahrens bzw. des Steuervollzuges kann neben der effektiven Steuerbelastung als nicht zu unterschätzender „weicher" Standortfaktor im internationalen Steuerwettbewerb angesehen werden, siehe *Spengel/Ortmann-Babel/Matenaer*, Ubg 2012, 466.

einfachgesetzliche Vorgaben stets einzuhalten (Art. 20 Abs.3 GG)[25]; konkret hat sie ihren Vollzugsauftrag zur gesetz- und gleichmäßigen Steuerfestsetzung und –erhebung zu erfüllen (§ 85 S.1 AO) und dabei die Freiheitsrechte der Betroffenen zu wahren. Privilegierungen setzen mithin entsprechende hoheitliche Handlungsbefugnisse respektive –spielräume voraus. Schließlich ist der Frage nachzugehen, ob bzw. inwieweit verfahrensmäßige Privilegierungen und Kooperationen auch überobligatorische Maßnahmen der Unternehmen erfordern können respektive davon abhängig gemacht werden können. Aus Unternehmensperspektive ist dabei die Gefahr einer Übervorteilung und „Influenzierung" eigentlich unternehmerischer Handlungs- und Organisationsspielräume zu sehen.

Summa summarum soll das Phänomen Tax Compliance im Interaktionsrahmen zwischen Unternehmen und Staat beleuchtet werden[26]. Im Mittelpunkt steht die Frage nach Möglichkeiten der Verknüpfung unternehmensinterner und hoheitlicher Handlungsrationalitäten bzw. der Inkorporierung unternehmensseitiger Kräfte in den Prozess des Verwaltungshandelns. Die Untersuchung ist insoweit *intradisziplinär* ausgerichtet und bewegt sich an der Schnittstelle zwischen Unternehmensrecht und öffentlichem Recht bzw. Steuerverfahrensrecht.

Die Auseinandersetzung mit möglichen Tax Compliance-Schnittmengen setzt voraus, dass die jeweiligen Interessen der Beteiligten bekannt sind. Indes kann in Bezug auf beide Tax Compliance-Perspektiven keineswegs von einer gesicherten rechtswissenschaftlichen Erkenntnislage ausgegangen werden; es bestehen im Einzelnen sowohl terminologische als auch inhaltliche Unklarheiten. Insoweit kommt zur Geltung, dass es sich bei Tax Compliance um einen verhältnismäßig jungen Forschungsgegenstand der Steuerrechtswissenschaft handelt. Als Konsequenz ist es angezeigt, im Anschluss an **Kapitel 1** zunächst die unternehmensseitige Sichtweise von Tax Compliance (**Kapitel 2**) sowie die hoheitliche Sichtweise von Tax Compliance (**Kapitel 3**) zu beleuchten. Ziel ist es, neben begrifflichen Fragen insbesondere die mit Tax Compliance verbundenen Interessen, Verpflichtungen und Herausforderungen zu erörtern und zum Abbau etwaiger Unklarheiten beizutragen. Neben rechtlichen Aspekten können dabei auch wirtschaftliche und rein faktische Gesichtspunkte von Relevanz sein. Schließlich ist der zentralen Frage

---

25 Vgl. allgemein *Michael*, in: Ehlers/Fehling/Pünder, Bes. VerwR, Band I, 2012, S. 474, 481, wonach auch der „kooperierende Verfassungsstaat" an die Grundrechte gebunden ist.

26 Vgl. die Überschrift des Bochumer Nachwuchsforscherkollegs intradisziplinäre Rechtswissenschaft (BoNiR): „Compliance im Interaktionsrahmen zwischen Unternehmen und Staat", *Ricken*, CCZ 2011, Aktuell V.

nach möglichen Schnittmengen auf Basis der geltenden Rechtslage nachzugehen (**Kapitel 4**). Zu guter Letzt soll ein Ausblick de lege ferenda erfolgen und nach einer Formalisierung möglicher Privilegierungen im Zusammenhang mit Tax Compliance gefragt werden. Insbesondere soll dazu ein Blick ins Zollrecht – konkret auf die Rechtsfigur des „zugelassenen Wirtschaftsbeteiligten" – geworfen und nach möglichen zollrechtlichen Impulsen für das Besteuerungsverfahren gesucht werden (**Kapitel 5**).

B. Aktuelle Entwicklung von Tax Compliance im Ausland – ausländische Finanzverwaltungen als Vorreiter

Der im Rahmen dieser Untersuchung zentrale Ansatz der verstärkten Kooperation zwischen Unternehmen und Steuerstaat findet im internationalen Kontext seit geraumer Zeit erheblichen Zuspruch. So entwickelten zahlreiche ausländische Finanzverwaltungen in den letzten Jahren Konzepte und Strategien, die auf einen modernen, kooperativen Steuervollzug und die Förderung der Gesetzeseinhaltung durch die Steuerpflichtigen gerichtet sind[27]. Um mögliche *Impulse für das deutsche Besteuerungsverfahren* ausloten zu können, sollen diese internationalen Entwicklungen und Tendenzen nachfolgend überblicksartig aufgezeigt werden. Die entsprechenden Ansätze orientieren sich gemeinsam am Leitbild einer offenen und partnerschaftlichen Zusammenarbeit zwischen Finanzverwaltung und Steuerpflichtigen und stellen insoweit eine Abkehr von primär konfrontativ ausgerichteten Vollzugsstrategien dar[28]. Die Konzepte können als Reaktion auf elementare, vor allem durch die Begrenztheit der Verwaltungsressourcen bedingte Schwierigkeiten beim hoheitlichen Vollzug der Steuergesetze angesehen werden[29]. Im Vordergrund steht die Förderung bzw.

---

27 Vgl. *Kaiser*, IWB 2012, 800 ff., insbesondere mit Blick auf die Intra-European Organisation of Tax Administrations (IOTA), in der sich Finanzverwaltungen verschiedener Länder zusammengschlossen haben. Allgemein zur „Verwaltungsmodernisierung" und dem Vergleich der „Verwaltungskulturen" verschiedener Länder miteinander siehe *Burgi*, in: Erichsen/Ehlers, Allgemeines Verwaltungsrecht, 2010, § 10, Rn. 2 ff.

28 Vgl. *OECD*, Tax Compliance and Tax Accounting Systems, 2010, S. 6, Rn. 12.

29 *Kaiser*, IWB 2010, 774. Ein vielfach vorgenommener Abbau von Verwaltungspersonal trägt schlechterdings zur Verknappung der Ressourcen bei, vgl. *OECD*, Compliance Risk Management: Managing and Improving Tax Compliance, 2004, S. 8,

Steigerung der *eigenmotivierten* Einhaltung der Steuergesetze und *eigenmotivierten* Mitwirkung im Besteuerungsverfahren durch die Steuerpflichtigen (internationale Terminologie: Voluntary Tax Compliance[30]). Schließlich hängt der Aufwand seitens der Finanzverwaltungen, der zur Erhebung der gesetzlich geschuldeten Steuern erforderlich ist, in hohem Maße vom Verhalten der Steuerpflichtigen ab[31]. Wirken diese von sich aus mit und kommen eigenmotiviert ihren steuergesetzlichen Verpflichtungen nach, weisen mithin einen hohen Grad an Voluntary Tax Compliance auf, werden die Finanzverwaltungen naturgemäß weniger beansprucht, als bei maximalem Steuerwiderstand der Steuerpflichtigen. Sie können dann ihre limitierten Kapazitäten effizienter einsetzen und sich insbesondere verstärkt auf die verbleibenden Fälle der „Non-Compliance" konzentrieren.

Dieser – in Anbetracht des grundsätzlichen Interessenwiderstreits zwischen Finanzverwaltung und Steuerpflichtigen womöglich auf den ersten Blick blauäugig erscheinende – kooperative Ansatz konnte sich in der Praxis zahlreicher Finanzverwaltungen etablieren und wird dementsprechend in der Literatur als durchaus erfolgversprechend beurteilt[32]. Flankierend widmet sich auch die OECD in den letzten Jahren verstärkt dem Thema Tax Compliance[33] und propagiert nachdrücklich ein offenes, auf gegenseitigem Vertrauen basierendes Verhältnis zwischen Steuerpflichtigen und Finanzverwaltung[34]. Die OECD bedient sich insoweit des Schlagworts „enhanced relationship" und betont, dass ein verbessertes, transparentes

---

Rn. 6. Zum Personalabbau in der US-amerikanischen Finanzverwaltung siehe *Seer*, Besteuerungsverfahren: Rechtsvergleich Deutschland – USA, 2002, Rn. 8 f.

30 "In line with their overriding goal and mission, all revenue bodies should be aiming to improve the overall level of 'voluntary' compliance and, by definition, rely less on 'enforced' compliance", *OECD*, Tax Compliance and Tax Accounting Systems, 2010, S. 6, Rn. 11. Explizit spricht die *OECD* somit von "Voluntary Compliance" und nicht von "Voluntary Tax Compliance". Um den Bezug zum Bereich „Steuern" zu verdeutlichen und eine einheitliche Terminologie zu gewährleisten, wird nachfolgend stets von "Voluntary Tax Compliance" gesprochen.

31 Vgl. *Nagel*, Selbstveranlagung im britischen und amerikanischen Steuerrecht, 2003, S. 9, im Hinblick auf die Erforderlichkeit von Voluntary Tax Compliance im Selbstveranlagungssystem der USA bzw. Großbritanniens.

32 Vgl. *Kaiser*, StWa 2011, 101.

33 *OECD*, Tax Compliance and Tax Accounting Systems, 2010; *OECD*, Monitoring Taxpayers's Compliance, 2008 und *OECD*, Compliance Risk Management: Managing and Improving Tax Compliance, 2004.

34 So insbesondere die Studien *OECD*, Study into the Role of Tax Intermediaries, 2008 und *OECD*, Engaging with High Net Worth Individuals on Tax Compliance, 2009. Siehe dazu auch *Pross/Czakert*, IStR 2011, 279, 282.

Verhältnis zwischen Steuerpflichtigen und Steuerbehörden Vorteile für beide Seiten mit sich bringen kann[35]. Auch Intermediäre wie Steuerberater, Wirtschaftsprüfer oder Finanzinstitute („tax intermediaries") sollen dabei miteinbezogen werden („tripartite relationship")[36]. Das Konzept „enhanced relationship" soll nach Ansicht der OECD vor allem dazu führen, dass die Steuerpflichtigen die Steuergesetze von sich aus besser einhalten, freiwillig steuerliche Problembereiche gegenüber den Steuerbehörden offenlegen und grenzwertige Steuerplanungsmaßnahmen („aggressive tax planning") reduziert werden[37].

Im Folgenden sollen entsprechende Konzepte des modernen, kooperativen Steuervollzuges an Hand ausgewählter Beispiele skizziert werden. Da sich die vorliegende Untersuchung dem Phänomen Tax Compliance im Interaktionsrahmen zwischen Unternehmen und Staat widmet, soll der Fokus auf Vollzugskonzepte gerichtet werden, die sich an steuerpflichtige Unternehmen wenden. Namentlich gilt es, die partnerschaftlichen Strategien der US-amerikanischen (**I.**) sowie der australischen (**II.**) und niederländischen (**III.**) Finanzbehörden zu beleuchten und ein entsprechendes Resümee zu ziehen (**IV.**). Freilich existieren entsprechende Konzeptionen auch in zahlreichen anderen Staaten; sie bedienen sich jedoch zumeist vergleichbarer Wirkungsmechanismen[38]. Terminologisch können die verfolgten administrativen Konzepte unter dem Oberbegriff der sog. Tax Compliance-Strategien bzw. Tax Compliance-Programme zusammengefasst werden[39].

---

35 *OECD*, Study into the Role of Tax Intermediaries, 2008, S. 39 ff. Siehe auch *OECD*, Tax Compliance and Tax Accounting Systems, 2010, S. 7, Rn. 20: "This relationship, called 'the enhanced relationship', requires commercial awareness, impartiality, proportionality, openness and responsiveness by revenue bodies and disclosure and transparency by tax payers in their dealings with revenue bodies".

36 *OECD*, Study into the Role of Tax Intermediaries, 2008, S. 5 ff., 13 ff.

37 *OECD*, Study into the Role of Tax Intermediaries, 2008, S. 5 ff. Zur „aggressiven Steuerplanung" siehe auch die Empfehlung der *EU-Kommission* v. 06.12.2012 (C (2012) 8806 final), S. 1 ff. sowie **4. Kapitel C. IV. 4. b)**.

38 So beispielsweise die"Co-operative Compliance Initiative" in Neuseeland, der "Tax Risk Management Approach" in Großbritannien, der "Ireleland Cooperative Approach to Tax Compliance" in Irland, das "Risk Management Monitoring" in Italien und das "Forum for Large Taxpayers" in Spanien, siehe *Pross/Czakert*, IStR 2011, 279, 281. Zu den verschiedenen Programmen siehe auch *OECD*, Study into the Role of Tax Intermediaries, 2008, S. 77 ff. sowie *Spengel/Ortmann-Babel/Matenaer*, Ubg 2012, 466, 469 ff.

39 Vgl. auch *Kaiser*, IWB 2010, 774, der überdies die Bezeichnung "Tax Compliance-Systeme" verwendet.

I. „Compliance Assurance Process“ der US-amerikanischen Finanzverwaltung

Seit dem Jahr 2005 bietet die US-amerikanische Finanzverwaltung, der International Revenue Service (IRS), ausgewählten Großunternehmen die Möglichkeit zur Teilnahme am sog. Compliance Assurance Process (CAP)[40]. Zentral ist dabei der Gedanke einer kooperativen Zusammenarbeit zwischen Unternehmen und IRS im Rahmen des Besteuerungsverfahrens, respektive der steuerlichen Prüfung der Unternehmen[41]. Anders als die herkömmliche, retrospektive Prüfungsweise, setzt der Compliance Assurance Process bereits vor Erstellung und Abgabe der Steuererklärungen durch die Unternehmen ein[42]. Ziel der Finanzverwaltung ist, durch die neuartige Verfahrensweise den Steuervollzug effizienter und schneller zu gestalten und in einem möglichst frühen Verfahrensstadium zu Gunsten der Unternehmen Rechtssicherheit zu schaffen[43]. Die frühzeitige Rechts- und Planungssicherheit soll dabei einen Anreiz für die Unternehmen darstellen, im Rahmen des Compliance Assurance Process möglichst kooperativ mitzuwirken und die steuerlichen Pflichten korrekt zu erfüllen[44].

Aufgrund der erfolgreichen Pilotierung in den Jahren 2005 bis 2011 entschied sich die Finanzverwaltung dafür, den Compliance Assurance Process mit Beginn des Jahres 2012 dauerhaft in das Besteuerungsverfahren zu implementieren[45]. Anders als bisher können sich Unternehmen eigeninitiativ für die Teilnahme am Compliance Assurance Process bewerben[46]. Im Rahmen der dauerhaften Einführung

40 *IRS*, International Revenue Bulletin – December 12, 2005–50 – Announcement 2005–87. Laut *IRS*, IR-2011–31, March 31, 2011 nahmen im Jahr 2005 zunächst 17 Großunternehmen an einer Pilotierung des CAP teil, 2011 sind es bereits 140 partizipierende Unternehmen. Zum Pilotprojekt des Compliance Assurance Process aus deutscher Sicht auch *Drüen*, IFSt-Schrift Nr.469 (2011), S. 20; *Seer*, DStR 2008, 1553, 1560; *ders.*, Ubg 2009, 673, 677; *Risse*, DB 2011, 667, 670.

41 Vgl. *Seer*, Ubg 2009, 673, 677.

42 *IRS*, International Revenue Bulletin – December 12, 2005–50 – Announcement 2005–87.

43 Vgl. *IRS*, International Revenue Bulletin – December 12, 2005–50 – Announcement 2005–87.

44 “The CAP pilot was designed to evaluate a process for achieving tax compliance through pre-filing review and resolution of issues”, *IRS*, Internal Revenue Manual – 8.26.8 Compliance Assurance Process – Fast Track Settlement.

45 Siehe *IRS* im aktuellen Leitfaden vom 15.5.2012 CAP: Internal Revenue Manual (IRM) 2012, Sec. 4.51.8.1 No. 2.

46 *IRS*, CAP: Internal Revenue Manual (IRM) 2012, Sec. 4.51.8.4 No. 1–6.

wird der Prozess durch einen vorangehenden Abschnitt, die sog. Pre-CAP Phase, und ein sich anschließendes Stadium, die sog. Compliance Maintenance Phase ergänzt. Insgesamt spricht die Finanzverwaltung vom dreiphasigen sog. CAP-Program[47].

1. Die sog. Pre-CAP Phase

Die sog. Pre-CAP Phase dient in erster Linie dazu, noch offene, ungeprüfte Veranlagungszeiträume aus der Vergangenheit möglichst effizient und zügig abzuarbeiten, um sich in der zweiten Phase, im Rahmen des eigentlichen CAP, dem dann aktuellen Veranlagungszeitraum widmen zu können[48]. Die Prüfung der Unternehmen erfolgt dabei wie bisher retrospektiv nach Erstellung und Abgabe der jeweiligen Steuererklärungen[49]. Um an der Pre-CAP Phase teilnehmen zu können, muss sich das Unternehmen jedoch zunächst bei der Finanzverwaltung bewerben. Die Teilnahmevoraussetzungen, die von der Finanzverwaltung in Sec. 4.51.8.4 No.2 IRM aufgelistet werden, sind eine Bilanzsumme des Unternehmens von mindestens 10 Millionen US-Dollar, keine anhängigen Verfahren oder Prozesse mit der Finanzverwaltung, die deren Prüfungsbefugnisse limitieren könnten und die Erfüllung bestimmter Rechnungslegungsvorschriften[50]. Dazu zählen für börsennotierte Gesellschaften die Abgabe eines jährlichen Geschäftsberichts nach „Form 10-K“ und eines Quartalsberichts nach „Form 10-Q“ sowie die Abgabe von Adhoc-Mitteilungen nach „Form 8-K“ gegenüber der US-Börsenaufsichtsbehörde (United States Securities and Exchange Comission, SEC)[51].

---

47 *IRS*, CAP: Internal Revenue Manual (IRM) 2012, Sec. 4.51.8.2 No. 1.

48 Vgl. *IRS*, CAP: Internal Revenue Manual (IRM) 2012, Sec. 4.51.8.3 No. 1. Daher kann die Pre-CAP phase entbehrlich sein, wenn keine offenen Veranlagungszeiträume aus der Vergangenheit vorliegen.

49 “Traditional post file-examination process”, *IRS*, CAP: Internal Revenue Manual (IRM) 2012, Sec. 4.51.8.3 No. 1.

50 *IRS*, CAP: Internal Revenue Manual (IRM) 2012, Sec. 4.51.8.4 No. 2.

51 Die Rechtspflicht zur Erteilung der genannten Auskünfte gegenüber der Aufsichtsbehörde folgt aus Section 13 and 15(d) of the Securities Exchange Act of 1934. Nicht US-amerikanische Unternehmen mit Börsenzulassung haben einen Jahresbericht nach „Form 20-F“ abzugeben. Nicht an der Börse notierte Gesellschaften müssen sich nach *IRS*, CAP: Internal Revenue Manual (IRM) 2012, Sec. 4.51.8.4 No. 2 B. zu einer äquivalenten Berichterstattung gegenüber der Börsenaufsichtsbehörde bereit erklären, um an der Pre-CAP Phase teilnehmen zu dürfen.

Wurde das Unternehmen ausgewählt, ist vorgesehen, dass mit der Finanzverwaltung zu Beginn eine standardisierte Vereinbarung über Art und Weise der Prüfung und der gemeinsamen Zusammenarbeit geschlossen wird, sog. Pre-CAP Memorandum of Understanding (MOU)[52]. Beide Seiten bekennen sich darin zu einer offenen, kooperativen Arbeitsweise und der Absicht, die noch offenen Veranlagungszeiträume zügig abzuarbeiten. Zudem werden Regelungen über den Zeit- und Organisationsrahmen für den Informationsaustausch sowie entsprechende Methoden und Wege der Kommunikation getroffen[53]. Von den Unternehmen wird erwartet, dass sie der Finanzverwaltung sämtliche besteuerungsrelevanten Informationen von sich aus mitteilen und ihre Rechtsauffassung, vor allem im Hinblick auf mögliche Abweichungen von der Ansicht der Finanzverwaltung oder -gerichte, offenlegen[54].

Den teilnehmenden Unternehmen wird von der Finanzverwaltung des Weiteren ein sog. Team Coordinator zur Seite gestellt, der als primärer Ansprechpartner im Rahmen der Pre-CAP Phase fungiert. Im Gegenzug sind auch auf Unternehmensseite entsprechende Ansprechpartner für die Finanzverwaltung zu benennen[55].

Erweist sich das Unternehmen als kooperativ und mitwirkungsbereit und können vergangene Prüfungszeiträume innerhalb des geplanten Zeitrahmens abgearbeitet werden, schließt sich sodann die eigentliche Phase des Compliance Assurance Process an. Für den Fall, dass das Unternehmen nicht wie im Pre-MOU vereinbart mitwirkt, kann es durch die Finanzverwaltung von der weiteren Teilnahme ausgeschlossen werden[56]. Allerdings besteht für die Unternehmen auch die Möglichkeit, sich von der Teilnahme am CAP-Programm durch eine einseitige Kündigungserklärung zu lösen[57].

2. Die sog. CAP Phase

Wurde die Pre-CAP Phase erfolgreich absolviert, schließt sich der eigentliche Compliance Assurance Process an. Dieser ist mit dem bisher exerzierten

52 *IRS*, CAP: Internal Revenue Manual (IRM) 2012, Sec. 4.51.8.4 No. 5.

53 *IRS*, CAP: Internal Revenue Manual (IRM) 2012, Sec. 4.51.8.4 No. 5.

54 Vgl. *IRS*, CAP: Internal Revenue Manual (IRM) 2012, Sec. 4.51.8.4 No. 9–18; diesbezüglich werden jedoch „materiality thresholds" vereinbart, wonach nur Informationen über Vorfälle und Risiken ab einer bestimmten Größenordnung zu berichten sind.

55 *IRS*, CAP: Internal Revenue Manual (IRM) 2012, Sec. 4.51.8.4 No. 8.

56 *IRS*, CAP: Internal Revenue Manual (IRM) 2012, Sec. 4.51.8.7 No. 1–2.

57 *IRS*, CAP: Internal Revenue Manual (IRM) 2012, Sec. 4.51.8.7 No. 3.

CAP-Pilotprojekt vergleichbar. Allerdings müssen sich die Unternehmen nun wie bereits in der ersten Phase um eine Teilnahme bewerben[58]. Die Voraussetzungen sind dabei identisch wie bei der Bewerbung um die Teilnahme an der Pre-CAP Phase, wobei hinzukommt, dass die Prüfung vergangener Veranlagungszeiträume bereits durchgeführt sein muss[59]. Des Weiteren berücksichtigt die Finanzverwaltung das Vorverhalten des Unternehmens während der Pre-CAP Phase[60].

a) Abschluss eines sog. Memorandum of Understanding (MOU)

Wurde die Bewerbung akzeptiert, schließt das Unternehmen – wie bereits in der ersten Phase – mit der Finanzverwaltung zu Beginn ein standardisiertes Memorandum of Understanding (MOU) über Art und Weise der Prüfung, insbesondere den Zeit- und Organisationsrahmen, und die gemeinsame Zusammenarbeit[61]. Inhaltlich bekennen sich beide Seiten darin zu einer offenen, kooperativen Arbeitsweise und der Absicht, steuerliche Probleme in der CAP-Phase gemeinsam bereits vor Erstellung und Abgabe einer Steuererklärung zu identifizieren und wenn möglich auch zu lösen[62]. Von der Finanzverwaltung wird dem teilnehmenden Unternehmen nunmehr ein sog. Account Coordinator zur Seite gestellt, der als primärer Ansprechpartner im Rahmen der CAP-Phase fungiert[63].

Basierend auf dem MOU findet dann bereits während des gegenwärtigen Veranlagungszeitraumes eine laufende Zusammenarbeit zwischen Verwaltung und Unternehmen statt. Vom beteiligten Unternehmen wird dabei erwartet, der Finanzverwaltung umgehend und kontinuierlich sämtliche besteuerungsrelevanten Informationen über abgeschlossene Geschäftsvorfälle und Transaktionen

58 *IRS*, CAP: Internal Revenue Manual (IRM) 2012, Sec. 4.51.8.5 No. 2–6. Im Rahmen des Pilotprojekts wurden die Unternehmen von der Finanzverwaltung ausgewählt. Eine Bewerbung um die Teilnahme an der CAP-Phase ist unabhängig davon nötig, ob das Unternehmen bereits den Bewerbungsprozess im Rahmen der Pre-CAP-Phase durchlaufen hat.

59 "If currently under examination, must not have more than one filed return that has not been closed in examination and one unfiled return for the year that has most recently ended, the return for wich is not yet due", *IRS*, CAP: Internal Revenue Manual (IRM) 2012, Sec. 4.51.8.5 No. 2 D.

60 *IRS*, CAP: Internal Revenue Manual (IRM) 2012, Sec. 4.51.8.5 No. 4.

61 *IRS*, CAP: Internal Revenue Manual (IRM) 2012, Sec. 4.51.8.5 No. 5.

62 *IRS*, CAP: Internal Revenue Manual (IRM) 2012, Sec. 4.51.8.5 No. 9–22. Wieder werden „materiality thresholds", vereinbart, wonach nur Informationen über Vorfälle und Risiken ab einer bestimmten Größenordnung vom Unternehmen zu berichten sind.

63 *IRS*, CAP: Internal Revenue Manual (IRM) 2012, Sec. 4.51.8.5 No. 8.

und die beabsichtigte rechtliche Behandlung mitzuteilen[64]. Dadurch kann die Finanzverwaltung quasi in „real time" mögliche steuerrechtliche und tatsächliche Fragen beurteilen, um diese sodann gemeinsam mit dem Unternehmen zu erörtern. Auf Basis der zur Verfügung stehenden Informationen führt die Finanzverwaltung eine steuerliche Risikoanalyse durch[65]. Daran anknüpfend werden entsprechende Prüfungsschwerpunkte identifiziert, eine Konzentration auf bestimmte, wesentliche Risiken findet statt, sog. Issue-driven Approach[66].

b) Abschluss sog. Issue Resolution Agreements (IRAs)

Können steuerliche Probleme vor Abgabe der Steuererklärung übereinstimmend gelöst werden, schließen die Beteiligten über die entsprechenden Ergebnisse sog. Issue Resolution Agreements (IRAs)[67]. Am Ende des Veranlagungszeitraumes werden die in den IRAs getroffenen Vereinbarungen dann in ein sog. Closing Agreement übernommen, das die Beteiligten gegenseitig bindet[68]. Soweit das Closing Agreement reicht, findet nach Abgabe der Steuererklärung – in die die Ergebnisse des Closing Agreements eingearbeitet wurden – grundsätzlich keine weitere Prüfung durch die Finanzverwaltung statt[69]. Dies wird durch die Verwaltung auch in Form eines Bestätigungsschreibens, sog. Acceptence Letter, zugesichert[70]. Nur im Hinblick auf noch ungeklärte steuerliche Problemfelder muss das Unternehmen mit weiteren

---

64 Vgl. dazu auch *Seer*, Ubg 2009, 673, 677.

65 „Taxpayer risk analysis", *Cleaveland/Epps/Bradley*, The CPA Journal 2010, 46.

66 „Issue-driven approach focusing on significant items and events, and material tax transactions", *IRS*, Internal Revenue Manual – 8.26.8 Compliance Assurance Process – Fast Track Settlement.

67 *IRS*, International Revenue Bulletin – December 12, 2005–50 – Announcement 2005–87.

68 *IRS*, CAP: Internal Revenue Manual (IRM) 2012, Sec. 4.51.8.5 No. 22. Zur Rechtsnatur der Closing Agreements als ein die Beteiligten gegenseitig bindender Vertrag siehe *Seer*, Besteuerungsverfahren: Rechtsvergleich Deutschland-USA, 2002, Rn. 71 und *ders.*, Ubg 2009, 773, 677.

69 Im Rahmen eines „post-filing review" wird nach Abgabe der Steuererklärung lediglich geprüft, ob die Angaben mit den Ergebnissen des closing agreements übereinstimmen; das post-filing review soll innerhalb von 90 Tagen nach Abgabe abgeschlossen sein, siehe *IRS*, CAP: Internal Revenue Manual (IRM) 2012, Sec. 4.51.8.5 No. 26.

70 Konnten alle relevanten Probleme aus dem Veranlagungszeitraum gelöst werden, wird ein „Full Acceptence Letter" ausgestellt. Bei noch offenen Fragen erteilt die Finanzverwaltung hingegen nur einen „Partial Acceptance Letter", *IRS*, CAP: Internal Revenue Manual (IRM) 2012, Sec. 4.51.8.5 No. 24, 25.

Prüfungshandlungen nach Abgabe der Steuererklärung rechnen, sog. Post-filing Examination[71]. Aus Unternehmensperspektive besteht damit bereits bei Erstellung und Abgabe der Steuererklärung Gewissheit über die rechtliche Behandlung der einzelnen im Veranlagungszeitraum abgeschlossenen Geschäftsvorfälle, soweit diese Gegenstand der IRAs bzw. des Closing Agreements sind.

3. Die sog. Compliance Maintenance Phase

Die dritte, sich anschließende Phase im Rahmen des CAP-Programms stellt die sog. Compliance Maintenance Phase dar. Im Wesentlichen ist diese mit der vorherigen Phase identisch. Das Unternehmen muss weiterhin die Teilnahmevoraussetzungen für die CAP Phase erfüllen und sich ebenso wie bisher an die im CAP-MOU getroffenen Vereinbarungen halten, d.h. insbesondere sämtliche besteuerungsrelevanten Sachverhalte von sich aus offenbaren[72]. Ziel ist auch hier eine Zusammenarbeit vor Abgabe der Steuererklärung. Allerdings reduziert die Finanzverwaltung den Umfang und die Intensität ihrer Prüfungen, wenn das Unternehmen zuvor zufriedenstellend mitgewirkt und die Anforderungen der Finanzverwaltung erfüllt hat[73]. Dabei fließt in die Beurteilung der Finanzverwaltung auch ein, ob das Unternehmen über ein angemessenes internes Kontrollsystem (IKS)[74] verfügt[75]. Kennzeichnend für die Compliance Maintenance Phase ist somit die Betonung und Intensivierung eines risikoorientierten Prüfungsansatzes. Sind die vorgenommenen besteuerungsrelevanten Transaktionen besonders komplex bzw. weisen ein besonders hohes Volumen auf, kann die Finanzverwaltung jedoch auch wieder zu einer der Phase 2 entsprechenden Prüfungsweise übergehen[76].

---

71 *IRS*, International Revenue Bulletin – December 12, 2005–50 – Announcement 2005–87.

72 *IRS*, CAP: Internal Revenue Manual (IRM) 2012, Sec. 4.51.8.6 No. 1.

73 Vgl. *IRS*, CAP: Internal Revenue Manual (IRM) 2012, Sec. 4.51.8.6 No. 2: „In the Compliance Maintenance phase, the IRS, at its discretion, will reduce the level of review based on the complexity and number of issues, and the taxpayer's history of compliance, cooperation and transparency in the CAP".

74 Zum Begriff des internen Kontrollsystems siehe **2. Kapitel, A. I. 3**.

75 *IRS*, CAP: Internal Revenue Manual (IRM) 2012, Sec. 4.51.8.6 No. 4 D.

76 „The IRS may move the taxpayer back and forth between CAP phase and the Compliance Maintenance phase depending on the complexity and/or volume of transactions or other factors", *IRS*, CAP: Internal Revenue Manual (IRM) 2012, Sec. 4.51.8.6 No. 3.

4. Unsichere Steuerpositionen in US-Steuererklärungen

Die mit dem CAP verfolgte Strategie der Finanzverwaltung, kooperativ mit den Unternehmen zusammenzuarbeiten und die *Transparenz* des Besteuerungsverfahrens dadurch zu erhöhen, wird durch weitere hoheitliche Maßnahmen zur verbesserten Informationsgewinnung flankiert. So veröffentlichte die Finanzverwaltung Anfang 2010 die Ankündigung, zukünftig nicht nur auf freiwilliger Basis im Rahmen des CAP, sondern generell in der Steuererklärung größerer Unternehmen gewisse Angaben zu steuerlichen Risiken („uncertain taxpositions" bzw. unsichere Steuerpositionen[77]) zu fordern[78]. Dadurch soll insbesondere die Transparenz im Hinblick auf steuerliche Risiken der Unternehmen verbessert und die Effizienz und Effektivität von nach Abgabe der Steuererklärungen durchgeführten Betriebsprüfungen gesteigert werden. Sind der Verwaltung die steuerlichen Risikobereiche bereits im Vorfeld der Prüfung bekannt, kann diese in der Folge schneller und vor allem risikoorientierter ablaufen[79]. Insofern wird deutlich, dass die Verfügbarkeit möglichst rechtzeitiger, gezielter und umfassender Informationen das Fundament einer risikobezogenen, gewichtenden Allokation der Verwaltungsressourcen bildet[80].

Entsprechend der Ankündigung muss der Steuererklärung ab dem Veranlagungsjahr 2010 nun verbindlich eine tabellarische Übersicht („uncertain tax position statement") über sämtliche Steuerrisiken im Bereich der Bundessteuern beigefügt werden, für die Rückstellungen im Jahresabschluss nach United States Generelly Accepted Accounting Principles (US-GAAP)[81] zu bilden sind bzw. gebildet

---

77 Die Unsicherheit bezieht sich darauf, ob die vom Unternehmen vertretene Rechtsauffassung zu einem steuerlichen Sachverhalt von der Auffassung der Finanzverwaltung bzw. der Finanzgerichte abweicht, vgl. *Dahlke*, KOR 2007, 311, 312. Zum Begriff des „steuerlichen Risikos" aus Unternehmenssicht siehe auch **2. Kapitel A. III.** Zum Risiko-Begriff aus finanzbehördlichem Blickwinkel siehe **3. Kapitel D. II. 2. a)**.

78 *IRS*, Internal Revenue Bulletin – May 10, 2010–19 – Announcement 2010–30; vgl. auch *Benzel/Linzbach*, IRZ 2010, 499, 502; *Kessler/Scholz-Gorlach*, in: FS Meilicke, 2010, S. 287, 288; *Risse/Große-Allermann*, Ubg 2010, 629, 633; *Risse*, DB 2011, 667, 670.

79 *Kessler/Scholz-Gorlach*, in: FS Meilicke, 2010, S. 287, 305; *Risse*, DB 2011, 667, 670.

80 Vgl. *Pross/Czakert*, IStR 2011, 279.

81 Die Bildung von Rückstellungen wegen unsicherer Steuerpositionen richtet sich dabei nach ASC (Accounting Standards Codification) 740–10, ehemals FIN (Financial Accounting Standards Board Interpretation) 48, siehe dazu *Benzel/Linzbach*, IRZ 2010, 499, 501 sowie *Kessler/Scholz-Görlach*, in: FS Meilicke, 2010, S. 287, 294. Zu FIN 48 siehe *Dahlke*, KOR 2007, 311 ff. Zur Neustrukturierung von US-GAAP siehe *Zülich/Pronobis*, DB 2009, 2669 ff.

wurden[82]. Auch wenn eine Rückstellung nicht gebildet wurde, da das Unternehmen von einem erfolgreichen Rechtstreit im Hinblick auf die unsichere Steuerposition ausgeht, sind Angaben über die unsichere Steuerposition in der Risikoübersicht offenzulegen[83]. Die Pflicht zur Angabe dieser Informationen besteht auch dann, wenn das Unternehmen nicht zur Rechnungslegung nach US-GAAP verpflichtet ist[84]. Im Rahmen einer tabellarischen Übersicht hat das Unternehmen den mit der jeweiligen Unsicherheit verbundenen Sachverhalt knapp und präzise zu beschreiben und die verschiedenen unsicheren Steuerpositionen nach ihrer Größe zu ordnen[85]. Allerdings ist es dabei weder erforderlich, die Höhe der entsprechenden Rückstellungen anzugeben, noch darüber zu berichten, wie schwach oder stark das Unternehmen die Steuerposition selbst einschätzt[86].

Die neuartige Compliance- bzw. Deklarationspflicht soll dabei laut IRS auch für Unternehmen gelten, die am CAP teilnehmen[87]. Indes soll die Verpflichtung keine substanzielle Mehrbelastung für Unternehmen im Vergleich zu bereits bestehenden Bilanzierungs- und Offenlegungspflichten für unsichere Steuerpositionen nach US-GAAP darstellen[88]. Allerdings können diese sehr umfangreichen und detaillierten Rechnungslegungspflichten von ausländischen, an der US-Börse notierten Unternehmen, die einen IFRS-Abschluss veröffentlichen, vermieden wer-

---

82 *IRS*, Form 1120 Schedule Uncertain Tax Positions (UTP). Siehe dazu *IRS*, Instructions for Form 1120 Schedule UTP und zuvor *IRS*, Announcement 2010–75 sowie *IRS*, Announcement 2010–9. Voraussetzung für die Deklarationspflicht ist laut Schedule UTP allerdings, dass das Unternehmen eine Bilanzsumme von mindestens 100 Millionen US-Dollar aufweist, die im Schedule UTP genannten US-Steuererklärungen abzugeben hat (etwa „Form 1120, U.S. Corporation Income Tax Return) und einen prüfungspflichtigen Abschluss („audited financial statements reporting all or a portion of the corporation's taxyear) erstellt.

83 *IRS*, Instructions for Form 1120 Schedule UTP sowie *IRS*, Announcement 2010–75. Dazu auch *Benzel/Linzbach*, IRZ 2010, 499, 502.

84 *IRS*, Form 1120 Schedule Uncertain Tax Positions (UTP). Siehe dazu *IRS*, Instructions for Form 1120 Schedule UTP.

85 *IRS*, Form 1120 Schedule Uncertain Tax Positions (UTP). Siehe dazu *IRS*, Instructions for Form 1120 Schedule UTP.

86 *IRS*, Form 1120 Schedule Uncertain Tax Positions (UTP). Siehe dazu *IRS*, Instructions for Form 1120 Schedule UTP. Vgl. dazu auch *Risse*, DB 2011, 667, 670.

87 *IRS*, Instructions for Form 1120 Schedule UTP.

88 Vgl. auch *Risse*, DB 2011, 667, 670. Zu den empirisch nachgewiesenen Vorteilen für die US-amerikanische Finanzverwaltung durch die Bilanzierung und Offenlegung steuerlicher Risiken nach ASC 740–10 (ehemals FIN 48) siehe *Tomohara/Lee/Lee*, in: Berube/Pinto, Taxation, Tax Policies and Income Taxes, S. 45 ff.

den, da sie seit 2007 keine Überleitungsrechnung mehr auf US-GAAP erstellen müssen[89]. Die Forderung nach Offenlegung der unsicheren Steuerpositionen in der Steuererklärung könnte daher auch als Versuch der Finanzverwaltung angesehen werden, unabhängig von Angaben im Rahmen der Rechnungslegung nach US-GAAP Informationen über steuerliche Risiken zu generieren[90]. Für ausländische Unternehmen mit Aktivitäten in den USA, die bisher auf eine umfassende Berichterstattung über steuerliche Risiken nach ASC 740–10 verzichten konnten, wird daher von *Kessler/Scholz-Gorlach* eine deutliche Mehrbelastung befürchtet[91].

Alles in allem ist davon auszugehen, dass die neuartige Deklarations- bzw. Compliance-Pflicht und die dadurch gesteigerte steuerliche Transparenz der Unternehmen eine erhebliche *Arbeitserleichterung* zu Gunsten der Steuerbehörden mit sich bringt; namentlich können die Verwaltungsressourcen bei Kenntnis der Risikobereiche respektive der einzelnen, genau aufgelisteten steuerlichen Unsicherheiten – auch außerhalb des CAP – zielgerichteter eingesetzt und die steuerlichen Prüfungen effizienter durchgeführt werden. Der hoheitliche Ermittlungsaufwand lässt sich durch eine obligatorische Offenlegung der relevanten Punkte durch die Unternehmen im Vorfeld der Steuerprüfung reduzieren. In toto kann die neue Transparenzpflicht als grundlegende – und jedenfalls aus Vollzugssicht willkommene – Hilfe zur Realisierung eines effizienten, risikoorientierten Steuervollzuges angesehen werden.

II. „Compliance Program“ der australischen Finanzverwaltung

Bereits Ende der 1990er Jahre vollzog sich in der australischen Finanzverwaltung, dem Australian Taxation Office (ATO), ein Paradigmenwechsel vom traditionellen, primär auf Kontrolle und Sanktionen basierenden einseitig-hoheitlichen

---

89 Zum Wegfall der Pflicht zur Überleitungsrechnung siehe *SEC* (United States Securites and Exchange Comission) in „Acceptence from foreign private issuers of financial statements prepared in accordance with international financial reporting standards without reconciliation to US-GAAP“ sowie *Erchinger/Melcher,* DB 2007, 2635 ff. Vgl. auch *Risse/Große-Allermann,* Ubg 2010, 629, 630, die vermuten, dass die Initiative des IRS der Abkehr ausländischer Unternehmen von US-GAAP hin zu IFRS entgegenwirken soll.

90 In diese Richtung auch *Risse/Große-Allermann,* Ubg 2010, 629, 630.

91 In: FS Meilicke, 2010, S. 287, 305.

Steuervollzug hin zu einem kooperativen, auf die Förderung einer „voluntary taxpaying culture" gerichteten Ansatz[92]. Im Mittelpunkt steht dabei die Intention des ATO, ein Gros der Steuerpflichtigen zu einem von sich aus rechtmäßigen und kooperativen Verhalten zu bewegen, um die begrenzten Verwaltungsressourcen zur effektiveren Verhinderung und Bekämpfung verbleibender Verstöße gegen anzuwendendes Steuerrecht einsetzen zu können[93]. Zur Förderung einer solchen Voluntary Tax Compliance setzt das ATO auf ein sog. Compliance Program, welches seit dem Jahr 2002 jährlich aktualisiert und veröffentlicht wird[94]. Im Rahmen dieses Programms verspricht die Finanzverwaltung, das Besteuerungsverfahren für Steuerpflichtige, die zur Kooperation und rechtmäßigen Pflichterfüllung gewillt sind, möglichst reibungslos, unkompliziert und zügig ablaufen zu lassen[95]. Sind die Steuerpflichtigen von sich aus zur Mitwirkung bereit, sollen sie durch das ATO fair, angemessen und verständnisvoll behandelt und soweit wie möglich von zeit- und kostenaufwendigen Kontrollen verschont werden[96]. Um ein solches Verhalten seitens der Steuerpflichtigen zu erleichtern und zu fördern, setzt die Finanzverwaltung auf unterstützende Maßnahmen wie rechtliche Erklärungen, Hinweise und Beratungen, die auf die konkrete Situation des Steuerpflichtigen abgestimmt sind[97]. Das ATO differenziert dabei insbesondere zwischen verschiedenen Gruppen von Steuerpflichtigen: (1) Individuals, (2) Micro Enterprises, (3) Small-to-Medium Enterprises und (4) Large Businesses[98]. Für letztere, vergleichbar mit Großbetrieben i.S.d. deutschen Betriebsprüfungsordnung[99], bietet die Finanzverwaltung beispielsweise die Zusammenarbeit und Beratung im Rahmen einer viermal jährlich tagenden Arbeitsgruppe an, sog. Large Business Advisory Group (LBAG), in der Vertreter der Unternehmen und der Finanzverwaltung aufeinandertreffen[100]. Daneben werden

92 *Braithwaite*, in: Braithwaite, Taxing Democracy, 2002, S. 1 ff.; siehe auch *McBarnet*, in: Braithwaite, Taxing Democracy, 2002, S. 229 ff.

93 *Braithwaite*, in: Braithwaite, Taxing Democracy, 2002, S. 1.

94 Derzeit aktuell ist das „Compliance program 2012–13".

95 „We want to make it as easy as possible for taxpayers to do the right thing by providing the information and tools they need to meet their tax and superannuation obligations as conveniently and inexpensively as possible", *ATO*, Compliance program 2012–13, S. 1.

96 *ATO*, Compliance program 2012–13, S. 1 ff.

97 *ATO*, Compliance program 2012–13, S. 1 ff.

98 *ATO*, Compliance program 2012–13, S. 4 ff.

99 Siehe *Risse*, DB 2011, 667, 670.

100 Siehe dazu den Leitfaden des *ATO* für Großunternehmen „Large business and tax compliance", 2012, S. 14.

für Großunternehmen Beratungen und Informationen durch Broschüren[101], elektronische Newsletter[102] und die Website des ATO[103] sowie telefonische Auskünfte[104] angeboten. Weiterhin werden seitens der Finanzverwaltung konkrete Ansprechpartner, sog. Key Client Managers oder Client Relationship Managers, bereitgestellt, um eine individuelle und effiziente Betreuung der Großunternehmen zu ermöglichen[105].

1. Sog. Risk-Management Approach des ATO

Während das Besteuerungsverfahren für mitwirkungsbereite Steuerpflichtige möglichst einfach gestaltet werden soll, sollen diejenigen, die ihren Pflichten nicht ausreichend nachkommen, effektiv kontrolliert und soweit wie nötig durch Zwangsmaßnahmen und Sanktionen dazu gebracht werden, die Steuergesetze einzuhalten[106]. Das ATO stimmt daher seine Vorgehensweise auf das Compliance-Verhalten der Steuerpflichtigen ab. Es differenziert nach der Wahrscheinlichkeit bzw. dem Risiko eines Rechtsverstoßes durch den jeweiligen Steuerpflichtigen, dem Compliance-Risiko[107], sodass von einem Risk-Management Approach gesprochen wird[108]. Abhängig vom konkreten Compliance-Risiko reagiert die Verwaltung mit Schulungen, Anleitungen oder sonstigen Aufklärungsmaßnahmen, um die Steuerpflichtigen zur Voluntary Tax Compliance zu motivieren, bis hin zu intensiven Kontrollen und Sanktionen[109].

---

101 Beispielsweise das erwähnte „Compliance program“ oder speziell für Großunternehmen der Leitfaden „Large business and tax compliance“, vgl. dazu auch *Lavermiocca*, The Tax Specialist 2009, 66, 70 und *Risse*, Steuercontrolling und Reporting, 2010, § 4, Rn. 10.

102 Etwa das „Large business bulletin“, *ATO*, Large business and tax compliance, 2012, S. 15.

103 Vgl. unter www.ato.gov.au/businesses

104 Etwa der „Large business phone service“, *ATO*, Large business and tax compliance, 2012, S. 15.

105 *ATO*, Large business and tax compliance, 2012, S. 16.

106 Vgl. *ATO*, Compliance program 2012–13, S. 1.

107 Das *ATO* versteht darunter die Wahrscheinlichkeit von Non-Compliance, „Likelihood of non-compliance“, siehe Compliance program 2012–13, S. 2; vgl. auch Large business and tax compliance, 2012, S. 24 f.

108 „We take a risk-management approach to compliance and are increasing our efforts to differentiate our engagement with businesses and tax practitioners based on our view of ther relative likelihood of non-compliance and the consequences of any potential non-compliance, *ATO*, compliance program 2012–13, S. 2.

109 Siehe dazu auch *Kaiser*, IWB 2010, 774, 775.

Die folgende Abbildung verdeutlicht die Korrelation zwischen behördlichen Maßnahmen und dem Grad der Compliance der Steuerpflichtigen:

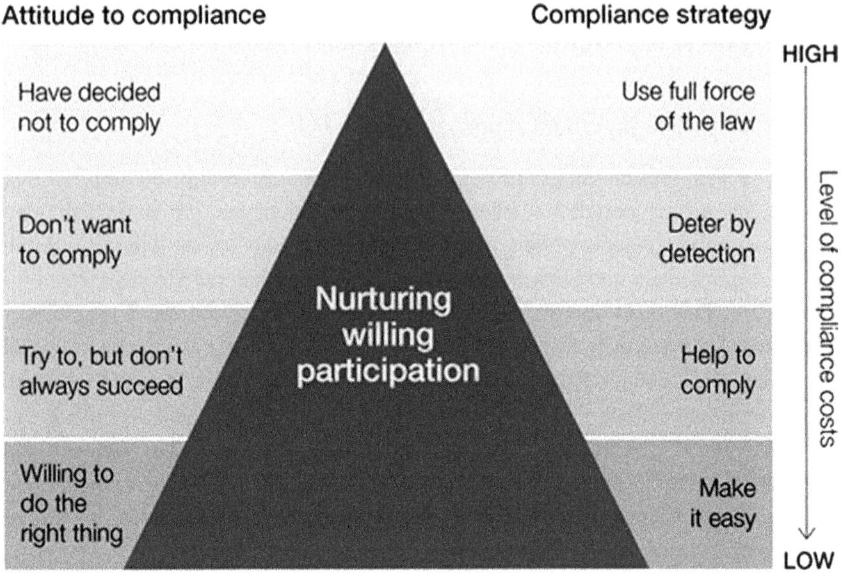

Abbildung 1: *Compliance Model des Australian Tax Office, Large business and tax compliance, 2012, S. 9*

Im Compliance-Programm für die Jahre 2011 und 2012 schätzt die australische Finanzverwaltung, dass unter den sog. Large Businesses 52,9% der Kategorie der sog. Lower-Risk Taxpayers zuzuordnen sind, während 38,7% als sog. Medium-Risk Taxpayers und 1,2% als sog. Higher-Risk Taxpayers anzusehen sind[110]. 7,2% werden als sog. Key Taxpayers kategorisiert, was vor allem auf die Größe der Unternehmen bzw. die Höhe ihrer Umsätze und die damit einhergehende elementare Bedeutung für das nationale Steueraufkommen zurückzuführen ist. Die Zuordnung zu den vier Kategorien erfolgt nach Durchführung einer Risikobewertung der einzelnen Unternehmen, sog. Risk Profiling[111], welches auch als Compliance Check bezeichnet werden kann[112]. Neben der Wahrscheinlichkeit

110 *ATO*, Compliance program 2011–12, S. 26. Ähnlich auch die grafische Darstellung ohne genaue Prozentangaben im Compliance program 2012–13, S. 46.

111 *ATO*, Large business and tax compliance, 2012, S. 9.

112 *Risse*, DB 2011, 667, 670.

ist dabei auch das Ausmaß eines möglichen Rechtsverstoßes maßgeblich für die Einordnung in eine bestimmte Risikokategorie[113].

Im Rahmen einer solchen zweimal jährlich vorgenommenen Risikobewertung wird jedes Unternehmen im Hinblick auf mögliche Compliance-Risiken überprüft. Dabei wird innerhalb eines Unternehmens weiterhin zwischen den einzelnen Steuerarten differenziert[114]. Maßgeblich sind für die Klassifizierung insbesondere die Einhaltung der steuerlichen Vorschriften in der Vergangenheit, sog. Compliance History, Auffälligkeiten in bestimmten risikoträchtigen Bereichen, beispielsweise bei Verrechnungspreisen und Abweichungen bei steuerlichen Ergebnissen gegenüber der Vergangenheit oder gegenüber vergleichbaren Unternehmen[115]. Im jährlich veröffentlichen Compliance-Programm weist das ATO zudem auf steuerliche Fragen und Bereiche hin, die aktuell in seinem Fokus liegen[116]. Neben außergewöhnlichen Unternehmenstransaktionen und Restrukturierungen spielt schließlich die Art und Weise der Steuerplanung des Unternehmens eine Rolle für die Einordnung in eine bestimmte Risikokategorie. Eine „aggressive Steuerplanung“, („history of aggressive tax planning“) erhöht dabei aus Sicht der Finanzverwaltung das steuerliche Compliance-Risiko[117]. Auf der anderen Seite tragen nach Angaben des ATO im Unternehmen implementierte Prozesse zur strategischen Sicherstellung der steuerlichen Pflichterfüllung bzw. entsprechende Überwachungsmechanismen dazu bei, das Compliance-Risiko im Rahmen des Risk Profilings zu minimieren[118]. Das ATO betont, dass entsprechende Systeme und Mechanismen unabdingbarer Bestandteil einer guten steuerlichen Unternehmensführung, sog. Good Tax Corporate Governance seien[119]. Dabei liege es auch im ureigenen Interesse des Unternehmens, Compliance-Risiken durch entsprechende Managementprozesse frühzeitig zu erkennen, um angemessen reagieren und planen zu können.

Je nach Einstufung in eine der vier Kategorien erfolgt dann eine mehr oder weniger intensive Überprüfung der durch die Unternehmen abgegebenen Steuererklärungen. Bei einem hohen Compliance-Risiko wird das Unternehmen bzw. die Steuerart oder der Sachverhalt, auf den sich das Risiko bezieht, ausführlich im Rahmen

---

113 *ATO*, Large business and tax compliance, 2012, S. 25.

114 *ATO*, Large business and tax compliance, 2010, S. 25.

115 *ATO*, Large business and tax compliance, 2012, S. 25 f.

116 *ATO*, Compliance program 2012–13, S. 18 ff.

117 *ATO*, Large business and tax compliance, 2012, S. 9.

118 Vgl. etwa *ATO*, Large business and tax compliance, 2012, S. 9, wo auf „Perceived weakness in the compliance structures, processes and approaches“ abgestellt wird.

119 *ATO*, Large business and tax compliance, 2012, S. 11. Zum Begriff der Corporate Governance siehe **2. Kapitel A. I. 2.**

einer Betriebsprüfung kontrolliert, während eine derartig intensive Überprüfung bei geringem Risiko unterbleibt und auf die Angaben in der Steuererklärung *vertraut* werden kann[120]. Vorausgesetzt, das Unternehmen wirkt kooperativ im Rahmen einer Betriebsprüfung mit, sollte diese nach Angaben des ATO nicht länger als 2 Jahre in Anspruch nehmen[121]. Bei der Gruppe der Key Taxpayers findet ein sog. Continuous Monitoring, also eine kontinuierliche Überwachung, statt.

2. Abschluss sog. Annual Compliance Arrangements (ACAs)

Neben den genannten Servicemaßnahmen verfügt die australische Finanzverwaltung noch über weitere Instrumente, um Unternehmen das Besteuerungsverfahren zu erleichtern und eine Voluntary Tax Compliance zu fördern. Zentral ist dabei das Anliegen der Verwaltung, möglichst frühzeitig im Besteuerungsverfahren zu Gunsten der Unternehmen für Rechts- und Planungssicherheit im Hinblick auf steuerliche Angelegenheiten zu sorgen[122]. Vergleichbar mit der Erteilung verbindlicher Auskünfte nach deutschem Recht[123] ist dabei das sog. Rulings Program, bei dem die Finanzverwaltung ihre Auffassung zu konkreten Rechtsfragen verbindlich mitteilt[124]. Des Weiteren kommt, wie auch in Deutschland, der Abschluss sog. Advance Pricing Agreements (APA) in Betracht, um sich über Fragen aus dem Bereich der Verrechnungspreise zu verständigen[125].

Seit 2006 besteht für Großbetriebe[126] zudem die Möglichkeit, mit der australischen Finanzverwaltung eine jährliche Compliance-Vereinbarung zu treffen, sog. Annual Compliance Arrangement (ACA)[127]. Das ATO bezeichnet den Abschluss

---

120 *ATO*, Large business and tax compliance, 2012, S. 24 ff.

121 *ATO*, Large business and tax compliance, 2012, S. 30.

122 *ATO*, Large business and tax compliance, 2012, S. 17.

123 Siehe dazu **4. Kapitel D**.

124 Die Rechtsauffassung ist indes nicht für den Steuerpflichtigen bindend. Das *ATO* differenziert weiterhin zwischen generell geltenden „Public rulings" und nur auf den konkreten Einzelfall bezogenen „Private rulings", vgl. Large business and tax compliance, 2012, S. 18 f.

125 *ATO*, Large business and tax compliance, 2012, S. 22 f. Zu Advance Pricing Agreements siehe etwa *Stiewe,* Die verfahrensrechtliche Umsetzung internationaler Verständigungsvereinbarungen (§ 175a AO), 2011, S. 71 ff.

126 Die meisten der Großbetriebe, die Annual Compliance Arrangements mit der Finanzverwaltung eingehen, zählen zur Kategorie der "key taxpayers", siehe *ATO* in der Übersicht mit dem Titel „Annual Compliance Arrangements".

127 *ATO*, Large business and tax compliance, 2012, S. 22 f.; vgl. dazu *Risse*, DB 2011, 667, 670.

dieser Compliance-Vereinbarungen als Kernelement seines Bemühens um ein verbessertes, kooperatives Verhältnis zwischen Großunternehmen und Verwaltung[128]. Im Rahmen eines ACA bekennen sich beide Seiten zu Offenheit und Transparenz, um eine konstruktive Zusammenarbeit zu ermöglichen[129].

Die Finanzverwaltung ist nur dann zum Abschluss von Annual Compliance Arrangements bereit, wenn das Großunternehmen über eine „good tax corporate governance" verfügt, wie seitens der Verwaltung in Kapitel 3 der Broschüre Large Business and Tax Compliance beschrieben wird[130]. Demzufolge müssen insbesondere Prozesse zur Verhinderung von Rechtsverstößen und entsprechende Kontrollmaßnahmen im Unternehmen etabliert sein[131]. Tax Compliance-Risiken sollen mithin in das unternehmensweite Risikomanagement miteinbezogen werden. Dabei bezieht sich das Management von Compliance-Risiken sowohl auf die strategische, Fragen der Unternehmenssteuerung und -planung betreffende als auch die operative Ebene[132]. Im Hinblick auf den Abschluss eines ACA trägt das Unternehmen die Beweislast für das Vorhandensein eines adäquaten Managements von Compliance-Risiken[133].

Zur Beschleunigung des Besteuerungsverfahrens und Steigerung der Verfahrenseffizienz werden im Rahmen eines ACA konkrete Vereinbarungen über Art und Ablauf des Prüfungsverfahrens getroffen, die als Basis der Zusammenarbeit fungieren[134]. Dabei bietet es sich insbesondere an, mögliche Ansprechpartner auf beiden Seiten zu benennen, um einen reibungslosen Ablauf der Prüfung zu gewährleisten[135].

---

128 *ATO*, Large business and tax compliance, 2012, S. 22 f.

129 *ATO*, Annual Compliance Arrangements; vgl. auch *Risse*, DB 2011, 667, 670. Die folgende Aussage des ATO bringt den skizzierten Ansatz auf den Punkt: „If we can get the full facts quickly, along with the relevant supporting evidence, this enables us to come to our position and provide you with certainty as soon as we can. To resolve issues we need to be in the same factual position as your decision makers", *ATO*, Large business and tax compliance, 2012, S. 31.

130 *ATO*, Annual Compliance Arrangements.

131 Das ATO spricht diesbezüglich von „appropriate oversight, sound systems, clear accountabilities, strong controls, ethical behaviours and highly skilled people supported by robust processes and procedures", vgl. *ATO*, Large business and tax compliance, 2012, S. 11.

132 *ATO*, Large business and tax compliance, 2012, S. 11 ff.

133 *ATO*, Annual Compliance Arrangements.

134 So *Kaiser* im Hinblick auf die Praxis der australischen und kanadischen Finanzverwaltung, IWB 2010, 774, 776.

135 *Kaiser*, IWB 2010, 774, 777.

Vom Unternehmen wird des Weiteren erwartet, der Finanzverwaltung mögliche Compliance-Risiken bzw. die entsprechenden Tatsachen unmittelbar und vollständig mitzuteilen, so dass diese den Sachverhalt bereits vor Abgabe der Steuererklärung, sozusagen „in real time" beurteilen kann[136]. Gemeinsam mit dem Unternehmen werden dann aufkommende Fragen im Hinblick auf die tatsächliche und rechtliche Würdigung der steuerlichen Angelegenheiten erörtert und in einer gemeinsamen Risikofeststellung („joint risk assessment"[137]), vergleichbar mit einer tatsächlichen Verständigung nach deutschem Recht, niedergelegt[138]. Dem Unternehmen wird eine Bestätigung bzw. Freizeichnung, sog. Sign-Off Letter, ausgehändigt, die die Ergebnisse der gemeinsamen Risikofeststellung enthält[139]. Für die Unternehmen kann so bereits in einem frühen Verfahrensstadium, mithin „in Echtzeit" und vor Abgabe der eigentlichen Steuererklärung, Rechts- und Planungssicherheit geschaffen werden. Nur soweit die Steuererklärung abweichende Angaben enthält oder die Fragen im Hinblick auf konkrete Problemkreise noch nicht gelöst werden konnten, braucht das Unternehmen eine spätere Überprüfung durch die Finanzverwaltung zu befürchten. Compliance-Vereinbarungen können sich dabei auf verschiedene Steuerarten, insbesondere Gewinnsteuern, beziehen[140].

III. „Horizontal Monitoring" der niederländischen Finanzverwaltung

Auch die niederländische Finanzverwaltung (Belastingdienst) setzt beim Vollzug der Steuern zunehmend auf ein kooperatives Verhältnis zu den steuerpflichtigen Unternehmen[141]. Dementsprechend wurde im Jahre 2005 die neuartige Kooperationsform des sog. Horizontal Monitoring[142] eingeführt[143], was in etwa

---

136 *ATO*, Annual Compliance Arrangements; vgl. auch *ATO*, Large business and tax compliance, 2012, S. 22 f.

137 *Lavermiocca*, The Tax Specialist 2009, 66, 70.

138 Vgl. dazu *Risse*, DB 2011, 667, 670.

139 Vgl. *ATO*, Annual Compliance Arrangements; *ATO*, Large business and tax compliance, 2012, S. 22 f.; siehe auch *Lavermiocca*, The Tax Specialist 2009, 66, 70.

140 *ATO*, Large business and tax compliance, 2012, S. 22.

141 *TCF Working Group*, Tax Control Framework, S. 1 ff.; *Meussen*, FR 2011, 114 ff.; *Schmidt*, in: *Dahlmanns*, IFSt-Schrift Nr. 467 (2011), S. 38 ff.; *Kaiser*, IWB 2011, 774, 777.

142 In niederländischer Sprache „horizontaal toezicht" genannt, vgl. *Meussen*, FR 2011, 114.

143 Im Jahr 2005 wurde zunächst ein Pilotprojekt zur Erprobung des „Horizontal Monitoring" ins Leben gerufen, an dem 20 ausgewählte, multinationale

mit einer horizontalen Kontrolle übersetzt werden kann. Maßgeblich ist dabei die Abkehr von einer einseitig-hoheitlichen, oftmals durch gegenseitiges Misstrauen und Konfrontation geprägten Kontrolle steuerpflichtiger Unternehmen und die Hinwendung zu einem auf Transparenz, Fairness und wechselseitigem Vertrauen basierenden Steuervollzug[144]. Im Gegensatz zur traditionellen, vergangenheitsorientierten Vorgehensweise, bei welcher rückwirkend bereits abgeschlossene Veranlagungszeiträume überprüft werden, soll die neue Strategie eher gegenwarts- und zukunftsgerichtet sein und eine größere Aktualität der behördlichen Vollzugsmaßnahmen gewährleisten[145]. Zudem verspricht sich die Finanzverwaltung von einer Intensivierung des Kooperationsverhältnisses, respektive einer stärkeren Einbeziehung der Unternehmen ins Besteuerungsverfahren, eine Entlastung der eigenen Kapazitäten, die in Folge erheblicher Einsparungen im Personalbereich der Finanzverwaltung dringend angezeigt wäre[146]. Der niederländische Ansatz des Horizontal Monitoring wird daher auch als „Sparmodell" bezeichnet[147].

1. Abschluss sog. Compliance Covenants

Kerngedanke des Horizontal Monitoring ist, die herkömmliche, einseitig-hoheitliche Kontrolle der Unternehmen durch eine Abstimmung zwischen Finanzverwaltung und dem jeweils zu prüfenden Unternehmen, die bereits vor Abgabe einer unterschriebenen Steuererklärung getroffenen wird, zu ergänzen bzw. soweit wie möglich zu ersetzen[148]. Zur gemeinsamen Abstimmung wird zwischen den beiden Parteien auf freiwilliger Basis ein sog. Compliance Covenant geschlossen[149].

Unternehmen teilnehmen konnten. Späterhin wurde die Teilnehmerzahl auf insgesamt 40 Großunternehmen („large businesses") erhöht. Seit dem Jahr 2008 haben alle Großunternehmen die Möglichkeit zur Teilnahme und zur direkten Abstimmung mit der Finanzverwaltung. Mittlere und kleine Unternehmen, „middle and small businesses" können indirekt partizipieren, indem die Finanzverwaltung mit Industrieverbänden oder Steuerberatern und Wirtschaftsprüfern der Unternehmen entsprechende Kooperationsvereinbarungen trifft, vgl. *Schmidt*, in: *Dahlmanns*, IFSt-Schrift Nr. 467 (2011), S. 42.

144 *TCF Working Group*, Tax Control Framework, S. 7.

145 *Meussen*, FR 2011, 114.

146 *Meussen*, FR 2011, 114, der darauf hinweist, dass die niederländische Finanzverwaltung in den kommenden 4 Jahren ca. 400 Millionen Euro durch Personalabbau einsparen soll.

147 *Meussen*, FR 2011, 114.

148 Vgl. *Meussen*, FR 2011, 114.

149 *TCF Working Group*, Tax Control Framework, S. 7.

Weder das Unternehmen noch die Verwaltung sind gesetzlich zum Abschluss einer solchen Vereinbarung verpflichtet[150]. Auch können sich beide Seiten wieder davon lösen[151]. Die Vereinbarung basiert auf dem Prinzip gegenseitigen Vertrauens und Verständnisses und soll dazu beitragen, das Verhältnis zwischen Verwaltung und Unternehmen möglichst transparent und voraussehbar zu gestalten[152]. Ziel ist es, auf Grundlage der Vereinbarung einen für beide Seiten vorteilhaften Ablauf des Besteuerungsverfahrens, mithin eine sog. Win-win-Situation, zu erreichen. Essentiell für die Vereinbarung ist das gleichgerichtete Interesse der beiden Parteien an einem effizienten, ressourcenschonenden und zügigen Ablauf des Besteuerungsverfahrens. Inhaltlich müssen indes stets die gesetzlichen Grenzen eingehalten werden, sodass außergesetzliche Absprachen, insbesondere Vereinbarungen über die Höhe zu zahlender Steuern, nicht stattfinden[153]. Vielmehr unterwirft sich das Unternehmen in der Vereinbarung bestimmten das Besteuerungsverfahren betreffende Verhaltenspflichten bzw. sichert die Einhaltung bestimmter Verhaltensstandards zu und erhält im Gegenzug gewisse Verfahrenserleichterungen durch die Finanzverwaltung. Es „erkauft" sich mithin bestimmte verfahrensmäßige Vorteile[154]. Zu den Verhaltenspflichten zählt vor allem die Gewährleistung eines größtmöglichen Maßes an Offenheit und Transparenz gegenüber der Verwaltung im Hinblick auf steuerlich relevante Daten und Vorgänge[155]. Insbesondere hat das Unternehmen permanente, „real time" Einsicht in steuerlich relevante Ereignisse zu gewähren und die Verwaltung schnellstmöglich auf eingenommene bzw. einzunehmende steuerrechtliche Standpunkte hinzuweisen[156]. Allerdings besteht keine Verpflichtung, der Finanzverwaltung auch interne oder durch Steuerberater erstellte, rechtliche Gutachten oder Memoranden, sog. Internal or External Tax Advice zu offenbaren. Bestehen zunächst Differenzen über die tatsächliche bzw. rechtliche Würdigung einzelner Steuerfragen, kann und soll im Rahmen der Vereinbarung nach einer gemeinsamen Lösung gesucht

150 *Schmidt*, in: *Dahlmanns*, IFSt-Schrift Nr. 467 (2011), S. 42.

151 Meussen, FR 2011, 114, 115. Das Angebot der Finanzverwaltung zum Vertragsabschluss richtet sich dabei jedoch nur an „large businesses", die in den Niederlanden steuerpflichtig sind.

152 *TCF Working Group*, Tax Control Framework, S. 7; *Schmidt*, in: *Dahlmanns*, IFSt-Schrift Nr. 467 (2011), S. 40.

153 *Meussen*, FR 2011, 114, 115.

154 Vgl. *Drüen*, IFSt-Schrift Nr.469 (2011), S. 21.

155 *TCF Working Group*, Tax Control Framework, S. 8.

156 *Schmidt*, in: *Dahlmanns*, IFSt-Schrift Nr. 467 (2011), S. 40.

werden[157]. Ansonsten kommt nach dem Prinzip „agree to disagree" auch eine streitige Auseinandersetzung bezüglich einzelner steuerlicher Probleme in Betracht[158]. Allerdings verlangt die Finanzverwaltung neuerdings auch, dass Unternehmen im Rahmen der Kooperation freiwillig auf Steuergestaltungen verzichten, die zwar noch legal, aber doch seitens der Verwaltung unerwünscht sind. Gemäß der Maxime, dass nicht alles, was steuerlich erlaubt ist, auch von den Unternehmen ausgenutzt und ausgereizt werden sollte, wird gefordert, auf Steuerstrukturen wie „hybrid entities", hybrid loans" oder „double dip structures" (weiße Einkünfte) zu verzichten, um dem Staat ein akzeptables Steueraufkommen zu erhalten[159]. Insoweit korrespondiert die niederländische Praxis mit dem Bestreben der OECD, „agressive Steuerplanungen" möglichst einzudämmen und einen übermäßigen Abfluss von Steuersubstrat ins Ausland zu verhindern[160].

Das Unternehmen soll durch die beschriebene, transparente Vorgehensweise die Basis für eine zeitnahe Bearbeitung durch die Finanzverwaltung schaffen. Quasi als Gegenleistung teilt die Finanzverwaltung dem Unternehmen ihre Beurteilung der Sach- und Rechtslage umgehend nach der Bearbeitung bzw. der gemeinsamen Diskussion mit[161]. Somit erlangt das Unternehmen bereits in einem frühen Stadium, mithin vor Abgabe der Steuererklärung, Klarheit und Rechtssicherheit im Hinblick auf seine steuerliche Belastung aus dem aktuellen Veranlagungszeitraum[162]. Eine ansonsten oftmals Jahre währende Ungewissheit über die steuerrechtliche Beurteilung eines Sachverhalts durch die Finanzverwaltung kann so vermieden werden[163]. Eine spätere Überprüfung durch die Finanzverwaltung mit ggf. ungünstigerem Ergebnis steht nicht zu befürchten, soweit sich das Unternehmen an die Vereinbarung hält und seine Steuererklärung entsprechend erstellt[164].

Unternehmen, die nicht zum Abschluss eines Covenants bereit sind, werden nach dem herkömmlichen, einseitig-hoheitlichen Prinzip durch die Finanzverwaltung kontrolliert und gelangen somit nicht in den Genuss der

---

157 *Schmidt*, in: *Dahlmanns*, IFSt-Schrift Nr. 467 (2011), S. 40.
158 *Meussen*, FR 2011, 114, 116.
159 *Meussen*, FR 2011, 114, 116.
160 Vgl. *OECD*, Study into the Role of Tax Intermediaries, 2008, S. 5 ff. sowie bereits **1. Kapitel B**.
161 *Schmidt*, in: *Dahlmanns*, IFSt-Schrift Nr. 467 (2011), S. 40.
162 Vgl. *Schmidt*, in: *Dahlmanns*, IFSt-Schrift Nr. 467 (2011), S. 40.
163 Vgl. *Meussen*, FR 2011, 114.
164 Vgl. *Drüen*, IFSt-Schrift Nr.469 (2011), S. 21.

genannten verfahrensmäßigen Vorteile[165]. Dabei besteht durchaus die Gefahr, von der Finanzverwaltung als nicht kooperationsbereiter, „nachlässiger" Steuerpflichtiger angesehen und dementsprechend besonders intensiv überprüft zu werden.

In der Literatur wird indes angemerkt, dass es aus Unternehmenssicht stets einer Abwägung bedürfe, wie viel das Unternehmen zu geben bereit ist, um sich die entsprechenden Vorteile zu verschaffen[166]. Vor allem sei dabei die Forderung der niederländischen Verwaltung nach einem Verzicht auf bestimmte legale Steuergestaltungen kritisch zu würdigen und mögliche Vorteile durch derartige Gestaltungen in die Abwägung miteinzubeziehen[167].

2. Anknüpfung an das sog. Tax Control Framework des Unternehmens

Ein wesentlicher Aspekt des Horizontal Monitoring ist das Entgegenbringen von Vertrauen durch die Finanzverwaltung gegenüber denjenigen Unternehmen, die über ein intaktes und angemessenes sog. Tax Control Framework (TCF) verfügen[168]. Ein solches Tax Control Framework ist Bestandteil des allgemeinen Internal Control Framework (ICF) im Unternehmen[169]. Das Konzept der Internal Control stammt aus dem angloamerikanischen Rechts- und Wirtschaftsraum und wurde dort vor allem als Reaktion auf Betrugs- und Unterschlagungsfälle in Unternehmen entwickelt[170]. Im deutschsprachigen Raum konnte sich diesbezüglich die Begrifflichkeit des Internen Kontrollsystems (IKS) etablieren[171]. Das Tax Control Framework kann dabei als auf den Bereich der Steuern bezogener Unterfall des allgemeinen ICF bzw. IKS charakterisiert werden[172]. Dementsprechend werden die Unternehmen zur näheren Ausgestaltung des

---

165 Vgl. *Schmidt*, in: *Dahlmanns*, IFSt-Schrift Nr. 467 (2011), S. 40.

166 So weist *Meussen*, FR 2011, 114, 117 darauf hin, dass die neue Kooperationsform den Spielraum für die unternehmerische Steuergestaltung verengt und der Preis für Steuersicherheit manchen Unternehmen letztlich zu hoch sein könnte.

167 *Meussen*, FR 2011, 114, 117.

168 *Kaiser*, IWB 2010, 774, 777.

169 *TCF Working Group*, Tax Control Framework, S. 4; siehe auch *OECD*, Tax Compliance and Tax Accounting Systems, 2010, S. 8, Rn. 24 ff.

170 Siehe dazu *Bungartz*, Handbuch IKS, 2012, S. 25 ff.

171 *Wolf*, WPg 2010, 867, 868. Zum IKS siehe auch **2. Kapitel A. I. 3**.

172 *TCF Working Group*, Tax Control Framework, S. 4; siehe auch *OECD*, Tax Compliance and Tax Accounting Systems, 2010, S. 8, Rn. 33.

Tax Control Framework von der niederländischen Finanzverwaltung auf die entsprechenden betriebswirtschaftlichen Modelle verwiesen, die zur Implementation eines ICF bzw. IKS entwickelt wurden[173]. Explizit nennt die Verwaltung diesbezüglich das sog. COSO-Modell[174]. Sie stellt indes keine konkreten Mindestanforderungen im Hinblick auf die Ausgestaltung des Tax Control Framework auf und betont, dass diese stets abhängig vom konkreten Einzelfall, respektive Faktoren wie der Unternehmensgröße oder des Unternehmensgegenstandes ist[175].

Von besonderem Interesse für die niederländische Finanzverwaltung sind dabei insbesondere Kontrollmechanismen und -prozesse zur Einhaltung der steuerrechtlichen Regeln bzw. zur Minimierung des Risikos von Steuerrechtsverstößen[176]. Sie geht davon aus, dass ein funktionierendes und angemessenes Tax Control Framework positiv mit der Einhaltung der steuergesetzlichen Vorgaben durch das Unternehmen korreliert[177]. Sie richtet daher ihre eigene Vorgehensweise, respektive ihre Kontrollintensität, danach aus, inwieweit die Unternehmen bereits selbst die Einhaltung der relevanten steuerlichen Vorschriften mittels Tax Control Framework sicherstellen und kontrollieren[178]. Mit anderen Worten knüpft die Verwaltung an bestehende Mechanismen des Unternehmens zur Gewährleistung von Tax Compliance an. Effektive und effiziente Prozesse zur Gewährleistung von Tax Compliance dienen mithin als Grundlage für die steuerliche Prüfung durch die Verwaltung[179]. Kerngedanke ist dabei, dass die Finanzverwaltung nicht noch einmal prüfen muss, was bereits durch das Unternehmen bzw. dessen Wirtschaftsprüfer oder Berater zuverlässig kontrolliert und begutachtet wurde[180]. Sie vertraut dabei auf Prüfungen und entsprechende Dokumentationen durch die

173 *TCF Working Group*, Tax Control Framework, S. 17 ff.; siehe auch *OECD*, Tax Compliance and Tax Accounting Systems, 2010, S. 8, Rn. 24.

174 Siehe dazu auch **2. Kapitel E. II**.

175 *TCF Working Group*, Tax Control Framework, S. 4.

176 Vgl. *Kaiser*, IWB 2010, 774, 777; *OECD*, Tax Compliance and Tax Accounting Systems, 2010, S. 8, Rn. 33 ff.

177 „The tax positions to be reported and the tax returns are the output of various tax processes within the business. The extent to which the business is in control of these processes is an important factor predicting the quality of the output of these processes", *TCF Working Group*, Tax Control Framework, S. 10.

178 *Kaiser*, IWB 2010, 774, 777; *TCF Working Group*, Tax Control Framework, S. 4.

179 *Risse*, DB 2011, 667, 670.

180 *Meussen*, FR 2011, 114, 116.

interne Revisionsabteilung, den externen Wirtschaftsprüferbericht und vorhandene Risikomanagementberichte und -systeme im Unternehmen[181].

Die Verwaltung verspricht sich durch diese nach bereits durchgeführten Kontrollen differenzierende Herangehensweise insbesondere den Vorteil einer höheren Arbeitseffizienz bzw. eine Entlastung der eigenen Ressourcen[182]. Voraussetzung ist dabei indes eine zuverlässige und funktionierende Eigenkontrolle. Aus diesem Grund setzt die niederländische Finanzverwaltung verstärkt auf das Verständnis und die Prüfung der im Unternehmen etablierten Systeme und Prozesse des Tax Control Framework[183]. Diese Vorgehensweise wird auch als „control of the internal control system of the company“ bezeichnet[184].

Auch aus Perspektive der Unternehmen scheint die Anknüpfung an ein vorhandenes Tax Control Framework vielversprechend, wenn die Verwaltung bei erfolgreicher Selbstkontrolle auf eine erneute, mit Zeit- und Kostenaufwand für das Unternehmen verbundene Prüfung einzelner Angaben in der Steuererklärung bzw. einzelner Geschäftsvorfälle verzichtet bzw. eine solche Prüfung nur stichprobenartig durchführt. Eine geringere Belastung des Unternehmens in Folge reduzierter Prüfungen dürfte damit aus Unternehmenssicht einen nicht unerheblichen Anreiz zur Implementierung entsprechender Kontrollmechanismen darstellen, soweit diese nicht ohnehin bereits aus Eigeninteresse bzw. aus Interesse an einer guten Corporate Governance oder auf Grund gesetzlicher Verpflichtungen bestehen[185].

---

181 *Meussen*, FR 2011, 114, 116; *Risse*, DB 2011, 667, 670.

182 *Meussen*, FR 2011, 114.

183 „The Tax and Customs Administration must have an understanding of the design, occurrence and operating effectiveness of the TCF. We want to find out whether the TCF is good enough to provide reliable information (ie, tax positions and returns)“, *TCF Working Group*, Tax Control Framework, S. 10.

184 *Schmidt*, in: *Dahlmanns*, IFSt-Schrift Nr. 467 (2011), S. 41; siehe zu diesem Ansatz auch *OECD*, Tax Compliance and Tax Accounting Systems, 2010, S. 8, Rn. 54.

185 Vgl. *TCF Working Group*, Tax Control Framework, S. 5. Aus rechtlicher Sicht ist dabei insbesondere die Verpflichtung aus Section 404 Sarbanes-Oxley-Act aus dem Jahr 2002 zur Einrichtung eines internen Kontrollsystems zur Finanzberichterstattung („Internal Control over Financial Reporting“) und zur externen Berichterstattung darüber zu nennen. Auch nicht-amerikanische Unternehmen, die an der New York Stock Exchange gelistet sind, fallen in den Geltungsbereich des Sarbanes-Oxley Act. Vgl. dazu SEC Final Rule 33-8238, Abschnitt II.A.3 und *Wolf*, WPg 2010, 867, 870. Siehe auch **2. Kapitel E. I. 2. d)**.

IV. Resümee

In Abkehr von einer primär konfrontativ ausgerichteten Vollzugsstrategie orientieren sich zahlreiche ausländische Finanzverwaltungen seit geraumer Zeit am Leitbild einer offenen und partnerschaftlichen Zusammenarbeit mit steuerpflichtigen Unternehmen im Rahmen des Besteuerungsverfahrens. Insgesamt zielen die Finanzbehörden darauf, die Unternehmen zur *eigenmotivierten* Einhaltung der Steuergesetze und Mitwirkung im Besteuerungsverfahren (internationale Terminologie: Voluntary Tax Compliance) zu bewegen und dergestalt die durchweg angespannten Verwaltungsressourcen zu entlasten. Trotz Unterschieden in den gesetzlichen, administrativen und kulturellen Rahmenbedingungen haben die verschiedenen Vollzugskonzepte gemeinsam, dass sie am gleichgerichteten Interesse von Steuerpflichtigen und Finanzverwaltung an einer möglichst effizienten bzw. zügigen und kostensparenden Durchführung des Besteuerungsverfahrens anknüpfen. Insbesondere sollen mit der traditionellen Betriebsprüfungspraxis verbundene Nachteile für Verwaltung *und* Unternehmen minimiert werden. Je transparenter sich die Unternehmen im Hinblick auf die besteuerungsrelevanten Vorfälle gerieren, desto eher sehen sich die Finanzverwaltungen dazu in der Lage, zeitnahe und gewichtende, risikobezogene Steuerprüfungen durchzuführen; aus Verwaltungsperspektive wird der Vollzug der Steuergesetze durch eine möglichst frühzeitige und umfassende proaktive Informationsgewährung seitens der Steuerpflichtigen erheblich erleichtert. Steuerliche Transparenz soll dabei nicht nur durch die unternehmensseitige Erfüllung gesetzlicher Erklärungs- und Informationspflichten, sondern auch durch die überobligatorische Weitergabe relevanter Informationen an die Finanzbehörden erreicht werden. Mithin kann von Compliance durch Transparenz gesprochen werden. Ein entsprechend hohes Maß an unternehmensseitiger Transparenz soll – quasi im Gegenzug – zum Anlass genommen werden, auch verwaltungsseitig mit offenen Karten zu spielen und die steuerliche Prüfung schneller bzw. konzentrierter zu organisieren, d.h. Verfahrenserleichterungen zu gewähren. Die Vollzugskonzepte machen also verfahrensmäßige Privilegierungen der Unternehmen regelmäßig von deren Informationsbereitschaft gegenüber den Steuerbehörden abhängig; den Konzepten liegt insoweit das *Prinzip steuerlicher Transparenz* zu Grunde.

In toto soll das Verfahren für mitwirkende Unternehmen möglichst reibungslos und zügig ausgestaltet werden; sowohl die US-amerikanische und australische als auch die niederländische Finanzverwaltung schließen dazu mit mitwirkungsbereiten Unternehmen auf freiwilliger Basis *Vereinbarungen* über die Art und Weise der Steuerprüfung, namentlich über den Zeit- und Organisationsrahmen sowie die Modalitäten der gemeinsamen Zusammenarbeit. Dabei sieht etwa das amerikanische Vollzugsmodell vor, dass die steuerliche Prüfung bereits vor Erstellung und Abgabe der Steuererklärungen durch die Unternehmen einsetzen kann (Realtime-Audit). Vor allem die niederländische Praxis zeigt zudem, dass bestehende Prozesse und Mechanismen der Unternehmen zur Gewährleistung und Kontrolle von Tax Compliance (Tax Control Framework) in den hoheitlichen Steuervollzug integriert werden. Auf der anderen Seite ist allen Ansätzen gemein, dass Steuerpflichtige, die die Gesetze nicht eigenmotiviert einhalten und sich nicht mitwirkungsbereit zeigen, von der Teilnahme an den kooperativen Vollzugsprogrammen ausgeschlossen sind und nach herkömmlichem Muster kontrolliert bzw. sanktioniert werden.

Summa summarum korrespondieren die genannten Ansätze mit dem von der OECD propagierten verbesserten Verhältnis (Enhanced Relationship) zwischen Steuerpflichtigen samt Beratern und der Finanzverwaltung. Sie können insgesamt wertvolle Impulse für das zu modernisierende deutsche Steuerverfahren liefern. Gleichwohl dürfen die unterschiedlichen Rahmenbedingungen nicht negiert und insbesondere (verfassungs-) rechtliche Vorgaben für den deutschen Steuervollzug nicht außer Acht gelassen werden.

2. Kapitel: Tax Compliance aus Perspektive steuerpflichtiger Unternehmen

Wie eingangs dargelegt, differenziert die bisherige Literatur regelmäßig zwischen Tax Compliance aus Perspektive steuerpflichtiger Unternehmen und Tax Compliance aus Perspektive des Steuerstaates bzw. –vollzuges. Während es bei der Thematik aus hoheitlicher Sicht in erster Linie um ein modernes Konzept zum Vollzug der Steuern geht[186], soll nachfolgend der Frage nachgegangen werden, wie Tax Compliance aus dem Blickwinkel steuerpflichtiger Unternehmen zu beurteilen ist[187]. Der Begriffsbestimmung aus Unternehmensperspektive (**A.**) soll eine Erörterung der mit Tax Compliance verbundenen unternehmensseitigen Zielsetzungen und Interessen folgen (**B.**). Sodann wird beleuchtet, wie sich Tax Compliance auf die Thematik des Steuerstreits (**C.**) sowie den Bereich der Steuerplanung (**D.**) auswirkt. Schließlich ist zu hinterfragen, inwiefern für Unternehmen eine Rechtspflicht zur systematisch-organisatorischen Gewährleistung von Tax Compliance, namentlich zur Implementierung sog. Tax Compliance-Systeme, besteht (**E.**). Bei alledem soll nicht vernachlässigt werden, dass die Sicherstellung von Tax Compliance aus Unternehmensperspektive mit nicht unerheblichen Kosten verbunden sein kann (**F.**). Die gewonnenen Erkenntnisse werden zu guter Letzt resümiert (**G.**).

A. Begriffsbestimmung aus Unternehmensperspektive

Zunächst stellt sich die Frage, wie der – gesetzlich nicht definierte – Begriff Tax Compliance aus Unternehmensperspektive zu verstehen ist. In der die Unternehmenssicht beleuchtenden Literatur wird der Terminus dabei regelmäßig als Unterbegriff bzw. Bestandteil der allgemeinen Corporate Compliance verstanden (**I.**). Er umfasst dementsprechend aus unternehmensseitigem Blickwinkel zwei Komponenten: Zum einen die Normenkonformität im Steuerbereich als solche und zum anderen die Einrichtung eines entsprechenden Systems im Unternehmen,

186 Siehe dazu **3. Kapitel**.

187 Die folgenden Ausführungen beziehen sich der Übersichtlichkeit halber auf die Aktiengesellschaft i.S.d. AktG. Sie lassen sich – mit Modifikationen – auch auf andere Gesellschaftsformen übertragen.

das die steuerliche Normenkonformität strukturell sicherstellt (**II.**). Schließlich ist der Terminus Tax Compliance von den ebenfalls anglizistischen Begriffen Tax Risk Management (**III.**) und Tax Accounting (**IV.**) abzugrenzen.

I. Tax Compliance als Bestandteil von Corporate Compliance

Der Teilbereich von Corporate Compliance, der sich auf die Einhaltung von steuerlichen Normen im Unternehmen bezieht, wird im juristischen Schrifttum regelmäßig als Tax Compliance bezeichnet; in diesem Sinne wird Tax Compliance als „integraler Bestandteil"[188] bzw. als „Unterbegriff"[189] von Corporate Compliance angesehen. Da Corporate Compliance wiederum als ein Element der Corporate Governance zu verstehen ist, lässt sich auch Tax Compliance als ein solches qualifizieren und kann als Teil einer „guten Unternehmensführung" i.S.d. Corporate Governance-Gedankens angesehen werden[190]. Schließlich wird Corporate Compliance als ein Element des unternehmensinternen Kontrollsystems (IKS) wahrgenommen, was bedingt, dass auch Tax Compliance vom internen Kontrollsystem umfasst wird.

Um die Transparenz innerhalb dieses „Begriffsdschungels" zu erhöhen, sollen nachfolgend die Begrifflichkeiten Corporate Compliance, Corporate Governance und internes Kontrollsystem beleuchtet werden.

1. Der Begriff Corporate Compliance

Der Oberbegriff Corporate Compliance wird weder gesetzlich definiert[191], noch in der Wissenschaft und Praxis vollkommen einheitlich verstanden[192].

---

188 *Besch/Starck*, in: Hauschka, Corporate Compliance, 2010, § 34, Rn. 4; *Demuth/Kaiser*, in: Görling/Inderst/Bannenberg, Compliance, Rn. 471; *Geuenich/Kiesel*, BB 2012, 155; ähnlich auch *Talaska*, BB 2012, 1195.

189 *Schwedhelm*, AnwBl 2009, 90; *Streck/Binnewies* DStR 2009, 229; *Streck*, StbJb 2009/2010, 415, 417; *ders.*, in: Streck/Mack/Schwedhelm, Tax Compliance, 2010, Kapitel.1, Rn. 1.4.

190 Vgl. *Pross/Czakert*, IStR 2011, 279.

191 Der Begriff Compliance wird vom Gesetzgeber lediglich verwendet, nicht jedoch präzisiert oder definiert, vgl. § 33 Abs.1 S.2 Nr.1, § 33b Abs.5 Nr.2 WpHG. Der Deutsche Corporate Governance Kodex rekurriert in den Ziffern 3.4, 4.1.3 und 5.3.2 auf den Compliance-Begriff, stellt jedoch als solcher keine verbindliche Rechtsnorm dar. Die höchstrichterliche Rechtsprechung thematisierte den Compliance-Begriff bisher unter strafrechtlichen Gesichtspunkten, siehe etwa BGH v. 17.7.2009, 5 StR 394/08, BGHSt 54, 44, 48 ff. („Compliance Officer").

192 Teilweise wird vertreten, der Begriff habe sich bereits derart im deutschen Rechtskreis eingebürgert, dass die Notwendigkeit einer Übersetzung oder einer

„Corporate" kann zunächst mit „unternehmensweit" oder „gesellschaftlich" übersetzt werden und dient dazu, den Anwendungsbereich von Compliance auf unternehmerische Organisationen bzw. deren Organe und Mitarbeiter einzuschränken[193]. Der aus dem anglo-amerikanischen Rechtskreis stammende Terminus Compliance, der sich in etwa mit Einhaltung, Befolgung oder Übereinstimmung gleichsetzen lässt[194], hielt bereits Mitte der 1990er Jahre Einzug in die deutsche Rechtssprache[195]. Stand er zunächst nur für Einhaltung gesetzlicher Regeln im Bankensektor[196], erweiterte sich das Begriffsverständnis im Zuge zahlreicher Wirtschaftsskandale und einer dadurch stark angestiegenen Regelungsdichte in den verschiedenen Teilrechtsgebieten[197]. Die moderne Lesart von Compliance umfasst demgemäß nicht mehr nur die Einhaltung von Vorschriften des Bank- und Kapitalmarktrechts, sondern vielmehr auch die Einhaltung von Normen des Kartell- und Korruptionsstrafrechts, des Umwelt-, Datenschutz- und Steuerrechts, mithin die Befolgung aller Normen, die relevant sein können[198]. Während die Einhaltung der jeweils einschlägigen Gesetze[199]

---

eigenständigen deutschsprachigen Terminologie nicht mehr bestehe, so *Geuenich/ Kiesel*, BB 2012, 155.

193 *Streck*, in: Streck/Mack/Schwedhelm, Tax Compliance, 2010, Kapitel 1, Rn. 1.3, der darauf hinweist, dass der Compliance-Begriff als solcher in einem weiteren Sinne zu verstehen ist und grundsätzlich auch die Regeleinhaltung von Privatpersonen miteinbezieht. Zur Bedeutung von Compliance für öffentliche Unternehmen siehe *Burgi*, CCZ 2010, 41, 42 ff.

194 *Hauschka*, in: Hauschka, Corporate Compliance, 2010, § 1, Rn. 2.

195 *Lösler*, NZG 2005, 104. In diesem Zusammenhang wird Compliance auch als „Legal Transplant" aus dem anglo-amerikanischen Rechtskreis bezeichnet, siehe *Fleischer*, NZG 2004, 1129, 1131.

196 Zentral ist dabei vor allem die Vorschrift § 33 Nr.3 WpHG 1994, wonach Kontrollverfahren in der Bank einzurichten sind, die „geeignet sind, Verstößen gegen Verpflichtungen nach diesem Gesetz entgegenzuwirken". Diese Kontrollverfahren wurden von den Beteiligten als „Compliance-Organisation" tituliert, dazu *Eisele*, WM 1993, 1021 ff.; *Eisele/Faust*, in: Schimansky/Bunte/Lwowski, Bankrechts-Handbuch II, 2011, § 109 Rn. 5 f.

197 Vgl. *Eisele/Faust*, in: Schimansky/Bunte/Lwowski, Bankrechts-Handbuch II, 2011, § 109 Rn. 2.

198 Siehe dazu *Hauschka*, in: Hauschka, Corporate Compliance, 2010, § 1, Rn. 8 bis 20.

199 Vgl. aus steuerrechtlicher Sicht § 4 AO: Gesetz ist jede Rechtsnorm. Keine Rechtsnormen sind nicht verbindliche – etwa moralische oder ethische – Normen, siehe *Englisch*, in: Tipke/Lang, Steuerrecht, 2013, § 5, Rn. 1; siehe auch *Drüen*, in: Tipke/Kruse, AO/FGO, § 4 AO, Rn. 50 ff. (10/2011).

als unabdingbarer Kernbestandteil von Corporate Compliance anzusehen ist, wird in der Literatur auch die Befolgung vorhandener unternehmenseigener Vorgaben und Richtlinien, beispielsweise aus Verhaltens- und Ethikkodizes, Geschäftsordnungen oder Anstellungsverträgen, zum – quasi optionalen – Inhalt von Corporate Compliance gezählt[200].

Die Bedeutung des Begriffs Corporate Compliance erschöpft sich jedoch keineswegs in der Forderung nach gesetzmäßigem Handeln. Die Pflicht, rechtliche Gebote einzuhalten, stellt schließlich eine rechtsstaatliche Selbstverständlichkeit („Binsenweisheit“[201]) dar und folgt für die Unternehmensleitung bereits aus der Legalitätspflicht. Vielmehr erfasst Corporate Compliance auch die organisatorischen Instrumente, die zur strukturellen Sicherstellung der Regeleinhaltung im Unternehmen erforderlich sind[202]. Die Gesamtheit aller organisatorischen und kulturellen Strukturen und systematisch aufeinander bezogenen Maßnahmen zur effektiven und effizienten Aufdeckung und Prävention von Gesetzes- und Regelverstößen lässt sich dementsprechend auch als Compliance-System oder Compliance-Management-System bezeichnen[203]. Insgesamt kann unter Corporate Compliance damit das rechtmäßige Verhalten eines Unternehmens, seiner Organe und Mitarbeiter im Hinblick auf alle einschlägigen gesetzlichen und unternehmenseigenen Ge- und Verbote sowie die Gesamtheit aller organisatorischen Maßnahmen zur Sicherstellung dieses Verhaltens verstanden werden.

2. Corporate Compliance als Element der Corporate Governance

Corporate Compliance lässt sich als wesentliches Element der Corporate Governance qualifizieren[204]. Unter dem Begriff der Corporate Governance, der in etwa mit „Unternehmensverfassung“ gleichzusetzen ist[205], kann im

---

200 Vgl. auch Ziffer 4.1.3 DCGK.; ablehnend hingegen *Hüffer*, in: FS Roth, 2011, S. 299, 302 f.

201 *U.Schneider*, ZIP 2003, 645, 646.

202 *Burgi*, CCZ 2010, 41; *Gebauer/Kleinert*, in: Krieger/Schneider, Handbuch Managerhaftung, 2010, § 20, Rn. 1; *Hüffer*, in: FS Roth 2011, S. 299 ff.

203 Siehe dazu **2. Kapitel E**.

204 *Fleischer*, NJW 2009, 2337, 2338; *Hüffer*, in: FS Roth, S. 299 ff.; *Schug*, Risikoeinschränkung und –transfer in der Vorstandshaftung, 2010, S. 205. Zum Zusammenhang zwischen Corporate Governance und Compliance siehe auch *Hauschka*, in: Hauschka, Corporate Compliance, 2010, § 1, Rn. 1 ff.

205 *v.Werder*, in: Ringleb/Kremer/Lutter/v.Werder, DCGK, 2010, 1. Teil. Vorbem. Rn. 1.

Allgemeinen das System der Verhaltensregeln für eine gute, verantwortungsvolle und langfristig wertschöpfende Unternehmensleitung, -organisation und –kontrolle verstanden werden[206]. Im Blickpunkt steht dabei einerseits das Zusammenwirken der Unternehmensorgane untereinander (Innensicht der Corporate Governance) und andererseits das Verhältnis der Unternehmensleitung zu den wesentlichen Bezugsgruppen des Unternehmens, den sog. Stakeholdern (Außensicht der Corporate Governance)[207]. Die Einhaltung verbindlicher Rechtsnormen respektive selbstgewählter Verhaltensstandards betrifft sowohl die Innensicht als auch die Außensicht der Corporate Governance und stellt eine wesentliche Komponente einer verantwortungsvollen Unternehmensführung dar[208]. So empfiehlt auch der sich an börsennotierte Gesellschaften richtende[209], allerdings nicht rechtsverbindliche Deutsche Corporate Governance Kodex (DCGK) in Ziffer 4.1.3, dass der Vorstand für die Einhaltung der gesetzlichen Bestimmungen und der unternehmensinternen Richtlinien zu sorgen hat und auf deren Beachtung durch die Konzernunternehmen hin wirkt (Compliance)[210]. Des Weiteren soll sich auch der Aufsichtsrat mit der Überwachung der unternehmensweiten Compliance befassen, Ziffer 5.3.2 DCGK. Eine an Corporate Governance ausgerichtete, „gute“ Unternehmensführung ist mithin ohne die strukturelle Gewährleistung von Corporate Compliance nicht denkbar.

---

206 *Wellhöfer*, in: Wellhöfer/Peltzner/Müller, Die Haftung von Vorstand, Aufsichtsrat und Wirtschaftsprüfer, 2008, § 4, Rn. 124.

207 siehe *v. Werder*, in: Ringleb/Kremer/Lutter/v.Werder, DCGK, 2010, 1. Teil. Vorbem. Rn.1.

208 Vgl. *Hüffer*, AktG, § 76, Rn. 15a.

209 Zur Bedeutung des DCGK für nicht börsennotierte Aktiengesellschaften, GmbHs und Personengesellschaften siehe *Carl*, in: Spahlinger/Wegen, Internationales Gesellschaftsrecht, 2005, Rn. 1596 f.; bzgl. Familienunternehmen siehe *Koeberle-Schmid/ Schween/May*, BB 2011, 2499 ff. Zur Corporate Governance bei der Unternehmens- und Beteiligungsführung im Bereich des Bundes und dem sog. Public Corporate Governance Kodex vom 01.07.2009, siehe *Caruso*, NZG 2009, 1419 ff; *Preussner*, NZG 2005, 575 ff.

210 Dem DCGK als solchem kommt keine Rechtsnormqualität zu; die Beachtung der im Kodex enthaltenen Empfehlungen ist freiwillig. Rechtlicher Anknüpfungspunkt ist allein die Abgabe einer obligatorischen Erklärung nach § 161 AktG, vgl. nur *Kort*, in: FS K. Schmidt, 2009, S. 945, 953 ff.

3. Corporate Compliance als Element des internen Kontrollsystems

Ist von Corporate Compliance die Rede, so fällt regelmäßig zudem der Begriff des „internen Kontrollsystems (IKS)“[211]. Das Gesetz nimmt zwar explizit Bezug auf diese Begrifflichkeit (§§ 107 Abs.3 S.2 AktG, 171 Abs.1 S.2 AktG, sowie §§ 289 Abs.5, 315 Abs.2 Nr.5 HGB), verzichtet indes auf eine Definition. In Anlehnung an die betriebswirtschaftliche Begriffsprägung werden unter einem internen Kontrollsystem allgemein die von der Unternehmensleitung im Unternehmen eingeführten Grundsätze, Verfahren und Maßnahmen (Regelungen)[212] verstanden, die auf die organisatorische Umsetzung von Entscheidungen der Unternehmensleitung hinsichtlich der (i) Sicherung der Wirksamkeit und Wirtschaftlichkeit der Geschäftstätigkeit, (ii) Verlässlichkeit und Ordnungsgemäßheit der internen und externen Rechnungslegung und (iii) der Einhaltung der für das Unternehmen maßgeblichen rechtlichen Vorschriften gerichtet sind[213]. Ein IKS besteht dabei grundsätzlich aus Regelungen zur Steuerung der Unternehmensaktivitäten (internes Steuerungssystem) und Regelungen zur Überwachung der Regeleinhaltung (internes Überwachungssystem)[214]. Mit Blick auf Ziffer (iii) wird Corporate Compliance bzw. die Etablierung eines entsprechenden Compliance-Systems vom Begriff des internen Kontrollsystems umfasst, stellt mithin einen Ausschnitt des internen Kontrollsystems dar[215].

---

211 Die Bezeichnung IKS geht auf den im angloamerikanischen Wirtschaftsraum entwickelten Begriff „Internal Control“ zurück, siehe *Klinger/Klinger*, Das Interne Kontrollsystem im Unternehmen, 2009, S. 3 ff.

212 Während nach *Bungartz,* Handbuch IKS, 2012, S. 24 f. auch die interne Revision als prozessunabhängige Überwachungsmaßnahme zum internen Kontrollsystem gezählt wird, umfasst das IKS nach Ansicht von *Bormann/Greulich*, in: Münchener Kommentar zum Bilanzrecht, 2012, § 324 HGB, Rn. 82, nur prozessintegrierte Kontrollen und organisatorische Sicherungsmaßnahmen. Das unterschiedliche Begriffsverständnis andeutend auch *Spindler*, in: Münchener Kommentar zum Aktiengesetz, 2008, § 91, Rn. 46.

213 *Bormann/Greulich*, in: Münchener Kommentar zum Bilanzrecht, 2012, § 324 HGB, Rn. 81; *Bungartz,* Handbuch IKS, 2012 S. 23 f.; *Klinger/Klinger*, Das Interne Kontrollsystem im Unternehmen, 2009, S. 4 ff. Siehe dazu auch *Institut der Wirtschaftsprüfer e.V. (IDW)*, Wpg Supplement 2/2012, S. 3 ff. (IDW Prüfungsstandard 261).

214 *Bungartz,* Handbuch IKS, 2012, S. 24.

215 *Auerbach/Jost*, in: Hopt/Wohlmannstetter, Handbuch Corporate Governance von Banken, 2011, S. 651, 662: „Die Compliance-Funktion ist Bestandteil des Internen Kontrollsystems (IKS)“; so auch *Tangermann,* Compliance, Risikobegrenzung und Imagevorteil, 2010, S. 69.

II. Die beiden Komponenten von Tax Compliance aus Unternehmensperspektive

Sieht man Tax Compliance aus Unternehmensperspektive als Unterbegriff bzw. als auf das Steuerrecht gerichteten Teilbereich von Corporate Compliance, so sind auch hier zwei Komponenten zu unterscheiden[216]: Die Normenkonformität des Unternehmens bzw. seiner Organe und Mitarbeiter im Steuerbereich zum einen und die Etablierung strategischer Grundsätze, Organisationsformen und Instrumente zur strukturellen Sicherstellung der steuerlichen Normenkonformität zum anderen.

1. Normenkonformität im Steuerbereich

Tax Compliance steht demnach zunächst für normenkonformes Verhalten des Unternehmens, seiner Organe und Mitarbeiter im Steuerbereich[217]. Erfasst wird dabei sowohl die Einhaltung von Gesetzen, d.h. von verbindlichen Rechtsnormen, als auch – optional – die Befolgung freiwilliger, darüber hinausgehender Verhaltensstandards.

a) Einhaltung verbindlicher Rechtsnormen

Als wesentliche Komponente beinhaltet Tax Compliance die Einhaltung der relevanten Ge- und Verbote durch ein Unternehmen, seine Organe und Mitglieder auf dem Gebiet des Steuerrechts[218]. Es bezieht sich dabei nicht nur auf den Bereich der Ertragsteuern, sondern insgesamt auf alle weiteren Steuerarten, die für ein Unternehmen von Relevanz sein können[219] und umfasst grundsätzlich auch den Komplex der Einfuhr- und Ausfuhrabgaben (Zölle)[220]. Einzuhalten sind dabei

---

216 Vgl. *Wulf*, AnwBl 2010, 656.

217 *Demuth/Kaiser*, in: Görling/Inderst/Bannenberg, Compliance, Rn. 471; *Kälin/Strohe*, ZRFC 2011, 102; *Streck/Binnewies*, DStR 2009, 229; *Streck*, StbJb 2009/2010, 415, 417; *ders.*, in: *Streck/Mack/Schwedhelm*, Tax Compliance, 2010, Kapitel 1, Rn. 1.4 ff.; *Wulf*, AnwBl 2010, 656.

218 Vgl. *Geuenich/Kiesel*, BB 2012, 155; *Kälin/Strohe*, ZFRC 2011, 102.

219 *Kälin/Strohe*, ZFRC 2011, 102; *Loitz*, WPg 2005, 817, 825.

220 *Besch/Stark*, in: Hauschka, Corporate Compliance, 2010, § 34, Rn. 4; *Streck*, in: Streck/ Mack/Schwedhelm, Tax Compliance, 2010, Kapitel 1, Rn. 1.4. Ebenso *Geuenich/Kiesel*, BB 2012, 155. In Anbetracht der Regelung in § 3 Abs.3 AO, wonach auch Einfuhr- und Ausfuhrabgaben nach Art. 4 Nr.10 und 11 des Zollkodexes Steuern

grundsätzlich alle steuerlichen Gesetze, die sich an das Unternehmen wenden[221]. Nach § 4 AO ist ein Gesetz „jede Rechtsnorm", worunter verbindliche abstrakte und generelle Anordnungen von einer staatlichen Autorität verstanden werden können[222]. Zum hochkomplexen System steuerlicher Rechtsnormen zählen neben formellen Gesetzen vor allem Rechtsverordnungen der Exekutive und Satzungen juristischer Personen des öffentlichen Rechts sowie Doppelbesteuerungsabkommen und supranationale Normen[223]. Da sich sowohl Steuersubjekt und Steuerobjekt, als auch Steuerbemessungsgrundlage und Steuersatz aus einem formellen Gesetz ergeben müssen („nullum tributum sine lege") sog. rechtsstaatlicher Gesetzes- bzw. Parlamentsvorbehalt[224], lassen sich diese Gesetze als wichtigste Rechtsquelle für die Besteuerung qualifizieren[225]. Zentral im Rahmen von Tax Compliance sind die in der Abgabenordnung (insbesondere §§ 90 ff. AO[226]) und den Einzelsteuergesetzen normierten umfangreichen Deklarations- und Mitwirkungspflichten, die seitens der Steuerpflichtigen im Besteuerungsverfahren zu erfüllen sind[227]. Um den steuerlichen Gewinn zutreffend ermitteln und deklarieren zu können, sind nach Maßgabe von §§ 4 Abs.1, 5 Abs.1 S.1 EStG zudem die „handelsrechtlichen Grundsätze ordnungsgemäßer Buchführung" einzuhalten, sog. Maßgeblichkeitsprinzip[228]. Die Einhaltung der Normen des sog. Bilanzsteuerrechts (§§4 bis 7k EStG, §§ 140 ff. AO, §§ 238 ff. HGB)[229] ist mithin auch Bestandteil von Tax Compliance. Entsprechende Bilanzen und Gewinn- und Verlustrechnungen sind zudem gemäß § 5b EStG nach amtlich vorgeschriebenem Datensatz durch Datenfernübertragung an die Finanzverwaltung zu übermitteln[230].

---

im Sinne der AO darstellen, scheint dies überzeugend. Im Folgenden soll allerdings der Fokus auf das Steuerrecht i.e.S. gerichtet werden.

221 Vgl. *Streck*, in: Streck/Mack/Schwedhelm, Tax Compliance, 2010, Kapitel 1, Rn. 1.4.

222 *Englisch*, in: Tipke/Lang, Steuerrecht, 2013, §5, Rn. 1.

223 Vgl. *Englisch*, in: Tipke/Lang, Steuerrecht, 2013, § 5, Rn. 1.

224 Siehe dazu *Hey*, in: Tipke/Lang, Steuerrecht, 2013, § 3, Rn. 230 ff.

225 *Kraft/Kraft*, Grundlagen der Unternehmensbesteuerung, 2009, S. 17.

226 Zu den einzelnen Mitwirkungspflichten siehe **3. Kapitel B. I**.

227 So wird der Begriff Tax Compliance im alltäglichen Sprachgebrauch bisweilen auch zur Umschreibung eines Arbeitsfeldes für Steuerfachleute verwendet, welches die Erledigung steuerlicher Mitwirkungs- bzw. Deklarationspflichten (insbes. §§ 149 ff. AO) beinhaltet, siehe *Kälin/Strohe*, ZFRC 2011, 102.

228 Zur steuerlichen Gewinnermittlung und Bilanzierung und den dabei einzuhaltenden Rechtsnormen siehe *Hey*, in: Tipke/Lang, Steuerrecht, 2013, § 9, Rn. 10 ff.

229 Zum Begriff des Bilanzsteuerrechts siehe *Birk*, Steuerrecht, 2012, Rn. 804 ff.

230 Siehe dazu auch **4. Kapitel A. IV. 1. b)**.

Nicht zu den im Rahmen von Tax Compliance zwingend einzuhaltenden Rechtsnormen zählen indes die die Praxis der Finanzverwaltung prägenden zahllosen Verwaltungsvorschriften in Form von Richtlinien, Erlassen oder Typisierungsvorschriften[231]. Diese stellen keine für die Steuerpflichtigen verbindlichen Rechtsnormen i.S.v. § 4 AO, sondern sog. Innenrecht der Finanzverwaltung dar[232]. Ebenso binden Urteile des BFH nur inter partes (vgl. § 110 FGO), erzeugen also bis auf den in § 176 Abs.1 AO oder FGO geregelten Sonderfall des Vertrauensschutzes keine allgemeine rechtliche Bindung[233]. Allerdings bietet erst die untergesetzliche Tatbestandsbildung durch Verwaltungsvorschriften bzw. die Rechtsprechung wichtige Orientierungspunkte, wo das Gesetz nur abstrakte Vorgaben macht bzw. schweigt[234].

b) Einhaltung freiwilliger Verhaltensstandards

Korrespondierend mit dem Oberbegriff der Corporate Compliance kann sich Tax Compliance zudem auf die Befolgung unternehmensinterner Verhaltensanforderungen bzw. freiwilliger Selbstverpflichtungen beziehen, die keine erzwingbaren materiellen oder formellen Rechtsnormen darstellen[235]. In Betracht kommen dabei vor allem auf das Besteuerungsverfahren respektive den Umgang mit den Steuervollzugsbehörden rekurrierende Verhaltensanforderungen[236]. Die Erfüllung dieser Verhaltensstandards zielt in der Regel auf Erleichterungen im Rahmen des Besteuerungsverfahrens bzw. auf die Verbesserung des Umgangs mit den Vollzugsbehörden[237]. In internationalem Kontext sind diesbezüglich beispielweise die Selbstverpflichtungen der Unternehmen im Rahmen der sog. Compliance-Programme zu nennen[238]. Auch die Einhaltung der im Rahmen

---

231 Zur Bedeutung der Verwaltungsvorschriften für Tax Compliance siehe auch unten **2. Kapitel C.** Zur Frage, inwieweit Verwaltungsvorschriften und Rechtsprechung bei der Erstellung der Steuererklärung zu Grunde zu legen sind, siehe **4. Kapitel C. IV. 2. a) bb) (i)**.

232 Siehe etwa *Englisch,* in: Tipke/Lang, Steuerrecht, 2013, § 5, Rn. 28 ff.; *Pahlke*, in: Pahlke/Koenig, AO, 2009, § 4, Rn. 51.

233 Siehe etwa *Englisch,* in: Tipke/Lang, Steuerrecht, 2013, § 5, Rn. 37 ff.

234 *Hey*, DStR 2004, 1897; allgemein *Weller*, Die Bedeutung der Präjudizien im Verständnis der deutschen Rechtswissenschaft, 1979, passim.

235 Vgl. zu diesem bisher selten thematisierten Aspekt von Tax Compliance aus Unternehmenssicht *Kälin/Strohe*, ZFRC 2011, 102, 103 f.

236 Vgl. *Kälin/Strohe*, ZFRC 2011, 102, 103 f.

237 *Kälin/Strohe*, ZFRC 2011, 102, 103 f.

238 Siehe dazu bereits **1. Kapitel B**.

eines Tax Compliance-Systems aufgestellten unternehmensinternen Richtlinien und Verhaltensanforderungen ist an dieser Stelle zu verorten.

2. Etablierung eines Tax Compliance-Systems

Neben der Einhaltung der einschlägigen steuerlichen Vorschriften meint Tax Compliance schließlich auch die strukturelle Sicherstellung der Regeleinhaltung im Unternehmen[239]. Es umfasst daher auch die Frage, wie die Einhaltung der relevanten steuerlichen Bestimmungen mittels eines entsprechenden, ganzheitlichen Organisationsmodells im Unternehmen für die Zukunft gewährleistet werden kann. Diesbezüglich lässt sich auch vom Aufbau und der Einrichtung eines Informationssystems mit Informationsstrukturen bzw. eines Tax Compliance-Systems sprechen. Steuerliche Regelungen sollen damit nicht mehr nur passiv akzeptiert, sondern deren Einhaltung aktiv und strategisch abgesichert werden[240]. Gerade diese Komponente verleiht Tax Compliance seinen wesentlichen Gehalt, stellt doch die Verpflichtung von Unternehmen bzw. der Unternehmensleitung zu rechtmäßigem steuerlichen Verhalten an sich eine rechtstaatliche Selbstverständlichkeit dar.

Dementsprechend wird es der Bedeutung von Tax Compliance aus Unternehmensperspektive nicht vollständig gerecht, wenn der Begriff bisweilen nur mit der unternehmensseitigen „Steuerdeklaration“ übersetzt bzw. gleichgesetzt wird[241]. Diese wird neben anderen Tätigkeiten, wie beispielsweise der Steuergestaltung, zum klassischen Aufgabenspektrum[242] einer Unternehmenssteuerabteilung gezählt[243]; Beispiele für Steuerdeklarationstätigkeiten sind die Abgabe von Steuererklärungen, die Erstellung von Steuerbilanzen und die Zahlung zu entrichtender Steuerbeträge sowie die Erfüllung von Mitwirkungspflichten im

---

239 *Streck*, StbJb 2009/2010, 415, 416; *Wessing*, Steueranwaltsmagazin 2007, 175. Vgl. auch *Ehlers*, NWB 2012, 1535 ff., insbesondere mit Blick auf kleine und mittlere Unternehmen.

240 *Streck*, StbJb 2009/2010, 415, 416.

241 So *Vera*, Organisation von Steuerabteilungen, 2001, S. 49 und 51; ähnlich auch *Loose*, Tax Management, 2009, S. 49.

242 Zum Paradigmenwechsel des steuerlichen Aufgabenspektrums bei kapitalmarktorienterten internationalen Unternehmen siehe *Loose*, Tax Management, 2009, S. 1 ff.

243 *Schneider*, DStR 2001, 1224; *Vera*, Organisation von Steuerabteilungen, 2001, S. 60; *Rose*, StbJb 1969/1970, S. 36 ff.

Rahmen einer Betriebsprüfung[244]. Obgleich die genannten Deklarationstätigkeiten der Erfüllung steuerlicher Pflichten dienen[245] und insofern in der Tat als zentrale Tax Compliance-Tätigkeiten angesehen werden können, fügt sich die Reduktion von Tax Compliance aus Unternehmenssicht auf derartige Tätigkeiten nicht in die moderne Corporate Compliance-Dogmatik ein. Es käme mithin nicht hinreichend zur Geltung, dass der Terminus Tax Compliance gerade auch für die Implementierung einer entsprechenden Organisation mit Prozessen und Systemen im Unternehmen steht.

III. Abgrenzung zum Begriff des Tax Risk Managements

Im Rahmen der Begriffsbestimmung von Tax Compliance stellt sich die Frage, wie sich der Begriff zum sog. Tax Risk Management auf Unternehmensseite verhält[246]. Wie Tax Compliance wird auch dieser Terminus – synonym kann von steuerlichem Risikomanagement im Unternehmen gesprochen werden – gesetzlich nicht definiert[247]. Die Begrifflichkeit als solche impliziert bereits, dass es um den strategischen, planvollen Umgang mit steuerlichen Risiken im Unternehmen geht. Tax Risk Management wird daher auch als Gesamtheit sämtlicher organisatorischer Maßnahmen und Regelungen aufgefasst, die der Identifikation, Bewertung und Steuerung von steuerlichen Risiken im Unternehmen dienen[248]. Unter steuerlichen Risiken können dabei aus Unternehmenssicht allgemein „Unsicherheiten" verstanden werden, „die bei den verschiedenen Steuerarten zu negativen Auswirkungen für das Unternehmen führen können"[249]. Kernaufgabe eines Tax

244 *Rose*, StbJb 1969/1970, S. 36 ff. Teilweise wird auch die Einlegung von gerichtlichen und außergerichtlichen Rechtsbehelfen, also die Steuerrechtsdurchsetzung, unter den Begriff der Steuerdeklaration subsumiert, so *Loose*, Tax Management, 2009, S. 49.

245 Vgl. *Schneider*, DStR 2001, 1224.

246 Wie bei dem Begriff der Tax Compliance gilt es auch hier zwischen steuerlichem Risikomanagement auf Unternehmensseite und dem Risikomanagement seitens des Steuervollzuges zu unterscheiden. Zu letzterem siehe **3. Kapitel D. II. und 4. Kapitel A.**

247 Grundlegend zum Tax Risk Management und dessen Einflussfaktoren auf Strategie, Prozesse und Organisation im Unternehmen siehe *Spengel/Matenaer*, Ubg 2011, 798 ff.

248 *Loose*, Tax Management, 2009, S. 205. Vgl. auch *Risse*, Steuercontrolling und Reporting, 2010, § 4, Rn. 1 ff.

249 *Röthlisberger/Zitter*, Der Schweizer Treuhänder 2005, 295, 296 ff.; ebenso *Streck*, in: Streck/Mack/Schwedhelm, Tax Compliance, 2010, Kapitel 1, Rn. 1.7. Zum Begriff des steuerlichen Risikos siehe auch *Loose*, Tax Management, 2009, S. 39 ff.; *Risse*,

Risk Managements ist es nun, entsprechende Steuerrisiken aus Unternehmenssicht zu optimieren[250]. Dazu gilt es insbesondere ein Risikolevel zu definieren, welches für das Unternehmen noch akzeptabel ist[251]. Die entscheidende Abgrenzung zum Begriff der Tax Compliance ist nun darin zu sehen, dass ein Tax Risk Management als solches noch keine Wertentscheidung für Normenkonformität im Steuerbereich enthält[252]. Vielmehr stellt die Risikominimierung bzw. –optimierung als solche eine neutrale Zielsetzung dar, wobei eine gesetz- und gleichmäßige Steuerfestsetzung und –erhebung nach § 85 AO dem Tax Risk Management unter Umständen auch wiedersprechen kann[253]. Mit *Streck* kann demnach auch die Zielsetzung, eine Steuerhinterziehung oder einen Steuermissbrauch zu verdecken, Teil eines Tax Risk Managements sein[254]. Soweit es jedoch um den kontrollierten Umgang mit rechtlichen Risiken im Steuerbereich bzw. die Zielsetzung der Minimierung von Rechtsverstößen geht, weisen Tax Compliance und Tax Risk Management in der Tat identische Zielrichtungen auf[255].

Ubg 2012, 169, 170 ff. Nach *Kessler/Scholz-Görlach*, in: FS Meilicke, 2010, S. 287, 290 ff., stellt insbesondere auch die Nichtinanspruchnahme oder Unkenntnis von Gestaltungspotenzial und eine daraus resultierende höhere Steuerzahlung ein steuerliches Risiko dar.

250 *Risse*, Ubg 2012, 169.

251 Vgl. *Risse*, Ubg 2012, 169, der zutreffend darauf hinweist, dass unternehmerisches Tätigwerden letztlich immer auch das Eingehen von Risiken erfordert und daher die Zielsetzung der bloßen Risikovermeidung mit hoher Wahrscheinlichkeit unwirtschaftlich wäre. Gleichwohl nennt *Streck*, in: Streck/Mack/Schwedhelm, Tax Compliance, 2010, Kapitel 1, Rn. 1.7 die Risikovermeidung als Kernaufgabe steuerlichen Risikomanagements.

252 *Besch/Stark*, in: Hauschka, Corporate Compliance, 2010, § 34, Rn. 9; *Schwedhelm*, AnwBl 2009, 90; *Streck/Binnewies*, DStR 2009, 229; *Streck*, in: Streck/Mack/Schwedhelm, Tax Compliance, 2010, Kapitel 1, Rn. 1.7.

253 *Streck*, in: Streck/Mack/Schwedhelm, Tax Compliance, 2010, Kapitel 1, Rn. 1.7.

254 *Streck*, in: Streck/Mack/Schwedhelm, Tax Compliance, 2010, Kapitel 1, Rn. 1.7.

255 In der allgemeinen, nicht auf den Steuerbereich bezogenen Literatur zum Thema Corporate Compliance wird diese auf Grund der sich teilweise überschneidenden Zielsetzungen häufig auch als Teilbereich des allgemeinen Risikomanagements im Unternehmen angesehen, siehe *Bürkle*, BB 2005, 565; *Campos-Nave/Bonenberger* BB 2008, 734, 735; *Lösler*, NZG 2005, 104, 107; a.A. jedoch *Bergmoser/Theusinger/Gushurst*, BB-Beilage 5, 2008, 1, 8, die umgekehrt Risikomanagementsysteme, die sich mit rechtlichen Risiken befassen, als Unterfall von Compliance-Systemen qualifizieren.

IV. Abgrenzung zum Begriff des Tax Accountings

Schließlich ist Tax Compliance vom ebenfalls anglistischen und in der Praxis geläufigen Begriff des Tax Accountings abzugrenzen. Wie sich die beiden Termini zueinander verhalten, wurde in der Literatur bisher soweit ersichtlich nicht thematisiert. Der Begriff Accounting kann allgemein mit externer Rechnungslegung übersetzt werden[256], worunter sich Normen und Standards fassen lassen, die die Aufstellung, Prüfung und Offenlegung von Jahresabschlüssen, Konzernabschlüssen und Lageberichten regeln[257]. Unter Tax Accounting können im Allgemeinen Tätigkeiten verstanden werden, die sich mit der für die handelsrechtlichen Jahres-, Halbjahres- und Quartalsabschlüsse eines Unternehmens zwingend vorzunehmenden Finanzberichterstattung über Steueraspekte befassen[258]. Diese werden in der Regel durch die Steuerabteilung in Zusammenarbeit mit der Rechnungswesenabteilung durchgeführt[259]. Sowohl in der Handelsbilanz, Gewinn- und Verlustrechnung, Eigenkapitalrechnung und dem Cash Flow Statement als auch im Lagebericht und Anhang sind berichtspflichtige Elemente zum Thema Steuern enthalten[260]. Der Begriff Tax Accounting als solcher sagt indes noch nichts darüber aus, ob die Berichterstattung über steuerliche Aspekte auch konform mit den dabei einzuhaltenden Rechtsvorschriften erfolgt. Relevante Vorschriften sind dabei primär solche des Handelsrechts, insbesondere §§ 242 ff. HGB[261] bzw. internationale Rechnungslegungsstandards wie IAS 12, IAS 37 und ASC 740-10[262]. Versteht man Tax Compliance wie vorliegend als – strukturell abgesicherte – Normenkonformität im Steuerbereich, lässt sich auch die Einhaltung der handelsrechtlichen Vorschriften unter den Tax Compliance-Begriff subsumieren, soweit sie die externe Finanzberichterstattung zum Thema Steuern betreffen.

---

256 Vgl. *Wojahn,* in: Behringer, Compliance kompakt, 2011, S. 111 ff.

257 *Kanitz,* Bilanzkunde, Rn. 42.

258 Vgl. *Büssow/Taetzner*, BB 2005, 2437, 2442; *Loitz*, WPg 2005, 817, 825; *Loose*, Tax Management, 2009, S. 49.

259 Vgl. *Loose*, Tax Management, 2009, S. 49.

260 *Risse/Große-Allermann,* Ubg 2010, 629, 632; siehe auch *Loitz*, WPg 2005, 817, 825. Mittels Tax Accountings kann daher die Steuerquote des Unternehmens beeinflusst werden, vgl. *Pratter/Köster/Zeller*, Steuer Revue 2010, S. 354 ff.

261 Zentrale Vorschriften sind beispielsweise § 249 HGB im Hinblick auf Rückstellungen für unsichere Steuerpositionen, § 274 HGB im Hinblick auf die Bilanzierung latenter Steuern oder § 289 Abs.5 HGB im Hinblick auf Angaben im Lagebericht zum Kontroll- und Risikomanagementsystem bezüglich der Rechnungslegung.

262 Siehe dazu *Benzel/Limbach*, IRZ 2010, 499 ff.

Präzisierend könnte auch der Begriff der „Tax Accounting Compliance" verwendet werden, sofern es um die Einhaltung dieser – nicht genuin steuerrechtlichen – Vorschriften geht. Soweit steuerrechtliche Vorschriften nicht beachtet werden, also keine Tax Compliance im engeren Sinne gewährleistet wird, kann sich dies negativ auf die Finanzberichterstattung über Steuern auswirken: Die die Steuern betreffenden Positionen in der Handelsbilanz, Gewinn- und Verlustrechnung etc. können unvollständig oder unrichtig sein[263].

B. Ziele von Tax Compliance aus Unternehmensperspektive

Das Verständnis von Tax Compliance nicht nur als Normenkonformität des Unternehmens, seiner Organe und Mitarbeiter im Steuerbereich, sondern zugleich als deren strukturelle Absicherung impliziert bereits die zentrale Zielsetzung von Tax Compliance: Verstöße gegen Steuernormen sollen von vornherein systematisch verhindert und die Gefahr möglicher negativer Folgen minimiert werden (Ziel der Schadensvermeidung, **I.**). Sollte es trotzdem zu Regelübertretungen kommen, zielt Tax Compliance zudem auf deren Beendigung und konsequente Sanktionierung (Ziel der Schadensbegrenzung, **II.**). Neben den Zielen der Schadensvermeidung und -begrenzung ist Tax Compliance grundsätzlich auch darauf gerichtet, positive Folgen in Gestalt eines „Mehrwertes" herbeizuführen (Ziel der Wertschöpfung, **III.**). Insgesamt ist Tax Compliance damit einerseits negativ, andererseits aber auch positiv motiviert.

I. Ziel der Schadensvermeidung

Zentrale Zielsetzung von Tax Compliance aus Unternehmenssicht ist die Vermeidung künftiger finanzieller Nachteile und strafrechtlicher Sanktionen für Unternehmen, ihre Organe und Mitarbeiter in Folge von steuerlichen Rechtsverstößen[264]. Es gilt, nicht bloß auf Steuerrechtsverletzungen zu reagieren, sondern bereits im Vorfeld mögliche Risikofelder bzw. -ursachen zu identifizieren und adäquate Maßnahmen zur Verhinderung steuerlicher Rechtsverstöße zu

---

263 Vgl. *Büssow/Taetzner*, BB 2005, 2437, 2443.
264 *Geuenich/Kiesel*, BB 2012, 155.

treffen. Die steuerliche Regeleinhaltung im Unternehmen soll mithin nicht vom Zufall abhängen, sondern organisatorisch-systematisch sichergestellt bzw. aufrechterhalten werden. Tax Compliance ist somit primär prospektiv ausgerichtet, „stülpt" quasi „das Haftungsrecht um"[265]. Die Zielsetzung der Schadensvermeidung von Tax Compliance korrespondiert mit dem allgemeinen Ansatz von Corporate Compliance, wonach die Prävention von Normverstößen samt negativer Folgen im Vordergrund steht: „Ziel jeder Compliance-Organisation ist es, auf die Einhaltung gesetzlicher Normen oder unternehmensdefinierter Vorgaben hinzuwirken, um dadurch Haftungsansprüche oder andere Rechtsnachteile wie verwaltungsrechtliche Sanktionen oder straf- und/oder zivilrechtliche Konsequenzen, aber auch Reputationsschäden für das Unternehmen, seine Mitarbeiter und Organe zu vermeiden"[266]. So enthält auch der erläuternde Untertitel des Standardwerks zu Compliance von *Hauschka* den auf die primäre Compliance-Zielsetzung rekurrierenden Untertitel „Handbuch der Haftungsvermeidung"[267].

Dabei wäre es freilich zu blauäugig, davon auszugehen, mittels Tax Compliance eine absolute Einhaltung der steuerlichen Verpflichtungen zu erreichen und damit sämtliche Nachteile von Steuerrechtsverstößen vermeiden zu können. Schließlich stellt das deutsche Steuerrecht eine derart komplexe, unübersichtliche Materie dar, dass es bei realitätsnaher Betrachtung für ein Unternehmen kaum möglich ist, sich fehlerlos innerhalb dieses Regelwerks zu bewegen[268]. Nach *Geuenich/Kiesel* bedeutete die Vermeidung jeglicher Rechtsverstöße einen organisatorischen Aufwand, der in keinem wirtschaftlichen Verhältnis zum angestrebten Ziel stünde, die Zumutbarkeit mithin überspannen würde[269]. Auch mit Blick auf die Thematik der Corporate Compliance im Allgemeinen ist anerkannt, dass es dabei nicht darum gehen kann, jedes nur denkbare Fehlverhalten von Mitarbeitern oder dem Unternehmen zuzurechnenden Dritten zu verhindern, sondern vielmehr eine Vermeidung systematischen Fehlverhaltens zu erreichen[270].

---

265 So anschaulich *Streck*, in: Streck/Mack/Schwedhelm, Tax Compliance, 2010, Kapitel 1, Rn. 1.2.

266 *Eisele/Faust*, in: Schimansky/Bunte/Lwowski, Bankrechts-Handbuch Band II, 2011, § 109, Rn. 1 ff.; *Hauschka*, in: Corporate Compliance, 2010, § 1, Rn. 24.

267 Darauf ebenso Bezug nehmend *Streck*, in: Streck/Mack/Schwedhelm, Tax Compliance, 2010, Kapitel, Rn. 1.3.

268 *Wulf*, AnwBl 2010, 656.

269 *Geuenich/Kiesel*, BB 2012, 155, 161.

270 *Moosmayer*, in: Moosmayer, Compliance, 2012, S. 25.

Ausgehend vom Ansatzpunkt der „Umstülpung des Haftungsrechts" sollen nachfolgend negative Folgen von steuerlichen Rechtsverstößen, die es zu verhindern gilt, überblicksartig dargestellt werden. Dies soll die enorme Bandbreite möglicher Nachteile von Steuerrechtsverstößen illustrieren[271]. Auf den Aspekt der Vermeidung einer rechtswidrigen, regelmäßig Steuernachzahlungen samt Nachzahlungszinsen verursachenden Steuerplanung wird gesondert unter **D.** eingegangen.

1. Vermeidung von straf- und ordnungswidrigkeitsrechtlichen Sanktionen

Tax Compliance zielt insbesondere auf die Vermeidung straf- und ordnungswidrigkeitsrechtlicher Sanktionen[272]. Schließlich können diese besonders drastische finanzielle Folgen bis hin zu Freiheitsstrafen für einzelne Personen mit sich bringen[273]. Dabei soll zwischen Sanktionen gegen einzelne Personen, unabhängig von deren Hierarchieebene im Unternehmen, und Sanktionen und Nachteilen für das Unternehmen als solches differenziert werden.

a) Sanktionierung natürlicher Personen

Da die deutsche Rechtsordnung kein Unternehmensstrafrecht vorsieht, können Unternehmen als solche nicht direkt strafrechtlich zur Verantwortung gezogen werden. Zurückzuführen ist dies auf den Grundsatz „nulla poena sine culpa", wonach eine Bestrafung schuldhaftes Verhalten voraussetzt, zu dem nur natürliche Personen in der Lage sind[274]. Eine Strafbarkeit wegen Verstoßes gegen Steuergesetze kommt demnach nur für natürliche Personen in Betracht. Von herausragender Relevanz ist dabei vor allem die Strafbarkeit wegen Steuerhinterziehung

---

271 Im Hinblick auf Rechtsprobleme en détail wird auf die umfangreiche, bestehende Literatur verwiesen.

272 Vgl. *Wessing*, Steueranwaltsmagazin 2007, 175, 177 ff.

273 *Geuenich/Kiesel,* BB 2012, 155, 157 gehen insgesamt von einem kontinuierlichen Anstieg des Risikos steuerstrafrechtlicher Ermittlungen für Unternehmen bzw. ihre Organe und Mitarbeiter in den letzten Jahren aus und begründen dies mit einem verschärften regulatorischen Umfeld, einer zunehmend restriktiven BGH-Rechtsprechung sowie einer verstärkten Nutzung des strafrechtlichen Instrumentariums durch die Finanzverwaltung.

274 Siehe etwa BVerfG v. 04.02.1959, 1 BvR 197/53, BVerfGE 9, 167, 169; BGH v. 18.03.1952, GSSt 2/51, BGHSt 2, 194, 200 sowie beispielsweise *Lencker/Eisele*, in: Schönke/Schröder, Strafgesetzbuch, 2010, Vorbem. zu §§ 13 ff., Rn. 103–104.

nach § 370 AO[275]. Eine solche begeht, wer den Finanzbehörden oder anderen Behörden über steuerlich erhebliche Tatsachen unrichtige oder unvollständige Angaben macht (§ 370 Abs.1 Nr.1 AO), die Finanzbehörden pflichtwidrig über steuerlich erhebliche Tatsachen in Unkenntnis lässt (§ 370 Abs.1 Nr.2 AO) oder pflichtwidrig die Verwendung von Steuerzeichen oder Steuerstemplern unterlässt (§ 370 Abs.1 Nr.3 AO) und dadurch Steuern verkürzt oder für sich oder einen anderen nicht gerechtfertigte Steuervorteile erlangt. Eine Steuerhinterziehung kann mit Freiheitsstrafe bis zu fünf Jahren oder mit Geldstrafe bestraft werden, § 370 Abs.1 AO. In besonders schweren Fällen ist die Strafe eine Freiheitsstrafe von sechs Monaten bis zu zehn Jahren, § 370 Abs.3 S.1 AO.

Täter[276] einer Steuerhinterziehung durch positives Tun (§ 370 Abs.1 Nr.1 AO) kann grundsätzlich *jedermann* sein[277]. Insofern kommt jeder Mitarbeiter eines Unternehmens, unabhängig von seiner Hierarchiestufe als tauglicher Täter einer Steuerhinterziehung zu Gunsten des Unternehmens in Betracht, solange er tatsächlich dazu in der Lage ist, auf die Festsetzung, Erhebung oder Vollstreckung der Steuer zum Nachteil des Fiskus Einfluss zu nehmen[278]. Freilich zählen dazu insbesondere die Mitglieder der Unternehmensleitung[279]. Hingegen setzen § 370 Abs.1 Nr.2 und 3 AO als unechte Unterlassungsdelikte eine *Garantenstellung* des Täters voraus[280]. Entsprechende Garantenpflichten ergeben sich dabei primär aus dem Gesetz[281]; von grundlegender Bedeutung ist etwa die Pflicht zur Abgabe von

275 *Seer*, in: Tipke/Lang, Steuerrecht, 2013, § 23, Rn. 20, bezeichnet die Steuerhinterziehung als „Zentraldelikt" des Steuerstrafrechts.

276 Die Teilnahme an einer Steuerhinterzeihung richtet sich nach § 369 Abs.2 AO i.V.m. §§ 26 ff. StGB.

277 *Seer*, in: Tipke/Lang, Steuerrecht, 2013, § 23, Rn. 26.

278 *Joecks*, in: Franzen/Gast/Joecks, Steuerstrafrecht, 2009, § 370, Rn. 19; vgl. auch *Seer*, in: Tipke/Lang, Steuerrecht, 2013, § 23, Rn. 26, der überdies auf Steuerberater oder Finanzbeamten als taugliche Täter einer Steuerhinterziehung nach § 370 Abs.1 Nr.1 AO hinweist. Zur Strafbarkeit von Steuerberatern unter Berücksichtigung unternehmensseitiger Tax Compliance-Systeme siehe *Götzens*, in: FS I. Roxin, 2012, S. 453, 454 ff.

279 Bei der AG hat der Vorstand unter eigener Verantwortung die Gesellschaft zu leiten (§ 76 Abs.1 AktG) und vertritt die Gesellschaft gerichtlich und außergerichtlich (§ 78 Abs.1 S.1 AktG).

280 Siehe dazu *Grunst*, Steuerhinterziehung durch Unterlassen, 1996, S. 45 ff.; *Joecks*, in: Franzen/Gast/Joecks, Steuerstrafrecht, 2009, § 370, Rn. 161 ff.; *Müller*, AO-StB 2002, 58 ff.; *Seer*, in: Tipke/Lang, Steuerrecht, 2013, § 23, Rn. 26.

281 *Joecks*, in: Franzen/Gast/Joecks, Steuerstrafrecht, 2009, § 370, Rn. 161 ff., wonach die allgemeinen strafrechtlichen Garantenpflichten (§ 13 Abs.1 StGB) eine nur

Steuererklärungen (für die AG: § 31 KStG i.V.m. § 56 EStDV) oder die Pflicht zur Berichtigung von Erklärungen nach § 153 AO[282]. Bei der AG als juristischer Person treffen die steuergesetzlichen Pflichten zur Steuererklärung und -anmeldung, Anzeige, Berichtigung etc. die Mitglieder des Vorstandes als Leitungs- und Vertretungsorgan, vgl. § 34 Abs.1 AO[283]. Die Organmitglieder können sich daher nach § 370 Abs.1 Nr. 2 und 3 AO strafbar machen[284]. Bei einem mehrköpfigen Organ treffen die steuerlichen Pflichten jedes Mitglied in eigener Person (Grundsatz der Gesamtverantwortung)[285]. Sowohl bei postivem Tun als auch bei Unterlassen setzt eine Strafbarkeit wegen Steuerhinterziehung voraus, dass der Täter zumindest bedingten Vorsatz (dolus eventualis) hatte; der Vorsatz muss sich dabei auf sämtliche Tatbestandsmerkmale beziehen (§ 369 Abs.2 AO, § 16 Abs.1 S.1 StGB)[286].

Neben steuerstrafrechtlichen kommen auch ordnungswidrigkeitsrechtliche Sanktionen gegen einzelne Personen in Betracht. So kann mit einer Geldbuße bis zu fünfzigtausend Euro belegt werden, wer als Steuerpflichtiger oder bei Wahrnehmung der Angelegenheiten eines Steuerpflichtigen eine der in § 370 Abs.1 AO bezeichneten Taten leichtfertig, d.h. grob fahrlässig begeht, vgl. § 378 Abs.1 AO (leichtfertige Steuerverkürzung)[287]. Die Vorschrift beschränkt damit den Täterkreis gegenüber § 370 AO. Zu den „Steuerpflichtigen" (vgl. § 33 Abs.1 AO) zählen auch die in §§ 34, 35 AO genannten Personen, also beispielsweise die gesetzlichen Vertreter juristischer Personen[288]. Neben den Steuerpflichtigen kommen

---

untergeordnete praktische Rolle spielen. Siehe dazu *Grunst,* Steuerhinterziehung durch Unterlassen, 1996, S. 30 ff.

282 Zu den einzelnen Pflichten i.R.d. Steuerhinterziehung durch Unterlassen siehe *Joecks*, in: Franzen/Gast/Joecks, Steuerstrafrecht, 2009, § 370, Rn. 164 ff. Zur Abgrenzung zur unvollständigen Angabe nach § 370 Abs.1 Nr.1 AO siehe *Rolletschke*, in: Graf/Jäger/Wittig, Wirtschafts- und Steuerstrafrecht, 2011, § 270 AO, Rn. 39. Die Pflichtenstellung ist kein besonderes persönliches Merkmal i.S.d. § 28 Abs.1 StGB, siehe *Seer*, in: Tipke/Lang, Steuerrecht, 2013, § 23, Rn. 26.

283 Vgl. *Joecks*, in: Franzen/Gast/Joecks, Steuerstrafrecht, 2009, § 370, Rn. 172.

284 Vgl. *Grunst,* Steuerhinterziehung durch Unterlassen, 1996, S. 75.

285 *Rolletschke*, in: Graf/Jäger/Wittig, Wirtschafts- und Steuerstrafrecht, 2011, § 370 AO, Rn. 57, der darauf hinweist, dass dies auch dann gilt, wenn intern ein Organmitglied mit der Regelung der steuerlichen Angelegenheiten betraut ist. Zur (organinternen) Pflichtendelegation siehe auch unten **2. Kapitel E. II. 2.**

286 Vgl. etwa *Joecks*, in: Franzen/Gast/Joecks, Steuerstrafrecht, 2009, § 370, Rn. 234; *Seer*, in: Tipke/Lang, Steuerrecht, 2013, § 23, Rn. 43 ff.

287 Zur Poblematik der leichtfertigen Steuerverkürzung bei Delagetion der steuerlichen Pflichten siehe unten **2. Kapitel E. I. 2. c)**.

288 Siehe dazu *Joecks*, in: Franzen/Gast/Joecks, Steuerstrafrecht, 2009, § 378 AO, Rn. 10 ff.

diejenigen, die „bei Wahrnehmung der Angelegenheiten eines Steuerpflichtigen" handeln, als Täter in Betracht. Dazu zählt jeder, dessen Tun oder pflichtwidriges Unterlassen mit den steuerrechtlichen Pflichten eines Steuerpflichtigen in Zusammenhang steht, mithin auch Steuerberater, Wirtschaftsprüfer oder Angestellte, soweit diese nicht nur Schreib- und Rechenarbeiten ausführen[289]. Allerdings ist eine Einschränkung des für §§ 378 Abs.1, 370 Abs.1 Nr.2, 3 AO relevanten Pflichtenkreises dahingehend vorzunehmen, dass die verletzte Pflicht eine Hauptpflicht des Arbeits- und Anstellungsvertrages ist[290].

Der Inhaber bzw. gesetzliche Vertreter eines Unternehmens kann darüber hinaus nach § 130 OWiG mit einer Geldbuße – ggf. bis zu einer Million Euro – belegt werden, wenn er vorsätzlich oder fahrlässig die Aufsichtsmaßnahmen unterlässt, die erforderlich sind, um im Unternehmen Zuwiderhandlungen gegen Pflichten zu verhindern, die den Inhaber treffen und deren Verletzung mit Strafe oder Geldbuße bedroht ist. Hinzukommen muss jedoch, dass eine solche Zuwiderhandlung auch begangen wird und sie durch gehörige Aufsicht verhindert oder wesentlich erschwert worden wäre, vgl. § 130 Abs.1 S. OWiG. Täter können gemäß §§ 14 StGB, 9 OWiG neben vertretungsberechtigten Organen und Organmitgliedern auch Generalbevollmächtigte, Prokuristen und Handlungsbevollmächtigte in leitender Stellung im Unternehmen sein[291].

b) Sanktionierung des Unternehmens

Treffen negative Folgen unmittelbar Unternehmensorgane und Mitarbeiter, kann sich dies mittelbar auch negativ für das Unternehmen als solches auswirken[292]. So kann beispielsweise nach § 30 OWiG auch eine Geldbuße gegen juristische Personen und Personenvereinigungen festgesetzt werden, wenn jemand in vertretungsberechtigter Position (siehe § 30 Abs.1 Nr.1 bis 5 OWiG) eine Straftat oder Ordnungswidrigkeit begangen hat, durch die Pflichten, welche das Unternehmen treffen, verletzt worden sind oder das Unternehmen bereichert worden ist bzw. werden sollte. Insbesondere ist auch ein Verstoß gegen die Aufsichtspflicht nach § 130 OWiG eine betriebsbezogene Ordnungswidrigkeit im Sinne von § 30 OWiG,

---

289 *Joecks*, in: Franzen/Gast/Joecks, Steuerstrafrecht, 2009, § 378 AO, Rn. 12 ff.

290 *Joecks*, in: Franzen/Gast/Joecks, Steuerstrafrecht, 2009, § 378 AO, Rn. 20.

291 Zur Relevanz von § 130 OWiG für die Frage nach einer Rechtspflicht der Unternehmensleitung zur Einführung eines Compliance-Systems im Unternehmen siehe unten **2. Kapitel E. I. 1. b)**.

292 Siehe *Greeve*, in: Hauschka, Corporate Compliance, 2010, § 25, Rn. 582 ff.; *Mossmayer*, in: Moosmayer, Compliance, 2012, S. 12 ff.

sodass es im Fall der Aufsichtspflichtverletzung auch zu einem Durchgriff auf das Unternehmen kommen kann[293]. Das gegen das Unternehmen verhängte Bußgeld kann im Falle einer Steuerhinterziehung bis zu einer Million Euro betragen, vgl. § 30 Abs.2 Nr.1 OWiG. Allerdings kann gemäß § 30 Abs.3 i.V.m. § 17 Abs.4 OWiG auch eine höhere Geldbuße festgesetzt werden, sofern dies erforderlich ist, den beim Unternehmen durch die Tat entstandenen wirtschaftlichen Vorteil abzuschöpfen[294].

Des Weiteren kann nach den straf- und bußgeldrechtlichen Regelungen des Verfalls gemäß §§ 73 ff. StGB und § 29a OWiG der Verfall auch gegen an der Tat selbst nicht Beteiligte verhängt werden kann, soweit diese etwas aus ihr erlangt haben[295]. Dabei können entsteht für das Unternehmen erhebliche Unsicherheit im Hinblick auf den Umfang des Verfalls, da der 1. Strafsenat des BGH[296] anders als der 5. Strafsenat[297] nach wie vor vertritt, dass alles aus einer rechtswidrigen Tat Erlangte herauszugeben ist und etwaige korrespondierende Aufwendungen nicht abgezogen werden dürfen, sog. Bruttoprinzip[298].

Zu beachten ist darüber hinaus der „Rückkopplungseffekt" im Hinblick auf die Festsetzungsfrist nach § 169 Abs.2 S.2 AO, wonach sich die Festsetzungsfrist bei einer Steuerhinterziehung auf zehn Jahre und bei einer leichtfertigen Steuerverkürzung auf 5 Jahre verlängert[299]. Die Verlängerung ist grundsätzlich unabhängig davon, ob der Steuerschuldner, dessen Beauftragter oder ein Dritter Täter ist, § 169 Abs.2 S.3 AO[300]. In der Folge kann es für das Unternehmen zu einer unerwünschten Verlängerung der Festsetzungsfrist i.S.d. § 169 AO betreffend der vom Unternehmen geschuldeten Steuern und damit einhergehenden Unsicherheiten über die endgültige Steuerbelastung kommen.

Neben unmittelbaren rechtlichen Folgen ist zudem an mittelbare Nachteile von Steuerhinterziehungen oder –verkürzungen aus den Reihen des Unternehmens zu denken. So dürfte mit Steuerstraftaten und -ordungswidrigkeiten regelmäßig

---

293 *Rogall*, in: Karlsruher Kommentar zum OWiG, 2006, § 130, Rn. 6; siehe dazu auch *Többens,* NStZ 1999, 1 ff.

294 Siehe dazu *Moosmayer*, in: Moosmayer, Compliance, 2012, S. 12 f.

295 Vgl. dazu mit Blick auf Tax Compliance *Geuenich/Kiesel*, BB 2012, 155, 158.

296 Etwa BGH v. 30.05.2008, 1 StR 166/07, BGHSt 52, 227.

297 Etwa BGH v. 02.12.2005, 5 StR 119/05, BGH NJW 2006, 925, 929.

298 Siehe dazu *Moosmayer*, in: Moosmayer, Compliance, 2012, S. 13.

299 Siehe dazu *Seer*, in: Tipke/Lang, Steuerrecht, 2013, § 21, Rn. 297.

300 Siehe auch BFH v. 14.06.2007, VII B 184/06, BFH/NV 2007, 2053. Allerdings besteht bei einer Steuerhinterziehung oder leichtfertigen Steuerverkürzung durch einen Dritten die Möglichkeit zur Exkulpation, vgl. § 169 Abs.2 S.3 Hs.2 AO; siehe dazu BFH v. 31.01.1989, VII R 77/86, BFH BStBl II 1989, 442.

eine nicht zu vernachlässigende Bindung interner Ressourcen, beispielsweise im Rahmen der Aufklärung und Abwicklung des Falles, einhergehen.

2. Vermeidung steuergesetzlicher Fremdhaftung

Des Weiteren zielt Tax Compliance auf die Vermeidung steuergesetzlicher Fremdhaftung[301]. Das Prinzip steuergesetzlicher Fremdhaftung bedeutet, dass die Erfüllung der Steuerschuld durch den Steuerschuldner (vgl. § 42 Abs.1 S.1 AO) von Gesetzes wegen dadurch zusätzlich gesichert wird, dass Haftungstatbestände bestimmte Dritte für die Steuerschuld haften lassen[302]. Steuerschuldner und Haftungsschuldner sind dabei Gesamtschuldner i.S. v. § 44 Abs.1 AO, wobei der Haftungsanspruch nur entstehen kann, wenn auch der Anspruch, für den gehaftet werden soll, entstanden ist, sog. Akzessorietät der Haftung[303]. Die Inanspruchnahme des Haftungsschuldners setzt nach § 219 Abs.1 S.1 AO indes voraus, dass die Vollstreckung in das bewegliche Vermögen des Steuerschuldners erfolglos geblieben ist oder keinen Erfolg verspricht. Allerdings hebt § 219 Abs.1 S.2 AO diesen Grundsatz für die in der Praxis bedeutsamen Fälle der Haftung für Abzugssteuern (z.B. § 42d EStG) oder die Haftung nach §§ 69, 71 AO wieder auf[304].

Mit Blick auf Tax Compliance von besonderer Relevanz sind die Haftungsansprüche, die daran anknüpfen, dass der Dritte durch eine Pflichtverletzung – also durch „Non-Compliance" – Ursachen dafür setzt, dass sich die Möglichkeit der Realisierung des Steueranspruchs verschlechtert bzw. der Anspruch gefährdet wird[305]: So haften die in §§ 34 und 35 AO bezeichneten Personen (gesetzliche Vertreter, Vermögensverwalter, Verfügungsberechtigte) nach § 69 S.1 AO soweit Ansprüche aus dem Steuerschuldverhältnis infolge vorsätzlicher oder

---

301 Vgl. *Talaska*, BB 2012, 1195 ff.

302 Siehe *Englisch*, in: Tipke/Lang, Steuerrecht, 2013, § 6, Rn. 63 ff. Vgl. auch § 33 Abs.1 AO, wonach Steuerpflichtiger nicht nur ist, wer eine Steuer schuldet, sondern auch derjenige, der für eine Steuer haftet. Allgemein zur steuerlichen Haftung siehe *Nacke*, Haftung für Steuerschulden, 2012, passim.

303 Eine Ausnahme bildet diesbezüglich § 76 Abs.2 AO. Die Akzessorietät wird allerdings durch § 44 Abs.2 S.3 AO limitiert, siehe dazu *Birk*, Steuerrecht, 2012, Rn. 305 ff.

304 Nach *Binnewies*, in: Streck/Mack/Schwedhelm, Tax Compliance, 2010, Kapitel 4, Rn. 4.6, ergehen in der Praxis Haftungsbescheide gegen ein Mitglied der Unternehmensleitung zumeist erst dann, wenn nicht mit der Erfüllung der Zahlungsansprüche durch das Unternehmen zu rechnen ist. Vgl. auch dazu *Loose*, in: Tipke/Kruse, AO/FGO, Vor § 69 AO, Rn. 46 (10/2012); *Schmidt*, CCZ 2012, 121, 122.

305 Zu den steuerlichen Haftungsansprüchen, die an Pflichtverletzungen anknüpfen siehe *Englisch*, in: Tipke/Lang, Steuerrecht, 2013, § 6, Rn. 66 ff.

grob fahrlässiger Verletzung der ihnen auferlegten Pflichten nicht oder nicht rechtzeitig festgesetzt oder erfüllt oder soweit infolgedessen Steuervergütungen oder Steuererstattungen ohne rechtlichen Grund gezahlt sind. Nach § 69 S.2 AO umfasst diese Haftung zudem die infolge der Pflichtverletzung zu zahlenden Säumniszuschläge. Die Haftung knüpft daran an, dass der Steuerschuldner mangels eigener Handlungs- oder Geschäftsfähigkeit oder aus anderen Gründen seine steuerlichen Pflichten nicht selbst erfüllen kann und daher die bezeichneten Personen herangezogen werden[306]. Von Relevanz für das Tatbestandsmerkmal der Pflichtverletzung sind alle Pflichten des Erstschuldners, die während des Bestehens der Vertretungs- oder Verfügungsmacht durch die AO oder die Einzelsteuergesetze begründet wurden[307]. Die Realisierung des Haftungsanspruchs erfolgt durch einen Haftungsbescheid (§ 191 AO). Die Inhaftungnahme liegt demnach im Ermessen der Finanzbehörde. Zur Haftungsmasse zählt das gesamte Privatvermögen[308]. Daneben haftet nach § 71 AO derjenige, der eine Steuerhinterziehung oder eine Steuerhehlerei begeht oder an einer solchen Tat teilnimmt, für die verkürzten Steuern und die zu Unrecht gewährten Steuervorteile sowie die Zinsen nach §35 AO. Ebenso kann die Verletzung der in § 154 Abs.3 AO normierten Pflicht zur Kontenwahrheit eine Dritthaftung des Pflichtverletzenden begründen, § 72 AO.

Auch kommt eine Haftung des Unternehmens als solchem in Betracht. Von besonderer Relevanz sind insbesondere die Vorschriften § 42d EStG (Haftung bei Entrichtung der Lohnsteuer) und § 44 Abs.5 S.1; 45a Abs.6 EStG (Haftung bei Entrichtung der Kapitalertragsteuer)[309], wonach Rechtsverletzungen auf Unternehmensseite, beispielsweise eine nicht ordnungsgemäße Einbehaltung und Abführung der Lohn- oder Kapitalertragsteuer, eine Haftung des Unternehmens für die einzubehaltenden und abzuführenden Steuern zur Folge haben können[310]. Daneben kann sich eine Haftung des Unternehmens für verkürzte Steuern und zu Unrecht gewährte Steuervorteile nach § 70 AO (Haftung des Vertretenen) ergeben, wenn die in §§ 34, 35 AO genannten Personen bestimmte Pflichtverletzungen begehen und das Unternehmen nicht selbst Steuerschuldner ist. Diese Haftung

306 Zum Zweck der Vorschrift siehe *Loose*, in: Tipke/Kruse, AO/FGO, § 69 AO, Rn. 1 (10/2012).

307 *Loose*, in: Tipke/Kruse, AO/FGO, § 69 AO, Rn. 12 (10/2012).

308 *Talaska*, BB 2012, 1195, 1196.

309 Weitere Fälle der Haftung des Steuerentrichtungspflichtigen bei *Englisch*, in: Tipke/Lang, Steuerrecht, 2013, § 6, Rn. 70.

310 Zur Gefahr der Lohnsteuerhaftung des Arbeitgebers wegen „Non-Compliance“ siehe *Olgemöller*, in: Streck/Mack/Schwedhelm, Tax Compliance, Kapitel 2, Rn. 2.193 ff.

stellt indes nur im Bereich der Zölle und Verbrauchsteuern eine Gefahr dar, da der Vertretene in anderen Fällen bereits Schuldner und damit Eigenhafter ist[311].

3. Vermeidung von gesellschaftsrechtlicher Haftung der Leitungsorgane

Einen weiteren Nachteil, den es mittels Tax Compliance zu vermeiden gilt, stellt die gesellschaftsrechtliche Haftung von Mitgliedern der Unternehmensleitung gegenüber der Gesellschaft in Folge von Pflichtverletzungen im Steuerbereich dar. Wesentliche Anspruchsgrundlagen sind § 93 Abs.2 AktG und § 43 Abs.2 GmbHG, wonach Vorstandsmitglieder bzw. Geschäftsführer, die ihre Pflichten verletzen, der Gesellschaft zum Ersatz des daraus entstehenden Schadens verpflichtet sind[312]. Zu den gesellschaftsrechtlichen Kardinalpflichten gehört dabei zuvörderst die Pflicht, sich bei seiner Amtsführung gesetzestreu zu verhalten, mithin die internen Pflichten aus Aktien- bzw. GmbH-Gesetz, Satzung und Geschäftsordnung sowie die externen, aus anderen Rechtsvorschriften resultierenden Pflichten einzuhalten (sog. Legalitätspflicht)[313]. In concreto geht es um die Einhaltung sowohl der Rechtsvorschriften, die unmittelbar an die Mitglieder der Unternehmensleitung gerichtet sind (etwa die Berichtspflicht nach § 90 Abs.1 AktG oder die Buchführungspflicht nach § 91 Abs.1 AktG), als auch der Vorschriften, die das Unternehmen als Rechtssubjekt treffen, wozu u.a. die Vorgaben des Steuerrechts zählen[314]. Die Pflicht zur Gesetzestreue besteht auch dann, wenn der Gesetzesverstoß im Interesse der Gesellschaft erfolgt und der anvisierte Vorteil das Entdeckungs- bzw. Verfolgungsrisiko überwiegt[315]. Folglich stellt beispielsweise

311 *Englisch*, in: Tipke/Lang, Steuerrecht, 2013, § 6, Rn. 71.

312 Bei Personengesellschaften kann sich ein Ersatzanspruch im Innenverhältnis wegen Pflichtverletzung vor allem aus § 280 Abs.1 BGB ergeben. Der Verstoß eines Gesellschafters gegen zwingend einzuhaltende Rechtsnormen, z.B. §§ 370 ff. AO, kann eine solche Pflichtverletzung darstellen. Nachfolgend soll jedoch der Fokus auf Kapitalgesellschaften gelegt werden.

313 Vgl. dazu *Fleischer*, ZIP 2005, 141, 142 ff.; *Goette*, FS 50 Jahre BGH, S. 123, 131 ff.; *Hopt*, in Aktiengesetz Großkommentar, 2008, § 93, Rn. 98; *Krieger/Sailer-Coceani*, in: K. Schmidt/Lutter, Aktiengesetz, 2010, § 93, Rn. 6; zur GmbH siehe *Fleischer*, in: Münchener Kommentar zum GmbHG, 2012, § 43, Rn. 21 ff.; *Kleindiek*, in: Lutter/Hommelhoff, GmbHG, 2012, § 43, Rn. 12; *Zöllner/Noack*, in: Baumbach/Hueck, GmbHG, 2010, § 43, Rn. 17.

314 *Fleischer*, in: Spindler/Stilz, Aktiengesetz, 2010, § 93, Rn. 23; *Krieger/Sailer-Coceani*, in: K. Schmidt/Lutter, Aktiengesetz, 2010, § 93, Rn. 6.

315 *Fleischer*, in: Spindler/Stilz, Aktiengesetz, 2010, § 93, Rn. 23; *Hopt* in: Aktiengesetz Großkommentar, 2008, § 93, Rn. 99; *Paefgen*, Unternehmerische Entscheidungen

die Begehung einer Steuerstraftat oder Steuerordnungswidrigkeit zu Gunsten der Gesellschaft durch ein Mitglied der Unternehmensleitung eine Verletzung der Legalitätspflicht dar, die nicht unerhebliche Schadensersatzforderungen der Gesellschaft gegen das Leitungsmitglied mit sich bringen kann. Nach Rechtsprechung des BGH besteht dabei eine Verpflichtung der Aufsichtsgremien von Unternehmen zur Prüfung von Schadensersatzansprüchen gegen die Unternehmensleitung[316].

4. Vermeidung sonstiger nachteiliger Rechtsfolgen

Neben den genannten Nachteilen steuerlicher Rechtsverstöße beinhaltet insbesondere die Abgabenordnung eine Fülle von Rechtsfolgen, die an Steuerrechtsverstöße anknüpfen und aus Unternehmenssicht möglichst zu vermeiden sind. In Betracht kommen zusätzliche Geldleistungen, die Schätzung der Besteuerungsgrundlagen nach § 162 AO oder die Vollstreckung der Verwaltungsakte, mit denen eine Geldleistung oder eine sonstige Handlung, Duldung oder Unterlassung gefordert wird nach §§ 249 ff. AO.

a) Steuerliche Nebenleistungen (§ 3 Abs.4 AO)

Als nachteilige Geldleistungen sind vor allem die in § 3 Abs.4 AO abschließend aufgezählten und in der Praxis bedeutsamen steuerlichen Nebenleistungen zu nennen[317]. Diese werden auf Grund besonderer Umstände – dazu zählen Gesetzesverstöße – neben der Steuer geschuldet[318]. Als Geldleistungen in Folge von Rechtsverstößen kommen Verzögerungsgelder, Verspätungszuschläge, Zuschläge i.R.d. Verrechnungspreisdokumentation, Säumniszuschläge, Zinsen, Zwangsgelder oder Kosten für die Vollstreckung in Betracht:

So kann gemäß § 146 Abs.2b AO ein Verzögerungsgeld von 2.500 Euro bis 250.000 Euro festgesetzt werden, wenn der Steuerpflichtige die genannten Mitwirkungspflichten, wie etwa die Erteilung von Auskünften oder die Vorlage angeforderter Unterlagen i.S.d. § 200 Abs.1 AO im Rahmen einer Außenprüfung, nicht innerhalb einer gesetzten Frist erfüllt oder seine elektronische Buchführung ohne Bewilligung der Finanzbehörde ins Ausland verlagert. Des Weiteren kann

und Rechtsbindung der Organe in der AG, 2002, S. 24; zur GmbH siehe *Fleischer*, ZIP 2005, 141, 144; *Fleischer*, in: Münchener Kommentar zum GmbHG, 2012, § 43, Rn. 30 f.

316 BGH v. 21.04.1997, II ZR 175/95, BGHZ 135, 244, 251 ff. („ARAG/Garmenbeck“).

317 Siehe dazu umfassend *Loose*, DStJG Band 31 (2008), S. 203 ff.

318 Vgl. dazu *Birk*, Steuerrecht, 2012, Rn. 285 ff.

nach § 152 AO bei verspäteter Abgabe der Steuererklärung ein Verspätungszuschlag bis zu 10% der endgültigen Steuer bzw. des festgesetzten Messbetrages, höchstens jedoch 25.000 Euro festgesetzt werden. § 162 Abs.4 S.1 AO sieht zudem vor, dass ein Zuschlag von 5.000 Euro festzusetzen ist, wenn der Steuerpflichtige Aufzeichnungen i.S.d. § 90 Abs.3 AO nicht vorlegt oder vorgelegte Aufzeichnungen im Wesentlichen unverwertbar sind. Bei verspäteter Vorlage von verwertbaren Unterlagen kann der Zuschlag sogar bis zu 1.000.000 Euro betragen, vgl. § 162 Abs.4 S.3 AO. Wird eine Steuer nicht bis zum Ablauf des Fälligkeitstages entrichtet, entstehen kraft Gesetzes Säumniszuschläge von 1% des abgerundeten Rückständigen Steuerbetrages für jeden angefangenen Monat der Säumnis, § 240 AO. Schließlich können Zahlungsverpflichtungen des Unternehmens in Folge von finanzbehördlichen Vollstreckungsmaßnahmen entstehen: Kommt der Steuerpflichtige einer zu erfüllenden Verpflichtung auf Vornahme einer Handlung (vgl. § 328 Abs.1S.1 AO) innerhalb einer bestimmten Frist nicht nach, kann ein Zwangsgeld von bis zu 25.000 Euro festgesetzt werden, § 329 AO. Kommt es zu einer Vollstreckung, werden zudem Kosten (Gebühren und Auslagen) nach §§ 337 ff. AO erhoben.

Überdies werden Ansprüche aus dem Steuerverhältnis (§ 37 AO) verzinst, soweit dies gesetzlich vorgeschrieben ist, § 233 Abs.1 S.1 AO. Von besonderer Relevanz und von größter Bedeutung für die Praxis ist dabei die Verzinsung von Steuernachforderungen nach § 233a AO[319]. Verzinst wird demnach der Unterschiedsbetrag zwischen festgesetzter Steuer[320] (Soll) und der zuletzt festgesetzten Steuer (Vorsoll)[321]. Die Vorschrift soll nach Vorstellung des Gesetzgebers einen Ausgleich für die zeitlich ungleichmäßige Heranziehung zur Steuer schaffen und somit zur Steuergerechtigkeit beitragen[322]. Dabei steigt aus Unternehmensperspektive bei später Heranziehung auf Grund einer langen Betriebsprüfungsdauer bzw. einem zeitfernen Betriebsprüfungsbeginn und einer abweichenden Beurteilung der Sach- und Rechtslage durch die Finanzverwaltung die Gefahr hoher Nachzahlungszinsen[323]. Mit Blick auf Tax Compliance ist zudem die Verzinsung hinterzogener Steuern nach § 235 i.V.m. §§ 238, 239 AO von Bedeutung. Zinsschuldner ist gemäß § 235 Abs.1 S.2 AO derjenige, zu dessen

319 Siehe dazu *Loose,* DStJG Band 31 (2008), S. 203, 207 ff.

320 Einkommen-, Körperschaft-, Vermögen-, Umsatz- oder Gewerbesteuer (§ 233a Abs.1 S.1 AO).

321 *Loose,* DStJG Band 31 (2008), S. 203, 208.

322 BT-Drucks. 11/2157, 118. *Loose,* DStJG Band 31 (2008), S. 203, 207 f. weist indes darauf hin, dass fiskalpolitische Gründe keine unwesentliche Rolle bei Einführung der Vorschrift gespielt haben dürften

323 Siehe dazu **4. Kapitel C. I. 1. a).**

Vorteil die Steuern hinterzogen worden sind. Bei einer Steuerhinterziehung des Unternehmensvertreters zu Gunsten des Unternehmens ist demnach letzteres Schuldner der Hinterziehungszinsen[324].

b) Schätzungen nach § 162 AO

Neben Nachteilen in Gestalt zusätzlicher Geldleistungspflichten besteht aus Unternehmenssicht die Gefahr einer ungünstigen Schätzung der Besteuerungsgrundlagen gemäß §162 Abs.1 bis 3 AO. Danach kann die Finanzbehörde die Besteuerungsgrundlagen schätzen, soweit sie diese nicht ermitteln oder berechnen kann, § 162 Abs.1 S.1 AO. Anknüpfungspunkt sind gemäß § 162 Abs.2 AO insbesondere Mitwirkungspflichtverletzungen wie unzureichende Aufklärungen des Steuerpflichtigen über seine Angaben, Verletzungen der Mitwirkungspflicht nach § 90 Abs.2 AO oder Nichtvorlage bzw. Fehlerhaftigkeit zu führender Bücher und Aufzeichnungen. § 162 Abs.3 AO knüpft speziell an die Verletzung der Mitwirkungspflicht nach § 90 Abs.3 AO an, wonach bei Sachverhalten, die Vorgänge mit Auslandsbezug betreffen, Aufzeichnungen über die Art und den Inhalt seiner Geschäftsbeziehungen mit nahe stehenden Personen i.S.d. § 1 Abs.2 AStG zu erstellen sind. Die Schätzungsbefugnis der Finanzverwaltung beruht in den Fällen von § 162 Abs.2 und 3 AO auf dem auch § 444 ZPO immanenten Gedanken, dass dem Beweisverderber aus seinem Verhalten kein Vorteil erwachsen soll[325]. Obgleich die Finanzverwaltung grundsätzlich vor einer Schätzung alle Erkenntnismittel, deren Beschaffung und Verwertung ihr möglich und zumutbar ist, auszuschöpfen hat[326], vermutet § 162 Abs.2 S.3 AO widerlegbar, dass steuerpflichtige Einkünfte in Staaten oder Gebieten i.S.d. § 90 Abs.2 S.3 AO vorhanden oder höher als die erklärten Einkünfte sind. Auch § 162 Abs.3 S.1 AO vermutet widerlegbar, dass die im Inland steuerpflichtigen Einkünfte, zu deren Ermittlung die Aufzeichnungen i.S.d. § 90 Abs.3 AO dienen, höher als die von ihm erklärten Einkünfte sind. Können diese Einkünfte nur innerhalb eines bestimmten Rahmens, insbesondere nur auf Grund von Preisspannen bestimmt werden, kann dieser Rahmen gemäß § 162 Abs.3 S.2 AO zu Lasten des Steuerpflichtigen ausgeschöpft werden. Insgesamt gilt es daher, Schätzungen der Besteuerungsgrundlagen, die

324 Vgl. *Koenig*, in: Pahlke/Koenig, 2009, § 235, Rn. 17.

325 *Seer*, in: Tipke/Lang, Steuerrecht, 2013, § 21, Rn. 208 f.

326 Siehe etwa *Wittmann*, StuW 1987, 35, 45; ebenso *Seer*, in: Tipke/Lang, Steuerrecht, 2013, § 21, Rn. 208.

regelmäßig zu ungünstigeren Ergebnissen für den Steuerpflichtigen führen, möglichst zu vermeiden.

c) Vollstreckungsmaßnahmen nach §§ 249 ff. AO

Des Weiteren kann die Verletzung von Steuerrechtsnormen unerwünschte finanzbehördliche Vollstreckungsmaßnahmen nach §§ 249 ff. AO nach sich ziehen. Schließlich kann die Finanzverwaltung die von ihr geschaffenen Verwaltungsakte selbst vollstrecken, sog. Selbstexekution[327]. Die Vollstreckung setzt grundsätzlich voraus, dass seitens des Steuerpflichtigen trotz Fälligkeit, Aufforderung und Ablauf einer Frist nicht die geforderte Geldleistung erfolgt bzw. die sonstige geforderte Handlung, Duldung oder Unterlassung ausbleibt, vgl. § 254 AO. Bei einer Vollstreckung wegen Geldforderungen kommen als negative Konsequenzen verschiedenste Zwangsvollstreckungsmaßnahmen in Betracht (§§ 281 ff. AO), die in empfindlicher Weise in die Freiheitsgrundrechte des Vollstreckungsschuldners eingreifen[328]. Als ultima ratio kann sogar die Eröffnung eines Insolvenzverfahrens durch die Finanzbehörde beantragt werden, vgl. § 251 Abs.2, 3 AO, § 13InsO. Bei der Vollstreckung wegen anderer Leistungen als Geldforderungen, also insbesondere zur Durchsetzung von Beiträgen zur Sachaufklärung nach §§ 90 ff. AO, kann neben der Festsetzung eines Zwangsgeldes unter Umständen auch eine Ersatzvornahme oder die Anwendung unmittelbaren Zwangs durch die Finanzbehörde erfolgen, vgl. §§ 328 ff. AO. Die Anwendung dieser Zwangsmittel setzt kein Verschulden seitens des Vollstreckungsschuldners voraus[329].

d) Gewerbeuntersagung nach § 35 GewO

Auch wenn die Vorschrift § 35 GewO nicht dem Steuer- sondern dem Gewerberecht als Teil des Wirtschaftsverwaltungsrechts zuzuordnen ist, können steuerliche Rechtsverstöße in diesem Zusammenhang von Relevanz sein[330]. Gemäß § 35 Abs.1 S.1 GewO ist die Ausübung eines Gewerbes von der zuständigen Behörde ganz oder teilweise zu untersagen, wenn Tatsachen vorliegen, welche die Unzuverlässigkeit des Gewerbetreibenden oder einer mit der Leitung des Gewerbebetriebs beauftragten Person in Bezug auf dieses Gewerbe dartun, sofern

327 *Seer*, in: Tipke/Lang, Steuerrecht, 2013, § 21, Rn. 370.
328 Vgl. *Seer*, in: Tipke/Lang, Steuerrecht, 2013, § 21, Rn. 372 f.
329 *Seer*, in: Tipke/Lang, Steuerrecht, 2013, § 21, Rn. 376.
330 Dazu auch *Schüßler*, Digitale Außenprüfung, 2010, S. 118 f.

die Untersagung zum Schutze der Allgemeinheit oder der im Betrieb Beschäftigten erforderlich ist. Als unzuverlässig erweist sich, wer nach dem Gesamtbild seines Verhaltens nicht die Gewähr dafür bietet, dass er das ausgeübte Gewerbe ordnungsgemäß betreiben wird[331]. Dabei kann auch die Verletzung steuerrechtlicher Pflichten, die mit der Ausübung des Gewerbes im Zusammenhang stehen, im Einzelfall die gewerberechtliche Unzuverlässigkeit begründen, wenn sich daraus schließen lässt, dass der Gewerbetreibende nicht willens oder in der Lage ist, seine öffentlichen Berufspflichten zu erfüllen. So kann beispielsweise die Nichtabgabe von Steuererklärungen eine Unzuverlässigkeit begründen, wenn die Erklärungen trotz Erinnerung hartnäckig über längere Zeit nicht abgegeben werden[332].

5. Vermeidung von Reputationsverlusten

Überdies gilt es mittels Tax Compliance Ansehensverlusten infolge von Regelübertretungen vorzubeugen, können diese doch zu erheblichen Nachteilen für das Unternehmen führen und insbesondere für kleinere und mittelständische Unternehmen zur Existenzbedrohung werden[333]. Vor allem besteht die Gefahr, dass sich Kunden, Vertragspartner aber auch Mitarbeiter im Falle eines Reputationsverlusts vom Unternehmen abwenden. In diesem Zusammenhang kann Non-Compliance bzw. eine fehlende Compliance-Organisation auch ein negatives Beurteilungs- und Auswahlkriterium von Banken im Rahmen der Kreditvergabe sowie von Ratingagenturen und Investoren am Kapitalmarkt darstellen[334]. Die Nichteinhaltung von Steuergesetzen kann mithin nicht nur erhebliche negative Rechtsfolgen auslösen, sondern auch enorme faktische Nachteile mit sich bringen. Auch wenn es nicht das Unternehmen als solches ist, welches eine Steuerstraftat begeht, sondern einzelne Mitglieder der Unternehmensleitung bzw. einzelne Mitarbeiter, kann sich dies negativ auf die Unternehmensreputation auswirken. Schließlich werden Unternehmensleitung und Mitarbeiter nach außen hin regelmäßig als wesentliche Bestandteile eines Unternehmens wahrgenommen.

---

331 BVerwG v. 02.02.1982, 1 C 146.80, BVerwGE 65, 1 ff.

332 Vgl. im Einzelnen BMF-Schreiben v. 17.12.2004, IV A 4 -S 0130-113/04, BStBl I 2004, 1178.

333 Vgl. *Kälin/Strohe*, ZFRC 2011, 102, 104 f.; allgemein *Moosmayer*, in: Moosmayer, Compliance, 2012, S. 22 ff.

334 *Passarge*, DStR 2010, 1675.

6. Vermeidung eines schlechten Ratings bei der Finanzverwaltung

Auch wenn dieser Aspekt in der Literatur zu Tax Compliance aus Unternehmenssicht zumeist ausgeklammert wird, bergen Steuerrechtsverstöße neben der Gefahr eines Ansehensverlustes gegenüber Kunden oder anderen potenziellen Vertragspartnern das Risiko in sich, dass sich dadurch das Verhältnis zum Steuerstaat bzw. der Finanzverwaltung verschlechtert. Prinzipiell lässt sich auch hier von der Gefahr eines Ansehensverlustes sprechen. Denkbar ist dabei, dass Steuerrechtsverstöße das Interaktions- bzw. Arbeitsklima trüben und sich negativ auf die Bereitschaft der Vollzugsbehörden zu einer kooperativen Zusammenarbeit im Besteuerungsverfahren auswirken können. Vor allem besteht jedoch die Gefahr, dass das Unternehmen im Rahmen eines finanzbehördlichen Risikomanagements auf Grund von Non-Compliance ein schlechteres *(Risiko-) Rating* erhält[335]. Soweit die finanzbehördliche Kontrollintensität nicht nur an starren Kriterien, wie beispielsweise der Größe des jeweiligen Unternehmens (vgl. §§ 3,4 BpO), ausgerichtet ist, kann ein schlechteres Rating, d.h. die Einstufung des Unternehmens in eine höhere Risikoklasse, dazu führen, dass sich die administrative Kontrollintensität zum Nachteil des Unternehmens erhöht. Insbesondere sind umfangreichere und ressourcenbindende Betriebsprüfungen nach §§193 ff. AO zu befürchten. Die negativen Konsequenzen treten hier also nicht in Gestalt unmittelbarer finanzieller Folgen, sondern in Gestalt belastender, aufwändiger und zeitintensiver Kontrollen zu Tage[336]. Vom Prinzip her ist das Konzept des finanzbehördlichen Ratings mit den Ansätzen des kapitalmarktrechtlichen Bewertungs- bzw. Ratingwesens vergleichbar, bei welchem Unternehmen im Hinblick auf bestimmte Kriterien (insbesondere die Kreditwürdigkeit bzw. Bonität, d.h. das Ausfallrisiko) durch bestimmte Institutionen (insbesondere Ratingagenturen) bewertet werden[337].

---

335 In diese Richtung auch *Geuenich/Kiesel*, BB 2012, 155, 156, die allerdings von der Gefahr eines schlechten „Rankings" des Unternehmens bei der Finanzverwaltung sprechen. Indes impliziert diese Formulierung, dass die Finanzverwaltung entgegen ihrer Praxis eine Art Rangfolge bzw. -ordnung der Unternehmen festlegt. Zum finanzbehördlichen Risiko-Rating siehe auch **4. Kapitel A. V. und VI**.

336 Siehe dazu **4. Kapitel A. I. 2**.

337 Zu Funktionen und Charakteristika des kapitalmarktrechtlichen Ratings siehe etwa *Lampe,* Die Regulierung von Ratingagenturen, 2010, S. 29 ff.

II. Ziel der Schadensbegrenzung

Auch angemessene und wirksam umgesetzte strategische Maßnahmen und Prozesse zur Vermeidung von Rechtsverstößen können regelmäßig nicht verhindern, dass es im Einzelfall zu Regelübertretungen kommt. Sollte dies einmal der Fall sein, zielt Tax Compliance auf die Schadensbegrenzung im Unternehmen. Zur Schadensbegrenzung zählen insbesondere die effektive, frühzeitige Aufdeckung von steuerlichem Fehlverhalten infolge geeigneter Überwachungsinstrumente und Kontrollen sowie die möglichst schnelle Einleitung entsprechender Gegenmaßnahmen. Es gilt mithin, steuerliche Rechtsverstöße, die nicht vermieden werden konnten, so früh wie möglich ausfindig zu machen und deren Ursache zu identifizieren. Im Idealfall kann ein Rechtsverstoß intern festgestellt werden, bevor es zu einer Untersuchung durch die Behörden kommt[338]. Sodann sind mögliche negative Rechtsfolgen nicht bloß passiv hinzunehmen, sondern nach Möglichkeit proaktiv zu bekämpfen bzw. einzudämmen. Als wesentliche Gegenmaßnahme im Rahmen von Tax Compliance ist die Berichtigung unrichtiger Erklärungen im Nachhinein gemäß § 153 AO zu qualifizieren[339]. Des Weiteren ist die Abgabe einer strafbefreienden Selbstanzeige nach § 371 AO als Tax Compliance-Maßnahme zur Schadensbegrenzung zu nennen[340]. Soweit steuerliche Rechtsverstöße durch Mitarbeiter begangen werden, sind entsprechende arbeitsrechtliche Sanktionsmöglichkeiten zu prüfen und soweit möglich auch zu vollziehen[341].

Schließlich kann die systematische Sicherstellung von Tax Compliance dazu führen, dass *nichtsteuerliche Rechtsverstöße* auf Unternehmensseite aufgedeckt werden. So ist es denkbar, dass die steuerliche Prüfung der Abzugsfähigkeit von Zahlungen dazu führt, dass strafbare Korruptionshandlungen (vgl. etwa § 299 StGB sowie §§ 331 StGB) aufgedeckt werden; entsprechende Ausgaben bzw. Aufwendungen dürfen den Gewinn nicht mindern (§ 4 Abs.5 Nr. 10 EStG)[342]. Auch hier gilt es sodann, entsprechende Aufklärungsmaßnahmen einzuleiten, widerrechtliche Vorgänge zu unterbinden bzw. zu sanktionieren.

---

338 *Lampert,* in: Hauschka, Corporate Compliance, 2010, § 9, Rn. 4.

339 Vgl. *Geuenich/Kiesel,* BB 2012, 155, 159 ff.; *Schmidt,* CCZ 2012, 121, 127 ff. Zu steuerverfahrens- und steuerstrafrechtlichen Aspekten der Verpflichtung zur Erklärungsberichtigung siehe *Deibel,* Die Reichweite des § 153 Abs.1 S.1 AO, 2011, passim.

340 Vgl. *Schmidt,* CCZ 2012, 121, 123 ff.; *Talaska,* BB 2012, 1195.

341 *Fleischer* in: Fleischer, Handbuch des Vorstandrechts, 2006, § 8, Rn. 35.

342 Zu den steuerlichen Folgen von Korruption siehe *Schmidt,* CCZ 2012, 121 ff.

III. Ziel der Wertschöpfung

Neben der Vermeidung negativer Folgen für das Unternehmen, Organe und Mitarbeiter und der Schadensbegrenzung kann die Generierung eines Mehrwertes als Zielsetzung von Tax Compliance ausgemacht werden. So ist insbesondere daran zu denken, dass Normenkonformität im Steuerbereich das Unternehmen nicht nur vor Reputationsverlusten schützen, sondern auch dazu beitragen kann, die Außenwirkung und den Ruf des Unternehmens noch zu verbessern. In der allgemeinen Compliance-Literatur ist insoweit auch von der sog. Marketingfunktion von Compliance die Rede[343]. Von erheblichem Interesse dürfte diesbezüglich vor allem die Wahrnehmung des Unternehmens seitens (potenzieller) Kunden oder Vertragspartner sein. Ein hohes Maß an Tax Compliance kann hier das Bild des Unternehmens als „Good Corporate Citizen" nicht unerheblich verstärken. Es ist vorstellbar, dass sich steuerliche Normenkonformität bzw. das Vorhalten eines entsprechenden Sicherungssystems positiv auf die Bewertung des Unternehmens am Kapitalmarkt respektive bei der Kreditvergabe auswirkt. Wie Corporate Compliance im Allgemeinen kann auch Tax Compliance als Teil einer „guten Unternehmensführung" angesehen werden[344] und insoweit dazu beitragen, das Vertrauen der Share- und Stakeholder in die Leitung und Überwachung des Unternehmens zu fördern.

Es besteht überdies die Möglichkeit, dass sich ein guter Ruf bezüglich Tax Compliance vor allem positiv auf das Verhältnis zum Staat als Stakeholder des Unternehmens respektive den Vollzugs- und Aufsichtsbehörden auswirkt und diesbezüglich Vorteile im Rahmen des rechtlich Möglichen generiert werden. Ein hohes Maß an Tax Compliance und eine damit einhergehende positive „Steuervita" können dabei Nutzen im Rahmen eines an Tax Compliance ausgerichteten, risikoorientierten Steuervollzuges bringen[345]. So kann das Klima und die Vertrauensbasis zwischen Unternehmen und Vollzugsbehörden verbessert werden und das Unternehmen im Besteuerungsverfahren – soweit rechtlich zulässig – womöglich gewisse Erleichterungen oder Privilegierungen erfahren. Durch eine strategisches Management von Tax Compliance werden Unternehmen mithin in die Lage versetzt, ihre Steuervita langfristig positiv zu beeinflussen und damit auf

343 Vgl. *Lösler*, NZG 2005, 104 ff.; *Tangermann*, Compliance, Risikobegrenzung und Imagevorteil, 2010, S. 150.

344 Vgl. *Pross/Czakert*, IStR 2011, 279.

345 Siehe dazu **4. Kapitel A**.

einen risikoorientierten Steuervollzug zu reagieren[346] und sich ggf. verfahrensmäßige Vorteile zu verschaffen.

Unternehmensintern kann die mit der Implementierung eines Tax Compliance-Systems verbundene Durchleuchtung der steuerlichen Prozesse dazu führen, dass das entsprechendes Optimierungspotenzial erkannt und letztlich eine gesteigerte Wirtschaftlichkeit der internen Arbeitsprozesse erreicht wird[347].

C. Vereinbarkeit von Tax Compliance und Steuerstreit

Obgleich unter Tax Compliance vorliegend Normenkonformität im Steuerbereich inklusive der Etablierung eines entsprechenden Systems im Unternehmen verstanden wird, ist dies aus Unternehmenssicht keineswegs mit einer „willfährigen Pflichtenerfüllung" gegenüber dem Steuerstaat gleichzusetzen[348]. Tax Compliance bedeutet für Unternehmen mithin nicht, unreflektiert der in den Verwaltungsvorschriften zu Tage tretenden Rechtsauffassung der Finanzverwaltung zu folgen[349]. Soweit in der Literatur davon die Rede ist, unternehmensseitige Tax Compliance erfasse „sämtliche Steuergesetze und die hierzu ergangenen Verwaltungsvorschriften sowie die Steuerrechtsprechung mit Bedeutung für das Unternehmen"[350], ist dies zumindest missverständlich. Schließlich stellen Verwaltungsvorschriften gerade keine rechtsverbindlichen, von den Steuerpflichtigen zwingend einzuhaltenden Rechtsnormen dar[351]. Auch sind die Steuerpflichtigen nur in den Grenzen von § 110 FGO bzw. im Ausnahmefall des § 176 FGO an die finanzgerichtliche Rechtsauffassung gebunden. Die regelmäßig äußerst unbestimmten Steuergesetze können daher im rechtlichen Rahmen auch zu eigenen Gunsten und abweichend von Rechtsansichten der Exekutive und Judikative ausgelegt werden. Ebenso dürfen im Rahmen von Tax Compliance – soweit

346 *Geuenich/Kiesel*, BB 2012, 155, 156.

347 Vgl. dazu *Geiser*, Leitungspflichten des Vorstandes in der AG, 2010, S. 255 ff.; *Poppe*, in: Görling/Inderst/Bannenberg, 2010, Kapitel 1, Rn. 65, *Rau*, Compliance und Unternehmensverantwortlichkeit, 2010, S. 217 ff.

348 Vgl. auch *Streck*, in: Streck/Mack/Schwedhelm, Tax Compliance, 2010, Kapitel 1, Rn. 1.24.

349 *Seer*, in: FS Streck, 2011, S. 403, 405.

350 *Petrak/Schneider*, BC 2008, 11.

351 Siehe dazu bereits oben **2. Kapitel A. II. 1. a)**.

dies für sachdienlich gehalten wird – Rechtsbehelfe eingelegt werden[352]. Von vornherein nicht ausgeschlossen ist insoweit auch die Einlegung von Rechtsbehelfen bei eher geringen Erfolgsaussichten; anders wäre die Fortbildung des Rechts kaum denkbar[353]. Tax Compliance aus Unternehmenssicht ist demnach nicht per se gleichbedeutend mit dem Gebot des stets „sichersten Weges"[354] und einer kritiklosen Richtlinienhörigkeit[355]. Der Steuerstreit, der zur Verteidigung und Durchsetzung einer legitimen Steuerposition des Unternehmens erforderlich ist, wird in der Literatur daher sogar als Bestandteil einer funktionsfähigen Tax Compliance-Struktur angesehen[356]. Im Rahmen eines Tax Compliance-Systems sind somit auch Regularien für den Fall der streitigen Auseinandersetzung mit der Finanzverwaltung aufzustellen[357]. Die bisher einzige Monografie zum Thema Tax Compliance von Streck/Mack/Schwedhelm trägt demgemäß auch den Untertitel: „Risikominimierung durch Pflichtenbefolgung und Rechteverfolgung". Allgemein gilt es darüber hinaus zu bedenken, dass dem Streben nach Steuergerechtigkeit stets auch eine dynamische Auseinandersetzung zwischen den Belastenden und den Belasteten immanent ist; schließlich kann von einer gesicherten Anerkennung rationaler, einsichtiger Grundsätze und entsprechender steuerlicher Normen, die Steuergerechtigkeit gewährleisten, nicht die Rede sein[358]. All dies heißt im

---

352 *Streck*, in: Streck/Mack/Schwedhelm, Tax Compliance, 2010, Kapitel 1, Rn. 1.24. Zu möglichen Fehlern der Finanzverwaltung, die einen Steuerstreit rechtfertigen können siehe *Wassermeyer*, DStZ 1985, 159, 164 ff.

353 Vgl. *Streck/Mack/Kamps*, Der Steuerstreit, 2012, Rn. 15 ff., die insgesamt für die Jahre 2009 und 2010 von einer Erfolgsquote des Steuerpflichtigen beim BFH von knapp 30% ausgehen.

354 Zur Pflicht des Steuerberaters zur Beschreitung des „sichersten Weges" siehe *Hey*, Steuerplanungssicherheit als Rechtsproblem, 2002, S. 26, 94.

355 Nach *Krieger*, CCZ 2012, 64 sind verlorene Rechtsstreitigkeiten nicht stets mit Compliance-Verstößen gleichzusetzen.

356 *Besch/Starck*, in: Hauschka, Corporate Compliance, 2010, § 34, Rn. 47 ff; *Seer*, in: FS Streck, 2011, S. 403, 405; *Streck/Binnewies*, DStR 2009, 229, 232; *Streck*, in: Streck/Mack/Schwedhelm, Tax Compliance, 2010, Kapitel 1, Rn. 1.33 f.; *Talaska*, BB 2012, 1195, 1199.

357 *Talaska*, BB 2012, 1195, 1199.

358 *Streck/Mack/Kamps*, Der Steuerstreit, 2012, Rn. 2, unter Verweis auf *Rudolf von Jhering*, (1818–1882), Der Geist des Rechts, Eine Auswahl aus seinen Schriften, 1965, S. 188: „Alles Recht in der Welt ist erstritten worden, jeder wichtige Rechtssatz hat erst denen, die sich ihm widersetzen abgerungen werden müssen, und jedes Recht, sowohl das Recht eines Volkes wie das eines einzelnen, setzt die stetige Bereitschaft zu seiner Behauptung voraus".

Umkehrschluss allerdings nicht, dass eine möglicherweise abweichende Position des Unternehmens in jedem Fall und um jeden Preis mittels eines Steuerstreits durchzusetzen wäre. Vielmehr kann sich das Erzielen einer einvernehmlichen Lösung, beispielsweise in Form einer verbindlichen Verständigung oder unverbindlichen Absprache mit der Finanzverwaltung als der aus Unternehmenssicht vorteilhaftere und effizientere Weg erweisen. Ebenso kann der Verzicht auf einen nur eventuell erfolgversprechenden, aber langwierigen und kostenverursachenden Rechtsstreit im Interesse des Unternehmens liegen; ein früh bestandkräftiger, wenn möglich auch nicht optimaler Steuerbetrag und damit einhergehende Rechts- und Planungssicherheit kann einem Streit mithin vorzuziehen sein[359]. Die Entscheidung pro oder contra Steuerstreit bzw. pro oder contra möglichst kooperativer Lösung muss letztlich nach den konkreten Umständen des Falles getroffen werden.

D. Vereinbarkeit von Tax Compliance und Steuerplanung

Die Einhaltung der steuerrechtlichen Vorschriften ist stets im Kontext mit der Steuerplanung als integralem Bestandteil der Unternehmensplanung zu sehen[360]. Dabei ist zu klären, wie Tax Compliance und die unternehmerische Steuerplanung miteinander korrelieren, welche Rolle Tax Compliance mithin für die Steuerplanung spielt. Dazu soll zunächst auf die grundlegenden Ziele der Steuerplanung eingegangen werden (**I.**), um anschließend die Interdependenz von Tax Compliance und Steuerplanung zu untersuchen (**II.**).

I. Ziele der Steuerplanung

Steuerplanung bedeutet für ein Unternehmen ganz allgemein, den unternehmerischen Geschehensablauf auf das steuerliche Umfeld einzustellen und die Besteuerung dem Grunde, der Höhe und bzw. oder dem Zeitpunkt nach zu

359 *Seer*, in FS Streck, 2011, S. 403, 406.

360 Als elementares Ziel der Unternehmensplanung wird in der traditionellen Betriebswirtschaftslehre die langfristige (Handelsbilanz-)Gewinnmaximierung bzw. Steigerung des Eigenkapitalwertes des Unternehmens angesehen, siehe beispielsweise *Wöhe/Döring*, Allgemeine Betriebswirtschaftslehre, 2010, S. 69 ff.

beeinflussen[361]. Elementar ist dabei die Erkenntnis, dass die Steuerbelastung einen negativen Zielbetrag bei der Entfaltung ökonomischer Aktivitäten darstellt, Steuern mithin als Kostenfaktoren anzusehen sind[362]. So beansprucht die Steuer typischerweise zwischen 25 und 40 % des positiven Unternehmensergebnisses für sich[363]. Mittels Steuerplanung soll daher die steuerliche Belastung des Unternehmens optimiert werden[364]. Es geht plakativ ausgedrückt darum, „Dummensteuern" zu vermeiden, wobei darunter Steuerlasten zu verstehen sind, die nicht entstanden wären, wenn der Steuerpflichtige das gleiche wirtschaftliche Ziel unter klugem Einsatz der vorhandenen Mittel anders erreicht hätte[365]. Zur Optimierung der Steuerbelastung wird sich in der Regel nicht auf die steuerliche Würdigung bereits realisierter Lebenssachverhalte beschränkt[366]. Vielmehr wird ex ante der steuerliche Einfluss auf die betrieblichen Handlungsmöglichkeiten analysiert, um dann entsprechende vorausblickende Maßnahmen zur Steueroptimierung umzusetzen. Eine zentrale Rolle spielt dabei die Sachverhaltsgestaltung, wobei ausgehend von der angestrebten Rechtsfolge der Sachverhalt entsprechend dem einschlägigen Tatbestand gestaltet wird[367]. Daneben umfasst die Steuerplanung auch die Ausübung steuerlicher Wahlrechte im Rahmen der Abschlusserstellung, also die Sachverhaltsdarstellung bzw. Abbildungsgestaltung nach Realisierung der gesetzlichen Steuertatbestände[368].

---

361 *Jacobs/Endres/Spengel*, in: Jacobs, Internationale Steuerplanung, 2011, S. 911. Zu dem aus der Betriebswirtschaftslehre stammenden Begriff der Steuerplanung siehe auch *Hey*, Steuerplanungssicherheit als Rechtsproblem, 2002, S. 9 ff.

362 *Grotherr*, in: Grotherr, Handbuch der internationalen Steuerplanung, 2011, S. 3, 5, wonach die Steuerbelastung im Unternehmensbereich in gleicher Weise einen Aufwandsfaktor wie Löhne und Materialkosten darstellt. Siehe auch *Hey*, Steuerplanungssicherheit als Rechtsproblem, 2002, S. 9.

363 *Jacobs/Endres/Spengel*, in: Jacobs, Internationale Steuerplanung, 2011, S. 913 f.

364 Häufig kann bereits eine geringe Minderung der Steuerbelastung denselben Nettoergebniseffekt hervorrufen wie eine erhebliche Steigerung des Umsatzes. Siehe dazu das Rechenbeispiel bei *Endres/Eckstein*, Steuerrecht International, 2001, S. 76.

365 Begriff und Definition nach *Rose*, in: FS Tipke, 1995, S. 153 ff.; siehe auch *Jacobs/Endres/Spengel*, in: Jacobs, Internationale Steuerplanung, 2011, S. 911.

366 Vgl. *Seer*, in: FS Korn, 2005, S. 707, 708.

367 Vgl. zur Steuergestaltung *Hey*, Steuerplanungssicherheit als Rechtsproblem, 2002, S. 10 ff.

368 *Grotherr*, in: Grotherr, Handbuch der internationalen Steuerplanung, 2011, S. 3, 7 f., 18; *Hey*, Steuerplanungssicherheit als Rechtsproblem, 2002, S. 11; *Rödder*, BB 1988 Beilage 19, S. 6.

1. Sog. relative Steuerbarwertminimierung

Konkret wird im Hinblick auf die Optimierung der Steuerbelastung vor allem die sog. relative Steuerbarwertminimierung als grundlegendes steuerliches Unternehmensziel bzw. als Messgröße für die Steuerplanung genannt[369]. Nach dem Konzept der relativen Steuerbarwertminimierung ist das Bestmögliche erreicht, wenn der relative Barwert der Steuerzahlungen bezogen auf die Totalperiode, also die Zeitspanne von der Gründung bis zur Veräußerung, Aufgabe oder Liquidation des Unternehmens, sein Minimum erreicht[370]. Da eine absolute Steuerbarwertminimierung in letzter Konsequenz auf die Einstellung jeglicher wirtschaftlicher Betätigung hinausliefe, wird das Ziel der Steuerbarwertminimierung nur relativ formuliert, die Steuerbelastung ist also nur im Hinblick auf das Unternehmensergebnis vor Steuern zu optimieren[371].

2. Optimierung der Steuerquote

Neben dieser klassischen Zielsetzung rückt vor allem bei international agierenden Konzernen die im Anhang auszuweisende Konzernsteuerquote in den Blickpunkt der Steuerplanung[372]. Diese, auch bezeichnet als effektiver Steuersatz bzw. Effective

---

369 *Grotherr*, in: Grotherr, Handbuch der internationalen Steuerplanung, 2011, S. 3, 11; *Jacobs/Endres/Spengel*, in: Jacobs, Internationale Steuerplanung, 2011, S. 912; *Kessler*, in: Kessler/Kröner/Köhler, Konzernsteuerrecht, 2008, § 1 Rn. 13: „Fundamentalziel". Siehe auch *Börner/Krawitz*, Steuerbilanzpolitik, 1977, S. 85 ff.; *Schmidt-Ahrens*, in: Oestreicher, Internationale Steuerplanung, 2005, S. 147.

370 Der wesentliche Gedanke liegt zum einen darin, dass steuerliche Spielräume derart ausgenutzt werden, dass die Steuerzahlung möglichst weit in die Zukunft verlagert wird. Dadurch wird es möglich, die finanziellen Mittel bis zur späteren Steuerzahlung verzinslich anzulegen, sog. Zins- bzw. Liquiditätseffekt. Zum anderen nutzt die relative Steuerbarwertminimierung den sog. Progressionseffekt, wonach eine endgültige Steuerersparnis erzielt werden kann, wenn der Gewinn mehrerer Perioden so verteilt werden kann, dass in jeder Periode ein möglichst gleich hoher Betrag zu versteuern ist *Schmidt-Ahrens*, in: Oestreicher, Internationale Steuerplanung, 2005, S. 147. Alternativ kann auch die relative Maximierung des Barwertes der Steuerentlastungen Planungsziel sein, vgl. *Rödder*, Gestaltungssuche im Ertragsteuerrecht, 1991, S. 52.

371 *Kessler*, in: Kessler/Kröner/Köhler, Konzernsteuerrecht, 2008, § 1, Rn. 13.

372 *Jacobs/Endres/Spengel*, in: Jacobs, Internationale Steuerplanung, 2011, S. 912. Nach den internationalen Rechnungslegungsstandards International Accounting Standards/ International Financial Reporting Standards ist die Steuerquote des Konzerns im

Tax Rate (ETR), basiert auf bereits realisierten Unternehmensdaten und stellt eine unternehmensbezogene Kennziffer dar, mittels derer die Ertragsteuerbelastung des Unternehmens ausgedrückt werden soll[373]. Für Konzerne ergibt sie sich aus dem Verhältnis des tatsächlichen und latenten Ertragsteueraufwands des Konzerns zu dem Konzernergebnis vor Ertragsteuern[374]. Durch die Ausweisung im Anhang kommt der Steuerquote, im Gegensatz zu den nicht offenzulegenden Steuerbarwerten, in der Praxis eine wichtige Informationsfunktion zu. Sie dient davon ausgehend Investoren, Analysten und Gläubigern als Kennzahl für den Vergleich der Steuerbelastung bzw. der „steuerlichen Performance" von Konzernen[375]. Da die Aktienkurse die zukünftig erwarteten Nachsteuerrenditen widerspiegeln, haben die Konzernsteuerquote samt Erläuterung und die daraus abgeleitete Erwartung über die zukünftige Steuerbelastung und zukünftige Nettorenditen einen wesentlichen Einfluss auf die Kursbildung am Aktienmarkt[376]. Infolgedessen wird von Teilen der Literatur die Optimierung dieser Steuerquote als maßgebliches Ziel angesehen[377].

3. Grenzen durch übergeordnete Unternehmensziele

Bei alledem gilt es zu berücksichtigen, dass dem Ziel der Steueroptimierung durch die übergeordneten bzw. allgemeinen, nicht steuerlichen Unternehmensziele faktische Schranken gesetzt sind. So wird in der Praxis oftmals ein steuerlicher Mehrpreis in Kauf genommen, um nicht-steuerlichen Unternehmensaspekten Vorrang zu gewähren[378]. Die Steueroptimierung muss also als nachgeordnete Zielsetzung unter Umständen zurücktreten: „Gute Steuergestaltung optimiert die

---

Anhang anzugeben und im Rahmen einer sog. steuerlichen Überleitungsrechnung zu erläutern, vgl. IAS 12.81c. Siehe dazu *Herzig/Dempfle*, DB 2002, 1 ff.; *Herzig*, WPg-Sonderheft 2003, 80 ff. Die Aufstellung des Konzernabschlusses nach IAS/IFRS ist unter den Voraussetzungen des § 315a Abs.1 HGB i.V.m. Art. 4 IAS-VO und § 315a Abs.2 HGB verpflichtend, ansonsten besteht ein Wahlrecht gemäß § 315a Abs.3 HGB.

373 *Mammen*, Konzernsteuerquote als Lenkungsinstrument, 2011, S. 117.

374 Die konkrete Ermittlung des tatsächlichen und latenten Ertragsteueraufwands und des Ergebnisses vor Ertragsteuern richtet sich nach den anzuwendenden Rechnungslegungsstandards, *Montag*, in: FS Herzig, 2010, S. 555, 557.

375 *Montag*, in: FS Herzig, 2010, S. 555.

376 *Kröner/Benzel*, in: Kessler/Kröner/Köhler, Konzernsteuerrecht, 2008, § 12, Rn.1.

377 *Mammen*, Die Konzernsteuerquote als Lenkungsinstrument, 2011, S. 283 ff.

378 *Jacobs/Endres/Spengel*, in: Jacobs, Internationale Steuerplanung, 2011, S. 916.

Steuerbelastung des unternehmerisch Gewollten, führt aber nicht dazu, dass unternehmerisch nicht Gewolltes passiert"[379].

II. Tax Compliance als Grenze der Steuerplanung

Mit Blick auf die unternehmensseitige Steuerplanung lässt sich Tax Compliance anschaulich als „Leitplanke" qualifizieren: Sie zielt darauf, die Legalität der Steuerplanung zu gewährleisten, fungiert als deren Begrenzung, soweit sie Gefahr läuft, Rechtsnormen zu widersprechen[380]. Demnach schließt Tax Compliance eine aktive, bewusste Steuerplanung keineswegs aus, solange nur legale Möglichkeiten und Freiräume genutzt werden, um eine Steueroptimierung zu erreichen. Steuerstraftaten und Steuerordnungswidrigkeiten (§§ 369 Abs.1, 377 Abs.1 AO) können demnach von vornherein keine tauglichen Mittel zur Steueroptimierung sein. Als zentrale Grenznormen für die Steuerplanung fungieren die Vorschriften, die auf eine Verhinderung eines Gestaltungsmissbrauchs gerichtet sind. Namentlich von Relevanz sind die Generalklausel § 42 AO sowie die Sondervorschriften zur Bekämpfung der Steuerumgehung, wie beispielsweise die Zinsschrankenregelung in § 4h EStG i.V.m. § 8a KStG, die Nachfolgeregelung zum Mantelkauf in § 8c KStG oder der Steuertatbestand der Funktionsverlagerung in § 1 Abs.3 AStG[381]. Die Steuerumgehung als solche ist dabei weder verboten noch strafbar, solange der Steuerpflichtige keine unrichtigen oder unvollständigen Angaben macht, um die Umgehung zu verschleiern[382]. Wird gegen § 42 AO verstoßen, so führt dies „nur" dazu, dass der vom Steuerpflichtigen unterbreitete Subsumtionsvorschlag von der Finanzverwaltung zurückgewiesen wird und der Steueranspruch entsprechend der den wirtschaftlichen Vorgängen angemessenen rechtlichen Gestaltung entsteht, § 42 Abs.1 S.3 AO. Bei Verstoß gegen eine Spezialnorm richtet sich die Rechtsfolge nach dieser, § 42 Abs.1 S.2 AO.

Insgesamt lässt sich Tax Compliance damit als einschränkende Nebenbedingung des Ziels der Steueroptimierung qualifizieren. In der Literatur wird dieser Aspekt

---

379 *Rödder*, DStJG Band 33 (2010), S. 93, 102.

380 *Kälin/Strohe*, ZFRC 2011, 102, 104.

381 Umfassend zum Gestaltungsmissbrauch im Steuerrecht siehe DStJG Band 33 (2010). Zur spezialgesetzlichen Missbrauchsgesetzgebung siehe etwa *Gabel,* StuW 2011, 3 ff.; *Hey,* StuW 2008, 167 ff.

382 *Drüen,* in: Tipke/Kruse, AO/FGO, § 42 AO, Rn. 6 m.w.N. (10/2010).

bisweilen als Qualitätssicherungs- und Innovationsfunktion von Tax Compliance bezeichnet, wobei Qualitätssicherung im Steuerbereich eben nicht mit einer möglichst hohen Steuerzahlung zu Gunsten des Fiskus gleichzusetzen sei[383]. Sog. quantitative Zielkonzepte wie die Steuerbarwertminimierung bzw. Optimierung der Steuerquote vermögen demnach nicht, das steuerliche Zielsystem eines Unternehmens vollständig abzubilden. Vielmehr spielt Tax Compliance als sog. qualitative Zielvorstellung eine essentielle, begrenzende Rolle bei der unternehmerischen Steuerplanung[384]. Die Gewährleistung der Normenkonformität wird regelmäßig zu den wichtigsten Aufgaben einer Steuerabteilung gezählt[385], wobei bedingt durch die Nachwirkungen der Finanz- und Kapitalmarktkrise 2008/2009 und vergangener Finanzskandale von einem Bedeutungszuwachs ausgegangen werden kann[386].

1. Gratwanderung zwischen Legalität und Illegalität

Insgesamt gilt es jedoch zu berücksichtigen, dass die Frage, ob eine Steuerplanungsmaßnahme noch gesetzeskonform ist oder nicht, aus Unternehmensperspektive nicht immer klar und eindeutig zu beantworten ist. Zurückzuführen ist dies insbesondere auf die vielfach beklagte Kompliziertheit und Dynamik des Steuerrechts sowie die tatbestandliche Unbestimmtheit zahlreicher steuerlicher Normen[387]. So lassen nur die wenigsten Tatbestandsmerkmale ausschließlich eine einzige Deutung zu[388]. Auch existieren bei Weitem nicht zu jeder Rechtsnorm konkretisierende Verwaltungsvorschriften oder Aussagen der Rechtsprechung[389]. Selbst wenn dies der Fall ist, kann noch immer eine erhebliche Unsicherheit bezüglich

383 *Streck*, in: Streck/Mack/Schwedhelm, Tax Compliance, 2010, Kapitel 1, Rn. 1.26; zur Qualitätssicherungs- und Innovationsfunktion von Compliance im Allgemeinen siehe *Lösler*, NZG 2005, 104, 105.

384 Zur Unterscheidung zwischen messbaren quantitativen und qualitativen, in der Regel keiner monetären Messbarkeit oder sonstigen konkreten Quantifizierung zugänglichen steuerlichen Unternehmenszielen siehe *Vera*, StuW 2001, 308 ff.

385 *Jacobs/Endres/Spengel*, in: Jacobs, Internationale Steuerplanung, 2011, S. 913

386 Vgl. *Mammen*, Konzernsteuerquote als Lenkungsinstrument, 2011, S. 288.

387 Siehe dazu **3. Kapitel A. II. 2. a)**.

388 *Hey*, Steuerplanung als Rechtsproblem, 2002, S. 23. Insoweit besteht also ein Norminterpretationsrisiko.

389 Vgl. zur rechtlichen Ungewissheit im Vorfeld- und Ausführungsstadium der Steuerplanung *Hey*, Steuerplanung als Rechtsproblem, 2002, S. 33 ff., 45 ff.

der Rechtsanwendung im konkreten Fall bestehen[390]. Oftmals liegt daher zwischen legaler Steueroptimierung durch geschicktes Nutzen von gesetzlichen Spielräumen und einer unrichtigen Anwendung der Steuergesetze in Folge einer Fehleinschätzung respektive einer missbräuchlichen Steuervermeidung nach den entsprechenden Spezialnormen bzw. nach § 42 AO nur ein äußerst schmaler, unsicherer Grat. Dies zeigt insbesondere die äußerst kasuistische, umfangreiche Rechtsprechung zu § 42 AO[391].

2. Absicherung der Steuerplanung

Um zu vermeiden, dass sich eine Steuerplanung im Nachhinein als unrechtmäßig erweist, kann es aus Unternehmensperspektive von erheblichem Interesse sein, die Planungsmaßnahmen im Vorfeld mit der Finanzverwaltung abzustimmen. Schließlich erfolgt die Steuerfestsetzung der Finanzverwaltung erst nach Sachverhaltsverwirklichung, der Steuerpflichtige handelt insoweit zunächst auf eigenes Risiko[392]. Schätzt er die Rechtslage falsch ein, hat er mit unter Umständen erheblichen Nachzahlungen zuzüglich nicht abziehbarer Nachzahlungszinsen (§ 233a AO) zu rechnen. Die Abstimmung zur Minimierung des Risikos eines Rechtsverstoßes erweist sich folglich als probates Mittel zur Gewährleistung von Tax Compliance. Um Tax Compliance zur Wirksamkeit zu verhelfen, kann es mithin bei rechtlichen Unsicherheiten sinnvoll sein, den Kontakt zur Finanzverwaltung zu suchen, um einer Fehlplanung vorzubeugen.

In Abweichung von anderen Teilgebieten des öffentlichen Rechts kennt das Steuerrecht jedoch keine prospektiven Genehmigungstatbestände[393]. Vielmehr wird in der Literatur ein grundsätzlicher Mangel an steuerverfahrensrechtlichen Instrumenten zur Herstellung von Steuerplanungssicherheit konstatiert[394]. Gegenwärtig kommen sowohl rechtlich unverbindliche Abstimmungsmaßnahmen

---

390 *Rose*, in: FS D. Schneider, 1995, S. 479, 487, sieht im Subsumtionsfehler einen der „klassischen" Fehler der Steuerplanung. Siehe auch *Hey*, Steuerplanung als Rechtsproblem, 2002, S. 33 f, die allerdings auf die mangelnde Trennschärfe von Norminterpretations- und Subsumtionsrisiko hinweist.

391 Zu den einzelnen Fallgruppen der Umgehung siehe *Drüen*, in: Tipke/Kruse, AO/FGO, § 42 AO, Rn. 54a ff. (05/2010); *Meyer*, PStR 2005, 239 ff.

392 *Hey*, Steuerplanung als Rechtsproblem, 2002, S. 7.

393 *Hey*, Steuerplanung als Rechtsproblem, 2002, S. 6 ff., die beispielsweise auf das öffentliche Baurecht oder Subventionsrecht verweist.

394 *Hey*, Steuerplanung als Rechtsproblem, 2002, S. 7; *Rose*, in FS Wöhe, 1989, S. 289, 299 ff.

in Gestalt allgemeiner Rechtsauskünfte, Erörterungen oder Beratungsleistungen durch die Finanzverwaltung (vgl. § 89 Abs.1 AO) als auch rechtsverbindliche Behördenerklärungen in Form von Zusagen bzw. verbindlichen Auskünften (insbesondere § 89 Abs.2 AO) in Betracht. Des Weiteren können gegebenenfalls zwischen Steuerpflichtigen und der Finanzverwaltung zweiseitige, bindende oder nicht bindende Erklärungen getroffen werden[395]. Mit Blick auf ein höchstmögliches Maß an Rechts- und Planungssicherheit ist davon auszugehen, dass Steuerpflichtige vor allem an rechtsverbindlichen Maßnahmen interessiert sind. Im Allgemeinen wird den Steuerpflichtigen umso mehr an einer Festlegung der Finanzverwaltung gelegen sein, je riskanter die Steuerplanung konzipiert ist; schließlich gilt es hier, das Risiko der Einordnung der Planung als missbräuchliche Steuerumgehung zu minimieren[396].

3. Möglichkeit des Verzichts auf grenzwertige Steuerplanung

Des Weiteren stellt sich mit Blick auf die Zielsetzung Tax Compliance die grundlegende Frage, wie riskant bzw. *aggressiv* die steuerliche Unternehmensplanung erfolgen soll. Dabei ist einleuchtend, dass besonders ausgefallene, komplexe Gestaltungsmaßnahmen, die sich oftmals in rechtlichen Grauzonen bewegen, auch in entsprechendem Maße fehleranfällig sind. Daher kann sich aus Unternehmenssicht im Einzelfall der sichere, aber steuerlich ungünstigere Gestaltungsweg als sinnvoller erweisen, als das Austesten steuerlichen Grenzverhaltens zur Steueroptimierung mit ungewissem Ausgang[397]. Es kann mithin für ein Unternehmen ratsam sein, auf bestimmte, besonders riskante und abenteuerliche Planungsmaßnahmen zu verzichten, um die Planungssicherheit zu erhöhen und unter Umständen langwierige Rechtsstreitigkeiten zu vermeiden. Soweit auf besonders riskante Planungsmaßnahmen verzichtet und ein höherer Steuerbetrag in Kauf genommen wird, kann dies unter Umständen auch positive Reputationseffekte mit sich bringen; das wirtschaftlich potente Unternehmen leistet als Good Corporate Citizen auch einen „rechten Steuerobolus“ und Beitrag zum Allgemeinwohl[398]. Dennoch gilt es an dieser Stelle zu betonen, dass die Zielsetzung Tax Compliance aus Unternehmenssicht nicht zu einem solchen Verzicht verpflichtet, solange im Endeffekt die Gesetze eingehalten werden. Ein

395 Siehe dazu umfassend *Seer*, Verständigungen in Steuerverfahren, 1996.
396 *Hey*, Steuerplanung als Rechtsproblem, 2002, S. 34.
397 *Seer*, FS Streck, 2011, S. 403, 406.
398 Vgl. *Kälin/Strohe*, ZFRC 2011, 102, 104.

gradueller Verzicht kann vielmehr als freiwillige Tax Compliance-Maßnahme qualifiziert werden.

E. Etablierung eines Tax Compliance-Systems im Unternehmen

Mit Blick auf die mannigfaltigen unerwünschten Folgen steuerlicher Rechtsverstöße, aber auch auf mögliche positive Wertschöpfungseffekte dürften sich verantwortungsvolle Unternehmensleitungen regelmäßig eigenmotiviert zur strukturellen Sicherstellung von Tax Compliance, mithin zur Etablierung eines Tax Compliance-Systems entschließen[399]. Vor allem die Komplexität der steuerlichen Rechtsmaterie, die zahlreichen gesetzlichen Mitwirkungspflichten im Besteuerungsverfahren und sich ständig wandelnde Regelungen verlangen nach einem strategischen Umgang mit der Einhaltung des Steuerrechts durch das Unternehmen bzw. seine Organe und Mitarbeiter. Auf jegliche strategische Sicherstellung von Tax Compliance zu verzichten und insoweit die steuerliche Rechtseinhaltung mehr oder weniger dem Zufall zu überlassen, lässt sich mithin kaum mit einer nachhaltigen, betriebswirtschaftlich sinnvollen Unternehmensführung vereinbaren. Folglich bedarf es nach *Besch/Stark* auch keiner näheren Erörterung, ob die Unternehmensleitung rechtlich zur Einrichtung eines Tax Compliance-Systems verpflichtet ist oder nicht[400]. Nach *Moosmayer* wurde die Frage nach einer entsprechenden generellen Compliance-Organisationspflicht auf Grund der jüngsten spektakulären Verfahren gegen Unternehmen und deren Leitungsorgane „von der Realität überholt“[401]. Obgleich diese praxisnahe Einschätzung im Grunde überzeugt, soll nachfolgend konzis der Frage nach der Rechtspflicht zur Etablierung eines Tax Compliance-Systems nachgegangen werden (**I.**). Im Anschluss daran soll der Versuch unternommen werden, typische Elemente eines unternehmensseitigen Tax Compliance-Systems aufzuzeigen (**II.**). Dabei gilt ganz allgemein, dass ein Tax Compliance-System nur dann zur Erreichung der genannten Ziele geeignet ist, wenn es nicht nur angemessen ausgestaltet ist, sondern auch im Unternehmen umgesetzt und gelebt wird[402].

---

399 Vgl. *Besch/Stark*, in: Hauschka, Corporate Compliance, 2010, § 34, Rn. 8; *Kiesel/Böhringer*, BB 2012, 1190.

400 *Besch/Stark*, in: Hauschka, Corporate Compliance, 2010, § 34, Rn. 8.

401 *Moosmayer*, in: Moosmayer, Compliance, 2012, S. 5:

402 So allgemein zu Compliance-Systemen *v. Busekist/Hein*, CCZ 2012, 41, 42.

I. Rechtspflicht zur Etablierung eines Tax Compliance-Systems

Die Antwort auf die Frage, ob eine rechtliche Pflicht des Unternehmens bzw. der Unternehmensleitung zur Etablierung eines Tax Compliance-Systems existiert, wird maßgeblich durch die Diskussion um eine allgemeine Pflicht zur Einführung eines Compliance-Systems im Unternehmen beeinflusst; schließlich stellt Tax Compliance aus Unternehmenssicht einen Teilbereich der Corporate Compliance dar. Soweit also bereits im Allgemeinen eine Rechtspflicht zur Einführung Compliance-Systems existiert, besteht eine solche auch – bzw. erst recht – für den Bereich des Steuerrechts.

1. Rechtspflicht zur Etablierung eines Compliance-Systems im Allgemeinen

Eine explizite, direkte gesetzliche Normierung einer allgemeinen Pflicht des Unternehmens oder der Unternehmensleitung zur Etablierung eines Compliance-Systems existiert nicht. Soweit von Gesetzes wegen ausdrücklich die Einführung eines Compliance-Systems bzw. einer entsprechenden Organisation vorgeschrieben ist, betrifft dies nur spezielle Rechtsbereiche, wie das Versicherungs-[403] oder das Kreditwesen[404]; insoweit ist das Compliance-System Gegenstand öffentlich-rechtlich begründeter und sanktionierter systemhafter Pflichten[405]. Adressat der Pflichten ist dabei das Unternehmen als solches[406]. Auch § 289 Abs.5 HGB[407], wonach Kapitalgesellschaften i.S.d. § 264d HGB im Lagebericht die wesentlichen Merkmale des internen Kontroll- und des Risikomanagementsystems im

---

403 § 64a VAG (Geschäftsorganisation).

404 § 25a KWG (Besondere organisatorische Pflichten von Instituten); § 25c KWG (Interne Sicherungsmaßnahmen). Über das KWG hinaus sind entsprechende Pflichten enthalten in: § 33 WphG (Organisationspflichten) i.V.m. § 14 Abs.3 der Verordnung zur Konkretisierung der Verhaltensregeln und Organisationsanforderungen für Wertpapierdienstleistungsunternehmen (WpDVerOV) und dem BaFin-Rundschreiben 4/2010 (WA) vom 7.6.2010 (MaComp); § 14 GwG (Interne Sicherungsmaßnahmen); siehe auch § 12 Abs.1 AGG (Maßnahmen und Pflichten des Arbeitgebers).

405 Vgl. speziell mit Blick auf § 25a KWG *Burgi,* in: Lange/Wall, Risikomanagement nach dem KonTraG, 2001, S. 307 ff.

406 Siehe etwa § 64a Abs.1 S.1 VAG: „Versicherungsunternehmen müssen…" sowie § 25a Abs.1 S.1 KWG: „Ein Institut muss…".

407 Entsprechend für den Konzernlagebericht: § 315 Abs.2 Nr.5 HGB.

Hinblick auf den Rechnungslegungsprozess zu beschreiben haben, verpflichtet nach einhelliger Meinung nicht zur Etablierung eines derartigen Systems[408] und damit auch nicht mittelbar zur Etablierung eines Kontrollsystems für den Steuerbereich als Teil des Rechnungslegungsprozesses[409]. Nicht zu leugnen ist indes, dass die Berichtspflicht einen erheblichen tatsächlichen Rechtfertigungsdruck mit sich bringt, soweit kein System bestehen sollte; insoweit kann § 289 Abs.5 HGB einen faktischen Befolgungszwang bewirken[410]. Nach *Risse/Große-Allermann* verdeutlicht die Norm jedenfalls die Wichtigkeit und notwendige Selbstverständlichkeit funktionierender Kontroll- und Risikomanagementsysteme für kapitalmarktorientierte Unternehmen[411]. Eine generelle Rechtspflicht kann darüber hinaus auch nicht auf die Ziffern 4.1.3, 3.4 und 5.3.2 des Deutschen Corporate Governance Kodexes (DCGK) gestützt werden, kommt diesem doch als „soft law" kein verbindlicher Charakter respektive keine Rechtsnormqualität zu[412].

a) Gesellschaftsrechtliche Pflicht der Unternehmensleitung

Dennoch geht die herrschende Meinung in der gesellschaftsrechtlichen Literatur nunmehr von einer grundsätzlichen „relativen" gesellschaftrechtlichen Pflicht der Unternehmensleitung zur Etablierung eines Compliance-Systems im Unternehmen aus: Demnach kommt der Unternehmensleitung die Pflicht zu, durch organisatorische Vorkehrungen für die Rechtskonformität des Unternehmens bzw. der Unternehmensangehörigen zu sorgen; die Legalitätspflicht der Unternehmensleitung schließt eine Legalitätskontrolle fremder Personen bzw. die Durchsetzung der Regeltreue auf nachgeordneten Ebenen ein. Corporate Compliance ist mithin Bestandteil der Unternehmenskontrolle. Dogmatischer Anknüpfungspunkt ist insoweit insbesondere die Leitungs- und Organisationsverantwortung des Vorstandes

---

408 Vgl. *Kort,* ZGR 2010, 440 ff.; *Merkt,* in: Baumbach/Hopt, Handelsgesetzbuch, 2012, § 289, Rn. 5; siehe auch Begr. RegE BilMoG BT-Drucks. 16/10067, S. 76. Damit korrespondierend enthalten auch §§ 107 Abs.3 S.2 und 171 Abs.1 S.2 AktG, die auf das interne Kontroll- und Risikomanagementsystem Bezug nehmen, keine entsprechende Verpflichtung, siehe dazu *Tangermann,* Compliance, Risikobegrenzung und Imagevorteil, 2010, S. 74.

409 Zu Steuern im handelsrechtlichen Abschluss siehe *Risse,* DB 2011. 667, 671.

410 *Merkt,* in: Baumbach/Hopt, Handelsgesetzbuch, 2012, § 289, Rn. 5.

411 Ubg 2010, 629, 631.

412 Siehe nur *Kort,* NZG 2008, 81, 82.

aus §§ 76 Abs.1, 93 Abs.1 AktG bzw. § 43 Abs.1 GmbHG[413]. Die Verantwortung wird dabei grundsätzlich konzernweit verstanden[414].

Allerdings richtet sich die Ausgestaltung bzw. Art und Umfang, also das „Wie" eines Compliance-Systems, nach den konkreten Umständen des Einzelfalls[415]. Allgemeinverbindliche Leitlinien lassen sich mithin nicht aufstellen. Insbesondere kann man die sektorspezifischen Anforderungen an die Ausgestaltung von Compliance-Systemen auf Grund ihrer Spezialität nicht generell übertragen[416]. Maßgeblich für die Konzeption ist vor allem das vorhandene Gefahrenpotential. Ein solches kann sich beispielsweise aus der Größe des Unternehmens, der Branche, der Internationalität, der Vielfalt und der Bedeutung der einzuhaltenden Vorschriften oder auch Missständen in der Vergangenheit ergeben. Nur eines Minimums an Präventionsmaßnahmen[417], jedoch keines institutionalisierten Systems bedarf es daher bei kleinen, überschaubaren Unternehmen mit geringer Risikoexposition[418]. Die Compliance-Maßnahmen müssen mithin erforderlich und auch zumutbar sein; „unverhältnismäßige Schnüffellei"[419] wird nicht verlangt. Die Unternehmensleitung verfügt demgemäß über einen breiten Gestaltungsspielraum, d.h. ein Organisationsermessen bei der näheren Ausgestaltung, der unter den

---

413 Vgl. *Fleischer*, in: Spindler/Stilz, Aktiengesetz, 2010, § 91, Rn. 47 ff., *ders.*, in: Münchener Kommentar zum GmbHG, 2012, § 43, Rn. 142, der von einer „Compliance-Pflicht" spricht; *Goette*, ZHR 2011, 388, 392; *Hüffer*, AktG, 2012, § 76, Rn. 9a; *Kiethe*, GmbHR 2007, 393; *Krieger/Sailer-Coceani*, in: K. Schmidt/Lutter, Aktiengesetz, 2010, § 93, Rn. 6.; *Reichert/Ott*, ZIP 2009, 2173, 2174; *Vetter*, DB 2007, 1963, 1964; *Winter*, in: FS Hüffer, 2010, S. 1103, 1104. Für die GmbH siehe etwa *Kleindiek*, in: Lutter/Hommelhoff, GmbHG, 2012, § 43, Rn. 30. Nach *Berg*, AG 2007, 271, 274; *Schwintowski*, NZG 2005, 200, 201, ist § 91 Abs.2 AktG der dogmatische Anknüpfungspunkt. Hingegen begründet *Schneider*, ZIP 2003, 645, 649 die Pflicht aus einer Gesamtanalogie zu den sektorspezifischen Compliance-Vorschriften.

414 *Fleischer*, NJW 2009, 2337, 2338; *Kremer/Klahold*, ZGR 2010, 113, 122 ff.; *Moosmayer*, in: Moosmayer, Compliance, 2012, S. 6; *Schneider/Schneider*, ZIP 2007, 2061, 2062.

415 *Spindler*, in: Münchener Kommentar zum Aktiengesetz, 2008, § 91, Rn. 36 ff.; vgl. auch *Zöllner/Noack*, in: Baumbach/Hueck, GmbHG, 2010, § 35, Rn. 33, § 43, Rn. 17.

416 *Hüffer*, AktG, 2012, § 76, Rn. 9a.

417 *Hauschka/Greeve*, BB 2007, 165, 166: „Ein Grundstock bzw. Mindestmaß an Prävention ist in allen Unternehmen rechtlich erforderlich".

418 *Fleischer*, in: Spindler/Stilz, Aktiengesetz, 2010, § 91, Rn. 47; *Kort*, in: Aktiengesetz Großkommentar, 2008, § 91, Rn. 65; *Reichert/Ott*, ZIP 2173, 2174; siehe auch *Hüffer*, AktG, 2012, § 78, Rn. 9a.

419 *Fleischer*, in: Spindler/Stilz, Aktiengesetz, 2010, § 91, Rn. 53

weiteren Voraussetzungen des § 93 Abs.1 S.2 AktG in den Anwendungsbereich der sog. Business Judgement Rule fällt[420]. Danach liegt eine Verletzung der Sorgfaltspflicht aus § 93 Abs.1 S.1 AktG nicht vor, wenn das Vorstandsmitglied bei einer unternehmerischen Entscheidung vernünftigerweise annehmen durfte, auf der Grundlage angemessener Information zum Wohle der Gesellschaft zu handeln. Wiederum ist zu berücksichtigen, dass dieser Ermessenspielraum in Folge bestimmter Vorkommnisse auf Null schrumpfen kann[421]. Zweifellos kein Ermessen besteht hingegen bei der Frage, ob Rechtsverstößen im Unternehmen nachgegangen werden soll, haben doch entsprechende Aufklärungs-, Verfolgungs- und Ahndungsmaßnahmen keinen unternehmerischen Charakter i.S.d. § 93 Abs.1 S.2 AktG[422].

b) Pflicht des Unternehmensinhabers nach § 130 OWiG

Andere Literaturstimmen verorten Compliance bzw. eine Pflicht der Unternehmensleitung zur Etablierung eines Compliance-Systems in erster Linie im Ordnungswidrigkeitenrecht, speziell in §§ 130, 30, 9 OWiG[423]. Nach § 130 Abs.1 S.1 OWiG handelt ordnungswidrig, wer als Inhaber eines Betriebes oder Unternehmens vorsätzlich oder fahrlässig die Aufsichtsmaßnahmen unterläßt, die erforderlich sind, um in dem Betrieb oder Unternehmen Zuwiderhandlungen gegen Pflichten zu verhindern, die den Inhaber treffen und deren Verletzung mit Strafe oder Geldbuße bedroht ist, wenn eine solche Zuwiderhandlung begangen wird, die durch gehörige Aufsicht verhindert oder wesentlich erschwert worden wäre[424]. Die Vorschrift zielt darauf sicherzustellen, dass in Unternehmen Vorkehrungen gegen die Begehung betriebsbezogener Zuwiderhandlungen getroffen werden[425].

420 *Fleischer* CCZ 2008, 1, 3; *ders.*, in: Spindler/Stilz, Aktiengesetz, 2010, § 91, Rn. 53. Siehe auch *Bürkle,* BB 2007, 1797, 1798; *Kremer/Klahold,* ZGR 2010, 113, 120; *Spindler*, in: Münchener Kommentar zum Aktiengesetz, 2008, § 91, Rn. 36.

421 *Hüffer,* in: FS Roth, 2011, S. 299, 303 ff.

422 *Hüffer,* in: FS Roth, 2011, S. 299, 303 ff.

423 So *Moosmayer*, in: Moosmayer, Compliance, 2012, S. 4 ff.; vgl. auch *Krieger/Sailer-Coceani*, in: K. Schmidt/Lutter, Aktiengesetz, 2010, § 93, Rn. 6, die neben § 93 AktG insbesondere § 130 OWiG zur Begründung heranziehen.

424 Anstelle des Betriebsinhabers, der auch eine juristische Person sein kann, kommen vor allem die gesetzlichen Vertreter (§ 9 Abs.1OWiG) als aufsichtspflichtige Personen in Betracht, siehe *Gürtler*, in: Göhler, OWiG, 2012, § 130, Rn. 6.

425 *Rogall*, in: Karlsruher Kommentar zum OWiG, 2006, § 130, Rn. 1.

Allerdings enthält sie keine Konkretisierung der Aufsichtsverpflichtung[426]. Nach einhelliger Meinung gilt der Vorbehalt der Erforderlichkeit und Zumutbarkeit der Aufsichtsmaßnahmen, wobei der Unternehmensleitung je nach Ergebnis der unternehmensspezifischen Risikoanalyse ein Spielraum bei der Ausgestaltung zukommt[427]. Allerdings seien dabei und bei der nachfolgenden Systemausrichtung gewisse „Mindeststandards" einzuhalten, die eine geeignete Organisation zur Prävention, ernsthafte und regelmäßige Kontrollen und die Nachverfolgung von Fehlverhalten beinhalten[428]. In der Literatur lässt sich dabei folgende Unterteilung finden: Sorgfältige Personalauswahl (1. Stufe), sachgerechte Organisation und Aufgabenverteilung (2. Stufe), angemessene Instruktion und Aufklärung (3. Stufe), Überwachung und Kontrolle (4. Stufe), Einschreiten gegen Verstöße (5. Stufe)[429]. Obgleich diesbezüglich von der Rechtsprechung zahlreiche Einzelfallentscheidungen getroffen wurden[430], mangelt es an einer Konkretisierung genereller, präventiver Organisationspflichten. Über Einzelfälle – wie beispielsweise die Notwendigkeit einer mindestens 5-köpfigen Revisionsabteilung bei mehr als 5.000 Beschäftigten – kommt die Rechtsprechung im Anwendungsbereich der §§ 130, 30 OWiG bisher kaum hinaus[431].

2. Schlussfolgerungen für den Steuerbereich

Da Tax Compliance einen integralen Bestandteil der Corporate Compliance darstellt, finden die Grundsätze zur generellen Rechtspflicht auch auf dem Gebiet des Steuerrechts Anwendung. Ergänzend impliziert die Vorschrift § 69 AO i.V.m. §§ 34, 35 AO eine entsprechende Pflicht der Unternehmensleitung. Auch mit Blick auf § 378 AO kann die Vorhaltung eines Tax Compliance-Systems erforderlich sein. Bei alledem existieren auch im Steuerbereich keine schablonenartigen Anforderungen an die Ausgestaltung der Compliance-Systeme. Für Unternehmen,

---

426 *Bohnert*, OWiG, 2010, § 130, Rn. 17 ff.

427 Vgl. *Gürtler*, in: Göhler, OWiG, 2012, § 130, Rn. 10 ff.; *Otto*, Jura 1998, 409, 414; *Rogall*, in: Karlsruher Kommentar zum OWiG, 2006, § 130, Rn. 37 ff; *Többens*, NStZ 1999, 1, 4.

428 Siehe dazu *Fleischer*, AG 2003, 291, 292 ff; *Moosmayer*, in: Moosmayer, Compliance, 2012, S. 4 ff.; *Rogall*, in: Karlsruher Kommentar zum OWiG, 2006, § 130, Rn. 40.

429 *Rogall*, in: Karlsruher Kommentar zum OWiG, 2006, § 130, Rn. 40.

430 Vgl. etwa BGH v. 11.07.1956, 1 StR 306/55, BGHSt 9, 319, 323; BGH v. 23.03.1973, 2 StR 390/72, BGHSt 25, 158, 162 f.

431 So explizit *Hauschka/Greeve*, BB 2007, 165, 166; siehe auch *Bussmann/Matschke*, CCZ 2009, 132 ff. Mit Blick auf Tax Compliance siehe *Kiesel/Böhringer*, BB 2012, 1190.

die an der US-amerikanischen Börse gelistet sind, sind schließlich die Vorschriften des Sarbanes-Oxley Act zu beachten.

a) Relative Rechtspflicht der Unternehmensleitung

Im Allgemeinen besteht also neben den sektorspezifischen Verpflichtungen eine grundsätzliche sowohl aus dem Gesellschafts- als auch dem Ordnungswidrigkeitenrecht herleitbare Pflicht der Unternehmensleitung zur Etablierung eines Compliance-Systems. Allerdings richtet sich die Ausgestaltung stets nach den Umständen des Einzelfalls; die Unternehmensleitung genießt insoweit regelmäßig einen weiten Gestaltungsspielraum, mithin ein Organisationsermessen. Ein institutionalisiertes Compliance-System ist demnach kein Selbstzweck; wo kein Risikopotential, sind nur minimale Anforderungen an die Konzeption vorhanden[432]. Erst recht muss das System nicht ausdrücklich als „Compliance-System" benannt werden. Allerdings hat stets eine fortlaufende Risikoidentifikation und –analyse und also eine Überprüfung der Angemessenheit und Funktionsfähigkeit vorhandener Maßnahmen zu erfolgen.

Dementsprechend kann für die Normenkonformität im Steuerbereich als Teil von Corporate Compliance nichts anderes gelten[433]. Gerade hier stellen eine enorme Regelungsdichte- und Komplexität, die Schnelllebigkeit der Regelungen und die vielfältigen Nachteile bei Verstößen nicht unerhebliche Anforderungen an die unternehmensweite Legalität. In keinem anderen Bereich des öffentlichen Verwaltungsrechts bestehen derart weitgehende Mitwirkungspflichten im Verfahren, die es seitens des Unternehmens einzuhalten gilt. Dass die Steuer typischerweise zwischen 25 und 40 % des positiven Unternehmensergebnisses für sich beansprucht[434], verdeutlicht zudem, dass steuerbezogene Rechtsrisiken auch erhebliche Auswirkungen auf den wirtschaftlichen Erfolg respektive den Bestand eines Unternehmens haben können, Rechtsverstöße mithin hohe Schäden verursachen können[435]. Mit Blick auf die bestehenden gesellschaftsrechtlichen und ordnungswidrigkeitenrechtlichen Pflichten der Unternehmensleitung kann

432 Siehe dazu *Hauschka/Greeve,* BB 2007, 165, 166, und 173.

433 A.A. *Streck,* in: Streck/Mack/Schwedhelm, Tax Compliance, 2010, Kapitel 1, Rn. 1.21 ff, wonach die Einrichtung von Compliance-Systemen stets freiwillig sei.

434 *Jacobs/Endres/Spengel,* in: Jacobs, Internationale Steuerplanung, 2011, S. 913 f.

435 Nach *Ernst & Young,* Entwicklung der Dax-30-Unternehmen 2008/2009, S. 26 lag die durchschnittliche Steuerquote der Dax-Unternehmen im Jahr 2009 bei 25,4 % (Ertragsteueraufwand/Vorsteuerergebnis, hier allerdings ohne Berücksichtigung latenter Steuern).

daher den Ausführungen von *Streck*, wonach es „keine Pflicht oberhalb der Abgabenordnung" gäbe, die zur Etablierung eines Tax Compliance-Systems verpflichte, nicht gefolgt werden. Zutreffend ist insoweit, dass entsprechende Pflichten nicht unmittelbar das steuerpflichtige Unternehmen als solches treffen (so richtet sich etwa die Compliace-Organisationspflicht in § 25a KWG an das Institut bzw. die Institutsgruppe[436]), sondern der Unternehmensleitung obliegen.

b) § 69 AO als weiterer Anknüpfungspunkt

Über die gesellschafts- und ordnungswidrigkeitenrechtlichen Anknüpfungspunkte hinaus impliziert auch § 69 i.V.m. §§ 34, 35 AO eine Verpflichtung der Unternehmensleitung zur Prüfung, ob es eines strukturellen Tax Compliance-Systems bedarf und – falls dies der Fall ist – zur Etablierung eines entsprechenden Systems[437]. Schließlich darf die Unternehmensleitung bzw. –vertretung mit Blick auf § 69 AO keine vorsätzliche oder grob fahrlässige[438] Verletzung der ihr auferlegten Pflichten begehen, die dazu führt, dass Ansprüche aus dem Steuerschuldverhältnis nicht oder nicht rechtzeitig festgesetzt oder erfüllt werden oder Steuervergütungen oder Steuererstattungen ohne rechtlichen Grund gezahlt werden[439]. Freilich kann die Unternehmensvertretung bei der Pflichterfüllung auf Mitarbeiter und Berater zurückgreifen, was in der Praxis auch regelmäßig der Fall ist. Verstoßen diese gegen steuerliche Rechtsnormen, kann dies der Unternehmensvertretung im Rahmen von § 69 AO auch nicht entsprechend § 278 BGB zugerechnet werden[440]. Allerdings werden von der Rechtsprechung mit Blick auf die Fremdhaftung bestimmte Organisationspflichten der Vertretung im Fall der Delegation bejaht: Beauftragt die Unternehmensvertretung im Rahmen der Pflichterfüllung Hilfspersonen bzw. Mitarbeiter mit steuerlichen Angelegenheiten, wie beispielsweise Buchhalter oder

---

436 Siehe etwa *Braun/Wolfgarten*, in: Boos/Fischer/Schulte-Mattler, Kreditwesengesetz, 2012, § 25a KWG, Rn. 67.

437 In diese Richtung auch *Talaska*, BB 2012, 1195, 1198.

438 Bei der Frage, ob die Pflichtverletzung fahrlässig erfolgte, ist grundsätzlich ein subjektiver Maßstab anzulegen, vgl. BFH v. 11.07.1989, III 267/57 U, BStBl III 1958, 367; BFH v. 21.02.1989, VII R 165/85, BStBl II 1989, 491, 493; *Loose*, in: Tipke/Kruse, AO/FGO, § 69 AO, Rn. 25 (10/2012).

439 Von Relevanz sind dabei alle Pflichten des Erstschuldners, die durch die AO oder die Einzelsteuergesetze begründet worden sind, *Loose*, in: Tipke/Kruse, AO/FGO, § 69 AO, Rn. 12 (10/2012).

440 *Loose*, in: Tipke/Kruse, AO/FGO, § 69 AO, Rn. 27 (10/2012).

Steuerberater, so hat sie diese hinreichend zu informieren[441] und auch adäquat zu überwachen[442]. Zudem sind Angestellte und Mitarbeiter sorgfältig auszuwählen[443]. Stellt beispielsweise ein GmbH-Geschäftsführer fest, dass die Lohnsteuer entgegen seinen Weisungen nicht richtig einbehalten und abgeführt wurde, so hat er entsprechende Gegenmaßnahmen einzuleiten, wobei er sich nicht auf die Ermahnung des verantwortlichen Mitarbeiters beschränken darf[444]. Insgesamt ist diesbezüglich die Rede von Auswahlsorgfalts-, Instruktions- und Überwachungspflichten, die an Stelle der Erfüllungspflicht treten[445]. Welche Überwachungsmaßnahmen zu treffen sind, hängt indes von den Umständen des Einzelfalls ab[446]. Zwar ist diesbezüglich bisher nicht explizit von Tax Compliance bzw. der Etablierung eines entsprechenden Systems durch die Unternehmensvertreter die Rede. Dennoch spiegeln die mit Bezug auf § 69 AO geforderten Informations-, Kontroll- und Überwachungsmaßnahmen sowie die einzuleitenden Gegenmaßnahmen die wesentlichen Komponenten eines Tax Compliance-Systems wider. Die Befolgung der von der Rechtsprechung zu § 69 AO geforderten Maßnahmen bei Zuhilfenahme von Mitarbeitern läuft mithin im Grundsatz auf die Etablierung eines Tax Compliance-Systems hinaus. Freilich richten sich Art und Umfang des Systems auch hier nach den konkreten Fallumständen.

c) § 378 AO als weiterer Anknüpfungspunkt

Mit Blick auf die im Unternehmen übliche Delegation der steuerlichen Pflichten ist zudem die Vorschrift § 378 AO (leichtfertige Steuerverkürzung) von besonderer Relevanz[447]. So kann ein objektiv leichtfertiges, also grob fahrlässiges Handeln

---

441 Zur Information des Steuerberaters siehe etwa BFH v. 19.09.1985, VII R 88/85, BFH/NV 1986, 133.

442 BFH v. 22.01.1985, VII R 110/78, BFH/NV 1985, 18, 19; BFH v. 10.05.1988, VII R 24/85, BFH/NV 1989, 72, 74; BFH v. 27.11.1990, VII R 20/89, BStBl II 1991, 284, 286; vgl. auch BFH v. 26.11.2008, V B 210/07, BFH/NV 2009, 362 f. Zur Möglichkeit der Verantwortungsbegrenzung durch Delegation innerhalb des Vorstandes siehe BFH v. 23.06.1998, VII R 4/98, BStBl II 1998, 761; BFH v. 26.04.1984, V R 128/79, BStBl II 1984, 776; dazu auch *Binnewies,* in: Streck/Mack/Schwedhelm, Tax Compliance, 2010, Kapitel 4, Rn. 4.29 f.; *Schmidt,* CCZ 2012, 121, 122.

443 BFH v. 30.05.2005, VII S 27/04, BFH/NV 2005, 1487 ff.

444 Siehe *Loose*, in: Tipke/Kruse, AO/FGO, § 69 AO, Rn. 30 (10/2012) m.w.N.

445 Vgl. *Karl,* BB 2011, 229, 330; *Talaska,* BB 2012, 1195, 1197. Siehe auch *Binnewies,* in: Streck/Mack/Schwedhelm, Tax Compliance, 2010, Kapitel 4, Rn. 4.15.

446 BFH v. 05.03.1998, VII B 36/97, BFH/NV 1998, 1325 ff.; *Loose*, in: Tipke/Kruse, AO/FGO, § 69 AO, Rn. 31 (10/2012).

447 Siehe dazu bereits **2. Kapitel B. I. 1. a)**.

i.S.d. § 378 Abs.1 S.1 AO zu bejahen sein, wenn der Steuerpflichtige bzw. der Unternehmensvertreter seine Steuerpflichten in unkontrollierter Weise delegiert und es zu einer der in § 370 Abs.1 AO bezeichneten Taten kommt[448]. Mithin kann eine grob fahrlässige Verletzung von Auswahl- und Überwachungspflichten des Unternehmensvertreters dann als leichtfertige Steuerverkürzung gewertet werden[449]. Insofern kann im Fall der Pflichtendelegation im Unternehmen regelmäßig nur ein angemessenes Tax Compliance-System sicherstellen, dass auf der objektivierten Tatbestandsseite keine Leichtfertigkeit des Steuerpflichtigen bzw. des Unternehmensvertreters vorliegt[450]. Die Vorschrift zwingt somit zwar nicht direkt zur Einrichtung eines Tax Compliance-Systems, das Nichtvorhandensein eines solchen Systems kann jedoch den Vorwurf der Leichtfertigkeit begründen[451]. Allerdings lassen sich auch insoweit keine generalisierenden Mindestanforderungen an ein Tax Compliance-System ableiten[452]; maßgeblich ist stets der Einzelfall, insbesondere auch die Betriebsgröße. Nach *Joecks* soll dabei das Leitbild des sorgfältigen Kaufmanns bzw. Steuerpflichtgen den Inhalt von § 378 AO bestimmen und damit Richtmaß für die Leichtfertigkeit sein[453].

d) Sarbanes-Oxley Act als möglicher Anknüpfungspunkt

Für deutsche Unternehmen, die an der US-amerikanischen Börse gelistet sind, spielt zudem Section 404 des Sarbanes-Oxley Act (SOX) aus dem Jahr 2002[454] eine

448 *Wendt/Elicker*, wistra 2009, 329 ff.; siehe auch *Seer*, in: Tipke/Lang, Steuerrecht, 2013, § 23, Rn. 93.

449 *Geuenich/Kiesel*, BB 2012, 155, 157; *Kiesel/Böhringer*, BB 2012, 1190.

450 Vgl. *Geuenich/Kiesel*, BB 2012, 155, 162; zur Eliminierung des Fahrlässigkeitsvorwurfs bei ausreichenden, anerkannten organisatorischen Vorkehrungen siehe auch *Joecks*, in: Franzen/Gast/Joecks, Steuerstrafrecht, 2009, § 377, Rn. 18. Darüber hinaus kann ein Tax Compliance-System bei Pflichtendelegation auch zur Entkräftung des – gesteigerten – Vorwurfs einer billigenden Inkaufnahme der Steuerverkürzung und also einer vorsätzlichen Steuerhinterziehung nach § 370 AO beitragen, vgl. *Geuenich/Kiesel*, BB 2012, 155, 162 sowie *Kiesel/Böhringer*, BB 2012, 1190, 1191.

451 *Wendt/Elicker*, wistra 2009, 323, weisen zutreffend darauf hin, dass der Einsatz von Mitarbeitern oder Beratern zur Erledigung steuerlich relevanter Pflichten des Unternehmens nur dann sinnvoll sein kann, wenn der Unternehmer insoweit auch steuerstraf- bzw. steuerordnungswidrigkeitenrechtlich entlastet wird.

452 *Kiesel/Böhringer*, BB 2012, 1190.

453 *Joecks*, in: Franzen/Gast/Joecks, Steuerstrafrecht, 2009, § 378, Rn. 36.

454 Abgedruckt bei *Bungartz*, Handbuch IKS, 2012, S. 26.

nicht zu unterschätzende Rolle für den Steuerbereich[455]. Nach dieser Vorschrift werden unter anderem detaillierte Maßnahmen zur Einrichtung, Dokumentation und Überprüfung eines internen Kontrollsystems für die Rechnungslegung und Finanzberichterstattung des Unternehmens gefordert. Oberstes Ziel ist dabei die Vermeidung von Fehlinformationen der Finanzberichterstattung auf Grund mangelhafter interner Kontrollen[456]. Da der Steuerposition eines Unternehmens im Regelfall ein beträchtliches Gewicht im Rahmen der Finanzberichterstattung zukommt, ist der Steuerbereich zwingend mit in das interne, rechnungslegungsbezogene Kontrollsystem einzubeziehen[457]. Mithin ist zu gewährleisten, dass die steuerbezogenen Angaben in der Berichterstattung vollständig und richtig sind (Sicherstellung der Tax Accounting Compliance). Dies führt letztlich dazu, dass für den Steuerbereich, insbesondere die Steuerabteilung, ein entsprechendes Kontrollsystem einzuführen ist. Die US-amerikanische Börsenaufsichtsbehörde empfiehlt dazu die Anwendung des sog. COSO-Rahmenkonzepts[458], ohne sie jedoch vorzuschreiben[459]. Auf dieses Rahmenkonzept, welches den Unternehmen Hilfestellungen bei Aufbau und Beurteilung des Kontrollsystems geben soll, verweist auch der deutsche Prüfungsstandard des Instituts der Wirtschaftsprüfer zur Prüfung von Compliance-Systemen[460].

e) Ermessen bei der konkreten Ausgestaltung

Weder verpflichten §§ 76 Abs.1, 93 Abs.1 AktG und §§ 130, 9 OWiG noch §§ 69, 34, 35 AO von vornherein und generell zur Etablierung bestimmter institutionalisierter Systemkomponenten. Maßgeblich ist vielmehr das unternehmensspezifische und zu identifizierende Tax Compliance-Risiko. In dieser Hinsicht kann von der Relativität eines Tax Compliance-Systems gesprochen werden. Schließlich liegt es auf der Hand, dass die Ausgestaltung eines Tax Compliance-Systems von den individuellen Besonderheiten des Unternehmens wie dessen Größe, Struktur, Branche,

---

455 Siehe *Büssow/Taetzner*, BB 2005, 2437 ff.; *Loitz,* WPg 2005, 817 ff.

456 *Bungartz,* Handbuch IKS, 2012, S. 25 ff.

457 *Büssow/Taetzner*, BB 2005, 2437; vgl. auch *Risse/Große-Allermann,* Ubg 2010, 629, 632.

458 Dieses Rahmenkonzept zur Implementierung von Kontrollsystemen wurde durch die privatwirtschaftliche Organisation namens „Committee of Sponsoring Organisations of the Treadway Commission" ausgearbeitet, vgl. dazu *Büssow/Taetzner*, BB 2005, 2437, 2439.

459 *Büssow/Taetzner*, BB 2005, 2437, 2439.

460 Siehe *IDW,* WPg Supplement 2/2011, 78 ff.

Ausrichtung, Internationalität oder der Qualifikation der Mitarbeiter abhängt[461]. Für ein börsenorientiertes Finanzmarktunternehmen bestehen mithin andere organisatorische Anforderungen als für ein mittelständisches Produktionsunternehmen[462]. Bei der konkreten Ausgestaltung wird der Unternehmensleitung nach allen Vorschriften ein grundsätzliches Gestaltungsermessen zugebilligt.

In der Praxis bzw. Literatur werden zur näheren Ausgestaltung bisweilen die Prüfungsstandards des Instituts der Wirtschaftsprüfer zur Zertifizierung von Compliance-Management-Systemen (IDW Prüfungsstandard 980) herangezogen[463]. Dabei gilt es allerdings zu berücksichtigen, dass weder dem IDW oder einem sonstigen „Standard-Setter" eine rechtliche Deutungshoheit über den Begriff bzw. die Ausgestaltung eines Tax Compliance-Systems zukommt[464]. Entsprechende Standards können demnach zwar als Orientierungshilfe fungieren, formulieren indes keine rechtsverbindlichen Anforderungen an ein (Tax) Compliance-System. Daher stellt auch der im Jahr 2011 vom TÜV Rheinland veröffentlichte „Standard für Compliance Management Systeme" (TR CMS 101:2011)[465] keine obligatorische Konzeption dar.

Die Relativität der Compliance-Systeme mag im Hinblick auf den Faktor Rechtssicherheit und die interne, behördliche oder gerichtliche Überprüfbarkeit der Systeme auf Ablehnung stoßen. Auf der anderen Seite besteht indes die Gefahr, dass es detaillierten rechtsverbindlichen Vorgaben zur Ausgestaltung an Flexibilität und branchenübergreifender Einsetzbarkeit mangelt und dadurch zudem eine Überregulierung bewirkt würde[466]. Um einen ersten Anhaltspunkt für die Ausgestaltung von Compliance-Systemen zu gewinnen kann der Ansatz

---

461 Vgl. *Geuenich/Kiesel*, BB 2012, 155, 161; *Lampert*, in: Hauschka, Corporate Compliance, 2010, § 9, Rn. 7; *Kiesel/Böhringer*, BB 2012, 1190; allgemein *Bussmann/Matschke*, CCZ 2009, 132 ff.

462 *Geuenich/Kiesel*, BB 2012, 155, 161; vgl. auch *Ehnert*, in: Streck/Mack/Schwedhelm, Tax Compliance, 2010, Kapitel 1, Rn. 1.292.

463 Die Prüfungsstandards sind in einem fast dreißigseitigen Werk zusammengestellt, das neben Begriffsbestimmungen insbesondere Aussagen zur Compliance-Prüfung enthält, siehe *IDW*, WPg Supplement 2/2011, 78 ff.

464 So warnt *Kort*, ZGR 2010, 440, 450 ausdrücklich davor, IDW-Prüfungsstandards zum Risikomanagement (insbesondere IDW PS 340) in den „Adelsstand quasi normativer Geltung" im Hinblick auf die Ausgestaltung des Risikomanagements aufsteigen zu lassen. Vgl. auch *Hommelhoff/Mattheus*, in: Dörner/Horvath/Kagermann, Praxis des Risikomanagaments, 2000, S. 5, 32 f.

465 Siehe dazu *Withus/Hein*, CCZ 2011, 125 ff.

466 Vgl. *Geiser*, Leitungspflichten des Vorstandes in der AG, 2010, S. 249 ff.

von *Hauschka/Greeve* herangezogen werden, wonach sich Art und Umfang von Compliance-Systemen auf der einen Seite an der Unternehmensgröße (Kleinbetriebe, mittelständisch geprägte Unternehmen und Großunternehmen/Konzerne) und auf der anderen Seite am vorhandenen Risikopotential (1. Stufe: unternehmerischer Normalfall, 2. Stufe: gefährdete Branche/Tätigkeit etc. und 3. Stufe: bereits konkrete Vorfälle) ausrichten sollten[467].

II. Typische Elemente eines Tax Compliance-Systems

Obgleich es auf Grund der Diversität der steuerpflichtigen Unternehmen nicht möglich ist, „die" allgemeingültige Konzeption eines Tax Compliance-Systems zu entwerfen und den Unternehmensleitungen diesbezüglich ein Gestaltungsspielraum zukommt, sollen nachfolgend typische und signifikante Elemente eines solchen Systems aufgezeigt werden. Da Tax Compliance aus Unternehmenssicht als Bestandteil der Corporate Compliance zu qualifizieren ist, kann dabei auf Entwürfe allgemeiner Compliance-Systeme zurückgegriffen werden.

Die Möglichkeiten zur Konzeption eines Corporate Compliance- bzw. Tax Compliance-Systems sind vielseitig. Insgesamt gilt es, im Unternehmen Strukturen zu schaffen, bereits vorhandene Strukturen zu modifizieren oder zu nutzen, um die Einhaltung der relevanten Normen zu gewährleisten[468]. Dementsprechend werden in der Literatur verschiedene Konzepte zur Ausgestaltung unternehmensseitiger Compliance-Systeme bereitgehalten[469]. Als eines der international bekanntesten Rahmenkonzepte erweist sich das bereits erwähnt umfassende, unternehmensweite Risikomanagementmodell „COSO" bzw. „COSO II"[470]. Dieses

---

467 Siehe *Hauschka/Greeve,* BB 2007, 165, 173, mit einer zusammenfassenden, an den genannten Kriterien ausgerichteten Compliance-Checkliste; ähnlich auch *Lampert,* in: Hauschka, Corporate Compliance, 2010, § 9, Rn. 8.

468 Vgl. allgemein *Bergmoser/Theusinger/Gushurst,* BB-Beilage 5, 2008, 1, 9.

469 So etwa *Lampert,* in: Hauschka, Corporate Compliance, 2010, § 9, Rn. 7 ff..; *Kort,* NZG 2008, 81, 85 f. *Kremer/Klahold,* ZGR 2010, 113, 123; *Menzies,* Sarbanes-Oxley und Corporate Compliance, 2006, S. 63 ff.; *Rodewald,* in: Maschmann, Corporate Compliance und Arbeitsrecht, 2009, S. 31, 47 ff.; *Tangermann,* Compliance, Risikobegrenzung und Imagevorteil, S. 38 ff.; *Voet van Vormzieele,* CCZ 2009, 41, 42.

470 Das Konzept wurde vom Committee of Sponsoring Organizations of the Treadway Commission (COSO), einer privatwirtschaftlichen US-amerikanischen Organisation, die zur Verbesserung der Finanzberichterstattungen gegründet wurde, entworfen. Siehe dazu www.coso.org.

ist nicht nur speziell auf Risiken bei der externen Finanzberichterstattung, sondern allgemein auch auf Compliance-Risiken anwendbar[471]. Des Weiteren existieren beispielsweise der „Australian Standard on Compliance Programs (AS 3806-2006)", das „Red Book" der US-amerikanischen Open Compliance and Ethics Group (OECG) oder „ISO 31000 Risk Management" der International Organization for Standardization, die verschiedene Richtlinien für die Konzeption, Implementierung, Aufrechterhaltung, Überwachung und Beurteilung von Compliance-Systemen für Unternehmen beinhalten[472]. Aus deutscher Sicht ist vor allem der IDW Prüfungsstandard 980 von Relevanz, der sich an die Konzeption von COSO anlehnt[473]. Daneben hat beispielsweise der TÜV Rheinland ein Konzept zur Implementierung und Zertifizierung eines Compliance-Systems entworfen[474]. Auch wenn die Ansätze im Detail, insbesondere bei der Reihenfolge und der Bezeichnung der einzelnen Systemelemente Unterschiede aufweisen können, so lässt sich dennoch eine gemeinsame bzw. typische Grundkonzeption erkennen. Diese soll nachfolgend dargestellt werden.

1. Tax Compliance-Kultur

Von grundlegendem Einfluss auf die Bereitschaft zur steuerlichen Normenkonformität der Mitarbeiter und Führungskräfte ist zunächst der „Tone from the Top", also die Grundeinstellung und Positionierung des Managements und Aufsichtsgremiums im Hinblick auf Tax Compliance[475]. Schließlich ist einleuchtend, dass die Bereitschaft der Mitarbeiter zur Gewährleistung von Tax Compliance nicht gefördert würde, wenn die Unternehmensführung den Eindruck erweckte, die Einhaltung einschlägiger steuerlicher Normen erfolge nach Belieben. In der Literatur wird daher ein Bekenntnis der Unternehmensleitung zu Tax Compliance bzw. zur Rechtstreue gefordert, sog. Commitment[476]. In der Praxis ist dabei häufig die Formulierung der „Zero

---

471 *Berndt*, BB 2012, Seite VI; *Bungartz*, Handbuch IKS, 2012, S. 492. Siehe auch IDW PS 980, Anlage 1.

472 Siehe etwa IDW PS 980, Anlage 1; *Bungartz*, Handbuch IKS, 2012, S. 493 ff.

473 So *Berndt*, BB 14/2012, Seite VI; vgl. auch *Wolf*, DStR 2011, 997.

474 Siehe dazu *Withus/Hein*, CCZ 2011, 125 ff.

475 Vgl. zum Bestandteil der Compliance-Kultur als wesentlichem Bestandteil eines Compliance-Systems *Götz*, CCZ 2010, 127, 130; *Wolf*, DStR 2011, 997, 998; vgl. auch *Hauschka*, DB 2006, 1143, 1145.

476 *Geuenich/Kiesel*, BB 2012, 155. Zur Compliance-Bekenntnispflicht siehe auch *v. Busekist/Hein*, CCZ 2012, 41, 45; *Hauschka/Greeve*, BB 2007, 165, 167; *Kremer/Klahold*, ZGR 2010, 113, 123.

Tolerance“ im Hinblick auf Rechtsverstöße im Unternehmen anzutreffen[477]. Anders als im technischen oder kaufmännischen Bereich werden keine bestimmten, quantifizierten Toleranzen bei der Einhaltung zwingender Rechtsnormen angegeben und so die Ernsthaftigkeit des Compliance-Bekenntnisses betont. Der „Tone from the Top“ hat sich zudem auf den nachfolgenden Hierarchieebenen fortzusetzen; insbesondere muss das Compliance-Bewusstsein auch bei der Leitung des Steuerbereiches vorhanden sein. Flankierend sollte normenkonformes Verhalten der Mitarbeiter strukturell gefördert werden (Anreizsysteme), während Pflichtverstöße nicht zu dulden bzw. konsequent zu sanktionieren sind[478]. Anknüpfungspunkte stellen diesbezüglich beispielsweise Personalbeurteilungen oder Beförderungen dar[479].

Im Allgemeinen gilt es klar festzulegen und zu artikulieren, welche Normen im Rahmen eines Compliance-Systems einzuhalten sind. Bei einem Tax Compliance-System sind dies augenscheinlich die vom Unternehmen, den Organen und Mitarbeitern zu beachtenden steuerlichen Normen. Hierbei ist zu bestimmen, ob sich das System auch auf vorhandene Tochterunternehmen (konzernweiter Geltungsbereich von Tax Compliance) und auf andere Jurisdiktionen beziehen soll, soweit das Unternehmen international agiert (territorialer Geltungsbereich von Tax Compliance)[480].

2. Tax Compliance-Organisation

Von grundlegender Bedeutung ist die Festlegung der organisatorischen Rahmenbedingungen und der hierarchischen Grundstruktur eines Tax Compliance-Systems. Die Organisation wird maßgeblich dadurch beeinflusst, dass Tax Compliance als Bestandteil der allgemeinen Corporate Compliance anzusehen ist. Diese ist als solche Teil der Organisations- und Leitungsverantwortlichkeit der Unternehmensführung[481], wobei die Verantwortlichkeit grundsätzlich einem Vorstandsmitglied zugewiesen werden kann[482]. Bei der weiteren Delegation

---

477 *Horney/Kuhlmann*, CCZ 2010, 192, 194.

478 Vgl. *Wolf*, DStR 2011, 997, 998. Zur Sanktionierung bei Compliance-Verstößen siehe *Fleischer in:* Fleischer, Handbuch des Vorstandsrechts, 2006, § 8, Rn. 35

479 *Götz*, CCZ 2010, 127, 130; ebenso *v.Busekist/Hein*, CCZ 2012, 41, 46.

480 Dabei ist bisweilen auch von einer Compliance-Definition bzw. –Zielbestimmung die Rede, siehe dazu *v.Busekist/Hein*, CCZ 2012, 41, 46 ff.

481 *Lampert*, in: Hauschka, Corporate Compliance, 2010, § 9, Rn. 8; *Schneider*, ZIP 2003, 645.

482 *Hauschka*, NJW 2004, 257, 259; *Lampert*, in: Hauschka, Corporate Compliance, 2010, § 9, Rn. 14. Vgl. auch *Ehnert*, in: Streck/Mack/Schwedhelm, Tax Compliance, 2010, Kapitel 1, Rn. 1.287.

bzw. Wahrnehmung der Tax Compliance-Aufgaben kommt es maßgeblich auf die bereits im Unternehmen vorhandene Organisationsstruktur an: „*Die* richtige Organisationsstruktur im Zusammenhang mit der Tax Compliance gibt es nicht“[483]. Konkret hängt die Ausgestaltung davon ab, ob es bereits eine eigenständige, allgemeine Compliance-Abteilung im Unternehmen gibt oder Compliance-Themen von bestehenden Stabsabteilungen, wie der Steuer-, Rechts- oder Revisionsabteilung, übernommen werden. Die Einsetzung von speziellen Compliance-Gremien oder Compliance-Beauftragten (Compliance-Officer), die entsprechende Compliance-Programme mitentwickeln und auf deren Einhaltung durch die Mitarbeiter hinwirken, ist möglich[484]. In der Literatur wird regelmäßig der Steuerabteilung auf Grund des größten Sachverstandes im Steuerbereich eine maßgebende Rolle bzgl. des Tax Compliance-Systems zugeschrieben. Allerdings wird diese zur Gewährleistung von unternehmensweiter Tax Compliance stets mit anderen Abteilungen zusammenwirken[485]. Wichtig ist bei alledem, dass eine klare Festlegung von Rollen, Aufgaben und Verantwortlichen durch die Unternehmensleitung erfolgt.

Unabhängig von der Frage, wie Tax Compliance im konkreten Fall organisiert wird, hat die Unternehmensleitung stets angemessene personelle und sächliche Ressourcen zur Einführung, Durchsetzung und Überwachung des Systems zur Verfügung zu stellen. Diese sind unabdingbar für ein angemessenes und funktionsfähiges Tax Compliance-System.

3. Risikoidentifikation

Ein funktionsfähiges und angemessenes Tax Compliance-System setzt voraus, dass die für das Unternehmen bzw. seine Organe und Mitarbeiter relevanten Tax Compliance-Risiken erst einmal identifiziert und bewertet wurden[486]. Der zentrale Begriff des Tax Compliance-Risikos[487] soll dabei aus Unternehmenssicht definiert werden als die Gefahr, dass das Unternehmens bzw. seine Organe und Mitarbeiter

483 *Ehnert*, in: Streck/Mack/Schwedhelm, Tax Compliance, Kapitel 1, Rn. 1.292.

484 Siehe dazu *Hauschka,* AnwBl 2010, 629, 632. Eine gesetzliche Verpflichtung zur Etablierung eines Compliance-Officers besteht für die Kreditwirtschaft nach § 33 Abs.1 S.2 Nr.1 WpHG und § 12 Abs.4 WpDVerOV.

485 Vgl. zum Zusammenspiel der verschiedenen Abteilungen bzgl. Tax Compliance *Ehnert*, in: Streck/Mack/Schwedhelm, Tax Compliance, 2010, Kapitel 1, Rn. 1.293 f.

486 Vgl. *Geuenich/Kiesel,* BB 2012, 155. Zur Risikoermittlung als elementarem Bestandteil eines Compliance-Systems *v.Busekist/Hein,* CCZ 2012, 41, 48.

487 Zum – uneinheitlichen – Begriff des steuerlichen Risikos im Allgemeinen siehe *Loose,* Tax Management, 2009, S. 39 ff.; *Risse*, Ubg 2012, 169, 170.

gegen steuerliche Normen verstoßen und sich dies ungünstig auf das Vermögen, den Erfolg, die Liquidität oder andere Wertpotenziale des Unternehmens bzw. der Organe und Mitarbeiter auswirkt[488]. Die jeweiligen Tax Compliance-Risiken müssen durch eine unternehmensspezifische Risikoanalyse festgestellt und im Hinblick auf Eintrittswahrscheinlichkeit und mögliche Konsequenzen bewertet werden[489]. Dies erfordert eine sorgfältige Bestandsaufnahme und Durchleuchtung der steuerlichen Prozesse im Unternehmen; der Vergleich mit einer steuerlichen Due Diligence drängt sich auf[490]. Verfahren zur systematischen Risikoerkennung und –berichterstattung sind erforderlich. Hierfür lassen sich klassische Instrumente und Methoden, wie beispielsweise Interviews, Workshops sowie vor allem Auswertungen und Analysen vorhandener Informationen nutzen[491]. Anhaltspunkte für Risiken können insbesondere Ergebnisse durchgeführter Betriebsprüfungen durch die Finanzverwaltung liefern. Die Nachbearbeitung und Auswertung von Betriebsprüfungen stellt daher einen wichtigen Bestandteil eines Tax Compliance-Systems dar. Risiken können dabei sowohl im Rahmen von wiederkehrenden Tätigkeitsfeldern als auch bei besonderen Geschäftsvorfällen, wie Unternehmenskäufen, Umstrukturierungen oder der Expansion in neue Märkte auftreten.

4. Tax Compliance-Programm

Auf Grundlage der Identifikation und Analyse der Tax Compliance-Risiken gilt es, ein Tax Compliance-Programm zur Steuerung der Risiken zu entwickeln. Insoweit kann auch von einem Management der Compliance-Risiken gesprochen werden. Entsprechend der genannten Zielsetzung von Tax Compliance soll damit vor allem die strukturelle Begrenzung und Vermeidung von Tax Compliance-Verstößen, d.h. soweit möglich die Nichtverwirklichung der Risiken erreicht werden[492]. Die Vermeidung systematischen Fehlverhaltens bedeutet indes,

---

488 Vgl. dazu *Büssow/Taetzner*, BB 2005, 2437, 2443; *Loose*, Tax Management, 2009, S. 214.

489 Vgl. *Unger*, in: Umnuß, Corporate Compliance Checklisten., 2012, Kapitel 5, Rn. 113, wonach vor allem nicht erkannte, aber erkennbare Risiken haftungsrechtlich problematisch sind.

490 *Geuenich/Kiesel*, BB 2012, 155. Allgemein zur steuerlichen Due Diligence siehe *Kneip/Jänisch*, Tax Due Diligence, 2010, passim.

491 *Wolf*, DStR 2011, 997, 998.

492 Vgl. allgemein *Unger*, in: Umnuß, Corporate Compliance Checklisten, 2012, Kapitel 5, Rn. 114.

dass es nicht darum gehen kann, jedes nur denkbare Fehlverhalten von einzelnen Mitarbeitern im Steuerbereich zu verhindern[493]. Vorsätzliches kriminelles Handeln Einzelner setzt mithin einem jeden Compliance-System von vornherein natürliche Grenzen[494].

Ein entsprechendes Programm setzt sich aus Grundsätzen und Maßnahmen zur Begrenzung von Tax Compliance-Risiken zusammen. Unter Grundsätzen können dabei Regelungen verstanden werden, mit denen die Mitarbeiter zu regelkonformem Verhalten angehalten werden. Sie enthalten insbesondere klare Festlegungen zur Unzulässigkeit bzw. Zulässigkeit bestimmter Aktivitäten („Do's and Dont's"), zur Standardisierung bestimmter Arbeitsprozesse und können zum besseren Verständnis auch mit Beispielen und sonstigen Erläuterungen versehen sein. So sind beispielsweise unternehmensweite Richtlinien über die Dokumentation von Sachverhalten sowie die Erstellung und Aufbewahrung von Unterlagen zu implementieren[495]. Die Leitlinien sind zudem ständig zu aktualisieren, wobei die Anpassung an neue Gesetze, Gerichtsurteile oder Verwaltungsanweisungen im Vordergrund steht.

Schließlich gilt es, den Leitlinien durch flankierende Maßnahmen zur Wirksamkeit zu verhelfen. So sind sie den Adressaten vor allem in geeigneter Weise mitzuteilen und zugänglich zu machen, wozu sich im Intranet abzurufende oder gedruckte Handbücher (Compliance-Manuals) anbieten. Unterstützend können Hilfestellungen in Form von Einzelberatungen oder Schulungen erfolgen. Compliance-Systeme beinhalten demgemäß, auch die operativen Unternehmensbereiche über rechtliche Risiken aufzuklären und den dortigen Mitarbeitern ein Risikobewusstsein mit Blick auf mögliche Rechtsverstöße zu verschaffen[496].

Um die konsequente Umsetzung bzw. Einhaltung der Grundsätze zu gewährleisten sind zudem adäquate Kontrollmaßnahmen zu installieren. Dazu zählen vor allem laufende, prozessintegrierte Kontrollen. In Betracht kommen Funktionstrennungen, Berechtigungskonzepte, Genehmigungsverfahren und Unterschriftenregelungen, unabhängige Gegenkontrollen (4-Augen-Prinzip) oder Job-Rotationen[497]. Weiterhin kann ein internes Hinweisgebersystem implementiert

493 Vgl. im Allgemeinen *Moosmayer*, in: Moosmayer, Compliance, 2012, S. 25.

494 *Lampert*, in: Hauschka, Corporate Compliance, 2010, § 9, Rn. 3.

495 *Besch/Starck*, in: Hauschka, Corporate Compliance, 2010, § 34, Rn. 55.

496 Vgl. *Lösler*, NZG 2005, 104, 105; *Tangermann*, Compliance, Risikobegrenzung und Imagevorteil, 2010, S. 56.

497 *Bungartz*, Handbuch IKS, 2012, S. 489 f.

bzw. genutzt werden, bei dem Unternehmensangehörige oder Externe etwaige Missstände im Steuerbereich anonym mitteilen, sog. Whistleblowing[498].

Die Maßnahmen beinhalten zudem adäquate Reaktionen auf festgestellte Rechtsverstöße, wozu die Berichtigung von Erklärungen nach § 153 AO, die Beseitigung systembedingter Schwachstellen für die Zukunft sowie mögliche Sanktionen gegen Fehlverhalten auf Mitarbeiterseite zählen. Mit Blick auf die Sanktionierung kommen arbeitsrechtliche Maßnahmen, wie Ermahnungen, Abmahnungen, Versetzungen bis hin zur ordentlichen oder außerordentlichen Kündigung des Arbeitsvertrages in Betracht[499].

5. Tax Compliance-Kommunikation

In den unternehmensinternen Arbeitsabläufen muss geregelt und sichergestellt sein, dass alle relevanten Informationen die Unternehmensführung respektive die Steuerabteilung rechtzeitig und vollständig erreichen[500]. Mithin muss der Informationsfluss von unten nach oben (up-stream) und quer durch das Unternehmen (cross-stream) gewährleistet sein[501]. Dazu ist ein klar definiertes unternehmensweites Berichtswesen mit Blick auf Tax Compliance erforderlich, in das sämtliche Abteilungen mit Bezug zu steuerrelevanten Vorfällen, insbesondere das Rechnungswesen und Controlling, aber auch operativ tätige Abteilungen, involviert sind[502]. Nur wenn der Steuerabteilung steuerrelevante Vorfälle bzw. Risiken zeitnah bekannt sind, kann eine adäquate Reaktion erfolgen und können Gesetzesverstöße vermieden werden. Des Weiteren muss auch die effektive Kommunikation von oben nach unten (down-stream) sichergestellt sein. Hierzu bieten sich beispielsweise herkömmliche Mittel wie Rundschreiben und Aushänge, vor allem aber E-Mails bzw. Veröffentlichungen im unternehmensinternen Intranet an. Insgesamt müssen steuerrelevante Informationen aus internen und externen Quellen also in einer Form und einem zeitlichen Rahmen identifiziert,

---

498 Siehe dazu grundlegend *Simonet,* Die Implementierung interner Whistleblowingsysteme im Rahmen der Corporate Governance, 2012, passim.

499 Siehe dazu *Tangermann,* Compliance, Risikobegrenzung und Imagevorteil, 2010, S. 134 ff.

500 Vgl. *Ehnert,* in: Streck/Mack/Schwedhelm, Tax Compliance, 2010, Kapitel 1, Rn. 1.305; aus allgemeiner Sicht dazu *Lampert,* in: Hauschka, Corporate Compliance, 2010, § 9, Rn. 16.

501 *Bungartz,* Handbuch IKS, 2012, S. 65 f.

502 Siehe *Loitz,* WPg 2005, 817, 823.

dokumentiert und kommuniziert werden, die es der Unternehmensleitung und den Mitarbeitern ermöglichen, ihre jeweiligen Verantwortlichkeiten zu erfüllen. Da die Dezentralisierung der relevanten Informationen mit der Unternehmensgröße zunimmt, steigen die Anforderungen an das Kommunikations- und Wissensmanagement entsprechend[503].

6. Dokumentation und Überwachung des Systems

Um das Tax Compliance-System unternehmensintern und -extern, beispielsweise durch Wirtschaftsprüfer, Behörden oder Gerichte, überprüfen zu können, ist eine ausreichende Dokumentation des Systems erforderlich. Die Dokumentation dient als Nachweis sowohl der Existenz als auch des angemessenen Aufbaus und der Funktionsfähigkeit eines Tax Compliance-Systems. Sie variiert zwar je nach Art und Umfang eines Tax Compliance-Systems, hat aber im Allgemeinen folgende Anforderungen zu erfüllen: Vollständigkeit und Aktualität; Fehlerfreiheit und Eindeutigkeit; Verständlichkeit und Übersichtlichkeit; Lesbarkeit und Zugänglichkeit[504]. Möglichkeiten der Dokumentation können beispielsweise verbale Beschreibungen von Prozessen und Abläufen, Diagramme, Risiko-Kontroll-Matrizen, Tabellen oder Fragebögen sein[505].

Das Tax Compliance-System als solches bzw. die Angemessenheit und Wirksamkeit ist auf Basis der Dokumentation durch das Unternehmen in geeigneter Weise zu überwachen, um mögliche Schwachstellen zu identifizieren, adäquate Gegenmaßnahmen einzuhalten und dergestalt eine kontinuierliche Optimierung des Systems zu erreichen. Hierbei handelt es sich um Überwachungsmaßnahmen durch prozessunabhängige Stellen, die unter anderem auch überprüfen, ob vorhandene prozessintegrierte Kontrollen wirksam sind[506]. Bezüglich der Überwachung sind die internen Zuständigkeiten (Steuerabteilung, Revision) und Berichtswege festzulegen sowie ein Überwachungsplan auszuarbeiten. Es erfolgt eine Aufbau- und eine Funktionsprüfung des Tax Compliance-Systems[507]. Werden bei der Überwachung des Systems Rechtsverstöße festgestellt, gilt es das System dahingehend zu ändern, dass diese in Zukunft ausbleiben. Zudem sind entsprechende Sanktionen von Fehlverhalten, insbesondere in arbeitsrechtlicher Hinsicht zu treffen.

503 Vgl. *Hauschka,* NJW 2004, 257, 261.
504 *Bungartz*, Handbuch IKS, 2012, S. 101.
505 *Bungartz*, Handbuch IKS, 2012, S. 101.
506 *Bungartz*, Handbuch IKS, 2012, S. 490 ff.
507 Siehe dazu auch **4. Kapitel B. I. 3**.

F. Tax Compliance als Kostenfaktor

Gerade weil die Vermeidung von Kosten als Folge von steuerlichen Gesetzesverstößen eine zentrale Zielsetzung von Tax Compliance darstellt, gilt es zu berücksichtigen, dass auch die Gewährleistung von Tax Compliance mit nicht unerheblichen Kosten für ein Unternehmen verbunden sein kann[508]. Derartige Tax Compliance-Kosten lassen sich auch als Umsetzungs- oder Steuerverwaltungskosten bezeichnen[509]. Sie resultieren daraus, dass der Steuerpflichtige zur Einhaltung der für ihn relevanten steuerlichen Normen personelle und sächliche Ressourcen aufwenden muss[510]. Im Einzelnen kommen vor allem Personalkosten, Sachkosten, wie beispielsweise EDV- oder Raumkosten, sowie Steuerberatungskosten in Betracht[511]. Darüber hinaus können Belastungen durch die Erfüllung verfahrensrechtlicher Vorschriften beim Steuerpflichtigen auch in Form von Störungen des Betriebsablaufes – etwa bedingt durch Betriebsprüfungen – entstehen[512]. Obgleich sie in der öffentlichen Diskussion um die Steuerbelastung eher im Hintergrund stehen[513] und auch in der bisherigen Literatur zu Tax Compliance aus Unternehmenssicht weitestgehend ausgeblendet werden, haben sie in Folge der seitens des Gesetzgebers stetig ausgeweiteten Mitwirkungspflichten der Steuerpflichtigen im Besteuerungsverfahren in entsprechendem Maße zugenommen[514]. Dabei hängt es von individuellen Parametern des jeweiligen Steuerpflichtigen ab, welche Kosten in welcher Höhe anfallen. Belastungsquellen liegen nicht nur im eigenen Besteuerungsverfahren, sondern auch in Besteuerungsverfahren von Dritten, wie beispielsweise bei der Erhebung von Quellensteuern nach § 42f EStG oder §§ 43 ff. EStG. Als aktuelles

---

508 Vgl. *Petrak/Schneider*, BC 2008, 11, 14; siehe auch *Eichfelder*, StuW 2011, 38 ff. Zu den durch elektronische Steuererklärungen verursachte Bürokratiekosten siehe *Lappas*, Stbg 2009, 256 ff.

509 Allgemein dazu etwa *Hamer*, Bürokratieabwälzung auf die Wirtschaft, 1979, passim; *Klein-Blenkers*, Die Belastung von Industrieunternehmen durch administrative Leistungen durch den Staat, 1982, passim.

510 Vgl. *Breithecker/Garden/Thönnes,* DStR 2007, 361.

511 *Breithecker/Garden/Thönnes,* DStR 2007, 361, 365, die indes darauf hinweisen, dass die Kosten teilweise auch auf nicht steuerliche Aspekte, wie die Personalverwaltung oder die handelsrechtliche Buchführung, zurückzuführen sind.

512 *Breithecker/Garden/Thönnes,* DStR 2007, 361, 365.

513 Vgl. *Tibel*, Überwälzte Kosten der Gesetze, 1986, S. 83.

514 Vgl. *Breithecker/Garden/Thönnes,* DStR 2007, 361, 367, die daher fordern, die Steuerverwaltungskosten im Rahmen der zukünftigen Steuergesetzgebung zu reduzieren.

Beispiel kostenintensiver Mitwirkung kann die Einführung der sog. E-Bilanz nach § 5b EStG angesehen werden. Schätzte der Gesetzgeber die Gesamtkosten der Wirtschaft für die Einführung der E-Bilanz auf gerade einmal 500.000 Euro[515], gehen Stimmen aus der Praxis nunmehr von einem Umsetzungsaufwand von insgesamt ca. 5.000 Euro pro Steuerpflichtigem aus[516]. Auch die Dokumentation von Verrechnungspreisen nach § 90 Abs.3 AO, die Regelungen zur Funktionsverlagerung und die Vorschriften zur Zinsschranke erweisen sich regelmäßig als äußerst personalintensiv[517]. Daneben verursacht auch die Entwicklung und Implementierung eines funktionsfähigen Tax Compliance-Systems Personal-, Sach- und gegebenenfalls Beratungskosten im Unternehmen.

Unter rein wirtschaftlichen Gesichtspunkten kann daher im Einzelfall die Frage aufkommen, ob die Kosten der Normbefolgung noch geringer sind als mögliche Nachteile und Kosten eines Steuerrechtsverstoßes[518]. Dies ändert indes nichts daran, dass die strukturell abgesicherte Gewährleistung von Tax Compliance insgesamt in Anbetracht der mannigfaltigen nachteiligen Folgen von Steuerrechtsverstößen auch aus Sicht des rein die Kosten und Nutzen abwägenden Homo Oeconomicus angezeigt sein dürfte[519].

G. Resümee

Aus der Perspektive steuerpflichtiger Unternehmen ist Tax Compliance als Teilbereich der allgemeinen Corporate Compliance und somit als Element einer guten Unternehmensführung (Corporate Governance) zu sehen. Es umfasst dementsprechend einerseits die unternehmensseitige Normenkonformität im Steuerbereich als solche und andererseits die Einrichtung eines entsprechenden Systems im Unternehmen, das die steuerliche Normenkonformität strukturell sicherstellt (Tax Compliance-System). Zu den einzuhaltenden Normen können auch freiwillige, d.h. über die gesetzlichen Mitwirkungspflichten hinausgehende steuerbezogene Verhaltensstandards sowie die Regeln zur Finanzberichterstattung

515 Siehe Entwurf Steuerbürokratieabbaugesetz, BR-Drucks. 547/08, S. 19.

516 Bei insgesamt 1,35 Millionen betroffener Unternehmen somit eine mehr als geringfügige Abweichung, siehe dazu *Jonas*, Ubg 2010, 601, 602.

517 Vgl. *Breithecker/Garden/Thönnes,* DStR 2007, 361, 364.

518 Siehe *Risse,* DB 2010, Beilage 61 f., mit Blick auf den erheblichen Umsetzungsaufwand für die Steuerpflichtigen im Rahmen des digitalen Datenzugriffs nach § 147 Abs.6 AO.

519 Vgl. auch die Beurteilung von *Petrak/Schneider*, BC 2008, 11, 14.

über Steueraspekte gezählt werden. Korrespondierend mit dem präventiven Ansatz von Corporate Compliance zielt Tax Compliance primär auf die systematische Vermeidung von Schäden und sonstigen Nachteilen für das Unternehmen, seine Organe und Mitarbeiter in Folge von Steuerrechtsverstößen. Daneben besteht die Zielsetzung in der Aufdeckung, Beendigung und Sanktionierung steuerlicher Rechtsverstöße, die *trotz* Vorhaltung eines entsprechenden Kontroll- und Sicherungssystems nicht vermieden werden konnten. Schließlich zielt Tax Compliance auch auf die Herbeiführung eines „Mehrwertes", etwa in Gestalt einer vorteilhafteren Reputation des Unternehmens am Kapitalmarkt oder eines verbesserten Verhältnisses zu den (Finanz-)Behörden.

Die unternehmensseitige Gewährleistung von Tax Compliance ist indes keineswegs gleichbedeutend mit einem generellen Verzicht auf Steuerstreit und einer kritiklosen Richtlinienkonformität; vielmehr ist ein legitimer Streit Bestandteil einer funktionsfähigen Tax Compliance-Struktur. Ebenso schließen sich Tax Compliance und Steuerplanung mit dem Ziel der relativen Steuerbarwertminimierung bzw. der Optimierung der Steuerquote nicht aus. Tax Compliance fungiert insoweit als Grenze für entsprechende Planungs- und Gestaltungsmaßnahmen; diese dürfen den Boden der Legalität nicht verlassen. Um das Risiko möglicher steuerlicher Rechtsverstöße zu minimieren, kann es angezeigt sein, vorab eine verbindliche Auskunft der Finanzverwaltung einzuholen. Überdies gilt es abzuwägen, ob im Einzelfall ein sicherer, aber steuerlich ungünstigerer Gestaltungsweg dem Ausreizen von steuerlichem Grenzverhalten vorzuziehen ist.

Auf Grund der erheblichen negativen und vielfältigen Folgen steuerlicher Rechtsverstöße sowie der Möglichkeit der Erzielung positiver Effekte verlangt eine verantwortungsvolle, betriebswirtschaftliche sinnvolle Unternehmensführung die Prüfung, ob Prozesse und Maßnahmen zur strategischen Sicherstellung von Tax Compliance erforderlich sind. Auch wenn das Unternehmen als solches nicht zur Vorhaltung eines Tax Compliance-Systems verpflichtet ist, besteht für die Unternehmensleitung grundsätzlich die Pflicht zur Implementierung eines entsprechenden Systems. Allerdings richten sich die Anforderungen an die Ausgestaltung nach den konkreten Umständen des Einzelfalls (Relativität der Tax Compliance-Systeme); der Unternehmensleitung kommt dabei ein erheblicher Gestaltungsspielraum zu. Obgleich sich keine schablonenhaften Anforderungen an ein Tax Compliance-System aufstellen lassen, umfasst es typischerweise die Komponenten (i) Tax Compliance-Kultur, (ii) Tax Compliance-Organisation, (iii) Risikoidentifikation, (iv) Tax Compliance-Programm, (v) Tax Compliance-Kommunikation und (vi) Dokumentation und Systemüberwachung. Systementwürfe privater Institutionen vermögen keine rechtsverbindlichen

Maßstäbe zu begründen; gleichwohl können sie als Orientierungshilfe für die Unternehmen fungieren.

Schließlich ist Tax Compliance, insbesondere auch die Einführung entsprechender Systeme, stets mit Umsetzungskosten für das Unternehmen verbunden (Tax Compliance-Kosten). Nichtsdestotrotz dürfte es in Anbetracht der erheblichen Nachteile von Steuerrechtsverstößen auch unter rein wirtschaftlichen Gesichtspunkten angezeigt sein, ein angemessenes und funktionsfähiges Tax Compliance-System vorzuhalten.

3. Kapitel: Tax Compliance aus Perspektive des finanzbehördlichen Steuervollzuges

Im Rahmen der rechtswissenschaftlichen Auseinandersetzung mit Tax Compliance stehen steuerpflichtige Unternehmen bzw. deren Perspektive von Tax Compliance bisher im Vordergrund. Der Begriff wird dementsprechend regelmäßig als Unterfall der allgemeinen Corporate Compliance verstanden und die Zielsetzung von Tax Compliance in erster Linie mit Blick auf den Umgang mit steuerrechtlichen Risiken in Unternehmen erörtert[520]. Weitgehend ausgeklammert bleibt indes die Frage, wie das Thema Tax Compliance aus hoheitlicher Sicht zu beurteilen ist[521]. So enthält die bisher einzige deutschsprachige Monographie zu Tax Compliance von *Streck/Mack/Schwedhelm* bei insgesamt ca. 500 Seiten nur knapp 2 Seiten zu „Tax Compliance aus Sicht der Finanzverwaltung"[522].

Daran anknüpfend soll Tax Compliance nachfolgend aus dem Blickwinkel des finanzbehördlichen Steuervollzuges beleuchtet werden. Dabei gilt es zu hinterfragen, welche – womöglich vom unternehmensbezogenen Verständnis losgelöste – Bedeutung dem Begriff aus dieser Perspektive zuzumessen ist und welche Ziele des Steuervollzuges gegebenenfalls mit der Thematik Tax Compliance korrelieren. Dazu soll zunächst die gesetzliche und tatsächliche Ausgangslage beim Vollzug der Steuern dargestellt werden (**A.**). Sodann ist die Bedeutung des Begriffes Tax Compliance aus Perspektive des Steuervollzuges zu klären (**B.**), um im Anschluss Ziele (**C.**) und theoretische Wirkungsmechanismen (**D.**) eines darauf rekurrierenden Vollzugskonzepts zu erörtern[523]. Schließlich ist ein Resümee zu ziehen (**E.**). Inwiefern entsprechende Vollzugsansätze de lege lata im Einzelnen bereits umgesetzt werden bzw. umgesetzt werden können, wird in **Kapitel 4** untersucht.

520 Siehe dazu bereits **2. Kapitel**.

521 Vgl. *Kaiser*, StWa 2011, 101, 103.

522 *Streck*, in Streck/Mack/Schwedhelm, Tax Compliance, 2010, Kapitel 1, Rn.1.13 ff.

523 Entsprechend der Konzeption der Arbeit soll der Fokus auf den die steuerpflichtigen Unternehmen betreffenden Steuervollzug gerichtet sein.

A. Die Ausgangslage beim Steuervollzug

Um die Thematik Tax Compliance aus der Perspektive des Steuervollzuges ausloten zu können, ist es angezeigt, sich zunächst die rechtliche und tatsächliche Ausgangslage beim Vollzug der Steuergesetze zu vergegenwärtigen[524]. Dementsprechend wird nachfolgend der rechtsstaatliche Auftrag zum Vollzug der Steuergesetze durch die Finanzverwaltung skizziert (**I.**), um sodann auf Herausforderungen und Schwierigkeiten bei der praktischen Umsetzung einzugehen (**II.**). Schließlich sind die Konsequenzen der Schwierigkeiten für den Vollzugsauftrag bzw. die Vollzugspraxis zu beleuchten (**III.**).

I. Rechtstaatlicher Auftrag zum Vollzug der Steuergesetze

Gemäß § 85 S.1 AO hat die Finanzverwaltung[525] die Steuern sowohl „nach Maßgabe der Gesetze" als auch „gleichmäßig" festzusetzen und zu erheben. Die Vorschrift betont damit auf einfachgesetzlicher Ebene speziell für die Finanzverwaltung die beiden verfassungsrechtlichen Fundamentalprinzipien der Gesetz- und Gleichmäßigkeit der Besteuerung[526]. § 85 S.2 AO, der den Auftrag aus S.1 konkretisiert, stellt klar, dass Steuern auch nicht zu Unrecht erhoben bzw. Steuervergütungen nicht zu Unrecht versagt werden dürfen[527]. Daraus wird deutlich, dass der Vollzugsauftrag rechtstaatlich und nicht fiskalisch ausgerichtet ist[528]. Als dritte Komponente von Verfassungsrang hat die Verwaltung zudem die durch den Gesetzesvollzug betroffenen Freiheitsgrundrechte der Steuerpflichtigen zu beachten[529].

---

524 Unter dem Terminus des Steuervollzuges soll allgemein die Anwendung des Steuerrechts bzw. Umsetzung und Konkretisierung abstrakter Normen des Steuerrechts in Einzelfallentscheidungen durch die Finanzverwaltung verstanden werden, vgl. zum Begriff des Gesetzesvollzuges *Bonk/Schmitz*, in: Stelkens/Bonk/Sachs, VwVfG, 2008, § 1, Rn. 58.

525 Die Abgabenordnung verwendet nicht den Begriff der Finanzverwaltung. Stattdessen ist die Rede von „Finanzbehörden", vgl. § 6 AO.

526 Allgemein dazu *Tipke*, Die Steuerrechtsordnung, Band I, 2000, S. 105 ff.

527 Ebenso sieht § 199 Abs.1 AO explizit vor, dass der Außenprüfer die tatsächlichen und rechtlichen Verhältnisse, die für die Steuerpflicht und die Bemessung der Steuer maßgebend sind, nicht nur zuungunsten, sondern auch zugunsten des Steuerpflichtigen zu prüfen hat.

528 *Seer*, in: Tipke/Lang, Steuerrecht, 2013, § 21, Rn. 2.

529 *Seer*, in: Tipke/Lang, Steuerrecht, 2013, § 21, Rn. 2; siehe auch *Hey*, in: Tipke/Lang, Steuerrecht, 2013, § 3, Rn. 239.

1. Gesetzmäßigkeit des Verwaltungshandelns

Die Finanzverwaltung ist nach Art. 20 Abs.3 GG an „Gesetz und Recht“ gebunden, was in § 85 S. 1 durch die Formulierung „nach Maßgabe der Gesetze“ einfachgesetzlich wiederholt wird. Sie darf daher bei der Festsetzung und Erhebung der Steuern nicht gegen die geltenden Rechtssätze verstoßen, sog. Abweichungsverbot bzw. negative Gesetzmäßigkeit der Verwaltung[530]. Weiterhin wird die Finanzverwaltung durch Art. 20 Abs.3 GG auch dazu verpflichtet, die bestehenden Gesetze anzuwenden und auszuführen. Sie ist mithin zur Festsetzung und Erhebung der gesetzlich geschuldeten Steuern verpflichtet, sog. Anwendungsgebot[531]. Es gilt demnach kein Opportunitäts- sondern das Legalitätsprinzip[532]. Besteht also die Möglichkeit, dass der Tatbestand eines Steuergesetzes verwirklicht ist, muss die Finanzverwaltung bei Kenntnis dieser Tatsachen ein Verwaltungsverfahren einleiten, §§ 85 S.1, 86 S.2 Nr.1 Alt.1 AO. Zudem trifft sie die Verpflichtung, nach unbekannten Steuerfällen zu forschen. Abweichungsverbot und Anwendungsgebot werden dabei unter dem Oberbegriff des Vorrangs des Gesetzes zusammengefasst[533].

Mit dem Anwendungsgebot korrespondiert die in §§ 88 bzw. 199 Abs.1 AO normierte Verpflichtung der Finanzverwaltung, die besteuerungsrelevanten Sachverhalte zu ermitteln[534]. So ermittelt die Finanzbehörde gemäß § 88 Abs.1 S.1 AO den Sachverhalt von Amts wegen und bestimmt Art und Umfang der Ermittlungen, ohne an das Vorbringen und an die Beweisanträge der Beteiligten gebunden zu sein, § 88 Abs.1 S.2 AO[535]. Der Umfang dieser Pflichten richtet sich nach

530 *Seer*, Verständigungen in Steuerverfahren, 1996, S. 125.

531 *Birk*, StuW 1989, 212, 213; *Tipke*, Die Steuerrechtsordnung, Band I, 2000, S. 126; *Seer*, Verständigungen in Steuerverfahren, 1996, S. 125.

532 Zum Legalitätsprinzip siehe *Hey*, in: Tipke/Lang, Steuerrecht, 2013, § 3, Rn. 230 ff.

533 *Seer*, Verständigungen in Steuerverfahren, 1996, S. 125.

534 Der Steuervollzug erfolgt insgesamt in einem gestuften Verwaltungsverfahren: Zur Vorbereitung der Steuerfestsetzung führt die Finanzverwaltung zunächst ein steuerliches Ermittlungsverfahren durch (Ermittlungsverfahren, §§ 85 ff. AO). Nach Festsetzung der Steuer mit Erlass eines Steuerbescheides (Festsetzungsverfahren, §§ 155 ff, 179 ff. AO) schließt sich die Erhebung der Steuer an (Erhebungsverfahren, §§ 218 ff. AO). Gegebenenfalls folgt sodann die Vollstreckung der Steuerverwaltungsakte durch die Finanzverwaltung, wenn die in §§ 249 ff. AO normierten Voraussetzungen vorliegen (Vollstreckungsverfahren, §§ 249 ff. AO); siehe *Seer*, in: Tipke/Lang, Steuerrecht, 2013, § 21, Rn. 150.

535 Der Sachverhalt ist dabei frei zu würdigen, es gelten keine allgemeinen, starren Würdigungs- oder Wertungsregeln (sog. freie Beweiswürdigung), siehe etwa *Osterloh*, Gesetzesbindung und Typisierungsspielräume, 1992, S. 208 ff.

den Umständen des Einzelfalls, § 88 Abs.1 S.3 AO. Gemäß § 88 Abs.2 AO sind alle für den Einzelfall bedeutsamen, auch die für die Beteiligten günstigen Umstände zu berücksichtigen. Der Verwaltung kommt insgesamt ein weites Verfahrensermessen sowohl bezüglich Art als auch Umfang der Sachaufklärung zu[536].

Neben dem Vorrang des Gesetzes beinhaltet das Prinzip der Gesetzmäßigkeit der Verwaltung zudem den Grundsatz des Vorbehalts des Gesetzes[537]. Dieser besagt allgemein, dass der Gesetzgeber in grundlegenden normativen Bereichen, insbesondere im Bereich der Grundrechtsausübung, alle wesentlichen Entscheidungen selbst zu treffen hat, soweit die Materie einer staatlichen Regelung zugänglich ist, sog. Wesentlichkeitstheorie[538]. Insoweit ist die Finanzverwaltung nicht befugt, ohne entsprechende parlamentarische Grundlage zu handeln[539].

2. Gebot der Rechtsanwendungsgleichheit

Weiterhin hat die Finanzverwaltung gemäß § 85 S.1 AO die Steuern „gleichmäßig" festzusetzen und zu erheben[540]. Die Vorschrift betont damit die bereits aus Art. 3 Abs.1 GG resultierende Verpflichtung der Finanzverwaltung, die Gleichheit aller Menschen „vor dem Gesetz" zu achten, also die Steuergesetze gleichmäßig anzuwenden, sog. Rechtsanwendungsgleichheit[541]. Demnach ist jede Steuerrechtsnorm immer anzuwenden, wenn ihr Tatbestand verwirklicht wird bzw. nicht anzuwenden, wenn der Tatbestand nicht verwirklicht wird[542]. Letztlich bedeutet dies, dass sich die Rechtsanwendungsgleichheit prinzipiell bereits aus dem verfassungsmäßigen Gebot der Gesetzmäßigkeit, das die Anwendung der Gesetze

---

536 *Seer,* in: Tipke/Kruse, AO/FGO, § 88 AO, Rn. 6 f. (10/2008); *ders.*, DStJG 31 (2008), S. 7, 12 ff. Zum Begriff des Verfahrensermessens siehe *Hill,* NVwZ 1985, 449, 453.

537 *Seer,* in: Bonner Kommentar zum GG, Vorbem. z. Art. 104a-115 GG, Rn. 526 ff. (04/2011).

538 Siehe etwa BVerfG v. 08.08.1978, 2 BvL 8/77, BVerfGE 49, 89, 126; BVerfG v. 16.06.1981, 1 BvL 89/78, BVerfGE 57, 295, 327; BVerfG v. 06.07.1999, 2 BvF 3/90, BVerfGE 101, 1, 34.

539 Vgl. etwa BVerfG v. 13.09.1978, 1 BvR 499/78, HFR 1979, 203 f. (Zur Vereinbarkeit der Grundsätze für die Neuorganisation der Finanzämter und die Neuordnung des Besteuerungsverfahrens aus dem Jahr 1976 (GNOFÄ '76) mit dem Grundgesetz bzw. dem Gesetzesvorbehalt).

540 Grundlegend dazu *Eckhoff,* Rechtsanwendungsgleichheit im Steuerrecht, 1999, S. 4 ff.

541 Siehe etwa *Hey*, in: Tipke/Lang, Steuerrecht, 2013 § 3, Rn. 110 ff.

542 *Seer*, DStJG 31 (2008), S. 7, 10.

gebietet, ergibt[543] und sich Egalität mithin durch Legalität verwirklicht[544]. Das Gebot der Rechtsanwendungsgleichheit erlangt jedoch insoweit eine eigenständige Bedeutung, als der objektiv-rechtliche Grundrechtsgehalt von Art. 3 Abs.1 GG der Finanzverwaltung ein „Vereinheitlichungsgebot" als Leitmaxime beim Steuervollzug vorgibt[545]. Danach hat sie im Rahmen bestehender Spielräume, beispielsweise bei Ermessensentscheidungen, unbestimmten Rechtsbegriffen oder Fragen der Beweiswürdigung, eine einheitliche Vollzugspraxis sicherzustellen[546].

Die Gleichheit bei der Durchsetzung der Steuererhebung stellt nach Ansicht des Bundesverfassungsgerichts neben der Gleichheit der normativen Steuerpflicht eine Komponente der Besteuerungsgleichheit dar[547]. Wie das Bundesverfassungsgericht ausführt, müssen die Adressaten eines Steuergesetzes nämlich nicht nur rechtlich, sondern auch tatsächlich gleich belastet werden[548]. Dementsprechend müsse die Finanzverwaltung dazu in der Lage sein, die steuerliche Lastengleichheit durch hinreichende Kontrollmöglichkeiten abzustützen und unzulängliche Steuererklärungen einem angemessenen Entdeckungsrisiko auszusetzen. Ansonsten hinge die Steuerbelastung womöglich ausschließlich vom Erklärungsverhalten der Steuerpflichtigen ab; die Steuerzahlung käme letztlich einer Art Spende gleich[549]. Im Veranlagungsverfahren bedarf das *Deklarationsprinzip* somit zur Wahrung der Gesetz- und Gleichmäßigkeit der Besteuerung der Ergänzung durch das *Verifikationsprinzip*[550]. Die Finanzverwaltung wird im Hinblick darauf auch als „Verifikationsverwaltung" bezeichnet[551]. Bezüglich der Kontrolle steuerpflichtiger Unternehmen bzw. der von ihnen abgegebenen Steuererklärungen spielt das in §§ 193 ff. AO geregelte Institut der Außenprüfung als besonderes Verifikations- und Sachaufklärungsverfahren eine wesentliche Rolle.

---

543 *Isensee*, Die typisierende Verwaltung, 1976, S. 134; *Seer*, DStJG 31 (2008), S. 7, 10.

544 *Seer*, DStJG 31 (2008), S. 7, 10.

545 *Seer*, Verständigungen in Steuerverfahren, 1996, S. 227.

546 Dazu bedient sich die Finanzverwaltung insbesondere des Instruments der Verwaltungsvorschriften. Siehe dazu *Seer*, Verständigungen in Steuerverfahren, 1996, S. 239 ff.

547 BVerfG v. 27.06.1991, 2 BvR 1493/89, BVerfGE 84, 239 („Zinsurteil").

548 Siehe BVerfG v. 27.06.1991, 2 BvR 1493/89, BVerfGE 84, 239, 272 („Zinsurteil") und BVerfG v. 09.03.2004, 2 BvL 17/02, BVerfGE 110, 94, 113 („Spekulationsbesteuerung").

549 *Seer*, FR 1997, 553, 558.

550 BVerfG v. 27.06.1991, 2 BvR 1493/89, BVerfGE 84, 239, 273 („Zinsurteil").

551 *Drüen*, in: Schön/Beck, Zukunftsfragen des deutschen Steuerrechts, 2009, S. 1, 8.

Verfügt die Finanzverwaltung nicht über hinreichende Handlungsinstrumentarien bzw. Kontrollmöglichkeiten, um die Angaben der Steuerpflichtigen zu überprüfen und können sich diese durch bloße Nichtdeklaration weitgehend sanktionslos ihrer Steuerpflichten entziehen[552], kann sich dies im Ausnahmefall sogar auf die Verfassungsmäßigkeit der zu Grunde liegenden und an sich verfassungskonformen materiellen Steuerrechtsnorm auswirken[553]. Dem Gleichheitssatz aus Art. 3 Abs.1 GG genügt es mithin noch nicht, dass das papierene materielle Recht den Gleichheitsanforderungen entspricht, viel mehr müssen gleich hohe Steuerschulden auch in gleicher Höhe festgesetzt werden[554].

3. Schutz der Freiheitsgrundrechte

Neben Wahrung des Grundsatzes der Gesetzmäßigkeit und des Gebots der Rechtsanwendungsgleichheit hat die Finanzverwaltung im Rahmen des Besteuerungsverfahrens zudem die grundrechtliche Freiheitssphäre der Steuerpflichtigen zu schützen[555]. Schließlich ist der Steuervollzug mit grundlegenden Eingriffen in grundrechtlich geschützte Rechtspositionen verbunden. Aus Unternehmenssicht besonders relevant sind dabei die Wirtschaftsfreiheiten in Gestalt der Berufs- und Eigentümerfreiheit aus Art. 12 Abs.1 und 14 Abs.1 GG sowie im Hinblick auf wirtschaftlich sensible Daten das Recht auf informationelle Selbstbestimmung aus Art. 2 Abs.1 i.V.m. Art 1 Abs.1

552 Die Steuer mutiert mithin zur Spende, so *Tipke*, BB 1986, 601, 603.

553 Dies setzt voraus, dass sich die Erhebungsregelung derart strukturell gegenläufig gegenüber dem Besteuerungstatbestand auswirkt, dass der Besteuerungsanspruch weitgehend nicht durchgesetzt werden kann, die Steuerfestsetzung mithin nahezu ausschließlich von der Deklarationsbereitschaft der Steuerpflichtigen abhängt. Das BVerfG ging in seinem Urteil zur Zinsbesteuerung aus dem Jahre 1991 von einer Nichtdeklarationsquote zwischen 96,3 und 52,3 % aus, wobei es klarstellt, dass noch nicht allein die empirische Ineffizienz von Normen, sondern erst das normative Defizit des widersprüchlich auf Nichtdurchsetzbarkeit angelegten Rechts zu einem verfassungswidrigen strukturellen Vollzugsdefizit führt. Dieses strukturelle Vollzugsdefizit muss dem Steuergesetzgeber zudem zurechenbar sein, was insbesondere bedingt, dass es sich dem Gesetzgeber hätte aufdrängen müssen und sich nicht durch Gegenmaßnahmen beseitigen lässt. Siehe BVerfG v. 27.06.1991, 2 BvR 1493/89, BVerfGE 84, 239, 272 („Zinsurteil") und BVerfG v. 09.03.2004, 2 BvL 17/02, BVerfGE 110, 94, 113 („Spekulationsbesteuerung").

554 *Seer*, in: Tipke/Kruse, AO/FGO, Vor. § 85 AO, Rn. 10 (10/2008).

555 *Eckhoff*, StuW 1996, 107 ff.; *ders.*, Rechtsanwendungsgleichheit im Steuerrecht, 1999, S. 244 ff.; *Pelka*, DB 1996, 699 ff.; *Seer*, Verständigungen in Steuerverfahren, 1996, S. 296; *ders.*, in: Tipke/Lang, Steuerrecht, 2013, § 21, Rn. 8.

GG (jeweils i.V.m. Art. 19 Abs.3 GG)[556]. Die Finanzverwaltung hat daher im Rahmen der Rechtsanwendung auf den konkreten Einzelfall insbesondere das Übermaßverbot zu beachten, wonach Eingriffe in den grundrechtlichen Schutzbereich einen legitimen öffentlichen Zweck verfolgen und überdies geeignet, erforderlich und angemessen sein müssen[557]. Ebenso müssen sowohl die Einleitung des Verfahrens als auch die einzelnen Ermittlungsmaßnahmen hinreichend veranlasst sein[558].

II. Schwierigkeiten beim Vollzug der Steuergesetze

In der Realität des steuerlichen Verfahrens wird die Finanzverwaltung indes mit grundlegenden Schwierigkeiten beim Vollzug der Steuergesetze respektive der Erfüllung ihres gesetzlichen Auftrages zur gesetz- und gleichmäßigen Festsetzung und Erhebung der Steuern nach § 85 S.1 AO konfrontiert[559]. Diese Schwierigkeiten sollen im Folgenden näher beleuchtet werden, fungieren sie doch als Nährboden für Forderungen nach einer Modernisierung des Steuervollzuges und einer dementsprechenden Einbeziehung von Tax Compliance in das finanzbehördliche Vollzugskonzept. Dazu soll zunächst auf die gegebene Vollzugssituation als solche eingegangen und im Anschluss der Frage nach den wesentlichen Ursachen der Vollzugsproblematik nachgegangen werden.

1. Die gegenwärtige Vollzugssituation

Eine prekäre Situation beim Vollzug der Steuergesetze wird keineswegs erst seit kurzem beklagt[560]. Bereits seit geraumer Zeit ist in der Literatur die Rede von einer „Krise"[561], „Misere"[562] oder gar einem „Notstand"[563] beim Steuervollzug.

---

556 Speziell zum Schutz des Rechts auf informationelle Selbstbestimmung im Rahmen des Steuervollzuges siehe *Seer*, in: FS Meilicke, 2010, 687 ff.

557 Vgl. *Seer*, in: Tipke/Lang, Steuerrecht, 2013, § 21, Rn. 8.

558 *Seer*, in: Tipke/Lang, Steuerrecht, 2013, § 21, Rn. 8.

559 Siehe dazu insbesondere der *Präsident des Bundesrechnungshofes*, Probleme beim Vollzug der Steuergesetze, 2006, S. 14.

560 *Drüen*, in: Schön/Beck, Zukunftsfragen des deutschen Steuerrechts, 2009, S. 1, 2.

561 *Nagel/Waza*, DStZ 2008, 321, 322; auch *Seer*, StuW 2003, 40 spricht davon, dass sich der Steuerstaat in einer „Krise" befinde.

562 *Jenetzky*, StuW 1982, 273 ff.

563 *Schmid*, FR 1977, 295, 297; auch *Isensee* geht von einen „Verwaltungsnotstand" im Besteuerungsverfahren aus, Die typisierende Verwaltung, 1976, S. 101 ff.; 157 ff.; 171 ff.

Vereinzelt wurde der Finanzverwaltung diesbezüglich gar eine „Ohnmacht“ attestiert[564]. Der Bundesrechnungshof kam im Jahr 2006 gar zu dem Ergebnis, dass der von § 85 S.1 AO zwingend vorgesehene gesetzmäßige und gleichmäßige Vollzug der Steuergesetze „nicht mehr gewährleistet“ sei[565]. Auch im Jahr 2012 hält der Bundesrechnungshof an dieser Einschätzung fest und postuliert, dass der gesetzmäßige Vollzug der Steuergesetze „weiterhin nicht gewährleistet ist“[566]. Obgleich die Drastik, mit der die Situation im Einzelnen beschrieben wird, variiert, so besteht im Grundsatz Einigkeit darüber, dass tiefgreifende Schwierigkeiten beim Vollzug der Steuergesetze bestehen[567], die Finanzverwaltung mithin in der Praxis nicht dazu in der Lage ist, jeden materiellen Steueranspruch[568] zu ermitteln und durchzusetzen[569]. In der Literatur wird diesbezüglich von sog. Vollzugsdefiziten der Finanzverwaltung gesprochen[570]. Der Begriff entstammt der politikwissenschaftlichen Implementationsforschung und beschreibt Diskrepanzen, die beim Vollzug von Gesetzen oder politischen Programmen zwischen deren Zielen und dem, was letztlich im Laufe der Implementation bewirkt wird, zu beobachten sind; in Bezug auf rechtliche Normen bedeutet dies, dass sie nicht angewendet werden oder ihre

---

564 *Mellinghoff*, Stbg 2007, 549, 550.

565 *Präsident des Bundesrechnungshofes*, Probleme beim Vollzug der Steuergesetze, 2006, S. 14; vgl. auch Bemerkungen des Bundesrechnungshofes 2006 zur Haushalts- und Wirtschaftsführung des Bundes v. 13.11.2006, BT-Drucks. 16/3200. Die These zurückweisend *Schmitt*, DStJG 31 (2008), S. 99, 130. *Schmitt* betont dabei, dass es zwar beim Vollzug der Steuergesetze „immer gewisse Mängel“ geben wird, die Arbeit der Finanzverwaltung jedoch insgesamt als „gut“ zu bewerten sei. Die Aussagen des Bundesrechnungshofes basierten insbesondere nicht auf mathematisch-statistischen Methoden und seien daher als „unseriös“ und nicht verallgemeinerbar abzulehnen.

566 Der Bundesrechnungshof trifft diese Aussage in seinem aktualisierten Bericht im Hinblick auf den Gesetzesvollzug bei der Veranlagung von Arbeitnehmern, *BRH*, Bericht nach § 99 BHO über den Vollzug der Steuergesetze, insbesondere im Arbeitnehmerbereich, 2012, S. 4.

567 *Isensee*, StuW 1973, 199 ff.; *ders.*, Die typisierende Verwaltung, 1976, S. 155 ff.; *Jenetzky*, StuW 1982, 273 ff.; *Egge*, StuW 1994, 272 ff.; *Hoffmann*, DStR 1997, 1189, 1190; *Pelka*, DB 1996, 699 ff.; *Seer*, Verständigungen in Steuerverfahren, 1996, S. 228; *Tipke*, StWa 1994, 221 ff.

568 Gemäß § 38 AO entstehen die Ansprüche aus dem Steuerschuldverhältnis de iure, nämlich sobald der Tatbestand verwirklicht ist, an den das Gesetz die Leistungspflicht knüpft.

569 Vgl. *Seer*, Verständigungen in Steuerverfahren, 1996, S. 228.

570 Siehe beispielsweise *Eckhoff*, Rechtsanwendungsgleichheit im Steuerrecht, 1999, S. 424, mit weiteren Nachweisen.

Einhaltung nicht durchgesetzt wird[571]. Die Problematik beschränkt sich dabei keineswegs nur auf eine Steuerart oder bestimmte Steuerpflichtige. Insbesondere tritt sie sowohl im Rahmen des allgemeinen massenhaften Steuerverfahrens, als auch in besonderen Verfahren der Sachaufklärung, wie der steuerlichen Außenprüfung nach §§ 193 ff. AO, auf und betrifft sogar die Prüfung von Großbetrieben und Konzernen[572].

Auch wenn im Allgemeinen darauf hingewiesen wird, dass eine Rechtsordnung ohne „Sockelvollzugsdefizite" entweder als totalitär oder als anspruchslos einzustufen wäre und ein gewisser Nichtvollzug daher einen durchaus wünschenswerten Zustand der Rechtsordnung indiziere[573], lässt sich dieser Befund mit Blick auf die ausgeprägte Vollzugsproblematik im Steuerrecht kaum aufrechterhalten. Vielmehr gehen die dauerhaften[574] Vollzugsdefizite der Finanzverwaltung über derartige Sockelvollzugsdefizite bzw. über eine Defizienz als „Ausdruck der menschlichen, unvollkommenen Dimension von Demokratie"[575] hinaus[576].

---

571 *Eckhoff*, Rechtsanwendungsgleichheit im Steuerrecht, 1999, S. 424, mit weiteren Nachweisen. Auch die Verwaltungsrechtswissenschaft berücksichtigt derartige tatsächliche Wirkungen des Rechts bzw. die Umstände der Rechtsumsetzung und beschränkt sich nicht auf die Formulierung von Rechtsregeln bzw. die Entwicklung einer dazugehörigen Dogmatik, siehe dazu *Müller-Franken*, Maßvolles Verwalten, 2004, S. 140.

572 *Präsident des Bundesrechnungshofes*, Probleme beim Vollzug der Steuergesetze, 2006, S. 14; zu Kapazitätsproblemen bei der Prüfung von Großunternehmen und Konzernen *Joecks*, in: FS Schaumburg, 2009, 1225, 1226; zu Vollzugsdefiziten im Rahmen von Außen- bzw. Betriebsprüfungen siehe auch *Drüen*, StuW 2007, 112; *Schallmoser*, in: H/H/Sp, AO/FGO, § 193 AO, Rn. 92 ff. (02/2011).

573 Vgl. *Reimer*, in: Hoffmann-Riem/Schmidt-Aßmann/Voßkuhle, GVwR I, 2012, § 9, Rn. 88.

574 *Seer*, Verständigungen in Steuerverfahren, 1996, S. 228.

575 *Schultze-Fielitz*, JZ 2004, 862, 871.

576 Die Vollzugssituation im Steuerrecht korrespondiert dabei mit vergleichbaren Problemen in anderen Teilgebieten des Verwaltungsrechts. So wurden beispielsweise im Umweltrecht bereits in den 1970er Jahren Vollzugsdefizite in Folge des Nichtvollzuges erheblicher Teile des geltenden Umweltrechts beklagt, siehe dazu insbesondere *Mayntz*, Vollzugsprobleme der Umweltpolitik, 1978, passim; *Winter*, Das Vollzugsdefizit im Wasserrecht, 1975, passim. Grundlegend zur „Krise" des Ordnungsrechts und der daraufhin erfolgten methodischen Neuausrichtung des Verwaltungsrechts siehe *Voßkuhle*, in: Hoffmann-Riem/Schmidt-Aßmann/Voßkuhle, GVwR I, 2012, § 1, Rn. 10 ff.

2. Ursachen der Vollzugsdefizite

Nachfolgend sollen die wesentlichen Ursachen für die Defizite beim Vollzug der Steuergesetze durch die Finanzverwaltung erörtert werden[577]. Diesbezüglich werden insbesondere die ausgeprägte Kompliziertheit des materiellen Steuerrechts sowie die Begrenztheit der personellen und sächlichen Ressourcen bei einer enormen und steigenden Anzahl von Bearbeitungsfällen genannt. In Bezug darauf soll auch auf die Problematik einer – in der Literatur konstatierten – divergierenden Verteilung der Verwaltungsressourcen je nach Bundesland eingegangen werden.

a) Kompliziertheit des Steuerrechts

Ein wesentlicher Grund für die Schwierigkeiten der Finanzverwaltung beim Vollzug der Steuergesetze kann in der stets beklagten und unwidersprochenen Kompliziertheit[578] des deutschen Steuerrechts gesehen werden[579]. So stellte der Bundesrechnungshof im bereits erwähnten Gutachten aus dem Jahre 2006 fest, dass die Arbeit in den Veranlagungsstellen „durch die komplizierte und ständig geänderte Steuergesetzgebung zusätzlich erheblich erschwert wird" und es den Bearbeitern daher nicht mehr möglich ist, sich einen entsprechenden Überblick über die geltende Rechtslage zu verschaffen[580]. Als Folge der „umfangreichen und schwer verständlichen Steuergesetze" seien sowohl die Bearbeiter in den Veranlagungsstellen als auch die Beraterseite nicht mehr in der Lage, die Steuernormen und die Fülle der hierzu herausgegebenen Anwendungshilfen in gebührendem Maße nachzuvollziehen. Diese Einschätzung behält der

577 Allgemein zu den Ursachen von Vollzugsdefiziten und zur diesbezüglichen Unterteilung in Implementations-, Motivations-, Wissens- und Steuerbarkeitsprobleme siehe *Eckhoff,* Rechtsanwendungsgleichheit, 1999, S. 425 ff.

578 Zu, Begriff der Kompliziertheit in Abgrenzung zum Begriff der Komplexität siehe *Helsper*, in: Bizer/Falk/Lange, Am Staat vorbei, 2004, S. 139, 142.

579 *Hey*, in: Tipke/Lang, Steuerrecht, 2013, § 3 Rn. 1 f.; *Isensee*, Typisierende Verwaltung, 1976, S. 155 ff.; *P.Kirchhof,* NJW 1987, 3217; *Lang*, FR 1993, 661 ff.; *Pezzer*, StuW 2007, 101, 107; *Seer*, Verständigungen in Steuerverfahren, 1996, S. 228 ff.; *Tipke*, StuW 1971, 2 ff.; *Tipke,* Steuerrechtsordnung, Band III, 1993, S. 1196 ff. Der Zustand der Steuergesetzgebung stellt nach Ansicht *Vogels* die „Steuerrechtswissenschaft vor ein Problem, wie es die anderen Teil-Rechtswissenschaften, zumindest in vergleichbarem Ausmaß nicht kennen", JZ 1993, 1121, 1123. Zustimmend aus Sicht der Finanzverwaltung *Schmidt*, DStJG 31 (2008), S. 37, 38.

580 *Präsident des Bundesrechnungshofes*, Probleme beim Vollzug der Steuergesetze, 2006, S. 14.

Bundesrechnungshof auch in seinem Bericht aus dem Jahr 2012 bei und stellt fest, dass das komplexe Steuerrecht den Steuervollzug auch weiterhin erheblich erschwere[581]. *Tipke* bezeichnet die geltenden Steuergesetze demgemäß als „schlechtes Werkzeug" für den Steuervollzug[582].

Die besondere Kompliziertheit des Steuerrechts äußert sich vor allem in einer kaum überschaubaren Anzahl an steuerlichen Rechtsnormen – allein ca. 70.000 anzuwendende Normen des Bundessteuerrechts[583] - mit einer Vielzahl an flankierenden Verwaltungsvorschriften[584] und Gerichtsentscheidungen[585]. Diesbezüglich ist nachgerade von einer einzigartigen „Normenflut" im Bereich der Steuergesetzgebung die Rede, die die Handlungsspielräume der Finanzverwaltung konterkariere[586]. Die konstatierte Überforderung der Finanzverwaltung resultiert schließlich auch aus der besonderen Schnelllebigkeit des Steuerrechts, welche anschaulich als „Stakkato der Steueränderungsgesetzgebung" tituliert wird[587]. So wurden das Einkommen-, das Umsatz- und Körperschaftsteuergesetz sowie die Abgabenordnung in den Jahren 2006 bis 2010 durch insgesamt 102 Gesetze geändert[588]. Allein im Einkommensteuergesetz wurden in diesem Zeitraum 428

---

581 *BRH*, Bericht nach § 99 BHO über den Vollzug der Steuergesetze, insbesondere im Arbeitnehmerbereich, 2012, S. 12 ff.

582 *Tipke*, in: Brandt, Mitverantwortung von Bürger und Staat für ein gerechtes Steuerrecht, 2007, S. 21, 37.

583 Untersuchungen kommen auf über 70.000 anzuwenden Rechtsnormen alleine für das Bundesteuerrecht, siehe *Senger*, Die Reform der Finanzverwaltung, 2009, S. 189 m.w.N.

584 So bezeichnet beispielsweise *Tipke* die methodischen Arbeitsgrundsätze der Finanzverwaltung, die in den GNOFÄ, der FAGO, dem AEAO und anderen Verwaltungsvorschriften geregelt sind als „reichlich unübersichtlich und verwirrend", StWa 1994, 221, 222. In den Jahren 2006 bis 2009 ergingen allein zum EStG 229 neue BMF-Schreiben, sodass durchschnittlich jede Woche ein weiteres hinzu kam, *BRH*, Bericht nach § 99 BHO über den Vollzug der Steuergesetze, insbesondere im Arbeitnehmerbereich, 2012, S. 15.

585 Zur Finanzgerichtsbarkeit als Störfaktor eines gleichmäßigen Gesetzesvollzugs siehe *Pezzer*, StuW 2007, 101, 108 ff.

586 *Uhländer*, AO-StB 2010, 372.

587 *Lang*, in: Tipke/Lang, Steuerrecht, 2010, § 4, Rn. 1; vgl. dazu die Übersicht von *Uhländer* über die zahlreichen Steueränderungsgesetze zum EStG im Zeitraum 2000–2010 in AO-StB 2010, 372 ff.

588 *BRH*, Bericht nach § 99 BHO über den Vollzug der Steuergesetze, insbesondere im Arbeitnehmerbereich, 2012, S. 12, wonach zwischen 1993 und 2005 97 Änderungsgesetze festgestellt wurden.

Bestimmungen durch 48 Gesetze modifiziert[589]. Zudem werden steuerrechtlichen Normen oftmals unklare und diffizile Formulierungen attestiert, die mitunter im Konflikt zum verfassungsrechtlichen Prinzip der Normenklarheit stehen und die Rechtsanwendung erschweren können[590]. So bringen beispielsweise die im Rahmen der Unternehmensteuerreform 2008 erlassenen Regelungen über die Zinsschranke in § 4h EStG und § 8a KStG, die Verlustbeschränkung für Kapitalgesellschaften in § 8c KStG und die Funktionsverlagerung in § 1 AStG für die Finanzverwaltung – wie auch für die steuerpflichtigen Unternehmen – erhebliche Umsetzungsschwierigkeiten mit sich[591]. Der Bundesrechnungshof verweist mit Blick auf die besondere Länge und schwere Verständlichkeit vieler Bestimmungen auf die Voraussetzungen für den neu gefassten steuerlichen Abzug von Spenden in § 10b Abs.1 EStG mit nicht weniger als 441 Wörtern[592]. Insgesamt ist daher pointiert vom deutschen „Steuerchaos"[593] die Rede, das der Finanzverwaltung den Steuervollzug erschwert.

Die allgegenwärtigen und auch seitens der Finanzverwaltung geäußerten Appelle, das Steuerchaos zu beseitigen und das Steuerrecht zu vereinfachen, werden indes kaum erhört[594]. Entsprechende Vorschläge zur grundlegenden Reform des Steuerrechts, insbesondere der Einkommensteuer, konnten sich bisher nicht durchsetzen[595]. Vielmehr steigert sich die Komplexität der gesetzlichen Materie

---

589 *BRH*, Bericht nach § 99 BHO über den Vollzug der Steuergesetze, insbesondere im Arbeitnehmerbereich, 2012, S. 12; siehe auch *Uhländer*, AO-StB 2010, 372 ff.

590 Vgl. *Hey*, Steuerplanungssicherheit als Rechtsproblem, 2002, S. 186 ff.; *Luttermann*, FR 2007, 18 ff.; *Papier*, DStJG 12 (1989), S. 61 ff.; *Weber-Grellet*, DB 2007, 1717 ff. Vgl. zur Problematik der Unverständlichkeit auch *Senger*, Die Reform der Finanzverwaltung, 2009, S. 186.

591 Vgl. die Aufzählung von *Drüen*, in: Schön/Beck, Zukunftsfragen des deutschen Steuerrechts, 2009, S. 1, 3.

592 *BRH*, Bericht nach § 99 BHO über den Vollzug der Steuergesetze, insbesondere im Arbeitnehmerbereich, 2012, S. 14.

593 *Tipke*, StuW 1971, 2.

594 Zu Appellen seitens der Finanzverwaltung siehe beispielsweise *Schüller*, DStR 2003, 1949. Dabei gilt es zu bedenken, dass die Finanzverwaltung zwar Gesetzesinitiativen entwerfen und im Gesetzgebungsverfahren beratend tätig werden kann, letztlich als Teil der vollziehenden Gewalt jedoch nicht für parlamentarische Besteuerungsentscheidungen bzw. entsprechende förmliche Steuergesetze verantwortlich gemacht werden kann. Vgl. dazu das Symposium des *DWS-Instituts* zum Thema „Finanzverwaltung – ein Ersatzgesetzgeber?", DStR-KR 2006, 2.

595 Vgl. zuletzt insbesondere *P.Kirchhof*, Bundessteuergesetzbuch: Ein Reformentwurf zur Erneuerung des Steuerrechts, 2011. Entsprechende Forderungen nach einer

kontinuierlich, die Steuervereinfachung bleibt nach wie vor ein Desiderat[596]. Zurückgeführt wird dies auf vielfältige Ursachen, darunter vor allem die Beeinflussung der Steuergesetzgebung durch eine unüberschaubare Vielzahl von verschiedensten parteilich artikulierten Gruppen- und Partikularinteressen[597]. Diese führe häufig zu einem iterativen Entwicklungs- und Wachstumsprozess der Steuergesetze, der letztlich in einer Fraktalisierung des Steuerrechts kulminiere[598]. Verstärkt wird dieser Effekt zudem durch stetige Gesetzesanpassungen, mit denen der Gesetzgeber auf die Verwendung „kreativer", Gesetzeslücken ausnutzender Steuersparmodelle reagiert[599]. Bei alledem gilt es schließlich zu bedenken, dass der Vereinfachung des Steuerrechts in einer entwickelten Volkswirtschaft und bei zunehmend komplexen Lebenssachverhalten systembedingte Grenzen gesetzt sind[600]. Die Komplexität beruht mithin häufig auf der Unvermeidbarkeit von Differenzierungen für eine Fülle verschiedenartiger Sachverhalte[601].

Um eine bessere Qualität der Steuergesetze zu erreichen, gerät in den letzten Jahren zunehmend die Gesetzesfolgenabschätzung bzw. das sog. Gesetzescontrolling in den Fokus der steuerrechtlichen Wissenschaft und Praxis[602]. Die Rechtssetzung wird dabei als ein mit Rückkoppelungseffekten versehener Kreislauf verstanden, bei dem die Evaluation von Gesetzen im Vordergrund steht. Die Gesetze werden

---

„großen Steuerreform" werden bereits seit 1954 in regelmäßigen Abständen erhoben, siehe *Pezzer*, in: Brandt, Mitverantwortung von Bürger und Staat für ein gerechtes Steuerrecht, 2007, S. 67, 72.

596 Vgl. *Drüen*, in: Schön/Beck, Zukunftsfragen des deutschen Steuerrechts, 2009, S. 1, 5.

597 *Hey*, in: Tipke/Lang, Steuerrecht, 2013, § 3, Rn. 1; *Lang*, FR 1993, 661, 664; *Helsper*, BB 1996, 2326 ff.; *Weber-Grellet*, DB 2002, 1717 ff.;

598 *Schüller*, DStR 2003, 1949.

599 *Tipke*, Besteuerungsmoral und Steuermoral, 2000, S. 81. Vgl. auch *Eckhoff*, StuW 1996, 107, 110, der diesbezüglich auf die Besonderheit des Steuerrechts verweist, wonach Gerechtigkeit im Gesetz selbst verwirklicht werden soll und nicht wie sonst im Verwaltungsrecht üblich auf Grund eines gesetzlich eingeräumten Ermessensspielraumes. In der Folge müsse der Gesetzgeber selbst auf jedes einzelne unerwünschte Sparmodell reagieren.

600 Vgl. *Seer*, in: Tipke/Kruse, AO/FGO, § 89 AO, Rn. 64 (01/2012); *Wienbracke*, NVwZ 2007, 749, 752, wonach auch ein idealer, frei von Partikularinteressen handelnder Gesetzgeber nicht dazu in der Lage wäre, ein Steuergesetz so abzufassen, dass aus ihm die geschuldete Steuer zweifelsfrei abgelesen und berechnet werden könnte.

601 *Lang*, in: Bizer/Falk/Lange, Am Staat vorbei, 2004, S. 91; *Schön*, StuW 2002, 23 ff.

602 Nach *Böhret*, Verwaltung und Management 2006, 284, 289, kann der Begriff des Gesetzescontrollings dabei als Synonym für den Begriff der retrospektiven Gesetzesfolgenabschätzung verstanden werden.

sowohl in ihrer Initiativ- und Legislativ- als auch ihrer Exekutivphase beobachtet und bewertet, um so gewonnene Informationen zur Optimierung der Gesetzgebung zu nutzen[603]. Aus Perspektive des Steuervollzuges ist hierbei vor allem eine vollzugsorientierte Gesetzgebung von erheblichem Interesse[604]. Wesentlich ist dabei die Frage, ob eine Steuerrechtsnorm in der Praxis überhaupt vollziehbar ist, inwieweit das gesetzgeberische Regelungsziel erreicht wird und welche Kosten durch den Vollzug der konkreten Norm entstehen[605]. Dementsprechend gibt nun § 44 der Gemeinsamen Geschäftsordnung der Bundesministerien (GGO) die Durchführung von Gesetzesfolgenabschätzungen im Rahmen von Gesetzesvorlagen vor.

b) Begrenztheit der Verwaltungsressourcen

Als weiterer wesentlicher Grund für die Schwierigkeiten beim Steuervollzug wird einhellig die Begrenztheit der vorhandenen Verwaltungskapazitäten in Anbetracht der zu bewältigenden Steuerfälle aufgeführt[606].
Bezogen auf den Bereich der Außen- bzw. Betriebsprüfung kamen im Jahre 2010 auf einen Prüfer 649 potenziell zu prüfende Betriebe[607]. Dabei wird anhand der folgenden Tabelle deutlich, dass die Zahl der im Kalenderjahr vorhandenen Prüfer, bei steigender Zahl der erfassten Betriebe, in den Jahren 2007 bis 2010 gesunken ist.

	2007	2008	2009	2010
Zahl der erfassten Betriebe	8.390.724	8.390.722	8.390.722	8.571.515
Zahl der Prüfer	13.646	13.337	13.332	13.210
Betriebe pro Prüfer	615	629	629	649

Abbildung 1: Darstellung i. Anl. an Senger, Die Reform der Finanzverwaltung, S.165; Datenmaterial übernommen aus BMF, Ergebnisse der steuerlichen Betriebsprüfung 2010

603 *Karpen*, ZRP 2008, 97.

604 Zur Zielsetzung einer vollzugsorientierten Gesetzgebung siehe *Nationaler Normenkontrollrat*, Fünf Jahre Bürokratieabbau, Jahresbericht 2011, S. 15.

605 *Schüller*, DStR 2003, 1949, 1950.

606 Investitionen in Personal und Sachmittel fordert daher beispielsweise *Kruse*, FR 1995, 525, 526. Relativierend dagegen *Seer*, DStJG 31 (2008), S. 7, 31, der die gegenwärtige Personalausstattung der Finanzverwaltung als noch angemessen bewertet und dabei auf die US-amerikanische Finanzverwaltung, die mit weniger Mitarbeitern wesentlich mehr Einkommen- und Körperschaftsteuerfälle zu bearbeiten habe verweist. In diese Richtung auch *Haumann*, Die „gewichtende Arbeitsweise" der Finanzverwaltung, 2008, S. 8 ff.

607 BMF-Monatsbericht 09/2011, S. 60 ff.: Ergebnisse der steuerlichen Betriebsprüfung 2010.

Die Tatsache, dass ein Steuerprüfer kaum in der Lage sein kann, jährlich über 600 Betriebe detailliert zu kontrollieren, bedarf keiner weiteren Erläuterung. Auch die stetige Anpassung bzw. Heraufsetzung der Größenklassen der Betriebsprüfungsordnung in den letzten Jahren mit der Folge, dass insgesamt weniger Unternehmen intensiv geprüft werden indiziert, dass das Personal zur Durchführung steuerlicher Außen- bzw. Betriebsprüfungen äußerst knapp ist[608].

Im Hinblick auf das gesamte, massenhafte Besteuerungsverfahren mit alleine ca. 30 Millionen Einkommen- und Körperschaftsteuererklärungen jährlich[609] verfügt die Finanzverwaltung insgesamt über ca. 114.000 Mitarbeiter[610]. Laut Bundesrechnungshof beträgt die Bearbeitungszeit, die einem Veranlagungsbeamten im Bereich der Arbeitnehmerveranlagung für einen Fall zur Verfügung steht, regelmäßig nur ca. 20 Minuten[611]. Der Beamte könne daher die ihm zugedachte Aufgabe der inhaltlichen Verifikation der Steuererklärungen nur äußerst eingeschränkt und allenfalls kursorisch wahrnehmen[612]. Aus Gründen der Personalknappheit fänden mitunter sog. „Durchwinktage" bzw. „Grüne Wochen" in den Veranlagungsstellen statt, im Rahmen derer gänzlich auf die Prüfung bestimmter steuerlicher Sachverhalte verzichtet wird, um die Masse an Fällen erledigen zu können[613].

Zwar stellt die Ermittlung und Durchsetzung eines jeden materiellen Steueranspruchs selbst bei massiver Erhöhung der Verwaltungsressourcen auf Grund des Detailreichtums der Lebenssachverhalte[614] und der Informationsherrschaft der

---

608 *Kaiser*, StWa 2011, 101. Zur Einteilung der Betriebe in Größenklassen und damit korrespondierender Prüfungsturnusse siehe auch **4. Kapitel A. II. 3**.

609 *Nagel/Waza*, DStZ 2008, 321, 322; vgl. auch zahlenmäßige Übersicht bei *Schmidt*, DStJG 31 (2008), S. 37, 38.

610 *Seer*, DStJG 31 (2008), S. 7, 31, unter Hinweis auf eine Auskunft der Deutschen Steuergewerkschaft im Januar 2007.

611 *Präsident des Bundesrechnungshofes*, Probleme beim Vollzug der Steuergesetze, 2006, S. 13. *Seer* geht für den Bereich der Arbeitnehmerveranlagung von einer zur Verfügung stehenden Bearbeitungszeit pro Fall von etwa einer Stunde aus, Verständigungen in Steuerverfahren, 1996, S. 231; *ders.*, FR 1997, 553, 557.

612 *Seer*, DStJG 31 (2008), S. 7, 31.

613 *Präsident des Bundesrechnungshofes*, Probleme beim Vollzug der Steuergesetze, 2006, S. 14. Auch 2012 geht der BRH für den Bereich der Arbeitnehmerveranlagung von einem zu knappen Personalbestand aus, siehe dazu *BRH*, Bericht nach § 99 BHO über den Vollzug der Steuergesetze, insbesondere im Arbeitnehmerbereich, 2012, S. 9 ff.

614 So enthält nicht nur eine Bilanz mit Gewinn- und Verlustrechnung, sondern bereits eine einfache Einkommensteuererklärung derart viele besteuerungsrelevante

Steuerpflichtigen einen unausführbaren Vollzugsauftrag dar[615]. Dennoch liegt es auf der Hand, dass es maßgeblich von der personellen und sächlichen Ausstattung abhängt, wie die Finanzverwaltung ihre gesetzlichen Aufgaben in der Realität des Steuerverfahrens erfüllen kann[616]. Einer Aufstockung der personellen und sächlichen Ressourcen der Finanzverwaltung stehen jedoch allzeit angespannte Haushaltslagen entgegen[617]. Auch wenn der deutsche Staat noch immer zu den reichsten Staaten der Welt zählt und der Anteil des Staates am bestehenden bzw. erwirtschafteten gesellschaftlichen Reichtum vergleichsweise hoch ist, reichen die ihm zugänglichen Einnahmen nicht aus, um sämtliche übertragene Aufgaben unter den gegebenen Rahmenbedingungen bestmöglich zu erfüllen[618]. Es besteht mithin eine Schere zwischen den verfügbaren Einnahmen und den gewünschten Ausgaben, die sich in absehbarer Zukunft auch nicht verringern dürfte[619].

c) Föderalismusbedingte Kapazitäts- und Vollzugsunterschiede

Sowohl die Personalausstattung als auch die Organisation der Landesfinanzbehörden, einschließlich der Außen- bzw. Betriebsprüfungsdienste obliegt – unabhängig davon, ob es sich um den Bereich der Auftragsverwaltung nach Art. 108 Abs.3 S.1 GG handelt oder nicht – den einzelnen Ländern[620].

Tatsachen, dass diese unmöglich zur vollen Überzeugung der Finanzverwaltung festgestellt werden können, *Seer*, in: Tipke/Lang, Steuerrecht, 2013, § 21, Rn. 204.

615 Eine Untersuchung jedes Einzelfalles bis ins letzte Detail erforderte geradezu ein „Heer von Finanzbeamten“, zudem ausgestattet mit entsprechend (zu) weitgehenden Eingriffsbefugnissen, *Seer*, SteuerStud 2010, 369, 370. Nach Ansicht *Eckhoffs* würde eine vollständige Überwachung aller Einkunftsquellen die Freiheitlichkeit der Wirtschaftsordnung und letztlich auch die Einkunftsquellen selbst beseitigen, Rechtsanwendungsgleichheit, 1999, S. 41. Siehe auch *Streck*, DStJG 12 (1989), S. 187, 200; *Neddermeyer*, BB 1995, 1378 ff.

616 Vgl. *Haumann*, Die „gewichtende Arbeitsweise“ der Finanzverwaltung, 2008, S. 8 ff.

617 „Selbst unter Gewerkschaftsfunktionären hat sich die Einsicht durchgesetzt, dass es unrealistisch ist, nur immer noch mehr Personal zu fordern“, *Schmidt*, DStJG 31 (2008), S. 37, 38. Zu Personaleinsparungen auf Grund angespannter Haushaltslagen siehe auch *Schmitt*, DStJG 31 (2008), S. 99, 128.

618 *Hoffmann-Riem*, in: Hoffmann-Riem/Schmidt-Aßmann, Effizienz als Herausforderung an das Verwaltungsrecht, 1998, S. 12, 15.

619 *Hoffmann-Riem*, in: Hoffmann-Riem/Schmidt-Aßmann, Effizienz als Herausforderung an das Verwaltungsrecht, 1998, S. 12, 15, der von einer zukünftigen Vergrößerung der Kluft zwischen Einnahmen und gewünschten Staatsausgaben ausgeht.

620 *Seer*, in: FS Ruppe, 2007, S. 533, 536; *ders./Drüen*, in: Kluth, Föderalismusreformgesetz, 2007, Art. 108, Rn. 4.

Dabei gilt es zu bedenken, dass etwaige Steuermehreinnahmen in Folge einer Aufstockung der Verwaltungsressourcen durch den in Art. 107 Abs.2 GG i.V.m. dem Maßstäbegesetz (MaßstG) und dem Finanzausgleichsgesetz (FAG) geregelten Länderfinanzausgleich womöglich nicht dem Land zufließen, das nach Art. 108 GG die Kosten der zusätzlichen Ausstattung zu tragen hat[621]. Vollzugsdefizite könnten daher möglicherweise intendiert sein, führt eine verbesserte Finanzkraft in Folge des vermehrten Personaleinsatzes doch zur Minderung des eigenen Ausgleichsanspruches bzw. Erhöhung des Ausgleichsanspruches anderer Länder[622]. Die Rede ist diesbezüglich von einem „negativen Konkurrenzföderalismus“[623] und von „negativen Leistungsanreizen“ bzw. „Manipulationsanreizen“[624]. Allerdings dürften derartige strategische Überlegungen kaum das Prüfungsverhalten des einzelnen Prüfers beeinflussen[625]. Dennoch ist nicht gänzlich auszuschließen, dass sich Entscheidungsträger an der Landesspitze von entsprechenden Erwägungen leiten lassen und den Umfang der Personalverstärkung des Betriebsprüfungsdienstes danach ausrichten[626]. Der Vorschlag, wonach die Steuereinnahmen erst nach Abzug der Personal- und Sachkosten für die Verwaltung im Rahmen des Finanzausgleichs auf Bund, Länder und Gemeinden verteilt werden sollten, verdient daher Zustimmung[627].

In der Literatur wird zudem die Vermutung geäußert, dass Einsparungen beim Personalbestand und damit einhergehende Verminderungen der Prüfungstätigkeiten

---

621 *Seer*, in: FS Ruppe, 2007, S. 533, 536; *ders.*, in: Bonner Kommentar zum GG, Art. 108, Rn. 52 (04/2011); *Strobel*, BB 1986, 809, 820. Zur Kritik am Länderfinanzausgleich, insbesondere zum Vorwurf fehlender Leistungsanreize für die Länder siehe auch *Häde*, LKV 2011, 1, 4.

622 *Präsident des Bundesrechnungshofes*, Probleme beim Vollzug der Steuergesetze, 2006, S. 78; *Seer*, in: Brandt, Mitverantwortung von Bürger und Staat für ein gerechtes Steuerrecht, 2007, S. 99, 112; vgl. auch *Drüen*, StuW 2007, 112, 118; *Pünder*, DV 2012, 1, 23 f.

623 *Hidien*, in: FS Fachhochschule für Finanzen NRW, 1997, S. 79, 84 f.; *Seer*, in: Brandt, Mitverantwortung von Bürger und Staat für ein gerechtes Steuerrecht, 2007, S. 99, 112.

624 *Seer*, in: Bonner Kommentar zum GG, Art. 108, Rn. 52 (04/2011), der diesbezüglich von „negativen Leistungsanreizen“ bzw. von „Manipulationsanreizen“ spricht.

625 *Drüen*, StuW 2007, 112, 118; *Streck*, DStJG 12 (1989), S. 187, 196.

626 *Seer*, in: Bonner Kommentar zum GG, Art. 108, Rn. 52 (04/2011); *Drüen*, StuW 2007, 112, 118; kritisch dazu aus Sicht der Finanzverwaltung *Schmitt*, DStJG 31 (2008), S. 99, 127, der eine Beeinflussung der Ressourcenverteilung durch das System des Finanzausgleichs für das Land Baden Württemberg in Abrede stellt.

627 *Schmitt*, DStJG 31 (2008), S. 99, 128. Zustimmend *Seer*, in: Bonner Kommentar zum GG, Art. 108, Rn. 52 (04/2011).

auch politischer Einflussnahme bzw. ökonomischer Abhängigkeiten der Länder geschuldet sein können[628]. Auch wenn dies von Vertretern der Finanzverwaltung in Abrede gestellt wird[629], liegt eine derartige Strategie zur Schaffung eines besseren „Prüfungsklimas" nicht außerhalb des Vorstellbaren. Schließlich ist es denkbar, dass Unternehmen Länder mit weniger Prüfern und angenehmerem Prüfungsklima bei der Standortwahl bevorzugen könnten[630]. Aus Perspektive der Länder bringt die Ansiedelung bzw. der Standorterhalt größerer Unternehmen mitunter erhebliche fiskalische Vorteile und arbeitsplatzschaffende oder -erhaltende Effekte mit sich[631]. Dementsprechend ist von einem Nord-Süd- bzw. einem West-Ost-Gefälle beim Steuervollzug mit milderem Steuerklima im Süden bzw. Osten die Rede[632]. Gerade auch im Hinblick auf den Bereich der Außenprüfung wird eine bundesstaatlich bedingte Gefällesituation konstatiert[633] und je nach Ländern divergierende Prüferzahlen, Mehrergebnisse und Prüfungsintervalle beklagt[634]. Die bisherige Praxis des Bundesfinanzministeriums, keine entsprechenden Prüfungsstatistiken mit eindeutigen länderspezifischen Werten, insbesondere Prüferzahlen, zu veröffentlichen kann daher auch so gedeutet werden, dass eine Art Wettbewerb unter den Ländern um eine möglichst geringe Personalstärke und ein damit korrespondierendes wirtschaftsfreundliches Umfeld verhindert werden soll[635].

---

628 Vgl. *Drüen*, StuW 2007, 112, 117.

629 *Schmitt*, DStJG 31 (2008), S. 99, 127.

630 *Burkhard/Adler*, Fehlerquellen in der Betriebsprüfung, 2004, S. 62, Rn. 147 ff.; *Drüen*, StuW 2007, 112, 117; *Groh*, DStR 1985, 679, 680. Vgl. auch *John*, Steuerliche Unterschiede in der EU und deren Implikationen auf Standortwahl und staatliches Handeln, 2011, passim.

631 Vgl. *Drüen*, StuW 2007, 112, 117. Aus internationaler Sicht siehe *Kolleß,* Internationaler Kapitalsteuerwettbewerb und Arbeitslosigkeit, 2010, passim.

632 Vgl. *Drüen*, StuW 2007, 112, 117; *Groh*, DStR 1985, 679, 680; *Seer*, in: FS Ruppe, 2007, S. 533, 536; siehe auch *Burkhard/Adler*, Fehlerquellen in der Betriebsprüfung, 2004, S. 61, Rn. 145.

633 *Dittmann*, in: FS Dürig, 1990, S. 221, 222.

634 *Präsident des Bundesrechnungshofes*, Probleme beim Vollzug der Steuergesetze, 2006, S. 71 ff., 117 ff.; Bemerkungen des Bundesrechnungshofs 2006 zur Haushalts- und Wirtschaftsführung des Bundes vom 13.11.2006, BT-Drucks 16/3200, S. 36, 201 f. Siehe auch *Seer*, in: FS Ruppe, 2007, S. 533, 536, wonach die im Vergleich der Länder deutlich auseinanderklaffende Betriebsprüfungspraxis nicht mit dem Grundsatz der Rechtsanwendungsgleichheit vereinbar sei.

635 *Drüen*, StuW 2007, 112, 117, spricht dabei von einem „race-to-the-bottom" im Hinblick auf die Personalstärke der Prüfungsdienste.

Um etwaige wirtschaftliche Abhängigkeiten – bzw. bereits deren Anschein – der Länder von größeren Unternehmen oder Konzernen zu verhindern und insgesamt einer auseinanderklaffenden Betriebsprüfungspraxis der Länder vorzubeugen, wird teilweise eine einheitliche, zentrale Betriebsprüfung durch den Bund für erforderlich gehalten[636]. Vor allem bei mobilen und länderübergreifend tätigen Großunternehmen und Konzernen sei es sinnvoll, eine entsprechend länderübergreifende, also zentrale Außenprüfung durch den Bund durchzuführen[637]. Damit korrespondieren die nunmehr in § 19 FVG n.F. vorgesehenen Mitwirkungs- und Mitbestimmungsrechte der beim Bundeszentralamt für Steuern angesiedelten Bundesbetriebsprüfung[638], die zur Vereinheitlichung des Verwaltungsvollzuges auf dem Gebiet der Außenprüfungen beitragen sollen[639]. Die Mitwirkung der Bundesbetriebsprüfung bezieht sich dabei auf alle Außenprüfungen im Sinne des § 193 AO und reicht von der gemeinsam Ermittlung der Besteuerungsgrundlagen mit den Landesfinanzbehörden, der Geltendmachung umfassender Informationsrechte und der Auswahl prüfungsbedürftiger Betriebe bis zur eigenständigen Prüfung der Steuerpflichtigen durch die Bundesbetriebsprüfung, vgl. § 19 Abs.1 bis 5 FVG.

III. Konsequenzen der Schwierigkeiten für Vollzugsauftrag und -praxis

Die beschriebenen Schwierigkeiten führen dazu, dass der in § 85 AO normierte Auftrag zum Vollzug der Steuergesetze insgesamt als „struktureller Vollzugssicherungsauftrag“ zu verstehen ist[640]. Wesentlich ist dabei vor allem die Gewährung eines freiheitsschonenden, indes durch das Verifikationsprinzip begrenzten Vertrauensvorschusses.

---

636 Vgl. *Präsident des Bundesrechnungshofes*, Probleme beim Vollzug der Steuergesetze, 2006, S. 180.

637 *Seer*, in: FS Ruppe, 2007, S. 533, 537; siehe auch *Drüen*, StuW 2007, 112, 117; *Präsident des Bundesrechnungshofes*, Probleme beim Vollzug der Steuergesetze, 2006, S. 180.

638 Zu den Aufgaben des Bundeszentralamtes für Steuern siehe § 5 FVG.

639 *Seer*, in: Bonner Kommentar zum GG, Art. 108, Rn. 135 (04/2011).

640 *Seer*, in: Tipke/Lang, Steuerrecht, 2013, § 21, Rn. 2, 5 ff.

1. Struktureller Vollzugssicherungsauftrag

Zwar resultiert Rechtsanwendungsgleichheit im Idealfall bereits aus der Gesetzmäßigkeit des Verwaltungshandelns[641]. In Anbetracht der skizzierten Schwierigkeiten, vor allem der Begrenztheit der vorhandenen finanzbehördlichen Kapazitäten, ist die Verwirklichung von Egalität durch Legalität in der Praxis jedoch nicht gegeben[642]. Wollte die Finanzverwaltung jeden Steuerfall gemäß des Grundsatzes der Gesetzmäßigkeit detailliert und mit der Gründlichkeit von Gerichten auf die nach dem Gesetz verwirklichten Steuerfolgen untersuchen, könnte sie auf Grund der limitierten Ressourcen nur wenige Fälle exakt, mit einem dem Prozessrecht vergleichbaren Beweismaß bearbeiten[643]. Die überwiegende Anzahl der Steuerfälle bliebe jedoch unbearbeitet, was sowohl zu einem Verstoß gegen das Gebot der Rechtsanwendungsgleichheit als auch der Gesetzmäßigkeit führen würde[644]. In der Literatur ist daher von einem „Optimierungsauftrag" die Rede, wonach die Finanzverwaltung die beiden Prinzipien zu einem Ausgleich zu bringen habe[645]. Die Finanzverwaltung habe dabei ihren Vollzug im Einzelfall an der „praktischen Realisierbarkeit des Gesamtvollzuges" auszurichten[646]. Die Sicherstellung des Gesamtvollzuges bilde mithin den äußeren Rahmen für den Einzelvollzug, wobei die Finanzverwaltung von Gesetzes wegen kein einzelfallbezogener „100%-Kontrollauftrag", sondern vielmehr ein „struktureller

---

641 *Seer*, Verständigungen in Steuerverfahren, 1996, S. 230.

642 Zum Widerspruch zwischen Praxis und Theorie siehe etwa *Eckhoff*, StuW 1996, 108 ff.; *Helsper*, BB 1996, 2326 ff.; *Pelka*, DB 1996, 699 ff.; *Tipke*, StWa, 1994, 221 ff.

643 *Seer*, Verständigungen in Steuerverfahren, 1996, S. 232.; *ders.*, DStJG 31 (2008), S. 7, 10 ff., *ders.*, in: Bonner Kommentar zum GG, Art. 108, Rn. 45 (04/2011).

644 *Seer*, Verständigungen in Steuerverfahren, 1996, S. 232; *ders.*, in: Bonner Kommentar zum GG, Art. 108, Rn. 45 (04/2011). Hingegen fordert *Müller-Franken*, Maßvolles Verwalten, 2004, S. 279 ff., eine volle Wahrheitsüberzeugung der Finanzverwaltung in jedem Einzelfall. Vgl. insoweit auch *Birkenfeld*, Beweis und Beweiswürdigung im Steuerrecht, 1973, S. 147; *Lambrecht*, DStJG 12 (1989), S. 79, 81.

645 Siehe *Seer*, Verständigungen in Steuerverfahren, 1996, S. 234; *ders.*, in: Bonner Kommentar zum GG, Art. 108, Rn. 48 (04/2011), der den Optimierungsauftrag als Ausformung des Prinzips der praktischen Konkordanz beschreibt. Anders *Isensee*, wonach die Verwaltung zur Ausrichtung des Einzelvollzuges am Gesamtvollzug eine überlegale Notkompetenz benötige, *Isensee*, StuW 1973, 199, 205; *ders.*, Die typisierende Verwaltung, 1976, S. 101 ff.; 157 ff.

646 *Seer*, Verständigungen in Steuerverfahren, 1996, S. 232; *ders.*, FR 1997, 553, 556 ff.; *ders.*, in: Tipke/Lang, Steuerrecht, 2013, § 21, Rn. 5 ff.

Vollzugssicherungsauftrag" träfe[647]. Die begrenzten Kapazitäten sollen also nicht zur Bearbeitung nur eines geringen Teils der Fälle genutzt, sondern auf alle Fälle entsprechend bestimmter – im Rahmen der Untersuchung zu beleuchtender – Kriterien relativ gleich verteilt werden[648]. Da die Finanzverwaltung zudem die Freiheitsgrundrechte der Steuerpflichtigen möglichst weitgehend zu schonen und auch insoweit einen angemessenen Ausgleich herzustellen hat[649], wird insgesamt von einem „verfassungsrechtlichen Abwägungsdreieck" gesprochen, in dem sie sich bei der Festsetzung und Erhebung der Steuern zu bewegen hat[650]. Bisweilen werden insoweit auch die Formulierungen der „gewichtenden Arbeitsweise"[651] bzw. des „maßvollen"[652] oder „ökonomischen Gesetzesvollzuges"[653] der Finanzverwaltung bemüht[654].

2. Vertrauensvorschussprinzip

Um den strukturellen Vollzugssicherungsauftrag erfüllen zu können, bedient sich die Finanzverwaltung verschiedener methodischer Arbeitsgrundsätze; zu nennen sind etwa der Einsatz von Typisierungen zur Vereinfachung der Sachverhaltsermittlung oder der Abschluss sog. tatsächlicher Verständigungen mit den Steuerpflichtigen[655]. Von grundlegender Bedeutung – insbesondere für das noch zu beleuchtende Risikomanagement – ist zudem das Vertrauensvorschussprinzip im Rahmen der Sachaufklärung. Danach kann und darf die Finanzverwaltung grundsätzlich davon ausgehen, dass die Erklärungen des Steuerpflichtigen richtig und vollstän-

---

647 *Seer*, FR 1997, 553, 556; *ders.*, in: Bonner Kommentar zum GG, Art. 108, Rn. 45 (04/2011); *ders.*, in: Tipke/Lang, Steuerrecht, 2013, § 21, Rn. 5 ff.

648 *Seer*, Verständigungen in Steuerverfahren, 1996, S. 232. Siehe auch *Karl*, DStZ 2002, 598, 604. Zur Frage, nach welchen Kriterien (Kontrollbedürfnis) die Intensität des Steuervollzuges auszurichten ist, siehe ausführlich **4. Kapitel A. und B.**

649 Vgl. auch *Eckhoff*, StuW 1996, 107 ff.; *Pelka*, DB 1996, 699 ff.

650 *Seer*, in: Tipke/Lang, Steuerrecht, 2013, § 21, Rn. 2; vgl. auch *Hey*, in: Tipke/Lang, Steuerrecht, 2013, § 3, Rn. 239; *Schön*, DStJG 33 (2010), S. 29, 38 ff.

651 *Haumann*, Die „gewichtende Arbeitsweise" der Finanzverwaltung, 2008, S. 49.

652 *Spitaler*, StbJb 1961/62, 461, 462, auf den die Formulierung (wohl) zurückgeht.

653 Siehe dazu *Karl*, DStZ 2002, 598, 601 f.

654 Zu den unterschiedlichen Nuancierungen und Begründungsansätzen der Begrifflichkeiten siehe *Hoffmann*, Der maßvolle Gesetzesvollzug im Steuerrecht, 1999, S. 54 ff.

655 Zu den finanzbehördlichen Ansätzen zur Bewältigung des massenhaften Steuerverfahrens siehe etwa *Frizen*, Das Deklarationsprinzip, 2009, S. 214 ff.; *Hoffmann*, Der maßvolle Gesetzesvollzug im Steuerrecht, 1999, S. 47 ff.

dig sind. Allerdings kann Vertrauen nur entgegengebracht werden, solange keine Anhaltspunkte vorliegen, die dagegen sprechen[656]. In diesem Sinne normiert die Finanzverwaltung in ihren Verwaltungsvorschriften zu § 88 AO: „Für den Regelfall kann davon ausgegangen werden, dass die Angaben des Steuerpflichtigen in der Steuererklärung vollständig und richtig sind. Die Finanzbehörde kann den Angaben eines Steuerpflichtigen Glauben schenken, wenn nicht greifbare Umstände vorliegen, die darauf hindeuten, dass seine Angaben falsch oder unvollständig sind“[657]. *Osterloh* spricht insofern auch von einer – auch im Verfahren der Außenprüfung geltenden - „Zuverlässigkeitsvermutung“, die mit Blick auf die finanzbehördliche Ermittlungsinitiative und- intensität zu beachten ist[658]. Dabei wird deutlich, dass das Vertrauensvorschussprinzip durch das Kontrollprinzip beschränkt wird, muss die Entgegenbringung von Vertrauen doch nach allgemeiner Ansicht ausscheiden, wenn die Angaben des Steuerpflichtigen nicht äußerlich ordnungsgemäß, vollständig und schlüssig sind (Formel des „Sich Aufdrängens“)[659]. Insoweit ist eine Plausibilitäts- und Schlüssigkeitskontrolle unerlässlich[660]. Überdies wird die Durchführung von Stichproben (bezüglich einzelner Punkte oder einzelner Steuerfälle[661]) für erforderlich gehalten, um dem Kontrollprinzip zu entsprechen; dergestalt soll der Gefahr begegnet werden, dass in sich schlüssige, aber falsche Tatsachen gegenüber der Verwaltung erklärt werden[662].

Als rechtliche Grundlage für den Grundsatz des Vertrauensvorschusses zieht die Rechtsprechung § 150 Abs.2 AO heran, wonach die Angaben in den

---

656 Zum Vertrauensvorschussprinzip siehe BFH v. 07.07.2004, XI R 10/03, BStBl II 2004, 911, 912; BFH v. 28.06.2006, XI R 58/05, BStBl II 2006, 835, 836; *Rätke,* in: Klein, Abgabenordnung, 2012, § 88, Rn. 13 f.; *Friauf,* StbJb 1977/78, 39, 60; *Haunhorst,* DStR 2010, 2105, 2107; *Isensee,* Typisierende Verwaltung, 1976, S. 106; *Schick,* BB 1987, 133, 135; *Seer,* in: Tipke/Lang, Steuerrecht, 2013, § 21, Rn. 6; *Söhn,* in: H/H/Sp, AO/FGO, § 88 AO, Rn. 146 (03/2010). Siehe auch **4. Kapitel A. V. 2**.

657 Anwendungserlass zur Abgabenordnung (AEAO), BMF-Schreiben v. 02.01.2008 (BStBl I 2008, 26) zu § 88 AO, Tz. 2.

658 Gesetzesbindung und Typisierungsspielräume, 1992, S. 295 f.,

659 Vgl. etwa BFH v. 11.07.1978, VIII R 120/75, BStBl II 1979, 57 f.; zum Untermaßverbot und der Formel des „Sich-Aufdrängens“ siehe auch *Seer,* in: Tipke/Kruse, AO/FGO, § 88 AO, Rn. 13 (10/2008).

660 *Buciek,* DStZ 1995, 513, 516; *Schick,* BB 1987, 133, 135; *Seer,* FR 1997, 553, 559.

661 Zur Erforderlichkeit von Zufallsprüfungen siehe **4. Kapitel A. VII. 4**.

662 *Eckhoff,* StuW 1996, 107, 114; *Buciek,* DStZ 1995, 513, 515; *Huber/Seer,* StuW 2007, 355, 359; *Seer,* FR 1997, 553, 559; insoweit zustimmend *Müller-Franken,* Maßvolles Verwalten, 2004, S. 342 f.

Steuererklärungen wahrheitsgemäß nach bestem Wissen und Gewissen zu machen sind und dies schriftlich zu versichern ist, wenn der Vordruck dies vorsieht[663]. In der Literatur wird daneben § 158 AO (Beweiskraft der Buchführung[664]) als Anknüpfungspunkt genannt; die Vorschrift enthalte einen verallgemeinerungsfähigen und auch aus dem freiheitsschonenden Übermaßverbot resultierenden Grundsatz dahingehend, dass der Steuerpflichtige einen Vertrauensvorschuss genießt, solange eine stichprobenartige Überprüfung keine begründeten Zweifel an der Richtigkeit seiner Angaben aufwirft[665].

B. Der Begriff Tax Compliance aus Perspektive des Steuervollzuges

Die Auseinandersetzung mit der Thematik Tax Compliance aus Vollzugsperspektive setzt voraus, dass zunächst hinreichende Klarheit über das hoheitlich-administrative Begriffsverständnis besteht. Da es sich bei Tax Compliance um keinen feststehenden Rechtsbegriff handelt, besteht insofern keine Bindung an eine bestimmte Begriffsdefinition; insbesondere kann nicht von einer Deutungshoheit der Unternehmensseite bzw. der diese Seite beleuchtenden Literatur ausgegangen werden. Die Steuervollzugsbehörden haben indes bisher keine offizielle und einheitliche Bestimmung des Begriffes – etwa in ihren Verwaltungsvorschriften – vorgenommen. In der die Vollzugsperspektive einnehmenden Literatur wird der Begriff grundsätzlich mit der Erfüllung der steuerlichen Mitwirkungspflichten durch die Steuerpflichtigen über- bzw. gleichgesetzt, wobei im Einzelnen noch terminologische Unschärfen bestehen (**I.**). Nach den Beweggründen für die Pflichterfüllung differenzierend kann dabei zwischen freiwilliger und erzwungener Tax Compliance differenziert werden (**II.**). Neben der Einhaltung der

663 Vgl. etwa BFH, v. 07.07.2004, XI R 10/03, BStBl. II 2004, 911, 913.

664 Gemäß § 158 AO sind die Buchführung und die Aufzeichnungen des Steuerpflichtigen, die den Vorschriften der §§ 140 bis 148 AO entsprechen, der Besteuerung zugrunde zu legen, soweit nach den Umständen des Einzelfalls kein Anlass ist, ihre sachliche Richtigkeit zu beanstanden. Die Vorschrift begründet damit eine widerlegbare Rechtsvermutung zugunsten der sachlichen Richtigkeit der Buchführung als Gesamtwerk, siehe *Seer,* in: Tipke/Kruse, AO/FGO, § 158 AO, Rn. 3 (05/2010).

665 *Huber/Seer,* StuW 2007, 355, 359; *Osterloh,* StuW 1993, 342, 348; *Seer,* in: Tipke/Kruse, AO/FGO, § 158 AO, Rn. 11 (05/2010); siehe auch **4. Kapitel A. V. 2.**

Mitwirkungsnormen kann sich der Begriff auch auf die Einhaltung darüber hinaus gehender Regeln und Selbstverpflichtungen durch die Steuerpflichtigen beziehen (**III.**). Bei alledem ist der Begriff vom ebenfalls anglistischen Terminus der Tax Morale abzugrenzen (**IV.**).

I. Erfüllung der Mitwirkungspflichten durch die Steuerpflichtigen

Literaturstimmen zum Thema Tax Compliance und Steuervollzug sind bislang häufiger der Finanzwissenschaft als der Steuerrechtswissenschaft zuzuordnen. Vor allem auf dem Gebiet der internationalen Finanzpsychologie, das sich mit Fragen der Steuerpsychologie befasst[666], wird Tax Compliance des Öfteren mit Blick auf den Steuerstaat erörtert. Der Begriff wird dabei grundsätzlich als neutraler Oberbegriff für die steuerliche Gesetzeseinhaltung bzw. Erfüllung der Mitwirkungspflichten durch die Steuerpflichtigen verstanden[667]. Teilweise wird er auch knapp mit Steuererfüllung über- bzw. gleichgesetzt[668]. Er sagt dementsprechend noch nichts darüber aus, ob die Einhaltung der Steuergesetze aus freien Stücken oder primär auf Grund hoheitlicher Druckmittel erfolgt[669]. Dieses neutrale Verständnis stimmt mit der Interpretation des Begriffes durch die OECD überein, wonach unter Tax Compliance die Erfüllung der steuergesetzlichen Mitwirkungspflichten durch die Steuerpflichtigen zu verstehen ist[670]. Erst in einem zweiten Schritt differenziert die OECD nach der Art und Weise bzw. den Hintergründen der steuerliche Pflichterfüllung und unterscheidet zwischen den Unterbegriffen der sog. Voluntary und Enforced Tax Compliance[671]. Kongruent

---

666 Grundlegend zur Steuerpsychologie siehe *Schmölders*, Finanz- und Steuerpsychologie, 1970, passim.

667 Vgl. *Kirchler*, The Economic Psychology of Tax Behaviour, 2007, S. 21 ff.; *James/Alley*, Journal of Finance and Management in Public Services 2/2002, 27, 28.

668 *Hofmann*, Steuermoral, 2010, S. 8; *Kirchler*, The Economic Psychology of Tax Behaviour, 2007, S. 21 ff.

669 *Hofmann*, Steuermoral, 2010, S. 8.

670 *OECD*, Compliance Risk Management: Managing and Improving Tax Compliance, 2004, S. 7, Rn. 4; *OECD*, Monitoring Taxpayers' Compliance: A Practical Guide Based on Revenue Body Experience, 2008, S. 9, Rn. 15; dazu auch *Kaiser*, IWB 2010, 774.

671 *OECD*, Monitoring Taxpayers Compliance: A Practical Guide Based on Revenue Body Experience, 2008, S. 9, Rn. 16; *OECD*, Tax Compliance and Tax Accounting Systems, 2010, S. 5, Rn. 10.

mit diesen Ansätzen setzen auch Stimmen in der deutschen juristischen Literatur Tax Compliance aus Perspektive des Steuervollzuges zunächst schlicht mit der Erfüllung der steuerlichen Mitwirkungspflichten aus der Abgabenordnung und den Einzelsteuergesetzen durch die Steuerpflichtigen gleich[672].

Gleichwohl bestehen gegenwärtig noch terminologische Ungenauigkeiten, die es abzustellen gilt. Soweit das steuerrechtliche Schrifttum vereinzelt nur die *freiwillige* Gesetzesbefolgung bzw. die *freiwillige* Erfüllung der Mitwirkungspflichten unter den Tax Compliance-Begriff aus Vollzugssicht subsumiert[673], ist dies im Hinblick auf ein einheitliches Begriffsverständnis abzulehnen[674]. Der Begriff sollte mithin auch aus Perspektive des Steuervollzuges zunächst nur für die Tatsache stehen, *dass* die steuerlichen Pflichten erfüllt werden. Er sagt demnach noch nichts darüber aus, ob dies aus freien Stücken oder nur auf Grund hoheitlicher Druckmittel bzw. Zwangsmaßnahmen der Fall ist. In diesem Sinne stiftet es zudem Verwirrung, wenn der Begriff Tax Compliance aus Sicht des Steuervollzuges mit der „Suche nach einem Höchstmaß an Kooperation" zwischen Steuerpflichtigen und Finanzverwaltung im Rahmen des Besteuerungsverfahrens gleichgesetzt wird[675]. Sicher charakterisiert diese Suche nach Kooperation die noch genau zu beschreibende Tax Compliance-Strategie einer Finanzverwaltung, ist geradezu deren elementarer Bestandteil. Der Begriff der Tax Compliance ist indes von der entsprechenden Vollzugsstrategie zu unterscheiden, und sollte daher nicht mit dieser bzw. einer Suche nach Kooperation vermengt werden. Auch *Streck* differenziert in seinen Ausführungen zu „Tax Compliance aus Sicht der Finanzverwaltung" nicht stringent zwischen der entsprechenden Strategie der Verwaltung und der zu Grunde liegenden Begrifflichkeit Tax Compliance. So stellt er völlig zutreffend fest, dass es Ziel von „Tax Compliance-Strategien" sein soll, den Steuerpflichtigen zu einer

---

672 *Nagel/Waza*, DStZ 2008, 321, 323; *Seer*, Besteuerungsverfahren: Rechtsvergleich Deutschland-USA, 2002, Rn. 142 f.; *ders.*, StuW 2003, 40, 52; *ders.*, in: Brandt, Mitverantwortung von Bürger und Staat für ein gerechtes Steuerrecht, S. 99, 103; *ders.*, in: Tipke/Kruse, AO/FGO, § 90 AO, Rn. 3 (01/2010); *ders.*, in: Tipke/Lang, Steuerrecht, 2013, § 21, Rn. 172.

673 *Schmarbeck*, BMF-Monatsbericht 12/2002 (sog. Kienbaum-Studie), S. 57, wonach unter Tax Compliance die Bereitschaft von Bürgern, geltende Steuergesetze freiwillig zu achten und steuerlichen Pflichten korrekt nachzukommen zu verstehen sei.

674 Kritisch bezüglich derartigen Verengung des Tax Compliance-Begriffs auch *Seer*, StuW 2003, 40, 52.

675 So die Definition von *Haumann*, Die „gewichtende Arbeitsweise" der Finanzverwaltung, 2008, S. 142, unter Verweis auf eine interne Studie der OFD Münster zum Thema Compliance.

verbesserten Einhaltung der Steuergesetze zu motivieren[676]. Im Anschluss setzt er diese Strategien jedoch mit dem Begriff der „finanzamtlichen Tax Compliance" gleich[677]. Im Interesse einer einheitlichen, widerspruchsfreien Terminologie sollte auf eine derartige Formulierung verzichtet werden. Soweit in der Literatur die Verwaltungsvorschrift Nr. 1.2 FAGO '02[678] als Anknüpfungspunkt für die Integration des Tax Compliance-Gedankens in die methodische Arbeitsweise der Finanzverwaltung genannt wird, mag dies durchaus zutreffen[679]. Die Vorschrift mit der Überschrift „Verhältnis Bürgerinnen und Bürger – Verwaltung", die das Finanzamt ausdrücklich als „ein dem Gemeinwohl verpflichteter Dienstleister" tituliert, erwähnt jedoch an keiner Stelle den Begriff der Tax Compliance. Sie gibt damit zwar grundlegende Hinweise über das Ziel der Dienstleistungsorientierung aus Sicht der Finanzverwaltung, die – wie noch zu zeigen ist – einen wesentlichen Bestandteil der Tax Compliance-Strategie darstellt, trägt jedoch nicht zur unmittelbaren Klärung des Tax Compliance-Begriffes bei.

Somit ist unter dem Begriff der Tax Compliance aus Perspektive des Steuervollzuges zunächst die – freiwillige oder erzwungene – Erfüllung der steuerlichen Mitwirkungspflichten (§§ 90 ff. AO sowie flankierend in den Einzelsteuergesetzen) durch die Steuerpflichtigen zu verstehen[680]. Manche dieser Pflichten entstehen bereits kraft Gesetzes[681], andere erst nach Aufforderung durch die Finanzverwaltung[682]. Die Mitwirkungspflichten gehen insgesamt weit über die

676 *Streck*, in: Streck/Mack/Schwedhelm, Tax Compliance, 2010, Kapitel 1, Rn. 1.13.

677 *Streck*, in: Streck/Mack/Schwedhelm, Tax Compliance, 2010, Kapitel 1, Rn. 1.13, 1.14. Ähnlich auch *Widmann*, in: FS Spindler, 2011, S. 563, 565.

678 Nunmehr Nr. 1.2 FAGO 2010 vom 16.11.2010 (Gleich lautende Erlasse der obersten Finanzbehörden der Länder zur Neufassung der Geschäftsordnung für die Finanzämter), BStBl I 2010, 1315.

679 *Haumann*, Die „gewichtende Arbeitsweise" der Finanzverwaltung, 2008, S. 142.

680 Unter den Terminus der Mitwirkungspflichten können alle einem Steuerpflichtigen oder einem Dritten durch ein Steuergesetz auferlegten verfahrensmäßigen Handlungs-, Duldungs- oder Unterlassungspflichten, die der Ermittlung und Durchsetzung der Steuerleistungspflicht dienen, gefasst werden, siehe *Reuß*, Grenzen steuerlicher Mitwirkungspflichten, 1979, S. 9 f.

681 Sog. unmittelbare Mitwirkungspflichten, vgl. *Wenzig*, DStZ 1986, 375, 375. So zählen beispielsweise die Buchführungspflicht nach § 140 AO oder die Aufzeichnungspflichten nach §§ 143 ff. AO zu den unmittelbaren Pflichten.

682 Sog. mittelbare Mitwirkungspflichten, wie beispielsweise die Pflichten Auskünfte zu erteilen oder Schriftstücke vorzulegen nach §§ 93 ff. AO.

allgemeinen verwaltungsrechtlichen Vorgaben zur Mitwirkung im Verfahren nach § 26 Abs.2 VwVfG hinaus[683]. Zu nennen sind etwa:

- allgemeine Mitwirkungspflicht (§ 90 Abs.1 AO),
- spezielle Mitwirkungspflichten (§§ 93 bis 100 AO),
- Mitwirkungspflichten zur Erfassung der Steuerpflichtigen (§§ 134 bis 139 AO),
- Buchführungs- und Aufzeichnungspflichten (§§ 140 bis 148 AO),
- Steuererklärungspflicht (§§ 149, 150 AO i.V.m. den Einzelsteuergesetzen[684]),
- Dokumentations- und Mitwirkungspflichten bei internationalen Sachverhalten (§ 90 Abs.2 und 3) sowie
- modifizierte, erweiterte Mitwirkungspflichten im Rahmen der Außenprüfung (§ 200 AO)[685].

II. Freiwillige und erzwungene Mitwirkungspflichterfüllung

Nach den Beweggründen bzw. der Art und Weise der Pflichterfüllung differenzierend wird sowohl in der Finanzpsychologie als auch von der OECD weiter zwischen den Unterbegriffen der sog. Voluntary und Enforced Tax Compliance unterschieden[686]. In Anknüpfung an diese international gebräuchliche Differenzierung wird auch in der deutschen Steuerrechtsliteratur vereinzelt der Begriff der Voluntary Tax Compliance aufgegriffen[687]. Eine generelle Unterscheidung zwischen Tax Compliance als neu-

---

683 *Seer*, in Tipke/Lang, Steuerrecht, 2013, § 21, Rn. 172.

684 So beispielsweise gemäß § 25 Abs.3 und 4 EStG i.V.m. §§ 56, 60 EStDV; § 31 KStG; § 18 Abs. 1 und 3 UStG und § 14a GewStG i.V.m. § 25 GesStDV. Ebenso entsteht eine Steuererklärungspflicht bei Aufforderung durch die Finanzbehörde, § 149 Abs.1 S.2 und 3 AO.

685 Ausführlich zu den gesetzlichen Mitwirkungspflichten siehe *Lindenthal*, Mitwirkungspflichten des Steuerpflichtigen und Folgen ihrer Verletzung, 2006, passim.

686 *OECD*, Tax Compliance and Tax Accounting Systems, 2010, S. 5, Rn. 10; *OECD*, Monitoring Taxpayers Compliance: A Practical Guide Based on Revenue Body Experience, 2008, S. 9, Rn. 16; aus steuerpsychologischer Sicht *Kirchler/Hözl/Wahl*, Journal of Economic Psychology 2008, 210 ff.

687 So beispielsweise *Kaiser*, StWa 2011, 101. Von Enforced bzw. „erzwungener" Tax Compliance war in der deutschen steuerjuristischen Literatur bisher soweit ersichtlich noch nie die Rede.

tralem Oberbegriff und den auf die Art und Weise der Gesetzeseinhaltung abstellenden Unterbegriffen konnte sich indes noch nicht etablieren. Dabei schiene es nur konsequent, sich mit der Übernahme anglistischer Begrifflichkeiten in die deutsche Rechtssprache auch damit einhergehende Spezifizierungen zu Eigen zu machen. Schließlich beugte die begriffliche Präzisierung etwaigen Missverständnissen über die Bedeutung des Begriffes Tax Compliance vor. Der Differenzierung zwischen erzwungener und freiwilliger Tax Compliance ist demnach bei der Begriffsbestimmung aus Vollzugsperspektive zu folgen.

1. Freiwillige Pflichterfüllung

Der Begriff Voluntary Tax Compliance kann in etwa mit der freiwilligen bzw. eigenmotivierten Mitwirkung und Einhaltung der relevanten steuerlichen Rechtsvorschriften übersetzt werden. Entscheidend ist, dass die steuergesetzlichen Anforderungen ohne die Notwendigkeit behördlicher Korrekturen, Druckmittel oder behördlichen Zwangs durch die Steuerpflichtigen erfüllt werden[688]. Freiwilligkeit bedeutet in diesem Kontext indes nicht, dass die Steuerpflichtigen die Steuern sogar dann zahlen würden, wenn sie gesetzlich nicht dazu verpflichtet wären. Auch wenn der Begriff der Freiwilligkeit derartige Assoziationen zuließe, beschränkt sich der Aussagegehalt auf die Nichterforderlichkeit hoheitlicher Eingriffs- bzw. Zwangsmaßnahmen im Rahmen der steuerlichen Pflichterfüllung[689].

2. Erzwungene Pflichterfüllung

Der Begriff der Enforced Tax Compliance steht hingegen dafür, dass die Achtung der Steuergesetze und Erfüllung der Mitwirkungspflichten auf hoheitliche Machteinwirkung, beispielsweise in Form von Sanktionen und Zwangsanwendung oder -drohung, zurückzuführen sind[690]. Der Begriff wird

---

688 *OECD*, Monitoring Taxpayers Compliance: A Practical Guide Based on Revenue Body Experience, 2008, S. 9, Rn. 16; *OECD*, Tax Compliance and Tax Accounting Systems, 2010, S. 5, Rn. 10; *Kirchler/Hözl/Wahl,* Journal of Economic Psychology 2008, 210 ff. Zum Begriff der Voluntary (Tax) Compliance auch *Nagel*, Selbstveranlagung im britischen und amerikanischen Steuerrecht, 2003, S. 9.

689 Ebenso *Ahrens,* Belastingdienst, 2005, S. 142, im Hinblick auf die seitens der niederländischen Finanzverwaltung anzutreffende Bestrebung, die Steuerpflichtigen zur „freiwilligen" Erfüllung ihrer steuerlichen Pflichten zu veranlassen.

690 *OECD*, Monitoring Taxpayers Compliance: A Practical Guide Based on Revenue Body Experience, 2008, S. 9, Rn. 16. Aus finanzpsychologischer Sicht siehe *Kirchler/Hölzl/Wahl*, Journal of Economic Psychology, 2008, 210 ff.

in der steuerpsychologischen Literatur schließlich auch mit erzwungener Gesetzeseinhaltung bzw. erzwungener Kooperation gleichgesetzt[691]. Er kann demnach als Antonym zum Begriff der Voluntary Tax Compliance verstanden werden.

III. Überobligatorische Mitwirkung der Steuerpflichtigen als möglicher Bestandteil von Tax Compliance

Wie die international bereits etablierte Praxis der Zusammenarbeit zwischen steuerpflichtigen Unternehmen und Finanzverwaltungen im Rahmen sog. Compliance-Programme impliziert, muss sich die Bedeutung von Tax Compliance nicht in der Einhaltung der erzwingbaren steuerrechtlichen Mitwirkungspflichten erschöpfen. So unterwerfen sich Unternehmen anlässlich der Compliance-Programme ausländischer Verwaltungen regelmäßig zusätzlichen, d.h. über gesetzlich normierte und erzwingbare Anforderungen hinausgehenden Verhaltens- und Mitwirkungspflichten, um in den Genuss vor allem verfahrensmäßiger Vorteile zu gelangen[692]. Diese zusätzlichen Mitwirkungsbeiträge und Verhaltensstandards werden dabei häufig in auf freiwilliger Basis getroffenen Kooperationsvereinbarungen zwischen Unternehmen und Finanzverwaltung fixiert. In diesem Sinne stellt etwa die niedersächsische Finanzverwaltung im Rahmen ihrer – noch darzustellenden – kooperativen Prüfung von Großbetrieben explizit auf die überobligatorische Mitwirkung der steuerpflichtigen Unternehmen ab[693]. Darüber hinaus zeigen im Rahmen sog. zeitnaher Betriebsprüfungen einvernehmlich abgeschlossene und gesetzlich nicht zwingend vorgeschriebene Verfahrensverständigungen zwischen Steuerpflichtigen und Finanzverwaltung, dass sich die Interaktion zwischen den beiden Parteien nicht auf das gesetzliche und erzwingbare Mindestmaß beschränken muss[694]. Mit Blick auf die genannte Thematik weist *Seer* zudem explizit auf die Möglichkeit der Steuerpflichtigen hin, der Verwaltung „freiwillig" im Rahmen der Verfahrensverständigung einen über die von § 147 Abs.6 AO vorgegebenen zeitlichen Grenzen hinaus gehenden Datenzugriff zu eröffnen, um einer qualitativen Verschlechterung der hoheitlichen Ermittlungsmöglichkeiten vorzubeugen[695].

---

691 *Kirchler*, Wirtschaftspsychologie, 2011, S. 759; *C. Lang*, Steuerehrlichkeit in Österreich. Eine Überprüfung des Slippery Slope Modells, 2011, S. 13.

692 Vgl. *Kälin/Strohe, ZFRC* 2011, 102, 103.

693 Siehe dazu **4. Kapitel C. IV. 2. b), 3. b) und 4. b)**.

694 Siehe dazu **4. Kapitel C. V. 1**.

695 in: FS Streck, 2011, S. 403, 414.

Obgleich in der deutschsprachigen Literatur bisher kaum thematisiert[696], kann Tax Compliance somit auch aus Vollzugsperspektive neben der Erfüllung erzwingbarer Mitwirkungspflichten eine überobligatorische Mitwirkung der Steuerpflichtigen umfassen. Mangels konkreter gesetzlicher Verpflichtung - § 90 Abs.1 S.1 AO, wonach die Beteiligten zur Mitwirkung bei der Ermittlung des Sachverhalts verpflichtet sind, stellt keine hinreichend bestimmte und erzwingbare Rechtsgrundlage dar[697] - kann dabei in der Tat von einer echten Freiwilligkeit der Tax Compliance gesprochen werden. In der Literatur ist im Geltungsbereich der allgemeinen Mitwirkungspflicht nach § 90 Abs.1 AO mangels Erzwingbarkeit auch von freiwilliger Kooperation der Steuerpflichtigen bzw. einem freiwilligen Kooperationsverhältnis die Rede[698].

IV. Abgrenzung zum Begriff der Steuermoral („Tax Morale“)

Es stellt sich schließlich die Frage, wie der Begriff der Voluntary Tax Compliance, verstanden als eigenmotivierte, da nicht auf hoheitliche Zwangsmaßnahmen zurückzuführende Einhaltung der Steuergesetze, vom Begriff der sog. Tax Morale[699], also der Steuermoral abzugrenzen ist. Unter letzterer ist die innere Einstellung einer Gruppe Steuerpflichtiger zur Frage der Erfüllung oder Vernachlässigung ihrer steuerlichen Pflichten zu verstehen[700]. Die Steuermoral steht mithin für den dem Steuerpflichtigen innewohnenden Willen zur Befolgung oder Nicht-Befolgung der steuerlichen Gesetze. Der Begriff bezieht sich demnach auf die innere Einstellung der Steuerpflichtigen, während der Terminus der eigenmotivierten Tax Compliance das nach außen in Erscheinung tretende Steuerzahlungsverhalten

---

696 Aus Unternehmensperspektive weisen *Kälin/Strohe* explizit auf diese Dimension von Tax Compliance hin, *ZFRC* 2011, 102, 103. Zwischen gesetzlichen und freiwilligen Instrumenten von Tax Compliance differenzierend, aber nicht näher präzisierend auch *Drüen*, FR 2011, 101, 109.

697 BFH v. 11.10.1989, I R 101/87, BStBl II 1990, 280, 282; *Seer*, in: Tipke/Kruse, AO/FGO, § 90 AO, Rn. 3 ff. (01/2010); *Wenzig*, DStZ 1986, 380; Vgl. *Wünsch*, in: Pahlke/Koenig, Abgabenordnung, 2009, § 90, Rn. 1, 3.

698 *Kobor*, Kooperative Amtsermittlung im Verwaltungsrecht, 2009, S. 129.

699 Zum Begriff der sog. Tax Morale siehe *Torgler*, Tax Compliance and Tax Morale, 2007, S. 3 ff.; 64 ff.

700 *Schmölders*, Finanz- und Steuerpsychologie, 1970, S. 75; *Tipke*, Die Steuerrechtsordnung, Band I, 2000, S. 236.

beschreibt. Je höher dabei die Steuermoral, also je stärker der innere Wille zur korrekten Befolgung der steuerlichen Gesetze, desto eher dürfte der Steuerpflichtige die Steuergesetze auch ohne die Notwendigkeit zusätzlicher Zwangsmaßnahmen einhalten, also eigenmotivierte Tax Compliance gewährleisten[701]. Es kann mithin von einer positiven Korrelation zwischen Steuermoral und dem Grad eigenmotivierter Tax Compliance ausgegangen werden.

C. Mit Tax Compliance verbundene hoheitliche Zielsetzungen

In Anbetracht der konstatierten Defizite beim Steuervollzug drängt sich die Frage auf, welche Mittel und Wege zur langfristigen Besserung der angespannten Vollzugssituation beitragen können. Neben den ständig wiederkehrenden Forderungen nach grundlegenden Reformen des materiellen Steuerrechts und einer Aufstockung der Verwaltungsressourcen gilt es dabei auch zu hinterfragen, inwiefern eine Modifikation von Wirkungsmechanismen und Abläufen des Steuervollzuges respektive eine Neuausrichtung herkömmlicher Vollzugsansätze Abhilfe mit sich bringen könnte[702]. Im Hinblick auf die interne Arbeitsweise der Finanzverwaltung konnte sich so in den letzten Jahren bereits das aus der Betriebswirtschaftslehre übernommene Konzept des sog. Verwaltungscontrollings etablieren, welches die Wirksamkeit und Wirtschaftlichkeit der internen Verwaltungsabläufe verbessern soll[703].

Mit Blick auf die „Außenbeziehung“ gerät zunehmend das Denkmodell eines an Tax Compliance ausgerichteten Steuervollzuges in den Fokus der

---

701 *Torgler*, A Theoretical and Empirical Analysis, 2007, S. 3 ff.

702 Dabei gilt es zu bedenken, dass die Finanzverwaltung trotz bestehender Vollzugsprobleme aufgerufen bleibt, im Rahmen der gegebenen Möglichkeiten wirksame Maßnahmen zur Beseitigung der Defizite zu ergreifen, vgl. *Seer*, in: Tipke/Kruse, AO/FGO, Vor. § 85 AO, Rn. 11 (10/2008).

703 Ebenso unterscheidend zwischen verwaltungsinternen und –externen Ansätzen *Schmidt*, DStJG 31 (2008), S. 37, 41; *Haumann*, Die „gewichtende Arbeitsweise“ der Finanzverwaltung, 2008, S. 142. Allgemein zum Ansatz des Verwaltungscontrollings *Bachmann,* Controlling für die öffentliche Verwaltung, 2009, passim; *Homann*, Verwaltungscontrolling, 2005, passim. Zur Einführung betriebswirtschaftlicher Steuerungsinstrumente in die öffentliche Verwaltung siehe *Prase*, VR 2002, 293 ff.

Steuerrechtswissenschaft[704]. Im Vordergrund steht dabei die Betonung eines kooperativen Vollzugsansatzes und der zentrale Gedanke, die Steuerpflichtigen im Rahmen des Steuervollzuges systematisch zur Einhaltung der steuerlichen Gesetze und möglichst aktiven Mitwirkung im Besteuerungsverfahren zu motivieren[705]. Unter Berücksichtigung der unter **B.** getroffenen Begriffsbestimmung soll der Steuervollzug mithin auf ein möglichst hohes Maß an freiwilliger bzw. eigenmotivierter Tax Compliance (Voluntary Tax Compliance) gerichtet sein. Dementsprechend kann von einer Tax Compliance-Vollzugsstrategie bzw. synonym von einer Tax Compliance-Strategie[706] oder Compliance-Strategie[707] auf Verwaltungsseite gesprochen werden[708]. Diese Strategie soll dazu beitragen, das Besteuerungsverfahren zu modernisieren bzw. den Steuervollzug zu verbessern, indem sie vor allem die Effektivität und Effizienz des Vollzuges steigert. Nachfolgend sollen diese fundamentalen Zielsetzungen einer Tax Compliance-Vollzugsstrategie aus theoretischer Sicht beleuchtet werden (**I.**). Dabei gilt es auch zu erörtern, inwiefern einer Effektivitäts- bzw. Effizienzsteigerung durch die Förderung eigenmotivierter Tax Compliance beim Steuervollzug von vornherein gewisse Grenzen gesetzt sind **(II.)**.

I. Ziel der Effektivitäts- und Effizienzsteigerung beim Steuervollzug

In der Literatur wird der Ansatz der Tax Compliance-Vollzugsstrategie vor allem vor dem Hintergrund einer dadurch zu bewirkenden Steigerung der Effektivität und Effizienz beim Vollzug der Steuergesetze genannt[709]. Die angestrebte Optimierung des Steuervollzuges soll dadurch erreicht werden, dass die Steuerpflichtigen möglichst von sich aus, d.h. ohne die Notwendigkeit zusätzlicher, aufwendiger Korrekturen oder Zwangsmaßnahmen durch die Finanzverwaltung, im Besteuerungsverfahren mitwirken, insbesondere ihre steuergesetzlichen Verpflichtungen einhalten und

---

704 *Schmidt*, DStJG 31 (2008), S. 37, 41; siehe auch *Haumann*, Die „gewichtende Arbeitsweise“ der Finanzverwaltung, 2008, S. 142.

705 Vgl. *Nagel/Waza*, DStZ 2008, 321, 323; *Widmann*, in: FS Spindler, 2011, S. 563, 565.

706 So ausdrücklich *Seer*, DStJG 31 (2008), S. 7, 29; vgl. auch BMF-Monatsbericht 06/2004, S. 34.

707 So *Ahrens*, Belastingdienst, 2005, S. 334.

708 *Müller-Franken*, Maßvolles Verwalten, 2004, geht hingegen gar nicht auf eine derartige Vollzugsstrategie ein.

709 *Ahrens*, Belastingdienst, 2005, S. 144. Vgl. auch *Nagel/Waza*, DStZ 2008, 321, 323.

unter Umständen auch überobligatorische Beiträge erbringen[710]. Dabei soll im Folgenden zunächst geklärt werden, was unter Effektivität bzw. Effizienz beim Steuervollzug zu verstehen ist, um im Anschluss auf den Aspekt der Effektivitäts- bzw. Effizienzsteigerung durch Erreichung eines möglichst hohen Grades an Voluntary Tax Compliance einzugehen.

1. Effektivität und Effizienz als Maßstäbe des Steuervollzuges

Auch wenn in der juristischen Literatur nicht immer exakt zwischen den beiden Begriffen unterschieden wird[711], sollen diese doch im Folgenden auseinandergehalten werden[712].

a) Effektivität des Steuervollzuges

Allgemein kann Effektivität als Maßgröße der Zielerreichung verstanden werden, die auf einen Soll-Ist-Vergleich zwischen einem angestrebten Steuerungsziel und den realisierten bzw. realisierbaren Steuerungswirkungen verweist[713]. Aus Perspektive des Staates bzw. des Steuervollzuges bezieht sich die Effektivität auf den Grad der Verwirklichung des normativen Programms[714]. Die Verwaltung muss ihre Ressourcen dergestalt einsetzen, dass der „Output" den normativ vorgegebenen „Output-Zielen" so weit wie möglich entspricht[715]. Das seitens des Steuervollzuges angestrebte bzw. anzustrebende Ziel ergibt sich dabei verbindlich aus Grundgesetz bzw. der Abgabenordnung. So sind gemäß § 85 S.1 AO die geschuldeten Steuern sowohl „nach Maßgabe der Gesetze" als auch

710 Zu den Zielen einer Tax Compliance-Strategie siehe auch *Seer*, in: FS Streck 2011, S. 403, 405.

711 Vgl. *Leisner*, Effizienz als Rechtsprinzip, 1971, S.7.

712 Zur Unterscheidung zwischen den beiden Begrifflichkeiten siehe *Gröpl*, VerwArch 93 (2002), 459, 463 f.; *Pitschas*, in: Hoffmann-Riem/Schmidt-Aßmann/Voßkuhle, GVwR, Band II, 2012, § 42, Rn. 111 ff., 157 ff.; *Pünder*, DV 2012, 1, 5 ff.

713 *Hoffmann-Riem*, in: Hoffmann-Riem/Schmidt-Aßmann, Effizienz als Herausforderung an das Verwaltungsrecht, 1998, S. 12, 15; *Pitschas*, in: Hoffmann-Riem/Schmidt-Aßmann/Voßkuhle, GVwR, Band II, 2012, § 42, Rn. 157.

714 Vgl. *v.Arnim*, Wirtschaftlichkeit als Rechtsprinzip, 1988, S. 51; zum Maßstab der Effektivität siehe auch *Pitschas*, in: Hoffmann-Riem/Schmidt-Aßmann/Voßkuhle, GVwR, Band II, 2012, § 42 Rn. 113 ff., 157; *Pünder*, in Erichsen/Ehlers, Allgemeines Verwaltungsrecht, 2010, § 13, Rn. 10 ff.; *Schmidt-Aßmann*, Das allgemeine Verwaltungsrecht als Ordnungsidee, 2006, Kapitel 6, Rn. 57 ff., 78.

715 So explizit *Pünder*, DV 2012, 1, 5.

„gleichmäßig" festzusetzen und zu erheben, mithin die beiden verfassungsrechtlichen Fundamentalprinzipien der Gesetz- und Gleichmäßigkeit der Besteuerung zu verwirklichen[716]. Als dritte Komponente von Verfassungsrang sind zudem die durch den Gesetzesvollzug betroffenen Freiheitsgrundrechte der Steuerpflichtigen zu beachten[717]. Unter dem Gesichtspunkt der Effektivität gilt es, die genannten Ziele möglichst vollständig zu erreichen. Die Effektivitätsanforderungen sind mithin normativ verankert[718]. Demnach sind möglichst alle geschuldeten Steuern unter Wahrung der Grundsätze der Gesetzmäßigkeit und Rechtsanwendungsgleichheit sowie unter Beachtung der jeweils betroffenen Freiheitsgrundrechte festzusetzen und zu erheben und entsprechend geeignete Maßnahmen bzw. Vollzugsstrategien zu ergreifen[719]. Vollzugsdefizite, d.h. Diskrepanzen zwischen den gesetzlichen Zielen und dem, was letztlich im Laufe der Implementation bzw. des Vollzuges bewirkt wird, sind möglichst zu vermeiden.

b) Effizienz des Steuervollzuges

Aus dem Effektivitätsbegriff bleibt jedoch die wesentliche Komponente ausgeklammert, mit welchen Ressourcen das Steuerungsziel erreicht wird bzw. welcher Ressourceneinsatz welchen Grad der Zielerreichung ermöglicht[720]. Dies wird erst bei der Frage nach der Effizienz, die vorliegend mit dem Begriff der Wirtschaftlichkeit gleichgesetzt werden soll[721], relevant. Diese kennzeichnet eine Zweck-Mittel-Relation und zielt auf ein optimales Zweck-Mittel-Verhältnis[722]. Es

---

716 Allgemein dazu *Tipke*, Die Steuerrechtsordnung Band I, 2000, S. 105 ff. An diese Prinzipien rechtsstaatlichen Steuerrechts ist die Finanzverwaltung als Teil der vollziehenden Gewalt bereits nach Art. 20 Abs.3 und Art. 1 Abs.3 GG gebunden, siehe etwa *Seer*, Tipke/Kruse, AO/FGO, Vor. § 85 AO, Rn. 1 (10/2008).

717 *Seer*, in: Tipke/Lang, Steuerrecht, 2013, § 21, Rn. 2; siehe auch *Hey*, in: Tipke/Lang, Steuerrecht, 2013, § 3, Rn. 239.

718 *Hoffmann-Riem*, in: Hoffmann-Riem/Schmidt-Aßmann, Effizienz als Herausforderung an das Verwaltungsrecht, 1998, S. 12, 19.

719 Zu Effektivitätsüberlegungen im Rahmen der Ermessensausübung siehe *Burgi*, in: Butzer, Wirtschaftlichkeit durch Organisations- und Verfahrensrecht, 2004, S. 53, 61 f.

720 *Hoffmann-Riem*, in: Hoffmann-Riem/Schmidt-Aßmann, Effizienz als Herausforderung an das Verwaltungsrecht, 1998, S. 12, 17.

721 Vgl. *Hoffmann-Riem*, in: Hoffmann-Riem/Schmidt-Aßmann, Effizienz als Herausforderung an das Verwaltungsrecht, 1998, S. 12, 18.

722 *v.Arnim*, Wirtschaftlichkeit als Rechtsprinzip, 1988, S. 47; *Grabatin*, Effizienz von Organisationen, 1981, S. 18; *Hoffmann-Riem*, in: Hoffmann-Riem/Schmidt-Aßmann, Effizienz als Herausforderung an das Verwaltungsrecht, 1998, S. 12, 17; *Pitschas*, in:

geht dabei entweder darum, mit den vorgegebenen Mitteln eine größtmögliche Zweckerreichung zu erzielen, also den Nutzen zu maximieren oder darum, einen vorgegebenen Zweck mit möglichst wenig Mitteln zu erreichen, d.h. die Kosten zu minimieren[723].

Das Effizienzprinzip zielt auf eine Gestaltungsstrategie, die die Funktionsfähigkeit des Staates bzw. der Verwaltung auch bei knappen oder knapper werdenden Ressourcen sichern will[724]. Dabei gilt es indes zu bedenken, dass die Effizienz der Verwaltung kein „von außen in das Recht kolportiertes Gut" darstellt und nur innerhalb des Rechts stehen kann[725]. Das Effizienzprinzip bezieht sich mithin auf den Einsatz der Verwaltungsressourcen und kann insoweit nur in Relation zu den gesetzlich determinierten, durch Effizienzgesichtspunkte nicht in Frage zu stellenden Zielen gesehen werden[726]. Soweit die Rechtsordnung bestimmte Ziele verbindlich bzw. sogar bestimmte Maßnahmen zur Zielerreichung vorgibt, kann eine Relativierung dieser Ziele bzw. Maßnahmen durch Gesichtspunkte der Effizienz nicht erfolgen[727]. Der Maßstab der Effizienz bzw. der Wirtschaftlichkeit ist mithin an das zielverwirklichende Verwaltungshandeln anzulegen, nicht an die politisch-gestalterischen Zielsetzungen selbst. Erheblich wird das Effizienzprinzip erst im Hinblick auf die Frage, ob zur Erreichung der vorgegebenen Ziele verschiedene Optionen verfügbar sind; insbesondere ist dies im Rahmen von Ermessens-, Beurteilungs- oder Planungsermächtigungen der Verwaltung der Fall[728].

Aus Perspektive des Steuervollzuges ist Effizienz somit gleichzusetzen mit einem optimierten Verwirklichungsgrad der in § 85 S.1 AO bzw. der Verfassung

---

Hoffmann-Riem/Schmidt-Aßmann/Voßkuhle, GVwR, Band II, 2012, § 42, Rn. 111 ff., 158; *Pünder*, in Erichsen/Ehlers, Allgemeines Verwaltungsrecht, 2010, § 13, Rn. 15.

723 *v.Mutius*, NJW 1982, 2150, 2151; *Ossenbühl*, NVwZ 1982, 465 ff.; *Steinberg*, DÖV 1982, 619, 620 f.; vgl. auch *Korioth*, in: Hoffmann-Riem/Schmidt-Aßmann/Voßkuhle, GVwR, Band III, 2009, § 44, Rn. 69 f.

724 *Hoffmann-Riem*, in: Hoffmann-Riem/Schmidt-Aßmann, Effizienz als Herausforderung an das Verwaltungsrecht, 1998, S. 12, 25.

725 *Häberle*, AöR Band 98 (1973), 625, 631; *Seer*, in: Bonner Kommentar zum GG, Art. 108, Rn. 56 (04/2011).

726 *Schmitz*, in: Stelkens/Bonk/Sachs, Verwaltungsverfahrensgesetz, 2008, § 9, Rn. 78; vgl. auch *Hoffmann-Riem*, in: Hoffmann-Riem/Schmidt-Aßmann, Effizienz als Herausforderung an das Verwaltungsrecht, 1998, S. 12, 18.; *Risse*, DB 2011, 667.

727 *Hoffmann-Riem*, in: Hoffmann-Riem/Schmidt-Aßmann, Effizienz als Herausforderung an das Verwaltungsrecht, 1998, S. 12, 18.

728 *Hoffmann-Riem*, in: Hoffmann-Riem/Schmidt-Aßmann, Effizienz als Herausforderung an das Verwaltungsrecht, 1998, S. 12, 44.

vorgegebenen Handlungsziele[729]; um effizient zu handeln, hat die Finanzverwaltung dementsprechend ihre limitierten Ressourcen so einzusetzen, dass das Ziel der gesetz- und gleichmäßigen Steuerfestsetzung und -erhebung möglichst optimal erreicht wird. Da sie beim Vollzug der Steuergesetze zudem die Freiheitsrechte der Steuerpflichtigen zu beachten hat, liegt ein verwaltungseffizienter Vollzug dann vor, wenn sie mit den gegebenen Ressourcen die Ziele der Gesetzmäßigkeit und Rechtsanwendungsgleichheit sowie die betroffenen Freiheitsrechte angemessen zum Ausgleich bringt[730]. Das Gebot der Verwaltungseffizienz ist damit *nicht* in dem Sinne zu verstehen, dass die Finanzverwaltung mit den zur Verfügung stehenden, begrenzten Kapazitäten einen möglichst großen Steuerertrag zu erzielen hat, sich die Maßnahmen also in erster Linie rentieren müssen[731]. Das der Effizienz innewohnende Prinzip des schonenden Ressourceneinsatzes kann dabei auch beinhalten, die personellen Ressourcen selbst zu schützen, etwa durch Sicherung ihrer Motivation oder ihrer Leistungskraft[732].

Die Zielsetzung, mittels Tax Compliance-Vollzugsstrategie die Effizienz der finanzbehördlichen Aufgabenerfüllung zu steigern, korrespondiert dabei mit der Ansicht, wonach das Prinzip der Effizienz sogar als *rechtsverbindlicher Handlungsmaßstab* für die öffentliche Verwaltung bzw. alle staatlichen Einrichtungen anzusehen ist[733]. Allgemein anerkannt ist diesbezüglich, dass die Orientierung am Gesichtspunkt der Effizienz einzelnen Rechtsfiguren bereits immanent ist[734]. Beispielsweise fordern § 10 S.2 VwVfG und § 9 S.2 SGB X, das

729 *v.Mutius*, NJW 1982, 2150, 2152; *Schallmoser*, in: H/H/Sp, AO/FGO, § 193 AO, Rn. 94 (02/2011); *Seer*, in: Bonner Kommentar zum GG, Art. 108, Rn. 56 (04/2011).

730 *Seer*, Verständigungen in Steuerverfahren, 1996, S. 301 ff.; *ders.*, in: Bonner Kommentar zum GG, Art. 108, Rn. 56 (04/2011).

731 Siehe dazu auch **4. Kapitel A. II. 5**.

732 *Hoffmann-Riem*, in: Hoffmann-Riem/Schmidt-Aßmann, Effizienz als Herausforderung an das Verwaltungsrecht, 1998, S. 12, 29.

733 So etwa BVerwG v. 27.05.1983, 4 C 40.81, NJW 1984, 188, 189; VerfGH NRW v. 02.09.2003, VerfGH 6/02, NVwZ 2004, 217, 218; *v.Arnim*, Wirtschaftlichkeit als Rechtsprinzip, 1988, S. 15; *Gröpl*, Haushaltsrecht und Reform, 2001, S. 288 ff.; *P.Kirchhof*, NVwZ 1983, 505, 514; *Peters*, DÖV 2001, 749, 752; *Pitschas*, in: Hoffmann-Riem/Schmidt-Aßmann/Voßkuhle, GVwR, Band II, 2012, § 42, Rn. 116 ff. Speziell im Hinblick auf die Finanzverwaltung *Seer*, in: Bonner Kommentar zum GG, Art. 108, Rn. 56 (04/2011).

734 *Pietzcker*, VVDStrRL 41 (1983), 193, 198, 205; *Schwarze*, DÖV 1980, 581, 582 ff. *Hoffmann-Riem*, in: Hoffmann-Riem/Schmidt-Aßmann, Effizienz als Herausforderung an das Verwaltungsrecht, 1998, S. 12, 19 nennt diesbezüglich den

Verwaltungsverfahren „einfach, zweckmäßig und zügig" durchzuführen[735]. Gute Gründe sprechen zudem dafür, das Effizienz- bzw. Wirtschaftlichkeitsprinzip darüber hinaus als allgemein zu beachtende Handlungsanweisung für die Verwaltung einzustufen[736]. Schließlich stehen dem Staat bzw. der Verwaltung die Ressourcen, welche zur Erfüllung der Aufgaben zugewiesen werden, bloß fiduziarisch zu[737]. Die Finanzverwaltung verfügt dementsprechend über ihre begrenzten personellen und sächlichen Ressourcen nur „als Treuhänderin der Allgemeinheit" und hat diese in einer Weise einzusetzen, dass sie auch etwas bewirken[738]. So knüpft insbesondere auch Art. 108 Abs.4 S.1 GG an Gesichtspunkte der Verwaltungseffizienz an, indem er eine erhebliche Erleichterung oder Verbesserung des Steuervollzuges zur zwingenden Voraussetzung eines Zusammenwirkens von Bundes- und Landesfinanzbehörden bzw. einer Delegation von Steuerverwaltungsaufgaben macht[739]. Zudem kann die Regelung in Art. 114 Abs.2 S.1 GG, wonach der Bundesrechnungshof auch die „Wirtschaftlichkeit" staatlichen Handelns überprüft, als Sonderausprägung eines allgemeinen staatsrechtlichen Sorgsamkeitsprinzips bzw. -gebots aufgefasst werden[740]. Schließlich folgt aus den Grundrechten, dass der Staat bzw. die Verwaltung mit Abgaben sparsam umzugehen hat: Nur dann ist der mit der Abgabenerhebung verbundene Eingriff in die allgemeine Handlungsfreiheit erforderlich; andernfalls hätten weniger Abgaben genügt[741].

Die Kritik an einer rechtlichen Fundierung des Effizienzprinzips, die eine Durchdringung der Rechtsordnung, vor allem eine Relativierung der normativen

---

Grundsatz der Erforderlichkeit bzw. Verhältnismäßigkeit, der auf eine Zweck-Mittel-Relation abstellt. Siehe diesbezüglich etwa die an den Grundsatz der Wirtschaftlichkeit anknüpfenden Vorschriften §§ 6 HGrG, 7 BHO, 7 LH, 10 S.2 VwVfG.

735 Dabei handelt es sich nicht nur um einen Programmsatz, sondern um einen unmittelbar anwendbaren Rechtssatz, *Schmitz*, in: Stelkens/Bonk/Sachs, Verwaltungsverfahrensgesetz, 2008, § 10, Rn. 21.

736 Siehe dazu auch *Pünder,* DV 2012, 1, 6 f.

737 *Schmidt-Jortzig*, in: Butzer, Wirtschaftlichkeit durch Organisations- und Verfahrensrecht, 2004, S. 17, 21 ff.

738 BVerfG v. 31.05.1988, 1 BvR 520/83, BVerfGE 78, 214, 226 ff.; *Seer*, in: Bonner Kommentar zum GG, Art. 108, Rn. 56 (04/2011); siehe auch *Ahrens*, Belastingdienst, 2005, S. 357.

739 *Seer*, in: Bonner Kommentar zum GG, Art. 108, Rn. 56 (04/2011).

740 Vgl. *Schmidt-Jortzig*, in: Butzer, Wirtschaftlichkeit durch Organisations- und Verfahrensrecht, 2004, S. 17, 21 ff.

741 *Pünder,* DV 2012, 1, 6; ebenso *v.Arnim*, Wirtschaftlichkeit als Rechtsprinzip, 1988, S. 79 ff.; *Schliesky,* DVBl. 2007, 1453, 1461.

Zielvorgaben durch Wirtschaftlichkeitserwägungen befürchtet[742], kann nicht überzeugen. Sie verkennt, dass das Effizienzprinzip gerade nicht die gesetzlich verbindlichen Ziele und Maßnahmen überlagert, sondern nur relevant wird, soweit Handlungsspielräume der Verwaltung bestehen und vernachlässigt zudem die Treuhänderstellung der Verwaltung gegenüber den Bürgern bzw. Steuerzahlern. Indes stellt das Gebot wirtschaftlichen Verwaltungshandelns ein offenes, konkretisierungsbedürftiges Prinzip dar[743], sodass der Verwaltung ein weiter Gestaltungsspielraum zukommt. Welche Mittel sich zu welchem Zweck als effizient erweisen, lässt sich mithin nicht generell sagen[744]. Bei alledem gilt es schließlich zu bedenken, dass Effizienz gerade nicht bedeutet, mit den gegebenen Mitteln einen möglichst hohen Steuerertrag zu generieren, sondern den gesetzlichen Auftrag bestmöglich zu erfüllen.

2. Effektivitäts- bzw. Effizienzsteigerung durch eigenmotivierte Tax Compliance

Wie bereits dargelegt kann die Reduktion bestehender Vollzugsdefizite bzw. die Steigerung der Effektivität und Effizienz des Steuervollzuges als übergeordnete Zielsetzung der Tax Compliance-Vollzugsstrategie angesehen werden. Die Strategie basiert dabei auf der Überlegung, dass die Funktionsfähigkeit eines Steuersystems in hohem Maße durch die Akzeptanz und Befolgung der geltenden Steuergesetze durch die Steuerpflichtigen bedingt wird[745].

a) Unverzichtbarkeit eigenmotivierter Tax Compliance

Der Steueranspruch entsteht gemäß § 38 AO, sobald der Tatbestand verwirklicht ist, an den das Gesetz die Leistungspflicht knüpft[746]. Die Finanzverwaltung

---

742 *Schmidt*, in: Hoffmann-Riem/Schmidt-Aßmann, Innovation und Flexibilität des Verwaltungshandelns, 1994, S. 67 ff.; *Pietzcker*, VVDStrRL 41 (1983), 193, 196.

743 *v.Arnim*, Wirtschaftlichkeit als Rechtsprinzip, 1988, S. 36.

744 *Schmitz*, in: Stelkens/Bonk/Sachs, Verwaltungsverfahrensgesetz, 2008, § 9, Rn. 79.

745 Zur Notwendigkeit von Steuerakzeptanz für ein Steuersystem *Fuest*, in: Brandt, Mitverantwortung von Bürger und Staat für ein gerechtes Steuerrecht, 2007, S. 87 ff. Nach *Eckhoff* stellen mangelhafte Akzeptanz auf Seite der Steuerpflichtigen und Mängel in der zwangsweisen Durchsetzung auf der anderen Seite letztlich die Geltung der Steuerrechtsordnung in Teilen in Frage, Rechtsanwendungsgleichheit, 1999, S. 8. Zur Notwendigkeit von Normakzeptanz im Allgemeinen siehe *Röhl*, Rechtssoziologie, 1987, S. 252.

746 Kritisch bzgl. des weiten Wortlauts *Ratschow*, in: Klein, Abgabenordnung, 2012, § 38, Rn. 1 ff.

hat davon regelmäßig keine Kenntnis, obgleich ein entsprechendes Wissen zum Erlass der Festsetzungsbescheide nach § 218 Abs.1 AO als Grundlage für die Anspruchsverwirklichung unabdingbar ist. Mithin besteht im Ausgangspunkt eine „Informationsasymmetrie“ zwischen dem Steuerpflichtigen, der den Steuertatbestand verwirklicht und der Verwaltung[747]. Diese Informationsasymmetrie gilt es zur Erfüllung des gesetzlichen Vollzugsauftrags (§ 85 S.1 AO) zu überwinden; das materielle Recht kann nur dann vollzogen werden, wenn die Finanzbehörden von den Steuertatbeständen Kenntnis erlangen[748]. Dabei wurde das Prinzip der rein hoheitlichen Ermittlung der Besteuerungsgrundlagen allein mit polizeilichen Mitteln vom Gesetzgeber bei der Neuregelung der Abgabenordnung 1977 mangels Realisierbarkeit wieder aufgegeben. § 204 der Reichsabgabenordnung 1919[749], der einen rein staatlichen Ermittlungszwang normierte, wurde nicht in die Abgabenordnung übernommen[750]. Der Gesetzgeber entschied sich vielmehr dazu, den Steuerpflichtigen zum Abbau des finanzbehördlichen Informationsdefizits umfangreiche Mitwirkungspflichten aufzuerlegen[751]. Anders als etwa das Polizeirecht ist das Steuerrecht respektive der Steuervollzug auf die Mitwirkung der betroffenen Steuerpflichtigen elementar angewiesen[752]. Dabei müssen umso eingehendere Anforderungen an die Mitwirkung im Besteuerungsverfahren gestellt werden, je individueller eine Steuer gestaltet ist und eine Erfassung der individuellen Leistungsfähigkeit anstrebt[753].

Bei alledem wäre die gesetzliche Normierung umfangreicher steuerlicher Mitwirkungspflichten nur von geringem Nutzen, wenn sich die Normadressaten nicht oder nur rudimentär an die Pflichten hielten; dies liefe schlechterdings auf eine rein hoheitliche Ermittlung der Besteuerungsgrundlagen hinaus, die sich bereits als

---

747 *Drüen,* DStJG 31 (2008), S. 167, 170; siehe auch *Eckhoff,* Rechtsanwendungsgleichheit, 1999, S. 277, der insoweit von einem „Informationsmonopol“ des Steuerpflichtigen spricht.

748 *Heuermann,* in: H/H/Sp, AO/FGO, Vor §§ 149–153 AO, Rn. 1 (03/2007).

749 Siehe RGBl. 1919, S. 1993 ff.

750 *Hoffmann,* Der maßvolle Gesetzesvollzug im Steuerrecht, 1999, S. 200 f. Siehe auch *Schick,* StuW 1988, 301 ff. Zum Ansatz des rein obrigkeitlichen Steuervollzuges siehe *O.Mayer,* Deutsches Verwaltungsrecht, Erster Band, 1924, S. 320 f.

751 Siehe dazu *Drüen,* DStJG 31 (2008), S. 167, 168 ff. Zur Inanspruchnahme Privater für den Steuervollzug in Gestalt des Abzugs der Lohnsteuer durch den Arbeitgeber nach §§ 38 ff. AO siehe etwa *G.Kirchhof,* Die Erfüllungspflichten des Arbeitgebers im Lohnsteuerverfahren, S. 25 ff.; vgl. auch *Burgi,* Funktionale Privatisierung und Verwaltungshilfe, S. 82, 115 f., 163, 253 ff.

752 *Birk,* Steuerrecht, 2012, Rn. 48 ff.

753 Siehe etwa *Drüen,* DStJG 31 (2008), S. 167, 171.

untauglich erwiesen hat. Die Annahme, der gesetzlich zutreffende Steueranspruch könne bei Unterbleiben von gesetzlich geforderten Mitwirkungsbeiträgen notfalls auch durch die konsequente Wahrnehmung der hoheitlichen Eingriffs- und Untersuchungsbefugnisse verwirklicht werden, lässt sich mithin nicht mehr aufrechterhalten[754]. In Anbetracht der schier unüberschaubaren Anzahl besteuerungsrelevanter Tatsachen könnte selbst eine personell und sächlich optimal ausgestattete Finanzverwaltung einen gesetz- und gleichmäßigen Steuervollzug gegen den maximalen Widerstand der Steuerpflichtigen nicht gewährleisten[755]. Insoweit ist auch von einer *faktischen* Abhängigkeit der Sachverhaltsermittlung von der Mitwirkung der Steuerpflichtigen die Rede[756]. Da eine Sachverhaltsaufklärung bei mangelnder oder fehlender Mitwirkung häufig einen unverhältnismäßig hohen Aufwand erfordern würde, stöße sie zudem auf *rechtliche* Grenzen[757]. Alleine die komprimierten Angaben in der Steuererklärung zum Gewinnbetrag nach §§ 4 ff. EStG können bei einem größeren Unternehmen auf Millionen besteuerungsrelevante Tatsachen zurückgeführt werden[758]. Zudem vermag es der Steuerpflichtige auf Grund seiner Sachherrschaft über seine wirtschaftlichen, beruflichen und persönlichen Angelegenheiten, die steuerliche Aufklärung erheblich zu behindern oder zu manipulieren[759]. Je mehr das Steuergesetz die Verwirklichung materieller Gleichheit mittels zutreffender Erfassung der individuellen Leistungsfähigkeit anstrebt, desto mehr erfordert der Vollzug die Erfassung exakter Daten und Details aus der Sphäre des Steuerpflichtigen und somit auch die „Mitwirkungsbereitschaft“, „Ehrlichkeit“ und „Einsichtigkeit“ der Steuerpflichtigen[760]. Insgesamt ist der gesetz- und gleichmäßige Vollzug der materiellen Steuergesetze daher nur denkbar, wenn eine hohe Bereitschaft zur Erfüllung der Mitwirkungspflichten der Steuerpflichtigen

---

754 *Birk*, Steuerrecht, 2012, Rn. 49; *Jochum*, Die Mitwirkungspflichten des Steuerpflichtigen in der Außenprüfung, 2011, S. 66 ff.

755 *Birk*, Steuerrecht, 2012, Rn. 49; *Birk*, StuW 2004, 277 ff.; *Frizen*, Das Deklarationsprinzip, 2009, S. 272; vgl auch *Ahrens*, Belastingdienst, 2005, S.143 und 333; *Drüen*, DStJG 31 (2008), S. 167, 171.

756 *Osterloh*, Gesetzesbindung und Typisierungsspielräume, 1992, S. 288.

757 *Osterloh*, Gesetzesbindung und Typisierungsspielräume, 1992, S. 289; vgl. auch *Müller-Franken*, Maßvolles Verwalten, 2004, S. 347, wonach „totale Kontrolle“ totalitär und damit rechtlich unzulässig wäre.

758 Vgl. *Hoffmann*, Der Maßvolle Gesetzesvollzug im Steuerrecht, 1999, S. 208.

759 *Birk*, Steuerrecht, 2012, Rn. 49.

760 *Birk*, Steuerrecht, 2012, Rn. 49.

besteht[761]. Je höher der Grad der Anerkennung und Einhaltung der steuerlichen Regeln durch die Steuerpflichtigen, desto geringer der Vollzugsaufwand bzw. desto größer die Entlastung der angespannten Verwaltungsressourcen[762].

b) Ziel der Förderung eigenmotivierter Tax Compliance

Dementsprechend soll die Tax Compliance-Vollzugsstrategie dazu beitragen, den Steuerwiderstand möglichst zu senken, die eigenmotivierte, proaktive Einhaltung der Steuergesetze zu steigern und somit die Notwendigkeit administrativer Druck- und Zwangsmittel bzw. den hoheitlichen Kontrollbedarf zu reduzieren und die Finanzverwaltung zu entlasten[763]. Im Hinblick auf die vorgenommene Differenzierung zwischen dem Überbegriff der Tax Compliance und den Unterbegriffen Voluntary und Enforced Tax Compliance ist die Strategie also auf die Förderung von Voluntary Tax Compliance gerichtet[764]. Die Strategie korrespondiert mit der elementaren Bestrebung moderner Steuerverwaltungen, möglichst viele Steuerpflichtige zur eigenmotivierten Erfüllung ihrer Mitwirkungspflichten zu bewegen[765]. Ihre Zielsetzung kann mithin darin gesehen werden, möglichst viele Steuerpflichtige zu einer „Selbstregulierung ihrer Steuerpflicht" zu motivieren[766]. *Seer* gibt diesbezüglich zu bedenken, dass der Steuerstaat ohne eine derartige „Selbstregulierung" heute bereits längst kollabiert bzw. der Staatsbankrott eingetreten wäre[767].

---

761 Vgl. *Tipke*, Die Steuerrechtsordnung, Band III, 1993, S. 1411; ähnlich auch Frizen, Das Deklarationsprinzip, 2009, S. 272; *Jochum*, Die Mitwirkungspflichten des Steuerpflichtigen in der Außenprüfung, 2011, S. 72.

762 Vgl. BMF-Monatsbericht 03/2007, S. 75, 86; *Fuest*, in: Brandt, Mitverantwortung von Bürger und Staat für ein gerechtes Steuerrecht, 2007, S. 87.

763 Vgl. *Seer*, in: FS Streck, 2011, S. 403, 405.

764 Die Strategie könnte daher präziser Weise auch als Voluntary Tax Compliance-Strategie bezeichnet werden. Da sich die Begrifflichkeit der Tax Compliance-Strategie jedoch bereits etabliert hat, soll diese Bezeichnung im Folgenden beibehalten werden.

765 Zu dieser grundlegenden Zielsetzung moderner Steuerverwaltungen siehe *Seer*, SteuerStud 2010, 369, 372.

766 *Seer*, in: FS Streck, 2011, S. 403, 405; *ders.*, FR 2012, 1000, 1002. Freilich spielt dabei die Inanspruchnahme steuerlicher Berater durch die Steuerpflichtigen eine tragende Rolle. Schließlich dürften in Anbetracht der überaus komplexen Rechtslage kaum alle Steuerpflichtigen von sich aus zur korrekten Einhaltung der Steuergesetze in der Lage sein. Vgl. dazu **4. Kapitel B. II**.

767 *Seer*, in: Brandt, Mitverantwortung von Bürger und Staat für ein gerechtes Steuerrecht, 2007, S. 99, 102.

Insgesamt soll somit vor allem die Einhaltung der gesetzlichen Mitwirkungspflichten gefördert werden. Darüber hinaus gilt es jedoch auch, überobligatorische, nicht erzwingbare Mitwirkungsbeiträge der Steuerpflichtigen zu steigern, um die steuerlichen (Außen-)Prüfungen zu beschleunigen und den anfallenden Prüfungsaufwand der Finanzverwaltung zu reduzieren[768]. Die Förderung der eigenmotivierten Tax Compliance verspricht schließlich, - in Übereinstimmung mit dem Effizienzgedanken des Ressourcenschutzes – die Arbeitsatmosphäre auch zu Gunsten des Verwaltungspersonals zu verbessern.

Soweit in der Folge aufwändige, zusätzliche Korrektur- oder Zwangsmaßnahmen der Verwaltung entbehrlich und die Vollzugsarbeit beschleunigt wird, können die entlasteten Vollzugskapazitäten gezielter und wirkungsvoller an anderer Stelle eingesetzt werden[769]. Insbesondere können sie zur steuerlichen Verifikation entsprechend des steuerrechtlichen Risikos der Fälle, d.h. entsprechend des steuerlichen Kontrollbedarfs herangezogen werden[770]. Im Hinblick auf die gewählte Terminologie stehen die Ressourcen also zur ergiebigen Durchsetzung von Enforced Tax Compliance zur Verfügung.

II. Grenzen der Zielsetzung

Die Herbeiführung einer „absoluten", flächendeckenden eigenmotivierten Tax Compliance seitens der Steuerpflichtigen kann schlechterdings als nicht zu realisierendes Ideal qualifiziert werden[771]. Der Zielsetzung, mittels Tax Compliance-Vollzugsstrategie einen möglichst hohen Grad an eigenmotivierter Tax Compliance zu erreichen, sind mithin von vornherein gewisse Grenzen gesetzt[772]. Nachfolgend soll kursorisch auf wesentliche, mit der Vollzugsstrategie konfligierende Umstände eingegangen werden[773]. Dabei gilt es freilich zu berücksichtigen,

768 Siehe dazu **4. Kapitel C. IV. 2. b), 3. b) und 4. b)**.

769 Vgl. *Widmann*, in: FS Spindler, 2011, S. 563, 567.

770 Siehe dazu ausführlich **3. Kapitel D. II.** und **4. Kapitel A. und B**.

771 *Ahrens,* Belastingdienst, 2005, S.144.

772 Vgl. *Lyding*, in: Bizer/Falk/Lange, Am Staat vorbei, 2004, S. 113 ff.

773 Darüber, welche Einflussfaktoren das Steuerzahlungsverhalten bzw. die Steuermoral der Steuerpflichtigen beeinflussen können, existieren vielfältige, zumeist empirische Untersuchungen mit entsprechend vielfältigen Ergebnissen. Unter anderem werden Faktoren wie Alter, Geschlecht und Religiosität genannt. Indes ist zu bedenken, dass diesbezügliche Beobachtungen regelmäßig auf Befragungen beruhen, die nicht

dass maßgebliche limitierende Faktoren oftmals außerhalb der Einwirkungssphäre des Steuervollzuges liegen[774].

1. Das ökonomische Handeln der Steuerpflichtigen

Wie *Fuisting* bereits im Jahre 1902 feststellte, wird die Beteiligung an der Aufbringung des Steuerbedarfs von den Steuerpflichtigen „stets als Belastung empfunden"[775]. Schließlich stellt die Steuerzahlung aus wirtschaftlicher Sicht einen Nachteil in Form einer Vermögensminderung dar, dem keine konkrete Gegenleistung des Staates gegenübersteht, vgl. Art. 3 Abs.1 AO[776]. Ebenso wirken sich die „Compliance-Kosten", die in Folge der Erfüllung der Mitwirkungspflichten nach §§ 90 ff. AO auf Seiten der Steuerpflichtigen anfallen, vermögensmindernd aus. Unabhängig davon, ob der Steuerpflichtige seine Steuerzahlungen reduziert oder einstellt, kommt er jedoch in den Genuss der staatlichen Leistungen und Infrastruktur, die insgesamt mit Hilfe der Steuergelder finanziert werden. Und selbst wenn eine rechtswidrige Hinterziehung der Steuern entdeckt wird, behält der Steuerpflichtig alle Rechte gegenüber dem Staat und der Gemeinschaft[777]. Zudem werden derartige Akte nicht selten als bloße „Kavaliersdelikte" angesehen. Insgesamt bestehen dadurch für den ökonomisch handelnden Steuerpflichtigen Anreize, seine persönliche Steuerbelastung zu minimieren[778]. Dabei kommt neben legaler und legitimer Steuergestaltung zur Steuerminimierung bzw. Steuervermeidung auch an § 42 AO zu messende Steuerumgehung oder gesetzeswidrige Steuerhinterziehung in Betracht[779].

In der Finanzwissenschaft wird der rein an der Maximierung seines eigenen Nutzens orientierte Steuerpflichtige mit dem traditionellen Modell des sog. Homo Oeconomicus erklärt[780]. Dieser treffe die Entscheidung, Steuern zu zahlen oder zu hinterziehen unabhängig von moralischen oder rechtlichen

---

notwendigerweise der Wahrheit entsprechen, vgl. *Fuest*, in: Brandt, Mitverantwortung von Bürger und Staat für ein gerechtes Steuerrecht, 2007, S. 87, 88.

774 Vgl. *Lyding*, in: Bizer/Falk/Lange, Am Staat vorbei, 2004, S. 113 ff.

775 *Fuisting*, Grundzüge der Steuerlehre, 1902, S. 6, ebenfalls zitiert durch *Ahrens*, Belastingdienst, 2005, S. 335.

776 Zum verfassungsmäßigen Verbot der sog. Erdrosselungssteuer *Hey*, in: Tipke/Lang, Steuerrecht, 2013, § 3, Rn. 184.

777 *Tipke*, in: Vogelsang, Perspektiven der Finanzverwaltung, 1992, S. 95, 97.

778 Zum Ziel der Steuerminimierung siehe bereits **2. Kapitel D. I.**

779 *Tipke*, Besteuerungsmoral und Steuermoral, 2000, S. 81.

780 *Allingham/Sandmo*, Journal of Public Economics 1 (1972), 323 ff.

Verhaltenspflichten. Rechtsgehorsam wird zur Frage betriebswirtschaftlicher Rentabilität[781]. Im Rahmen einer rationalen Kosten-Nutzen-Analyse wäge er die Entdeckungswahrscheinlichkeit und die Kosten in Folge einer Entdeckung mit dem Ertrag einer zu geringen Steuerzahlung ab. Je höher die Wahrscheinlichkeit der Entdeckung und je gravierender die Sanktionen, desto eher wird er seine steuerlichen Pflichten korrekt erfüllen. Allerdings zeigen empirische Untersuchungen, dass sich das reale Steuerzahlungsverhalten nicht alleine mit dem genannten Modell des Homo Oeconomicus erklären lässt[782]. Im Rahmen der durchgeführten Betrachtungen wurden Steuern nämlich auch dann gezahlt, wenn wenige Kontrollen durchgeführt wurden und nur geringe Sanktionen zu befürchten waren. Die aus dem Modell des Homo Oeconomicus resultierenden Hypothesen sind daher nur bedingt geeignet, das Steuerzahlungsverhalten der Steuerpflichtigen zu erklären[783]. Nichtsdestotrotz kann ein grundsätzlicher Interessenwiderstreit zwischen regelmäßig am eigenen wirtschaftlichen Nutzen orientierten Steuerpflichtigen auf der einen und dem auf vollständige Erhebung der geschuldeten Steuern zielenden Steuerstaat auf der anderen Seite nicht negiert werden[784]. Das Individualinteresse der Steuerpflichtigen kann mithin gegenläufig zum öffentlichen Interesse an einer gesetz- und gleichmäßigen Steuererhebung sein[785]. Im Rahmen der auf Kooperation ausgerichteten Tax Compliance-Vollzugsstrategie gilt es, diese im Ausgangspunkt regelmäßig bestehende Interessendivergenz zu berücksichtigen.

2. Mangelnde Akzeptanz des materiellen Steuerrechts

Einen maßgeblichen Faktor, von dem die Bereitschaft zur eigenmotivierten Einhaltung der Steuergesetze abhängt, stellt zudem die Akzeptanz des materiellen

781 *Teubner*, Das Recht als autopoietisches System, 1989, S. 98, 116, 126.

782 So beispielsweise das sog. Minnesota-Experiment, dazu *Fuest*, in: Brandt, Mitverantwortung von Bürger und Staat für ein gerechtes Steuerrecht, 2007, S. 87, 91 ff; *Slemrod/Blumenthal/Christian,* Journal of Public Economics 79 (2001), 455 ff.

783 Es bedarf somit noch zusätzlicher Ansätze, um das Steuerzahlungsverhalten bzw. Steuerhinterziehungsverhalten in Gänze erklären zu können. Teilweise ist diesbezüglich auch von sog. Steuerzahlerrätsel die Rede, vgl. *Fuest*, in: Brandt, Mitverantwortung von Bürger und Staat für ein gerechtes Steuerrecht, 2007, S. 87, 93; *Frizen*, Das Deklarationsprinzip, 2009, S. 269.

784 Vgl. *Streck*, in: Streck/Mack/Schwedhelm, Tax Compliance, 2010, Kapitel 1, Rn. 1.26.

785 Frizen, Das Deklarationsprinzip, 2009, S. 163.

Steuerrechts durch die Steuerpflichtigen dar[786]. Der Grad der Akzeptanz hängt dabei vor allem davon ab, ob die Steuerpflichtigen die Rechtsnormen überhaupt kennen und verstehen, auf deren Bestand vertrauen können und subjektiv von deren Richtigkeit bzw. Gerechtigkeit ausgehen[787]. Ein unverständliches und in sich widersprüchliches Steuergesetz ist mithin geeignet, den Steuerpflichtigen an einer ordnungsgemäßen Erfüllung seiner Pflichten zu hindern[788]. Nicht ausreichend sind dabei Steuergesetze, deren Rechtsfolgen sich allenfalls noch einem Kreis von Steuerexperten und –beratern erschließen[789]. Ein Steuerrecht, das „der elementaren Qualität von Recht nicht genügt" und „den Anspruch des Bürgers auf Gerechtigkeit nicht zu erfüllen vermag" ist schließlich ungeeignet, Steuerakzeptanz auf Seiten der Steuerpflichtigen zu erzeugen bzw. zu fördern[790]. Die bereits erwähnte, als Steuerchaos titulierte Situation in Deutschland dürfte sich daher insgesamt als wenig dienlich für ein hohes Maß an Akzeptanz der Steuergesetze und eine damit einhergehende Motivation zur Einhaltung der Steuergesetze erweisen.

3. Missbilligung der Steuerverwendung

Weiterhin spielt auch die Zufriedenheit der Steuerpflichtigen mit der Art und Weise der Verwendung eingenommener Steuermittel durch den Staat eine nicht zu unterschätzende Rolle für die Bereitschaft zur steuerlichen Gesetzeseinhaltung[791]. Dabei ist es Gegenstand der sog. Besteuerungsmoral des Staates, die Steuereinnahmen korrekt zum Wohle der Allgemeinheit zu verwenden[792]. Dieser Faktor entzieht sich indes dem Einflussbereich des Steuervollzuges, unterstellt das Grundgesetz

---

786 Vgl. *Klein*, BB 1998, 1180 ff.; *Lang*, in: Bizer/Falk/Lange, Am Staat vorbei, 2004, S. 91, 93; *Tipke*, Steuerrechtsordnung Band III, 1993, S. 1139; *Torgler*, Constitutional Political Economy 14/2003, 119 ff.

787 *Frizen*, Das Deklarationsprinzip, 2009, S. 272.

788 *P. Kirchhof*, DStR 2001, 913.

789 Vgl. BFH v. 06.09.2006, XI R 26/04, BStBl II 2007, 167, 171.

790 *Lang*, in: Bizer/Falk/Lange, Am Staat vorbei, 2004, S. 91, 93; siehe auch *Herzog*, in: FG Gesellschaft für Rechtspolitik, 1984, S. 127, 131.

791 *Schnellenbach*, ZFRC 2011, 106, 107 f. Vgl. auch *Frizen*, Das Deklarationsprinzip, 2009, S. 278 ff. Aus seiner Sicht besonders gravierende Fälle der „Steuerverschwendung" prangert der *Bund der Steuerzahler e.V.* in seinem jährlich erscheinenden Buch mit dem Titel „Die öffentliche Verschwendung" an.

792 *Frizen*, Das Deklarationsprinzip, 2009, S. 282; grundlegend siehe *Tipke*, Besteuerungsmoral und Steuermoral, 2000, S. 12 ff.

entsprechende Budgetplanungen und -entscheidungen dem Parlament und der Regierung, vgl. Art. 110 Abs.1 und 2 GG[793].

Empirische Untersuchungen zeigen, dass sich ein entsprechend hohes Maß an Mitbestimmung der Steuerpflichtigen bei der Verwendung der Steuereinnahmen in Folge plebiszitärer Befugnisse förderlich auf die Bereitschaft zur korrekten steuerlichen Pflichterfüllung auswirkt[794]. Nach geltendem Recht kommt den Steuerpflichtigen in Deutschland jedoch keine unmittelbare Entscheidungsbefugnis im Hinblick auf Finanzentscheidungen zu[795]. Dementsprechend regeln §§ 7 S.1 HGrG, 8 S.1 BHO den Grundsatz der Gesamtdeckung, wonach alle steuerlichen Einnahmen als Deckungsmittel für alle Ausgaben dienen[796].

D. Die theoretischen Wirkungsmechanismen einer an Tax Compliance ausgerichteten Vollzugsstrategie

Liegt die Zielsetzung einer an Tax Compliance ausgerichteten Vollzugsstrategie in der Steigerung der Effektivität und Effizienz des Steuervollzuges in Folge eines möglichst hohen Grades an eigenmotivierter Tax Compliance, so stellt sich die elementare Frage, wie diese Bestrebung erreicht werden soll. Es drängt sich mithin die Frage nach spezifischen Ansätzen und Funktionsweisen einer Tax Compliance-Vollzugsstrategie auf. Nachfolgend gilt es daher, die *theoretischen Wirkungsmechanismen* eines an Tax Compliance ausgerichteten Steuervollzuges zu beleuchten. Dabei sind zwei grundlegende – jedoch miteinander

---

793 Siehe dazu *Frizen*, Das Deklarationsprinzip, 2009, S. 279.

794 *Fuest*, in: Brandt, Mitverantwortung von Bürger und Staat für ein gerechtes Steuerrecht, 2007, S. 87, 88; *Körner/Strotmann*, Steuermoral, 2006, S. 81 ff.; 150 ff. Vgl. dazu auch *Lang*, in: Bizer/Falk/Lange, Am Staat vorbei, 2004, S. 91, 105, der diesbezüglich auf das Prinzip der Identifikation des Bürgers mit den Staatsaufgaben und die entsprechende „Theorie der ethischen Gefühle von" *Adam Smith* verweist.

795 Das Grundgesetz sieht das Mittel des Volksentscheids nur für die Neugliederung des Bundesgebietes vor, Art. 29, 118 GG. In den Landesverfassungen werden Volksentscheide über Finanzfragen ausgeschlossen, siehe zum Beispiel Art. 68 Abs.1 S.4 der Verfassung für das Land Nordrhein-Westfalen.

796 Auf die Verwendung für bestimmte Zwecke dürfen Einnahmen nur beschränkt werden, soweit dies durch Gesetz vorgeschrieben oder im Haushaltsplan zugelassen ist, §§ 7 S.2 HGrG, 8 S.2 BHO.

korrelierende – Komponenten zu unterscheiden: Kooperation und Motivation auf der einen Seite (**I.**) sowie Kontrolle und Sanktionen auf der anderen Seite (**II.**). In der Literatur ist deshalb auch von einer „Doppelstrategie“[797] bzw. den „zwei Säulen“[798] der Strategie die Rede. Anschaulich lässt sich der einer Tax Compliance-Vollzugsstrategie immanente Mechanismus demgemäß auch mit der tradierten Zuckerbrot-und-Peitsche-Methode beschreiben[799].

I. Kooperative, serviceorientierte Ausrichtung des Steuervollzuges

Wesentlicher Gedanke einer Tax Compliance-Vollzugsstrategie ist die Förderung der eigenmotivierten steuerlichen Pflichterfüllung bzw. proaktiven Mitwirkung seitens der Steuerpflichtigen im Besteuerungsverfahren. Möglichst viele Steuerpflichtige sollen mithin dauerhaft zu einem möglichst hohen Grad an Tax Compliance motiviert werden. Dabei kann der Steuervollzug jedoch nicht die Aufgabe bewältigen, die Steuerpflichtigen von der Unerlässlichkeit der Steuer als solcher zu überzeugen[800]. Vielmehr gilt es aus Perspektive des Steuervollzuges – im Rahmen des Möglichen – optimale Voraussetzungen zur Gewährleistung von Tax Compliance zu schaffen. Die Befolgung der steuerlichen Vorschriften soll mithin im Rahmen eines kooperativen Miteinanders erleichtert und die auf Dauer und Wiederholung angelegte Begegnung von Steuerpflichtigen und Verwaltung nicht nur mit den Mitteln der herkömmlichen Eingriffsverwaltung organisiert werden[801]. Es soll sich also nicht darauf beschränkt werden, eine möglichst weitgehende Mitwirkung bzw. Gesetzeseinhaltung der Steuerpflichtigen einzufordern. Vielmehr gilt es, den Steuerpflichtigen auch etwas zurückzugegeben[802]. Im Sinne *Eckhoffs* soll Kooperation im Besteuerungsverfahren mithin nicht nur als rein auf die Mitwirkung der Steuerpflichtigen bezogene „Einbahnstraße“

797 *Seer*, DStR 2008, 1553, 1554; ebenso *Joecks*, in: FS Schaumburg, 2009, S. 1225, 1230.

798 *Schmidt*, DStJG 31 (2008), S. 37, 42.

799 *Schmidt*, DStJG 31 (2008), S. 37, 42. Zum Begriff Zuckerbrot und Peitsche siehe *Tucholsky*, Die Weltbühne: Wochenschrift für Politik, Kunst, Wirtschaft, 1930, Nr. 50, S. 872.

800 *Widmann*, in: FS Spindler, 2011, S. 563, 564.

801 *Widmann*, in: FS Spindler, 2011, S. 563, 565.

802 Vgl. die damit korrespondierende Forderung von *Seer*, in: FS Pelka, 2010, S. 33, 49.

verstanden werden[803]. Das angestrebte kooperative Miteinander von Verwaltung und Steuerpflichtigen wird bisweilen auch als „Tax Partnership“ bezeichnet[804].

1. Hintergründe der kooperativen, serviceorientierten Ausrichtung

Der kooperative, serviceorientierte Ansatz knüpft zum einen an die Erkenntnisse der Finanz- bzw. Steuerpsychologie an, wonach die Erzeugung eines vertrauensvollen, synergetischen Steuerklimas förderlich für die Mitwirkungsbereitschaft der Steuerpflichtigen sein soll. Zum anderen entspricht er der bereits Mitte der 1990er-Jahre geäußerten Forderung nach einem kooperativen statt konfrontativen Steuerstaat. Der Ansatz korrespondiert insgesamt mit der allgemeinen Entwicklung in der modernen Staats- und Verwaltungsrechtslehre zu mehr Kooperation zwischen Hoheitsträgern und Privaten sowie der Akzentuierung einer bürgerfreundlichen, serviceorientierten Verwaltung.

a) Anknüpfung an Erkenntnisse der Steuerpsychologie

Die „erste Säule“ der Tax Compliance-Vollzugsstrategie zielt grundlegend auf die Schaffung eines positiven, vertrauensbasierten Interaktionsklimas zwischen Finanzverwaltung und Steuerpflichtigen. Es gilt, den Eindruck eines reinen „Überwachungs- und Schnüffelstaates“[805] und ein starres „Freund-Feind-Denken“[806] möglichst zu vermeiden[807]. Die Säule knüpft dabei im Wesentlichen an Erkenntnisse an, die in der ökonomischen Forschung respektive der Finanz- und Steuerpsychologie zum Steuerzahlungsverhalten bzw. der Steuermoral gewonnen wurden[808].

So ist der Einfluss des vorherrschenden „Steuerklimas“ zwischen Verwaltung und Steuerpflichtigen auf deren Bereitschaft zur Einhaltung der Steuergesetze

---

803 *Eckhoff*, StuW 1996, 107, 111. Vgl. auch *Drüen*, in: Schön/Beck, Zukunftsfragen des deutschen Steuerrechts, 2009, S. 1, 20, wonach Kooperation im Besteuerungsverfahren idealiter paritätisch ausgestaltet sein sollte.

804 *Nieskens*, UR 2009, 408 f.

805 Vgl. *Frizen*, Das Deklarationsprinzip, 2009, S. 285.

806 Vgl. *Drüen*, DStR 2010, 2, 8.

807 Zur Befürchtung, ein gutes Steuerklima könne durch die Mitteilungspflicht der Finanzverwaltung gemäß § 4 Abs.5 S.1 Nr.10 S.3 EStG und eine damit einhergehende Fokussierung der Betriebsprüfer auf mögliche Strafbarkeiten unterminiert werden siehe *Joecks*, in: FS Schaumburg, 2009, S. 1225, 1226 ff.

808 Vgl. *Widmann*, in: FS Spindler, 2011, S. 563, 567.

bereits Gegenstand diverser Untersuchungen der Finanz- und Steuerpsychologie[809]. Dabei hat sich die Erkenntnis durchsetzen können, dass die Entscheidung der Steuerpflichtigen, die steuergesetzlichen Pflichten korrekt zu erfüllen, nicht allein vom Risiko kontrolliert bzw. entdeckt zu werden abhängt[810]. Auch wenn der Einfluss von Kontrollmaßnahmen auf die Einhaltung der Steuergesetze keineswegs in Abrede gestellt wird, belegen empirische Untersuchungen, dass kein linearer Zusammenhang zwischen Entdeckungswahrscheinlichkeit und steuerlicher Pflichterfüllung besteht[811].

Vielmehr habe unter anderem das Interaktionsklima zwischen Steuerverwaltung und Steuerpflichtigen wesentlichen Einfluss auf die Motivation zur Gesetzeseinhaltung seitens der Steuerpflichtigen[812]. Der Wille zur steuerlichen Pflichterfüllung hänge nämlich auch davon ab, wie ihm der Steuerstaat bzw. die Vollzugsbehörden gegenübertreten. Diesbezüglich ist die Rede von einer vertikalen Reziprozität[813] bzw. vom Steuerpflichtigen als Homo Reciprocans[814]. Wird die Interaktion als „fair“ wahrgenommen trage dies dazu bei, dass Steuerpflichtige von sich aus ihre Pflichten erfüllen und sich entsprechend kooperativ gegenüber der Finanzverwaltung erweisen[815]. Das Verhalten der Steuerpflichtigen sei mithin von der Art und Weise abhängig, wie sie durch die Vollzugsbehörden behandelt werden. Bringe die Verwaltung den Steuerpflichtigen grundsätzlich Vertrauen entgegen, so reagierten diese ebenfalls vertrauensvoll und kooperationsbereit[816]. Im Gegenzug führte mangelndes Vertrauen im Umgang mit den Steuerpflichtigen und eine reine „Kontroll-Strafe-Orientierung“ auch zu Misstrauen seitens der Steuerpflichtigen

809 Siehe dazu *Kirchler*, Wirtschaftspsychologie, 2011, S. 759; *Schnellenbach*, ZFRC 2011, 106 ff.

810 *Kirchler*, Wirtschaftspsychologie, 2011, S. 759; *Schnellenbach*, ZFRC 2011, 106 ff. Wegweisender Feldversuch ist diesbezüglich das sog. Minnesota-Experiment, siehe dazu *Slemrod/Blumenthal/Christian*, Journal of Public Economics 79 (2001), 455 ff.

811 *Alm/McClelland/Schulze*, Journal of Public Economics 48 (1992), S. 21, 28 ff; siehe auch *Fuest*, in: Brandt, Mitverantwortung von Bürger und Staat für ein gerechtes Steuerrecht, 2007, S. 87, 89 ff.

812 *Kirchler*, Wirtschaftspsychologie, 2011, S. 759. Vgl. auch *Habammer*, Stbg 2011, 612, 614; *Hill*, JZ 1988, 377, 381.

813 *Schnellenbach*, ZFRC 2011, 106; siehe auch *ders.* in: Alm/Martinez-Vazquez/Torgler, Developing Alternative Frameworks for Explaining Tax Compliance, 2010, S. 56 ff.

814 *Widmann*, in: FS Spindler, 2011, S. 563, 565.

815 *Kirchler*, Wirtschaftspsychologie, 2011, S. 759.

816 *Feld/Frey*, Economics of Governance 3/2002, 87 ff.

und entsprechenden Bestrebungen, die Gesetze zu umgehen[817]. Steuerbehörden, die sachlich, transparent und fair auftreten und sich als „kundenorientiert“ bzw. als eine „Serviceeinrichtung“ verstehen, förderten also die Steuerehrlichkeit und Kooperationswilligkeit der Steuerpflichtigen[818]. Teilweise ist im Hinblick darauf auch von einem anzustrebenden „freundlichen Umgang“ miteinander die Rede[819]. Insgesamt fungiert somit vor allem eine positive Einstellung der Steuerpflichtigen gegenüber dem Staat bzw. den Vollzugsbehörden als Basis für eine eigenmotivierte Einhaltung der Steuergesetze[820].

b) Anknüpfung an das Postulat eines kooperativen Steuerstaates

Der kooperative, serviceorientierte Ansatz im Rahmen der Tax Compliance-Vollzugsstrategie entspricht zudem der im steuerlichen Schrifttum anzutreffenden Forderung nach einer kooperativen Ausrichtung des Steuervollzuges[821] bzw. dem damit korrespondierenden, bereits Mitte der 1990er-Jahre konstatierten Wandel „vom konfrontativen zum kooperativen Steuerstaat“[822].

aa) Kooperation als Strukturprinzip des Steuerverfahrens

Der Topos vom kooperativen Steuerstaat fußt auf der zentralen Erkenntnis, dass die Erfüllung des Vollzugsauftrages nach §85 AO weitestgehend von der

---

817 *Kirchler*, Wirtschaftspsychologie, 2011, S. 759.

818 *Braithewaite,* in: Braithwaite, Taxing Democracy, 2002, S. 1 ff.; *Kirchler*, Wirtschaftspsychologie, 2011, S. 759;

819 *Schnellenbach,* ZFRC 2011, 106, 108, der diesbezüglich auf eine Studie aus der Schweiz hinweist, wonach in Kantonen mit freundlicheren Steuerverwaltungen auch eine höhere Steuermoral vorherrscht. Zur Studie siehe *Feld/Frey*, Economics of Governance 3/2002, 87 ff.

820 *Kirchler*, Wirtschaftspsychologie, 2011, S. 759; vgl. auch *Fuest*, in: Brandt, Mitverantwortung von Bürger und Staat für ein gerechtes Steuerrecht, 2007, S. 87, 96.

821 *Birk*, in: FS Pöllath+Partners, 2008, S. 161 ff.; *Seer*, StuW 2003, 40, 54 f.; vgl. auch *Förster*, IStR 2008, 561 ff.; *Risse*, DB 2011, 667 ff.

822 *Eckhoff*, StuW 1996, 107 ff. Grundlegend auch *Seer*, Verständigungen in Steuerverfahren, 1996, S. 7 ff., 176 ff.; vgl. bereits *Isensee*, Die typisierende Verwaltung, 1976, S. 191. Nach *Drüen*, FR 2011, 101, 102 liegt der späteste Zeitpunkt für die Annahme eines grundlegenden Wandels in der Einführung der Steueranmeldung. Kritisch gegenüber dem Modell eines kooperativen Steuerstaats und am allein hoheitlichen Modell des Gesetzesvollzuges festhaltend vor allem *Müller-Franken*, Maßvolles Verwalten, 2004, S. 22 f.; 135 ff.; 146, 234 f.

Mitwirkung der Steuerpflichtigen abhängt[823], der Steuervollzug mithin faktisch auf die Zusammenarbeit mit den Steuerpflichtigen angewiesen ist[824]. Da die Abgabenordung demgemäß zahlreiche, im Vergleich zum allgemeinen Verwaltungsrecht (vgl. § 26 Abs.2 VwVfG) weitgehende Mitwirkungspflichten normiert und die Steuer im Rahmen der Steueranmeldung sogar selbst zu errechnen ist (§ 150 Abs.1 S.3 AO)[825], kann die Zusammenarbeit bzw. Kooperation von Finanzverwaltung und Steuerpflichtigen zudem als gesetzlich intendiert und der Abgabenordnung immanent angesehen werden[826]. In der Literatur ist daher trotz der klassischen, hoheitlichen Eingriffskonstellation des Steuerverfahrens von einem „Kooperationsverhältnis"[827] zwischen Finanzverwaltung und Steuerpflichtigen bzw. von Kooperation als „Strukturprinzip des Besteuerungsverfahrens"[828] die Rede[829]. *Seer* wählt diesbezüglich den Terminus der den Untersuchungsgrundsatz im Besteuerungsverfahren flankierenden „Kooperationsmaxime" und geht dabei von einer gemeinsamen Verantwortung von Finanzverwaltung und Steuerpflichtigen für die Sachverhaltsermittlung aus[830].

Je nachdem, ob die konkreten gesetzlichen Mitwirkungspflichten der Steuerpflichtigen gegebenenfalls zwangsweise durch die Verwaltung durchgesetzt

823 *Seer*, in: Tipke/Lang, Steuerrecht, 2013, § 21, Rn. 4.

824 *Drüen,* FR 2011, 101, 104; *Eckhoff,* Rechtsanwendungsgleichheit, 1999, S. 453, 456.

825 Wichtige Fälle der Steueranmeldung sind die Umsatzsteuervoranmeldung gemäß § 18 Abs.1, 3 UStG, die Lohnsteueranmeldung gemäß § 42a EStG und die Kapitalertragsteueranmeldung gemäß § 45a Abs.1 EStG.

826 Vgl. *Drüen,* FR 2011, 101, 104. Insoweit greift die Abgabenordnung den dem preußischen Einkommensteuergesetz, insbesondere der Steuererklärungspflicht nach § 24 Preuß. EStG 1891, immanenten Kooperationsgedanken wieder auf, *Frizen*, Das Deklarationsprinzip, 2009, S. 166.

827 *Söhn*, in: H/H/Sp, AO/FGO, § 88 AO, Rn. 94 (03/2010).

828 *Drüen*, in: Schön/Beck, Zukunftsfragen des deutschen Steuerrechts, 2009, S. 1, 8, 18 ff.; *ders.*, DStR 2010, 2, 8.

829 *Hoffmann,* Der maßvolle Gesetzesvollzug im Steuerrecht, 1999, S. 200 ff., spricht von dem Verfahrensmodell der „kooperativen Rechtsbildung".

830 *Seer*, Verständigungen in Steuerverfahren, 1996, S. 179 ff.; *ders.,* StuW 2003, 40, 52 ff.; *ders.*, in: Tipke/Lang, Steuerrecht, 2013, § 21, Rn. 4, 170, der jedoch die Letztverantwortung für die Aufklärung des Sachverhalts bei der Finanzverwaltung sieht. *Birk*, Steuerrecht, 2012, Rn. 480, spricht mit Blick auf die Wechselwirkung zwischen hoheitlichen Ermittlungspflichten und Mitwirkung des Steuerpflichtigen von einem „Kooperationsgrundsatz". Zur gemeinsamen Verantwortung von Finanzverwaltung und Steuerpflichtigen für die Sachverhaltsermittlung bzw. -aufklärung siehe auch **4. Kapitel B. I. 1. a)**.

werden bzw. werden können (§§ 249 ff.; 328 ff. AO) oder die Mitwirkung nicht erzwingbar ist (vgl. § 90 Abs.1 AO), differenziert die Literatur bisweilen begrifflich zwischen einem erzwingbaren respektive erzwungenen Kooperationsverhältnis[831] bzw. einer zwangsweise erzeugten Kooperationsmaxime[832] und einem freiwilligen Kooperationsverhältnis[833].

bb) Ideal der paritätischen Kooperation

Die mit der Tax Compliance-Vollzugsstrategie korrespondierende Forderung nach einer kooperativen Ausrichtung des Steuervollzuges greift den Gedanken auf, dass Kooperation idealiter paritätisch ausgestaltet ist[834] und sich nicht nur einseitig in der äußerst weitgehenden Mitwirkung der Steuerpflichtigen erschöpfen sollte[835]. Muss der Steuerpflichtige auf Grund der zahlreichen gesetzlichen Mitwirkungspflichten kooperieren, so müsse sich mithin auch die Finanzverwaltung um Kooperation bemühen, habe doch Kooperation immer zwei Seiten bzw. Beteiligte, die in den gesetzlichen Grenzen aufeinander zugehen müssen[836]. Der Steuerpflichtige sei nicht mehr als bloßes Objekt des Verfahrens, sondern eher als Partner beim Vollzug der Steuergesetze anzusehen[837]. Die Forderung zielt daher auf ein hoheitliches Entgegenkommen respektive die Abkehr vom Modell des einseitig hoheitlichen Steuervollzuges[838]. In diesem Sinne sprach sich *Eckhoff* bereits 1996 dafür aus, dass kooperative Handlungsformen, die die Steuerpflichtigen weniger belasten als konfrontative, vorzugswürdig seien, wenn und soweit sie geeignet sind, das Ziel der Besteuerung zu erreichen[839]. Materiell- oder ver-

---

831 *Kobor*, Kooperative Amtsermittlung im Verwaltungsrecht, 2009, S. 129.

832 *Seer*, in: Tipke/Kruse, AO/FGO, § 90 AO, Rn. 1 (01/2010).

833 Freiwilligkeit ist demnach keine zwingende Voraussetzung für Kooperation, vgl. *Drüen*, in: Schön/Beck, Zukunftsfragen des deutschen Steuerrechts, 2009, S. 1, 18; *Eckhoff*, Rechtsanwendungsgleichheit im Steuerrecht, 1999, S. 450 ff.; vgl. auch *Frizen*, Das Deklarationsprinzip, 2009, S. 168, die auf sog. Zwangskooperationen wie Industrie- und Handelskammern oder Rechtsanwaltskammern, deren Angehörige teilweise gesetzlich zur Mitgliedschaft verpflichtet sind, verweist.

834 *Drüen*, in: Schön/Beck, Zukunftsfragen des deutschen Steuerrechts, 2009, S. 1, 20.

835 Freilich kann in Anbetracht der Durchsetzungsbefugnis der Finanzverwaltung bzw. der Erzwingbarkeit der Mitwirkung nach §§ 249 ff. AO von keiner echten Gleichberechtigung im Verhältnis Steuerpflichtiger und Steuerstaat die Rede sein, vgl. *Widmann*, in: FS Spindler, 2011, S. 563, 566.

836 *Birk*, in: FS Pöllath+Partners, 2008, S. 161, 162.

837 Vgl. *Eckhoff*, StuW 1996, 107, 109 ff.

838 Vgl. *Risse*, DB 2011, 667, 668.

839 *Eckhoff*, StuW 1996, 107, 111.

fahrensrechtliche Handlungsspielräume sollten demgemäß unter Wahrung der Gesetz- und Gleichmäßigkeit der Besteuerung auch gemeinsam mit den Steuerpflichtigen ausgefüllt werden[840]. Kooperation äußere sich dabei nicht nur in Gestalt sog. tatsächlicher Verständigungen zwischen Finanzverwaltung und Steuerpflichtigen über steuerrelevante Tatsachen[841] oder ggf. auch Rechtsfragen[842], sondern grundlegend in einem Selbstverständnis der Steuerbehörden als „Dienstleister" gegenüber den Steuerpflichtigen und den Finanzinteressen des Staates[843]. Elementar sei auch die Bereitschaft seitens der Verwaltung zur Erteilung von informatorischen Auskünften, verbindlichen Zusagen und die gemeinsame Erörterung des Sach- und Rechtsstandes[844]. In prinzipieller Übereinstimmung mit der Forderung nach einem möglichst kooperativen statt konfrontativen Steuerstaat führt der BFH in seinem Urteil zur steuerlichen Absetzbarkeit von Steuerberatungskosten explizit aus, „dass eine Kooperation zwischen Steuerbürger, Steuerberater und Finanzverwaltung wünschenswert ist"[845].

Insgesamt wird deutlich, dass Kooperation in diesem Sinne nicht gleichzusetzen ist mit ausschließlich konsensualen Maßnahmen[846], sondern eher als Gegenthese zu einer konfrontativen Grundausrichtung im Rahmen des Steuervollzuges zu sehen ist. Der kooperative Steuerstaat ist dabei keineswegs Ausdruck ei-

---

840 *Eckhoff*, StuW 1996, 107, 110.

841 Grundlegend dazu BFH v. 11.12.1984 – VIII R 131/76, BFHE 142, 549, 556. Aktueller etwa BFH, Urt. V. 08.10.2008 – I R 63/07, BFHE 223, 194, 196.

842 Nach Ansicht der Rspr. können Verständigungen über Rechtsfragen nur erfolgen, wenn diese in so engem Zusammenhang mit einer schwer ermittelbaren Tatsachenbasis stehen, dass eine Trennung nicht sachgerecht ist, vgl. BFH v. 01.02.2001, IV R 3/00, BStBl II 2001, 520, 524; BFH v. 08.10.2008, I R 63/07, BStBl II 2009, 121, 123. Dagegen spricht sich ein großer Teil der Literatur mangels zwingender Trennung von Tatsachen- und Rechtsfragen für eine Verständigung auch über letztere aus, siehe etwa *Achatz*, DStJG 27 (2004), S. 161, 171 ff.; *Drüen*, FR 2011, 101, 110; *Seer*, in: Tipke/Lang, Steuerrecht, 2013, § 21, Rn. 22.

843 *Eckhoff*, StuW 1996, 107, 112 f. Eine Verbesserung der Servicebereitschaft und Kundenbetreuung forderte bereits *Mrozek* im Jahr 1909, Preußische Jahrbücher 1909, S. 259, 286; siehe auch *Frizen*, Das Deklarationsprinzip, 2009, S. 283.

844 *Eckhoff*, StuW 1996, 107, 121.

845 BFH v. 04.02.2010, X R 10/08, DStR 2010, 739, 742. Im Allgemeinen hat die Rspr. insbesondere mit Anerkennung des Rechtsinstituts der sog. tatsächlichen Verständigung als zulässige konsensuale Maßnahme den kooperativen Gedanken im Besteuerungsverfahren gestärkt, vgl. *Risse*, DB 2011, 667, 668.

846 „Wenngleich Kooperation und Konsens häufig in einem Atemzug genannt werden, dürfen sie nicht gleichgesetzt werden", *Drüen*, in: Schön/Beck, Zukunftsfragen des deutschen Steuerrechts, 2009, S. 1, 19.

ner „Gefälligkeitsdemokratie“[847]. Vielmehr sprechen sich die Befürworter eines grundsätzlich kooperativ ausgerichteten Vollzuges dezidiert für die konsequente Ahndung von Mitwirkungsverweigerungen bzw. Gesetzesverletzungen der Steuerpflichtigen aus[848]. Der kooperative Steuerstaat sei mithin „kein naiver Staat“[849], der ausschließlich einen „Schmusekurs“ pflegt[850].

c) Korrespondierende Entwicklung in der modernen Staats- und Verwaltungsrechtslehre

Der Gedanke eines kooperativen, serviceorientierten Steuervollzuges stimmt zudem mit der allgemeinen Entwicklung der letzten Jahre bzw. Jahrzehnte in der Staats- und Verwaltungsrechtslehre überein, wonach ein kooperativer Gesetzesvollzug sowie eine Akzentuierung des Service- und Dienstleistungsgedankens auf Verwaltungsseite zunehmend an Bedeutung gewinnen.

Ausgehend vom rein subordinationsrechtlichen Denken und der rein hoheitlichen Aufgabenwahrnehmung im Sinne *O.Mayers* vollzog sich im Staats- und Verwaltungsrecht vor geraumer Zeit ein Paradigmenwechsel hin zum Bild eines „kooperativen“ Staates[851]. Ursächlich für diesen Wandel waren vor allem die Schwierigkeiten, ausschließlich durch einseitig-hoheitliches staatliches Handeln der Komplexität moderner Industriegesellschaften gerecht zu werden[852]. In Folge grundlegender Veränderungen respektive einer enormen Komplexitätssteigerung der Umweltbedingungen und Lebensbedingungen vermochte das überkommene Staatshandeln, welches häufig ein einfach strukturiertes gesellschaftliches Umfeld voraussetzte, die vielfältigen, angewachsenen Aufgaben nicht mehr aus eigener Kraft zu bewältigen[853]. Der regulierende Staat befand sich mithin in einer grundlegenden Steuerungskrise[854]. In Folge dessen geriet die kooperative, d.h. auf inten-

847 *Huber/Seer*, StuW 2007, 355, 357; kritisch dagegen *Müller-Franken*, Maßvolles Verwalten, 2004, S. 21 f., 234.

848 *Drüen*, in: Schön/Beck, Zukunftsfragen des deutschen Steuerrechts, 2009, S. 1, 20; *Seer*, SteuerStud 2010, 369, 372.

849 *Seer*, SteuerStud 2010, 369, 372.

850 Vgl. *Drüen*, in: Schön/Beck, Zukunftsfragen des deutschen Steuerrechts, 2009, S. 1, 20.

851 Das einstmalige Bild des reinen Subordinationsverhältnisses lässt sich maßgeblich auf *O.Mayer* zurückführen. Siehe z.B. *O.Mayer*, AöR Band 3 (1888), S. 3, 42 ff.

852 *Schultze-Fielitz*, in: Hoffmann-Riem/Schmidt-Aßmann/Voßkuhle, GVwR I, 2012, § 12, Rn. 64 f.; *Ritter*, AöR 104 (1979), 389, 390 f.

853 Vgl. *Benz*, Kooperative Verwaltung, 1994, S. 43 ff.

854 Vgl. *Hoffmann-Riem*, in: Hoffmann-Riem/Schmidt-Aßmann/Schuppert, Reform des Allgemeinen Verwaltungsrechts, 1993, S. 115, 136 ff. Grundlegend zum Begriff

dierte Zusammenarbeit von Staat und Privaten gerichtete Aufgabenwahrnehmung zunehmend in den Fokus der Staats- und Verwaltungsrechtslehre[855]. Ziel ist es dabei keineswegs, die hoheitlichen Steuerungsinstrumente durch kooperative Ansätze zu ersetzen. Vielmehr gilt es, die nicht-staatlichen Akteure in den Administrationsprozess einzubinden, um dadurch eine effektivere und effizientere Aufgabenwahrnehmung – möglichst mit Akzeptanz der Privaten – zu gewährleisten[856]. Der Sachverstand der Privaten soll mithin für die Erledigung der öffentlichen Aufgaben genutzt und die hoheitlichen Ressourcen dadurch entlastet werden[857]. Kooperation beinhaltet dabei sehr unterschiedliche Erscheinungsformen und kann vom öffentlich rechtlichen Vertrag nach §§ 54 ff. VwVfG, bei dem sich der Staat mitunter in ein Gleichordnungsverhältnis mit den Privaten begibt, bis hin zu informalen Formen von Absprachen, Zusagen oder Selbstverpflichtungen reichen[858]. Insgesamt geht es um ein rechtliches Zusammenwirken im Prozess der Rechts- und Gemeinwohlkonkretisierung[859]. Aus Perspektive der Privaten kann damit vor allem der Vorteil zur besseren Einflussnahme auf die Entscheidungsfindung verbunden sein. Im fortschreitenden Prozess der Kooperationalisierung erweist sich insbesondere das Umweltrecht als Referenzgebiet für das Zusammenwirken von Staat und Privaten[860]. Das Kooperationsprinzip gilt auf diesem Gebiet bereits als prägendes Grundprinzip und Leitbild der Umweltverwaltung[861].

---

und der Funktion der Steuerung siehe *Mayntz*, Steuerung, Steuerungsakteure und Steuerungsinstrumente, 1986, passim. Zentrales Steuerungsinstrument des Rechtsstaates ist dabei das Gesetz, siehe *Schuppert*, DV 1999, 103, 110.

855 Grundlegend *Ritter*, AöR, 104 (1979), 389 ff; *Schultze-Fielitz*, DVBl. 1994, 657 ff.

856 Vgl. *Shirvani*, Das Kooperationsprinzip im deutschen und europäischen Umweltrecht, 2005, § 2, S. 41 ff.

857 *Kluth*, Funktionale Selbstverwaltung, 1997, S. 227.

858 Nach *Schultze-Fielitz* umfasst Kooperation in einem weiten Sinn „alle Formen des Zusammenwirkens von Staat und Gesellschaft, von staatlich angeregten Selbstbeschränkungsabkommen durch die Wirtschaft über die Beteiligung einzelner Privater, von Verbänden oder der organisierten Öffentlichkeit an Entscheidungsprozessen der Verwaltung bis hin zur Informationstätigkeit des Staates auf allen Handlungsebenen mit Privaten Adressaten“, in: Hoffmann-Riem/Schmidt-Aßmann/Voßkuhle, GVwR I, 2012, § 12, Rn. 68.

859 *Schultze-Fielitz*, in: Hoffmann-Riem/Schmidt-Aßmann/Voßkuhle, GVwR I, 2012, § 12, Rn. 71; vgl. auch *Drüen*, FR 2011, 101, 103.

860 *Schultze-Fielitz*, in: Hoffmann-Riem/Schmidt-Aßmann/Voßkuhle, GVwR I, 2012, § 12, Rn. 72; siehe auch *Drüen*, FR 2011, 101.

861 BVerfG v. 16.12.1997, 2 BvR 1876/91, BVerfGE 98, 83, 98 ff.; BVerfG v. 07.05.1998, 2 BvR 1991/95; 2 BvR 2004/95, BVerfGE 98, 106, 120 ff.; *Di Fabio*, NVwZ

Im Zuge des allgemeinen Modernisierungs- und Reformprozesses innerhalb der Verwaltungsrechtswissenschaft und –praxis[862] konnte zudem die Erkenntnis gewonnen werden, dass eine stärkere Bürger- und Serviceorientierung der Verwaltung wesentlich zur Optimierung der hoheitlichen Aufgabenerfüllung beitragen kann[863]. Von grundlegender Bedeutung ist dabei der verwaltungsseitige Ansatz, die Arbeitsweise an der Sichtweise und den Bedürfnissen des Bürgers auszurichten; die Verwaltung versteht sich dementsprechend – soweit wie möglich – als Dienstleister gegenüber dem Bürger, der demgemäß bisweilen als „Kunde“ bezeichnet wird. Ziel ist es dadurch, die Akzeptanz der Bürger im Hinblick auf die Verwaltung und deren Maßnahmen zu steigern und die Motivation zur Gesetzesbefolgung zu erhöhen[864].

2. Maßnahmen zur Erleichterung der steuerlichen Selbstregulierung

Inhaltlich ist die kooperative „erste Säule“ der Tax Compliance-Vollzugsstrategie darauf gerichtet, die steuerliche Mitwirkung bzw. Selbstregulierung zu erleichtern und entsprechende strukturelle Mitwirkungsanreize für die Steuerpflichtigen zu setzen[865]. Die Rede ist insoweit auch von der „Serviceorientierung der Finanzverwaltung“[866] als Bestandteil der administrativen Kooperationsstrategie[867]. Elementar ist dabei etwa eine möglichst gute finanzbehördliche Infrastruktur,

---

1999, 1153 ff.; *Shirvani*, Das Kooperationsprinzip im deutschen und europäischen Umweltrecht, 2005, § 1, S. 1 ff; *Voßkuhle*, ZUR 2001, 23 ff. Kritisch im Hinblick auf den Charakter als Rechtsprinzip beispielsweise *Murswiek*, ZUR 2001, 7, 12 f.; *Wieland*, ZUR 2001, 20 ff. Auf mögliche allgemeine Gefahren und Nachteile einer kooperativen Aufgabenwahrnehmung hinweisend *Schultze-Fielitz*, in: Hoffmann-Riem/Schmidt-Aßmann/Voßkuhle, GVwR I, 2012, § 12, Rn. 76.

862 Diesbezüglich ist die Rede von der sog. Neuen Verwaltungsrechtswissenschaft, grundlegend dazu *Schuppert*, in: Hoffmann-Riem/Schmidt-Aßmann/Schuppert, Reform des Allgemeinen Verwaltungsrechts, 1993, S. 93 ff.

863 Siehe nur *Voßkuhle*, in: Hoffmann-Riem/Schmidt-Aßmann/Voßkuhle, GVwR I, 2012, § 1, Rn. 50, 53 ff.

864 Vgl. *Steffen*, in: Baunack-Bennefeld/Elsenbroich, Verwaltungsmodernisierung, Neue Steuerungsmodelle, 2009, S. 39, 40 ff.

865 Vgl. *Seer*, StbJb 2004/2005, S. 53, 57; *ders.*, SteuerStud 2010, 369, 372.

866 Siehe dazu *Habammer*, Stbg 2001, 612, 615, der des Weiteren die Begriffe der Kunden- und Bürgerorientierung nennt.

867 *Widmann*, in: FS Spindler, 2011, S. 563, 568.

beispielsweise im Hinblick auf die telefonische und elektronische[868] Erreichbarkeit oder Sprech- und Öffnungszeiten sowie eine entsprechend hilfsbereite, freundliche und fachkompetente personelle Betreuung[869]. Die Verwaltung kann grundsätzlich im Rahmen des gesetzlich Möglichen sowohl einseitige verbindliche oder unverbindliche Informations- bzw. Beratungsleistungen vornehmen (vgl. § 89 AO) als auch zweiseitige verbindliche oder unverbindliche Verständigungen mit den Steuerpflichtigen treffen. Die Abgabenordnung weist insoweit jedoch nur sehr rudimentäre, punktuelle Regelungen auf[870]. Ein wie von *Seer* vorgeschlagener gesonderter Abschnitt der „kooperativen Handlungsformen", der die Regelungen zur verbindlichen Zusage nach einer Außenprüfung (§§ 204 bis 207 AO) und verbindlichen Auskunft (§ 89 Abs.2 AO) unter der im allgemeinen Verwaltungsrecht geläufigen Rechtsform der Zusage zusammenfasst und zudem sog. Advance Pricing Agreements (vgl. § 178a AO) sowie das Institut der sog. tatsächlichen Verständigung gesetzlich ausdrücklich regelt, existiert bislang nicht[871]. Entsprechende Serviceleistungen sollten sich dabei stets am konkreten Bedürfnis der Steuerpflichtigen orientieren[872]. Mit Blick auf die steuerliche Beratung und Betreuung ist umso mehr an Hilfestellung sinnvoll, je mehr an Mitwirkungspflichten und damit an Rechtskenntnis seitens der Steuerpflichtigen abverlangt wird und je komplexer und komplizierter das Steuerrecht ist[873]. Es gilt insoweit, der von der Rechtsprechung gebrauchte Bezeichnung der Verwaltungsbeamten als „Helfer des Staatsbürgers"[874] auch tatsächlich und be-

868 Zur damit korrespondierenden Idee der vorausgefüllten Streuererklärung als Servicemaßnahme siehe *Seer*, DStJG 31 (2008), S. 7, 28 f.; *ders.*, in: Tipke/Lang, Steuerrecht, 2013, § 21, Rn. 183, unter Verweis auf den entsprechenden Ansatz im Kölner Entwurf eines Einkommensteuergesetzes, 2005.

869 Vgl. dazu *Lyding*, in: Bizer/Falk/Lange, Am Staat vorbei, 2004, S. 113 ff. Weitere mögliche Servicemaßnahmen im Rahmen eines an Tax Compliance orientierten Vollzuges nennt *Ahrens*, Belastingdienst, 2005, S. 337 ff.

870 Zur Frage, inwieweit entsprechende kooperative, serviceorientierte Maßnahmen de lege lata umgesetzt werden könnten bzw. in der deutschen Praxis bereits umgesetzt werden, siehe **4. Kapitel A. bis D.**

871 *Seer*, in: FS Pelka, 2010, S. 33, 41. Siehe dazu auch *Hey*, Steuerplanungssicherheit als Rechtsproblem, 2002, S. 732.

872 Um die Bedürfnisse der Steuerpflichtigen zu erfassen und entsprechende Problembereiche zu lokalisieren, halten *Popp/Riedel*, VOP 12/2000, 13, insbesondere kontinuierliche und systematische Befragungen der Steuerpflichtigen für erforderlich.

873 Vgl. *Dalichau*, Auskünfte und Zusagen der Finanzverwaltung, 2003, S. 156.

874 BGH v. 06.04.1960, III ZR 38/59, NJW 1960, 1244.

wusst zu entsprechen. In Übereinstimmung mit der rechtsstaatlichen und nicht in erster Linie fiskalischen Funktion des Steuervollzuges ist den Steuerpflichtigen auch dort zu helfen, wo diese Gefahr laufen, zu viele, über den gesetzlich geschuldeten Betrag hinausgehende Steuern zu zahlen[875].

Von besonderer Relevanz ist zudem, das Vertrauen der Steuerpflichtigen im konkreten Steuerrechtsverhältnis zu schützen und zu Gunsten der Steuerpflichtigen eine möglichst hohe Planbarkeit und Kalkulierbarkeit im Hinblick auf die steuerliche Belastung aus den jeweiligen Besteuerungszeiträumen zu gewährleisten[876]. Entsprechende behördliche Maßnahmen sind als wichtige, die Selbstregulierung erleichternde Serviceelemente zu begreifen[877]; der Steuerpflichtige wird dabei vor allem ein Interesse an einer rechtsverbindlichen Festlegung der Finanzverwaltung haben[878]. Steht dem Streben nach Steuerplanungssicherheit überdies die in Deutschland besonders ausgeprägte Länge der Steuerverfahren entgegen, gilt es schließlich, die Verfahrensdauer im Zuge der Tax Compliance-Vollzugsstrategie nach Möglichkeit zu verkürzen. In diesem Sinne ist die die Gewährleistung eines möglichst zeitnahen Steuervollzuges bzw. die Verkürzung der steuerlichen Verfahrensdauer Ausdruck eines an Tax Compliance orientierten Vollzuges. Das Prinzip zeitnaher Besteuerung entspricht einem kooperativen Steuerrechtsverhältnis: „Wer kooperiert, hat einen legitimen Anspruch darauf, dass nach einer bestimmten Frist (2 bis 4 Jahre) die Steuer spätestens endgültig abgerechnet worden ist“[879].

Bei alldem ist jedoch die auf das moderne, kooperative Verwaltungsverständnis rekurrierende Bezeichnung der Steuerpflichtigen als „Kunden“[880] der Finanzverwaltung abzulehnen. Schließlich impliziert die Begrifflichkeit eine Wahlfreiheit der Steuerpflichtigen, die tatsächlich nicht gegeben ist[881]. Im Gegensatz

---

875 *Lang*, in: Bizer/Falk/Lange, Am Staat vorbei, 2004, S. 91, 109.

876 Vgl. zu dieser Zielsetzung *Seer*, in: FS Pelka, 2010, S. 33, 40. Grundlegend *Hey*, Steuerplanungssicherheit als Rechtsproblem, 2002, S. 103 ff.

877 Vgl. *Seer*, SteuerStud 2010, 369, 372.

878 Als Rechtsgrundlagen für finanzbehördliche Zusagen kommen § 89 Abs.2 bis 7 AO (verbindliche Auskunft), §§ 204 bis 207 AO (verbindliche Zusage auf Grund einer Außenprüfung), § 42e EStG (lohnsteuerliche Anrufungsauskunft) und Art. 12 ZK; Art. 20 MZK; Art. 5 bis 14 ZK-DVO (verbindliche Zolltarif-/Ursprungsauskunft) in Betracht. Siehe auch *Birk*, in: FS Spindler, 2011, S. 13, 27 f.

879 *Seer*, StuW 2003, 40, 55.

880 Vgl. *Paschinger*, Die Grenzen der Kundenorientierung in der Finanzverwaltung, 2011, S. 13 ff.; *Popp/Riedel*, VOP 12/ 2000, 13 ff.

881 *Ahrens*, Belastingdienst, 2005, S. 336.

zum Steuerpflichtigen kann ein Kunde typischerweise seinen Dienstleister oder Lieferanten auswählen und entsprechende Verträge im Rahmen der Privatautonomie aushandeln bzw. auch wieder kündigen[882]. Die im Rahmen des Steuervollzuges durchzusetzenden und notfalls nach §§ 249 ff. AO erzwingbaren Ansprüche aus dem Steuerschuldverhältnis entstehen jedoch nach § 38 AO von Gesetzes wegen, nämlich sobald der Tatbestand verwirklicht ist, an den das Gesetz die Leistungspflicht knüpft. Dabei stellen Steuern nach § 3 Abs.1 AO keine Gegenleistung für eine besondere Leistung dar. Von einer Gleichberechtigung im Verhältnis zwischen Steuerpflichtigen und Steuerverwaltung kann keine Rede sein[883]. Soweit statt vom Steuerpflichtigen lieber vom „Steuerbürger" gesprochen wird, um ein gewandeltes Verwaltungsverständnis nahezulegen und die Mündigkeit und Aufgeklärtheit der Steuerzahler hervorzuheben, bestehen hingegen keine Bedenken[884]. Wichtig ist insgesamt, dass ein kooperatives, serviceorientiertes Verwaltungskonzept auch in ausreichendem Maße nach außen kommuniziert wird. In diesem Sinne bieten unter anderem sog. Klimatagungen mit Steuerberatern ein Forum für Öffentlichkeitsarbeit[885].

II. Risikoorientierte Kontrolle

„Ohne Kontrolle gibt es in einem Rechtsstaat gewiss keine gleichmäßige Besteuerung"[886]. In diesem Sinne beinhaltet eine Tax Compliance-Vollzugsstrategie neben der kooperativen, serviceorientierten Ausrichtung zur Vertrauensbildung und Motivation der Steuerpflichtigen ebenso die konsequente steuerliche Kontrolle und Ahndung von Mitwirkungspflichtverweigerungen bzw. -verletzungen. Schließlich handelt es sich um eine „Doppelstrategie", die einerseits ein hilfsbereites, freundliches Verhalten gegenüber mitwirkenden Steuerpflichtigen, andererseits aber auch ein entsprechend strenges Auftreten gegenüber Mitwirkungsverweigerern bedeutet[887]. Neben dem sog. Servicemanagement beinhaltet die Strategie mithin auch

882 *Widmann*, in: FS Spindler, 2011, S. 563, 566.
883 *Widmann*, in: FS Spindler, 2011, S. 563, 566.
884 So der Vorschlag von *Nieskens*, UR 2009, 408, 409.
885 *Schmidt*, DStJG 31 (2008), S. 37, 42; *Seer*, SteuerStud 2010, 369, 372.
886 *Tipke*, Die Steuerrechtsordnung, Band III, 1993, S. 1208.
887 *Ahrens*, Belastingdienst, 2005, S. 340, die in diesem Zusammenhang das Vollzugsmotto „streng aber gerecht" nennt. Vgl. auch *Kaiser*, Ubg 2012, 631, 633, der von einerseits „proaktiven" bzw. „präventiven" und andererseits „reaktiven" bzw. „korrektiven" Mitteln einer Finanzverwaltung spricht.

ein sog. Risikomanagement[888]. Der kooperative, serviceorientierte Vollzugsansatz kann dabei als „Angebot“ der Vollzugsbehörden verstanden werden, welches von den Steuerpflichtigen angenommen werden muss[889]. Soweit das Angebot nicht oder nur unzureichend angenommen wird, reagiert der Steuervollzug mit entsprechenden repressiven Maßnahmen. Die Kooperationsbereitschaft endet und das klassische Eingriffsrecht kommt konsequent zur Anwendung[890]. Fehlverhalten der Steuerpflichtigen soll dabei aufgedeckt und mit spürbaren bzw. abschreckenden Sanktionen belegt werden. Die Rede ist insoweit auch von einer sog. Deterrence Strategy als Facette der Tax Compliance-Vollzugsstrategie[891]. Insgesamt bedeutet ein hoher Grad an steuerlicher Mitwirkung bzw. Gesetzeseinhaltung demnach nicht nur, dass der Steuerpflichtige „in den Genuss“ möglichst umfangreicher hoheitlicher Serviceangebote kommt, sondern ebenso, dass er in geringerem Maße durch aufwändige Kontrollen belastet wird. Insoweit entspricht auch die zweite Säule dem der Tax Compliance-Vollzugsstrategie insgesamt zu Grunde liegenden Anreizgedanken[892].

Damit korrespondierend konstatiert die Fiscalis-Projektgruppe „Risikoanalyse“ in dem von der Europäischen Kommission herausgegebenen Leitfaden „Risikomanagement für Steuerverwaltungen“, dass finanzbehördliches Risikomanagement dazu beiträgt, dass

- „eine Gleichbehandlung der Steuerzahler erreicht wird;
- der Prüfungsaufwand sich auf die Steuerzahler konzentriert, die die Vorschriften nicht befolgen;
- die verfügbaren personellen, finanziellen und technischen Mittel optimal genutzt werden;
- freiwilliges gesetzeskonformes Handeln der Steuerzahler verstärkt wird;
- Ressourcen entsprechend der Schwere des Risikos eingesetzt werden;
- die Möglichkeiten, dass ein bislang gesetzestreuer Steuerzahler seinen Pflichten nicht mehr nachkommt, eingeschätzt werden können“[893].

---

888 *Nagel/Wasa*, DStZ 2008, 321, 323; vgl. auch *Haunhorst*, DStR 2010, 2105.

889 *Widmann*, in: FS Spindler, 2011, S. 563, 565, der darin gerade die Schwäche der Tax Compliance-Vollzugsstrategie sieht.

890 Vgl. bereits *Eckhoff*, StuW 1996, 107, 115.

891 *Seer*, DStR 2008, 1553, 1554; ebenso *Joecks*, in: FS Schaumburg, 2009, S. 1225, 1230.

892 Vgl. *Huber/Seer*, StuW 2007, 355, 358.

893 *Europäische Kommission*, Leitfaden – Risikomanagement für Steuerverwaltungen, 2006, S. 6. Vgl. auch die englische Neufassung des Leitfadens vom 25.03.2010, Compliance Risk Management Guide for Tax Administrations, S. 5.

1. Hintergründe des Kontrollansatzes

Die zweite Säule einer Tax Compliance Vollzugsstrategie knüpft ebenso wie die erste Säule an Erkenntnisse der Finanz- bzw. Steuerpsychologie an. Aus juristischer Perspektive rekurriert der Kontrollansatz mit dem bereits genannten, verfassungsmäßig indizierten Prinzip der finanzbehördlichen Verifikation.

a) Anknüpfung an Erkenntnisse der Steuerpsychologie

Die Säule der finanzbehördlichen Kontrolle korrespondiert mit der Erkenntnis der Finanz- und Steuerpsychologie, wonach Steuerpflichtige im Allgemeinen eine höhere Bereitschaft zur Einhaltung der Steuergesetze aufweisen, wenn sie der Auffassung sind, dass andere Steuerpflichtige sich ebenso korrekt verhalten bzw. ein entsprechendes Fehlverhalten der anderen von staatlicher Seite konsequent aufgedeckt wird[894]. Umgekehrt trägt der Eindruck, dass andere Steuerpflichtige in größerem Umfang Steuern hinterziehen, zu einer entsprechend geringeren Bereitschaft zu gesetzmäßigem bzw. kooperativem Handeln bei. Maßgebend für die Bereitschaft zur eigenmotivierten Tax Compliance ist mithin die – vom Staat überwachte – Tax Compliance der anderen Steuerpflichtigen[895]. Die Steuerbelastung ist für den Steuerehrlichen insgesamt nämlich nur dann erträglich, wenn auch die anderen Steuerpflichtigen gleichmäßig zur Steuerzahlung herangezogen werden[896]. Der Steuerehrliche darf also nicht das Gefühl bekommen, der „Dumme" zu sein[897]. In der Literatur ist diesbezüglich von einer „vertikalen", das Verhältnis der Steuerpflichtigen untereinander betreffenden Reziprozität die Rede[898]. In Folge dessen gilt es aus Vollzugsperspektive, die mitwirkenden Steuerpflichtigen quasi vor den Nichtmitwirkenden zu schützen[899]. So stellte *Grabower* bereits im Jahre 1932 fest, dass ein hoher Steuerdruck für das Volk nur dann erträglich ist, „wenn

894 Vgl. *Falk*, Perspektiven der Wirtschaftspolitik 4/2003, S. 141 ff.; *Fuest*, in: Brandt, Mitverantwortung von Bürger und Staat für ein gerechtes Steuerrecht, 2007, S. 87, 94.

895 Vgl. *Widmann*, in: FS Spindler, 2011, S. 563, 567.

896 *Birk*, in: FS Spindler, 2011, S. 13, 16, der diesbezüglich auf *Thomas Hobbes*, Leviathan, Teil II, S. 287 verweist, wonach sich die Menschen weniger durch die Steuerlast als solche, als durch ihre ungleichmäßige Verteilung bedrückt fühlen. Siehe auch *Kruse*, StuW 1990, 322 ff.; *Tipke*, Besteuerungs- und Steuermoral, 2000, S. 97.

897 *Ahrens*, Belastingdienst, 2005, S. 337; *Frizen*, Das Deklarationsprinzip, 2009, S. 284.

898 *Schnellenbach*, ZRFC 2011, 106 ff.

899 *Huber/Seer*, StuW 2007, 355, 358.

es der Überzeugung ist, und sein kann, dass alle gleichmäßig nach dem Verhältnis ihrer Kräfte belastet sind“[900].

Auf der anderen Seite setzt die konsequente Sanktionierung von Fehlverhalten auch auf den herkömmlichen Aspekt der Abschreckung und berücksichtigt damit die dem Modell des Homo Oeconomicus zu Grunde liegende Abhängigkeit von Steuerzahlungsverhalten und Entdeckungswahrscheinlichkeit bzw. Höhe der möglichen Strafen.

b) Anknüpfung an das Verifikationsprinzip

Aus juristischer Sicht korrespondiert die zweite, auf wirksame Kontrolle und Sanktionen im Fall der Nichtkooperation bzw. Mitwirkungspflichtverletzung zielende Säule der Tax Compliance-Vollzugsstrategie mit dem bereits erwähnten Verifikationsprinzip als Strukturprinzip des Steuerverfahrens. Danach ist ein „hinreichendes Verifikationssystem“[901] zur Kontrolle des vom Steuerpflichtigen aufbereiteten und erklärten Sachverhalts notwendig[902]. Entsprechend des strukturellen Vollzugssicherungsauftrages sind die begrenzten Vollzugskapazitäten dabei nicht zur vollumfänglichen Bearbeitung nur eines geringen Teils der Fälle zu nutzen, sondern auf alle Fälle entsprechend bestimmter Kriterien relativ gleich zu verteilten[903]. Im Rahmen des risikoorientierten Steuervollzugs soll eine derartige relativ gleiche Verteilung der Vollzugskapazitäten respektive Kontrollintensität verwirklicht werden, indem als maßgebliches Kriterium das steuerliche Risiko bzw. das konkrete Kontrollbedürfnis herangezogen wird.

2. Ausrichtung der Kontrollintensität am steuerlichen Risiko

Charakteristisches Merkmal einer Tax Compliance-Vollzugsstrategie ist die Ausrichtung der Kontrollintensität am Grad der Mitwirkung bzw. am Grad der Voluntary Tax Compliance der Steuerpflichtigen und nicht etwa primär an der wirtschaftlichen Bedeutung eines Steuerfalles. So sollen Steuerpflichtige, die eigenmotiviert die Steuergesetze einhalten, entsprechend der geringeren Prüfungsbedürftigkeit weniger kontrolliert werden, während Steuerpflichtige, die

900 *Grabower*, Festgabe für Grossmann, 1932, S. 95, 98, ebenso zitiert durch *Huber/Seer*, StuW 2007, 355, 358, Fußnote 33.

901 *Söhn*, in: H/H/Sp, AO/FGO, § 85 AO, Rn. 47 (11/2009).

902 Vgl. *Schmidt/Schmitt*, in: FS Spindler, 2011, S. 529, 533.

903 *Seer*, Verständigungen in Steuerverfahren, 1996, S. 232.

nur unzureichend mitwirken und die Gesetze nicht befolgen, intensiver zu überprüfen und konsequent zu sanktionieren sind[904]. Die hoheitliche Kontrolle soll sich mithin primär an der Prüfungsbedürftigkeit bzw. dem konkreten Kontrollbedürfnis orientieren und nicht in erster Linie an der Höhe eines möglichen Mehrergebnisses nach erfolgter Verifikation. Die Vollüberprüfung soll mithin auf tatsächlich kontrollbedürftige Steuerfalle fokussiert werden[905]. In der Literatur hat sich für die Orientierung der Bearbeitungsintensität am steuerlichen Kontrollbedürfnis der Begriff des finanzbehördlichen Risikomanagements[906] etabliert[907], wobei auf Grund der Zuhilfenahme elektronischer Datenverarbeitung auch vom sog. EDV-gestützten Risikomanagement die Rede ist[908]. Das Kontrollbedürfnis wird dabei durch den Begriff des *steuerlichen Risikos* konkretisiert[909], ergibt sich mithin aus dem Risiko eines Steuerfalles[910]. Je größer das Risiko, desto größer auch das Kontrollbedürfnis, et vice versa.

---

904 Vgl. *Ahrens*, Belastingdienst, 2005, S. 334, *Kaiser*, StWa 2011, 101 ff.; *Huber/Seer*, StuW 2007, 355, 356 ff.; *Nagel/Waza*, DStZ 2008, 321, 322 ff.; *Schmidt/Schmitt*, in: FS Spindler, 2011, S. 529, 534 f.; *Seer*, StuW 2003, 40, 52 f.; *ders.*, in: Brandt, Mitverantwortung von Bürger und Staat für ein gerechtes Steuerrecht, 2007, S. 99, 102 f.; *ders.*, SteuerStud 2010, 369, 372; *Widmann*, in: FS Spindler, 2011, S. 563, 565 ff.

905 *Huber/Seer*, StuW 2007, 355, 356.

906 Der Begriff des Risikomanagements entstammt ursprünglich der Betriebswirtschaftslehre und bezeichnet dort die Gesamtheit aller organisatorischen Regelungen und Maßnahmen, die dem Umgang mit den Risiken unternehmerischer Betätigung dienen; es gilt dabei, mit Risiken bewusst umzugehen, diese zu steuern und zu überwachen, um letztlich die angestrebten Unternehmensziele zu erreichen, siehe etwa *Lück*, DB 1998, 1925 ff.; zur Bedeutung des Risikomanagement-Konzepts für den öffentlichen Sektor siehe *Trips*, NVwZ, 2003, 804 ff.

907 *Drüen*, in: Schön/Beck, Zukunftsfragen des deutschen Steuerrechts, 2009, S. 1, 12 ff.; *Haunhorst*, DStR 2010, 2105 ff.; *Huber*, StBp 2006, 5 ff.; *Huber/Seer*, StuW 2007, 355 ff.; *Kaiser*, Ubg 2012, 631 ff.; *Nagel/Waza*, DStZ 2008, 321 ff.; *Pestke*, Stbg 2011, 1 ff.; *Schmidt*, DStJG 31 (2008), S. 37 ff.; *Schmidt/Schmitt*, in: FS Spindler, 2011, S. 529 ff.; *Seer*, StuW 2003, 40, 46 ff.; *ders.*, DStR 2008, 1553, 1555 ff.; *ders.*, DStJG 31 (2008), S. 7, 29 ff.; *ders.*, in: Brandt, Mitverantwortung von Bürger und Staat für ein gerechtes Steuerrecht, 2007, S. 99, 102 f.; *ders.*, SteuerStud 2010, 369, 373 f.; *Suck*, DStZ 2010, 606 ff.; siehe auch BMF-Monatsbericht 10/2006, S. 63.

908 Siehe etwa *Seer*, in: Tipke/Lang, Steuerrecht, 2013, § 21, Rn. 7.

909 *Nagel/Waza*, DStZ 2008, 321, 323; ebenso *Haunhorst*, DStR 2010, 2105, 2109.

910 *Huber/Seer*, StuW 2007, 355, 356.

Ausgehend von einer allgemeinen Erörterung des steuerlichen Risikobegriffes aus Verwaltungsperspektive soll nachfolgend der theoretische Ansatz eines finanzbehördlichen Risikomanagements beleuchtet werden[911].

a) Des Begriff des steuerlichen Risikos

Eine gesetzliche Nennung oder gar Definition des steuerlichen Risikobegriffs existiert nicht. Allgemein kann unter dem Begriff des Risikos in einem weiten Sinne sowohl die positive als auch die negative Abweichung von einem Erwartungswert verstanden werden[912]. Zumeist wird Risiko jedoch nur als Möglichkeit ungünstiger künftiger Entwicklungen bzw. Gefahr der Zielverfehlung auf Grund von hindernden Ereignissen und Handlungen definiert[913]. Unter einem steuerlichen Risiko wird in der die Vollzugsperspektive beleuchtenden Literatur dementsprechend die Wahrscheinlichkeit unrichtiger oder unvollständiger Erklärungen unabhängig von einem etwaigen Verschulden des Steuerpflichtigen verstanden[914]. Teilweise ist auch vom Risiko als „Gefahr einer unkorrekten Steuerveranlagung" zum Nachteil der Finanzverwaltung oder des Steuerzahlers die Rede[915]. Maßgeblich ist dabei, dass es nicht nur um das aus Sicht des Staates bestehende Steuerausfallrisiko, sondern allgemein um das Risiko steuernormabweichenden Verhaltens geht, also gerade auch gesetzeswidriges Verhalten zuungunsten des Steuerpflichtigen erfasst wird[916]. Nur ein derartiges Risikoverständnis korrespondiert mit dem Ziel, die gesetzlich entstandene Steuer – nicht weniger, aber auch nicht mehr – zu erheben. Insoweit ist die Bestimmung des Risikobegriffs im Leitfaden der Europäischen Kommission zu einseitig, stellt dieser doch ausschließlich auf die Gefahr von Steuerminderungen- oder ausfällen zum Nachteil des Staates ab[917]. Im Hinblick auf die neuzeitliche Terminologie kann das auf mögliche Gesetzesverstöße (Non-Compliance) rekurrierende steuerliche Risiko auch als Tax Compliance-Risiko bezeichnet werden. Wie dieses Risiko konkret zu ermitteln ist, soll in **Kapitel 4** erörtert werden.

---

911 Allgemein zur Risikoangemessenheit des Verwaltungshandelns *Pitschas,* in: Hoffmann-Riem/Schmidt-Aßmann/Voßkuhle, GVwR, Band II, 2012, § 42, Rn. 191 ff.

912 Vgl. *Baetge/Schulz,* DB 1998, 937, 939.

913 Vgl. *PampelKrolak,* in: Hauschka, Corporate Compliance, 2010, § 16, Rn. 36 f.

914 *Ahrens*, Belastingdienst, 2005, S. 350 ff.

915 *Pestke,* Stbg 2011, 1.

916 Vgl. *Huber/Seer*, StuW 2007, 355, 356.

917 *Europäische Kommission,* Leitfaden – Risikomanagement für Steuerverwaltungen, 2006, S. 14 f., wonach zwischen Register-, Einreichungs-, Zahlungs- und Erklärungsrisiko unterschieden wird.

b) Elemente des finanzbehördlichen Risikomanagements

Risikomanagement im Rahmen des Steuervollzuges bedeutet zunächst ganz allgemein, mit den steuerlichen Risiken strategisch und planvoll umzugehen[918], den Vollzug mithin strukturell an den steuerlichen Risiken auszurichten. Als Instrument für die Entscheidungsfindung soll Risikomanagement zur Erreichung der finanzbehördlichen Ziele beitragen[919]. Übergeordnete Zielsetzung hat dabei stets die Sicherstellung des gesetzlichen Vollzugsauftrages der gesetz- und gleichmäßigen Steuerfestsetzung und –erhebung zu sein (§ 85 S.1 AO). Bei alldem ist finanzbehördliches Risikomanagement keine „Zauberformel", die stets die richtige Lösung weist; es ist vielmehr als eine Arbeits- und Denkweise zu sehen, die erlaubt, planvoll vorzugehen[920]. In der Theorie lässt sich der Ansatz des Risikomanagements als Prozess bzw. Regelkreis mit den Schritten Risikoidentifikation und -analyse, -bewertung, -bewältigung sowie -evaluation veranschaulichen[921].

aa) Risikoidentifikation und -analyse

Um finanzbehördliches Risikomanagement umsetzbar zu machen, bedarf es zunächst der möglichst umfassenden Identifikation der Risiken und einer Analyse ihrer Ausmaße[922]. Hierzu gilt es, systematisch Informationen zu sammeln und diese zu filtern. Je detaillierter und aussagekräftiger die Informationen, desto zielgenauer können Risiken identifiziert und analysiert werden. Mithin sind für ein effektives Risikomanagement zeitnahe, geeignete und verlässliche Informationen erforderlich[923]. Soweit die Finanzverwaltung dabei auf automationsgestützte, elektronische Datenverarbeitung zurückzugreifen gedenkt, sind entsprechend umfassende elektronische Datenbestände unabdingbar. Wie gut bestehende Risiken

918 *Schmidt/Schmitt*, in: FS Spindler, 2011, S. 529, 534; vgl. auch *Kaiser*, Ubg 2012, 631 ff.

919 Vgl. *Europäische Kommission*, Leitfaden Risikomanagement für Steuerverwaltungen, 2006, S. 14.

920 *Europäische Kommission*, Leitfaden – Risikomanagement für Steuerverwaltungen, 2006, S. 14.

921 *Europäische Kommission*, Leitfaden – Risikomanagement für Steuerverwaltungen, 2006, S. 7; *Pestke*, Die Steuerberatung 2011, 1, 2; vgl. auch *Kaiser*, Ubg 2012, 631, 632 ff. Siehe allgemein *Pitschas*, in: Hoffmann-Riem/Schmidt-Aßmann/Voßkuhle, GVwR, Band II, 2012, § 42, Rn. 187 ff.; *Riedel*, Risikomanagement im öffentlichen Recht, 1997, S. 9 ff.; *Trips*, NVwZ 2003, 804, 805.

922 *Huber/Seer*, StuW 2007, 355, 362.

923 *Förster*, IStR 2008, 561, 562.

entdeckt werden können hängt zudem maßgeblich von den finanzbehördlichen Erfahrungen und dem Wissen respektive den verwendeten Prüfungsmethoden (z.B. Einzelfallprüfungen, Verprobungen, Systemprüfungen) ab[924]. Zur Systematisierung der Risikoerfassung bietet es sich an, zwischen Steuerarten und Steuerschuldnern zu differenzieren. So wird zwischen Risikomanagement für den Bereich der Arbeitnehmerveranlagung, den Bereich der Umsatzsteuer oder den Bereich der Unternehmensbesteuerung unterschieden[925].

bb) Risikobewertung

Im Anschluss an die Risikoidentifizierung und -analyse sind die gefundenen Risiken durch die Verwaltung zu bewerten. Maßgeblich ist dabei vor allem, wie hoch die Wahrscheinlichkeit einer unrichtigen Steuerfestsetzung und -erhebung und wie groß ein möglicher Schaden ist. Die Risiken können sodann gewichtet und in eine Rangordnung gebracht werden; die Bildung von Risikoklassen bietet sich an[926].

cc) Risikobewältigung

Wurden die steuerlichen Risiken ausfindig gemacht und eine Rangordnung bzw. Priorisierung festgelegt, so können daraus optimale steuerliche Behandlungskonzepte abgeleitet werden[927]. Je nach Risikoklasse kann die Finanzverwaltung mit Maßnahmen der Aufklärung, Information, Hilfe, Nachforschung, Prüfung oder Verfolgung reagieren[928]. Während in Fällen mit geringem Risiko weitere, umfassende Prüfungen regelmäßig entbehrlich sind, können die limitierten Ressourcen zielgerichtet zur intensiven Prüfung und Verfolgung von Hochrisikofällen eingesetzt werden. Hier zeigt sich, dass ein hohes Maß an Tax Compliance auf Seiten des Steuerpflichtigen durch Einstufung in eine niedrige Risikoklasse und eine damit korrespondierende Verringerung der Prüfungsintensität „belohnt“ wird.

dd) Risikoevaluierung

Die Wirksamkeit der Prozessschritte Risikoidentifikation und –analyse, Risikobewertung und Risikobewältigung wird fortlaufend kontrolliert und

---

924 Vgl. *Huber/Seer,* StuW 2007, 355, 362.

925 *Schmidt/Schmitt,* in: FS Spindler, 2011, S. 529, 542.

926 Vgl. *Europäische Kommission,* Leitfaden–Risikomanagement für Steuerverwaltungen, 2006, S. 34 ff.

927 *Huber/Seer,* StuW 2007. 355, 361.

928 *Huber/Seer,* StuW 2007. 355, 363.

evaluiert. Die Ergebnisse fließen zur Verbesserung der bisherigen Konzeption wieder in den Risikomanagementprozess ein („Prinzip des selbstlernenden Systems")[929].

E. Resümee

Aus Perspektive des Steuervollzuges ist die Thematik Tax Compliance vor dem Hintergrund der prekären Vollzugssituation und dem korrespondierenden Bedürfnis nach einer Modernisierung des Besteuerungsverfahrens zu sehen. Vor allem auf Grund der Begrenztheit der Verwaltungsressourcen bei einer Vielzahl zu bearbeitender Steuerfälle und einem nach wie vor unter erheblicher Komplexität und Kompliziertheit leidendem Steuerrecht wird die Erfüllung des gesetzlichen Auftrags zur Sicherstellung einer gesetz- und gleichmäßigen Besteuerung (§ 85 S.1 AO) erheblich erschwert. Dies gilt gerade auch für den Bereich der Unternehmensbesteuerung. Die Erfüllung des gesetzlichen Verwaltungsauftrags hängt dabei wesentlich von der Mitwirkung respektive Mitwirkungspflichterfüllung der Steuerpflichtigen ab; ein Steuervollzug gegen deren Willen bzw. ohne ein gewisses Maß an Mitwirkung ist nicht durchführbar. In der Folge zielen moderne Steuerverwaltungen – wie bereits in **Kapitel 1** deutlich wird und wie auch von der OECD propagiert – auf eine Förderung der Mitwirkungsbereitschaft. Die Steuerpflichtigen sollen zu einem möglichst hohen Grad an eigenmotivierter Mitwirkungspflichterfüllung (Synonym aus Verwaltungssicht: Voluntary Tax Compliance) gebracht werden. Dies soll langfristig sowohl die Effektivität (Grad der Zielerreichung) als auch die Effizienz (Verhältnis Ressourceneinsatz – Grad der Zielerreichung) der finanzbehördlichen Aufgabenerfüllung verbessern; namentlich vor allem die angespannten Ressourcen entlasten und eine zielgerichtetere Ressourcenallokation ermöglichen. In der Theorie bedienen sich Finanzverwaltungen dazu eines Wirkungsmechanismus bestehend aus finanzbehördlichen Service- und Kooperationsleistungen auf der einen und Kontroll- und Sanktionsmaßnahmen auf der anderen Seite (sog. Tax Compliance-Vollzugsstrategie). Während Service und Kooperation zu einem möglichst hohen Grad an Voluntary Tax Compliance anreizen sollen, dienen Kontrolle und Sanktionen der Aufdeckung und Verhinderung von steuerlicher Non-Compliance. Die Kontrollmaßnahmen richten sich am Verhalten der

929 *Huber/Seer,* StuW 2007, 355, 362.

Steuerpflichtigen bzw. an der Gefahr von steuerlichen Gesetzesverstößen und einer unkorrekten Steuerfestsetzung und –erhebung, d.h. am steuerlichen Risiko aus. Insoweit ist auch die Rede von einem Risikomanagement der Finanzverwaltung, welches sich als Prozess mit den Stufen der Risikoidentifikation und -analyse, -bewertung, -bewältigung sowie –evaluation beschreiben lässt.

4. Kapitel: Schnittmengen der beiden Tax Compliance-Perspektiven (de lege lata)

Nachdem Tax Compliance aus Perspektive sowohl der Unternehmen als auch des Steuerstaates bzw. -vollzuges beleuchtet wurde, stellt sich die grundlegende Frage, inwieweit Schnittmengen zwischen den beiden Perspektiven bestehen. Zentral ist dabei die Überlegung, Synergieeffekte beim Thema Tax Compliance zu nutzen und Vorteile für Unternehmen *und* Vollzug zu erzielen[930]. Ausgangspunkt ist das festgestellte hoheitliche Interesse an einem möglichst hohen Grad an eigenmotivierter Mitwirkung bzw. Mitwirkungspflichterfüllung der Steuerpflichtigen, um die angespannte Vollzugssituation zu verbessern; private Mitwirkungsbeiträge sollen maßgeblich die Ressourcen entlasten und dazu beitragen, die Effektivität und Effizienz des Steuervollzuges zu steigern. Aus hoheitlichem Blickwinkel bietet es sich insoweit an, den Bedeutungsanstieg von Tax Compliance auf Unternehmensseite und vor allem das entsprechende Eigeninteresse der Unternehmen an der Gewährleistung von Tax Compliance für den Vollzug nutzbar zu machen und unternehmensseitige Kontrollstrukturen zu integrieren[931]. Daran anknüpfend ist es Ziel eines modernen Steuervollzuges, strukturelle *Motivationen* und *Anreize* zur konsequenten steuerlichen Mitwirkung zu schaffen[932]. Dergestalt soll das ohnehin bestehende Eigeninteresse der Steuerpflichtigen an der – strategisch kontrollierten – Einhaltung der Steuergesetze weiter verstärkt werden. Gelingt es in diesem Sinne, durch die Gewährung von Anreizen das Eigeninteresse an der Einhaltung der steuerlichen Pflichten zu erhöhen, kann die finanzbehördliche Zielerreichung erheblich befördert werden[933]. Aus Unternehmenssicht „lohnte“ sich steuerlich

---

930 *Seer*, in: FS Streck, 2011, S. 403, 406, spricht im Hinblick darauf auch von einer „Tax Compliance-Win-win-Situation“.

931 Vgl. allgemein *Burgi*, CCZ 2010, 41, 44 f.

932 Der Vorteil von Anreizen als Steuerungsmittel besteht darin, dass die Erreichung von Zielen wahrscheinlicher wird, wenn es im eigenen Interesse der Akteure liegt, sich in der gewünschten Weise zu verhalten, *Sacksofsky*, in: Hoffmann-Riem/Schmidt-Aßmann/Voßkuhle, GVwR, Band II, 2012, § 40, Rn. 11.

933 Vgl. allgemein *Sacksofsky*, in: Hoffmann-Riem/Schmidt-Aßmann/Voßkuhle, GVwR, Band II, 2012, § 40, Rn. 11.

korrektes Verhalten umso mehr[934]. Mithin könnten unternehmensseitige und hoheitliche Handlungsrationalitäten verknüpft und letztlich eine Win-win-Situation geschaffen werden.

Als mögliche Anreize müssen Vereinbarungen über Steueransprüche oder Reduktionen zu zahlender Steuerbeträge indes ausscheiden, läge darin doch ein Verstoß gegen den Grundsatz der Gesetzmäßigkeit der Besteuerung[935]. Vielmehr ist es de lege lata denkbar, dass entsprechende „Tax Compliance-Prämien" bzw. „Kooperationsprämien"[936] in Form von *Vollzugserleichterungen* bei der finanzbehördlichen Verifikation gewährt werden[937]. Insbesondere kommt eine Reduktion staatlicher Überwachung bei systematisch sichergestellter Einhaltung der Steuergesetze in Betracht. Zwar existieren derzeit keine expliziten steuergesetzlichen Vorgaben zur Gewährung entsprechender Anreize[938]; allerdings verfügt die Finanzverwaltung über nicht unerhebliche verfahrensmäßige

---

934 Siehe dazu die unternehmensseitigen Zielsetzungen der Wertschöpfung und der Vermeidung eines schlechten „Ratings" bei der Finanzverwaltung, **2. Kapitel B. I. 6.** und **III**.

935 Entsprechende Vereinbarungen wären nichtig, siehe *Seer*, Verständigungen in Steuerverfahren, 1996, S. 376 ff.; *Söhn*, in: H/H/Sp, AO/FGO, § 85 AO, Rn. 39 (11/2009). Zum Verbot gesetzesabweichender Steuervereinbarung siehe auch *Hey*, in Tipke/Lang, Steuerrecht, 2013, § 3, Rn. 240. Allgemein dazu *Spannowsky*, Grenzen des Verwaltungshandelns durch Verträge und Absprachen, 1994, S. 273 ff.

936 *Drüen*, FR 2011, 101, 108.

937 Vgl. zu diesem Ansatz bereits *Drüen*, in: Schön/Beck, Zukunftsfragen des deutschen Steuerrechts, 2009, S. 1, 22: „Zwischen der praktizierten negativen Reaktion des Staates auf unterbliebene oder unzureichende Kooperation des Steuerbürgers und einem Bonus für zeitgerechte und sachlich nicht zu beanstandende Kooperation besteht indes kein apodiktischer Gegensatz, vielmehr liegt dem nur ein anderer Ansatzpunkt zu Grunde". In diese Richtung auch *Schmarbeck*, BMF-Monatsbericht 12/2002 (sog. Kienbaum-Studie), S. S. 57, 61. Allgemein zu Verfahrenserleichterungen bzw. Verfahrensprivilegien und deren Anreizfunktion *Sacksofsky,* in: Hoffmann-Riem/ Schmidt-Aßmann/Voßkuhle, GVwR, Band II, 2012, § 40, Rn. 23.

938 Anders dagegen im Zollrecht, wo verfahrensrechtliche Privilegierungen ausdrücklich unter den Voraussetzungen von Art. 5a Zollkodex bzw. Art. 13 ff. Modernisierter Zollkodex vorgesehen sind; siehe dazu **5. Kapitel A.** Auch im Umweltrecht sind verfahrensmäßige Erleichterungen in der „EMAS-Privilegierungsverordnung" (Verordnung über immissionsschutz- und abfallrechtliche Überwachungserleichterungen für nach der Verordnung (EG) Nr. 761/2001 registrierte Standorte und Organisationen vom 24.06.2002, BGBl I 2002, 2247) geregelt.

Entscheidungsspielräume[939]. Bei alledem soll jedoch weder der grundsätzliche Interessenwiderstreit zwischen Unternehmen und Steuerstaat negiert[940], noch der Boden der Legalität verlassen werden. Insbesondere sind einer Honorierung unternehmensseitiger Tax Compliance und einer entsprechend kooperativen Ausgestaltung des Besteuerungsverfahrens einfachrechtliche sowie verfassungsmäßige Grenzen gesetzt.

Nachfolgend gilt es, entsprechende Möglichkeiten der verfahrensmäßigen Gewährung von Tax Compliance-Prämien und der Inkorporierung unternehmensseitiger, strategisch abgesicherter Tax Compliance in den Steuervollzug zu untersuchen. Dabei soll die Durchführung risikoorientierter Außenprüfungen als Sinnbild eines an Tax Compliance ausgerichteten Steuervollzuges im Vordergrund stehen (**A.**). Schließlich soll beleuchtet werden, inwiefern private Kontrollmaßnahmen bzw. unternehmensinterne Kontrollsysteme in das risikoorientierte Prüfungskonzept miteinbezogen werden können (**B.**). Sodann ist die Möglichkeit einer zeitnahen und kooperativen Ausgestaltung der risikoorientierten Prüfung zu erörtern (**C.**). Zu guter Letzt wird der Frage nachgegangen, bis zu welchem Grad finanzbehördliche Beratungs- und Auskunftsleistungen als verfahrensmäßige Anreize bzw. Servicemaßnahmen genutzt werden können (**D.**) und ein Resümee gezogen (**E.**).

A. Durchführung risikoorientierter Außenprüfungen

Die Frage nach einer Win-win-Situation beim Thema Tax Compliance und der Gewährung verfahrensmäßiger Erleichterungen zu Gunsten mitwirkender Unternehmen lenkt sogleich den Blick auf die steuerliche Außenprüfung als zentrales Element der Verifikation im Unternehmensteuerbereich. Dabei soll nachfolgend untersucht werden, inwiefern die Außenprüfung de lege lata in ein modernes, an eigenmotivierter Tax Compliance orientiertes Vollzugskonzept integriert werden kann. Namentlich geht es darum, die Prüfung (sowohl bzgl. des *Ob*

939 Vgl. *Eckhoff*, StuW 1996, 107, 110, wonach Kooperation immer auch einen Entscheidungsspielraum der Verwaltung voraussetzt, der ihr ein Entgegenkommen ermöglicht.

940 Dies betonend auch *Drüen*, in: Schön/Beck, Zukunftsfragen des deutschen Steuerrechts, 2009, S. 1, 19; *ders.*, FR 2011, 101, 109.

als auch des *Wie*) primär am Grad der unternehmensseitigen Gesetzeseinhaltung bzw. am Risiko von steuerlicher „Non-Compliance" auszurichten (sog. risikoorientierte Außenprüfung). Dazu gilt es zunächst, auf das Institut der Außenprüfung im Allgemeinen einzugehen (**I.**), um im Anschluss die zentrale Frage nach Ermessensspielräumen der Finanzverwaltung bei der Außenprüfung zu beleuchten (**II.**). Sodann ist zu prüfen, inwiefern eine gesetzliche Grundlage für risikoorientierte, EDV-basierte Außenprüfungen erforderlich ist bzw. bereits besteht (**III.**). Im Anschluss soll das Erfordernis einer Datenbasis zur risikoorientierten Fallauswahl thematisiert werden (**IV.**). Eine solche ist erforderlich, um die einzelnen Prozessschritte des Risikomanagements durchführen zu können: Dazu zählen neben einer Identifikation des steuerlichen Risikos (**V.**) die Risikobewertung und Einteilung der Unternehmen in entsprechende Risikoklassen (**VI.**), die Risikobewältigung (**VII.**) und schließlich die Risikoevaluierung (**VIII.**).

I. Das Institut der Außenprüfung

Die Außenprüfung kann als das wichtigste Instrument der Finanzverwaltung zur Verifikation der Steuererklärungen samt Steuerbilanzen angesehen werden[941]. Die Historie in Deutschland belegt, dass ein effektiver, gerechter Steuervollzug ohne wirksame Außenprüfung nicht möglich ist[942].

1. Sinn und Zweck der Außenprüfung

Die in §§ 193 bis 207 AO geregelte Außenprüfung lässt sich als besonderes, die Ermittlung am „grünen Tisch des Amtszimmers" ergänzendes Sachaufklärungsverfahren charakterisieren[943], das der Erfüllung des finanzbehördlichen Auftrags zur gleich- und gesetzmäßigen Festsetzung und Erhebung der Steuern (§ 85 S.1 AO) dient[944]. Sie ist mithin darauf gerichtet, das rechtsstaatliche

---

941 *Schallmoser*, in: H/H/Sp, AO/FGO, Vor § 193 AO, Rn. 1, 40 ff. (02/2011).; vgl. auch *Tipke*, Steuerliche Betriebsprüfung im Rechtsstaat, 1968, S. 1.

942 Vgl. *Schallmoser*, in: H/H/Sp, AO/FGO, Vor § 193 AO, Rn. 2 ff. (02/2011) sowie bereits *Grabower*, StuW 1956, 606.

943 *Seer*, in: Tipke/Kruse, AO/FGO, Vor § 193 AO, Rn. 10 (09/2009); *ders.*, in: Tipke/Lang, Steuerrecht, 2013, § 21, Rn. 224.

944 *Seer*, in: Tipke/Kruse, AO/FGO, Vor § 193 AO, Rn. 10 (09/2009); *ders.*, in: Tipke/Lang, Steuerrecht, 2013, § 21, Rn. 225.

Ziel der Steuergerechtigkeit durch hinreichende Verifikation abzusichern[945]. Sie besitzt dabei eine nicht zu unterschätzende Präventivwirkung[946]. Allgemein zielt sie auf die Ermittlung der steuerlichen Verhältnisse des Steuerpflichtigen, vgl. § 194 Abs.1 S.1 AO. Gemäß § 199 Abs.1 AO hat der Außenprüfer dabei die tatsächlichen und rechtlichen Verhältnisse, die für die Steuerpflicht und für die Bemessung der Steuer maßgebend sind (Besteuerungsgrundlagen) zugunsten wie zuungunsten des Steuerpflichtigen zu prüfen. Die Vorschrift wiederholt insoweit die Ermittlungsgrundsätze des auch für die Außenprüfung geltenden § 88 AO (Untersuchungsgrundsatz)[947]. Wie die Terminologie impliziert, sollen die steuerlichen Verhältnisse des Steuerpflichtigen im Rahmen der Außenprüfung grundsätzlich bei diesem vor Ort untersucht werden[948]. Dazu hat der Steuerpflichtige die zu prüfenden Unterlagen für gewöhnlich in seinen Geschäftsräumen vorzulegen und den Prüfern einen geeigneten Raum bzw. Arbeitsplatz sowie die erforderlichen Hilfsmittel unentgeltlich zur Verfügung zu stellen, § 200 Abs.2 S.1 und 2 AO. Zudem sind die Prüfer gemäß § 200 Abs.3 S.2 AO berechtigt, die Grundstücke und Betriebsräume des Steuerpflichtigen zu betreten und zu besichtigen. Schließlich kann eine wirksame Aufklärung bzw. Kontrolle bei komplexen Sachverhalten regelmäßig nicht ohne Ermittlungsmaßnahmen beim Steuerpflichtigen erfolgen. Insbesondere verfügt die Veranlagungsstelle über keinerlei Möglichkeiten, ein beim Steuerpflichtigen vorhandenes Rechnungswesen und entsprechende Aufzeichnungen und Belege zu prüfen[949]. Die Prüfung einer existierenden Buchführung kann sich indes für eine zutreffende Besteuerung durch die Finanzverwaltung – vor allem bei einem ausgedehnten Geschäftsumfang des Steuerpflichtigen mit vielen tausenden Geschäftsvorfällen – als wesentlich erweisen[950]. Im Unterschied zu den in §§ 93 ff. AO normierten Einzelermittlungsmaßnahmen ist die Außenprüfung

945 *Tipke*, Steuerliche Betriebsprüfung im Rechtsstaat, 1968, S.1.

946 *Seer*, in: Tipke/Kruse, AO/FGO, Vor § 193 AO, Rn. 19 (09/2009).

947 *Seer*, in: Tipke/Kruse, AO/FGO, § 199 AO, Rn. 1 (05/2010).

948 *Seer*, in: Tipke/Kruse, AO/FGO, Vor § 193 AO, Rn. 10 (09/2009). Anders als die Praxis spricht die Abgabenordnung stets von „Außenprüfung“ und nicht von „Betriebsprüfung“, um zu verdeutlichen, dass sie bei allen Steuerpflichtigen möglich sein soll und um den Unterschied zur Prüfung an Amtsstelle hervorzuheben, vgl. BT-Drucks VI/1982, 161.

949 *Seer*, in: Tipke/Kruse, AO/FGO, Vor § 193 AO, Rn. 10 (09/2009). Die Durchführung der Außenprüfung obliegt dem Außenprüfungsdienst als organisatorisch gesonderter Abteilung des Finanzamtes.

950 *Seer*, Verständigungen in Steuerverfahren, 1996, S. 8.

grundsätzlich auf die Aufklärung aller steuerlichen Verhältnisse eines oder mehrerer Zeiträume im Hinblick auf eine oder mehrere Steuerarten gerichtet[951]. Nach § 200 Abs.1 S.4 AO brauchen Auskunftsersuchen anders als bei der normalen Sachverhaltsaufklärung nicht schriftlich zu ergehen. Zudem kann die Vorlage von Büchern, Aufzeichnungen, Geschäftspapieren und anderen Urkunden unmittelbar, d.h. ohne die Einschränkungen aus § 97 Abs.2 AO verlangt werden. Die Außenprüfung stellt damit eine umfassende und besonders intensive finanzbehördliche Sachaufklärungsmaßnahme dar[952]. Eine solche wird als notwendig erachtet, um das Ziel der Steuergerechtigkeit durch gleichmäßige Verifikation respektive Vollziehung der Steuergesetze zu verwirklichen[953].

2. Die Außenprüfung als belastender Eingriff

Aus dem Blickwinkel der Unternehmen wird die Außenprüfung allgemein als „äußerst lästig und drückend“ empfunden[954]. Als umfassende Sachaufklärungsmaßnahme greift sie in die grundgesetzlich gewährleisteten Freiheitsrechte der betroffenen Steuerpflichtigen ein. Ein Unternehmen wird dabei umso höher belastet, je öfter und je mehr es geprüft wird[955]. Namentlich tangiert werden die allgemeine Handlungsfreiheit (Art. 2 Abs.1 GG), die Berufsfreiheit (Art. 12 Abs.1 GG), die Unverletzlichkeit der Wohnung (Art. 13 Abs.1 GG) und die Eigentumsfreiheit in Gestalt des eingerichteten und ausgeübten Gewerbebetriebs (Art. 14 Abs.1 GG)[956]. Werden geschäftliche oder private Daten im Rahmen der Außenprüfung offenbart oder gespeichert, wird des Weiteren das Grundrecht auf informationelle Selbstbestimmung (Art. 2 Abs.1 GG i.V.m. Art. 1 Abs.1 GG) berührt[957]. Gemeinsam

951 BFH v. 05.04.1984, IV R 244/83, BStBl II 1984, 790, 791; BFH v. 11.12.1997, V R 56/94, BStBl II 1998, 367, 369.

952 *Seer*, in: Tipke/Lang, Steuerrecht, 2013, § 21, Rn. 225.

953 BFH v. 02.10.1991, X R 89/89, BStBl II 1992, 220, 221; *Seer*, in: Tipke/Kruse, AO/FGO, Vor § 193 AO, Rn. 9 (09/2010); *ders.*, in: Tipke/Lang, Steuerrecht, 2013, § 21, Rn. 225. Kritisch dazu unter Geltendmachung verfassungsrechtlicher Bedenken gegen die Außenprüfung *Wengert/Widmann*, BB 1998, 22 ff.; *Neddermeyer*, Beilage zu BB 1994, Heft 16, 1 ff.

954 *Tipke,* Steuerliche Betriebsprüfung im Rechtsstaat, 1968, S.1.

955 *Seer*, in: Tipke/Kruse, AO/FGO, § 193 AO, Rn. 42 (09/2009).

956 Siehe *Schallmoser*, in: H/H/Sp, AO/FGO, Vor §193 AO, Rn. 46 ff. (02/2011); *Seer*, in: Tipke/Kruse, AO/FGO, § 199 AO, Rn. 6 (05/2010).

957 Vgl. *Drüen*, StuW 2003, 205, 210 ff.; *Jochum*, Die Mitwirkungspflichten des Steuerpflichtigen in der Außenprüfung, 2011, S. 35 f.; *Schallmoser*, in: H/H/Sp, AO/FGO, Vor § 193 AO, Rn. 46 (03/2011).

ist all diesen Grundrechten jedoch, dass sie nicht schrankenlos gewährleistet sind und durch ein Gesetz oder auf Grund eines Gesetzes eingeschränkt werden können. Die Grundrechtseingriffe unterliegen dabei insbesondere dem Übermaßverbot, bedürfen einer gesetzlichen Grundlage sowie einer verfassungsrechtlich tragfähigen Rechtfertigung[958]. Diesbezüglich ist allgemein anerkannt, dass der mit der Außenprüfung verbundene Eingriff in die Grundrechte als verfassungsrechtlich gebotenes Mittel anzusehen ist, um die Gleichheit des steuerlichen Belastungserfolges sicherzustellen[959]. Der Steuerstaat ist gemäß Art. 3 Abs.1 GG gehalten, die Besteuerung nicht nur bei freiwillig zahlenden, sondern bei allen Steuerpflichtigen sicherzustellen, wobei die Außenprüfung als wichtigstes und unumgängliches Ermittlungsmittel anzusehen ist[960]. Ein weniger einschneidendes, aber genauso effizientes und umfassendes Aufklärungsmittel wie die Außenprüfung existiert nicht[961]. Das Institut der Außenprüfung ist daher insgesamt verfassungsmäßig und tastet insbesondere die freie Entfaltung der Unternehmerpersönlichkeit nicht in ihrem Wesensgehalt an[962].

In faktischer Hinsicht zählen zu den prüfungsbedingten Belastungen beispielsweise Kosten für die Zurverfügungstellung von Räumlichkeiten, die Bereitstellung der Buchungsunterlagen, die Abstellung von Personal zur Beantwortung von Rückfragen der Prüfer und die Teilnahme an Zwischen- und Schlussbesprechungen sowie Kosten für die externe Beratung und Begleitung der Außenprüfung durch Anwälte und Steuerberater[963]. Überdies ist vor allem die Regelung in § 147Abs.6AO zur digitalen Außenprüfung mit Aufwand durch die notwendige Vorhaltung bzw. Archivierung von steuerrelevanten Daten und die Gewährleistung eines jederzeitigen (digitalen) Zugriffs durch die Finanzverwaltung verbunden (§ 147 Abs.6 S.3

958 *Schallmoser*, in: H/H/Sp, AO/FGO, Vor § 193 AO, Rn. 46 (02/2011).

959 *Drüen*, StbJb. 2006/2007, 273, 275; *ders.*, StuW 2007, 112; *Schallmoser*, in: H/H/Sp, AO/FGO, Vor § 193 AO, Rn. 40 (02/2011); *Seer*, in: Tipke/Kruse, AO/FGO, Vor § 193 AO, Rn. 20 (09/2009).

960 *Schallmoser*, in: H/H/Sp, AO/FGO, Vor § 193 AO, Rn. 46 ff. (02/2011); siehe auch *Tipke*, Steuerliche Betriebsprüfung im Rechtsstaat, 1968, S. 16 ff.

961 *Seer*, in: Tipke/Kruse, AO/FGO, Vor § 193 AO, Rn. 19 (09/2009); *Tipke*, Steuerliche Betriebsprüfung im Rechtsstaat, 1968, S. 1 ff.

962 *Seer*, in: Tipke/Kruse, AO/FGO, Vor § 193 AO, Rn. 19 (09/2009); kritisch indes *Neddermeyer*, BB 1995, 1378, 1386 ff.

963 *Baumann*, NWB 2009, 3338, 3339; siehe auch *Strunk*, Wettbewerbswirkungen unterschiedlicher Betriebsprüfungssysteme, 1994, S. 53 ff. Zu den Belastungen in Folge mangelnder Zeitnähe der Prüfungen siehe unten **4 Kapitel C. I. 1**.

AO: Die Kosten trägt der Steuerpflichtige)[964]. Personal- und Beratungskosten entstehen zudem regelmäßig mit der Vor- und Nachbereitung einer Außenprüfung. Neben unmittelbaren finanziellen Nachteilen können mit der Außenprüfung zudem Belastungen in Gestalt von Unsicherheiten über das Ergebnis der Prüfung bzw. die möglicherweise abweichende Beurteilung der Sach- und Rechtsfragen durch die Finanzverwaltung einhergehen[965]. Bei alledem ist ein aus Unternehmensperspektive unerwünschtes steuerliches Mehrergebnis nach erfolgter Außenprüfung nicht auf das Institut der Außenprüfung als solches, sondern vielmehr auf die materielle Belastungsentscheidung des Steuergesetzgebers zurückzuführen[966].

II. Ermessensspielräume der Finanzverwaltung bei der Außenprüfung

Die Abgabenordnung räumt der Finanzverwaltung bei der Durchführung von Außenprüfungen im Allgemeinen einen breiten Ermessensspielraum ein. Anknüpfungspunkte sind vor allem die Formulierungen „ist zulässig" in § 193 Abs.1 und 2 AO sowie die Ausdrücke „kann" bzw. „können" in § 194 Abs.1 S.2, 4 und Abs.2 AO[967]. Mangels einer expliziten gesetzlichen Regelung können de lege lata diese Ermessensspielräume als Anknüpfungspunkte für die Gewährung von Tax Compliance-Prämien bzw. die Verzahnung der Außenprüfung mit unternehmensseitiger Tax Compliance fungieren.

1. Umfang des eingeräumten Ermessens

Korrespondierend mit der im Bereich der allgemeinen Ermessensdogmatik vorherrschenden Differenzierung unterscheidet die steuerrechtliche Literatur zwischen Entschließungs- und Auswahlermessen bei der Realisierung von

---

964 Siehe dazu *Schüßler*, Digitale Außenprüfung, 2010, S. 90 ff. sowie *Risse*, DB 2011, 667, 669, der beispielsweise auf die Archivierung der sog. Enterprise Resource Planning- bzw. ERP-Systeme verweist; vgl. auch *Drüen*, DStR 2010, 2, 5.

965 *Strunk*, Wettbewerbswirkungen unterschiedlicher Betriebsprüfungssysteme, 1994, S. 73.

966 *Strunk*, Wettbewerbswirkungen unterschiedlicher Betriebsprüfungssysteme, 1994, S. 53 ff., zählt ein mögliches Mehrergebnis dennoch zu den Aufwandsbelastungen der Steuerpflichtigen durch die Betriebsprüfung.

967 Relevant ist überdies das Ermessen zur Durchführung abgekürzter Außenprüfungen nach § 203 Abs.1 S.1 AO.

Außenprüfungen[968]. § 193 AO regelt dabei, unter welchen Voraussetzungen bzw. bei welchen Steuerpflichtigen eine Außenprüfung „zulässig" ist. So ist gemäß § 193 Abs.1 AO eine Außenprüfung bei Gewerbetreibenden, Land- und Forstwirten, Freiberuflern und Steuerpflichtigen im Sinne des § 147a AO, bei denen also die Summe der Überschusseinkünfte mehr als 500.000 Euro im Kalenderjahr beträgt, ohne weitere Voraussetzungen zulässig[969]. Bei anderen als den bezeichneten Steuerpflichtigen ist die Außenprüfung nur dann zulässig, wenn eine der in § 193 Abs.2 Nr. 1 bis 3 AO genannten Voraussetzungen vorliegt[970]. Ausweislich der Formulierung „ist zulässig" schreibt § 193 AO nicht vor, dass eine Außenprüfung zwingend vorzunehmen ist, wenn die jeweiligen Voraussetzungen erfüllt sind[971]. Eine flächendeckende Außenprüfung aller von § 193 AO erfassten Steuerpflichtigen ist mithin von Gesetzes wegen nicht vorgesehen[972]. Das Gesetz fordert keine „Vollverifikation"[973]. Vielmehr liegt es im Ermessen der Finanzverwaltung (§ 5 AO), ob im konkreten Fall eine Außenprüfung erfolgen soll oder die Ermittlung des steuerbaren Sachverhalts an Amtsstelle ausreicht; insoweit handelt es sich um ein Entschließungsermessen der Verwaltung[974]. Im Hinblick

---

968 *Merz*, Tatbestandsmäßigkeit und Verwaltungsermessen im Steuerrecht, 2009, S. 272 ff. Im Allgemeinen bezieht sich das Entschließungsermessen darauf, ob die Verwaltung überhaupt eingreifen und tätig werden soll, während das Auswahlermessen die Frage betrifft, welche der möglichen und zulässigen Maßnahmen im konkreten Fall zu treffen ist, siehe *Maurer*, Allgemeines Verwaltungsrecht, 2011, § 7, Rn. 7 f.; speziell aus steuerrechtlicher Perspektive *Kruse*, in: Tipke/Kruse, AO/FGO, § 5 AO, Rn. 15 (09/2009).

969 BFH v. 02.10.1991, X R 89/89, BStBl II 1992, 220.

970 Demnach kann die Finanzverwaltung eine Außenprüfung bei anderen als den in § 193 Abs.1 AO bezeichneten Steuerpflichtigen durchführen, soweit sie die Verpflichtung dieser Steuerpflichtigen betrifft, für Rechnung eines anderen Steuern zu entrichten oder einzubehalten und abzuführen (Nr.1), wenn die für die Besteuerung erheblichen Verhältnisse der Aufklärung bedürfen und eine Prüfung an Amtsstelle nach Art und Umfang des zu prüfenden Sachverhalts nicht zweckmäßig ist (Nr.2) oder wenn ein Steuerpflichtiger seinen Mitwirkungspflichten nach § 90 Abs.2 S.3 AO nicht nachkommt (Nr.3).

971 *Schallmoser*, in: H/H/Sp, AO(FGO, § 193 AO, Rn. 90 (02/2011).

972 *Merz*, Tatbestandsmäßigkeit und Verwaltungsermessen im Steuerrecht, 2009, S. 272; *Osterloh*, Gesetzesbindung und Typisierung, 1992, S. 298, wonach die Außenprüfung nach § 193 Abs.1 AO kein „obligatorisches Regelverfahren" ist; *Schallmoser*, in: H/H/Sp, AO/FGO, § 193 AO, Rn. 90 (02/2011).

973 *Drüen*, in: Dahlmanns, IFSt-Schrift Nr. 467 (2011), S. 25.

974 *Merz*, Tatbestandsmäßigkeit und Verwaltungsermessen im Steuerrecht, 2009, S. 272; *Papist*, DStR 1986, 356, 358; *Seer*, in: Tipke/Lang, Steuerrecht, 2013, § 21, Rn. 226.

auf die Summe aller unter § 193 AO fallenden und potentiell außenprüfungsbedürftigen Steuerpflichtigen bezieht sich das finanzbehördliche Ermessen zugleich darauf, bei welchem Steuerpflichtigen eine Außenprüfung erfolgen soll und bei welchem nicht; folglich handelt es gleichzeitig auch um ein Auswahlermessen der Finanzverwaltung[975]. Die Einräumung des Ermessensspielraumes in § 193 AO und der damit einhergehende Verzicht auf eine obligatorische Außenprüfung bei allen der Vorschrift unterfallenden Steuerpflichtigen wird als „rechtlicher Tribut“[976] an die reale Personalknappheit der Finanzverwaltung angesehen[977]. Wörtlich heißt es zur Begründung dieser Regelung: „Da es von der Arbeitsbelastung der Verwaltung her unmöglich ist, alle Steuerpflichtigen, die der Außenprüfung unterliegen, auch tatsächlich zu prüfen, bleibt nur die Lösung, dass die Verwaltung nach pflichtgemäßem Ermessen über die Vornahme der Prüfung entscheidet“[978]. Mithin stellt es auf Grund der seit jeher limitierten Personalressourcen, insbesondere der begrenzten Betriebsprüfungsstellen, ein unmögliches Vorhaben für die Finanzverwaltung dar, bei allen unter § 193 AO fallenden Steuerpflichtigen lückenlos und gleichermaßen eine Außenprüfung durchzuführen[979].

Des Weiteren kommt der Finanzverwaltung i.R.v. § 194 AO ein Auswahlermessen dahingehend zu, wann, in welchem Umfang und über welche Besteuerungszeiträume geprüft werden soll[980]. Demgemäß normiert § 194 Abs. 1 S. 2 AO, dass die Außenprüfung eine oder mehrere Steuerarten, einen oder mehrere Besteuerungszeiträume umfassen oder sich auf bestimmte Sachverhalte beschränken kann.

Weder §§ 193 ff. AO noch sonstige Vorschriften in der Abgabenordnung oder in anderen Steuergesetzen enthalten jedoch dieses weite Ermessen konkretisierende oder lenkende Vorschriften, etwa in Gestalt von Kriterien, die bei der Ermessensausübung zu berücksichtigen sind. „Insbesondere erteilt das Gesetz keine Auskunft darüber, worin sich das maßgebliche Aufklärungsbedürfnis äußert, wie es

---

975 Vgl. *Schallmoser*, in: H/H/Sp, AO/FGO, § 193 AO, Rn. 90 ff. (02/2011).

976 *Merz*, Tatbestandsmäßigkeit und Verwaltungsermessen im Steuerrecht, 2009, S. 273.

977 BFH v. 02.10.1991, X R 89/89, BStBl II 1992, 220.

978 BT-Drucksache VI/1982, S. 161 (zu § 174 AO 1974); vgl. auch BFH v. 16.11.1989, IV R 29/89, BStBl II 1990, 272; BFH v. 30.06.1989, III R 8/88, BFH/NV 1990, 273. Zum Auswahlermessen siehe auch BFH v. 02.09.1988, III R 280/84, BStBl II 1989, 4, 5.

979 *Seer*, in: Tipke/Lang, Steuerrecht, 2013, § 21, Rn. 232.

980 Vgl. zum (Auswahl-)Ermessen BFH v. 02.10.1991, X R 89/89, BStBl II 1992, 220, 221; *Intemann*, in: Pahlke/Koenig, AO, 2009 § 193, Rn. 56; *Merz*, Tatbestandsmäßigkeit und Verwaltungsermessen im Steuerrecht, 2009, S. 275 f.; *Seer*, in: Tipke/Lang, Steuerrecht, 2013, § 21, Rn. 232. Auf die Überschneidungen von § 193 AO und 194 AO hinweisend *Schallmoser*, in: H/H/Sp, AO/FGO, § 194 AO, Rn. (02/2011).

zu bemessen oder zu graduieren ist“[981]. Insoweit liegt es an der Finanzverwaltung, den von Gesetzes wegen eingeräumten Handlungsspielraum bei der Außenprüfung auszufüllen und zu einem konkreten Handlungsprogramm zu verdichten[982].

2. Selbstbindung durch §§ 1 ff. Betriebsprüfungsordnung

Die Betriebsprüfungsordnung (BpO) stellt eine von der Bundesregierung mit Zustimmung des Bundesrates auf Grundlage von Art. 108 Abs.7 GG erlassene allgemeine Verwaltungsvorschrift für die Betriebsprüfung dar[983]. Entsprechend der Art. 108 Abs.7 GG immanenten Zielsetzung soll damit die Einheitlichkeit der Verwaltungs- bzw. Prüfungspraxis in allen Ländern sichergestellt werden[984]. Unter dem Begriff der Verwaltungsvorschriften sind im Allgemeinen Rechtssätze mit abstrakt-generellem Inhalt zu verstehen, die von übergeordneten Behörden kraft ihrer Organisations- und Geschäftsleitungsgewalt gegenüber nachgeordneten Behörden oder Bediensteten erlassen werden[985]. Sie sind in einem massenhaften Verwaltungsverfahren, wie dem Steuerverfahren, unentbehrlich und entsprechen dem aus Art. 3 Abs.1 GG folgenden Vereinheitlichungsgebot gegenüber der Exekutive[986]. Zudem dienen sie dazu, den Außenprüfer zu entlasten (sog. Konzentrationsfunktion) und den Steuerpflichtigen eine Orientierung in Gestalt einer „Gesetzesanwendungshilfe“[987] zu geben (sog. Orientierungsfunktion)[988]. Die Betriebsprüfungsordnung enthält dabei Regelungen zur einheitlichen Prüfungsorganisation (z.B. §§ 25 ff. BpO) und vor allem auch Anordnungen für

---

981 So *Eckhoff,* in: H/H/Sp, AO/FGO, § 193 AO, Rn. 78 (09/2003).

982 Vgl. *Drüen,* StuW 2003, 365, 374, mit Blick auf das Ermessen bei der digitalen Außenprüfung; allgemein *Bullinger*, JZ 1984, 1001, 1009; *Schmidt-Aßmann*, Das allgemeine Verwaltungsrecht als Ordnungsidee, 2006, Kapitel 4, Rn. 46 ff.

983 Allgemeine Verwaltungsvorschrift für die Betriebsprüfung – Betriebsprüfungsordnung vom 15.03.2000, BStBl I 2000, 368 (BpO 2000, nachfolgend bezeichnet als BpO); zuletzt geändert durch Allgemeine Verwaltungsvorschrift v. 20.07.2011, BStBl I 2011, 710. Zur BpO siehe *Bruschke,* StB 2001, 162 ff.; *Papperitz*, DB 2001, 1217 ff.; *Schallmoser*, in: H/H/Sp, AO/FGO, Vor § 193 AO, Rn. 80 ff. (02/2011); *Seer*, in: Tipke/Kruse, AO/FGO, Vor § 193 AO, Rn. 37 (09/2009).

984 Zur Zielsetzung von Art. 109 Abs.7 GG siehe *Seer*, in: Bonner Kommentar zum GG, Art. 108, Rn. 179 (04/2011).

985 *Ossenbühl*, Verwaltungsvorschriften und Grundgesetz, 1968, S. 181; *Seer*, in: Bonner Kommentar zum GG, Art. 108, Rn. 116 (04/2011).

986 *Seer*, in: Bonner Kommentar zum GG, Art. 108, Rn. 182 (04/2011).

987 *P. Kirchhof*, in: FS Kruse, 2001, S. 17, 36; siehe auch *Drüen,* StuW 2003, 365, 374.

988 *Drüen,* StuW 2003, 365, 374.

die Durchführung der Betriebsprüfungen (z.B. §§ 4 ff. BpO)[989]. Die Bezeichnung der Verwaltungsvorschriften als Rechtssätze verdeutlicht, dass sie nicht außerhalb der Rechtsordnung stehen, sondern Teil der Rechtsordnung sind und die angewiesenen Behörden und Bediensteten rechtlich binden[990]. Indes sind sie grundsätzlich weder für die Steuerpflichtigen noch für die Gerichte bindend[991]. Demgemäß werden Verwaltungsvorschriften auch als sog. Innenrecht der Finanzverwaltung bezeichnet[992]. Dies schließt jedoch nicht aus, dass in bestimmten Fällen durchaus eine Außen- bzw. Bindungswirkung gegenüber den Gerichten eintreten kann. Maßgeblich ist insoweit der jeweilige Typus der Verwaltungsvorschriften[993]: Während bei sog. norminterpretierenden Verwaltungsvorschriften, die der Klärung von rechtlichen Zweifelsfragen dienen, eine Bindung von der zutreffenden h.M. abgelehnt wird[994], sollen sog. typisierende Verwaltungsvorschriften, wie AfA-Tabellen, Richtsätze und Pauschbeträge, auch die Gerichte binden können[995]. Dem Typus der sog. ermessenslenkenden Verwaltungsvorschriften, durch welche die Verwaltung den ihr eingeräumten Ermessensspielraum entsprechend dem Vereinheitlichungsgebot ausfüllt, kann nach weithin übereinstimmender Auffassung eine mittelbar wirkende Außenbindung zukommen. Begründet wird dies von der h.M. mit einer aus Art. 3 Abs.1 GG resultierenden „Selbstbindung

---

989 *Schallmoser*, in: H/H/Sp, AO/FGO, Vor § 193 AO, Rn. 80 ff. (02/2011), differenziert zwischen Organisations- und Verfahrensvorschriften sowie Ermessensrichtlinien der BpO.

990 *Englisch*, in: Tipke/Lang, Steuerrecht, 2013, § 5, Rn. 28; *F. Kirchhof*, in: Maunz/Dürig, GG, Art. 84, Rn. 176 ff. (01/2011); *Ossenbühl*, in: Isensee/Kirchhof, Handbuch des Staatsrechts, Band V, 2007, § 104, Rn. 41 ff.

991 *Englisch*, in: Tipke/Lang, Steuerrecht, 2013, § 5, Rn. 28, 33. Nach außen kommt ihnen jedoch insoweit eine faktische Wirkung zu, als sie unverzichtbares Informationsmaterial für Steuerpflichtige und Berater darstellen, das die Auffassungen der Finanzverwaltung erkennbar und berechenbar macht, siehe *Seer*, in: Bonner Kommentar zum GG, Art. 108, Rn. 182 (04/2011).

992 *Englisch*, in: Tipke/Lang, Steuerrecht, 2013, § 5, Rn. 28; *Pahlke*, in: Pahlke/Koenig, AO, 2009, § 4, Rn. 51.

993 *Seer*, in: Bonner Kommentar zum GG, Art. 108, Rn. 182 ff. (04/2011).

994 Vgl. BVerfG v. 31.05.1988, 1 BvR 520/83, BVerfGE 78, 214, 227; BVerwG v. 10.12.1969, VIII C 104.69, BVerwGE 34, 278, 281; BFH v. 23.10.2003, V R 48/01, BStBl II, 2004, 196, 199; aus dem steuerrechtlichen Schrifttum: *Drüen*, in: Tipke/Kruse, AO/FGO, § 4 AO, Rn. 84 (10/2011); *Eckhoff*, Rechtsanwendungsgleichheit im Steuerrecht, 1999, S. 495; *Seer*, in: Bonner Kommentar zum GG, Art. 108, Rn. 185 ff. (04/2011).

995 So zum Beispiel BFH v. 03.07.1980, IV R 31/77, BStBl II 1981, 255, 258; BFH v. 23.04.1982, VI R 30/80, BStBl II 1982, 500, 501; BFH v. 11.12.1997, III R 214/94, BStBl II 1998, 292, 293.

der Verwaltung", durch ständige Anwendung einer ermessenslenkenden Verwaltungsvorschrift[996]. Die Selbstbindung bewirkt im Ergebnis eine Einengung der Bandbereite, die die Verwaltung zur Betätigung des Ermessens hat[997]. Die ständige Verwaltungspraxis wird dabei direkt aus den Verwaltungsvorschriften selbst gefolgert, ohne empirische Untersuchungen oder dergleichen über die Anwendung durchzuführen[998]. Im Ergebnis zur gleichen Lösung kommt die im Vordringen befindliche Ansicht, die die Selbstbindung nicht mehr auf eine ständige Verwaltungspraxis, sondern auf den in der Verwaltungsvorschrift enthaltenen administrativen Willensakt zurückführt[999]. Im Ergebnis müssen die Gerichte nach beiden Auffassungen über den Gleichheitssatz fehlerfreie Ermessensanordnungen beachten[1000]. Mit Blick auf die Betriebsprüfungsordnung hat die Finanzverwaltung demnach ihren nach §§ 193 ff. AO eingeräumten Ermessensspielraum bei der Außenprüfung durch die Betriebsprüfungsordnung selbst eingeschränkt[1001]. Derartige ermessensdirigierende Verwaltungsvorschriften müssen sich allgemein am typischen Einzelfall orientieren, aber ebenso Raum für Besonderheiten in atypischen Fällen lassen und sind daher auf einer Ebene zwischen abstrakt generellem Gesetz und konkret-individuellem Einzelakt angesiedelt[1002]. Obgleich auch die Betriebsprüfungsordnung im Grunde einen Ermessensspielraum bei der Verwaltung belässt (§ 2 Abs.3 S.1 BpO[1003] und § 4 Abs.1 BpO[1004]), schränken §§ 3 und 4 BpO diesen Spielraum wieder ein.

---

996 BVerwG v. 25.06.1964, VIII C 23.63, BVerwGE 19, 48, 55; BVerwG v. 10.12.1969, VIII C 104.69, BVerwGE 34, 278, 280; *Kreutzer*, MDR 1970, 564 ff.; *Ossenbühl*, Verwaltungsvorschriften und Grundgesetz, 1968, S. 514 ff.; *ders.*, DÖV 1970, 264 ff.; *Schmidt*, JuS 1971, 184, 185 f.; zum Steuerrecht: *Eckhoff*, Rechtsanwendungsgleichheit im Steuerrecht, 1999, S. 488 ff.; *Jaehnike*, StuW 1979, 293, 299; *Tipke*, Steuerrechtsordnung, Band III, 1993, S. 1172.

997 Siehe etwa *Jarass*, in: Jarass/Pieroth, GG, 2012, Art. 3, Rn. 35 f.

998 *Ossenbühl*, in: Isensee/Kirchhof, Handbuch des Staatsrechts, Band V, 2007, § 104, Rn. 54 ff.; vgl. auch *Heun*, in: Dreier, GG, 2004, Art. 3, Rn. 57.

999 *Martens*, DStJG 5 (1982), S. 165, 195; *Pietzcker*, NJW 1981, 2087, 2090.

1000 Zu den Folgen der Selbstbindung für die Gerichte siehe *Englisch*, in: Tipke/Lang, Steuerrecht, 2013, § 5, Rn. 28, 33 ff.

1001 *Seer*, in: Tipke/Lang, Steuerrecht, 2013, § 21, Rn. 232.

1002 Siehe etwa *Drüen*, Stuw 2003, 365, 374.

1003 „Die Finanzbehörde entscheidet nach pflichtgemäßem Ermessen, ob und wann eine Außenprüfung durchgeführt wird".

1004 „Die Finanzbehörde bestimmt den Umfang der Außenprüfung nach pflichtgemäßem Ermessen".

Keine bindende Wirkung kommt den die BpO 2000 flankierenden Rationalisierungserlassen der Landesfinanzverwaltungen zur Betriebsprüfung[1005] zu; bei diesen handelt es sich um Sollvorschriften, die den Ermessensspielraum der Verwaltung auf eine Regelanwendung der Norm einengen[1006].

3. Bis dato primär fiskalisch orientierte Ermessenspraxis

Sowohl die Auswahl der Prüfungssubjekte (§ 193 AO) als auch die Bestimmung des sachlichen Umfanges der Außenprüfung (§ 194 AO) werden bisher maßgeblich von der Betriebsgröße respektive dem quantitativen steuerlichen Ergebnis und also dem Fiskalinteresse abhängig gemacht[1007]. So sieht insbesondere die Betriebsprüfungsordnung als ermessensdirigierende, selbstbindende Verwaltungsvorschrift eine von der Betriebsgröße abhängige Prüfungshäufigkeit vor. Dabei werden Steuerpflichtige, die der Außenprüfung unterliegen, gemäß § 3 S.1 BpO zunächst in die Größenklassen Großbetriebe (G), Mittelbetriebe (M), Kleinbetriebe (K) und Kleinstbetriebe (Kst) eingeordnet. Der Stichtag, der maßgebliche Besteuerungszeitraum und die Merkmale für diese Einordnung werden jeweils von den obersten Finanzbehörden der Länder im Benehmen mit dem Bundesministerium der Finanzen festgelegt, § 3 S.2 BpO. Bezugsgrößen sind die in den Steuerfestsetzungen bzw. -feststellungen oder hilfsweise die in den Steuererklärungen angegebenen Werte betreffend steuerlichem Gewinn bzw. Gesamtumsatz zu dem für den betreffenden Prüfungsturnus maßgebenden Stichtag, §§ 3 S.2, 32 Abs.4 BpO. Die so ermittelten Größenklassen bleiben gemäß § 32 Abs.4 BpO für den gesamten, regelmäßig drei Jahre umfassenden Prüfungsturnus maßgebend bis zum Stichtag der nächsten Einordnung. Änderungen der die Größenklasse betreffenden Merkmale bleiben demnach bis zur nächsten Einordnung unberücksichtigt, § 32 Abs.5 S.1 BpO. Gegenwärtig richtet

---

1005 Siehe FinMin NRW v. 13.06.1995, S 1502-4-V C 5, StEK AO 1977, § 199 Nr. 2, abgedruckt bei *Schallmoser*, in: H/H/Sp, AO/FGO, Vor § 193 AO, Rn. 105 ff- (02/2011).

1006 So *Schallmoser*, in: H/H/Sp, AO/FGO, Vor § 193 AO, Rn. 105 (02/2011).

1007 *Karl,* DStZ 2002, 598, 602; *Müller-Franken,* Maßvolles Verwalten, 2004, S. 346 ff. Fiskalisch betrachtet dient das Steuerverfahren der Sicherung des Steueraufkommens, das zur Finanzierung des Staates benötigt wird, vgl. *Ohletz,* Beweisrecht im Steuerverwaltungsverfahren, 2006, S. 35. Nach *Hoffmann*, IStR 1995, 7, 10, ist die „einseitige" Ausrichtung der Außenprüfung auf große Unternehmen keine Spezialität der deutschen Prüfungspraxis; auch andere Finanzverwaltungen folgen dem fiskalischen Prinzip und prüfen in diesem Segment intensiver.

sich die Größenklasseneinteilung nach dem BMF-Schreiben vom 20. August 2009 für den 20. Prüfungsturnus[1008]. Danach werden beispielsweise Handelsbetriebe bei Umsatzerlösen über 6.900.000 Euro bzw. steuerlichem Gewinn über 265.000 Euro als Großbetriebe (G), bei Umsatzerlösen über 840.000 Euro bzw. steuerlichem Gewinn über 53.000 Euro als Mittelbetriebe (M) und bei Umsatzerlösen über 160.000 Euro bzw. steuerlichem Gewinn über 34.000 Euro als Kleinbetriebe (K) eingeordnet.

Diese Einordnung in Größenklassen ist nun entscheidend dafür, in welchem Umfang die Außenprüfung durchgeführt wird[1009]. Gemäß § 4 Abs.2 S.1 BpO soll der Prüfungszeitraum bei Großbetrieben, Konzernen (§ 13 BpO) und international verbundenen Unternehmen (§ 19 BpO) an den vorhergehenden Prüfungszeitraum anschließen. Die Vorschrift schreibt somit für die genannten Unternehmen den Grundsatz der sog. Anschlussprüfung allein auf Grund der getroffenen Größenklasseneinteilung bzw. der Qualifikation des Unternehmens als Konzern oder international verbundenes Unternehmen vor. Bei anderen als den genannten Betrieben soll der Prüfungszeitraum in der Regel nicht mehr als drei zusammenhängende Besteuerungszeiträume umfassen, § 4 Abs.3 S.1 BpO[1010].

Die primär größenabhängige Außenprüfungspraxis spiegelt sich in der Statistik wieder. So ist ein eklatantes Auseinanderfallen des Prüfungsturnus, also des Zeitraumes, der durchschnittlich vergeht, bis ein Betrieb wieder einer Außenprüfung unterliegt, in Abhängigkeit von der Größenklasse festzustellen: Der Prüfungsturnus für den Berichtszeitraum 1. Januar 2010 bis 31. Dezember 2010 beträgt 4,73 Jahre für Großbetriebe, 14,45 Jahre für Mittelbetriebe, 28,69

1008 BMF-Schreiben v. 20.08.2009, IV A 4 – S 1450/08/10001, BStBl I 2009, 886: Einordnung in Größenklassen gemäß § 3 BpO 2000; Festlegung neuer Abgrenzungsmerkmale zum 1. Januar 2010.

1009 Ergänzend finden zudem sog. Anlass- und Zufallsprüfungen statt, was vor allem darauf beruht, dass nicht in Gänze von vornherein feststehen soll, welche Betriebe ungeprüft bleiben. Zur prophylaktischen Wirkung der Zufallsauswahl siehe *Apitz*, StBp 2001, 29; *Wenzig*, StuW 1982, 321, 325.

1010 Die Unternehmen werden unter Berücksichtigung ihrer Größenklasse in von den Betriebsprüfungsstellen der jeweiligen Finanzamtsbezirke geführten Betriebskarteien erfasst (§ 32 BpO). Diese sowie Meldungen der einzelnen Veranlagungsbezirke bilden Grundlage des Prüfungsgeschäftsplanes, worin die zur Prüfung vorgesehenen Fälle in regelmäßigen Abständen zusammengestellt werden (vgl. § 34 BpO). Die Einteilung der Prüfer steht im Ermessen der Finanzbehörde, siehe *Burkhard/Adler*, Betriebsprüfung und Steuerfahndungsprüfung, 2001, § 196 AO, Rn. 60 ff.

Jahre für Kleinbetriebe und 95,95 Jahre für Kleinstbetriebe[1011]. Ebenso deutlich fällt der Unterschied bei der Prüfungsdichte, d.h. der Wahrscheinlichkeit, dass ein Veranlagungsjahr geprüft wird, aus: Während die Prüfungsdichte für den Berichtszeitraum 1. Januar 2010 bis 31. Dezember 2010 bei Großbetrieben bei 70,5 % liegt, beträgt sie bei Mittelbetrieben 20,7 %, bei Kleinbetrieben 10,2 % und bei Kleinstbetrieben 3,0 %[1012].

Die Einteilung der Unternehmen nach der Höhe des steuerlichen Gewinns bzw. des Umsatzes und die Variation der Prüfungsturnusse bzw. Prüfungsdichten in Abhängigkeit von der Größenklasse impliziert, dass die Finanzverwaltung gewillt ist, mit den gegebenen Kapazitäten ein möglichst hohes Mehrergebnis zu erzielen (sog. ökonomisches Prinzip)[1013]. Da bei Klein- oder Kleinstbetrieben aus fiskalischer Sicht wenig Steuereinnahmen bzw. -nachforderungen in Aussicht stehen, werden diese auch nur marginal geprüft; umgekehrt steigt das fiskalische Ausfallrisiko mit der Betriebsgröße bzw. der Höhe des steuerlichen Gewinns. Werden zusätzlich zur Betriebsprüfungsordnung interne, auf konkrete Mehrergebnisse ausgerichtete Zielvereinbarungen zwischen Behördenleitung und Prüfern oder zwischen Finanzministerium bzw. Oberfinanzdirektionen und Prüfungsfinanzämtern geschlossen[1014], so wird die fiskalische Orientierung der Außenprüfer noch verstärkt. Selbiges gilt freilich, soweit sich die für die Beförderung relevante, interne Beurteilung der Außenprüfer nach von diesen er-

---

1011 BMF-Monatsbericht 09/2011, S. 63. Zu den unterschiedlichen Turnussen siehe auch *Seer,* in: Tipke/Kruse, AO/FGO, § 193 AO, Rn. 42 (09/2009). Nach *Spindler*, FR 2011, 124 (Diskussionsbericht v. *Richter/Welling*) könne in Anbetracht der Zahlen nicht mehr von einer Verifikationsverwaltung die Rede sein; die Zahlen seien „Ausdruck einer reinen Selbstveranlagung".

1012 BMF-Monatsbericht 09/2011, S. 63. Errechnet wird die Prüfungsdichte aus einer Kombination des jeweils durchschnittlichen Prüfungszeitraumes und des Prüfungsturnusses. Zu den unterschiedlichen Prüfungsdichten siehe auch *Seer,* in: Tipke/Kruse, AO/FGO, § 193 AO, Rn. 42 (09/2009).

1013 Vgl. *Karl,* DStZ 2002, 598, 601 f; *Seer*, FR 1997, 553, 560 f.; *ders.*, in: Tipke/Kruse, AO/FGO, Vor § 193 AO, Rn. 21 (09/2009). Ähnlich auch noch *Eckhoff,* in: H/H/Sp, AO/FGO, § 193 AO, Rn. 86 (09/2003), anders nunmehr *Schallmoser*, in: H/H/Sp, AO/FGO, § 193 AO, Rn. 101 ff., 113 (02/2011). Zur Außenprüfung als wichtigem Instrument zur Verbesserung der Haushaltslage siehe *Eismayr/Schnell,* IWB 2010, 907.

1014 Siehe dazu *Huber/Seer*, StuW 2007, 355, 357; *Seer,* DStR 2008, 1553, 1555; *ders.*, in: Tipke/Kruse, AO/FGO, § 199 AO, Rn. 5 (05/2010). Kritisch auch *Kaiser,* Ubg 2012, 631, 633.

zielten Mehrergebnissen richtet[1015]. Insgesamt wird der Betriebsprüfer daher wenn möglich sog. Nullfälle vermeiden[1016].

4. Gerichtliche Überprüfbarkeit der Ermessensausübung

Das administrative Ermessen ist jedoch nicht gleichzusetzen mit völliger Freiheit oder Beliebigkeit der Verwaltung[1017]. Mithin ist jegliches Ermessen sogleich ein rechtlich gebundenes, „pflichtgemäßes" Ermessen[1018]. So schreibt § 5 AO ausdrücklich vor, dass die Finanzbehörde, soweit sie ermächtigt ist, nach ihrem Ermessen zu handeln, ihr Ermessen entsprechend dem Zweck der Ermächtigung auszuüben und die gesetzlichen Grenzen des Ermessens einzuhalten hat[1019]. In diesem Sinne sind der Ermessensausübung zum einen innere und zum anderen äußere Grenzen gesetzt: Die Behörde darf nicht gegen den von der jeweiligen Ermächtigung angestrebten Zweck und darüber hinaus nicht gegen Rechtsgrundsätze des Verfassungsrechts und einfachen Rechts verstoßen (innere Ermessensgrenzen). Ebenso darf sie keine Rechtsfolge wählen, die nicht im Rahmen der Vorschrift liegt und muss den Ermessensrahmen voll ausschöpfen, d.h. insbesondere alle gebotenen Erwägungen anstellen (äußere Ermessensgrenzen)[1020]. Dies gilt auch für das auf Verfahrensfragen bezogene Ermessen[1021]. Soweit die Finanzbehörde gegen die in § 5 AO normierten Vorgaben verstößt, handelt sie ermessensfehlerhaft und rechtswidrig, was gemäß § 102 FGO gerichtlich überprüfbar ist[1022]. Bedient sich die Verwaltung zur Vereinheitlichung der Praxis im Rahmen ihres

---

1015 Siehe dazu *Seer,* in: Tipke/Kruse, AO/FGO, § 199 AO, Rn. 5 (05/2010).

1016 *Buse*, AO-StB 2008, 190, wonach der Druck zu Mehrergebnissen unter anderem durch die externe Begutachtung der Prüfungsdienste in den letzten Jahren mit Blick auf deren „Wirtschaftlichkeit" erhöht wurde.

1017 *Kruse*, in: Tipke/Kruse, AO/FGO, § 5 AO, Rn. 5 (09/2009).

1018 BVerfG v. 16.02.1965, 1 BvL 15/62, BVerfGE 18, 353, 363; BVerfG v. 08.08.1978, 2 BvL 8/77, BVerfGE 49, 89, 147; *Kruse*, in: Tipke/Kruse, AO/FGO, § 5 AO, Rn. 5 (09/2009); *Maurer,* Allgemeines Verwaltungsrecht, 2011, § 7, Rn. 17.

1019 Vgl. auch § 40 VwVfG: Ist die Behörde ermächtigt, nach ihrem Ermessen zu handeln, hat sie ihr Ermessen entsprechend dem Zweck der Ermächtigung auszuüben und die gesetzlichen Grenzen der Ermessens einzuhalten.

1020 Siehe dazu *Kruse*, in: Tipke/Kruse, AO/FGO, § 5 AO, Rn. 35 ff. (09/2009).

1021 *Müller-Franken,* Maßvolles Verwalten, 2004, S. 348. Zum Begriff des Verfahrensermessens siehe *Hill,* NVwZ 1985, 449, 453.

1022 *v.Groll*, in: Gräber, FGO, 2010, § 102, Rn. 1; *Seer*, in: Tipke/Lang, Steuerrecht, 2013, § 22, Rn. 201.

Ermessensspielraumes sog. Verwaltungsvorschriften, können diese unter dem Gesichtspunkt der Selbstbindung nach Art. 3 Abs.1 GG im Prozess zu beachten sein[1023]. Allerdings kommt einer Verwaltungspraxis oder Ermessensrichtlinie keine Bindungswirkung zu, wenn diese gegen das Gesetz verstößt (keine Gleichheit im Unrecht)[1024]. Ansonsten dürfen ermessenslenkende Verwaltungsvorschriften nicht selbst ausgelegt werden; das Gericht darf vielmehr nur überprüfen, ob die Auslegung der Finanzbehörde möglich ist[1025]. Bei Ermessensrichtlinien überprüfen die Steuergerichte somit, ob sich die Behörde an die Richtlinie gehalten hat, ob die erlassene Richtlinie die gesetzlichen Grenzen des Ermessens einhält und ob sie von dem Ermessen in einer dem Zweck der Ermächtigung entsprechenden Weise Gebrauch gemacht hat[1026].

5. Forderung eines Paradigmenwechsels hin zu einer risikoorientierten Ermessenspraxis

Mit Blick auf eine mögliche Win-win-Situation durch Tax Compliance und die Implementierung einer entsprechenden Vollzugsstrategie ist die Vollziehung eines Paradigmenwechsel bei der Ermessensausübung nach §§ 193 ff. AO unumgänglich. Nur wenn die Außenprüfungsintensität (*Ob* und *Wie* bzw. *Wieviel* der finanzbehördlichen Ermittlung[1027]) an der konkreten Prüfungsbedürftigkeit und damit am Grad der steuerlichen Gesetzeseinhaltung ausgerichtet ist, können die mit einer Tax Compliance-Vollzugsstrategie einhergehenden beiderseitigen Vorteile generiert werden. Füllt die Finanzverwaltung den von Gesetzes wegen weiten Ermessensspielraum bei der Außenprüfung nach §§ 193, 194 AO hingegen dergestalt aus, dass Betriebe allein bei zunehmender Größe auch zunehmend

---

1023 So zum Beispiel BFH v. 29.04.1970, IV R 259/69, BStBl II 1970, 714; BFH v. 20.06.1984, I R 111/80, BStBl II 1984, 815; BFH v. 10.04.1990, VIII R 415/83, BStBl II 1990, 721; BFH v. 10.06.1992, I R 142/90, BStBl II 1992, 784; siehe dazu *Seer*, in: Tipke/Kruse, AO/FGO, § 194 AO, Rn. 25 (01/2010).

1024 Allgemein etwa BVerwG v. 26.02.1993, 8 C 20.92, BVerwGE 92, 153, 157; *Gerhardt*, in: Schoch/Schmidt-Aßmann/Pietzner, VwGO, § 114, Rn. 22 (05/1997); *Kopp/Schenke*, VwGO, 2012, § 114, Rn. 10a f.

1025 BFH v. 13.01.2005, V R 35/03, BStBl II 2005, 460, 463; BFH v. 24.11.2005, V R 37/04, BStBl II 2006, 466, 468; *Seer*, in: Tipke/Kruse, AO/FGO, § 194 AO, Rn. 25 (01/2010); vgl. auch *Hey*, DStR 2004, 1897, 1902.

1026 Vgl. BFH v. 21.04.1983, IV R 60/80, BStBl II 1983, 529; BFH v. 11.04.2006, VI R 64/02, BStBl II 2006, 642.

1027 Vgl. *Söhn*, in: H/H/Sp, AO/FGO, § 88 AO, Rn. 74 (02/2010).

intensiv geprüft werden, so ist darin kein Anreiz zu einem möglichst hohen Grad an eigenmotivierter Tax Compliance zu sehen; egal wie gut oder schlecht die steuergesetzlichen Pflichten eingehalten werden, hat das Unternehmen je nach Größe entweder eine Anschlussprüfung zu erdulden oder wird womöglich so gut wie gar nicht geprüft. Großunternehmen, die sich vollkommen korrekt verhalten und die Steuergesetze einhalten werden im Grundsatz „totalgeprüft", während Mittel-, Klein- oder Kleinstbetriebe auch bei massiven steuerlichen Rechtsverstößen weitgehend verschont bleiben. Die primär am fiskalischen Ausfallrisiko orientierte Verwaltungspraxis entspricht somit in keinster Weise einer Tax Compliance-Vollzugsstrategie: Steuerliches Wohlverhalten wird nicht honoriert und Fehlverhalten nicht konsequent und gleichmäßig aufgedeckt bzw. sanktioniert. Es besteht *insoweit* kein Anreiz, sich steuerlich korrekt zu verhalten.

Die Forderung nach einem Paradigmenwechsel wird untermauert durch massive Kritik im steuerlichen Schrifttum am bisherigen, fiskalischen und in §§ 3, 4 BpO 2000 zur Geltung kommenden Ermessensrichtmaß der Finanzverwaltung. Obgleich die ständige Rechtsprechung die durch §§ 3, 4 BpO 2000 vorgeprägte Ermessensausübung der Finanzverwaltung als zulässig und verfassungsrechtlich unbedenklich erachtet[1028], werden im Schrifttum berechtigterweise Verstöße gegen den in Art. 3 Abs.1 GG normierten fundamentalen Grundsatz der Rechtsanwendungsgleichheit, gegen das aus Art. 20 Abs. GG folgende Verhältnismäßigkeitsprinzip und gegen das Gebot der administrativen Ressourcenschonung moniert und damit ein rechtswidriger Ermessensfehlgebrauch geltend gemacht (vgl. § 5 AO). Allein sachgerecht und im Sinne eines an Tax Compliance orientierten Vollzuges ist eine Orientierung am konkreten Prüfungsbedürfnis.

a) Gebot der Rechtsanwendungsgleichheit

Die in §§ 3, 4 BpO 2000 zur Geltung kommende Gewichtung und Beschränkung der Verifikation stellte dann einen Verstoß gegen Art.3 Abs.1 GG dar, wenn sie zu einer Ungleichbehandlung der steuerpflichtigen Unternehmen[1029] führte und

---

1028 Etwa BFH v. 07.02.2002, IV R 9/01, BStBl II 2002, 269, 270; BFH v. 21.06.1994, VIII R 54/92, BStBl II 1994, 678, 680; BFH v. 10.04.1990, VIII R 415/83, BStBl II 1990, 721, 723.

1029 Zur Anwendbarkeit von Art. 3 GG auf juristische Personen siehe BVerfG v. 03.06.1954, 1 BvR 183/54, BVerfGE 3, 383, 390; auf Personengesellschaften siehe BVerfG v. 20.07.1954, 1 BvR 459/52, BVerfGE 4, 7, 12.

sich nicht rechtfertigen ließe[1030]. In Folge der in §§ 3, 4 BpO 2000 normierten Prüfungsausrichtung am fiskalischen Interesse werden bestimmte Unternehmen im Gegensatz zu anderen häufiger einer Prüfung unterzogen bzw. intensiver geprüft – Großbetriebe alle 4,73 Jahre, Kleinstbetriebe alle 90,95 Jahre. Eine Ungleichbehandlung der steuerpflichtigen Unternehmen liegt somit vor. Um dem Gebot der Rechtsanwendungsgleichheit als Facette der Besteuerungsgleichheit (Art. 3 Abs.1 GG) zu entsprechen, müsste die Ungleichbehandlung sachlich gerechtfertigt sein. Im Allgemeinen ist nach Rechtsprechung des BVerfG der Gleichheitssatz „vor allem dann verletzt, wenn eine Gruppe von Normadressaten im Vergleich zu anderen Normadressaten anders behandelt wird, obwohl zwischen beiden Gruppen keine Unterschiede von solcher Art und solchem Gewicht bestehen, die eine ungleiche Behandlung rechtfertigen können"[1031]. Mit Blick auf die vorliegende Situation bedarf es daher eines sachgerechten Auswahlmaßstabes für die Gewichtung, um die Rechtsanwendungsgleichheit bei der Außenprüfung zu wahren: „Ohne einen allgemeinen Maßstab ist Gleichbehandlung nicht möglich. Gleichbehandlung setzt immer einen Maßstab voraus, da Gleichheit relativ ist"[1032]. Die von der Finanzverwaltung angewandte, fiskalisch orientierte Ermessenspraxis wurde bisher von der Rechtsprechung weitgehend gebilligt und als mit Art. 3 Abs.1 GG vereinbar angesehen[1033]. Die Gefahr von Steuerausfällen sei bei Großbetrieben größer als bei anderen Betrieben[1034]; die regelmäßige Anschlussprüfung von Großbetrieben sei sachgerecht, weil bei diesen erfahrungsgemäß die steuererheblichen Verhältnisse besonders komplex und schwierig zu beurteilen seien[1035].

Zu Recht ist diese Rechtsprechung in der Literatur jedoch weitgehend auf Ablehnung gestoßen. Schließlich kann das potentielle Mehrergebnis nach

---

1030 Vgl. zur Rechtsanwendungsgleichheit bei Verwaltungsanweisungen zur Sachverhaltsermittlung *Karl*, DStZ 2002, 598 ff.

1031 St.Rspr., etwa BVerfG v. 07.10.1980, 1 BvL 50 89/79, 1 BvR 240/79, BVerfGE 55, 72, 88.

1032 *Seer*, in: Tipke/Kruse, AO/FGO, Vor § 193 AO, Rn. 21 (09/2009); vgl. auch *Ahrens*, Belastingdienst, 2005, S. 349 ff.; *Hey*, in: FS Kruse, 2001, S. 269, 273.

1033 Vgl. etwa BFH v. 02.09.1988, III R 280/84, BStBl II 1989, 4; BFH v. 21.06.1994, VIII R 54/92, BStBl II 1994, 678; BFH v. 07.02.2002, IV R 9/01, BStBl II 2002, 269.

1034 Vgl. BFH v. 21.06.1994, VIII R 54/92, BStBl II 1994, 678; zur Rspr. zur Ermessensausübung i.R.v. §§ 193, 194 AO siehe *Schallmoser*, in: H/H/Sp, AO/FGO, § 193 AO, Rn. 100 ff. (02/2011).

1035 Siehe etwa BFH v. 07.02.2002, IV R 9/01, BStBl II 2002, 269.

durchgeführter Außenprüfung keinen sachgerechten primären Maßstab darstellen[1036]. Zwar ist die Einnahmenerzielung das Motiv der Steuergesetzgebung und spiegelt die finanzpolitische Aufgabe der Steuergesetze wider[1037]. Sie gibt jedoch weder einen Maßstab für die Gesetzesauslegung noch für den Vollzug des Gesetzes[1038]. Die Finanzverwaltung ist ausweislich des Wortlautes in § 85 S.1 AO zu einer gleichmäßigen Steuererhebung und -festetzung nach Maßgabe der Gesetze angehalten; nicht jedoch zu einer möglichst „ergiebigen" Steuererhebung und -festsetzung[1039]. Dementsprechend stellt § 85 S.2 AO klar, dass Steuern auch nicht zu Unrecht erhoben und Steuererstattungen und Steuervergünstigungen nicht zu Unrecht versagt werden dürfen. Ebenso regelt § 199 Abs.1 AO, dass die Außenprüfer die Besteuerungsgrundlagen zugunsten wie zuungunsten des Steuerpflichtigen zu prüfen haben. Der gesetzliche Auftrag zum Steuervollzug ist demnach unzweideutig rechtsstaatlich und nicht fiskalisch ausgerichtet. Auch aus Art. 114 Abs. 2 S.1 GG bzw. § 7 BHO (Wirtschaftlichkeit und Sparsamkeit) ergibt sich nichts anderes; schließlich geben diese Vorschriften keine zu erreichenden Ziele vor, sondern setzen diese voraus[1040]. Mithin findet sich für die Einteilung der Unternehmen in starre Größenklassen und die damit korrelierende Ausrichtung der Prüfungsintensität primär am Mehrergebnis weder ein konkreter gesetzlicher Anknüpfungspunkt noch eine sonstige gesetzliche Rechtfertigung[1041].

1036 *Drüen*, StuW 2007, 112, 113; *Hey*, in: FS Kruse, 2001, S. 269, 273 f.; *Kruse*, FR 1995, 525, 526; *Kruse*, DStJG 18 (1995), S. 115, 120 ff.; *Ondracek*, in: FS Ritter, 1997, S. 227 ff.; *Präsident des Bundesrechnungshofes*, Probleme beim Vollzug der Steuergesetze, 2006, S. 177; *Sandner*, Rechtliche Basis und ökonomische Aspekte der Außenprüfung, 2011, S. 64; *Schmidt*, DStJG 32 (2008), S. 37, 43; *Seer*, FR 1997, 560; *ders.*, StuW 2003, 40, 50 ff.; *ders.*, Ubg 2009, 673, 674; *Tipke*, Steuerrechtsordnung, Band III, 1993, S. 1219 f., 1226. Hingegen die Größeneinteilung billigend *Buciek*, DStZ 1995, 513 ff.; *Müller-Franken*, Maßvolles Verwalten, 2004, S. 346 ff.; *Schallmoser*, in: H/H/Sp, AO/FGO, § 193 AO, Rn. 113 (02/2011).

1037 *Seer*, SteuerStud 2010, 369, 373.

1038 *Karl*, DStZ 2002, 598, 604; *Vogel*, in: FS Döllerer, 1988, S. 677, 687; ebenso *Ohletz*, Beweisrecht im Steuerverwaltungsverfahren, 2006, S. 35; *Seer*, SteuerStud 2010, 369, 373.

1039 *Ahrens*, Belastingdienst, 2005, S. 357 f.

1040 *Ahrens*, Belastingdienst, 2005, S. 355.

1041 *Seer*, in: Tipke/Kruse, AO/FGO, § 193 AO, Rn. 41 (09/2009), spricht insoweit von einer „Erfindung" der Finanzverwaltung.

Freilich liegt es bei Lichte betrachtet nah, dass mit steigender Unternehmensgröße auch die Komplexität der Gewinnermittlung und damit auch deren Fehleranfälligkeit wachsen mag[1042]. Eine fundierte wissenschaftliche Grundlage für diese These ist bisher jedoch nicht ersichtlich[1043]; ein Nachweis der Relation zwischen Einkommenshöhe und steuerlichem Risiko steht noch aus[1044]. Insoweit liegt die „Darlegungslast" jedoch bei der Finanzverwaltung[1045]. Soweit darauf verwiesen wird, der Löwenanteil der Mehrsteuern und Zinsen nach erfolgter Außenprüfung entfalle auf Großbetriebe[1046] ist dies nur eingeschränkt aussagekräftig[1047]: So wird nicht ausgewiesen, ob es sich lediglich um Gewinn- oder Aufwandsverlagerungen in andere Besteuerungszeiträume handelt. Ebenso bleibt offen, welche Beträge streitig geblieben sind und ggf. wieder zurückgenommen werden müssen. Schließlich schweigt die Statistik darüber, ob Mehrsteuern, die auf Hinzuschätzungen beruhen, überhaupt zu realisieren bzw. vollstrecken sind. Bei alledem ist der Schaden zwar meist hoch, wenn es bei einem finanziell gewichtigen Fall zu Fehlern kommt; die bisherige Prüfungsausrichtung vernachlässigt jedoch wie hoch im Einzelfall die Wahrscheinlichkeit eines solchen Fehlers ist[1048]. Darüber hinaus besteht die Gefahr, dass Unternehmen durch unzutreffende, ungeprüfte Angaben eine Einordnung als Klein- oder Kleinstbetrieb erwirken, mithin ihre Klassifizierung selbst bestimmen[1049]. Summa summarum ist die starre Einteilung in Größenklassen und die damit korrelierende Außenprüfungspraxis nicht mit Art. 3 Abs.1 GG zu vereinbaren; insoweit liegt ein rechtswidriger Ermessensfehlgebrauch (vgl. § 5 AO) vor.

1042 Von einer derartigen Korrelation ausgehend *Müller-Franken*, Maßvolles Verwalten, 2004, S. 350; vgl. auch *Eckhoff*, Rechtsanwendungsgleichheit, 1999, S. 511 ff.; *Karl*, DStZ 2002, 598, 602; zurückhaltend dagegen *Seer*, in: Tipke/Kruse, AO/FGO, § 193 AO, Rn. 41 (09/2009); *ders.*, Ubg 2009, 673, 674; *ders.*, SteuerStud 2010, 369, 373.

1043 *Ahrens*, Belastingdienst, 2005, S. 354; *Nagel/Waza*, DStZ 2008, 321, 323; *Schmidt*, DStJG 31 (2008), S. 37, 43.

1044 Vgl. *Haunhorst*, DStR 2010, 2105, 2109.

1045 *Ahrens*, Belastingdienst, 2005, S. 354.

1046 Im Jahr 2010 entfielen auf Großbetriebe 11.916 Mio. Euro Mehrsteuern und Zinsen; auf Mittelbetriebe 1.349 Mio. Euro, auf Kleinbetriebe 679 Mio. Euro und auf Kleinstbetriebe 972 Mio. Euro. Siehe BMF-Monatsbericht 09/2011, S. 60 ff.

1047 *Seer*, in: Tipke/Kruse, AO/FGO, § 199 AO, Rn. 5 (01/2010).

1048 *Schmidt*, DStJG 31 (2008), S. 37, 43.

1049 So *Seer*, FR 1997, 553, 561; *ders.*, in: Tipke/Kruse, AO/FGO, § 193 AO, Rn. 42 (09/2009).

Aus dem Zweck von §§ 193, 194 AO bzw. dem Charakter der Außenprüfung als Aufklärungs- und Kontrollmittel zur Verwirklichung der Gleich- und Gesetzmäßigkeit der Besteuerung ergibt sich sodann das sachgerechte – mit Art. 3 Abs.1 GG zu vereinbarende – Ermessenskriterium für die Außenprüfung. Namentlich ist die Prüfungsauswahl bzw. –intensität im Rahmen von §§ 193 ff. AO primär am jeweiligen Prüfungsbedürfnis (Synonym: Verifikationsbedürfnis, Kontrollbedürfnis) auszurichten[1050]. Dieses ist am konkreten Compliance-Risiko (Synonym: Steuerrisiko, Fehlerrisiko) zu messen[1051]. Mit Blick auf die denkbare, aber nicht nachgewiesene Korrelation zwischen Komplexität bzw. Umsatz- und Einkunftsgrößen und Steuerausfallrisiko kann das fiskalische Kriterium allenfalls nachgeordnet zu berücksichtigen sein[1052].

b) Gebot der Verhältnismäßigkeit

Die starre Ausrichtung der Außenprüfung primär an der Größe des Unternehmens bzw. am steuerlichen Mehrergebnis und nicht an der konkreten Prüfungsbedürftigkeit stößt zudem mit Blick auf das Übermaßverbot auf erhebliche Bedenken[1053]. Nach diesem insbesondere aus dem Rechtsstaatsprinzip resultierenden Grundsatz muss das staatliche Verhalten zur Erreichung eines legitimen Zwecks geeignet, erforderlich und verhältnismäßig bzw. angemessen sein[1054]. Namentlich ist aus zur Zweckerreichung gleich gut geeigneten Mitteln das mildeste, die geschützte Rechtsposition am wenigsten beeinträchtigende Mittel auszuwählen[1055]. Zudem muss zwischen dem angestrebten Zweck und dem angewendeten Mittel ein angemessenes Verhältnis bestehen; die widerstreitenden Interessen müssen sorgfäl-

1050 *Ahrens*, Belastingdienst, 2005, S. 347 ff.; *Drüen*, StuW 2007, 112, 113; *Karl*, DStZ 2002, 598, 604; *Neddermayer*, Beilage zu BB 1994, Heft 16, 1, 3; *Präsident des Bundesrechnungshofes*, Probleme beim Vollzug der Steuergesetze, 2006, S. 177; *Schmidt*, DStJG 32 (2008), S. 37, 43; *Seer*, Ubg 2009, 673, 674; *Tipke*, Steuerrechtsordnung, Band III, 1993, S. 1219 f.; *Wenzig*, StuW 1982, 321, 327.

1051 Siehe dazu unten **4. Kapitel A. V. 1. und 2.**

1052 *Ahrens*, Belastingdienst, 2005, S. 357; *Seer*, SteuerStud 2010, 369, 373.

1053 Vgl. allgemein zum administrativen Maßstab der „Risikoangemessenheit" als Ausprägung des Verhältnismäßigkeitsprinzips *Pitschas*, in: Hoffmann-Riem/Schmidt-Aßmann/Voßkuhle, GVwR, Band II, 2012, § 42, Rn. 194 ff.

1054 Etwa BVerfG v. 15.12.1983, 1 BvR 209/83, BVerfGE 65, 1, 54; BVerfG v. 20.06.1984, 1 BvR 1494/78, BVerfGE 67, 157, 173; BVerfG v. 08.10.1985, 1 BvL 17, 19/83, BVerfGE 70, 278, 286; zudem etwa *Jarass*, in: Jarass/Pieroth, GG, 2012, Art. 20, Rn. 80 ff.

1055 BVerfG v. 14.07.1999, 1 BvR 2226/94, BVerfGE 100, 313, 375.

tig gegeneinander angewogen werden[1056]. Nach allgemeinen Grundsätzen ist das Übermaßverbot im Rahmen des finanzbehördlichen Ermessens zu beachten; wird dagegen verstoßen, liegt ein rechtswidriger Ermessensfehlgebrauch vor[1057].

Auch im Rahmen des durch §§ 193 ff. AO eingeräumten Ermessens und insbesondere bei der Frage, ob eine Außenprüfung durchzuführen ist oder Einzelermittlungen nach §§ 93 ff. AO ausreichen bzw. *wie* die Außenprüfung durchzuführen ist, ist eine entsprechende Berücksichtigung des Übermaßverbotes angezeigt. Zwar ging der 10. Senat des BFH im Jahr 1991 davon aus, dass Interessen der Steuerpflichtigen bei der Prüfungsauswahl nach § 193 Abs.1 AO grundsätzlich nicht zu berücksichtigen seien, da der Gesetzgeber – typisierend – bei dem genannten Personenkreis die Außenprüfung als das geeignete Mittel der Sachverhaltsermittlung halte; Betriebe dieser Art unterlägen kraft Gesetzes der Außenprüfung. Insoweit seien bei der Ermessensentscheidung allein administrative Interessen zu berücksichtigen[1058]. Indem der BFH keinen Raum für die Berücksichtigung eines auf Eingriffsverschonung gerichteten Individualinteresses sieht, gleichzeitig jedoch ausdrücklich anfügt, dass dies „vorbehaltlich des Übermaß- sowie des Willkür- und Schikaneverbots" gelten soll, entzieht er seiner Grundaussage jedoch in weiten Teilen den Boden. Schließlich dienen das Übermaß- sowie das Willkür- und Schikaneverbot nichts anderem als dem Individualinteresse des Steuerpflichtigen[1059]. Im Hinblick darauf, dass es sich bei der Außenprüfung um ein Rechtsinstitut ureigenster Eingriffsverwaltung mit nahezu unbegrenzten und ansonsten in dieser Intensität kaum noch anzutreffenden Möglichkeiten für den Staat, Einblicke in die innerste Sphäre der Privaten zu nehmen, handelt, ist eine Berücksichtigung der Individualinteressen bei der Prüfungsauswahl auch geboten[1060]. So geht namentlich *Gosch* davon aus, dass sich die Außenprüfung womöglich erübrige, wenn es dem Steuerpflichtigen gelingt, einem konkreten Prüfungsanlass mit plausiblen Argumenten zu begegnen und die Bedenken der Verwaltung zu zerstreuen; es entspricht dann dem in der Ermessenseinräumung immanenten Gedanken der Flexibilität und Zweckmäßigkeit sowie dem Übermaßverbot, den Steuerpflichtigen nicht „stur" mit einer Außenprüfung zu überziehen[1061]. Auch

---

1056 Siehe etwa *Kruse,* in: Tipke/Kruse, AO/FGO, § 5 AO, Rn. 62 (05/2010).

1057 *Kruse,* in: Tipke/Kruse, AO/FGO, § 5 AO, Rn. 60 ff. (05/2010).

1058 BFH v. 02.10.1991, X R 89/89, BStBl II 1992, 220.

1059 Insbesondere das Übermaßverbot wird allgemein als Oberbegriff für die Grundsätze des geringstmöglichen Eingriffs und der Verhältnismäßigkeit im engeren Sinne verstanden, *Kruse,* in: Tipke/Kruse, AO/FGO, § 5 AO, Rn. 60 ff. (05/2010).

1060 Zutreffend *Gosch,* StBp 1992, 119, 121.

1061 *Gosch,* StBp 1992, 119, 121.

nach *Seer* ist die umfassende und einschneidende Sachaufklärung durch eine Außenprüfung nicht mehr das erforderliche, mildeste zur Verfügung stehende Mittel, wenn weniger eingreifende Einzelermittlungen nach §§ 93 ff. AO genügen, um die Gesetz- und Gleichmäßigkeit der Besteuerung sicherzustellen[1062]. Überdies geht die Finanzverwaltung selbst davon aus, dass die Individualinteressen respektive die Freiheitsrechte der Steuerpflichtigen im Rahmen der Ermessensentscheidung nach § 193 AO zu berücksichtigen sind. Nach § 2 Abs.1 S.2 BpO 2000 verpflichtet sie sich selbst dazu, sowohl „bei der Anordnung" als auch bei der „Durchführung" von Prüfungsmaßnahmen im Rahmen der Ermessensausübung die Grundsätze der Verhältnismäßigkeit der Mittel und des geringstmöglichen Eingriffs zu beachten. Mit Blick auf das *Wie* der Außenprüfung muss der Prüfer darauf achten, dass seine Ermittlungsmaßnahmen den Steuerpflichtigen möglichst wenig belasten: Die Maßnahmen im Rahmen der Außenprüfung müssen bezogen auf den Prüfungszweck der Sicherstellung der gesetz- und gleichmäßigen Steuererhebung geeignet, erforderlich und angemessen sein[1063].

Werden Prüfungsauswahl und -intensität indes am Zweck der Erzielung eines möglichst hohen Mehrergebnisses ausgerichtet, steht dies im Widerspruch zu der gebotenen Ausrichtung am Prüfungszweck der Sicherstellung einer gesetz- und gleichmäßigen Steuererhebung (§ 85 S.1 AO). Insbesondere stehen die schematische, in §§ 3, 4 BpO 2000 normierte Einteilung in Größenklassen und die damit korrespondierende Fallauswahl einer Berücksichtigung der Besonderheiten im Einzelfall entgegen. Dem Übermaßverbot bzw. Verhältnismäßigkeitsgebot entspricht mithin allein eine Außenprüfung, die sich in erster Linie an der konkreten Prüfungsbedürftigkeit des Unternehmens orientiert; soweit das Unternehmen seine Pflichten erfüllt und sich nicht als prüfungsbedürftig erweist, ist die gesetzmäßige Besteuerung gewährleistet und eine umfassende „Totalprüfung"[1064] weder erforderlich noch angemessen. Die Außenprüfung erfolgt schließlich nicht zum Selbstzweck[1065]. Die Maximen der Erforderlichkeit und Angemessenheit streiten vielmehr für die Durchführung von Schwerpunkt- und Stichprobenprüfungen entsprechend des fallspezifischen Risikos. Ist das Prüfungsbedürfnis in Teilen bereits durch vorangegangene Prüfungen gestillt, so ist mit Blick auf die

1062 Vgl. *Seer,* in: Tipke/Kruse, AO/FGO, Vor § 193 AO, Rn. 11 (09/2009), wonach solche Fälle jedoch selten sein werden.
1063 *Seer*, in: Tipke/Kruse, AO/FGO, § 199 AO, Rn. 6 (01/2010).
1064 *Drüen*, IFSt-Schrift Nr. 469 (2011), S. 41.
1065 Vgl. allgemein *Drüen*, FR 2011, 101, 109.

Verhältnismäßigkeit darauf bei den nachfolgenden Prüfungen zu reagieren[1066]. Dementsprechend können auf Basis der Vorprüfungserfahrungen und des vorhandenen Kontrollmaterials ergänzende Teil- oder Schwerpunktprüfungen, abgekürzte Außenprüfungen nach § 203 AO oder gegebenenfalls sogar eine Absetzung des Unternehmens vom Prüfungsgeschäftsplan durchgeführt werden[1067]. Eine Anschlussprüfung bestimmter Unternehmen ist somit weder verfassungsmäßig noch nach der Abgabenordnung zwingend[1068]. Summa summarum wäre es unverhältnismäßig und ermessensfehlerhaft, einen Steuerpflichtigen, der vollständig und eigenmotiviert mitwirkt, seine betrieblichen Daten ordnungsgemäß zur Prüfung überlässt und bei dem keine Fehler ersichtlich sind, so lange umfassend zu prüfen, bis ein Mehrergebnis erzielt ist und der Steuerpflichtige dieses nur akzeptiert, um „in Ruhe gelassen zu werden"[1069].

c) Gebot des schonenden Umgangs der Verwaltungsressourcen

Auch der allgemein geltende Grundsatz des schonenden Umgangs mit Verwaltungsressourcen[1070], der nichts anderes meint als der bereits erörterte Grundsatz effizienten Verwaltungshandelns[1071], widerspricht einer Fehlallokation der Außenprüfungsressourcen durch Prüfung nicht prüfungsbedürftiger Sachverhalte. Um den gesetzlichen Auftrag nach § 85 S.1 AO zu erfüllen, sind die Kontrollkapazitäten vielmehr insoweit einzusetzen, als es auch einer entsprechenden Kontrolle bedarf. Das Effizienzprinzip bzw. das „Verbot der Verschwendung wertvoller Verwaltungskapazitäten" korreliert mithin mit einer am Verifikationsbedürfnis ausgerichteten Außenprüfung[1072].

6. Abzeichnung einer Änderung der Ermessenspraxis

Mit Blick auf die Außenprüfung nach §§193 ff. AO konzediert die Finanzverwaltung vermehrt, dass die schematische Fallauswahl nicht sachgerecht ist[1073]. Auch wenn

1066 *Drüen*, IFSt-Schrift Nr. 469 (2011), S. 41 f.

1067 So explizit *Drüen*, IFSt-Schrift Nr. 469 (2011), S. 41 f.

1068 *Drüen*, FR 2011, 101, 109.

1069 *Huber/Seer*, StuW 2007, 355, 358; *Seer*, in: Tipke/Kruse, AO/FGO, § 199 AO, Rn. 6 (01/2010).

1070 Vgl. *Schmidt-Aßmann*, Das allgemeine Verwaltungsrecht als Ordnungsidee, 2006, Kapitel 6, Rn. 65 ff.

1071 Siehe dazu bereits **3. Kapitel C. I. 1. b)**.

1072 *Drüen*, IFSt-Schrift Nr. 469 (2011), S. 42.

1073 *Schmidt/Schmitt*, in: FS Spindler, 2011, S. 529, 542; *Schmidt*, DStJG 31 (2008), S. 37, 40 ff.; siehe auch *Seer*, in: Tipke/Kruse, AO/FGO, § 193 AO, Rn. 40 (09/2009).

die Verwaltungsvorschriften §§ 3, 4 BpO 2000 noch immer zur Anwendung kommen, setzt sich offenbar die Erkenntnis durch, dass es nicht nur für den Bereich des massenhaften Verfahrens der Einkommensteuerveranlagung[1074], sondern auch für das Gebiet der steuerlichen Außenprüfung eines differenzierenden Vollzugsansatzes bedarf. Die Verwaltung setzt in der Folge zunehmend auf ein am Prüfungsbedürfnis ausgerichtetes Risikomanagement auch bei Durchführung der Außenprüfung[1075]. So widmet sich das Projekt „RMS-Betriebsprüfung" und die Arbeitsgruppe „BP-Strategie" einer Erprobung und Implementierung einer am Steuerausfallrisiko orientierten Fallauswahl bei der Außenprüfung[1076]. Die OFD Münster sammelte mit ihrem Pilotprojekt Risikomanagement (RMS) 5000 erste Erfahrungen in der Entwicklung einer risikoorientierten Besteuerung von Unternehmen[1077]. Konkrete Erkenntnisse und Arbeitsergebnisse werden indes bisher nicht allgemein bekannt gegeben. *Schmidt/Schmitt* sehen es dabei als Hauptproblem bei der Entwicklung des Risikomanagements für die Außenprüfung, dass gerade im betrieblichen Bereich der Finanzverwaltung bislang nur wenige Daten in elektronisch auswertbarer Form vorliegen[1078]. Bei alledem hat der Entwicklungsprozess zu einer effektiv am Kontrollbedürfnis ausgerichteten Außenprüfung gerade erst begonnen[1079].

III. Gesetzliche Grundlage für risikoorientierte, EDV-basierte Außenprüfungen

Weder für die Implementierung einer risikoorientierten Außenprüfung unter Nutzung der elektronischen Datenverarbeitung, d.h. für die Einführung eines

1074 So existiert bereits seit geraumer Zeit ein elektronisches Risikomanagement für Arbeitnehmerfälle bei der Einkommensteuer (RMS-Veranlagung AN-Fälle) sowie für den Bereich der Umsatzsteuer (RMS-UStVA), siehe dazu *Schmidt/Schmitt,* in: FS Spindler, 2011, S. 529, 542 ff.; *Schmidt,* DStJG 31 (2008), S. 37, 47 ff.

1075 *Schmidt/Schmitt,* in: FS Spindler, 2011, S. 529, 542; *Schmidt,* DStJG 31 (2008), S. 37, 40 ff.; *Seer,* in: Brandt, Mitverantwortung von Bürger und Staat für ein gerechtes Steuerrecht, 2007, S. 99, 108 f.

1076 *Schmidt/Schmitt,* in: FS Spindler, 2011, S. 529, 542; *Schmidt,* DStJG 31 (2008), S. 37, 50.

1077 Siehe dazu *Seer,* in: Brandt, Mitverantwortung von Bürger und Staat für ein gerechtes Steuerrecht, 2007, S. 99, 108 f.

1078 *Schmidt/Schmitt,* in: FS Spindler, 2011, S. 529, 544.

1079 Vgl. allgemein zur Entwicklung des Risikomanagements *Seer,* in: Tipke/Kruse, AO/FGO, § 85 AO, Rn. 35 (10/2008).

EDV-basierten Risikomanagements in der Außenprüfung, noch für die Einführung eines Risikomanagements im allgemeinen, massenhaften Besteuerungsverfahren findet sich de lege lata eine explizite gesetzliche Vorgabe. Als Anknüpfungspunkt käme vor allem § 88 Abs.3 AO in Betracht. Indes stellt sich die Frage, ob die Einführung eines EDV-basierten Risikomanagements, insbesondere auch für die Außenprüfung, überhaupt einer ausdrücklichen gesetzlichen Normierung bedarf.

1. § 88 Abs.3 AO

Die durch das sog. Steuerbürokratieabbaugesetz[1080] eingeführte Vorschrift § 88 Abs.3 S.1 AO bietet sich als gesetzlicher Anknüpfungspunkt bzw. Grundlage für die Einführung von EDV-basierten Risikomanagementsystemen in das Besteuerungsverfahren an[1081]. Hiernach kann das Bundesministerium der Finanzen durch Rechtsverordnung mit Zustimmung des Bundesrates zur Sicherstellung einer gleichmäßigen und gesetzmäßigen Festsetzung und Erhebung der Steuern Anforderungen an Art und Umfang der Ermittlungen bei Einsatz automatischer Einrichtungen bestimmen[1082]. Die Vorschrift ist im Zusammenhang mit den ebenfalls durch das Steuerbürokratieabbaugesetz eingeführten grundsätzlichen Verpflichtungen der Steuerpflichtigen zur elektronischen Übermittlung der Steuererklärungen (§§ 25 EStG, 31 KStG, 14a GewStG, 181 AO) sowie der elektronischen Ermittlung der Steuerbilanz (§ 5b EStG) und der Einnahmeüberschussrechnung (§ 60 Abs.4 EStDV) zu sehen und zielt wie diese auf die Schaffung der Grundlagen für ein weitgehend automatisiertes Besteuerungsverfahren[1083]. Laut Bericht des Bundestags-Finanzausschusses flankiert die Norm die genannten Pflichten „im Sinne eines Gesamtkonzepts zur Modernisierung des Besteuerungsverfahrens“[1084]. Ausweislich des Wortlautes von § 88 Abs.3 AO besteht indes weder eine Pflicht zum Erlass einer entsprechenden Verordnung noch eine Verpflichtung der Verwaltung, ein Risikomanagement einzuführen. Ebenso enthält die Vorschrift keine konkreten Kriterien oder

---

1080 Gesetz zur Modernisierung und Entbürokratisierung des Steuerverfahrens v. 20.12.2008, BGBl I 2008, 2850.

1081 *Haunhorst*, DStR 2010, 2105, 2107.

1082 Einer Zustimmung des Bundesrates bedarf es nach § 88 Abs.3 S.2 AO nicht, soweit Verbrauchsteuern mit Ausnahme der Biersteuer betroffen sind.

1083 Vgl. BT-Drucks. 16/10940, 9; siehe auch *Söhn*, in: H/H/Sp, AO/FGO, § 88 AO, Rn. 382 f. (03/2010).

1084 BT-Drucks. 16/10940, 9.

Vorgaben für die Ausgestaltung eines derartigen risikoorientierten, EDV-basierten Steuervollzuges[1085].

a) Entwurf der Steuer-Ermittlungs-Verordnung

Der Erlass einer entsprechenden auf § 88 Abs.3 AO basierenden Verordnung zum finanzbehördlichen Risikomanagement steht noch aus[1086]. Zwar existierte bereits ein Entwurf einer auf § 88 Abs.3 AO basierenden Verordnung (Entwurf der Steuer-Ermittlungs-Verordnung, StErmV-E)[1087]; dieser wurde jedoch anders als vorgesehen und ohne weitere Begründung nicht in der Mantelverordnung vom 13.10.2011 übernommen[1088]. Der Entwurf enthielt erstmals normative Vorgaben für die Ausgestaltung der von den Finanzbehörden bei der Verwaltung der Gemeinschaftssteuern eingesetzten automationsgestützten Risikomanagementsysteme (siehe Anlage). Während § 1 StErmV-E allgemein die Möglichkeit eines Einsatzes von Risikomanagementsystemen im Besteuerungsverfahren normierte, wurden in § 2 StErmV-E die Ziele der Risikomanagementsysteme genannt. Abschließend ging § 3 StErmV-E auf die Ausgestaltung der Risikomanagementsysteme ein.

b) Würdigung des Entwurfs

Da früher oder später mit einer auf § 88 Abs.3 AO basierenden Verordnung zu rechnen ist, ist es angezeigt, den bisherigen Entwurf zu beleuchten. Der Entwurf stellt klar, dass die Landesfinanzbehörden im Besteuerungsverfahren automationsgestützte Risikomanagementsysteme einsetzen können und Steuerfälle gegebenenfalls auch vollmaschinell bearbeitet werden können (§ 1 StErmV-E). Die

---

1085 *Schmidt/Schmitt*, in: FS Spindler, 2011, S. 529, 541. *Carlé*, KÖSDI 2009, 16342, 16345, erachtet diesen Steuerungsverzicht des parlamentarischen Gesetzgebers mit Blick auf das Recht auf informationelle Selbstbestimmung als „verfassungsrechtlich bedenklich" und sieht darin eine Umgehung der parlamentarischen Kontrolle.

1086 Vgl. dazu *Seer*, in: Tipke/Kruse, AO/FGO, § 88 AO, Rn. 40 (05/2009).

1087 Verordnung über Art und Umfang der steuerlichen Ermittlungen der Landesfinanzbehörden bei Einsatz automationsgestützter Risikomanagementsystems (Art. 1 des Referentenentwurfs des BMF für eine Zweite Verordnung zur Änderung steuerlicher Verordnungen vom 10.08.2011). Siehe dazu auch *Modlinger*, Stbg 2011, 516, 516.

1088 Die Zweite Verordnung zur Änderung steuerlicher Verordnungen des BMF vom 02.12.2011, BGBl I 2011, Nr.61, 2416 ff. Siehe auch BR-Drucks 628/11 v. 13.10.2011.

Behörden werden indes nicht dazu verpflichtet ein Risikomanagement zu nutzen, vielmehr räumt der Entwurf einen Ermessensspielraum hinsichtlich des *Ob* ein. Insoweit schafft der Entwurf Rechtssicherheit für die mit der Umsetzung betrauten Finanzbeamten im Hinblick auf die grundsätzliche Zulässigkeit eines automationsgestützten Risikomanagements. Obgleich der Entwurf normiert, dass Risikomanagementsysteme auf die gesetz- und gleichmäßige Steuerfestsetzung und –erhebung ausgerichtet sein sollen, ist auch von einer Ausrichtung am Grundsatz der Wirtschaftlichkeit der Verwaltung die Rede (§ 2 StErmV-E). Diese Formulierung legt nah, dass auch die Frage des steuerlichen Mehrergebnisses eine Rolle bei der Verteilung der Verwaltungsressourcen spielen soll. Dies ist jedoch von der Ermächtigungsnorm § 88 Abs.3 S.1 AO nicht vorgesehen, ist hier doch ausschließlich die Rede von der „Sicherstellung einer gleichmäßigen und gesetzmäßigen Festsetzung und Erhebung der Steuern". Insoweit überschreitet die Verordnung die Vorgaben der Ermächtigung. Allerdings betont der Entwurf an anderer Stelle auch, dass unzutreffende Festsetzungen zu Gunsten wie zu Ungunsten des Steuerpflichtigen zu vermeiden sind.

Die Ausgestaltung des Risikomanagements wird in § 3 StErmV-E nur rudimentär geregelt. Zwar ist ausdrücklich die Rede davon, dass auch „verhaltensorientierte Umstände", die sich nach dem „bisherigen Verhalten des betroffenen Steuerpflichtigen im Besteuerungsverfahren" richten, maßgeblich für die Risikobeurteilung sein sollen. Dies ist mit Blick auf die Tax Compliance-Vollzugsstrategie zu begrüßen. Die in der Praxis relevante Frage, wie der risikoorientierte Vollzug konkret auszugestalten ist, bleibt jedoch weitgehend unbeantwortet. Spezielle Risikokriterien oder Risikoklassen werden nicht genannt. Mithin bleibt der Regelungsauftrag nach § 88 Abs.3 S.1 AO, wonach „Art und Umfang der Ermittlungen" in der Verordnung bestimmt werden, unerfüllt. Die Kernfrage der Ausgestaltung wird in § 3 Abs.4 S.1 StErmV-E vielmehr in das Verfahren nach § 21a Abs.1 FVG delegiert bzw. ausgelagert. Dies hat die Folge, dass die in § 88 Abs.3 S.1 AO vorgesehene Zustimmung des Bundesrates in Bezug auf die Ausgestaltung des Risikomanagements umgangen würde, ist doch eine derartige Zustimmung nach § 21a Abs.1 FVG nicht erforderlich. Zudem sieht die Ermächtigungsgrundlage § 88 Abs.3 AO keine entsprechende Delegationsmöglichkeit vor, was indes mit Blick auf Art. 80 Abs.1 S.4 GG der Fall sein müsste. Kritisch ist zuletzt auch die in § 3 Abs.5 StErmV-E normierte Geheimhaltung der Einzelheiten der Ausgestaltung zu sehen. Nur wenn diese – zumindest grundsätzlich – bekannt sind, ist es den Finanzgerichten möglich, eine Überprüfung des Vollzugs mit Blick auf mögliche Vollzugsdefizite vorzunehmen und effektiven Rechtsschutz für Steuerpflichtige zu gewähren, die sich gegen

Prüfungshandlungen bzw. Prüfungsergebnisse zu Wehr setzen, Art. 19 Abs.4 GG. Risikomanagement darf mithin keine „Geheimwissenschaft" der Finanzverwaltung sein[1089]. Es entspricht dabei einem kooperativen, an Tax Compliance ausgerichteten Steuervollzug, dem Steuerpflichtigen offen und transparent entgegenzutreten.

2. Zulässigkeit auch ohne ausdrückliche Befugnisnorm

Wie gezeigt wurde, hat es der Gesetzgeber bisher unterlassen, eine Regelung zur Zulässigkeit bzw. zu Art und Umfang von Risikomanagementsystemen unter Einsatz von elektronischer Datenverarbeitung zu schaffen. Ebenso hielt er es seit jeher nicht für nötig, der Finanzverwaltung im Rahmen von §§ 193, 194 AO einen gesetzlich normierten Prüfungsmaßstab vorzugeben[1090]. Offenbar sah und sieht der Gesetzgeber insoweit keinen Handlungsbedarf[1091]. Freilich ist zu bedenken, dass die Situation einer nur allgemeinen gesetzlichen Regelung ohne konkreten Inhalt für Einzelfallbearbeitung und ein entsprechend umfangreicher Unterbau in Gestalt von Verwaltungsvorschriften für viele Bereiche des Verwaltungsrechts geradezu prototypisch ist[1092]. So muss der Gesetzgeber zwar auch im Steuerverfahrensrecht als Eingriffsrecht Ermächtigungstitel schaffen und die Mitwirkungspflichten regeln[1093]. Trotzdem ist die gesetzliche Steuerung aber keine Vollsteuerung; wie die Finanzverwaltung die Informationen nutzt, ist Aufgabe der administrativen

---

1089 *Mann*, DStR 2009, 506, 507; vgl. auch *Huber*, StBp 2006, 5, 10; *Modlinger*, Stbg 2011, 515, 516.

1090 Kritisch *Merz*, Tatbestandsmäßigkeit und Verwaltungsermessen im Steuerrecht, 2009, S. 283, der generell eine gesetzliche Normierung der Ermessensleitlinien und Auswahlkriterien im Rahmen von § 193 AO fordert und auch die BpO nicht als ausreichend erachtet. Mit Blick auf das allgemeine Besteuerungsverfahren billigte das BVerfG indes die Praxis der Grundsätze zur Neuorganisation der Finanzämter und zur Neuordnung des Besteuerungsverfahrens von 1976 (GNOFÄ 1976) und sah darin keinen Verstoß gegen den Grundsatz des Gesetzesvorbehalts (Art. 20 Abs.3 GG), BVerfG v. 13.09.1978, 1 BvR 499/78, HFR 1979, 203 f. Zustimmend *Haumann*, Die „gewichtende Arbeitsweise" der Finanzverwaltung, 2008, S. 160 ff.

1091 Vgl. *Haumann*, Die „gewichtende Arbeitsweise" der Finanzverwaltung, 2008, S. 161.

1092 *Ossenbühl*, in: Isensee/Kirchhof, Handbuch des Staatsrechts, Band V, 2007, § 104, Rn. 7; vgl. auch *Haumann*, Die „gewichtende Arbeitsweise" der Finanzverwaltung, 2008, S. 165.

1093 *Drüen*, in: Schön/Beck, Zukunftsfragen des deutschen Steuerrechts, 2009, S. 1, 13.

Vollzugsteuerung[1094]. Dieser gesetzgeberische Steuerungsverzicht ist zwar im Hinblick auf die Faktoren Rechtssicherheit und Transparenz zu bemängeln[1095]. Der Finanzverwaltung bleibt indes nichts anderes übrig, als für die Verwaltungspraxis selbst adäquate Kontrollsysteme zu entwickeln[1096]. Mit *Seer* liegt darin gerade kein rechtswidriges Verwaltungshandeln, sondern ein „Beispiel für eine durch gesetzgeberischen Verzicht erforderliche Verwaltungssteuerung"[1097]. *Eckhoff* spricht mit Blick auf das weite Verfahrensermessen in der Abgabenordnung (insbes. § 88 AO) auch von einer durch gesetzgeberischen Steuerungsverzicht erforderlich gewordenen „Verwaltungskunst"[1098]. Insgesamt ist das Kontrollkonzept des EDV-basierten Risikomanagements de lege lata zulässig[1099]:

Risikomanagement als solches – d.h. unabhängig davon, ob die Verwaltung dazu elektronische Datenverarbeitung nutzt – bezeichnet lediglich ein den gesetzlichen Spielraum ausnutzendes Kontrollkonzept, welches konsequent am Kriterium des Kontrollbedürfnisses ausgerichtet ist. Insoweit ist es sowohl durch den Gleichheitssatz als auch das Übermaßverbot und den Grundsatz der Ressourcenschonung bzw. Effizienz gesetzlich indiziert. Die Tatsache, dass Risikomanagement in der Außenprüfung zur Folge hat, dass Fälle oder Felder mit geringem Risiko weniger geprüft werden, entspricht der gesetzlichen Konzeption der §§ 193 ff. AO, diese schreiben gerade keine „Totalverifikation" vor[1100]. Zudem korrespondiert die risikoorientierte Prüfung mit dem im Rahmen der steuerlichen

1094 So ausdrücklich *Drüen*, in: Schön/Beck, Zukunftsfragen des deutschen Steuerrechts, 2009, S. 1, 13.

1095 Vgl. *Seer*, in: Tipke/Lang, Steuerrecht, 2013, § 21, Rn. 7; allgemein auch *Söhn*, in: H/H/Sp, AO/FGO, § 85 AO, Rn. 46 f. (11/2009). Die Unabdingbarkeit klarer gesetzlicher Regelungen für eine rechtssichere Außenprüfung betonend auch *Mösbauer*, in: Koch/Scholz, AO, 1996, vor § 193, Rn.1 ff.

1096 So *Seer*, in: Tipke/Kruse, AO/FGO, § 85 AO, Rn. 20 (10/2008); *ders.*, DStJG 31 (2008), S. 7, 13.

1097 *Seer*, in: Tipke/Kruse, AO/FGO, § 85 AO, Rn. 20 (10/2008); *ders.*, DStJG 31 (2008), S. 7, 13.

1098 *Eckhoff*, Rechtsanwendungsgleichheit, 1999, S. 433.

1099 Vgl. *Drüen*, in: Schön/Beck, Zukunftsfragen des deutschen Steuerrechts, 2009, S. 1, 14; f.; *Mann*, DStR 2009, 506, 507; *Schmidt*, DStJG 31 (2008), S. 37, 53; *Schmidt/Schmitt*, in: FS Spindler, 2011, S. 529, 540; allgemein *Kumanoff/Schwarzkopf/Fröse*, BayVBl 2001, 225, 230 f.; *Trips*, NVwZ 2003, 804, 810;

1100 Eine gesetzliche Normierung der Ermessensleitlinien und Auswahlkriterien im Rahmen von § 193 AO fordert *Merz*, Tatbestandsmäßigkeit und Verwaltungsermessen im Steuerrecht, 2009, S. 283.

Sachaufklärung allgemein anerkannten Grundsatz des freiheitsschonenden Vertrauensvorschusses[1101]; das Vertrauensvorschussprinzip, welches durch das Stichprobenprinzip abzustützen ist, kann als Grundlage für finanzbehördliche Risikopolitik und Risikomanagement bzw. eine entsprechend stichprobenartige Auswahl der Prüfungs- und Kontrollschwerpunkte angesehen werden[1102]. Schließlich kommt darin zur Geltung, dass von Gesetzes wegen gerade keine totale Kontrolle gefordert wird und grundsätzlich ein – lediglich stichprobenmäßig abgestützter – Vertrauensvorschuss zu Gunsten des korrekt mitwirkenden und also eine äußerlich ordnungsgemäße, vollständige und schlüssige Erklärung abgebenden Steuerpflichtigen angezeigt ist. Erst wenn konkrete Anhaltspunkte für unzutreffende bzw. unvollständige Angaben vorliegen, d.h. ein entsprechendes steuerliches Risiko identifiziert wurde, ist die Finanzverwaltung zu einer intensiven Kontrolle verpflichtet.

Auch dem Aspekt der EDV-Nutzung stehen keine gesetzlichen Vorschriften entgegen. Dabei gilt es zu berücksichtigen, dass EDV-basiertes Risikomanagement keine vollkommen neue Art des Steuervollzuges ist; vielmehr kann es als Weiterentwicklung der seit jeher notwendigen Auswahl unter Einbeziehung der technischen Entwicklung angesehen werden[1103]. Insofern lässt sich Risikomanagement auch als „evolutionärer Prozess“ beschreiben[1104]. Es wäre dabei fahrlässig und realitätsfern, wenn die Verwaltungsseite die Möglichkeiten zur effizienteren Verifikation durch automatisierte Datenverarbeitung ignorierte. Elektronisch unterstütztes Risikomanagement ist mithin alternativlos[1105]. Insbesondere die bereits bestehenden Verpflichtungen zur Abgabe elektronischer Steuererklärungen, elektronischer Übermittlung der Steuerbilanz und Einnahmenüberschussrechnung sowie der Gewährung des digitalen Datenzugriffs nach § 147 Abs.5 AO zeigen, dass der Gesetzgeber bereits von einem die elektronische Datenverarbeitung nutzenden Steuervollzug ausgeht.

Etwas anderes gilt freilich, wenn im Zusammenhang mit dem elektronischen Risikomanagement weitergehende Mitwirkungspflichten der Steuerpflichtigen begründet werden sollen; diese bedürfen nach den allgemeinen Grundsätzen einer gesetzlichen Grundlage. Eine derartige Grundlage ist etwa in § 5b EStG zusehen,

---

1101 Siehe dazu **3. Kapitel A. III. 2.** sowie **4. Kapitel A. V. 2.**

1102 *Huber/Seer,* StuW 2007, 355, 359. Zur Bedeutung des Vertrauensvorschussprinzips für das Risikomanagement siehe auch *Haunhorst,* DStR 2010, 2105, 2107.

1103 *Drüen*, in: Schön/Beck, Zukunftsfragen des deutschen Steuerrechts, 2009, S. 1, 12 f.; *Schmidt/Schmitt*, in: FS Spindler, 2011, S. 529, 540.

1104 *Nagel/Waza*, DStZ 2008, 321, 322.

1105 *Seer*, in: Tipke/Lang, Steuerrecht, 2013, § 21, Rn. 7.

wonach eine elektronische Übermittlung der Steuerbilanz zu erfolgen hat[1106]. Auch soweit es um die Speicherung der gewonnenen Daten geht, ist eine gesetzliche Grundlage erforderlich[1107].

IV. Erfordernis einer Datenbasis zur risikoorientierten Fallauswahl

Ist ein Paradigmenwechsel hin zu einer risikoorientierten Ermessenspraxis mit Blick auf die Tax Compliance-Vollzugsstrategie angezeigt und überdies verfassungsrechtlich geboten, stellt sich die Frage, wie eine solche Praxis de lege lata auszugestalten ist. Elementarer Bestandteil einer risikoorientierten Außenprüfungspraxis ist dabei die *sachgerechte Fallauswahl* nach §§ 193, 194 AO[1108]. Ziel muss es hier sein, die Unternehmen nicht primär nach schematischer Zuordnung zu einer bestimmten Größenklasse sondern nach dem bestehenden Prüfungsbedürfnis – d.h. dem Grad der Einhaltung der Steuergesetze – auszuwählen[1109]. Das Prüfungsbedürfnis wird durch den Begriff des steuerlichen Risikos konkretisiert[1110], worunter mit Blick auf den Steuervollzug die Gefahr unrichtiger oder unvollständiger Erklärungen zum Nachteil des Steuerstaates oder zum Nachteil des Steuerpflichtigen verstanden werden kann[1111]. Dieses Risiko gilt es für jeden Fall zu identifizieren, zu analysieren und zu bewerten („begründbare und prognostizierbare Risikoeinschätzungen"[1112]), um in der Folge adäquate, d.h. verhältnismäßige Vollzugsmaßnahmen bzw. Auswahlentscheidungen treffen zu können. Die Ermittlung des Risikos kann als die wohl schwierigste Voraussetzung zur Umsetzung des Risikomanagements angesehen werden; den Idealfall der Prüfungsauswahl stellten die verhältnismäßig mit dem Risiko zunehmende Prüfungsintensität und ein entsprechend zielgerichteter Ressourceneinsatz dar[1113].

1106 Siehe dazu sogleich **4. Kapitel A. IV. 1. b)**.
1107 Siehe dazu sogleich **4. Kapitel A. IV. 2**.
1108 *Huber/Seer*, StuW 2007, 355, 363.
1109 Vgl. *Schmidt/Schmitt*, in: FS Spindler, 2011, S. 529, 535.
1110 *Nagel/Waza*, DStZ 2008, 321, 323; ebenso *Haunhorst*, DStR 2010, 2105, 2109.
1111 Vgl. *Ahrens*, Belastingdienst, 2005, S. 350 ff.; *Pestke,* Stbg 2011, 1. Zum Begriff des steuerlichen Risikos aus Vollzugsperspektive siehe bereits **3. Kapitel D. II. 2. a)**. Zum Risikobegriff aus Unternehmenssicht siehe bereits **2. Kapitel A. III**.
1112 *Schmidt,* DStJG 31 (2008) S. 37, 43; siehe auch *Suck,* DStZ 2010, 606, 607.
1113 *Huber/Seer,* StuW 2007, 355, 363, 369.

Unabdingbare Voraussetzung für eine zielgenaue Fallauswahl bzw. Identifikation und Analyse der steuerlichen Risiken ist das Vorhandensein einer ausreichenden maschinell auswertbaren *Datenbasis*[1114]. Reichen die Informationen nicht aus, lässt sich das Risiko nicht genau genug ermitteln und der Fallgewichtung fehlt die sachliche Rechtfertigung[1115]. Die Fallauswahl der Finanzverwaltung nach §§ 193, 194 AO kann mithin nur so gut sein wie die Informationsgrundlage. Die Wirksamkeit eines Risikomanagements steht also im unmittelbaren Zusammenhang mit der Qualität und dem Detaillierungsgrad der Datenbasis[1116]. Dabei besteht aus Vollzugsperspektive ein erhebliches Interesse daran, die Daten bereits in elektronischer Form übermittelt zu bekommen, um Medienbrüche respektive eine personalintensive und zugleich fehleranfällige manuelle Erfassung zu vermeiden und das Material unmittelbar automationsbasiert verwerten zu können[1117]. Ein modernes finanzbehördliches Risikomanagement ist daher sowohl auf den Ausbau der elektronischen Kommunikation mit den Steuerpflichtigen als auch auf eine bundesweit kompatible EDV-Landschaft der Finanzbehörden angewiesen[1118].

1. Digitalisierung des Steuerverfahrens als Voraussetzung eines EDV-basierten Risikomanagements

Die bundesweite Vernetzung der Finanzbehörden und die Vereinheitlichung der behördlichen Steuersoftware wird dabei durch das im Jahre 2005 von Verwaltungsseite gestartete Verwaltungsabkommen „KONSENS" (Koordinierte neue Software-Entwicklung der Steuerverwaltung) vorangetrieben[1119]. Auch die elektronische

---

1114 *Nagel/Waza*, DStZ 2008, 321, 324; *Pestke*, Stbg 2011, 1, 3; *Schmidt/Schmitt*, in: FS Spindler, 2011, S. 529, 535.

1115 *Ahrens,* Belastingdienst, 2005, S. 353.

1116 *Seer*, DStR 2008, 1553, 1556; *Goldshteyn/Purer*, StBp 2011, 185.

1117 *Seer*, StuW 2003, 40, 45 ff.; *ders.*, StbJb. 2004/2005, S. 53 ff.; *ders.*, in: Tipke/Lang, Steuerrecht, 2013, § 21, Rn. 183; vgl. dazu auch *Drüen*, in: Schön/Beck, Zukunftsfragen des deutschen Steuerrechts, 2009, S. 1, 12. Rechtsvergleichend diesbezüglich *Ahrens*, Belastingdienst, 2005, S. 147 ff.; *Nagel*, Selbstveranlagung im britischen und amerikanischen Steuerrecht, 2003, S. 22 ff., 129 ff.; *Seer*, Besteuerungsverfahren: Rechtsvergleich Deutschland-USA, 2002, Rn. 18 ff.

1118 *Schmidt/Schmitt*, in: FS Spindler, 2011, S. 529, 535; *Seer*, DStJG 31 (2008), S. 19, 29; *ders.*, FR 2012, 1000, 1004; siehe auch *Drüen,* in: Schön/Beck, Zukunftsfragen des deutschen Steuerrechts, 2009, S. 1, 11: „Die Deklaration muss auf die Verifikationsmöglichkeit zugeschnitten sein".

1119 *Schmidt/Schmitt*, in: FS Spindler, 2011, S. 529, 535, wonach bundesweit erstmals 2011 einheitliche EDV-Programme in allen Finanzbehörden, mit gewissen

Kommunikation mit den Steuerpflichtigen wurde durch den Gesetzgeber in den letzten Jahren grundlegend ausgebaut. Die Rede ist insoweit auch von einer „Digitalisierung des Steuerverfahrens“[1120], wobei der Staat freilich für sichere Übertragungswege sowie den Schutz der Daten vor missbräuchlicher Verwendung zu sorgen hat[1121]. Als unverzichtbar für eine elektronische Kommunikation erweist sich die Einführung bundesweit einheitlicher Identifikationsmerkmale durch §§ 139a bis 139d AO[1122], da diese eine bundesweit eindeutige Identifikation der Steuerpflichtigen und eine einfachere Datenzusammenführung und –übermittlung ermöglichen[1123].

Die insoweit umfangreichen Mitwirkungspflichten der Steuerpflichtigen und die Aufklärungsbefugnisse der Finanzverwaltung schränken zwar das Recht der Steuerpflichtigen auf informationelle Selbstbestimmung (Art. 2 Abs.1 i.V.m. Art. 1 Abs.1 GG) ein[1124]. Allerdings ist dieses Recht nicht schrankenlos gewährleistet; einzelne Einschränkungen sind im überwiegenden Allgemeininteresse hinzunehmen[1125]. Das BVerfG weist diesbezüglich insbesondere auf das in Art. 3 Abs.1 GG verankerte Gebot der im Allgemeininteresse liegenden steuerlichen Belastungsgleichheit hin[1126]. Die vom BVerfG eingeforderte Verifikation der Steuerdaten setzt mithin die staatliche Befugnis voraus, an den Steuerdaten

---

Einschränkungen in Nordrhein-Westfalen, im Einsatz sind. Siehe auch BMF-Monatsbericht 06/2011, S. 45 ff.

1120 *Drüen*, in: Schön/Beck, Zukunftsfragen des deutschen Steuerrechts, 2009, S. 1, 9 ff., der insbesondere auf die digitale Außenprüfung (§§ 147 Abs.6, 200 AO), das digitale Steueranmeldungsverfahren (§ 41a EStG, § 18 UStG) und den Einstieg in ein digitales Lohnsteuerverfahren (§ 41b EStG) verweist.

1121 *Schmidt/Schmitt*, in: FS Spindler, 2011, S. 529, 536 f; *Seer*, DStJG 31 (2008), S. 7, 26 ff.; vgl. auch *Pezzer*, StuW 2007, 101, 108.

1122 Eingeführt durch das Steueränderungsgesetz 2003 v. 15.12.2003, BGBl I 2003, 2645.

1123 Siehe dazu *Schmidt/Schmitt*, in: FS Spindler, 2011, S. 529, 536 ff; zur Vereinbarkeit des Identifikationsmerkmals mit dem Grundgesetz siehe BFH v. 18.01.2012, II R 49/10, BStBl II 2012, 168.

1124 *Seer*, in: FS Meilicke, 2010, S. 687, 688 ff.

1125 BVerfG v. 15.12.1983, 1 BvR 209/83, BVerfGE 65, 1, 43.

1126 BVerfGE v. 13.06.2007, 1 BvR 1550/03, BVerfGE 118, 168, 196; BVerfG v. 10.03.2008, 1 BvR 2388/03, BVerfGE 120, 351, 367. Siehe dazu auch *Drüen*, StuW 2003, 205, 214. Zu den „Schranken-Schranken“ des Vorbehalts des Gesetzes und des Bestimmtheits- und Verhältnismäßigkeitsgrundsatzes siehe *Seer*, in: FS Meilicke, 2010, S. 687, 691 ff.

teilzuhaben bzw. sich entsprechende Kenntnisse zu verschaffen[1127]. Das Grundrecht auf informationelle Selbstbestimmung beinhaltet kein Recht auf ungeprüfte Selbstveranlagung[1128]. Schutz bietet dabei das in § 30 AO verankerte Steuergeheimnis, dessen Verletzung sogar nach § 355 StGB strafbewehrt ist und nach Art. 34 GG i.V.m. § 839 BGB einen Amtshaftungsanspruch des Steuerpflichtigen gegen den Staat begründen kann[1129].

Ein umfangreicher elektronischer Datenpool, auf welchen das finanzbehördliche Risikomanagement aufsetzen kann, ergibt sich zum einen aus finanzverwaltungsinternen und zum anderen aus finanzverwaltungsexternen Quelldaten[1130]. Insgesamt kommt es so zu einer erheblich zunehmenden Verdichtung der elektronischen Finanzverwaltung[1131].

a) Elektronische Übermittlung der Steuererklärungen

Zu den internen Quelldaten der Finanzverwaltung zählt vor allem das aus dem Verkehr bzw. elektronischen Informationsaustausch mit den Steuerpflichtigen gewonnene Datenmaterial[1132]. So sind gemäß 150 Abs.7 AO i.V.m. den Einzelsteuergesetzen die Körperschaft[1133]- und Gewerbesteuererklärungen[1134], die Einkommensteuererklärung für Steuerpflichtige mit Gewinneinkünften[1135], sowie die Erklärungen zur gesonderten Feststellung i.S. des § 180 Abs.1 Nr.2 AO[1136] ab

1127 *Drüen*, StuW 2003, 205, 214 f.; *Schmidt*, DStJG 31 (2008), S. 37, 44 ff.: *Schmidt/Schmitt*, in: FS Spindler, 2011, S. 529, 536; *Seer*, in: FS Meilicke, 2010, S. 687, 691 ff.

1128 *Mann*, DStR 2009, 506, 507.

1129 Siehe dazu sowie grundlegend zum Datenschutz im Besteuerungsverfahren *Seer*, in: FS Meilicke, 2010, S. 687 ff.

1130 *Huber/Seer*, StuW 2007, 355, 365. Zu damit einhergehenden Eingriffen in das den Steuerpflichtigen zustehende Recht auf informationelle Selbstbestimmung aus Art. 2 Abs.1, 1 Abs.1 GG und der verfassungsrechtlichen Rechtfertigung siehe *Seer*, in: FS Meilicke, 2010, S. 687 ff.

1131 *Mann*, DStR 2009, 506.

1132 *Haunhorst*, DStR 2010, 2105, 2108; *Huber/Seer*, StuW 2007, 355, 365; *Nagel/Waza*, DStZ 2008, 321, 324. Zu den durch elektronische Steuererklärungen verursachten Bürokratiekosten zu Lasten der Steuerpflichtigen siehe *Lappas*, Stbg 2009, 256 ff.

1133 § 31 Abs.1a i.V.m. § 34 Abs.13a KStG.

1134 § 14a i.V.m. § 36 Abs. 9b GewStG.

1135 § 25 Abs.4 i.V.m. § 52 Abs.39 EStG.

1136 § 181 Abs.2a AO i.V.m. Art. 97 § 10a Abs.2 EGAO.

dem Veranlagungszeitraum 2011 grundsätzlich elektronisch einzureichen[1137]. Dabei sehen § 150 Abs.8 AO und die Regelungen in den Einzelsteuergesetzen vor, dass zur Vermeidung unbilliger Härten auf eine elektronische Übermittlung verzichtet werden kann, wenn dem Steuerpflichtigen die erforderliche Medienkompetenz fehlt.

b) E-Bilanz

Konsequenterweise sollten der Steuererklärung beizufügende Anlagen ebenfalls auf elektronischem Wege übermittelt werden, um Medienbrüche zu vermeiden und eine unmittelbare maschinelle Auswertbarkeit zu ermöglichen[1138]. In diesem Sinne ist gemäß § 5b Abs.1 S.1 EStG[1139] der Inhalt der Bilanz sowie der Gewinn- und Verlustrechnung (GuV) nach amtlich vorgeschriebenem Datensatz durch Datenfernübertragung zu übermitteln, wenn der Gewinn nach § 4 Abs.1, § 5 oder § 5a EStG ermittelt wird[1140]. Enthält die Bilanz Ansätze oder Beträge, die den steuerlichen Vorschriften nicht entsprechen, so sind diese Ansätze oder Beträge durch Zusätze oder Anmerkungen den steuerlichen Vorschriften anzupassen und ebenfalls nach amtlich vorgeschriebenem Datensatz durch Datenfernübertragung zu übermitteln, § 5b Abs.1 S.2 EStG. Der Steuerpflichtige kann gemäß § 5b Abs.1 S.3 jedoch auch eine den steuerlichen Vorschriften entsprechende Bilanz auf gleichem Wege übermitteln. Gemäß § 51 Abs.4 Nr.1b EStG wird das Bundesministerium der Finanzen ermächtigt, im Einvernehmen mit den obersten Finanzbehörden der Länder den Mindestumfang der nach § 5b EStG zu übermittelnden Bilanz und Gewinn- und Verlustrechnung zu bestimmen[1141]. Danach erschöpft sich die E-Bilanz nicht in einer rein technischen Umstellung, sondern gibt erstmals ein steuerrechtliches

---

1137 Siehe auch *Seer*, in: Tipke/Lang, Steuerrecht, 2013, § 21, Rn. 183. Neben Daten aus den Steuererklärungen samt Anlagen können zudem das steuerliche Vorverhalten der Steuerpflichtigen betreffende Daten, beispielsweise aus bisherigen Kontrollhandlungen und Prüfungsergebnissen der Finanzverwaltung (vgl. zum Beispiel § 194 Abs.3 AO) in den Datenpool einfließen, vgl. *Huber/Seer*, StuW 2007, 355, 365. Zu sog. Kontrollmitteilungen bei Außenprüfungen siehe *v. Wedelstädt*, AO-Stb 2005, 238 ff.

1138 *Seer*, in: Tipke/Lang, Steuerrecht, 2013, § 21, Rn. 184.

1139 § 5b EStG wurde eingeführt durch das Gesetz zur Modernisierung und Entbürokratisierung des Steuerverfahrens (Steuerbürokratieabbaugesetz) vom 20.12.2008, BGBl I 2008, 2850.

1140 Auf Antrag kann die Finanzverwaltung jedoch zur Vermeidung unbilliger Härten auf eine elektronische Übermittlung verzichten, § 5b Abs.2 S.1 EStG.

1141 Siehe BMF-Schreiben vom 28.9.2011 IV C 6 – S 2133-b/11/10009, DOK 2011/770620, BStBl I 2011, 855. Als Übermittlungsformat wurde XBRL (eXtensible

Gliederungsschema für die Bilanz und Gewinn- und Verlustrechnung vor, sog. Steuer-Taxonomie. Diese geht in ihrem Detaillierungsgrad und Umfang weit über die handelsrechtlichen Vorgaben (§§ 266 und 275, 277 HGB) hinaus[1142]. Nach § 1 Anwendungszeitpunktverschiebungsverordnung (AnwZpvV)[1143] ist die geforderte elektronische Übermittlung abweichend von § 52a Abs. 15a EStG erstmals für Wirtschaftsjahre, die nach dem 31.12.2011 beginnen, vorzunehmen. Gleichwohl bleibt es im und für das Erstjahr der Verpflichtung unbeanstandet, wenn der Jahresabschluss unter Beachtung der bisherigen Gliederungsvorschriften noch in Papierform eingereicht wird[1144].

aa) Potenzielle Win-win-Situation durch E-Bilanz

Die E-Bilanz soll ausweislich der Gesetzesbegründung einen „wichtigen Baustein des Gesamtkonzepts zur Modernisierung des Besteuerungsverfahrens" darstellen[1145]. Das Steuerbürokratieabbaugesetz, durch welches § 5b EStG eingeführt wurde, zielt zudem allgemein auf den „Abbau bürokratischer Lasten" sowie „Verfahrenserleichterungen bei der Steuererhebung"[1146]. In der Tat sind derartige Effekte mit Blick auf das Projekt E-Bilanz auf Sicht denkbar. Unter der Annahme, dass die E-Bilanz in Kombination mit den weiteren Steuererklärungsdaten eine ausreichende Datenbasis lieferte, um eine fundierte Risikoidentifikation bzw. –analyse durchzuführen, wäre darin ein elementarer Baustein einer risikoorientierten Fallauswahl für die Außenprüfung zu sehen[1147]. So spricht das BMF ausdrücklich davon, dass die Finanzverwaltung mit Einführung der E-Bilanz strukturierte Datensätze erhält, welche zu einer „automationsgestützten und am steuerlichen Risikopotential des Einzelfalles ausgerichteten Auswahl der einer

---

Business Reporting Language) festgelegt, BMF-Schreiben vom 19.1.2010, IV C 6 – S 2133-b/0, DOK 2009/865962, BStBl I 2010, 47.

1142 *Kozikowski/Kreidl/Adrian*, in: Beckscher Bilanz-Kommentar, 2012, § 266 HGB, Rn. 301. *Goldshteyn/Purer*, StBp 2011, 185, 188 sehen darin jedoch eine Überschreitung der finanzbehördlichen Regelungskompetenz und somit einen Verstoß gegen den Grundsatz der Gesetzmäßigkeit; vgl. auch auch *Rätke*, Beilage zu BBK 23/2011, S. 4; *Schiffers*, Stbg 2011, 7, 12; *Seer*, in Tipke/Lang, Steuerrecht, 2013, § 21, Rn. 184.

1143 AnwZpvV v. 20.11.2010, BGBl I 2010, 2135.

1144 Siehe BMF-Schreiben vom 28.09.2011 IV C 6 -S 2133-b/11/10009, DOK 2011/770620, BStBl I 2011, 855.

1145 BT-Drucks 16/10188, 24.

1146 BT-Drucks 16/10188, 1.

1147 Vgl. *Bergan/Martin*, DStR 2010, 1755; *Kußmaul/Ollinger*, StuW 2012, 131, 142 f.; *Richter/Kruczynski/Kurz*, DB 2010, 1604, 1609; *Schiffers*, Stbg 2011, 7, 13.

Betriebsprüfung zu unterziehenden Unternehmen genutzt werden können“[1148]. Die in der E-Bilanz und Erklärung enthaltenen steuerrelevanten Unternehmensdaten könnten zunächst durch die Finanzverwaltung mit den zur Verfügung stehenden technischen respektive mathematisch-betriebswirtschaftlichen Möglichkeiten ausgewertet werden[1149]. Je nach Ergebnis dieser Auswertung wären die Unternehmen in bestimmte Risikoklassen einzustufen und abhängig davon einer Außenprüfung zu unterziehen[1150]. Soweit diese „Vorab-Prüfung“ positiv ausfiele und der Fall kein oder nur ein geringes steuerliches Risiko beinhaltete, wäre eine Außenprüfung entbehrlich oder könnte in vermindertem Umfang und besser vorbereitet durchgeführt werden[1151]. Die E-Bilanz fungierte als Grundlage einer vorgezogenen „internen Betriebsprüfung“[1152] bzw. eines „Desk-Audits“[1153]. Ergänzend könnten nach §§ 93 ff. AO einzelne Ermittlungen durchgeführt werden, etwa ein Fragenkatalog an den Steuerpflichtigen gerichtet werden.

Eine derartig zielgerichtete Fallauswahl wäre auch im Sinne „complianter“ Unternehmen: Soweit sich das Unternehmen auf Basis der aus der Steuererklärung und E-Bilanz übermittelten Daten als wenig prüfungsbedürftig erwiese, bliebe ihm eine intensive, regelmäßig zeit- und kostenintensive, belastende Außenprüfung erspart. Neben einer zielgerichteten und ggf. weniger umfassenden Außenprüfung kann bedingt durch die gesteigerte Verwaltungseffizienz zudem eine zeitnähere Prüfung erfolgen[1154]. Summa summarum könnte die E-Bilanz sowohl das elektronische Risikomanagement der Finanzverwaltung bei der Fallauswahl durch Erweiterung der Datenbasis und damit die Verwaltungseffizienz verbessern, als auch Vorteile für wenig prüfungsbedürftige Steuerpflichtige in Gestalt verminderter oder ausbleibender und zeitnaher Außenprüfungen generieren[1155].

1148 BMF-Monatsbericht 11/2011, S. 54.

1149 *Seer*, Ubg 2009, 673, 675. Zu den einzelnen Prüfungsmethoden siehe etwa *ders.*, in: Tipke/Kruse, AO/FGO, § 158 AO, Rn. 15 ff. (05/2010). *Kußmaul/Ollinger*, StuW 2012, 131, 142 f., gehen von einer Effektivitätssteigerung durch die E-Bilanz bei Validitätsprüfungen, Verprobungen und Mehrjahresvergleichen aus.

1150 Vgl. *Seer*, Ubg 2009, 673, 675.

1151 Vgl. *Kozikowski/Kreidl/Adrian*, in: Beckscher Bilanz-Kommentar, 2012, § 266 HGB, Rn. 303.

1152 *Herzig/Briesemeister*, DB 2010, Standpunkte, S. 57 f.

1153 *Huber/Seer*, StuW 2007, 355, 369.

1154 So auch ausdrücklich die Ankündigung im BMF-Monatsbericht 11/2011, S. 54.

1155 Vgl. *Herzig/Briesemeister*, DB 2010, Standpunkte, 57 f., wonach auf längere Sicht die Chance besteht, „die Betriebsprüfungshäufigkeit nachhaltig zu mindern“; die möglichen Vorteile für beide Seiten betont auch *Meurer*, DB 2010, Standpunkte, 63 f.

Es käme mithin zu einer Win-win-Situation, was dem Grundgedanken eines an Tax Compliance orientierten Steuervollzuges entspräche[1156]. Insofern trüge § 5b EStG in der Tat dazu bei, - korrespondierend mit der Zielsetzung des Gesetzgebers – das Besteuerungsverfahren zu erleichtern[1157].

Mit Blick auf das Serviceelement einer Tax Compliance-Vollzugsstrategie wäre es des Weiteren zu begrüßen, wenn der im Rahmen von § 5b EStG stattfindende elektronische Datenaustausch nicht als „Einbahnstraße" verstanden würde[1158]. So könnte eine elektronische Rückübermittlung der Prüfungsergebnisse durch die Finanzverwaltung erfolgen, um den Unternehmen eine medienbruchfreie, kostensparende Einspeisung der Ergebnisse in die unternehmenseigenen Systeme zu ermöglichen[1159]. Namentlich könnte eine elektronische Übermittlung von Steuerbescheiden, Prüferbilanzen einschließlich Abweichungsanalyse und Betriebsprüfungsberichten stattfinden, um die mit der E-Bilanz verbundenen, erweiterten Mitwirkungspflichten auf Seiten der Steuerpflichtigen zu kompensieren und das Besteuerungsverfahren für diese angenehmer zu gestalten[1160].

bb) Derzeitige Schwierigkeiten bei der E-Bilanz

Derzeit stehen einer Win-win-Situation indes einige Umstände entgegen. So kann die ständige Erweiterung des Datenflusses einerseits leicht zu einer kaum mehr zu bewältigenden Datenflut für die Verwaltung ausufern. Nach *Haunhorst* bleibt insoweit abzuwarten, ob es der Finanzverwaltung gelingen wird, alle verfügbaren und relevanten Daten sachgerecht zu verarbeiten[1161]. Dabei ist zu bedenken, dass die elektronische Auswertung der enormen Datenbestände vertiefte Fachkenntnisse voraussetzt und das Personal ggf. zeit- und kostenintensiv zu schulen ist. Ein umfassendes Konzept, wie mit den gewonnenen Daten umzugehen ist, hat die Finanzverwaltung bisher nicht vorgelegt bzw. veröffentlicht. Es steht daher zu befürchten, dass es bis dato an einem entsprechenden verwaltungsinternen Programm mangelt. Auch wird ein möglicher Nutzen für den Steuerpflichtigen durch mögliche Verschonungen oder Abkürzungen bei der Außenprüfung nicht

1156 So auch *Risse,* DB 2010, Standpunkte, 61 f.

1157 Vgl. BR-Drucks 547/08, S. 14.

1158 Vgl. *Herzig/Briesemeister,* DB 2010, Standpunkte, 57 f.

1159 Vgl. *Herzig/Briesemeister,* DB 2010, Standpunkte, 57 f.; *Rust/Hülshoff/Kolbe*, BB 2011, 747, 752.

1160 Vgl. *Schiffers,* Stbg 2011, 7, 15.

1161 DStR 2010, 2105, 2108. Kritisch auch *Loitz*, DB 2011, Nr.6, Gastkommentar M 1 sowie *Risse,* DB 2010, Standpunkte, 61 f.

ausreichend nach außen kommuniziert[1162]. Unterliegt das Unternehmen trotz Übermittlung der E-Bilanz auf Grund der schematischen Größenklasseneinordnung nach §§ 3, 4 BpO 2000 weiterhin der Anschlussprüfung, ist ein Mehrwert für das Unternehmen in Folge der E-Bilanz respektive eines zielgerichteten Risikomanagements nicht ersichtlich[1163]. Mithin besteht Anlass zur Sorge, dass die E-Bilanzdaten des anschlussgeprüften Unternehmens auf dem „Datenfriedhof" landen, verfügt doch die Verwaltung auf Basis von § 147 Abs.6 AO bereits über alle steuerrelevanten elektronischen Unternehmensdaten[1164]. Aus Unternehmenssicht erweist sich die E-Bilanz daher bisher als kostenintensive und – wenn überhaupt – arbeitserleichternde Maßnahme zu Gunsten der Finanzverwaltung und ohne fassbaren Mehrwert für das Unternehmen. So kann der mit Einführung der E-Bilanz einhergehende Umstellungsaufwand für die Unternehmen (Compliance-Kosten) auf Grund der besonderen, über die handelsrechtlichen Vorgaben hinausgehenden Gliederungstiefe der E-Bilanz, d.h. einer Erweiterung der HGB-Taxonomie, und damit verbundener Umstellungen des betrieblichen Finanz- und Rechnungswesens als erheblich qualifiziert werden[1165]. Wurden im Rahmen des Gesetzgebungsverfahrens Umstellungskosten in Höhe von 500.000 Euro prognostiziert[1166] (bei insgesamt 1,35 Millionen betroffenen Unternehmen also 0,37 Euro pro Unternehmen) werden die Kosten in der Praxis auf ca. 5.000 Euro pro Steuerpflichtigem geschätzt[1167].

Bei alldem ist fraglich, ob die E-Bilanz in ihrer bisherigen Ausgestaltung wesentlich zur Verbesserung des elektronischen Risikomanagements beitragen kann[1168]. Zwar fallen durch Einführung der E-Bilanz spezifische Probleme der bisherigen Weitergabe der Bilanz und GuV in Papierform, wie etwa die fehlende maschinelle Auswertbarkeit oder die uneinheitliche Datenstruktur und daher eingeschränkte Vergleichbarkeit der Daten weg[1169]. Ebenso übersteigt der vorgegebene Mindestumfang die Vorgaben des Handelsrechts, was grundsätzlich zu einem

---

1162 Vgl. auch *Kußmaul/Ollinger*, StuW 2012, 131, 146.

1163 Vgl. auch *Jonas*, Ubg 2010, 601, 602, der darauf hinweist, dass die Finanzverwaltung bei anschlussgeprüften Unternehmen ohnehin nach § 147 Abs.6 AO Zugriff auf die elektronischen Daten hat; ähnlich *Risse,* DB 2010, Standpunkte, 61.

1164 *Herrfurth*, Beilage in BBK/StuB 2010, 9, 11; ähnlich *Schiffers*, Stbg 2011, 7, 13.

1165 *Jonas*, Ubg 2010, 601, 602; *Richter/Kruczynski/Kurz,* DB 2010, 1604, 1608; Zu den Auswirkungen der E-Bilanz für Klein- und Kleinstbetriebe siehe *Richter/Kruczynski,* DStR 2012, 919 ff.

1166 Vgl. BR-Drucks. 547/08, S. 19.

1167 *Jonas*, Ubg 2010, 601, 602.

1168 Kritisch *Härtl*, in: DFDDA, Elektronische Betriebsprüfung, 2011, Ziff. 9.7.9.

1169 Vgl. *Schiffers*, Stbg 2011, 7, 13.

höheren Detaillierungsgrad und damit zu einer gesteigerten Auswertbarkeit führt[1170]. Insofern ist davon auszugehen, dass die Möglichkeiten zur Risikoanalyse, etwa in Gestalt von Verprobungen der E-Bilanz mit Steuererklärungen oder in Form von umfassenden Datenauswertungen wie Zeitreihen- und Jahresvergleichen, gewachsen sind[1171]. Dennoch bleiben die nach § 5b EStG elektronisch übermittelten Daten in Qualität und Umfang weitestgehend hinter den im Rahmen von § 147 Abs.6 AO zu gewinnenden Daten zurück. In der Folge kann eine äquivalente Prüfung im Vorfeld nicht stattfinden; die Verwaltung ist letztlich doch auf die Durchführung einer Außenprüfung angewiesen, um in den Genuss des umfassenden Zugriffs nach § 147 Abs.6 AO zu gelangen und entsprechend fundierte Risikoanalysen durchführen zu können. Um langfristig eine vollkommene Substitution der Außenprüfung durch „interne Betriebsprüfungen" zu ermöglichen, müsste die Datenübermittlung nach § 5b EStG erweitert bzw. an den Datenzugriff nach § 147 Abs.6 AO angeglichen werden.

c) Elektronische Übermittlung der EÜR

Wird der Gewinn nach § 4 Abs.3 EStG durch den Überschuss der Betriebseinnahmen über die Betriebsausgaben ermittelt, ist die Einnahmenüberschussrechnung (EÜR) nach amtlich vorgeschriebenem Datensatz durch Datenfernübertragung zu übermitteln (§ 60 Abs.4 S.1 EStDV)[1172]. Die Vorschrift beruht auf der Ermächtigungsgrundlage § 51 Abs.1 Nr.1a EStG, wonach zur Durchführung des EStG Rechtsverordnungen über die den Einkommensteuererklärungen beizufügenden Unterlagen durch die Bundesregierung mit Zustimmung des Bundesrates erlassen werden können, soweit dies zur Wahrung der Gleichmäßigkeit bei der Besteuerung, zur Beseitigung von Unbilligkeiten in Härtefällen, zur Steuerfreistellung des

1170 *Schiffers*, Stbg 2011, 7, 13.

1171 *Herzig/Briesemeister*, DB 2010, Standpunkte, 57 f.; *Kozikowski/Kreidl/Adrian*, in: Beckscher Bilanz-Kommentar, 2012, § 266 HGB, Rn. 303.

1172 Durch das Steuerbürokratieabbaugesetz wurde § 60 Abs.4 EStDV mit Wirkung ab dem 1.1.2011 dahingehend geändert, dass die Anlage EÜR grundsätzlich in Form eines amtlich vorgeschriebenen Datensatzes durch Datenfernübertragung zu übermitteln ist. Nach § 60 Abs.4 S.2 EStDV kann die Finanzverwaltung auf Antrag zur Vermeidung unbilliger Härten auf eine elektronische Übermittlung verzichten. Einzelheiten zur Datenfernübertragung sind dabei in der Steuerdaten-Übermittlungsverordnung (StDÜV) vom 28. Januar 2003, BGBl I 2003, 139 geregelt. Zur Anlage EÜR siehe auch BMF-Schreiben vom 16.11.2011, IV A / -O 2200/09/10009:001, DOK 2011/0877760, BSBl I 2011, 1063.

Existenzminimums oder zur Vereinfachung des Besteuerungsverfahrens erforderlich ist. Nach BFH stellt § 60 Abs.4 EStDV eine wirksame Rechtsgrundlage zur Abgabe der Anlage EÜR dar, wobei die darin enthaltene Pflicht zur Beifügung einer Gewinnermittlung nach amtlich vorgeschriebenem Vordruck verhältnismäßig, insbesondere zur Erreichung der verfolgten Zwecke geeignet ist[1173]. So diene sie insbesondere der in der Ermächtigungsgrundlage genannten Gleichmäßigkeit der Besteuerung. „Es bedarf keiner näheren Begründung, dass durch routinemäßige maschinelle Abgleiche und Plausibilitätsprüfungen in steuerlichen Massenverfahren eine wesentlich höhere Kontrolldichte erreicht werden kann als durch eine rein personelle Bearbeitung der Gewinnermittlungen. Die Erhöhung der Kontrolldichte dient aber der Gleichmäßigkeit der Besteuerung“[1174]. Zudem führte die Verpflichtung zur elektronischen Übermittlung der EÜR zu einer Vereinfachung des Besteuerungsverfahrens. So sei die maschinell verarbeitungsfähige Form ein wesentlicher Vorteil gegenüber der rein personellen Prüfung von Gewinnermittlungen, die auf einer Vielzahl unterschiedlicher Gliederungsschemata basieren[1175]. Eine mögliche Mehrbelastung der Unternehmen in Folge der Umsetzung stehe dem nicht entgegen. Insgesamt erachtet die Rechtsprechung die elektronische Übermittlung der EÜR also als wichtigen Baustein eines finanzbehördlichen automationsgestützten Risikomanagements[1176]. Auch hier bleibt indes abzuwarten, ob die Daten tatsächlich durch die Finanzverwaltung konzeptionell ausgewertet werden. *Härtl* gibt schließlich zu bedenken, dass die nach § 60 Abs.4 EStDV gewonnenen Daten relativ komprimiert und daher im Aussagewert eingeschränkt sind[1177].

d) Externe Quelldaten

Des Weiteren erhält die Finanzverwaltung auf elektronischem Wege auch maschinell auswertbare Daten von dritter Seite, sog. externe Quelldaten[1178]. Insoweit sinkt die Abhängigkeit der elektronischen Datengenerierung von der

---

1173 BFH v. 16.11.2011, X R 18/09, DStR 2011, 2447; anders indes die Vorinstanz, FG Münster v. 17.12.2008, 6 K 2187/08, EFG 2009, 818. Siehe dazu *Suck*, DStZ 2010, 606 ff.

1174 BFH v. 16.11.2011 X R 18/09, DStR 2011, 2447, 2450.

1175 BFH v. 16.11.2011 X R 18/09, DStR 2011, 2447, 2451.

1176 So bereits auch *Suck*, DStZ 2010, 606.

1177 In: DFDDA, Elektronische Betriebsprüfung, 2011, Ziff. 9.7.9; auf die Begrenztheit hinweisend auch *Suck*, DStZ 2010, 606, 608.

1178 *Huber/Seer*, StuW 2007, 355, 365; *Nagel/Waza*, DStZ 2008, 321, 324.

Mitwirkungs- bzw. Erklärungsbereitschaft der Steuerpflichtigen[1179]. Zu denken ist diesbezüglich vor allem an Mitteilungen und Anzeigen anderer Behörden, Gerichte oder anderer Stellen, die es der Finanzverwaltung ermöglichen, die mitgeteilten Sachverhalte mit den Angaben der Steuerpflichtigen abzugleichen[1180]. So normiert beispielsweise § 93a AO i.V.m. der Mitteilungsverordnung[1181], die Pflicht zur Mitteilung bestimmter, in der Verordnung festgelegter Vorgänge durch Behörden und Rundfunkanstalten an die Finanzverwaltung[1182]. Des Weiteren verpflichtet zum Beispiel § 4 Abs.5 Nr. 10 S.2 EStG zur Mitteilung von dienstlich erfahrenen Bestechungs- und Schmiergeldzahlungen i.S.v. § 4 Abs.5 Nr.10 EStG durch Gerichte, Staatsanwaltschaften und Verwaltungsbehörden, um deren Abzug zu verhindern[1183]. Anders als beispielsweise im US-amerikanischen Steuerrecht sind jedoch Private nicht dazu verpflichtet, der Finanzverwaltung verdachtsunabhängig in regelmäßigen Abständen zivilrechtliche Geschäftsvorgänge mitzuteilen, vgl. auch § 30a Abs.2 AO[1184]. Auch ist der Finanzverwaltung zum Beispiel durch §§ 93 Abs.7, Abs.8, 93b AO die Möglichkeit eröffnet, über das Bundeszentralamt für Steuern Daten über die Errichtung und Auflösung von Konten sowie über den Namen des Kontoinhabers und Verfügungsberechtigten (sog. Kontostammdaten) abzurufen[1185]. Zudem kann sich die Finanzverwaltung zur Datengenerierung selbstverständlich allgemein zugänglicher Quellen bedienen, wozu beispielsweise öffentliche Register, amtliche Statistiken, Printmedien oder das Internet zählen[1186].

1179 *Haunhorst*, DStR 2010, 2105, 21.

1180 Vgl. mit Blick auf das finanzbehördliche Risikomanagement *Haunhorst*, DStR 2010, 2105, 2108. Allgemein zur Erteilung von Mitteilungen durch Behörden und andere Stellen siehe *Bilsdorfer*, Informationsquellen und –wege der Finanzverwaltung, 2009, S. 47 ff. Zum zwischenstaatlichen Informationsaustausch siehe *Frizen*, Das Deklarationsprinzip, 2009, S. 207 ff.

1181 Verordnung über Mitteilungen an die Finanzbehörden durch andere Behörden und öffentlich-rechtliche Rundfunkanstalten vom 07.09.1993, BGBl I 1993, 1554.

1182 Siehe dazu *Ohlf*, BB 1995, 229 ff.

1183 Siehe dazu auch *Frizen*, Das Deklarationsprinzip, 2009, S. 199.

1184 *Frizen*, Das Deklarationsprinzip, 2009, S. 192.

1185 Siehe dazu *Frizen*, Das Deklarationsprinzip, 2009, S. 200 ff.; *Sell*, DStR 2005, 717 ff; kritisch gegenüber der Möglichkeit zur Kontenabfrage *Cöster/Intemann*, DStR 2005, 1249, 1251 ff.

1186 *Huber/Seer*, StuW 2007, 355, 365; *Wünsch*, in: Pahlke/Koenig, AO, 2009, § 88a, Rn. 1. Siehe auch § 5 Abs.1 Nr. 17 FVG für den Bereich der Umsatzsteuer, wonach die Beobachtung von elektronisch angebotenen Dienstleistungen zur Unterstützung der Landesfinanzverwaltungen bei der Umsatzbesteuerung des elektronischen Handels zu den Aufgaben des Bundeszentralamtes für Steuern zählt.

So lässt sich letzteres unter anderem dazu nutzen, unbekannte Steuerfälle respektive nicht registrierte Unternehmer zu ermitteln[1187].

2. Datensammlung als Voraussetzung eines EDV-basierten Risikomanagements

Um ein automationsgestütztes Risikomanagement effektiv nutzen zu können und insbesondere Abgleiche der Angaben mit anderen Werten vornehmen zu können, muss die Finanzverwaltung dazu befugt sein, generierte Daten auch zu sammeln. Eine entsprechende Möglichkeit wird ihr durch § 88a AO eingeräumt[1188]. Danach dürfen die Finanzbehörden nach § 30 AO geschützte Daten auch für Zwecke künftiger Verfahren im Sinne des § 30 Abs.2 Nr.1a und b[1189], insbesondere zur Gewinnung von Vergleichswerten, in Dateien oder Akten sammeln und verwenden, soweit es zur Sicherstellung einer gleichmäßigen Festsetzung und Erhebung der Steuern erforderlich ist (§ 88a AO S.1 AO). Der Begriff der Datei umfasst dabei auch die Speicherung von Daten in elektronischen Datenverarbeitungssystemen[1190]. Mit der Vorschrift sollen Datensammlungen, wie beispielsweise die Richtsatzsammlung der Betriebsprüfung, die Lizenzkartei oder Sammlung und Auswertung von Unterlagen über steuerliche Auslandsbeziehungen beim Bundeszentralamt für Steuern[1191] oder die Statistik über Gängigkeitsabschläge bei Beständen des Vorratsvermögens beim Bundeszentralamt für Steuern auf eine rechtlich einwandfreie Grundlage gestellt werden[1192]. § 88a AO begründet indes nach einhelliger Meinung keine Rechtsgrundlage für die Erhebung von Daten[1193]. Im Rahmen von § 88a AO können sowohl öffentlich zugängliche als auch nicht öffentliche, dem Steuergeheimnis nach § 30 AO unterliegende, personenbezogene Daten gesammelt

---

1187 Siehe dazu *Lindgens/Groß*, DStR 2003, 1915 ff.

1188 Eingefügt durch Gesetz v. 21.12.1993, BGBl I 1993, 2310, 2345; siehe auch *Helmschrott*, DStR 1994, 481, 482 f.

1189 Dies sind Verwaltungsverfahren, Rechnungsprüfungsverfahren, gerichtliche Verfahren in Steuersachen (Nr.1a) und Strafverfahren wegen einer Steuerstraftat und Bußgeldverfahren wegen einer Steuerordnungswidrigkeit (Nr.1b).

1190 *Wünsch*, in: Pahlke/Koenig, AO, 2009, § 88a, Rn. 5.

1191 Vgl. § 5 Abs.1 Nr.6 FVG.

1192 Vgl. BT-Drucks 12/6267, 19; siehe auch *Rätke*, in: Klein, AO, 2012, § 88a, Rn. 1.

1193 BT-Drucks. 12/6267, 19; siehe auch *Rätke*, in: Klein, AO, 2012, § 88a, Rn. 5; *Seer*, in: Tipke/Kruse, AO/FGO, § 88a AO, Rn. 2 (10/2008); *Wünsch*, in: Pahlke/Koenig, AO, 2009, § 88a, Rn. 6.

werden[1194]. Die Daten müssen nicht anonymisiert werden[1195]. Die Befugnis zur Datensammlung nach § 88a AO stößt dabei nach herrschender Auffassung in Rechtsprechung und Literatur nicht auf durchgreifende verfassungsrechtliche Bedenken[1196]. Vor allem liegt auf Grund der hinreichend bestimmten gesetzlichen Ausgestaltung und klaren Zweckbestimmung der Norm kein unzulässiger Eingriff in das – auch Unternehmen über Art. 19 Abs.3 GG zustehende[1197] - Recht auf informationelle Selbstbestimmung aus Art. 2 Abs.1 i.V.m. Art. 1 Abs.1 GG vor[1198]. Schließlich dürfen die Daten im Anwendungsbereich von § 88a AO nur zur Sicherstellung einer gleichmäßigen Festsetzung und Erhebung der Steuern (vgl. § 85 S.1 AO) gespeichert und nur in den genannten Verfahren genutzt werden. Die Datensammlung ist mithin kein Selbstzweck[1199]. Eine Weitergabe an Behörden außerhalb der Finanzverwaltung oder an Dritte ist unzulässig[1200].

V. Identifikation des steuerlichen Risikos für die Fallauswahl

Auf Basis der erhobenen Daten, die auch über mehrere Jahre gesammelt werden dürfen, gilt es nun, eine möglichst genaue Abgrenzung der kontrollbedürftigen, mit dem Risiko[1201] eines normabweichenden Verhaltens behafteten Steuerfälle von den risikoarmen Steuerfällen vorzunehmen[1202]. In Anlehnung an die ursprünglich

---

1194 *Wünsch*, in: Pahlke/Koenig, AO, 2009, § 88a, Rn. 1.

1195 *Wünsch*, in: Pahlke/Koenig, AO, 2009, § 88a, Rn. 5.

1196 BVerfG v. 10.03.2008 1 BvR 2388/03, BVerfGE 120, 351; BFH v. 30.07.2003, VII R 45/02, BStBl II 2004, 387; *Seer*, in: FS Meilicke, 2010, S. 687, 693 ff.

1197 BVerfG v. 17.07.1984, 2 BvE 11/83, BVerfGE 67, 100, 142; *Drüen*, StuW 2003, 205, 213; *Seer*, in: FS Meilicke, 2010, S. 687, 690, wonach sich auch juristische Personen mit Blick auf Geschäfts-, Berufs- und Betriebsgeheimnisse und den Aspekt der Wahrung der Wettbewerbsgleichheit in demselben Umfang wie natürliche Personen als schutzwürdig erweisen.

1198 Nach den Entscheidungen des BVerfG zu Vorratsdatenspeicherungen dürfen personenbezogene Daten nicht auf bloßen Vorrat zu unbestimmten oder noch nicht bestimmbaren Zwecken gesammelt werden, BVerfG v. 11.03.2008, 1 BvR 207/05, BVerfGE 120, 378, 407.

1199 Vgl. *Wünsch*, in: Pahlke/Koenig, AO, 2009, § 88a, Rn. 7.

1200 *Wünsch*, in: Pahlke/Koenig, AO, 2009, § 88a, Rn. 6.

1201 Zum Risikobegriff aus Vollzugsperspektive siehe bereits **3. Kapitel D. II. 2. a)**.

1202 *Nagel/Waza*, DStZ 2008, 321, 323; *Seer*, in: Tipke/Lang, Steuerrecht, 2013, § 21, Rn. 7.

von der niederländischen Finanzverwaltung vorgenommene Differenzierung[1203] lässt sich dabei zwischen objektiven und subjektiven steuerlichen Risiken bzw. dem sog. Objekt- und Subjektrisiko unterscheiden[1204]. *Nagel/Waza* sprechen insoweit auch von zwei „Säulen" des Risikomanagements: Die erste Säule beinhaltet objektive, maschinell abprüfbare Regeln, die von Experten erstellt werden, während im Rahmen der zweiten Säule eine Einteilung der Steuerfälle nach der subjektiven Schadenseintrittswahrscheinlichkeit erfolgt[1205]. Die beiden Säulen können und sollen sich dabei gegenseitig beeinflussen. So kann die Höhe der konkreten Schadenswahrscheinlichkeit etwa Auswirkungen auf die Intensität der maschinellen Prüfungen der ersten Säule haben. Umgekehrt können Erkenntnisse, die im Rahmen der objektiven Prüfung gewonnen worden sind, Einfluss auf die Beurteilung der Schadenseintrittswahrscheinlichkeit haben.

1. Objektives steuerliches Risiko

Objektive Risiken zeichnen sich dadurch aus, dass sie sich aus dem konkreten Steuerfall bzw. aus der Steuererklärung ergeben[1206], sich mithin aus objektiven Merkmalen des in Rede stehenden Sachverhalts ableiten lassen[1207]. Anhaltspunkte können zum Beispiel veränderte Angaben gegenüber vergangenen Veranlagungszeiträumen, beispielsweise abweichende Gewinnmargen oder Umsatzrückgänge darstellen, die im Vergleich mit den früheren Angaben ungewöhnlich bzw. unwahrscheinlich sind[1208]. Auch ein Vergleich mit Daten bzw. Kennzahlen anderer Steuerpflichtiger kann diesbezüglich vorgenommen werden, um mögliche Auffälligkeiten zu erkennen[1209]. Im Allgemeinen kommen automatisierte Prüfungen des vorhandenen Datenmaterials in Gestalt des äußeren oder inneren Betriebsvergleichs, des Zeitreihenvergleichs, der Ziffern- und Strukturanalyse

---

1203 Siehe dazu *Ahrens,* Belastingdienst, 2005, S. 350 ff.

1204 *Huber/Seer*, StuW 2007, 355, 360 ff.; *Seer,* StuW 2003, 40, 49; *ders.*, DStJG 31 (2008), S. 7, 29 f. Ebenso *Pestke*, Stbg 2011, 1, 4 f; *Schmidt/Schmitt*, in: FS Spindler, 2011, S. 529, 535. Auch das Pilotprojekt RMS 5000 der OFD Münster orientierte sich an den Erfahrungen der niederländischen Finanzverwaltung, siehe *Seer,* in: Brandt, Mitverantwortung von Bürger und Staat für ein gerechtes Steuerrecht, 2007, S. 99, 108.

1205 *Nagel/Waza,* DStZ 2008, 321, 326.

1206 *Pestke,* Stbg 2011, 1, 4.

1207 *Schmidt/Schmitt*, in: FS Spindler, 2011, S. 529, 535.

1208 *Ahrens*, Belastingdienst, 2005, S. 352; *Pestke,* Stbg 2011, 1, 4.

1209 *Ahrens*, Belastingdienst, 2005, S. 352.

oder in Form von Richtsatzprüfungen und Nachkalkulationen in Betracht[1210]. Je nach Sachverhalt respektive Unternehmen und Branche eignen sich dabei bestimmte Prüfungstechniken besonders gut oder erweisen sich im Gegenteil als untauglich. Das Repertoire an Prüfungstechniken erweitert und verbessert sich mit der Weiterentwicklung und Optimierung der elektronischen Datenverarbeitung und der Gewinnung neuer mathematisch-betriebswirtschaftlicher Erkenntnisse. Daneben können sich nach der allgemeinen finanzbehördlichen Erfahrung bestimmte Fallkonstellationen bzw. Fallgruppen als eher risikoanfällig und damit außenprüfungsbedürftig erweisen[1211]. *Schmidt/Schmitt* nennen diesbezüglich das Vorhandensein besonderer Gestaltungen, eine Vielzahl von Einkunftsarten oder risikogeneigte Branchen[1212]. In der Praxis bestimmt die Finanzverwaltung als risikoträchtig eingestufte „Prüffelder“[1213] und gibt diese bisweilen auch offiziell im Vorfeld der Prüfungen bekannt[1214]. So gab die OFD Münster für das Jahr 2012 beispielsweise für die Körperschaftsteuer die Prüffelder „§ 8b KStG“ (Beteiligung an anderen Körperschaften und Personenvereinigungen), „Rechtsbeziehungen Gesellschafter-Gesellschaft“ oder „Verlustabzug“ bekannt.

2. Subjektives steuerliches Risiko

Die Gefahr eines Steuerrechtsverstoßes manifestiert sich nicht nur im objektiven, aus der Steuererklärung ableitbaren, sondern auch im subjektiven steuerlichen Risiko. Dieses subjektive Risiko knüpft im engeren oder weiteren Sinne an die Person des einzelnen Steuerpflichtigen respektive dessen steuerliche Integrität

---

1210 Siehe *Seer*, in: Tipke/Kruse, AO/FGO, § 158 AO, Rn. 15 ff. (05/2010) sowie im Speziellen *Gehbers*, StBp 2007, 225 ff.; 257 ff.; 289 ff.; *Huber*, StBp 2007, 129 ff.; 161 ff.; 193 ff.

1211 Vgl. *Ahrens*, Belastingdienst, 2005, S. 352, die diesbezüglich auf die finanzbehördliche Praxis der Bestimmung sog. Prüffelder hinweist. Ein Katalog von Beispielen für intensiv zu kontrollierende Prüffelder findet sich bei *Bilsdorfer*, NWB 1998, 1055 ff. Die Palette reicht von Anlagevermögen, Abschreibungen bis hin zu Nachaktivierungen und Verrechnungspreisen.

1212 *Schmidt/Schmitt*, in: FS Spindler, 2011, S. 529, 543.

1213 Siehe dazu *Ahrens*, Belastingdienst, 2005, S. 352; *Pestke*, Stbg 2011, 1, 4.

1214 So gibt beispielsweise die *OFD Münster* auf ihrer Homepage (www.ofd-muenster.de) eine Liste mit aktuellen Prüffeldern (derzeit: Prüffelder 2012) heraus. Nach Aussage der OFD bilden die Prüffelder einen wesentlichen Bestandteil des in den Finanzämtern Nordrhein-Westfalens eingesetzten Risikomanagements.

an[1215]. Je höher die steuerliche Integrität des einzelnen Steuerpflichtigen und je geringer das subjektive Risiko, desto eher kann beweisrechtlich von korrekten, der Wahrheit entsprechenden Angaben in der Steuererklärung ausgegangen werden[1216]. Mithin rechtfertigt ein hohes Maß an steuerlicher Integrität insoweit einen angemessenen Vertrauensvorschuss zu Gunsten des Steuerpflichtigen[1217]. Insoweit kommt zur Geltung, dass ein an Tax Compliance ausgerichteter, risikoorientierter Steuervollzug darauf zielt, jedem Steuerpflichtigen auf Grund der Erfahrungen *individuell* in seinem Steuerfall einen Vertrauensvorschuss zu gewähren oder nicht[1218]. Maßgeblich ist, ob der Vertrauensvorschuss *verdient* wurde[1219]. Es soll demnach ein möglichst fundierter und daher zielgenauer Vertrauensvorschuss gewährt werden. Insoweit wird der Kritik am Vertrauensvorschussprinzip Rechnung getragen, wonach dieses von einem idealisierten Steuerzahler und in dieser Verallgemeinerung nicht der Wirklichkeit entspreche[1220]. So existieren, wie *Tipke* realistisch betont, keine Anzeichen dafür, dass die Bürger eines Rechtsstaates ausnahmslos oder auch nur überdurchschnittlich gesetzestreu sind[1221].

Das Abstellen auf das subjektive Steuerrisiko dient zum einen als Ergänzung, da sich das objektive Risiko nicht immer ohne weiteres aus der Steuererklärung

---

1215 *Ahrens*, Belastingdienst, 2005, S. 350 ff.; *Huber/Seer*, StuW 2007, 355, 360; *Seer*, DStJG 31 (2008), S. 7, 29 f.; *Seer*, in: Brandt, Mitverantwortung von Bürgern und Staat für ein gerechtes Steuerrecht, 2007, S. 99, 108; *ders.*, DStR 2008, 1553, 1555.

1216 Vgl. *Ahrens*, Belastingdienst, 2005, S. 351. Allgemein zur Glaubwürdigkeit und Entgegenbringung von erhöhtem Vertrauen im Rahmen der freien Beweiswürdigung *Foerste*, in: Musielak, ZPO, 2012, § 286, Rn. 12 f.

1217 Vgl. *Schmidt*, DStJG 31 (2008), S. 37, 43 f.: Bewertung „inwieweit der Steuerpflichtige den schon genannten Vertrauensvorschuss verdient"; vgl. auch *Nagel/Waza*, DStZ 2008, 321, 323.

1218 So explizit *Nagel/Waza*, DStZ 2008, 321, 323; vgl. auch *Schmidt*, DStJG 31 (2008), S. 37, 43.

1219 Vgl. *Schmidt*, DStJG 31 (2008), S. 37, 43 f.; siehe auch *Huber/Seer*, StuW 2007, 355, 371. Zu den einzelnen individuellen Risikoparametern siehe sogleich **4. Kapitel A. V. 2 und B**.

1220 Vgl. *Karl*, DStZ 2002, 598, 600; *Martens*, Verwaltungsvorschriften zur Beschränkung der Sachverhaltsermittlung, 1980, S. 60; *Müller-Franken*, Maßvolles Verwalten, 2004, S. 339 ff.; *Streck*, BB 1984, 2205 („90 % der Deutschen hinterziehen Steuer"); *Weyand*, INF 1992, 217 f.; kritisch auch *Seer*, StuW 2003, 40, 55; *ders.*, in: Tipke/Kruse, AO/FGO, § 85 AO, Rn. 22 (10/2008) sowie *Tipke*, Besteuerungsmoral und Steuermoral, 2000, S. 82, 87, 101.

1221 Steuerrechtsordnung Band III, 1993, S. 1206; zustimmend *Hoffmann*, Der maßvolle Gesetzesvollzug im Steuerrecht, 1999, S. 51.

ableiten lässt[1222]. Insbesondere wird durch Einführung der E-Bilanz erst längerfristig eine Datenbasis zur maschinellen Auswertung der Steuererklärung bei Steuerpflichtigen, die ihren Gewinn nach § 4 Abs.1, § 5 oder § 5a EStG ermitteln, zur Verfügung stehen. Zum anderen fungiert die Anknüpfung an die steuerliche Integrität bzw. an das – wie sogleich gezeigt wird – bisherige steuerliche Verhalten als Anreiz für die Steuerpflichtigen, sich in steuerlicher Hinsicht *langfristig* korrekt zu verhalten.

Von Bedeutung ist dabei die Frage, welche Faktoren zur Bestimmung der steuerlichen Integrität bzw. zur Fundierung des Vertrauensvorschusses heranzuziehen sind. In Betracht kommt in erster Linie das Kriterium des bisherigen steuerlichen Verhaltens. Daneben ist fraglich, ob auch auf Merkmale wie Gruppen- oder Branchenzugehörigkeiten abgestellt werden kann. Auf die Einbeziehung der unternehmensseitigen Eigenkontrolle respektive der Kontrolle durch Steuerberater und Wirtschaftsprüfer in die Risikobestimmung wird in einem gesonderten Abschnitt (**B.**) eingegangen.

a) Kriterium der bisherigen steuerlichen Pflichterfüllung (sog. Steuervita)

In der Literatur wird zur Bestimmung der steuerlichen Integrität bzw. des subjektiven Risikos in erster Linie auf das bisherige steuerliche Verhalten des Steuerpflichtigen im konkreten Steuerrechtsverhältnis abgestellt: Die Rede ist insoweit auch von einer das steuerliche Vor- bzw. Entrichtungsverhalten nachzeichnenden „Steuervita" respektive einem „Compliance-Faktor" der die bisherige Einhaltung der steuerlichen Pflichten ausdrückt[1223]. Die Steuervita kann von der Finanzverwaltung unter Rückgriff auf vorliegende Einträge und Prüfungsergebnisse aus der Vergangenheit ermittelt und fortlaufend aktualisiert werden[1224]. Zunächst ist dabei festzulegen, auf welchen Zeitraum sich die

1222 Auf das Problem mangelnder Verkennzifferung hinweisend *Schmidt/Schmitt,* in: FS Spindler, 2011, S. 529, 545.

1223 Begriffe nach *Schmarbeck*, BMF-Monatsbericht 12/2002 (sog. Kienbaum-Studie), S. 57, 60; aufgegriffen von *Seer*, Besteuerungsverfahren: Rechtsvergleich USA -Deutschland, 2002, Rn. 151 und *dems.*, StuW 2003, 40, 49; *dems.*, in: Brandt, Mitverantwortung von Bürgern und Staat für ein gerechtes Steuerrecht, 2007, S. 99, 108; *dems.*, DStR 2008, 1553, 1555; *dems.*, DStJG Band 31 (2008), S. 7, 29; *dems.*, SteuerStud 2010, 369, 374; vgl. auch *Huber/Seer,* StuW 2007, 355, 361.

1224 Das einheitliche Identifikationsmerkmal macht es möglich, die Steuervita unabhängig von Wohnorts- und Finanzamtswechseln nachzuverfolgen, *Schmidt,* DStJG 31 (2008), S. 37, 55.

Betrachtung beziehen soll (z.B. die letzten fünf Jahre), die Einhaltung welcher Rechtsnormen relevant sein soll (Rechtsnormen des Steuerrechts) und auf welche Personen abzustellen ist (z.B. Person des Steuerpflichtigen, Vertreter, Erfüllungs- und Verrichtungsgehilfen). Sodann ist danach zu fragen, ob bzw. wie häufig innerhalb des vergangenen Zeitraumes gegen steuerliche Vorschriften verstoßen wurde, beispielsweise Steuererklärungen verspätet oder gar nicht abgegeben wurden, fällige Steuerzahlungen nicht oder verspätet geleistet oder Buchführungs- und Dokumentationspflichten außer Acht gelassen wurden[1225]. Ebenfalls einzubeziehen ist die Frage, wie häufig und in welchem Ausmaß Nachzahlungen bzw. Mehrergebnisse nach durchgeführten Außenprüfungen anfielen, Schätzungen nach § 162 AO wegen Mitwirkungspflichtverletzungen erfolgen mussten oder gar straf- oder ordnungswidrigkeitsrechtliche Sanktionen gegen den Steuerpflichtigen bzw. die für ihn handelnden Personen verhängt wurden. Während sich Rechtsverletzungen denknotwendig negativ auf die steuerliche Integrität auswirken, ist die bisherige Einhaltung der einschlägigen Verpflichtungen (d.h. Tax Compliance) positiv zu werten und führt zu einer entsprechend hohen steuerlichen Integrität; insoweit ist die Gewährung eines individuellen Vertrauensvorschusses gerechtfertigt bzw. fundiert[1226].

Indem sich korrektes steuerliches Vorverhalten als Compliance-Faktor risikomindernd auswirkt, sinkt die Prüfungsbedürftigkeit des Steuerpflichtigen. Korrektes Vorverhalten kann somit dazu beitragen, dass eine weniger umfassende Außenprüfung angezeigt ist oder auf eine Außenprüfung im konkreten Fall verzichtet werden kann. Insoweit wird die Pflichterfüllung in der Vergangenheit im Sinne eines an Tax Compliance ausgerichteten Steuervollzuges strukturell honoriert. Da die Steuervita das Vorverhalten mehrerer Besteuerungszeiträume widerspiegelt, wird Gesetzeskonformität auf lange Sicht anerkannt. Stellte man hingegen allein auf objektive, sich aus der in Frage stehenden Steuererklärung ergebende Risiken ab, bliebe eine Würdigung vergangener korrekter Mitwirkung aus.

b) Kriterium der Gruppenzugehörigkeit

Bisweilen wird auch die Zugehörigkeit des Steuerpflichtigen zu einer bestimmten Berufsgruppe oder Branche als subjektives Risikokriterium herangezogen[1227]. Die

1225 Vgl. *Seer,* StuW 2003, 40, 49.

1226 *Schmidt,* DStJG 31 (2008), S. 37, 43 f.

1227 So etwa *Ahrens,* Belastingdienst, 2005, S. 351. Ähnlich auch die Berücksichtigung eines Regionalfaktors, wonach Steuerpflichtige, die in einer

Anknüpfung an ein derartiges Merkmal mag zunächst mit Blick auf § 88 Abs. 1 S. 3, Abs. 2 AO auf Bedenken stoßen, wonach sich der Umfang der Ermittlungspflichten nach den Umständen des Einzelfalls richtet und die Finanzbehörde alle für den Einzelfall bedeutsamen, auch für die Beteiligten günstigen Umstände zu berücksichtigen hat. Indem die Prüfungsbedürftigkeit und damit die Prüfungsintensität von einer bestimmten Gruppenzugehörigkeit abhängig gemacht werden, steht indes gerade nicht der Einzelfall in Vordergrund. Insofern besteht die Gefahr, dass eine Art „Vorverurteilung" des zu prüfenden Steuerpflichtigen stattfindet, nur weil er Angehöriger einer bestimmten Berufsgruppe oder -branche ist[1228]. Mithin besteht eine Spannung zwischen der Anknüpfung an Gruppenzugehörigkeiten und dem Tax Compliance-Gedanken; der Steuerpflichtige, der vollkommen korrekt mitwirkt, erhält gegebenenfalls auf Grund seiner Zugehörigkeit zu einer bestimmten, „risikoträchtigen" Gruppe ein schlechteres Risikorating. Wie sich andere Gruppenmitglieder verhalten ist jedoch seinem Einflussbereich entzogen.

Nichtsdestotrotz bestehen keine Bedenken gegen die Berücksichtigung der Gruppenzugehörigkeit als *ein* Risikokriterium, soweit sich eine Korrelation zwischen Gruppe und Steuerrisiko empirisch nachweisen lässt. Schließlich wäre es mit einer möglichst genauen Abgrenzung der kontrollbedürftigen von den risikoarmen Steuerfällen mit den gegebenen Verwaltungskapazitäten und also einer effizienten Verifikaton nicht zu vereinbaren, ließe man gesicherte Erfahrungswerte bezüglich des steuerlichen Risikos bei einzelnen Berufsgruppen oder Branchen außer acht. Nicht ausreichend – und eine Ungleichbehandlung im Rahmen von §§ 193 ff. AO nicht rechtfertigend – wäre jedoch eine Risikoeinstufung je nach Gruppe, die auf bloßen Vermutungen des einzelnen Finanzbeamten erfolgte. Zum Nachweis einer entsprechenden Korrelation kann die Finanzverwaltung auf ihr Erfahrungswissen zurückgreifen und die vorliegenden Informationen über normabweichendes Verhalten bei einzelnen Gruppen gezielt und systematisch auswerten. Kommt sie dabei etwa zu der fundierten Erkenntnis, dass ein gesteigertes Risiko bei kleinen und mittleren Unternehmen im Bereich von Bargeschäften besteht, kann dies bei der Risikoidentifikation und –bewertung des einzelnen Steuerfalls berücksichtigt werden.

---

bestimmten Region ansässig sind, ein höheres Risiko zugemessen wird, vgl. *Pestke,* Stbg 2011, 1, 5.

1228 Dies gibt *Ahrens,* Belastingdienst, 2005, S. 351 f. zu bedenken. Daher könnten Gruppenmerkmale nur zur Abrundung des Bildes vom persönlichen Risiko des Steuerpflichtigen herangezogen werden. Insgesamt ablehnend bzgl. pauschaler Risikobeurteilungen *Pestke,* Stbg 2011, 1, 5.

VI. Bewertung des Risikos und Einteilung der Unternehmen in Risikoklassen

Konnten objektive und subjektive Risiken eines Steuerfalles identifiziert werden, sind die Risiken sodann einer finanzbehördlichen Bewertung zu unterziehen. Dabei gilt es, im Rahmen einer Gesamtschau die Wahrscheinlichkeit von Rechtsverstößen im konkreten Fall abzuschätzen (sog. Schadenseintrittswahrscheinlichkeit)[1229]. Um eine operable Handhabung zu gewährleisten, können die Unternehmen – nach dem Beispiel der niederländischen Finanzverwaltung – auf Grund des jeweiligen subjektiven Risikos in verschiedene Risikoklassen eingeteilt werden[1230]. Diese fungieren sodann als Maßstab für die steuerliche Integrität des Steuerpflichtigen[1231]. Die Rede ist insoweit auch von einem Risiko-Rating oder „Clustering“[1232]. Wie bei einem „Ampelsystem“ kann die Risikoeinstufung wie folgt erfolgen:

- Unternehmen mit geringer Prüfungsbedürftigkeit („Grün“)
- Unternehmen mit mittlerer Prüfungsbedürftigkeit („Gelb“)
- Unternehmen mit hoher Prüfungsbedürftigkeit („Rot“)[1233].

Freilich lassen sich die drei Risikoklassen (Grün/Gelb/Rot) noch in weitere Untergruppen auffächern. Die niederländische Finanzverwaltung nimmt so zusätzlich eine Einstufung von Unternehmensgründern, bei denen sich das Risiko mangels ausreichender Erfahrungswerte noch nicht abschätzen lässt, und Steuerhinterziehern, bei denen das Risiko besonders hoch ist, in zwei „Sonderrisikogruppen“ vor [1234]. Die nordrhein-westfälische Finanzverwaltung bildete im Rahmen ihres Pilotprojekts „RMS 5000“ auf Basis der vorhandenen Informationen fünf Risikoklassen, die von einem geringen bis zu einem hohen Risiko reichen[1235]. Um jeden Steuerfall einer Risikoklasse zuweisen zu können,

---

1229 Vgl. *Huber,* StBp 2006, 5, 7; *Nagel/Waza,* DStZ 2008, 321, 323; *Seer,* StuW 2003, 40, 50.

1230 *Ahrens,* Belastingdienst, 2005, S. 162; vgl. auch *Haunhorst,* DStR 2010, 2105, 2109; *Nagel/Waza,* DStZ 2008, 321, 326.

1231 *Ahrens,* Belastingdienst, 2005, S. 162.

1232 Vgl. *Schmarbeck,* BMF-Monatsbericht 12/2002 (sog. Kienbaum-Studie), S. 57, 59.

1233 Vgl. *Schmarbeck,* BMF-Monatsbericht 12/2002 (sog. Kienbaum-Studie), S. 57, 61. Auch *Pestke,* Stbg 2011, 1, 4 schlägt die Bildung von drei Risikoklassen vor.

1234 *Ahrens,* Belastingdienst, 2005, S. 165.

1235 Siehe dazu *Seer,* in: Brandt, Mitverantwortung von Bürger und Staat für ein gerechtes Steuerrecht, 2007, S. 99, 109 sowie die tabellarische Übersicht bei *Möllenbeck,* EG-Amtshilfe und erweiterte Mitwirkungspflichten, 2010, S. 13.

bietet sich der Einsatz eines Punktesystems an, wobei jedem Risikoparameter eine bestimmte Punktzahl zugeordnet ist[1236]. Im Rahmen der Würdigung des Vorverhaltens ist zwischen eklatanten Pflichtverletzungen, die zu straf- oder ordnungswidrigkeitsrechtlichen Sanktionen geführt haben, und weniger gravierenden Mitwirkungspflichtverstößen zu differenzieren. Eine vollkommene Rechtskonformität sollte dabei in Anbetracht der diffizilen materiellen Rechtslage nicht erwartet und zum Maßstab genommen werden. Wie bei der zollrechtlichen Figur des AEO darf nicht mehr als eine „angemessene" Einhaltung der steuerlichen Pflichten gefordert werden[1237].

Eine wesentliche technische Funktion kann bei der Risikoanalyse und -bewertung einem elektronischen Datenblatt zukommen, worin die besteuerungsrelevanten Informationen eines Falles zusammengefasst und mögliche Risikobereiche aufgeführt werden sowie die Risikoklasseneinstufung erfolgen kann[1238]. Der Bearbeiter wird so in die Lage versetzt, sich in Kürze einen Überblick über den Gesamtfall zu verschaffen[1239]. *Huber* spricht sich diesbezüglich zudem für eine Visualisierung der Risikofaktoren und –werte in Gestalt verschiedener Grafiken aus, um diese in leicht aussagekräftiger Form darzustellen und so klarer und zügiger zu einer Gesamteinschätzung zu kommen[1240].

Elementar im Rahmen eines im Ausgangspunkt auf Kooperation und Offenheit gerichteten Vollzugskonzepts ist bei alledem, dass die Kriterien, die für das *Risiko-Rating*[1241] herangezogen werden, grundsätzlich transparent sind[1242]. Die Risikokriterien respektive die eingesetzten Methoden und Techniken zur

---

1236 Vgl. *Schmidt,* DStJG 31 (2008), S. 37, 43 f. So verwenden die englischen Finanzbehörden ein Punktesystem zur Risikoklasseneinstufung, vgl. dazu *Pestke*, Stbg 2011, 1, 3. Ebenso bedient sich die niederländische Finanzverwaltung eines Punktsystems, siehe *Ahrens*, Belastingdienst, 2005, Anlage 1: Die niederländische Finanzverwaltung vergibt so zum Beispiel 85 Punkte für eine Steuerhinterziehung innerhalb der letzten drei Jahre; 55 Punkte für mehrere Qualitätsmängel bei der Buchführung, die nicht länger als drei Jahre zurückliegen oder 10 Punkte für eine Ablehnung einer Absprache durch den Steuerpflichtigen, die auf Initiative der Finanzverwaltung erfolgte.

1237 Siehe dazu **5. Kapitel A**.

1238 *Seer,* Ubg 2009, 673, 675; *ders.*, SteuerStud 2010, 369, 374.

1239 *Möllenbeck,* EG-Amtshilfe und erweiterte Mitwirkungspflichten, 2010, S. 13.

1240 Siehe *Huber,* StBp 2006, 49, 51 ff. mit einigen Beispielen.

1241 Zum Begriff des Risiko-Ratings siehe bereits **2. Kapitel B. I. 6**.

1242 *Seer,* in: Brandt, Mitverantwortung von Bürger und Staat für ein gerechtes Steuerrecht, 2007, S. 99, 109.

Risikoermittlung sollten mithin kein „Geheimwissen“ der Finanzverwaltung sein[1243]. Zum einen wird nur bei einem gewissen Maß an Transparenz eine Überprüfung des risikoorientierten Steuervollzuges durch die Finanzgerichte sowie die Rechnungshöfe, insbesondere mit Blick auf die Problematik etwaiger (struktureller) Vollzugsdefizite ermöglicht. Zum anderen setzt die Akzeptanz der Risikoklasseneinstufung auf Seiten der Steuerpflichtigen voraus, dass im Wesentlichen bekannt ist, wovon die Klassifizierung abhängt. Zu begrüßen ist insoweit die Praxis der OFD Münster, wonach die als risikoträchtig eingestuften Prüffelder auch offiziell im Vorfeld der Prüfungen bekannt gegeben werden[1244]. Auch die Veröffentlichung des für die Risikobewertung maßgeblichen Punktesystems durch die niederländische Finanzverwaltung entspricht dem Transparenzgedanken[1245]. Die Transparenz kann dabei auch genutzt werden, um einen an Tax Compliance ausgerichteten Steuervollzug und die damit einhergehende Honorierung von korrektem steuerlichen Verhalten nach außen kundzutun; die Steuerpflichtigen müssen schließlich überhaupt wissen, dass Tax Compliance honoriert wird („Marketing-Effekt“)[1246]. Von grundlegender Bedeutung ist des Weiteren, dass die Risikokriterien zeitnah an die Rechtsprechung (auch zu Gunsten des Steuerpflichtigen) angepasst werden[1247].

Obgleich das steuerliche Mehrergebnis nach einer Prüfung nicht primäres Kriterium für die Verteilung der Prüfungsressourcen sein darf, kann die Höhe eines möglichen Schadens durchaus als nachgeordneter Faktor in die Fallauswahl und Bestimmung der Prüfungsintensität einfließen[1248]. Schließlich rechtfertigte ein Besteuerungsverfahren, das mehr Kosten als Steuereinnahmen verursacht, nicht die damit einhergehenden Eingriffe in die Grundrechte der Steuerpflichtigen[1249]. So ging auch das BVerfG davon aus, dass die Erwägung berechtigt ist, dass eine Beweiserhebung möglichst nicht mehr Kosten verursachen sollte als der in Rede stehende Steuerbetrag[1250]. *Seer* gewichtet demnach die Schadensintensität gegenüber der Schadenseintrittswahrscheinlichkeit bei der Bestimmung des

1243 *Mann*, DStR 2009, 506, 507; vgl. auch *Huber*, StBp 2006, 5, 10.
1244 Siehe bereits oben **4. Kapitel A. V. 1**.
1245 Siehe *Ahrens*, Belastingdienst, 2005, Anlage 1.
1246 Vgl. *Schmarbeck*, BMF-Monatsbericht 12/2002 (sog. Kienbaum-Studie), S. 57, 62.
1247 *Pestke*, Stbg 2011, 1, 6.
1248 *Ahrens*, Belastingdienst, 2005, S. 356 ff.; *Seer*, StuW 2003, 40, 48.
1249 *Ahrens*, Belastingdienst, 2005, S. 356 ff.; vgl. auch *Pünder*, DV 2012, 1, 20 ff.
1250 BVerfG v. 31.05.1988, 1 BvR 520/83, BVerfGE 78, 214, 229; siehe auch *Ahrens*, Belastingdienst, 2005, S. 359.

sog. Risikoindikators eines Falles im Verhältnis 30 zu 70: Risikoindikator (R) = 0,3 x Schadensintensität (I) + 0,7 x Schadenseintrittswahrscheinlichkeit (W)[1251]. Die interne Festlegung, ab welcher Risikoindikatorenschwelle welche Maßnahmen zu treffen sind, hat dabei unter Berücksichtigung der vorhandenen Verwaltungskapazitäten zu erfolgen[1252]. Mit Blick auf Art.3 Abs.1 GG hat sich die Finanzverwaltung dabei um möglichst einheitliche Werte zu bemühen[1253].

VII. Risikobewältigung

Konnte das steuerliche Risiko eines Falles identifiziert und bewertet werden, hat die Finanzbehörde sodann entsprechende Maßnahmen zur Risikobewältigung einzuleiten. Die Bewältigung der Risiken ist dabei nicht gleichzusetzen mit einer vollkommenen Risikoeliminierung. Vielmehr geht mit einem denknotwendig gewichtenden Risikomanagement einher, dass bestimmte Restrisiken von Steuerausfällen in Kauf genommen werden[1254]. Mithin widerspräche es dem Wesen des Risikomanagements, wenn auch Fälle mit geringem Restrisiko umfassend geprüft werden sollen. Dies zu verlangen liefe auf eine Rückkehr zur überwunden geglaubten „100%-Doktrin" hinaus[1255].

Das Spektrum der finanzbehördlichen Bewältigungsmaßnahmen reicht im Allgemeinen von Aufklärung, Information, Hilfe, Nachforschung, über Prüfung bis zu Verfolgung[1256]. Mit Blick auf die Außenprüfung stellt sich vor allem die Frage, welche Unternehmen einer Prüfung nach §§ 193 ff. AO unterzogen werden sollen und bei welchen Unternehmen eine Prüfung an Amtsstelle bzw. die Durchführung von Einzelermittlungsmaßnahmen nach §§ 93 ff. AO ausreicht. Ist prinzipiell eine Außenprüfung erforderlich, so können und sollen auf Grundlage der Risikobeurteilung entsprechende Schwerpunktsetzungen (Frage bzgl. des *Wie* der Prüfung) erfolgen. Die Risikobewertung ist mithin ausschlaggebend sowohl für die Prüfungsauswahl als auch für die Prüfungsintensität[1257].

1251 *Seer,* StuW 2003, 40, 50; ähnlich *Schmarbeck,* BMF-Monatsbericht 12/2002 (sog. Kienbaum-Studie), S. 57, 60.

1252 Vgl. *Seer*, in: in: Brandt, Mitverantwortung von Bürger und Staat für ein gerechtes Steuerrecht, 2007, S. 99, 109.

1253 Vgl. *Haunhorst,* DStR 2010, 2105, 2109.

1254 *Schmidt,* DStJG 31 (2008), S. 37, 43.

1255 Vgl. *Schmidt/Schmitt*, in: FS Spindler, 2011, S. 529, 544.

1256 *Huber/Seer*, StuW 2007, 355, 363.

1257 Vgl. *Seer*, SteuerStud 2010, 369, 374.

1. Reaktion bei niedrigem Risikoindikator

Weist ein Steuerfall einen niedrigen Risikoindikator und also eine geringe Prüfungsbedürftigkeit auf, ist die Durchführung einer Außenprüfung als umfassendes und belastendes Aufklärungsmittel der Finanzbehörde grundsätzlich nicht angezeigt. Vielmehr kann eine hinreichende Verifikation auch durch Einzelermittlungsmaßnahmen nach §§ 93 ff. AO erfolgen. Da als maßgebliches Kriterium das steuerliche Risiko und nur nachrangig die steuerliche Relevanz bzw. das potenzielle Mehrergebnis heranzuziehen ist, sind auch Großunternehmen bei geringem Risiko nicht zwingend einer Außenprüfung zu unterziehen; insbesondere bedarf es keiner schematischen Anschlussprüfung i.S.d. § 4 Abs.2 BpO. Bei der mit dem Risiko korrelierenden Fallauswahl handelt es sich letztlich um nichts anderes als eine konsequente Umsetzung des Verhältnismäßigkeitsgrundsatzes sowie des Gebots der Rechtsanwendungsgleichheit[1258]. Indem bei Unternehmen mit niedrigem steuerlichen Risiko keine Außenprüfung erfolgt, spiegelt sich der fundamentale Wirkungsmechanismus einer Tax Compliance-Vollzugsstrategie wider, wonach Tax Compliance verfahrensmäßig honoriert wird.

Die Finanzverwaltung hat dies prinzipiell erkannt, wenn sie in den Rationalisierungserlassen zur Betriebsprüfung in Ziffer 3.7 die „Aussonderung nicht prüfungsrelevanter Betriebe" nahelegt[1259]. Danach sollen Betriebe grundsätzlich vom Prüfungsgeschäftsplan abgesetzt werden, wenn der Prüfer nach der Prüfungsvorbereitung etwa zu dem Schluss kommt, dass die Prüfung zu keinen wesentlichen Berichtigungen führen wird (S.1). Dies gilt explizit auch für Großbetriebe sowie konzernabhängige Unternehmen (S.2). Zwar haben die Rationalisierungserlasse ausweislich Ziff. 1 keine intern bindende Wirkung, sodass davon je nach Fall abgewichen werden kann. Dennoch sollte mit Blick auf einen an Tax Compliance ausgerichteten Vollzug von der Regelung Gebrauch gemacht werden.

2. Reaktion bei mittlerem Risikoindikator

Während bei Fällen mit niedrigem Risikoindikator keine Außenprüfung indiziert ist, wird bei einem mittleren Indikator die Durchführung einer

---

1258 Siehe dazu bereits oben **4. Kapitel A. II. 5. a).** und **b)**.

1259 Siehe FinMin NRW v. 13.06.1995, S 1502-4-V C 5, StEK AO 1977, § 199 Nr.2, abgedruckt bei *Schallmoser*, in: H/H/Sp, AO/FGO, Vor § 193 AO, Rn. 105 ff. (02/2011).

Außenprüfung nach §§ 193 ff. AO regelmäßig angezeigt sein. Allerdings hat sich die Finanzbehörde entsprechend dem Verhältnismäßigkeitsgrundsatz auf eine punktuelle, risikoorientierte Prüfungsdurchführung zu beschränken. Demgemäß müssen die Prüfungshandlungen gemessen am Prüfungszweck der Sicherstellung der Gesetz- und Gleichmäßigkeit der Besteuerung (§ 85 S.1 AO) geeignet, erforderlich und bezüglich der Belastungen angemessen sein[1260]. Es gilt mithin, einen angemessenen Ausgleich im verfassungsrechtlichen Abwägungsdreieck zwischen Gesetzmäßigkeit und Rechtsanwendungsgleichheit beim Steuervollzug sowie den betroffenen Freiheitsrechten herzustellen[1261].

a) Durchführung von Schwerpunktprüfungen

Einem verhältnismäßigen Vollzug entspricht die Durchführung schwerpunkt- und stichprobenmäßiger Außenprüfungen statt einer umfassenden Ermittlung nur um „irgendein Mehrergebnis" zu erzielen[1262]. *Seer* spricht insoweit auch von einer „Konzentrationsmaxime" im Rahmen der Außenprüfung[1263]. § 194 Abs.1 S.2 AO sieht dabei ausdrücklich vor, dass sich die Außenprüfung „auf bestimmte Sachverhalte beschränken" kann. Daran anknüpfend sieht auch die Betriebsprüfungsordnung in § 7 entsprechende Schwerpunktprüfungen vor: Die Außenprüfung ist auf das Wesentliche abzustellen (S.1). Ihre Dauer ist auf das notwendige Maß zu beschränken (S.2). Sie hat sich in erster Linie auf solche Sachverhalte zu erstrecken, die zu endgültigen Steuerausfällen oder Steuererstattungen oder –vergütungen oder zu nicht unbedeutenden Gewinnverlagerungen führen können (S.3)[1264]. Diese Prüfungsgrundsätze werden zudem durch die Rationalisierungserlasse der Länder flankiert; nach Ziffer 4.1 werden die Außenprüfungen „durch Bildung von Prüfungsschwerpunkten rationalisiert". Die Erlasse nennen als mögliche Prüfungsschwerpunkte beispielsweise Auslandsbeziehungen, ungeklärter Vermögenszuwachs oder Betriebserwerb, -umwandlung, -verpachtung, -aufgabe oder -veräußerung. Dementsprechend prüft die Finanzverwaltung in der Praxis insbesondere solche Felder, die nach

1260 *Seer*, in: Tipke/Kruse, AO/FGO, § 199 AO, Rn. 6 (05/2010).

1261 Siehe dazu bereits **3. Kapitel A. III. 1.**

1262 *Huber/Seer*, StuW 2007, 355, 358; vgl. auch *Seer*, in: Tipke/Kruse, AO/FGO, § 199 AO, Rn. 6 (05/2010).

1263 *Seer*, in: Tipke/Kruse, AO/FGO, § 199 AO, Rn. 6 ff. (05/2010).

1264 Siehe dazu *Schallmoser*, in: H/H/Sp, AO/FGO, Vor § 193 AO, Rn. 93 (02/2011); *Seer*, in: Tipke/Kruse, AO/FGO, § 199 AO, Rn. 7 (05/2010).

ihrer Prüfungserfahrung als fehleranfällig eingestuft werden[1265]. Schließlich ist die Betriebsprüfung nach Ziffer 4.3 unabhängig von der Betriebsgrößenklasse zu beenden, wenn sich während der Prüfung ergibt, dass die steuerlichen Verhältnisse im Großen und Ganzen in Ordnung sind oder dass die Fortsetzung der Prüfung zu einem unangemessenen Verwaltungsaufwand führen würde. Mithin entspräche es keinem an Tax Compliance orientierten „fairen" Steuervollzug und stellte eine Fehlallokation der Prüfungsressourcen dar, wenn der Prüfer im Anschluss an die schwerpunktmäßige Kontrolle, die keinen Hinweis auf weitere Prüfungsschwerpunkte brachte, in eine Phase „ungerichteten Suchens" einträte, um den Fall doch noch mit einem Mehrergebnis zu beenden[1266].

Die risikoorientierte und also schwerpunktmäßige Prüfungsdurchführung wird maßgeblich durch neuartige betriebswirtschaftlich-mathematische Prüfungstechniken erleichtert, die in Folge des umfassenden digitalen Datenzugriffs nach § 147 Abs.6 AO im Rahmen einer Außenprüfung zur Anwendung kommen können (sog. digitale Außenprüfung)[1267].

b) Durchführung abgekürzter Außenprüfungen i.S.d. § 203 AO

Neben herkömmlichen Außenprüfungen, die als Schwerpunktprüfungen vollzogen werden, sieht die Abgabenordnung in § 203 speziell eine „abgekürzte Außenprüfung" vor: Gemäß § 203 Abs.1 AO kann die Finanzverwaltung bei Steuerpflichtigen, bei denen sie eine Außenprüfung in regelmäßigen Zeitabständen nach den Umständen des Falls nicht für erforderlich hält, eine abgekürzte Außenprüfung durchführen. Die Prüfung hat sich auf die wesentlichen Besteuerungsgrundlagen zu beschränken[1268]. Dabei entfällt nach § 203 Abs.2 S.3 AO sowohl die Abhaltung eines Schlussgesprächs über die Außenprüfung nach § 201 Abs.1 AO als auch die Möglichkeit des Steuerpflichtigen gemäß § 202 Abs.2 AO die Übersendung des Prüfungsberichts vor seiner Auswertung zu beantragen. § 203 AO soll vor allem bei kleineren Betrieben bzw. einfach

---

1265 *Seer*, in: Tipke/Kruse, AO/FGO, § 199 AO, Rn. 7 (05/2010), der darauf hinweist, dass niemand die fehlergeneigten Prüfungsfelder besser kennt als die Finanzverwaltung. Zu relevanten Prüfungsfeldern siehe auch *Stahl/Durst,* Stbg 2009, 149 ff.

1266 *Huber,* StBp 2006, 5, 10.

1267 Siehe dazu unten **4. Kapitel B. I. 2.**

1268 Nach BFH v. 25.01.1989, X R 158/87, BStBl II 1989, 483, ist § 203 AO unter den Gesichtspunkten der Normenklarheit und Bestimmtheit unbedenklich; a.A. *Seer*, in: Tipke/Kruse, AO/FGO, § 203 AO, Rn. 6 (05/2010); kritisch auch *Rüsken,* in: Klein, AO, 2012, § 203, Rn. 1.

gelagerten Fällen dazu beitragen, die Verwaltungsressourcen optimal einzusetzen und den Steuerpflichtigen vor unnötig intensiven Außenprüfungen zu schützen; die Vorschrift entspricht insoweit dem rechtsstaatlichen Übermaßverbot[1269]. Mit Blick auf die Möglichkeit, bereits die „normale" Außenprüfung in abgekürzter und schwerpunktmäßiger Form durchzuführen, ist § 203 AO jedoch weitgehend überflüssig und wird dementsprechend in der Praxis kaum angewandt[1270]. So sehen sowohl § 194 Abs.1 S.2 AO sowie § 7 BpO und die Rationalisierungserlasse vor, dass eine Beschränkung der Prüfung auf bestimmte Sachverhalte erfolgen kann bzw. soll. Der aus dem Verhältnismäßigkeitsgrundsatz folgende Gedanke der Schwerpunktprüfung und Verfahrensbeschleunigung gilt mithin gerade auch i.R.v. §§ 193 ff. AO. Letztlich bringt § 203 AO keinen Mehrwert und erweist sich lediglich durch die in Abs.2 genannten Einschränkungen als weniger rechtsschutzintensiv zu Lasten des Steuerpflichtigen; die Vorschrift ist daher entbehrlich[1271].

3. Reaktion bei hohem Risikoindikator

Während bei geringem Risikoindikator regelmäßig auf eine Außenprüfung verzichtet werden kann und bei mittlerem Indikator eine Schwerpunktprüfung stattfinden sollte, ist bei einem hohen steuerlichen Risikoindikator eine entsprechend intensive Verifikation angezeigt. Schließlich bedeutet eine Ausrichtung des Vollzuges an Tax Compliance auch, das Non-Compliance konsequent verfolgt wird; der kooperative Steuerstaat ist mithin kein „naiver" Staat[1272]. Zwar gilt auch hier, dass das Übermaßverbot zu beachten ist und begrenzte Ressourcen einer 100%-Prüfung entgegenstehen. Nichtsdestotrotz hat der Steuerpflichtige mit umfassenden Prüfungsmaßnahmen zu rechnen. Bei konstant hohem Risiko kann zudem die Durchführung von Anschlussprüfungen erforderlich sein, um eine gesetz- und gleichmäßige Besteuerung sicherzustellen. Entsteht im Rahmen der Prüfung der Anfangsverdacht einer Steuerstraftat (vgl. § 152 Abs.2 StPO) ist

1269 *Intemann,* in: Pahlke/Koenig, AO, 2009, § 203, Rn. 1; *Seer,* in: Tipke/Kruse, AO/FGO, § 203 AO, Rn. 1 (05/2010); vgl. auch die amtliche Begründung, BT-Drucks VI/1982, 164.

1270 *Seer,* in: Tipke/Kruse, AO/FGO, § 203 AO, Rn. 2 (05/2010). Eine trennscharfe Abgrenzung bemängelnd auch *Rüsken,* in: Klein, AO, 2012, § 203, Rn. 1.

1271 Vgl. *Intemann,* in: Pahlke/Koenig, AO, 2009, § 203, Rn. 2; *Seer,* in: Tipke/Kruse, AO/FGO, § 203 AO, Rn. 2 ff. (05/2010).

1272 *Seer,* in: in: Brandt, Mitverantwortung von Bürger und Staat für ein gerechtes Steuerrecht, 2009, S. 99, 102.

ein Steuerstrafverfahren einzuleiten, § 385 Abs.1 AO, §§ 152 Abs.2, 160 StPO. Soweit der Verdacht der Zahlung von Schmier- und Bestechungsgeldern i.S.v. § 4 Abs.5 S.1 Nr.10 S.1 EStG entsteht, ist die Finanzbehörde zur Weiterleitung der entsprechenden Tatsachen an die Staatsanwaltschaft oder die Verwaltungsbehörde verpflichtet (S.3).

4. Absicherung durch Zufallsprüfungen

Die risikoorientierte Prüfungsauswahl im Rahmen von §§ 193 ff. AO bedarf schließlich der Ergänzung durch eine zufallsgesteuerte Auswahl der zu prüfenden Unternehmen[1273]. Zwar führen Zufallsprüfungen sowohl zu einer Ungleichbehandlung des Prüfungsfalls gegenüber anderen Fällen als auch dazu, dass eine große Menge der verfügbaren Ressourcen für die Prüfung von Fällen mit niedrigem Risiko verloren geht. Sie sind jedoch im Hinblick auf den Gedanken der Generalprävention sachlich gerechtfertigt und unentbehrlich[1274]. Gerade wenn im Grundsatz Offenheit bezüglich der finanzbehördlichen Risikokriterien herrschen soll, trägt die Zufallsprüfung dazu bei, dass das finanzbehördliche Risikomanagement weniger berechenbar und damit umgehbar ist. Überdies bedarf auch die effektivste Risikoanalyse zusätzlicher Zufallsansätze um sicherzustellen, dass unrichtig eingeschätzte oder primär undurchdringbare Risikobereiche erfasst werden[1275]. Da die Zufallsprüfung nicht an subjektive Risikoelemente anknüpft, kann sie als objektives Element im objektiv-subjektiven Mischsystem qualifiziert werden[1276].

VIII. Risikoevaluierung

Zuletzt ist die risikoorientierte Außenprüfung bzw. sind die Prozesse der Risikoidentifikation, -bewertung und –bewältigung fortlaufend durch die Finanzverwaltung zu beobachten, zu überprüfen und zu evaluieren[1277]. Auf

---

1273 BFH v. 02.09.1988, III R 280/84, BStBl II 1989, 4; *Ahrens,* Belastingdienst, 2005, S. 359; *Huber/Seer*, StuW 2007, 355, 359, 363; *Schallmoser*, in: H/H/Sp, AO/FGO, § 193 AO, Rn. 93, 102, 108 (02/2011); *Wenzig,* StuW 1982, 321, 322.

1274 *Huber/Seer*, StuW 2007, 355, 359.

1275 *Huber/Seer*, StuW 2007, 355, 365.

1276 *Haunhorst,* DStR 2010, 2105, 2109.

1277 *Schmidt/Schmitt*, in: FS Spindler, 2011, S. 529, 545; *Seer*, in: Brandt, Mitverantwortung von Bürger und Staat für ein gerechtes Steuerrecht, 2009, S. 99, 109.

Grundlage der Auswertungsergebnisse gilt es Optimierungsbedarf zu identifizieren und entsprechende Verbesserungen, insbesondere zeitnahe Anpassungen der Risikoindikatoren, vorzunehmen[1278]. Die jeweils gewonnenen Erfahrungen und Ergebnisse der Betriebsprüfungen können in die weitere Prüfungsplanung und Risikoskalierung einfließen[1279]. Erkenntnisse aus der manuellen Kontrolle fließen in den Prozess der computergesteuerten Kontrolle ein und umgekehrt; es handelt sich insgesamt um ein „selbstlernendes" System[1280].

B. Einbeziehung privater Kontrollmaßnahmen in die risikoorientierte Außenprüfung

Einem die Ressourcen effizient einsetzenden und konsequent risikoorientierten Kontrollkonzept der Finanzverwaltung widerspräche es, private Maßnahmen zur Kontrolle und Sicherstellung der steuerlichen Pflichterfüllung in toto zu ignorieren. Vielmehr geht mit einem modernen an Tax Compliance ausgerichteten Steuervollzug einher, auch auf von privater Seite erbrachte Ordnungsleistungen zurückzugreifen und die Potentiale „gesellschaftlicher Selbstregulierung"[1281] aufzunehmen[1282]. So bezieht namentlich die niederländische Finanzverwaltung unternehmensseitige Kontrollmechanismen zur Sicherstellung der steuerlichen

1278 *Schmidt/Schmitt*, in: FS Spindler, 2011, S. 529, 545; *Seer*, in: Brandt, Mitverantwortung von Bürger und Staat für ein gerechtes Steuerrecht, 2009, S. 99, 109.

1279 *Huber*, StBp 2006, 49.

1280 *Seer*, in: Brandt, Mitverantwortung von Bürger und Staat für ein gerechtes Steuerrecht, 2009, S. 99, 109.

1281 Zur Terminologie und den entsprechenden staatlichen Steuerungsansätzen siehe *Eifert*, in: Hoffmann-Riem/Schmidt-Aßmann/Voßkuhle, GVwR, Band I, 2012, § 19, Rn. 52 ff.: „Hoheitlich regulierte gesellschaftliche Selbstregulierung" und Rn. 144 ff.: „Gesellschaftliche Selbstregulierung"; *Michael*, in: Ehlers/Fehling/Pünder, Bes. VerwR, Band I, 2012, S. 474 ff.: „Selbstregulierung der Wirtschaft"; vgl. zum Zusammenhang zwischen Selbstregulierung und der Gewährung von Anreizen *Sacksofsky*, in: Hoffmann-Riem/Schmidt-Aßmann/Voßkuhle, GVwR, Band II, 2012, § 40, Rn. 10. Aus steuerrechtlicher Perspektive zur „rechtlich kontrollierten Selbstregulierung" siehe *Eckhoff*, Rechtsanwendungsgleichheit, 1999, S. 458 ff.

1282 Vgl. allgemein zum hoheitlichen Vertrauen auf Dritte bei der Risikobewältigung *Hoffmann-Riem*, DV 2005, 145, 150.

Rechtskonformität in ihren Vollzug mit ein[1283]. Der Ansatz rekurriert insoweit mit dem Befund, dass Tax Compliance aus Perspektive der Unternehmen nicht bloß mit der Einhaltung steuerlicher Pflichten gleichzusetzen ist, sondern überdies für die Implementierung eines Systems zur strukturellen Sicherstellung der Pflichterfüllung und also für die systematische Eigenüberwachung im Unternehmen steht[1284]. Diese systematische Eigenüberwachung im weiten Sinne gilt es, für den Steuervollzug nutzbar zu machen, in den Vollzug zu integrieren, um dergestalt die angespannten Verwaltungskapazitäten zu entlasten. Die Einbeziehung erbrachter Selbstregulierungsmaßnahmen in das finanzbehördliche Vollzugskonzept kann sich dabei auch positiv für die Steuerpflichtigen auswirken, wenn die hoheitliche Prüfungsintensität und –häufigkeit bei funktionierender Eigenkontrolle reduziert wird. Letztlich entspricht dies dem Anliegen der Tax Compliance-Vollzugsstrategie, die – auch systematische – Selbstregulierung im Steuerbereich zu honorieren und zu fördern[1285].

Die hoheitliche Anreizgewährung und Einbeziehung privater Eigenüberwachung bzw. Eigenverantwortung in den Steuervollzug knüpft damit an den Grundgedanken der „staatlich veranlassten gesellschaftlichen Selbstregulierung" an[1286]. Danach werden staatliche und gesellschaftliche Handlungsrationalitäten miteinander verbunden; die staatliche Steuerung greift auf von Privaten erbrachte Tätigkeiten bzw. Ordnungsleistungen zurück, auf die der Staat zur

1283 Siehe dazu bereits **1. Kapitel B. III. 2**.

1284 Siehe dazu bereits **2. Kapitel A. II. 2. und E**.

1285 Zum Ziel der Förderung der „Selbstregulierung der Steuerpflicht" siehe *Seer*, in: FS Streck, 2011, S. 403, 405; *ders.*, FR 2012, 1000, 1002. Vgl. auch *ders.*, StuW 2003, 40, 42 f.; *ders.*, in: Brandt, Mitverantwortung von Bürger und Staat für ein gerechtes Steuerrecht, 2009, S. 99, 102. Zur steuerlichen Selbstregulierung durch „Outsourcing" der Steuerfestsetzung und –erhebung auf Arbeitgeber, Banken, Versicherungsanstalten und andere Finanzinstitute sowie durch die Steueranmeldung (§ 167 AO) siehe *Seer,* FR 2012, 1000, 1002.

1286 Vgl. speziell mit Blick auf § 25a KWG *Burgi,* in: Lange/Wall, Risikomanagement nach dem KonTraG, 2001, S. 307, 310 ff. Allgemein zum Modell der staatlich veranlassten gesellschaftlichen Selbstregulierung siehe *Burgi,* Funktionale Privatisierung und Verwaltungshilfe, 1999, S. 87; *Schmidt-Preuß*, VVDStRL 56 (1997), 160 ff.; *Schuppert,* Jenseits von Privatisierung und „schlankem" Staat, 1999, S. 7 ff. *Di Fabio,* VVDStRL 56 (1997), 235, 242 ff., nennt als Erscheinungsformen selbstregulativen Gesetzesvollzuges (i) Unterlagenprüfverfahren, (ii) Kontrollierte Eigenüberwachung, (iii) Fremdüberwachung durch Dritte, (iv) Kooperative Normenkonkretisierung, (v) Gemeinwohlausrichtung der Organisationsstruktur und (vi) Selbständige Erfüllungsorganisation sowie (vii) Komplementärerfüllung.

Gemeinwohlsicherung einwirkt, indem er sie „einrichtet, mit einem Rahmen versieht oder durch indirekte Mechanismen überformt“[1287]. Der Staat versucht mithin, das Verhalten der Privaten respektive die Erbringung spezifischer Dienstleistungen zur Durchsetzung von Gemeinwohlinteressen in steuernder Weise zu beeinflussen[1288]. Organisierte gesellschaftliche Kräfte sollen in das Verwaltungsverfahren integriert werden[1289]. Ziel ist es, dadurch vor allem eine Entlastung des Staates zu erreichen, da die in Bezug genommenen privaten Strukturen regelmäßig auch privat finanziert werden sowie eine höhere Flexibilität und Innovationskraft aufweisen[1290]. Die „Stärkung der Eigenverantwortung“ geht indes nicht mit einer Übertragung oder Abspaltung der Staatsaufgaben einher[1291].

Die *Fiscalis Projektguppe* spricht mit Blick auf private steuerliche Kontrollmaßnahmen auch von einer sog. horizontalen Überwachung, worunter eine systematische, nichtstaatliche Kontrolle verstanden wird, durch die die Qualität der Produkte und Dienstleistungen von Steuerzahlern verbessert werden soll[1292]. Als Beispiele werden „Berufskodizes, Bescheinigungen oder Gütesiegel, aber auch ein Verfahren zur Selbstregulierung innerhalb einer Branche“ genannt. Eine starke horizontale Überwachung trage dazu bei, die steuerlichen Risiken – zumindest in mehreren Bereichen – zu reduzieren.

Aus Perspektive des Steuervollzuges als staatliche Fremdkontrolle ist grundsätzlich sowohl die Einbeziehung einer systematischen Eigenüberwachung durch den Steuerpflichtigen selbst **(I.)** als auch die Einbeziehung von Mitwirkungs- und Kontrollmaßnahmen durch vom Steuerpflichtigen beauftragte Dritte, namentlich Steuerberater **(II.)** und Wirtschaftsprüfer **(III.)**, denkbar[1293].

1287 *Eifert*, in: Hoffmann-Riem/Schmidt-Aßmann/Voßkuhle, GVwR, Band I, 2012, § 19, Rn. 52.

1288 *Burgi*, in: Lange/Wall, Risikomanagement nach dem KonTraG, 2001, S. 307, 312.

1289 Vgl. *Di Fabio*, VVDStRL 56 (1997), 235, 242.

1290 Vgl. *Eifert*, in: Hoffmann-Riem/Schmidt-Aßmann/Voßkuhle, GVwR, Band I, 2012, § 19, Rn. 59; ähnlich auch *Di Fabio*, VVDStRL 56 (1997), 235, 238 f.

1291 Vgl. *Burgi*, Funktionale Privatisierung und Verwaltungshilfe, 1999, S. 88 f.

1292 *Europäische Kommission*, Leitfaden – Risikomanagement für Steuerverwaltungen, 2006, S. 43.

1293 Zur grundsätzlichen Unterscheidung zwischen staatlicher Fremdkontrolle und privater Eigenkontrolle siehe *Shirvani*, Das Kooperationsprinzip im deutschen und europäischen Umweltrecht, 2005, S. 162. Zu verschiedenen Möglichkeiten privater Eigenkontrolle siehe *Michael*, Rechtssetzende Gewalt im kooperierenden Verfassungsstaat, 2002, S. 125 ff.

I. Einbeziehung unternehmensseitiger Tax Compliance-Systeme

Im Zuge des kontinuierlichen Bedeutungsanstiegs von Corporate Compliance im Allgemeinen richtet sich der Fokus der Unternehmen zunehmend auch auf die strukturelle Sicherstellung von Rechtskonformität im Steuerbereich und die Implementierung sog. Tax Compliance-Systeme[1294]. Obgleich keine allgemeine, ausdrücklich normierte öffentlich-rechtliche Pflicht zur Einführung von Tax Compliance-Systemen für die Unternehmen existiert, ist die Unternehmensleitung gesellschaftsrechtlich dem Grunde nach zur Vorhaltung eines entsprechenden Systems verpflichtet[1295]. Art und Umfang des Tax Compliance-Systems hängen dabei maßgeblich vom konkreten Einzelfall ab; der Unternehmensleitung kommt bei der Ausgestaltung zudem ein nicht unerheblicher Ermessensspielraum zu. Die Implementierung eines Tax Compliance-Systems erfolgt dabei zuvorderst aus Eigennutz[1296].

Soll der Steuervollzug nun nachhaltig modernisiert und vor allem effizienter ausgestaltet werden, sollten Entwicklungen in den Rechts- und Wirtschaftswissenschaften, wie der erhebliche Bedeutungszuwachs von Corporate Compliance- respektive Tax Compliance-Systemen auf Unternehmensseite, nicht länger außen vor gelassen werden. Aus Perspektive eines effizienten, risikoorientierten Steuervollzuges ist es mithin angezeigt, an derartige beim Steuerpflichtigen vorhandene Strukturen und Instrumente der privaten Eigenkontrolle anzuknüpfen[1297]. In diesem Sinne gilt es, öffentliches Interesse an die Eigenlogik von Wirtschaftsunternehmen „organisatorisch anzudocken"[1298]. Damit korrespondierend dienen unternehmensseitige Prozesse zur Gewährleistung von Tax Compliance bereits als Basis

---

1294 Siehe Dazu bereits **2. Kapitel A. II. 2. und E.**

1295 Dazu sowie zu den weiteren dogmatischen Anknüpfungspunkten einer entsprechenden Rechtspflicht der Unternehmensleitung siehe bereits **2. Kapitel E.**

1296 Zu den Motiven für die Einrichtung eines Tax Compliance-Systems im Unternehmen siehe bereits **2. Kapitel B.**

1297 In diese Richtung *Drüen,* FR 2011, 101, 109. Vgl. auch *Seer,* in: FS Streck, 2011, S. 403, 409, 414, allerdings speziell mit Blick auf die zeitnahe Außenprüfung. Für einen Paradigmenwechsel weg von der Dokumentenkontrolle hin zur System- und Konzeptionsprüfung auch *Risse,* Ubg 2012, 169 sowie *Risse/Große-Allermann,* Ubg 2010, 629.

1298 Vgl. *Di Fabio,* VVDStRL 56 (1997), 235, 247, mit Blick auf die Gemeinwohlausrichtung der Organisationsstruktur als Erscheinungsform der staatlich veranlassten gesellschaftlichen Selbstregulierung. Siehe dazu auch *Burgi,* in: Lange/Wall, Risikomanagement nach dem KonTraG, 2001, S. 307, 313.

für die steuerliche Prüfung durch die niederländische Finanzverwaltung („control of the internal control system of the company")[1299]. Kerngedanke ist dabei, dass angemessene und funktionierende Sicherungs- und Kontrollmaßnahmen durch den Steuerpflichtigen das Risiko von Steuerrechtsverstößen und damit das finanzbehördliche Verifikationsbedürfnis reduzieren. Die Einbeziehung vorhandener Tax Compliance-Systeme in die Vollzugsstrategie verspricht beiderseitige Vorteile (Win-win-Situation): Aus Verwaltungssicht wird die Selbstkontrolle für den Vollzug nutzbar gemacht und die begrenzten hoheitlichen Ressourcen werden entlastet bzw. ein ziel- und risikoorientierter Einsatz wird ermöglicht. Aus Unternehmenssicht führt die ohnehin im eigenen Interesse liegende und dem Grunde nach (gesellschafts-)rechtlich verpflichtende Selbstkontrolle zur Verringerung der finanzbehördlichen Prüfungsintensität und -dauer und zur Reduzierung damit einhergehender Belastungen und Unsicherheiten. Die behördenseitige Würdigung vorhandener Tax Compliance-Systeme fungierte insoweit als zusätzlicher Anreiz zur – möglicherweise auch über die je nach Einzelfall divergierenden gesetzlichen Mindestanforderungen hinausgehenden – Implementierung entsprechender Unternehmensstrukturen. Dabei ist es denkbar, dass eine finanzbehördliche Einbeziehung vorhandener Kontrollsysteme zur Aufdeckung möglicher systemimmanenter Schwachstellen führt und das System für die Zukunft im Interesse des Unternehmens – und ggf. in Zusammenarbeit mit der Verwaltung als Ausdruck einer „enhanced relationship"[1300] - weiter optimiert werden kann. Eine entsprechend kontinuierliche Optimierung des Tax Compliance-Systems und eine korrespondierende Verbesserung der steuerlichen Rechtsbefolgung auf Unternehmensseite liegt schließlich auch im hoheitlichen Interesse an der Sicherstellung steuerlicher Rechtskonformität; insoweit sollten die Vollzugsbehörden die Unternhehmen bei der Weiterentwicklung vorhandener Kontrollsysteme unterstützen bzw. soweit möglich beratend zur Seite stehen[1301].

1. Rechtlicher Anknüpfungspunkt

Weder auf gesetzlicher Ebene noch auf Ebene der finanzbehördlichen Verwaltungsvorschriften findet sich eine Regelung, die eine Einbeziehung

1299 Siehe dazu bereits **1. Kapitel B. III. 2**.

1300 Begriff nach *OECD,* Study into the Role of Tax Intermediaries, 2008, S. 39 ff., siehe dazu bereits **1. Kapitel B**.

1301 *Spengel/Ortmann-Babel/Matenaer,* Ubg 2012, 466, 472, fordern zu Recht eine gemeinsame Erarbeitung von „Fehlervermeidungsmaßnahmen".

unternehmensseitiger Tax Compliance-Systeme in den Steuervollzug vorsieht. In der Folge kann die Verzahnung von systematischer steuerlicher Eigenkontrolle und hoheitlicher Fremdkontrolle de lege lata nur durch eine entsprechende Ausübung des Verfahrensermessens (§ 88 AO bzw. §§ 193, 194 AO) vorgenommen werden.

a) Risikoorientierte Ausübung des Verfahrensermessens

Bei Lichte betrachtet ist die Einbeziehung vorhandener Tax Compliance-Systeme in die Prüfungspraxis als konsequente Anwendung eines risikoorientierten Steuervollzugs zu qualifizieren; schließlich fungiert die Vorhaltung eines angemessenen, funktionsfähigen Tax Compliance-Systems als Indikator für ein geringeres Risiko von Steuerrechtsverstößen durch das Unternehmen. Insofern streiten – wie allgemein – sowohl das Gebot der finanzbehördlichen Ressourcenschonung als auch das Gebot der Verhältnismäßigkeit staatlicher Eingriffe für eine Anknüpfung der Ermessenspraxis nach §§ 193 ff. AO an unternehmensinterne Systeme zur Kontrolle der steuerlichen Rechtskonformität[1302]. So führt die Nichtbeachtung vorhandener Tax Compliance-Systeme dazu, dass die Ressourcen weniger zielgerichtet eingesetzt werden können und demnach auch Prüfungen in Bereichen stattfinden, wo diese gar nicht mehr bzw. nicht in dieser Intensität erforderlich wären. In diesem Sinne spricht sich auch *Drüen* explizit dafür aus, dass die Außenprüfung in noch stärkerem Maße auf Vorprüfungen und Risikoanalysen des Unternehmens aufbauen sollte und „darauf aufsetzend ergänzend aus dem Fokus der Steuerverwaltung“ prüfen sollte, um Prüfungsredundanzen zu vermeiden[1303]. Soweit durch Orientierung der Prüfung an vorhandenen Kontrollsystemen Unternehmen, die nicht über entsprechende Systeme verfügen, ungleich behandelt werden, ist dies sachlich gerechtfertigt und mit Art. 3 Abs.1 GG zu vereinbaren. Schließlich folgt gerade aus dem Gebot der Rechtsanwendungsgleichheit, dass sich die finanzbehördliche Verifikation in erster Linie am konkreten Kontrollbedürfnis zu orientieren hat – und dieses wird maßgeblich durch den Grad vorhandener Eigenkontrolle beeinflusst. Zudem entspricht es der Logik hoheitlich veranlasster gesellschaftlicher Selbstregulierung, dass einschlägige Maßnahmen der Privaten auch staatlich honoriert werden können. Soweit sich die Unternehmen durch die finanzbehördliche Berücksichtigung vorhandener Tax Compliance-Systeme

---

1302 Zum Verhältnismäßigkeitsgrundsatz und dem Gebot der Ressourcenschonung als Grundfeste eines risikoorientierten Steuervollzuges siehe bereits oben **4. Kapitel A. III. 5. b) und c)**.

1303 *Drüen,* FR 2011, 101, 109.

dem Druck zur Implementierung möglichst weitentwickelter Systeme bzw. zur Gewährleistung einer „Best Practice“[1304] ausgesetzt fühlen, stimmt dies gerade mit dem Anreizgedanken überein; ein möglicher Wettbewerb der Tax Compliance-Systeme trüge dazu bei, die Eigenüberwachung zu verbessern und das Risiko von steuerlichen Fehlern zu Gunsten einer gesetz- und gleichmäßigen Steuererhebung zu verringern. Einer Berücksichtigung unternehmensseitiger Tax Compliance-Systeme beim Steuervollzug steht überdies nicht das Vorbehaltsprinzip entgegen, wonach die Verwaltung nur dann tätig werden bzw. in Grundrechte eingreifen darf, wenn sie durch Gesetz dazu ermächtigt ist[1305]. Schließlich schreibt die Finanzverwaltung dem steuerpflichtigen Unternehmen nicht die Einrichtung entsprechender Tax Compliance-Systeme vor, sondern knüpft lediglich an bereits bestehende Systeme an. Dabei verringert sich die Intensität des Grundrechtseingriffs im Rahmen der *risikoorientierten* Verifikation sogar, wenn ein angemessenes und funktionsfähiges System ein geringeres steuerliches Risiko indiziert. Anders als etwa das Bankenaufsichtsrecht[1306] statuiert das Steuerrecht keine genuine Pflicht des Unternehmens zur Vorhaltung eines Compliance-Systems, die durch die Verwaltung zu überwachen wäre; entsprechende – etwa im Gesellschaftsrecht bzw. in § 130 OWiG zu verortende – Organisationpflichten treffen stets die Unternehmensleitung als solche[1307]. Mangelt es an einem Tax Compliance-System, verhängt die Verwaltung demnach auch keine in die Grundrechte eingreifenden Sanktionen gegen das Unternehmen; dieses ist wie sonst auch einer (risikoorientierten) steuerlichen Prüfung auf Basis der herkömmlichen steuergesetzlichen Vorschriften (insbesondere §§ 193 ff. AO) zu unterziehen, die indes mangels Risikominimierung durch Eigenkontrolle umfangreicher ausfallen kann.

Summa summarum ist es von Verfassungs wegen indiziert, das Verfahrensermessen nach §§ 193 ff. AO an bestehenden Tax Compliance-Systemen auszurichten. Auf einfachgesetzlicher Ebene kann zudem an § 158 AO respektive dem darin

---

1304 Siehe dazu *Hauschka,* ZRP 2006, 258, wonach der Begriff mit „bestes Verfahren“ bzw. „Erfolgsrezept“ übersetzt werden kann.

1305 Vgl. dazu bereits **3. Kapitel A. I. 1.** Nach *Di Fabio,* VVDStRL 56 (1997), 235, 258, schützen die Grundrechte auch vor hoheitlich auferlegter „Eigenverantwortung“. Entsprechende aufbürdende Organisationspflichten bedürfen der Rechtfertigung; die Funktionslogik des gesellschaftlichen Subsystems ist zu respektieren.

1306 So richtet sich etwa § 25a KWG direkt an das Kreditinstitut als solches, siehe *Braun/Wolfgarten,* in: Boos/Fischer/Schulte-Mattler, Kreditwesengesetz, 2012, § 25a KWG, Rn. 67.

1307 Siehe dazu bereits **2. Kapitel E. I.**

enthaltenen verallgemeinerungsfähigen Rechtsgedanken des Vertrauensvorschusses angeknüpft werden[1308]. Soweit der Steuerpflichtige über ein sowohl angemessenes als auch funktionsfähiges Tax Compliance-System verfügt, ist ein freiheitsschonender Vertrauensvorschuss fundiert und gerechtfertigt; mithin erlaubt die genaue Prüfung des Tax Compliance-Systems einen Rückschluss auf die Zuverlässigkeit der übrigen Angaben. Durch die Nutzung eines derartigen Systems stellt das Unternehmen strukturell unter Beweis, dass es seine steuerlichen Pflichten ernst nimmt und zu erfüllen gedenkt[1309]. Insbesondere bietet sich dabei eine Zusammenschau des Systems mit der vergangenheitsbezogenen Steuervita an[1310].

Die finanzbehördliche Berücksichtigung vorhandener Eigenkontrollen in Gestalt unternehmensseitiger Tax Compliance-Systeme entspricht der gemeinsamen Verantwortung von Finanzverwaltung und Steuerpflichtigen für die Sachverhaltsermittlung[1311]. Letztere tragen insoweit eine sich in den Mitwirkungsbeiträgen manifestierende „sphärenorientierte Mitverantwortung"[1312]. Schließlich wird der Untersuchungsgrundsatz (§ 88 AO) erst durch die die Mitwirkungspflichten- und rechte der Steuerpflichtigen effektuiert; eine Sachaufklärung ohne Mitwirkung der Steuerpflichtigen wäre in weiten Teilen nicht möglich. Allerdings kommt der Verwaltung insgesamt als „Treuhänderin der Gemeinwohlinteressen" eine Letztverantwortung für die Sachverhaltsermittlung zu[1313].

1308 Siehe dazu bereits **3. Kapitel A. III. 2.** und **4. Kapitel A. V. 2.**

1309 *Seer*, in: FS Streck, 2011, S. 403, 409.

1310 Dafür auch *Seer*, in: FS Streck, 2011, S. 403, 409, 414, allerdings mit Blick auf den Aspekt der zeitnahen Außenprüfung.

1311 Von einer gemeinsamen Verantwortung ausgehend BFH v. 15.02.1989, X R 16/86, BStBl II 1989, 462, 464; BFH v. 24.11.1993, X R 12/89, BFH/NV 94, 766; FG Bremen v. 03.03.1994, 1 89 286 K 1, EFG 1994, 964, 965; FG Köln v. 09.12.2003, 13 K 4177/03, FG Köln EFG 2004, 386; *Achatz*, DStJG 27 (2004), S. 161, 171; *Birk*, StVj 1991, 310, 312; *Birk*, Steuerrecht, 2012 Rn. 480; *Eckhoff*, Rechtsanwendungsgleichheit, 1999, S. 319 ff., 445 ff.; *Hoffmann*, Der maßvolle Gesetzesvollzug im Steuerrecht, 1999, S. 202 ff.; *P.Kirchhof*, DStJG 21 (1998), S. 9, 13; *Rätke*, in: Klein, Abgabenordnung, 2012, § 88 Rn. 25 ff.; *Wünsch*, in: Pahlke/Koenig, 2009, § 88, Rn. 9. A.A. und von einer Alleinverantwortung der Finanzverwaltung ausgehend beispielsweise *Müller-Franken*, Maßvolles Verwalten, 2004, S. 161 ff.; 315 ff.; *Söhn*, in H/H/Sp, AO/FGO, § 88 AO, Rn. 94 (03/2010); *Pelka*, DB 1996, 699; *Winterhoff*, Steuerverfahrensrecht und tatsächliche Belastungsgleichheit, 2004, S. 39; kritisch insoweit auch *Drüen*, FR. 2011, 101, 105.

1312 *Seer*, in: Tipke/Lang, Steuerrecht, 2013, § 21, Rn. 4, 170.

1313 *Birk*, StuW 2004, 277 f.; *Eckhoff*, Rechtsanwendungsgleichheit, 1999, S. 465; *Seer*, in: Tipke/Kruse, AO/FGO, § 90 AO, Rn. 1 (01/2010); *ders.*, in: Tipke/Lang,

b) Grenze des Untermaßverbots

Um dem Verifikationsgebot zu genügen und nicht gegen das „Untermaßverbot"[1314] zu verstoßen, muss die Finanzverwaltung das Tax Compliance-System in ausreichendem Maße auf seine Angemessenheit und Funktionsfähigkeit überprüfen. Zudem darf sie sich nicht auf Systemprüfungen beschränken, können doch auch bei angemessenen und funktionsfähigen Systemen im Einzelfall Fehler, etwa bedingt durch dolose Handlungen, aufkommen[1315]. Überdies können außergewöhnliche Geschäftsvorfälle unter Umständen nicht vom unternehmensseitigen Tax Compliance-System erfasst werden und bedürfen dann einer gesonderten Überprüfung. Insoweit wird deutlich, dass die Letztverantwortung für die Sachverhaltsaufklärung und Kontrolle trotz Berücksichtigung der Eigenkontrolle bei der Finanzverwaltung verbleibt[1316]. Mithin machen Tax Compliance-Systeme als Beiträge gesellschaftlicher Selbstregulierung die Finanzverwaltung keineswegs funktionslos; diese hat die Selbstregulierung zu überwachen[1317].

2. Bisherige Prüfungsansätze

Weder §§ 193 ff. AO als lege speciales für die Außenprüfung, noch die allgemeinen Verfahrensvorschriften schreiben vor, welche Prüfungsmethoden und –techniken im Rahmen der steuerlichen Verifikation, insbesondere mit Blick auf die Prüfung der sachlichen Richtigkeit der Buchführung und Aufzeichnungen (§§ 140 ff. AO), zum Einsatz kommen sollen[1318]. Vielmehr obliegt es der Finanzverwaltung, die zur Erfüllung des gesetzlichen Verifikationsauftrags geeigneten und angemessenen

Steuerrecht, 2013, § 21, Rn. 4, 170. Die Ermittlungspflicht der Verwaltung endet daher nicht automatisch dort, wo die Mitwirkungspflicht verletzt wird bzw. endet.

1314 *Schallmoser*, in: H/H/Sp, AO/FGO, Vor § 193 AO, Rn. 42 (02/2011).

1315 Siehe allgemein *Krommes*, Handbuch Jahresabschlussprüfung, 2011, S. 45; vgl. auch *Drüen,* FR 2011, 101, 109, wonach gesetzliche oder freiwillige Instrumente der Tax Compliance im Unternehmen die Steuerprüfung nicht ersetzen können.

1316 Allgemein zur Sachverantwortung der Verwaltung im Rahmen des selbstregulativen Vollzugs *Di Fabio,* VVDStRL 56 (1997), 235, 251 f.

1317 Zur Aufgabe der Verwaltung, die Selbstregulierung zu überwachen bzw. zu zertifizieren, siehe *Michael*, in: Ehlers/Fehling/Pünder, Bes. VerwR, Band I, 2012, S. 474, 480; aus steuerrechtlicher Perspektive siehe *Eckhoff*, Rechtsanwendungsgleichheit, 1999, S. 449 f.

1318 *Schallmoser*, in: H/H/Sp, AO/FGO, Vor § 193 AO, Rn. 171 (02/2011).

Methoden nach pflichtgemäßem Ermessen zu bestimmen[1319]. Zur Prüfung der sachlichen Richtigkeit der Buchführung und Aufzeichnungen bzw. zur Widerlegung des in § 158 AO normierten Vertrauensvorschusses für formell ordnungsmäßig geführte Bücher werden bisher im Wesentlichen zwei verschiedene Möglichkeiten herangezogen: die Einzelprüfung sowie die analytische Prüfung bzw. Verprobung[1320]. Bei der Einzelprüfung gilt es zu untersuchen, ob einzelne Geschäftsvorfälle nicht oder sachlich unrichtig in der Buchführung des Steuerpflichtigen dargestellt wurden. Mittels Einzelprüfung kann der zwingende Beweis geliefert werden, dass das Ergebnis einer Buchführung unzutreffend ist. Allerdings stoßen Einzelprüfungen bei einer umfassenden und komplexen Buchführung auf Grund der damit einhergehenden Vielzahl einzelner Geschäftsvorfälle schnell an (personelle und zeitliche) Grenzen; sie können daher in aller Regel nur stichprobenartig durchgeführt werden[1321]. Im Gegensatz zur Einzelprüfung bezieht sich die Verprobung auf kumulierte Größen, also eine Gesamtheit von Geschäftsvorfällen. Durch mittelbare Prüfungen werden dabei Prüfungsfelder ermittelt, die prüfungsrelevant erscheinen[1322]. Zum Einsatz kommen dazu grafische, stochastische und mathematische Verprobungsmethoden[1323]. Zu nennen sind etwa Methoden wie der äußere und innere Betriebsvergleich, die Nachkalkulation, die Vermögenszuwachs- und Geldverkehrsrechnung sowie der Zeitreihenvergleich, die Ziffernanalyse (Chi-Quadrat-Test) oder die Strukturanalyse[1324]. So wird im Rahmen des externen Betriebsvergleichs zum Beispiel ein Vergleich der in der Buchführung dokumentierten Gewinnaufschlagsätze mit Erfahrungssätzen der Branche aus amtlich dokumentierten Richtsatzsammlungen durchgeführt, während der innere Betriebsvergleich auf Vergleichsdaten aus innerbetrieblichen Verhältnissen abstellt und etwa mehrere Jahre desselben Betriebs gegenüberstellt[1325]. Im

---

1319 Vgl. *Rau*, Methoden der steuerlichen Betriebsprüfung, 2012, S. 8; *Schallmoser*, in: H/H/Sp, AO/FGO; Vor § 193 AO, Rn. 171 (02/2011). Siehe auch *Schützeberg*, StBp 2009, 33 ff., mit Blick auf die verschiedenen Schätzungsmethoden (insbes. innerer und äußerer Betriebsvergleich) sowie allgemein *Söhn*, in: H/H/Sp, AO/FGO; § 88 AO, Rn. 104 (03/2010).

1320 *Schallmoser*, in: H/H/Sp, AO/FGO, Vor § 193 AO, Rn. 171 ff. (02/2011); *Seer*, in: Tipke/Kruse, AO/FGO; § 158 AO, Rn. 15 ff. (05/2010).

1321 *Seer*, in: Tipke/Kruse, AO/FGO, § 158 AO, Rn. 17 (05/2010).

1322 *Schallmoser*, in: H/H/Sp, AO/FGO, Vor § 193 AO, Rn. 173 ff. (02/2011).

1323 Siehe dazu umfassend *Rau*, Methoden der steuerlichen Betriebsprüfung, 2012, passim.

1324 Siehe dazu *Seer*, in: Tipke/Kruse, AO/FGO, § 158 AO, Rn. 15 ff. (05/2010)

1325 Siehe *Seer*, in: Tipke/Kruse, AO/FGO, § 158 AO, Rn. 18 ff. (05/2010); *Schüßler*, Digitale Außenprüfung, 2010, S. 141.

Rahmen der zunehmend angewandten statistischen Testverfahren können beispielsweise mittels Ziffernanalyse nach dem Benfordschen Gesetz und unter Anwendung des sog. Chi-Quadrat-Anpassungstests Unregelmäßigkeiten bzw. mögliche Manipulationen in der Buchführung aufgedeckt werden[1326]. Dabei sind die Möglichkeiten zur Analyse großer Datenbestände in den letzten Jahren mit zunehmender Digitalisierung des Besteuerungsverfahrens im Allgemeinen und der Außenprüfung im Speziellen (vgl. insbesondere § 147 Abs.6 AO) enorm angestiegen[1327]. Die Finanzverwaltung bedient sich zur zielgerichteten Datenanalyse seitdem der auch von Wirtschaftsprüfern und Revisoren genutzten Datenanalysesoftware „IDEA"[1328], die innerhalb kurzer Zeit eine Risikofilterung und sinnvolle Festlegung von Prüffeldern ermöglicht[1329]. Insgesamt soll die digitale Außenprüfung unter Nutzung moderner Analysemethoden eine Verkürzung der Prüfungsdauer und eine Effizienzsteigerung der Prüfung bewirken[1330].

3. Ergänzung der bisherigen Prüfungsansätze durch Tax Compliance-Systemprüfungen

Die bisherigen Prüfungsansätze der Einzelprüfung und Verprobung blenden systematische Maßnahmen und Strukturen der steuerlichen Eigenkontrolle vollständig aus. Mit Blick auf den sowohl rechtlichen als auch tatsächlichen Bedeutungszuwachs von unternehmensseitigen Tax Compliance-Systemen und die angestrebte Modernisierung des Betsuerungsverfahrens wäre es indes angezeigt, entsprechende Systeme bei der behördlichen Prüfung respektive der Ermessensausübung zu berücksichtigen[1331].

1326 *Schüßler,* Digitale Außenprüfung, 2010, S. 141 ff.

1327 *Rau,* Methoden der steuerlichen Betriebsprüfung, 2012, S. 2; *Schüßler,* Digitale Außenprüfung, 2010, S. 1, verweist darauf, dass die digitale Außenprüfung den Anschluss an moderne Prüfungstechniken, die bereits im Rahmen der handelsrechtlichen Abschlussprüfung nach §§ 316 ff. HGB zur Anwendung kommen, eröffnet.

1328 Siehe dazu *Fleischmann,* BBK 2003, S. 85 ff.

1329 *Rau,* Methoden der steuerlichen Betriebsprüfung, 2012, S. 2. Zur sog. summarischen Risikoprüfung (SRP) siehe *Wähnert*, StBp 2008, 296 ff.; *ders.*, StC 2009, 26 ff. Zur sog. neuen interaktiven Prüfungstechnik (NiPt) siehe *Huber/Wähnert,* NWB 2009, 2814 ff.

1330 *Schüßler,* Digitale Außenprüfung, 2010, S. 15.

1331 Vgl. die Forderung von *Spengel/Ortmann-Babel/Matenaer,* Ubg 2012, 466, 473. In diese Richtung auch *Braun,* StBp 2008, 173, 174.

a) Die prozessorientierte Prüfungsweise der Abschlussprüfer als Leitbild

Die Einbeziehung vorhandener Tax Compliance-Systeme in die Außenprüfung soll dazu führen, dass die Prüfungshandlungen in Gestalt von Einzelfallprüfungen und Verprobungen bzw. analytischen Prüfungen ziel- und risikoorientierter vorgenommen werden können. Insoweit kann eine Parallele zum Prüfungsprozess der Abschlussprüfung nach §§ 316 ff. HGB durch Wirtschaftsprüfer gezogen werden[1332]. Auch hier soll eine effiziente Prüfung durch Konzentration auf die Prüfung von Risikobereichen gewährleistet werden[1333]. Zur Anwendung kommt insoweit das Konzept des sog. risikoorientierten Prüfungsmodells[1334]. Dazu wird vor Durchführung der Einzelfallprüfungen und analytischen Prüfungen das im Unternehmen vorhandene Kontrollsystem mit Blick auf die Rechnungslegung (vgl. § 289 Abs.5 HGB) untersucht[1335]. Erst im Anschluss daran werden die genannten Einzelfallprüfungen und analytischen Prüfungen vorgenommen, wobei sich die Intensität der Maßnahmen nach dem Ergebnis der vorangegangenen Untersuchung des Kontrollsystems richtet[1336]. Je besser das interne auf die Rechnungslegung bezogene Kontrollsystem, desto geringer das Risiko von Fehlern in der Rechnungslegung und desto weniger sind umfassende Prüfungshandlungen im Anschluss erforderlich[1337]. Umgekehrt können Schwächen im Kontrollsystem auf Bereiche hinweisen, die in der Folge intensiver zu prüfen sind. Mithin wird

1332 Vgl. *Risse,* DB 2011, 667, 671, der diesbezüglich den Begriff des „Lean Auditing" in Anlehnung an die Prinzipien des „Lean Managements" (schlankes Management) aufgreift. Siehe dazu bereits *Kassebohm,* BB 1994, 2171 ff.

1333 *Uebensee,* Prüfung großer Datenmengen in der Abschlussprüfung, 2008, S. 72.

1334 Siehe etwa *Graumann,* Wirtschaftliches Prüfungswesen, 2009, S. 164 ff.

1335 Siehe dazu IDW Prüfungsstandard: Feststellung und Beurteilung von Fehlerrisiken und Reaktionen des Abschlussprüfers auf die beurteilten Fehlerrisiken (IDW PS 261), WPg Supplement 2/2012, S. 3 ff.

1336 *Krommes*, Handbuch Jahresabschlussprüfung, 2011, S. 45.

1337 Im Rahmen der risikoorientierten Jahresabschlussprüfung wird zwischen dem *Fehlerrisiko*, das nicht vom Prüfer beeinflusst werden kann, und dem beeinflussbaren *Entdeckungsrisiko* gesprochen. Bei dem Fehlerrisiko handelt es sich um das Risiko, dass die Rechnungslegung auf Grund inhärenter, also aus dem Unternehmen, seiner Geschäftstätigkeit und dem wirtschaftlichen und rechtlichen Umfeld resultierender Risiken, deren Auswirkungen durch das interne Kontrollsystem nicht verhindert oder aufgedeckt werden, wesentliche falsche Angaben enthält. Das Entdeckungsrisiko umschreibt das Risiko, dass Unrichtigkeiten in der Rechnungslegung durch den Prüfer nicht aufgedeckt werden, siehe *Schmidt*, Risikoorientierte Abschlussprüfung, 2008, Rn. 21 ff.

im Rahmen der Systemprüfung das Kontrollsystem als Ersatzobjekt herangezogen, um von dessen Ordnungsmäßigkeit indirekt auf die Ordnungsmäßigkeit der zugrunde liegenden Daten schließen zu können[1338]. Der Vorteil ist dabei, dass große Datenmengen keinen Einfluss auf die Effizienz der Systemprüfung haben, da die Daten nicht unmittelbar Gegenstand der Untersuchung sind[1339]. Die vorausgehende Prüfung des Systems kann allerdings nicht als vollständiger Ersatz von Einzelprüfungen oder Verprobungen fungieren[1340]; sie soll vielmehr deren Effizienz erhöhen. Insgesamt stellt sich die risikoorientierte Abschlussprüfung also als Prozess dar, der sich aufgliedert in (i) Prüfungshandlungen zur Feststellung von Risiken für wesentliche falsche Angaben in der Rechnungslegung, (ii) Beurteilung der Risiken und (iii) Festlegung und Durchführung von Prüfungshandlungen als Reaktion auf die beurteilten Risiken[1341].

b) Durchführung von Tax Compliance-Systemprüfungen durch die Finanzverwaltung

Die Prüfung eines vorhandenen Tax Compliance-Systems durch die Finanzverwaltung muss darauf gerichtet sein, ob die im Unternehmen vorhandenen Strukturen, Prozesse und Maßnahmen geeignet sind, die Einhaltung der steuerlichen Regeln hinreichend sicherzustellen. Korrespondierend mit der Prüfung von Compliance-Systemen im Allgemeinen sowie mit der Prüfung von rechnungslegungsbezogenen Kontrollsystemen in der Abschlussprüfung kann dabei zwischen einer Aufbauprüfung des Systems und einer Funktionsprüfung des Systems unterschieden werden[1342]. Wichtig ist indes, dass die Verwaltung bei der Prüfung berücksichtigt und anerkennt, dass dem Unternehmen bei der Ausgestaltung des Systems ein weiter Ermessensspielraum zukommt. Weder direkt noch indirekt bestehen allgemeine, schablonenartige Vorgaben hinsichtlich des „Wie“ eines Tax Compliance-Systems.

1338 *Pfitzer/Schmidt*, in: Ballwieser/Coenenberg/Wysocki, Handwörterbuch der Rechnungslegung und Prüfung, 2002, Sp. 2337.

1339 *Uebensee*, Prüfung großer Datenmengen in der Abschlussprüfung, 2008, S. 72.

1340 „Absolut sichere Kontrollen gibt es nicht“, *Krommes*, Handbuch Jahresabschlussprüfung, 2011, S. 45.

1341 Siehe auch IDW Prüfungsstandard 300: Prüfungsweise im Rahmen der Abschlussprüfung, WPg 2006, 1445 ff.; dazu *Schmidt*, Risikoorientierte Abschlussprüfung, 2008, Rn. 36 ff.; vgl. auch *Krommes*, Handbuch Jahresabschlussprüfung, 2011, S. 47.

1342 Siehe etwa *Görtz*, CCZ 2010, 127, 130.

aa) Aufbauprüfung

Im Rahmen der Aufbauprüfung gilt es zu beurteilen, ob das vorhandene System angemessen konzipiert ist. Dabei ist zunächst danach zu fragen, ob die unternehmensseitige Systembeschreibung alle Grundelemente eines Tax Compliance-Systems umfasst und dies ausreichend darstellt. Als solche sind typischerweise zu nennen: (i) Tax Compliance-Kultur, (ii) Tax Compliance-Organisation, (iii) Risikoidentifikation, (iv) Tax Compliance-Programm, (v) Tax Compliance-Kommunikation und (vi) Dokumentation und Überwachung des Systems[1343]. Sodann ist eine Beurteilung der grundsätzlichen Eignung der vorhandenen Strukturen, Prozesse und Maßnahmen zur Sicherstellung von Rechtskonformität im Steuerbereich vorzunehmen. Ob die Maßnahmen als angemessen zu beurteilen sind, entzieht sich indes einer pauschalen Bewertung. Vielmehr kommt es maßgeblich auf das Unternehmensumfeld (Branche, Stellung des Unternehmens in der Branche, makroökonomisches Umfeld etc.) und die Merkmale des Unternehmens (rechtliche Verhältnisse, Internationalität, organisatorische Verhältnisse, Strategien etc.) an[1344]. Der Prüfer muss sich daher insbesondere ein Verständnis des Unternehmensumfelds sowie der betriebswirtschaftlichen Organisationsstrukturen und Prozessabläufe im Unternehmen verschaffen[1345]. Sowohl im Rahmen der Jahresabschlussprüfung als auch im Rahmen der steuerlichen Außenprüfungen ist mithin ein hinreichendes Grundverständnis bezüglich Branche, Geschäftstätigkeit, wirtschaftlichem und rechtlichem Umfeld etc. unabdingbar[1346]. Als Prüfungshandlungen im Rahmen einer Aufbauprüfung kommen etwa Befragungen des Managements, Aufsichtsorgans oder von Personen, die für die Konzeption und Implementierung des Systems zuständig sind, wie etwa Compliance-Beauftragte, Mitglieder der Steuerabteilung oder der internen Revision, in Betracht. Des Weiteren sind insbesondere Systemdokumentationen und sonstige mit dem System in Verbindung stehende Unterlagen zu begutachten. Je nach Ausgestaltung des Systems wurden diese durch die interne Revision, die Compliance- oder Steuerabteilung oder eine sonstige Einheit erstellt. Die Einholung von Auskünften und zu prüfenden Unterlagen richtet sich nach den allgemeinen Vorschriften, also vor allem nach § 200 Abs.1 AO. Ein Unternehmen, das über ein Tax Compliance-system verfügt, dürfte regelmäßig daran interessiert

1343 Sie dazu bereits **2. Kapitel E. II.**

1344 Vgl. allgemein *Görtz,* CCZ 2010, 127, 130; *Withus/Hein,* CCZ 2011, 125, 132.

1345 Vgl. allgemein *Withus/Hein,* CCZ 2011, 125, 132.

1346 *Braun,* StBp 2008, 173, 174.

sein, dass die Finanzverwaltung an das System anknüpft und in der Folge ihre Prüfungsintensität zurücknimmt. Dementsprechend ist zu erwarten, dass entsprechende Mitwirkungshandlungen proaktiv bzw. aus freien Stücken vorgenommen werden[1347]. Die Transparenz im Hinblick auf unternehmensseitige Kontrollsysteme wird überdies durch entsprechende gesetzliche Offenlegungspflichten erhöht. In diesem Kontext können etwa Angaben im Lagebericht von Relevanz sein; § 289 Abs.5 HGB schreibt diesbezüglich vor, dass Kapitalgesellschaften i.S.d. § 264d HGB im Lagebericht die wesentlichen Merkmale des internen Kontroll- und Risikomanagementsystems im Hinblick auf den Rechnungslegungsprozess zu beschreiben haben[1348]. Obligatorisch ist insoweit eine Darstellung der Strukturen und Prozesse des bestehenden Systems bezüglich der Rechnungslegung[1349].

bb) Funktionsprüfung

Ergab die Aufbauprüfung, dass ein angemessenes Tax Compliance-System vorliegt, ist schließlich der Frage nachzugehen, ob das System in der Praxis auch wirksam implementiert oder schlechterdings nur auf dem Papier vorhanden ist, sog. Funktionsprüfung[1350]. Die Funktionsprüfung dient mithin der Validierung des Ergebnisses der Aufbauprüfung[1351]. Kam der Prüfer zu dem Ergebnis, dass ein angemessenes Tax Compliance-System bereits in der Theorie nicht vorliegt, erübrigt sich denknotwendig die Durchführung einer Funktionsprüfung. Als mögliche Prüfungshandlungen kommen insbesondere Beobachtungen von Abläufen bzw. der in der Systembeschreibung dargestellten Prozesse und Maßnahmen in Betracht. Ebenso bieten sich die Einsichtnahme in Prüfungsberichte oder sonstige Dokumentationen der internen Revision oder des Compliance-Beauftragten sowie Befragungen von Mitarbeitern an[1352]. Soweit sich das Unternehmen bisher mitwirkungsbereit verhielt und im Wesentlichen die steuerlichen Gesetze eingehalten hat (positive Steuervita), können unternehmensseitige Systemprüfungen bzw. die entsprechenden Prüfungsergebnisse in die behördliche Prüfung integriert werden. Die Finanzbehörde hat zwar das System entsprechend ihrem Ermittlungsauftrag

1347 Vgl. *Risse,* DB 2011, 667, 673.

1348 Siehe dazu *Gödel,* DB 2010, 431 ff.; *Melcher/Mattheus,* DB 2008, Beilage Heft 7, 52 ff.; *Strieder,* BB 2009, 1002 ff.

1349 *Merkt,* in: Baumbach/Hopt, HGB, 2012, § 289, Rn. 5.

1350 Vgl. allgemein *Withus/Hein,* CCZ 2011, 125, 132.

1351 Vgl. allgemein *Schmidt,* Risikoorientierte Abschlussprüfung, 2008, S. 18.

1352 Vgl. allgemein *Görtz,* CCZ 2010, 127, 130; *Schmidt,* Risikoorientierte Abschlussprüfung, 2008, S. 18 f.

nach §§ 88, 199 AO selbst zu prüfen, kann die Prüfungsintensität jedoch unter Umständen reduzieren, sich auf eine stichprobenartige Kontrolle beschränken und dem Unternehmen insoweit einen freiheitsschonenden Vertrauensvorschuss gewähren[1353]. Insgesamt gilt zu berücksichtigen, dass einzelne Funktionsprüfungen grundsätzlich nur einen Nachweis der tatsächlichen Wirksamkeit des Compliance-Systems zum jeweiligen Kontrollzeitpunkt erbringen[1354].

c) Nutzung der Ergebnisse einer Systemprüfung durch die Finanzverwaltung

Wird eine Tax Compliance-Systemprüfung im Rahmen einer Außenprüfung durchgeführt, ist die Systemprüfung nicht isoliert, sondern im Kontext zu den anderen finanzbehördlichen Prüfungsansätzen zu sehen. Korrespondierend mit der Prüfung des Kontrollsystems im Prüfungsprozess der Wirtschaftsprüfer dient die Tax Compliance-Systemprüfung der möglichst genauen Aufdeckung und Lokalisierung des Risikos von Rechtsverletzungen. Je nachdem, wie gut oder schlecht das System insgesamt oder in bestimmten Teilbereichen Rechtsverletzungen vermeiden bzw. aufdecken kann, sind nachfolgende Einzelermittlungen und Verprobungen entbehrlich oder erforderlich. Die finanzbehördlichen Ressourcen können insofern ziel- bzw. risikoorientierter, d.h. effizienter eingesetzt und die Außenprüfung kann so schneller abgeschlossen werden. Die Systemprüfung ist dabei gerade bei der Prüfung besonders großer Datenmengen von Vorteil, da nicht die Ordnungsmäßigkeit der Verarbeitung einzelner Geschäftsvorfälle, sondern die Verarbeitungs- und Kontrollprozesse einer Vielzahl gleichartiger Geschäftsvorfälle im Fokus steht[1355].

Wurde einmal eine vollständige Prüfung des Tax Compliance-Systems in Gestalt einer Aufbau- und Funktionsprüfung durchgeführt, können die Prüfungsergebnisse zudem für Prüfungen nachfolgender Veranlagungszeiträume herangezogen werden[1356]. Schließlich zeichnen sich die zu einem Compliance-System gehörenden Prozesse, Maßnahmen und organisatorischen Einrichtungen im Allgemeinen gerade dadurch aus, dass sie langfristig die Regelkonformität

---

1353 Zum Prinzip des Vertrauensvorschusses siehe bereits **3. Kapitel A. III. 2.** und **4. Kapitel A. V. 2.**

1354 *Schmidt,* Risikoorientierte Abschlussprüfung, 2008, S. 19.

1355 *Uebensee*, Prüfung großer Datenmengen in der Abschlussprüfung, 2008, S. 67.

1356 Siehe allgemein *Schmidt,* Risikoorientierte Abschlussprüfung, 2008, S. 19; vgl. auch *Risse,* DB 2011, 667, 673. Nach dem Grundsatz der Abschnittsbesteuerung ist der Sachverhalt für jeden Veranlagungszeitraum erneut zu prüfen und rechtlich zu würdigen, siehe *Seer*, in: Tipke/Kruse, AO/FGO, § 204 AO, Rn. 1 (05/2011).

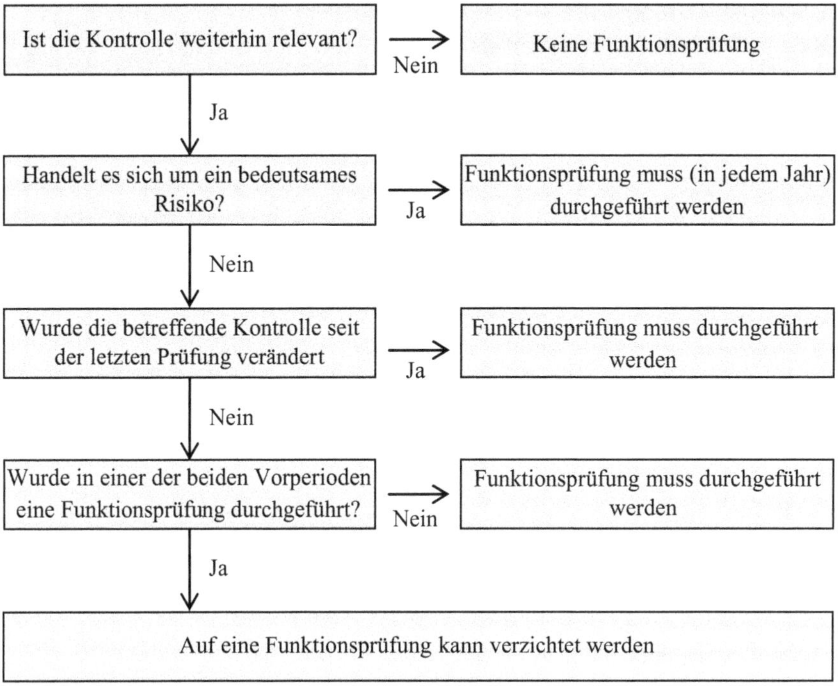

Abbildung 2: Nach Schmidt, Risikoorientierte Abschlussprüfung, 2008, S. 20

sicherstellen sollen. Mithin ist ein einmal implementiertes System typischerweise nicht nur von vorübergehender Dauer. Um dennoch die Gefahr zwischenzeitlicher Änderungen des Tax Compliance-Systems auszuschließen, ist jedoch ein Mindestmaß an Systemprüfungen auch im Rahmen der nachfolgenden Prüfungen erforderlich. Das folgende Ablaufschema zeigt die Möglichkeiten eines mehrjährigen Prüfungsplans für das interne Kontrollsystem im Rahmen der Abschlussprüfung nach §§ 316 ff. HGB. Das Schema ist auf die Prüfung von Tax Compliance-Systemen durch die Finanzverwaltung übertragbar.

Neben der Verwertung bereits erfolgter Systemprüfungen im Rahmen nachfolgender Außenprüfungen kann die erfolgreiche Vorhaltung eines Tax Compliance-Systems ggf. auch einmal zum Anlass genommen werden, ganz auf die Durchführung einer Außenprüfung zu verzichten. Die Existenz eines Tax Compliance-Systems in der Vergangenheit ist dabei in Zusammenschau mit dem sonstigen steuerlichen Vorverhalten des Steuerpflichtigen (Steuervita) zu sehen[1357]. Soweit dieses Vorverhalten positiv zu bewerten ist und zudem ein angemessenes und funktionsfähiges Tax Compliance-System vorgehalten wurde, stellt der Steuerpflichtige unter Beweis, dass er strukturell seine steuerlichen Pflichten einhält. In diesem Fall ist es gerechtfertigt, dem Steuerpflichtigen einen freiheitsschonenden Vertrauensvorschuss zu gewähren und unter Berücksichtigung der weiteren Risikofaktoren ggf. von einer Außenprüfung Abstand zu nehmen. Insoweit kann die Vorhaltung eines angemessenen, funktionsfähigen Tax Compliance-Systems als positiver „Compliance-Faktor" gewertet werden[1358].

II. Einbeziehung von Kontrollmaßnahmen durch Steuerberater

Des Weiteren stellt sich die grundlegende Frage, inwiefern private Kontrollen durch Dritte, namentlich vom Steuerpflichtigen eingeschaltete Steuerberater, in die finanzbehördliche Verifikation einbezogen werden können. Impetus ist auch hier die Nutzung von Synergien bzw. die Nutzbarmachung von Mitwirkungsbeiträgen der Steuerberater für den risikoorientierten Steuervollzug[1359]. Ausgangspunkt ist die Überlegung, dass die Gefahr einer unkorrekten Steuererklärung sinkt, wenn ein Steuerberater bei der Deklaration mitwirkt bzw. kontrollierend tätig wird. Daran anknüpfend sprechen sich einige Stimmen in der Literatur dafür aus, die Mitwirkung eines Steuerberaters bei Vorbereitung und Erstellung der Steuererklärung als positiven Compliance-Faktor, d.h. als subjektives Risikokriterium, zu würdigen[1360]. Überdies wird thematisiert, inwiefern hierbei eine Differenzierung zwischen zuverlässigen Steuerberatern, die zu einer Minimierung des Risikos beitragen können, und unzuverlässigen oder negativ

---

1357 Vgl. *Seer*, in: FS Streck, 2011, S. 403, 409, speziell mit Blick auf die Durchführung zeitnaher Außenprüfungen.

1358 Zum Begriff des Compliance-Faktors siehe bereits oben **4. Kapitel A. V. 2**.

1359 Allgemein für die Einbeziehung von Steuerberatern in ein kooperatives Besteuerungsverfahren plädierend *Spengel/Ortmann-Babel/Matenaer*, Ubg 2012, 466, 474.

1360 *Ahrens*, Belastingdienst, 2005, S. 352; *Pestke*, Stbg 2011, 1, 6; *Seer*, StuW 2003, 40, 56; *ders.*, in: Brandt, Mitverantwortung von Bürger und Staat für ein gerechtes Steuerrecht, 2007, S. 99, 115; *ders.*, DStR 2008, 1553, 1555; *ders.*, in: Tipke/Kruse, AO/FGO, Vor § 193 AO, Rn. 19 (09/2009).

in Erscheinung getretenen Steuerberatern, deren Mitwirkung unter Umständen risikoerhöhend wirkt, angezeigt ist[1361].

1. Der Steuerberater als positiver Compliance-Faktor

Zunächst soll der Frage nachgegangen werden, ob die Mitwirkung eines Steuerberaters generell als positiver Compliance-Faktor und damit als risikominderndes Kriterium im Rahmen einer risikoorientierten Ermessensausübung (§§ 193, 194 AO) zu würdigen ist.

a) Steuerberater als Organe der Steuerrechtspflege

Zur Beantwortung der Frage gilt es, sich die Funktion bzw. das Berufsbild des Steuerberaters zu vergegenwärtigen. Nach allgemeiner, insbesondere auch vom BVerfG vertretener Ansicht ist der Steuerberater als unabhängiges und eigenverantwortliches Organ der Rechtspflege anzusehen[1362]. Er hat seinen Beruf gemäß § 57 Abs.1 StBerG unabhängig, eigenverantwortlich, gewissenhaft, verschwiegen und unter Verzicht auf berufswidrige Werbung auszuüben. In Anlehnung an die berufsrechtliche Qualifizierung des Rechtsanwalts (vgl. § 1 BRAO) wird der Steuerberater dementsprechend in § 2 Abs.1 der Berufsordnung der Steuerberater (BOStB) als „unabhängiges Organ der Steuerrechtspflege" bezeichnet. Konkret heißt dies, dass der Steuerberater nicht als bloßer Interessenvertreter seines Mandanten anzusehen ist, sondern diesem gegenüber frei und eigenverantwortlich handeln kann[1363]. Der Steuerberater hat die Gesetze einzuhalten und darf dementsprechend zu keinen illegalen Steuergestaltungen raten. Er unterliegt insoweit neben einer zivilrechtlichen Haftung gegenüber dem Mandanten (§§ 675, 280 BGB) auch der Überwachung durch die Kammern (§ 76 StBerG) und kann nach den allgemeinen Vorschriften sanktioniert werden (insbes. §§ 370 ff. AO). Die fachliche Qualität wird durch die Erfordernis einer bestandenen Steuerberaterprüfung nach §§ 35 ff StBerG gewährleistet.

1361 *Seer,* StuW 2003, 40, 56; *ders.,* in: Brandt, Mitverantwortung von Bürger und Staat für ein gerechtes Steuerrecht, 2007, S. 99, 115; ablehnend *Mann,* in: DWS-Schriftenreihe Nr. 19, 2008, S. 45, 49 ff; *ders.,* DStR 2009, 506, 507; *Pestke,* Stbg 2011, 1, 6; *Singer,* in: DWS-Schriftenreihe Nr. 19, 2008, S. 39, 40.

1362 BVerfG v. 18.06.1980, 1 BvR 687/77, BVerfGE 54, 301, 315; BVerfG v. 27.01.1982, 1 BvR 807/80, BVerfGE 59, 302, 316; siehe auch *Seer,* StuW 2003, 40, 55; *ders.,* DStR 2008, 1553; *Tipke,* Steuerrechtsordnung Band III, 1993, S. 1364 f.

1363 Vgl. dazu etwa *Hommerich,* DStR 2008, 1161, 1165.

b) Gewährung eines Vertrauensvorschusses

Mit Blick auf das eigenverantwortliche Berufsbild des Steuerberaters und dessen fachliche Qualifikation ist es sachlich gerechtfertigt, seine Mitwirkung bei der Erstellung der Steuererklärung und Buchführung als positiven Compliance-Faktor zu werten und von einem geringeren steuerlichen Risiko auszugehen[1364]. Insbesondere auf Grund der erheblichen Kompliziertheit des Steuerrechts ist anzunehmen, dass eine ohne fachkundigen Rat eines Steuerberaters erstellte Steuererklärung bei komplexeren Sachverhaltskonstellationen regelmäßig eine höhere Fehlerwahrscheinlichkeit aufweist. Insoweit ist ein freiheitsschonender Vertrauensvorschuss bei von Steuerberatern erstellten Steuererklärungen fundiert und gerechtfertigt[1365]. Umgekehrt spricht jedoch für den Fall, dass sich die Deklaration nicht in der Geltendmachung steuerlicher Abzugsposten erschöpft und keine Mitwirkung eines Steuerberaters erfolgt, eher eine Vermutung gegen die Richtigkeit der Steuererklärung[1366].

Wird die Mitwirkung eines Steuerberaters im Rahmen des Risikomanagements als positiver Compliance-Faktor gewürdigt, verstärkt dies zudem den Anreiz auf Seiten der Steuerpflichtigen, einen Steuerberater zu konsultieren. Aus Perspektive des Steuervollzuges kann darin ein erheblicher Vorteil gesehen werden, fungiert doch die Arbeit des Steuerberaters als vorfilternde, die Verwaltung entlastende Aufbereitung der Besteuerungsgrundlagen[1367]. Mithin trägt die Einbindung der Steuerberater zu einer besseren Selbstregulierung der Steuerpflicht respektive der Funktionsfähigkeit des Besteuerungssystems bei[1368] und entspricht insoweit den Zielen einer Tax Compliance-Vollzugsstrategie. Nach *Seer* wäre der Steuerstaat ohne die „selbstregulierende" Einbindung der Steuerberater in die Steuererklärungs- bzw. Bilanzierungs- und Buchführungstätigkeit längst zusammengebrochen[1369].

1364 *Pestke,* Stbg 2011, 1, 6; *Seer,* in: Brandt, Mitverantwortung von Bürger und Staat für ein gerechtes Steuerrecht, 2007, S. 99, 114 f.; *ders.*, DStR 2008, 1553, 1555; *ders.*, DStJG 31 (2008), S. 7, 34 ff.; *ders.*, in: Tipke/Kruse, AO/FGO, Vor § 193 AO, Rn. 19 (09/2009);

1365 Vgl. *Seer,* in: Brandt, Mitverantwortung von Bürger und Staat für ein gerechtes Steuerrecht, 2007, S. 99, 114 f.

1366 *Seer*, StuW 2003, 40, 55; *ders.*, in: Tipke/Kruse, AO/FGO, § 85 AO, Rn. 22 (10/2008); vgl. auch *Tipke,* Besteuerungsmoral und Steuermoral, 2000, S. 82, 87, 101.

1367 *Seer*, DStR 2008, 1553, 1554.

1368 Vgl. *Härtl,* in: DFDDA, Elektronische Betriebsprüfung, 2011, Ziff. 6.

1369 *Seer*, DStR 2008, 1553, 1554.

2. Unzulässigkeit einer weiteren Differenzierung de lege lata

De lege lata stieße indes die Differenzierung zwischen „guten" und „schlechten" Steuerberatern und eine daran anknüpfende Vergabe positiver oder negativer Compliance-Faktoren auf Bedenken[1370]. Zwar ist es zutreffend, dass eine derartige Vorgehensweise die Treffsicherheit bzw. Zielgenauigkeit bei der Risikobestimmung erhöhte und der Vertrauensvorschuss individuell verifiziert werden könnte[1371]. Dies setzte jedoch voraus, dass eine Erhebung, Vernetzung und Auswertung von Daten über die bisherigen Mandate der Steuerberater erfolgt[1372]. Die Finanzverwaltung müsste über mehrere Veranlagungsfälle und -jahre eine Art Berufsausübungsprofil des einzelnen Steuerberaters erstellen. Indes greift die Erstellung eines derartigen Profils jedenfalls in das Recht auf informationelle Selbstbestimmung des Steuerberaters aus Art. 2 Abs.1 i.V.m. Art. 1 Abs.1 GG ein, wonach dem Grundrechtsträger die Befugnis zusteht, grundsätzlich selbst über Preisgabe und Verwendung seiner persönlichen Daten zu bestimmen[1373]. Zwar ist das Recht auf informationelle Selbstbestimmung insbesondere mit Blick auf die staatliche „Informationsvorsorge" im Vorfeld regulierender Staatstätigkeit nicht schrankenlos gewährleistet[1374]. Dennoch kann ein Eingriff nur auf Basis einer gesetzlichen Ermächtigungsgrundlage erfolgen[1375]. Eine solche liegt indes für die Erstellung einer „Steuerberatervita" nicht vor[1376]. Insbesondere ermächtigt § 88a AO nicht zur Datenerhebung. Nach geltendem Recht ist eine Differenzierung nach Person bzw. Vita des Steuerberaters daher ausgeschlossen.

Mit Blick auf die Zukunft des Steuerverfahrens ist es allerdings erwägenswert, die Zielgenauigkeit des finanzbehördlichen Risikomanagements durch eine

---

1370 Vgl. auch *Pestke,* Stbg 2011, 1, 6.

1371 *Seer,* StuW 2003, 40, 56, der sich diesbezüglich für die Einführung einer sog. Steuerberater-Nummer in Anlehnung an die „Preparer Tax Identification Number" in den USA ausspricht; siehe auch *ders.,* in: Brandt, Mitverantwortung von Bürger und Staat für ein gerechtes Steuerrecht, 2007, S. 99, 115.

1372 *Mann,* DStR 2009, 506, 507.

1373 Vgl. dazu etwa BVerfG v. 09.03.1988, 1 BvL 49/86, BVerfGE 78, 77, 84; siehe zudem etwa *Jarass,* in: Jarass/Pieroth, GG, 2012, Art.2, Rn. 37, 42 ff.

1374 Siehe etwa *Starck,* in: v.Mangoldt/Klein/Starck, GG, 2010, Art. 2, Rn. 115 ff.

1375 Gleiches gilt für einen möglichen Eingriff in das Grundrecht der Berufsfreiheit (Art. 14 Abs.1 GG); einen solchen bejahend *Mann,* in: DWS-Schriftenreihe Nr. 19, 2008, S. 45, 50 f.; *ders.,* DStR 2009, 506, 508.

1376 So auch *Mann,* in: DWS-Schriftenreihe Nr. 19, 2008, S. 45, 50; *ders.,* DStR 2009, 506, 508; zustimmend *Singer,* in: DWS-Schriftenreihe Nr. 19, 2008, S. 39, 40; vgl. auch *Pestke,* Stbg 2011, 1, 6.

entsprechende – gesetzlich zu regelnde – Differenzierungsmöglichkeit zu optimieren[1377]. Schließlich ist davon auszugehen, dass das Risiko eines Steuerfalles bei Mitwirkung eines Steuerberaters, der in der Vergangenheit nachweislich gegen seine beruflichen Pflichten verstoßen hat und ggf. sogar steuerstraf- oder steuerordungswidrigkeitenrechtlich in Erscheinung getreten ist, entsprechend ansteigt. Umgekehrt spricht das Tätigwerden eines bisher tadellosen Steuerberaters für die Minimierung des steuerlichen Fallrisikos. In diesem Sinne könnte als maßgebliches Kriterium für eine Bewertung bzw. ein *Rating der Steuerberater* auf deren bisherige Erfüllung der beruflichen Pflichten (Steuerberatungsgesetz, Berufsordnung der Steuerberater etc.) bzw. deren steuerstraf- und steuerordnungswidriges Vorverhalten abgestellt werden[1378]. Soweit sich Steuerberater pflichtwidrig verhalten bzw. im Rahmen ihrer Berufsausübung gegen Steuergesetze verstoßen haben[1379], könnte – auf Basis einer zu schaffenden gesetzlichen Grundlage – ein negatives Rating durch die Finanzverwaltung vergeben werden[1380].

Vieles spricht dafür, dass sich damit verbundene Eingriffe in Rechte der Steuerberater – zu denken ist neben dem Recht auf informationelle Selbstbestimmung (Art. 2 Abs.1 i.V.m. Art. 1 Abs.1 GG) an das Recht der freien Berufsausübung (Art. 12 Abs.1 S.2 GG)[1381] - vor dem Hintergrund damit einhergehender Vorteile rechtfertigen ließen. So könnte ein derartiges Rating womöglich nicht nur das behördliche Risikomanagement und damit die Erfüllung der in § 85 S.1 AO normierten Verwaltungsaufgabe verbessern, sondern überdies Vorteile für Mandanten bzw. Steuerpflichtige schaffen: Vorausgesetzt, das finanzbehördliche Berater-Rating wäre transparent und die Rating-Ergebnisse würden gegenüber den

---

1377 Ablehnend hingegen *Pestke,* Stbg 2011, 1, 6.

1378 Entsprechende Informationen über Pflichtverletzungen bzw. Gesetzesverstöße wären dabei durch Mitteilungen anderer Behörden bzw. der Steuerberaterkammern zu gewinnen; zur gegenwärtigen Regelung der Mitteilungen durch Gerichte, Behörden und Steuerberaterkammern bei Verletzungen der Berufspflicht siehe § 10 StBerG.

1379 Die Beratung zu *legalen*, wenn auch ungewöhnlichen Steuergestaltungsmodellen darf indes nicht zum Nachteil des Beraters berücksichtigt werden, siehe auch *Mann*, in: DWS-Schriftenreihe Nr. 19, 2008, S. 45, 49 ff.

1380 Vgl. bereits die Ansätze von *Seer,* StuW 2003, 40, 56; *dems.*, in: Brandt, Mitverantwortung von Bürger und Staat für ein gerechtes Steuerrecht, 2007, S. 99, 115.

1381 Einen Eingriff in Art. 12 Abs.1 GG bejahend *Mann*, in: DWS-Schriftenreihe Nr. 19, 2008, S. 45, 50 f.; *ders.*, DStR 2009, 506, 508. Zum Eingriff in das Grundrecht der Berufsfreiheit siehe etwa BVerfG v. 30.10.1961, 1 BvR 833/59, BVerfGE 13, 181, 185; BVerfG v. 22.05.1963, 1 BvR 78/56, BVerfGE 16, 147, 162.

Steuerpflichtigen offiziell kundgetan, könnten diese das Rating bei der Auswahl ihrer steuerlichen Berater berücksichtigen. Mithin wäre die Informationsgrundlage im Rahmen des Auswahlprozesses erheblich zu Gunsten der Steuerpflichtigen erweitert (Gedanke des Konsumenten- bzw. Mandantenschutzes)[1382]. Umgekehrt könnten Steuerberater eine veröffentlichte positive Beratervita als wesentliches Werbe- bzw. Marketinginstrument einsetzen[1383]. Da ein Rating an das Vorverhalten der Steuerberater anknüpfte, hätten es die Berater eigens in der Hand, ihr Rating zu beeinflussen; soweit sie pflicht- bzw. gesetzeswidrig handelten verminderte sich ihre Schutzwürdigkeit[1384].

Schließlich rechtfertigte die *Transparenz des Risikoratings* eine „Zurechnung" des Beraterrisikos im Rahmen des finanzbehördlichen Risikomanagments zu Gunsten, aber auch zu Lasten des Steuerpflichtigen. Soweit dieser wissentlich einen Berater mit schlechter Beratervita auswählte, müsste er dies im Rahmen der Risikoidentifikation- und bewertung seines Steuerfalles gegen sich gelten lassen[1385]. Allerdings sollte die Möglichkeit einer Risikozurechnung ausdrücklich in der zu schaffenden gesetzlichen Grundlage verankert werden, ist der Abgabenordnung doch kein allgemeiner, über die Spezialregelungen in § 110 Abs.1 S.2 und 152 Abs.1 S.3 AO hinausgehender Grundsatz der Verschuldens- bzw. Risikozurechnung bei Beauftragung eines Vertreters oder Erfüllungsgehilfen zu entnehmen.

III. Einbeziehung von Kontrollmaßnahmen durch Wirtschaftsprüfer

Eine konsequente Ausrichtung der Außenprüfung am Kontrollbedürfnis bedingt, dass die Prüfungshandlungen in Relation zu bereits erfolgten Prüfungen durch

1382 Vgl. zur asymmetrischen Informationsverteilung bei der Auswahl der Steuerberater *Herrmann,* in: DWS-Schriftenreihe Nr.19, 2008, S. 33, 37.

1383 So bereits *Seer,* StuW 2003, 40, 56; *ders.*, in: Brandt, Mitverantwortung von Bürger und Staat für ein gerechtes Steuerrecht, S. 99, 115.

1384 *Mann,* in: DWS-Schriftenreihe Nr. 19, 2008, S. 45, 51, gibt zu bedenken, dass die finanzbehördliche Bewertung der Beratervita letztlich eine „Art unmittelbare Berufsaufsicht" durch die Finanzverwaltung bewirken könnte.

1385 Abzulehnen wäre indes eine Risikozurechnung, wenn der Steuerpflichtige keine Möglichkeit hätte, sich über das Berater-Rating zu informieren. Generell eine Risikozurechnung zu Lasten der Steuerpflichtigen ablehnend *Singer,* in: DWS-Schriftenreihe Nr. 19, 2008, S. 39, 40.

die Finanzverwaltung selbst, das Unternehmen oder Dritte zu setzen sind[1386]. Im Hinblick auf Kontrollmaßnahmen von dritter Seite stellt sich die Frage, ob neben der Berücksichtigung der Mitwirkung eines Steuerberaters auch eine Einbeziehung der durch Wirtschaftsprüfer verübten Tätigkeiten in die finanzbehördliche Prüfung möglich ist. Die Beantwortung dieser Frage hängt maßgeblich davon ab, welche Rolle bzw. Funktion einem Wirtschaftsprüfer zuzuschreiben ist und wo thematische Überschneidungen von finanzbehördlichen Prüfungen und Prüfungen durch Wirtschaftsprüfer bestehen. Rechtlicher Anknüpfungspunkt für die Einbeziehung ist auch hier das der Finanzverwaltung eingeräumte Verfahrensermessen (§§ 193, 194 AO); de lege lata regelt weder eine gesetzliche Vorschrift noch eine Verwaltungsvorschrift, wie die Finanzverwaltung mit wirtschaftsprüferlichen Vorleistungen umzugehen hat.

1. Der Wirtschaftsprüfer als unabhängiger Sachverständiger

Allgemein setzt die Einbeziehung privater Kontrollmechanismen in die hoheitliche Überwachung voraus, dass die private Kontrolle die Anforderungskriterien der Sachkunde, Neutralität und Transparenz erfüllt[1387]. Dementsprechend kann eine Berücksichtigung von Kontrollleistungen eines Wirtschaftsprüfers nur dann in Betracht gezogen werden, wenn die entsprechenden Voraussetzungen vorliegen, der Wirtschaftsprüfer also über ausreichend Qualifikation verfügt, nicht dem „Lager" des Steuerpflichtigen zuzurechnen ist und seine Prüfung nach transparenten Kriterien vollzogen wird. Nach allgemeiner Auffassung ist der Wirtschaftsprüfer nicht als bloßer Interessenvertreter des Mandanten, sondern vielmehr als privatwirtschaftlich organisierter und installierter unabhängiger Sachverständiger zusehen[1388]. So hat er gemäß § 43 Abs.1 S.1 WPO seinen Beruf unabhängig, gewissenhaft, verschwiegen und eigenverantwortlich auszuüben. Er hat sich insbesondere bei der Erstattung von Prüfungsberichten und Gutachten unparteiisch zu verhalten, § 43 Abs.1 S.2 WPO. Dabei unterliegt er der Überwachung durch die Wirtschaftsprüferkammer § 4 Abs.2 WPO und einer eigenen Berufsgerichtsbarkeit (§§ 67 ff. WPO). Die Berufspflichten nach §§ 43 ff. WPO sind nicht auf den Bereich der Pflichtprüfung nach §§316 ff. HGB beschränkt

1386 *Drüen,* FR 2011, 101, 109.

1387 Vgl. *Eifert,* in: Hoffmann-Riem/Schmidt-Aßmann/Voßkuhle, GVwR, Band I, 2012, § 19, Rn. 92 ff.

1388 Vgl. *Müller*, in: Wellhöfer/Peltzer/Müller, Die Haftung von Vorstand, Aufsichtsrat und Wirtschaftsprüfer, 2008, § 21, Rn. 5 ff.

und kommen auch zur Anwendung, soweit der Wirtschaftsprüfer als Dienstleister privatwirtschaftlich tätig wird (z.B. freiwillige Jahresabschlussprüfung, freiwillige Unternehmensbewertung, betriebswirtschaftliche oder steuerliche Beratung)[1389]. Wird er als gesetzlich vorgeschriebener Pflichtprüfer nach §§ 316 ff. HGB oder bei sonstigen zwingenden Prüfungen, etwa bei gesellschaftsrechtlichen Strukturentscheidungen (z.B. §§ 293 Abs.1 AktG), tätig, kommt ihm zugleich eine öffentliche Funktion zu: Er nimmt hier eine ihm vom Gesetzgeber übertragene öffentlich-rechtliche Funktion wahr, die ansonsten vom Staat selbst vorgenommen werden müsste[1390]. Vielfältige Regelungen, insbesondere §§ 319, 319a HGB und § 57a WPO zielen daher darauf ab, das Gebot der Unabhängigkeit und Unbefangenheit des Pflichtprüfers sicherzustellen. Der Wirtschaftsprüfer wird als solcher öffentlich bestellt, nachdem er den Nachweis der persönlichen und fachlichen Eignung in einem Zulassungs- und Prüfungsverfahren erbracht hat, § 1 Abs.1 WPO. Zur Transparenz und Nachvollziehbarkeit der wirtschaftsprüferlichen Untersuchungen tragen neben gesetzlichen Offenlegungspflichten der Prüfungsergebnisse (vgl. § 325 Abs.1 S.1 HGB) vor allem die auf berufsständischer Ebene vom Institut der Wirtschaftsprüfer in Deutschland e.V. (IDW) erlassenen Prüfungsstandards (IDW PS) und Prüfungshinweise (IDW PH) bei, die einheitliche, vom IDW festgestellte deutsche Grundsätze ordnungsgemäßer Abschlussprüfung bzw. entsprechende Erläuterungen enthalten[1391]. Insgesamt sind die genannten Kriterien, die für ein Zusammenspiel privater Fremdkontrolle und staatlicher Verifikation vorliegen müssen, somit also als erfüllt anzusehen.

2. Verhältnis der Wirtschaftsprüfung zur Steuerprüfung

Sowohl die steuerliche Außenprüfung nach §§ 193 ff. AO als auch die Jahresabschlussprüfung nach §§ 316 ff. AO erfolgen in einer zeitlichen Trennung von der Realisation der zu prüfenden Vorgänge und werden durch unabhängige

1389 *Müller*, in: Wellhöfer/Peltzer/Müller, Die Haftung von Vorstand, Aufsichtsrat und Wirtschaftsprüfer, 2008, § 21, Rn. 11.

1390 *Müller*, in: Wellhöfer/Peltzer/Müller, Die Haftung von Vorstand, Aufsichtsrat und Wirtschaftsprüfer, 2008, § 21, Rn. 5, 8. Siehe auch *Hopt*, ZHR 141 (1977), 389, 401 ff.

1391 Obgleich diese mangels Rechtssetzungskompetenz des IDW keine Rechtsnormqualität aufweisen und daher insbesondere die Gerichte nicht binden, besteht nach § 4 Abs.9 IDW-Satzung eine Pflicht der Mitglieder, die Prüfungsstandards etc. zu beachten und etwaige Abweichungen an geeigneter Stelle hervorzuheben und ausführlich zu begründen, siehe *Ebke,* in: Münchener Kommentar zum HGB, 2008, § 323, Rn. 32.

Personen durchgeführt[1392]. Allerdings unterscheiden sich die beiden Prüfungen in grundlegenden Punkten:

Die handelsrechtliche Jahresabschlussprüfung entstand vor allem aus Gründen des Gläubiger- und Anlegerschutzes und hat im Einklang mit den handelsrechtlichen Prinzipien sicherzustellen, dass sich das Unternehmen nicht „reich rechnet"[1393]. Sie hat sich in materieller Hinsicht darauf zu erstrecken, ob für die Rechnungslegung geltende gesetzliche Regeln (einschließlich der Grundsätze ordnungsgemäßer Buchführung) und sie ergänzende Bestimmungen des Gesellschaftsvertrages oder der Satzung beachtet wurden, § 317 Abs.1 S.1 und 2 HGB. Die Prüfung ist so anzulegen, dass Unrichtigkeiten und Verstöße gegen die genannten Bestimmungen, die sich auf die Darstellung des sich nach § 264 Abs.2 HGB ergebenden Bildes der Vermögens-, Finanz- und Ertragslage des Unternehmens wesentlich auswirken, bei gewissenhafter Berufsausübung erkannt werden, § 317 Abs.1 S.3 HGB (Grundsatz der Wesentlichkeit bzw. international: principle of audit materiality)[1394]. Die Zielsetzung ist mithin keine lückenlose Prüfung. Die Abschlussprüfung nach §§ 316 ff. HGB erstreckt sich dabei nicht auf die Einhaltung der steuerrechtlichen Vorschriften; Steuerrechtsnormen sind nur insofern von Relevanz, als sich aus ihrer Nichtbeachtung Risiken ergeben, denen – etwa durch die Bemessung von Steuerrückstellungen – Rechnung zu tragen ist[1395]. Dementsprechend gebieten Steuerrechtsverletzungen als solche noch keine Einwendungen gegen die Rechnungslegung und damit eine Einschränkung oder gar Versagung des Bestätigungsvermerks nach § 322 HGB, wenn die Rückwirkungen dieser Rechtsverletzungen auf Jahresabschluss und Lagebericht ausreichend berücksichtigt wurden[1396]. Einer intensiven Prüfung diffiziler steuerlicher Zweifelsfragen steht zudem der enge Zeitrahmen der Jahresabschlussprüfung entgegen[1397].

1392 *Papperitz*, in: Wysocki, Handbuch des Jahresabschlusses in Einzeldarstellungen, 1987, Rn. 164.

1393 *Schallmoser*, in: H/H/Sp, AO/FGO, Vor § 193 AO, Rn. 221 (02/2011).

1394 Siehe dazu *Hopt/Merkt*, in: Baumbach/Hopt, HGB, 2012, § 317, Rn. 3.

1395 *Ebke*, in: Münchener Kommentar zum HGB, 2008, § 317, Rn. 55; *Hopt/Merkt*, in: Baumbach/Hopt, HGB, 2012, § 317, Rn. 5; *Morck*, in: Koller/Roth/Morck, HGB, 2011, § 317, Rn. 2.

1396 *Lehwald*, DStR 2000, 259, 261.

1397 *Strangmeier*, Die steuerliche Betriebsprüfung und die Unbestimmtheit des ökonomischen Erfolges, 2000, S. 36.

Demgegenüber ist die Außenprüfung darauf gerichtet, die Besteuerungsgrundlagen zu prüfen (§ 199 Abs.1 AO), um die gesetz- und gleichmäßige Besteuerung sicherzustellen (vgl. § 85 S.1 AO). Sie soll insoweit darauf achten, dass sich der Steuerpflichtige nicht zur Erlangung steuerlicher Vorteile „arm rechnet“[1398]. Damit korrespondieren spezielle Fiskalzwecknormen, wie etwa §§ 5 Abs.1a, Abs.3 bis 6; 6 Abs.1 Nr. 1 bis 3a; 6a; 7 Abs.1 S.4 EStG, die das in § 5 Abs.1 S.1 EStG verankerte Prinzip der Maßgeblichkeit der Handelsbilanz für die Steuerbilanz derogieren. In Folge der Abschaffung des Grundsatzes der umgekehrten Maßgeblichkeit nach § 5 Abs.1 S.2 EStG a.F. durch das BilMoG[1399] kommt es zu einem noch deutlicheren Auseinanderfallen von Handels- und Steuerbilanz[1400]. Anders als bei der Abschlussprüfung ist im Rahmen der steuerlichen Außenprüfung keine gesetzliche Beschränkung auf die Untersuchung wesentlicher Rechtsverstöße (vgl. § 317 Abs.1 S.3 HGB) vorgesehen.

3. Möglichkeiten zur Einbeziehung wirtschaftsprüferlicher Vorleistungen

Bereits auf Grund der unterschiedlichen Prüfungsziele und -inhalte kann die Jahresabschlussprüfung eine steuerliche Außenprüfung nicht ersetzen. Der Finanzverwaltung wäre es allein deshalb verwehrt, sich im Rahmen der Verifikation auf einen Bestätigungsvermerk nach § 322 HGB zu verlassen und die (Steuer-)Bilanz selbst nicht mehr zu prüfen. Überdies widerspräche ein derartiger, vollkommener Prüfungsverzicht der finanzbehördlichen Verpflichtung zur Verifikation der steuerlichen Angaben. Allerdings heißt dies nicht, dass Vorleistungen der Wirtschaftsprüfer generell als Anknüpfungspunkte für die finanzbehördliche Verifikation ausscheiden müssen. Die Ergebnisse wirtschaftsprüferlicher Kontrollen können vielmehr als wichtige, richtungsweisende Erkenntnisquellen herangezogen werden[1401]. *Herder* spricht insoweit von den abschlussprüferlichen Vorleistungen als „Ansatzpunkt und Orientierung

1398 Siehe BFH v. 03.02.1969, GrS 2/68, BStBl II 1969, 291, 292; vgl. auch *Hey*, in: Tipke/Lang, Steuerrecht, 2013, § 9, Rn. 52; *Schallmoser*, in: H/H/Sp, AO/FGO, Vor § 193 AO, Rn. 221 (02/2011).

1399 Gesetz zur Modernisierung des Bilanzrechts (Bilanzrechtsmodernisierungsgesetz), v. 25.05.2009, BGBl I 2009, 1102.

1400 Siehe etwa *Hey*, in: Tipke/Lang, Steuerrecht, 2013, § 9, Rn. 41 ff.

1401 Vgl. bereits *Papperitz*, in: Wysocki, Handbuch des Jahresabschlusses in Einzeldarstellungen, 1987, Rn. 210.

für weitere Ermittlungshandlungen der Finanzbehörde“[1402]. Soweit sich die Prüfung der Wirtschaftsprüfer mit der steuerlichen Prüfung überschneidet, lässt sich auf deren Vorarbeit aufbauen; es besteht insoweit kein Anlass, die von Wirtschaftsprüfern durchgeführten Arbeiten in allen Punkten zu wiederholen[1403]. Die Finanzverwaltung kann sich auf eine kursorische Kontrolle bzw. eine stichprobenartige Prüfung beschränken, d.h. eine Reduktion der Prüfungsintensität vornehmen. Sowohl der Grundsatz der hoheitlichen Ressourcenschonung als auch das aus dem Rechtsstaatsprinzip folgende Übermaßverbot streiten für eine Verwertung von Vorprüfungen der Wirtschaftsprüfer. So können die begrenzten Ressourcen effizienter und unter Vermeidung von Redundanzen für die Prüfung noch nicht – auch nicht von Dritter Seite – geprüfter Sachverhalte eingesetzt werden. Vor allem aber gebietet es die stringente Ausrichtung der Prüfung am Grundsatz der Verhältnismäßigkeit, dass eine umfassende Prüfung nur stattfindet, soweit diese erforderlich ist. Ist das Prüfungsbedürfnis auf Grund bereits durchgeführter Kontrollen von dritter Seite jedoch schon in Teilen befriedigt, kann sich die Verwaltung auf weniger umfassende, intensive Prüfungsmaßnahmen beschränken. Mithin kann ein freiheitsschonender Vertrauensvorschuss gewährt werden[1404]. So ist auch *Seer* der Ansicht, die steuerliche Zuverlässigkeit von Wirtschaftsprüfern könne im Rahmen des Risikomanagements als risikomindernder Faktor eingestellt und zum Anlass für eine Verringerung der finanzbehördlichen Prüfungsintensität genommen werden[1405]. Einer derartigen Vorgehensweise steht auch nicht entgegen, dass der Wirtschaftsprüfer vom Steuerpflichtigen und nicht von der Finanzverwaltung beauftragt (§§ 611 ff., 631 ff., 675 BGB) wird. Schließlich wird die Unabhängigkeit des Wirtschaftsprüfers durch gesetzliche respektive berufsrechtliche Regelungen hinreichend abgesichert. Diese Unabhängigkeit pauschal in Frage zu stellen, weil der Wirtschaftsprüfer auf Basis eines mit dem zu prüfenden Unternehmen geschlossenen Vertrages tätig wird[1406], hieße, die gesetzlichen

---

1402 *Herder*, Abschlussprüfung und Außenprüfung, 1988, S. 319.

1403 *Papperitz*, in: Wysocki, Handbuch des Jahresabschlusses in Einzeldarstellungen, 1987, Rn. 164. Vgl. auch *Strangmeier*, Die steuerliche Betriebsprüfung und die Unbestimmtheit des ökonomischen Erfolges, 2000, S. 209, wonach die deutsche Betriebsprüfung die privaten Vorarbeiten der Wirtschaftsprüfer nutzen kann, anders als die englische Finanzverwaltung jedoch nicht dazu verpflichtet ist.

1404 Zum Vertrauensvorschussprinzip siehe bereits **3. Kapitel A. III. 2.** und **4. Kapitel A. V. 2.**

1405 *Seer*, in: Tipke/Kruse, AO/FGO, Vor § 193 AO, Rn. 19 (09/2009).

1406 In diese Richtung *Strangmeier*, Die steuerliche Betriebsprüfung und die Unbestimmtheit des ökonomischen Erfolges, 2000, S. 36; zustimmend *Schallmoser*, in: H/H/Sp, AO/FGO, Vor § 193 AO, Rn. 221 (02/2011).

bzw. berufsrechtlichen Schranken zur Sicherstellung der Objektivität sowie das Selbstverständnis der Wirtschaftsprüfer als objektive Sachverständige außen vor zu lassen. Sollte die Unabhängigkeit im Einzelfall tatsächlich in Frage stehen, kann die Finanzverwaltung dies im Rahmen ihrer Ermessensausübung berücksichtigen und von einer Einbeziehung der wirtschaftprüferlichen Vorarbeiten absehen. An Vorleistungen anzuknüpfen bedeutet nicht, diese unbesehen und eins zu eins zu übernehmen. Erst recht ist die Finanzverwaltung nicht an entsprechende Ergebnisse gebunden. Entsprechende Auskünfte, Berichte und sonstige Unterlagen sind als Beweismittel i.S.d. § 92 AO zu qualifizieren; die Würdigung obliegt der Verwaltung[1407]. Insgesamt ändert die ermessensmäßige Berücksichtigung der Vorarbeiten durch Wirtschaftsprüfer nichts an der finanzbehördlichen Verantwortlichkeit für die Ermittlung des Sachverhalts (§ 88 AO) und die Verifikation der Steuerdeklaration.

Ein konkretes Beispiel für die Überschneidung von wirtschaftsprüferlichen und finanzbehördlichen Kontrollen kann sich etwa bei der Prüfung von unternehmensseitigen Kontrollsystemen, insbesondere der Prüfung von Tax Compliance-Systemen, ergeben.

a) Prüfung von Tax Compliance-Systemen nach IDW PS 980 als mögliche Vorleistung

Seit dem Jahr 2011 besteht für Unternehmen die Möglichkeit, ihr Compliance-System (Synonym: Compliance Management System bzw. CMS) auf freiwilliger Basis durch Wirtschaftsprüfer untersuchen und ggf. im Anschluss zertifizieren zu lassen[1408]. Maßgeblich ist dabei der am 11.3.2011 verabschiedete Prüfungsstandard des Instituts der Wirtschaftsprüfer über die „Grundsätze ordnungsgemäßer Prüfung von Compliance Management Systemen (IDW PS 980)[1409]. Danach kommen grundsätzlich drei Kategorien der wirtschaftsprüferlichen CMS-Prüfung in Betracht:

1407 Vgl. bereits *Herder,* Abschlussprüfung und Außenprüfung, 1988, S. 313. Zur freien Beweiswürdigung der Finanzverwaltung siehe *Wünsch,* in: Pahlke/Koenig, AO, 2009, § 88, Rn. 39. Der Prüfungsbericht i.S.d. § 321 HGB ist gemäß § 60 Abs.3 S.1 EStDV der Steuererklärung beizufügen.

1408 Siehe dazu *Böttcher*, NZG 2011, 1054 ff.; *Görtz,* CCZ 2011, 103 ff.; *Withus/Hein*, CCZ 2011, 125 ff.;

1409 Abgedruckt in: WPg Supplement 2/2011, 78 ff.

- Im Rahmen der Konzeptionsprüfung wird festgestellt, ob die Aussagen der Unternehmensleitung zur Konzeption des Systems zutreffen und alle Elemente eines Compliance-Systems berücksichtigen.
- Bei der Angemessenheitsprüfung ist neben der Prüfung der Konzeption zu untersuchen, ob das System angemessen dargestellt und im Grundsatz geeignet ist, wesentliche Regelverstöße zu erkennen und zu verhindern und ob entsprechende Grundsätze und Maßnahmen auch implementiert sind.
- Die Wirksamkeitsprüfung beinhaltet neben einer Konzeptions- und Angemessenheitsprüfung die Untersuchung, ob die einschlägigen Maßnahmen und Grundsätze in den laufenden Geschäftsprozessen von den hiervon Betroffenen nach Maßgabe ihrer Verantwortung zur Kenntnis genommen und beachtet werden[1410].

Die Zielsetzung einer nach dem Prüfungsstandard durchgeführten Prüfung liegt in der Systemprüfung, nicht jedoch im Erkennen einzelner Regelverstöße[1411]. Der Prüfungsstandard beinhaltet dabei Aussagen zu Gegenstand, Ziel und Umfang der Prüfung, spezifischen Prüfungsanforderungen und Grundelementen der Compliance sowie Begriffsbestimmungen und als Anlagen einige anerkannte Rahmenkonzepte und Beispiele der Berichterstattung über CMS-Prüfungen. Er steht im Einklang mit dem „International Framework for Assurance Engagements" und dem „International Standard on Assurance Engagements (ISAE) 3000[1412]. Welche der genannten Prüfungen erfolgen soll, bleibt dem Unternehmen überlassen. Je nach Prüfungskategorie wird durch den Wirtschaftsprüfer ein entsprechendes Prüfsiegel „1., 2. oder 3. Klasse" vergeben[1413]. Bestehen keine Beanstandungen hat der Prüfer ein uneingeschränktes Prüfungsurteil abzugeben; liegen wesentliche Beanstandungen vor, ist das Prüfungsurteil einzuschränken oder zu versagen[1414]. Abschließend ist ein detaillierter schriftlicher Prüfungsbericht zu verfassen, der ein Prüfungsurteil über die in der CMS-Beschreibung getroffenen Aussagen enthält[1415]. Die materiellen Prüfungsinhalte hängen dabei von den spezifischen Umständen des Einzelfalls bzw. dem jeweils zu prüfenden Unternehmen ab und entziehen sich dementsprechend einer generalistischen

1410 Siehe IDW PS 980, Tz. 12 ff.
1411 Siehe IDW PS 980, Tz. 18.
1412 Siehe IDW PS 980, Tz. 4.
1413 *Böttcher,* NZG 2011, 1054, 1055.
1414 Siehe IDW PS 980, Tz. 59.
1415 Siehe IDW PS 980, Tz. 67 ff.

Zusammenfassung[1416]. Die Systemprüfung begrenzt sich regelmäßig auf bestimmte, abgegrenzte Teilbereiche bzw. Rechtsgebiete[1417]. Der Prüfungsstandard führt diesbezüglich einige – nicht abschließende – Beispiele auf und nennt ausdrücklich das Außensteuerrecht sowie das Zollrecht als mögliche Teilbereiche einer Prüfung[1418]. Darüber hinaus ist auch eine die sonstige Rechtskonformität im Steuerbereich betreffende (Tax Compliance-)Systemprüfung denkbar, handelt es sich doch bei einem Tax Compliance-System um einen herkömmlichen Unterfall eines unternehmensweiten Compliance-Systems. Nur soweit es explizit um die handelsrechtliche Rechtskonformität bzw. das rechnungslegungsbezogene interne Kontrollsystem geht, richtet sich die Systemprüfung nach dem spezielleren IDW PS 261 („Feststellung und Beurteilung von Fehlerrisiken und Reaktionen des Abschlussprüfers auf die beurteilten Fehlerrisiken")[1419].

Aus Unternehmenssicht kann die wirtschaftsprüferliche CMS-Prüfung bzw. die Einholung eines entsprechenden Zertifikats aus verschiedenen Gründen sinnvoll sein. So kann eine CMS-Prüfung zum einen dazu beitragen, die unternehmensinterne Planung und Umsetzung eines Compliance-Systems zu erleichtern und Optimierungspotential aufzudecken (interner Fokus)[1420]. Zum anderen kann die Systemprüfung und -zertifizierung als Element einer proaktiven Corporate Governance-Berichterstattung dazu genutzt werden, ein positives Signal an den Kapitalmarkt zu senden (externer Fokus)[1421]. Namentlich kann so gegenüber Banken, Ratingagenturen und Versicherungen sowie Kunden und Lieferanten Transparenz geschaffen und ein positives Bild des Unternehmens nach außen transportiert werden. Schließlich können sich externe Compliance-Systemprüfungen als nützlich erweisen, um im Falle eines trotzdem eingetretenen Rechtsverstoßes im Gerichtsprozess nachzuweisen, dass grundsätzlich ein angemessenes, funktionsfähiges Compliance-System existiert und eine Haftung bzw. Sanktion der Unternehmensleitung oder des Unternehmens daher ausscheiden muss[1422]. Im

1416 *Böttcher,* NZG 2011, 1054, 1055.

1417 *Withus/Hein,* CCZ 2011, 125, 126.

1418 Siehe IDW PS 980, Anlage 3.

1419 Siehe IDW PS 980, Anlage 2. Der IDW Prüfungsstandard 261 ist abgedruckt in WPg Supplement 2/2012, S. 3 ff.

1420 Vgl. *Görtz/Roßkopf,* CCZ 2011, 103, 104.

1421 Vgl. *Görtz/Roßkopf,* CCZ 2011, 103, 105.

1422 *Withus/Hein,* CCZ 2011, 125, 127 ff.: Konnte der Compliance-Verstoß auftreten, *weil* kein wirksames Compliance-System eingerichtet war oder *obwohl* ein solches vorhanden war?

Rahmen eines Zivilprozesses kann der Prüfbericht als sog. Privatgutachten eingeführt werden und insofern als Teil des Parteivortrages, der besonders substantiiert und urkundlich belegt ist, fungieren[1423].

b) Finanzbehördliche Anknüpfung an die Systemprüfung

Die Anknüpfung der Finanzverwaltung an eine erfolgte wirtschaftsprüferliche Tax Compliance-Systemprüfung setzt freilich voraus, dass die Verwaltung entsprechende unternehmensseitige Systeme überhaupt bei der Verifikation berücksichtigt[1424]. Soweit dies (künftig) der Fall ist, kann die wirtschaftsprüferliche Systemprüfung bzw. der einschlägige Prüfungsbericht als wichtige Informationsquelle herangezogen werden. Auf Grund der Sachkenntnis und hinreichenden Unabhängigkeit des Wirtschaftsprüfers sowie der einheitlichen, in IDW PS 980 festgelegten Prüfungskriterien ist es dabei zulässig, die behördliche Systemprüfung nach dem Ergebnis der vorangehenden wirtschaftsprüferlichen Untersuchung auszurichten[1425]. Soweit diese zu einem positiven, uneingeschränkten Urteil kam, kann sich die Finanzverwaltung auf eine weniger intensive, stichprobenartige Systemkontrolle beschränken und einen freiheitsschonenden Vertrauensvorschuss gewähren. Kommt der Wirtschaftsprüfer hingegen zu einem negativen Ergebnis, d.h. einer Einschränkung oder Versagung des Prüfungssiegels, kann die Verwaltung hinreichend sensibilisiert und mit Blick auf die festgestellten Defizite eine eigene Prüfung vornehmen. Werden Unternehmen, die sich freiwillig und auf ihre Kosten einer wirtschaftsprüferlichen CMS-Prüfung unterzogen haben, dadurch verfahrensmäßig privilegiert, entspricht dies dem Grundgedanken einer Tax Compliance-Vollzugsstrategie, die auch auf die Förderung überobligatorischer Selbstregulierungsmaßnahmen auf Seiten der Steuerpflichtigen gerichtet ist. Eine mögliche, wenngleich wenig gravierende Ungleichbehandlung gegenüber anderen Unternehmen, die keine CMS-Prüfung in Auftrag gaben, wäre sachlich gerechtfertigt[1426]. Schließlich stellen Unternehmen, die ihr Tax Compliance-System prüfen und zertifizieren lassen, unter Beweis, dass sie gewillt sind, die steuerlichen Gesetze einzuhalten und die steuerlichen Risiken zu minimieren. Die

---

1423 *Withus/Hein*, CCZ 2011, 125, 130.

1424 Siehe dazu bereits oben **4. Kapitel B. I.**

1425 Voraussetzung ist dabei stets, dass sich sowohl die vorangegangene Prüfung der Wirtschaftsprüfer als auch die finanzbehördliche Prüfung auf denselben Zeitraum beziehen.

1426 Zum Gebot der Besteuerungs- bzw. Rechtsanwendungsgleichheit siehe bereits **4. Kapitel A. II. 5. a)**.

CMS-Prüfung korreliert insoweit mit dem finanzbehördlichen Ziel, die Einhaltung der Steuergesetze sicherzustellen. Dabei steht es auch den anderen Unternehmen grundsätzlich frei, ein Tax Compliance-System durch Wirtschaftsprüfer prüfen und zertifizieren zu lassen.

Summa summarum stehen bei einer Anknüpfung an wirtschaftsprüferliche Systemprüfungen erhebliche Synergieeffekte und damit eine Optimierung des Steuervollzuges in Aussicht. Zum einen lässt sich die Selbstregulierung bzw. -kontrolle durch das unternehmensseitige Tax Compliance-System für den Vollzug nutzbar machen; zum anderen kann die Finanzverwaltung bei der Systemprüfung nicht nur auf unternehmensinterne Nachweise und Dokumentationen, sondern auch auf Prüfungsergebnisse der Wirtschaftsprüfer zurückgreifen und diese in die Verifikation miteinbeziehen.

C. Zeitnahe Durchführung der risikoorientierten Außenprüfung

Einem auf die Förderung und Honorierung von eigenmotivierter Tax Compliance gerichteten Steuervollzug entspricht des Weiteren eine zeitnahe Durchführung der Außenprüfung[1427]. Mithin ist die risikoorientierte Außenprüfung mit der zeitnahen Prüfung zu verzahnen. Entsprechend dem der Tax Compliance-Vollzugsstrategie immanenten Ziel der Win-win-Lösung im Besteuerungsverfahren sollen dadurch Vorteile für beide Seiten generiert werden. *Seer* spricht insoweit von einer „Tax Compliance-Win-win-Situation bei zeitnaher Außenprüfung“[1428]. Um den Ansatz der zeitnahen Prüfung verständlich zu machen, gilt es zunächst, den Reformbedarf der Außenprüfungspraxis mit Blick auf die Zeitnähe zu beleuchten (**I.**). Sodann soll die bisherige Reaktion des Steuervollzuges auf die mangelnde Zeitnähe der Prüfungen geschildert werden (**II.**) Schließlich ist die zeitnahe Prüfung rechtlich zu würdigen und ihre Vereinbarkeit mit der geltenden Rechtslage zu prüfen. Dazu soll sowohl auf rechtliche Vorgaben bezüglich der Zeitnähe (**III.**) und der Auswahl der Unternehmen (**IV.**) als auch bezüglich der konkreten Ausgestaltung der Prüfung (**V.**) eingegangen werden.

1427 Vgl. bereits die Zielsetzung einer „zeitnahen Betriebsprüfung“ im Koalitionsvertrag zwischen CDU, CSU und FDP vom 26.10.2009, 17. Legislaturperiode, S. 12 f. Siehe dazu *Drüen,* DStR 2010, 2, 5; *Hey,* WPg 2011, Editorial I.; *Spengel/Ortmann-Babel/Matenaer,* Ubg 2012, 466.

1428 *Seer*, in: FS Streck, 2011, S. 403, 406.

I. Reformbedarf der Außenprüfungspraxis auf Grund mangelnder Zeitnähe

Die bisherige reguläre Außenprüfungspraxis in Deutschland erweist sich mit Blick auf die mangelnde Zeitnähe der Prüfungen – auch unter Berücksichtigung der Prüfungspraxis anderer Staaten – als reformbedürftig[1429]. Ausgangspunkt ist dabei das traditionelle Modell der Außenprüfung als mehrphasiges Stufenmodell, beginnend mit der Steuererklärungsphase (§§ 149 f. AO), gefolgt von der Steuerfestsetzungsphase (§ 155 AO) und der späteren Außenprüfungsphase (§§ 193 ff. AO)[1430]: Nach Abgabe der Steuererklärung durch den Steuerpflichtigen setzt das zuständige Veranlagungsfinanzamt die Steuer nach einer allenfalls kursorischen Plausibilitätskontrolle regelmäßig durch Steuerbescheid unter Vorbehalt der Nachprüfung (§ 164 AO) fest[1431]. Erst im Anschluss an diese Festsetzung schließt sich dann die eigentliche Prüfungsphase durch das zuständige Prüfungsfinanzamt an[1432]. Die Prüfung beruht somit auf einer ex post-Verifikation bereits abgeschlossener Besteuerungszeiträume[1433]. Problematisch sind dabei in der Prüfungspraxis vor allem *zwei* Gesichtspunkte, die unter dem Schlagwort der mangelnden Zeitnähe zusammengefasst werden können: So liegen *zum einen* zwischen Abgabe der Steuererklärung respektive dem Veranlagungszeitraum und anschließendem Prüfungsbeginn durch das Prüfungsfinanzamt nicht selten mehrere Jahre. Mithin ist die bisherige Betriebsprüfungspraxis durch ein vielfach erhebliches Auseinanderfallen von kontrolliertem Zeitraum und Kontrollzeitraum gekennzeichnet[1434], was auch seitens des Bundesfinanzministeriums nicht in Abrede gestellt wird: „Die Betriebsprüfung bedeutet häufig die steuerliche Bewältigung weit zurückliegender Jahre“[1435]. *Zum anderen* dauern begonnene Prüfungen bis zu ihrem Abschluss bzw. bis zur Erstellung abschließender Steuerbescheide – vor allem bei größeren Betrieben – oftmals sehr

---

1429 Vgl. auch *Spengel/Ortmann-Babel/Matenaer,* Ubg 2012, 466 ff.

1430 *Drüen*, IFSt-Schrift Nr. 469 (2011), S. 7.

1431 *Seer*, Ubg 2009, 673, 674. Kraft dieser Festsetzung kann die Steuer auch bereits vor abschließender Prüfung des Steuerfalls erhoben werden (§ 218 Abs.1 AO).

1432 *Drüen*, IFSt-Schrift Nr. 469 (2011), S. 8.

1433 *Seer*, Ubg 2009, 673. Siehe auch *Drüen*, IFSt-Schrift Nr. 469 (2011), S. 7.

1434 *Drüen*, IFSt-Schrift Nr. 469 (2011), S. 9.

1435 BMF, Referentenenwurf eines Steuervereinfachungsgesetzes 2011 vom 20.12.2010, S. 34 sowie Regierungsentwurf eines Steuervereinfachungsgesetzes 2011 vom 02.02.2011, BR-Drucks 54/11, S. 32.

lange[1436]. Insgesamt beträgt die Zeitspanne zwischen Veranlagungszeitraum und dem Abschluss der Außenprüfung bei größeren Unternehmen regelmäßig fünf oder noch mehr Jahre[1437]. Als besonders extremes Beispiel erweist sich der von *Drüen* genannte Fall einer die Streitjahre 1994 bis 1998 betreffenden Betriebsprüfung, welche erst im Jahr 2005 beendet wurde (abschließender BP-Bericht: 21.6.2005; geänderte Bescheide nebst Zinsfestsetzung: 14.10.2005)[1438].

1. Nachteile der bisherigen Prüfungspraxis für Steuerpflichtige und Steuervollzug

Die bisherige, zeitferne Außenprüfungspraxis erweist sich summa summarum sowohl für die steuerpflichtigen Unternehmen als auch für den Steuerstaat bzw. -vollzug von Nachteil[1439].

a) Nachteile für die Steuerpflichtigen

Aus Perspektive der Steuerpflichtigen bedeutet die mangelnde Zeitnähe der Außenprüfung vor allem eine lange Phase der *Rechts- und Steuerplanungsunsicherheit*[1440]. Schließlich besteht, solange die Außenprüfung noch aussteht bzw. andauert und keine abschließenden Steuerbescheide nach durchgeführter Außenprüfung erlassen wurden, keine Gewissheit über die tatsächliche Steuerbelastung aus den vergangenen, prüfungsgegenständlichen Zeiträumen. Erst danach weiß der Steuerpflichtige, wie die Finanzverwaltung den relevanten Sachverhalt tatsächlich und rechtlich beurteilt, dabei möglicherweise von der Beurteilung des Steuerpflichtigen abweicht und Steuernachforderungen, die je

1436 *Eismayr/Schnell,* IWB 2010, 907, 908; *Spengel/Ortmann-Babel/Matenaer,* Ubg 2012, 466; *Wünnemann*, Ubg 2011, 197; vgl. auch *Bundesverband der Deutschen Industrie (BDI)*, Betriebsprüfungspraxis in Europa – Reformbedarf in Deutschland, 2010, wonach die Außenprüfung von Großbetrieben in Deutschland je nach Umfang des Prüfungszeitraumes drei bis fünf, in Einzelfällen bis zu zehn Jahren dauere. Die Prüfung von Großbetrieben in Frankreich nehme hingegen in 90% der Fälle nur neun Monate in Anspruch.

1437 *Drüen*, IFSt-Schrift Nr. 469 (2011), S. 9; vgl. auch die Zeitangaben von *Eismayr/Schnell,* IWB 2010, 907, 908 f.

1438 Nach Ansicht des Gerichts führt indes auch eine sich über fünf Jahre erstreckende Außenprüfung nicht zwangsläufig zu einem Erlass der Nachzahlungszinsen (§233a AO) aus Billigkeitsgründen, siehe FG Berlin-Brandenburg, v. 04.05.2010, 5 K 7219/06 B, EFG 2010, 1953; siehe auch *Drüen*, IFSt-Schrift Nr. 469 (2011), S. 9 f.

1439 *Wünnemann*, Ubg 2011, 197.

1440 *Seer*, Ubg 2009, 673, 674; *Wünnemann*, Ubg 2011, 197, 198.

nach Einzelfall beträchtliche Summen ausmachen können, festsetzt[1441]. *Eismayr/ Schnell* gehen mit Blick auf eine im Jahr 2010 durchgeführte Studie von einer Steuernachzahlung in Höhe von 49 % des durchschnittlichen, jährlichen Ertragsteueraufwandes aus[1442]. Von Nachteil sind diesbezüglich vor allem „antizyklische" Nachforderungen aus ertragreichen Jahren in wirtschaftlich schlechteren Zeiten[1443]. Insgesamt erweist sich eine lang anhaltende Unsicherheit besonders mit Blick auf Dauersachverhalte, beispielsweise beim Thema Verrechnungspreise, als nachteilig, da sich einzelne Fehler hier gleich auf mehrere Jahre auswirken können. Im Rahmen der Außenprüfung festgestellte „Fehler" bei der steuerlichen Behandlung von Dauersachverhalten können erst entsprechend spät abgestellt werden und führen bis dahin gleich in mehreren Jahren zu Steuernachzahlungen[1444]. Die Unsicherheit über die steuerliche Belastung in Folge zeitferner Prüfungen kann sich ferner ungünstig auf das *Rating* bzw. die Beurteilung des Unternehmens am Kapitalmarkt auswirken[1445]; schließlich besteht hier ein erhebliches Interesse an einer zeitnahen Publikation relevanter Informationen. Kapitalgeber oder Unternehmenserwerber haben mithin ein erhebliches Interesse zu erfahren, welche steuerlichen Risiken aus vergangenen Veranlagungszeiträumen noch vorhanden sind.

Des Weiteren hat der Steuerpflichtige im Fall von Steuernachzahlungen unter den Voraussetzungen von §§ 233, 233a AO entsprechende *Nachzahlungszinsen* zu leisten. Diese wirken sich zum einen wegen ihrer Höhe von 0,5 % für jeden Monat bzw. 6 % für jedes Jahr (§ 238 AO) und zum anderen wegen ihrer steuerlichen Nichtabziehbarkeit (§ 12 Nr.3 EStG)[1446] besonders belastend aus[1447]. Im Jahr 2009

1441 *Bolik/Günther*, StuB 2011, 381, 382, weisen darauf hin, dass Rechtsunsicherheiten auf Grund unklarer Gesetzesformulierungen oder unbestimmter Rechtsbegriffe in der Regel zu Lasten des Steuerpflichtigen gehen, da sich der Betriebsprüfer einige Jahre später meist auf eine zwischenzeitlich gefestigte Literaturmeinung, veröffentlichete Richtlinien und Erlasse oder ergangene Rechtsprechung berufen kann.

1442 IWB 2010, 907, 909, unter Bezugnahme auf eine von *Deloitte* durchgeführte Befragung von ausländisch beherrschten Unternehmen in Deutschland mit ertragsteuerlichen Betriebsprüfungen (234 Teilnehmer).

1443 *Spengel/Ortmann-Babel/Matenaer,* Ubg 2012, 466, 467.

1444 Siehe *Baumann,* NWB 2009, 3338, 3339; *Lenz,* in: Dahlmanns, IFSt-Schrift Nr. 467 (2011), S. 7.

1445 Vgl. *Costa/Wamsler*, BBK 2011, 813, 815; *Drüen*, IFSt-Schrift Nr. 469 (2011), S. 12, 22; *Risse*, DB 2011, 667, 669.

1446 Zur Nichtabziehbarkeit siehe BFH v. 15.06.2010, VIII R 33/07, BStBl II 2011, 503.

1447 *Seer*, Ubg 2009, 673, 674; *Wünnemann*, Ubg 2011, 197, 198; Siehe auch *Risse*, DB 2011, 667, 669.

entfielen rund 3,5 Miliarden Euro auf Nachzahlungszinsen nach § 233a AO[1448]. Allerdings geht sowohl das BVerfG[1449] als auch die Finanzrechtsprechung[1450] von der Verfassungskonformität der Verzinsung nach § 233a AO aus. Je zeitferner die Außenprüfung, desto länger ist jedoch der potentielle Zinslauf. Zudem engen die Nachzahlungszinsen den Verhandlungsspielraum des Steuerpflichtigen für konsensuale Lösungen ein, wenn Themen betroffen sind, die weit in der Vergangenheit liegen und eine Steuernachzahlung dann immer auch einen hohen Zinsbetrag von oftmals 20 bis 30 % der Steuerschuld mit sich bringt[1451]. Erfolgt die Prüfung zeitnäher ist mit einer wesentlich geringeren Zinslast zu rechnen, sodass die Unternehmensseite sich nicht unbedingt veranlasst sehen muss, „jedes kleinste Argument auszudiskutieren"[1452].

Neben den Nachteilen der Rechts- und Planungsunsicherheit sowie eventueller Nachzahlungszinsen bedeuten zeitferne Außenprüfungen für Unternehmen zudem regelmäßig einen gesteigerten *Administrationsaufwand* im Vergleich zu zeitnahen Prüfungen[1453]. So geht mit der kontinuierlichen Fluktuation des Personals bzw. des Eintritts in den Ruhestand im Laufe der Jahre zunehmend ein Verlust historischen Wissens im Unternehmen einher. Die Folge ist ein erhöhter Rekonstruktionsaufwand mit Blick auf zurückliegende steuerliche Fragestellungen[1454] und ggf. eine Verzögerung bei der Abwicklung von Prüferanfragen. Verstärkt wird diese Problematik durch die seit geraumer Zeit vor allem von größeren Unternehmen genutzten Administrationsmodelle der sog. Shared Service Center, wodurch eine Verlagerung des Wissens in die neuen, oftmals im Ausland befindlichen Serviceeinheiten stattfindet[1455]. Neben erhöhtem Aufwand kann der Verlust historischen Wissens zudem zur Folge haben, dass eine nachteilige Auslegung nicht mehr widerlegt werden kann, da die Hintergründe nicht mehr ausreichend erläutert und rekonstruiert werden können[1456].

1448 Siehe *Lenz*, in: Dahlmanns, IFSt-Schrift Nr. 467 (2011), S. 6.

1449 BVerfG v. 03.09.2009, I BvR 2539/07, NVwZ 2010, 902.

1450 BFH v. 20.04.2011, I R 80/10, BFH/NV 2011, 1654.

1451 Vgl. *Seer*, Ubg 2009, 673, 674; ebenso *Risse*, DB 2011, 667, 669.

1452 *Happe*, BBK 2011, 807, 810. In diesem Sinne würde es die Zielsetzung der Zeitnähe konterkarieren, wenn der Steuerstaat zeitfernere Prüfungen in Kauf nähme, um haushaltswirksame Mehreinnahmen in Gestalt von Nachforderungszinsen zu erzielen.

1453 *Drüen*, IFSt-Schrift Nr. 469 (2011), S. 56 f.

1454 *Seer*, Ubg 2009, 673, 674; ebenso *Costa/Wamsler*, BBK 2011, 813, 815.

1455 Vgl. *Risse*, DB 2011, 667, 669.

1456 Vgl. *Happe*, BBK 2011, 807, 811.

Ein erhöhter Aufwand wird zudem durch die notwendige Vorhaltung bzw. *Archivierung* von steuerrelevanten Daten, d.h. die unveränderbare, langzeitige Aufbewahrung der elektronischen Informationen und die Gewährleistung eines jederzeitigen (digitalen) Zugriffs durch die Finanzverwaltung verursacht (§ 147 Abs.2, 3 AO)[1457]. Schwierigkeiten können dabei insbesondere durch die Dynamik im EDV-Bereich, namentlich vorgenommene Programm-, System- oder Betreuerwechsel entstehen. Sind die Daten nicht mehr im Produktivsystem aufbewahrt, sondern in ein Archivsystem ausgelagert, ist dennoch die maschinelle Auswertbarkeit sicherzustellen, was aus EDV-technischen Gründen oftmals äußerst problematisch und kostenintensiv sein kann[1458]. „Die Eingriffsintensität des Datenzugriffs steigt, je weiter die Zeiträume zurückreichen"[1459]. Da die gesetzlichen Aufbewahrungsfristen nach § 147 Abs.3 AO äußerst großzügig bemessen sind (zehn bzw. sechs Jahre sowie kein Fristablauf soweit und solange die Unterlagen für Steuern von Bedeutung sind, für welche die Festsetzungsfrist noch nicht abgelaufen ist), ist aus Verwaltungssicht auch im Rahmen von zeitfernen Prüfungen die Auswertung der Daten sichergestellt. Die im Hinblick auf die Archivierungslasten geforderte gesetzliche Verkürzung der Aufbewahrungsfrist[1460] wurde vom Gesetzgeber bisher jedoch entgegen der Ankündigung im Koalitionsvertrag 2009 nicht vorgenommen.

Darüber hinaus können zeitferne Außenprüfungen erheblichen retrospektiven *Anpassungsaufwand* für Handels- und Steuerbilanzen mit sich bringen[1461]. Insbesondere sind entsprechende Anpassungen soweit möglich bis zur Ursache bzw. Fehlerquelle vorzunehmen, sodass beispielsweise ein im Jahr 2012 festgestellter Bilanzierungsfehler aus dem Jahr 2009 die Berichtigung der Bilanzen der Jahre 2009 bis 2012 zur Folge haben kann. Erfolgt die Prüfung (inkl. bestandskräftiger Steuerbescheid) für 2011 hingegen bereits 2012 können die Prüfungsfeststellungen bereits bei Aufstellung des handelsrechtlichen Jahresabschlusses zum 31.12.2012

1457 Siehe dazu *Schüßler*, Digitale Außenprüfung, 2010, S. 90 ff. sowie *Risse*, DB 2011, 667, 669, der beispielsweise auf die Archivierung der sog. Enterprise Resource Planning- bzw. ERP-Systeme verweist; vgl. auch *Drüen*, DStR 2010, 2, 5.

1458 Dazu ausführlich dazu *Schüßler*, Digitale Außenprüfung, 2010, S. 90 ff.

1459 *Seer*, in: FS Streck, 2011, S. 403, 412; vgl. auch *Drüen*, StuW 2003, 365, 373.

1460 So *Drüen*, DStR 2010, 2, 5; *ders.*, IFSt-Schrift Nr. 469 (2011), S. 56 f; vgl. auch *Schultz-Söderlund*, BB 2003, 1201, 1203.

1461 *Seer*, Ubg 2009, 673, 677; *ders.*, in: Tipke/Kruse, AO/FGO, § 194 AO, Rn. 25 (01/2010); *ders.*, in: FS Streck, 2011, S. 403, 407. Nach *Hoffmann*, BC 2005, 1, 3 kommt es in Folge der Außenprüfung – bei größerer Unternehmenssubstanz – fast notorisch zu Berichtigungen der eingereichten Handels- und Steuerbilanz.

eingearbeitet werden (d.h. Berücksichtigung der Prüfungsfeststellungen im Jahresabschluss des Folgejahres)[1462].

Bei *grenzüberschreitenden Sachverhalten* besteht zudem die Problematik, dass die Außenprüfungen und endgültigen Steuerfestsetzungen im Ausland in der Regel zeitnäher als in Deutschland erfolgen[1463]. In der Folge können bereits erfolgte ausländische Steuerfestsetzungen unter Umständen nicht mehr an spätere Ergebnisse einer deutschen Außenprüfung angepasst werden[1464]. Selbst nach Verständigungsverfahren i.S.d. Art. 24 OECD-MA ist es nicht gesagt, dass eine Korrektur des Steuerbescheids noch erfolgen kann[1465]. Überdies ist es praktisch auch nicht möglich, bei weit in der Vergangenheit liegenden Prüfungszeiträumen aufeinander abgestimmte Simultan-Außenprüfungen durchzuführen[1466].

Die mangelnde Zeitnähe wirkt sich für kapitalmarktorientierte Unternehmen zudem negativ auf die *Bilanzierung latenter Steuern* nach § 274 HGB aus, deren Bedeutung in Folge der zunehmenden Zurückdrängung des Maßgeblichkeitsgrundsatzes i.S.d. § 5 Abs.1 S.1 EStG wächst[1467]. Um die latenten Steuern mittels Vergleichs der Bilanzposten der Handels- und Steuerbilanz ermitteln zu können (vgl. § 274 Abs.1 S.1 HGB), ist die Steuerbilanz vor oder zeitgleich mit der Handelsbilanz aufzustellen[1468]. Das Unternehmen hat dabei ein gesteigertes Interesse an aktuellen Steuerbilanzwerten für die Berechnung der latenten Steuern[1469]; steuerliche Bilanzpostenänderungen in Folge von Außenprüfungsfeststellungen sind mög-

---

1462 *Rekers,* in: Dahlmanns, IFSt-Schrift Nr. 467 (2011), S. 11 ff.

1463 *Seer*, Ubg 2009, 673, 674.

1464 *Seer*, Ubg 2009, 673, 674.

1465 *Seer*, Ubg 2009, 673, 674; vgl. auch *Lenz,* in: Dahlmanns, IFSt-Schrift Nr. 467 (2011), S. 8.

1466 *Seer*, Ubg 2009, 673, 677; *ders.*, in: Tipke/Kruse, AO/FGO, Vor § 193 AO, Rn. 16 (09/2009) und § 193 AO, Rn. 43 (09/2009). Siehe auch *Schaumburg*, Internationales Steuerrecht, 2011, Rn. 19.95.

1467 Vgl. *Drüen*, IFSt-Schrift Nr. 469 (2011), S. 13. Die Bilanzierung latenter Steuern dient zum einen der periodengerechten Erfolgsermittlung und zum anderen dem zutreffenden Ausweis der Vermögenslage. In die Ermittlung latenter Steuern sind alle Bilanzierungs- und Bewertungsdifferenzen zwischen Handels- und Steuerbilanz einzubeziehen, sog. Temporary Concept, vgl. *Merkt*, in; Baumbach/Hopt, HGB, 2012, § 274, Rn. 1.

1468 *Risse,* DB 2011, 667, 669; *ders.*, in: Münchener Kommentar zum Bilanzrecht, 2012, § 274 HGB, Rn. 30; *Winkeljohann/Briese*, in: Beckscher Bilanz-Kommentar, 2012, § 274, Rn. 249.

1469 *Seer*, Ubg 2009, 673, 677.

lichst frühzeitig in der Steuerbilanz zu erfassen[1470]. Die großen Abstände zwischen Außenprüfungszeitraum und Beginn der Prüfung sowie die lange Prüfungsdauer stehen einer zeitnahen Erfassung möglicher steuerlicher Bilanzpostenänderungen jedoch entgegen. Die mangelnde Zeitnähe bringt folglich erhebliche Unsicherheit über die Höhe der latenten Steuern mit sich[1471].

b) Nachteile für den finanzbehördlichen Steuervollzug

Die mangelnde Zeitnähe der Prüfungen erweist sich bei näherem Hinsehen nicht nur als nachteilig für die Steuerpflichtigen, sondern auch als misslich für den Steuervollzug bzw. Steuerstaat. Nachteile können dabei vor allem in Form eines erhöhten Administrationsaufwandes und in Gestalt von Unsicherheiten über mögliche Nachforderungen auftreten. So bringen weit zurückliegende Prüfungszeiträume auch für die Vollzugsbehörden regelmäßig erhöhten *Verwaltungsaufwand* mit sich: Weit in der Vergangenheit liegende Sachverhalte müssen – ggf. unter Rückgriff auf bereits veraltete Computersysteme – rekonstruiert werden, wobei mit zunehmendem Zeitablauf sowohl mit der Angelegenheit vertraute Ansprechpartner auf Unternehmensseite als auch bereits mit dem Unternehmen vertraute Prüfungsbeamte nicht mehr tätig sein können. Erschwerend können komplexe Steuerrechtsänderungen zu Effizienzverlusten bei der Prüfung führen. Je länger die Prüfung insgesamt andauert, desto mehr Personalressourcen der Finanzbehörden werden gebunden. Neben erhöhtem Prüfungsaufwand besteht das Risiko, dass etwaige Steuernachforderungen auf Grund zwischenzeitlich eingetretener Zahlungsunfähigkeit des Unternehmens nicht vollständig bzw. gar nicht mehr durchgesetzt werden können[1472]. Zeitferne Prüfungen bringen aus Sicht des Staates mithin die *Gefahr eines Forderungsausfalls* mit sich, da die wirt-

1470 *Risse,* DB 2011, 667, 669; *ders.*, in: Münchener Kommentar zum Bilanzrecht, 2012, § 274 HGB, Rn. 30.

1471 *Seer*, Ubg 2009, 673, 674, 677; siehe auch *Risse,* DB 2011, 667, 669; *ders.*, in: Münchener Kommentar zum Bilanzrecht, 2012, § 274 HGB, Rn. 30: „Die Qualität der Steuerbilanzerstellung muss für eine korrekte bilanzielle Behandlung von Steuerwerten ausreichend sein. Insbesondere lange und weit zurückliegende Betriebsprüfungszeiträume werden deshalb negativen Einfluss auf die Steuerlatenzen in der Handelsbilanz haben."

1472 Siehe dazu *Huber/Seer*, StuW 2007, 355, 361, wonach sich der wahre Steuerausfall progressiv mit dem subjektiven Risiko und dem Zeitablauf entwickelt. Werden die Kontrollmaßnahmen hingegen rechtzeitig durchgeführt, ist es demnach auch um die Einbringlichkeit erheblich besser bestellt.

schaftliche Leistungsfähigkeit nicht zu dem Zeitpunkt abgeschöpft wird, zu dem sie in Form von Liquidität noch vorhanden ist[1473]. Des Weiteren erweist sich die *Unsicherheit* ob bzw. wie viele Mehreinnahmen in Folge von Außenprüfungen generiert werden können, als hinderlich für die Einnahmenplanung vor allem der Gebietskörperschaften[1474].

Daneben erschwert die zeitferne Prüfung die Kooperation und Abstimmung mit Finanzverwaltungen anderer Staaten bei *grenzüberschreitenden Sachverhalten* auch zum Nachteil der deutschen Finanzverwaltung[1475]. Da Außenprüfungsmaßnahmen im Ausland grundsätzlich unzulässig sind, besteht insoweit ein Aufklärungsdefizit. Auf Grundlage von Art. 8b EG-Amtshilferichtlinie durchgeführte koordinierte, simultane Außenprüfungen scheiden jedoch mangels Zeitnähe bzw. mangels Abstimmung der Prüfungszeiträume aus[1476].

2. Fehlanreize für die Prüfungspraxis in Folge von §§ 169 ff. AO

Auf Kritik stoßen im Zusammenhang mit der mangelnden Zeitnähe der Außenprüfung vor allem die gesetzlichen Regelungen zur steuerlichen Festsetzungsverjährung nach §§ 169 ff. AO. Diese seien in der derzeitigen Ausgestaltung kaum geeignet, Rechts- und Planungssicherheit zu verwirklichen und stellten keinen Anreiz dar, Außenprüfungen zeitnah anzuordnen und abzuschließen[1477]. So wird zum einen bemängelt, dass die vierjährige Festsetzungsfrist nach § 169 Abs.2 S.1 Nr. 2 AO zu lang bemessen sei und Fehlanreize bei der Finanzverwaltung erzeuge[1478]. Insbesondere böte die Frist Raum zu gestreckten Prüfungsplänen und Verschleppungen der Prüfungen[1479]. Hinzu kommt, dass durch wirksame Prüfungsanordnung (§§ 196, 197 AO) angeordnete Prüfungen nicht zwingend innerhalb eines bestimmten Zeitraumes begonnen werden müs-

1473 Zum Gebot zeitnaher Besteuerung siehe sogleich **4. Kapitel C. III. 3.**

1474 *Drüen*, IFSt-Schrift Nr. 469 (2011), S. 12.

1475 *Seer*, Ubg 2009, 673, 677.

1476 *Seer*, in: Tipke/Kruse, AO/FGO, Vor § 193 AO, Rn. 16 (09/2009) und § 193 AO, Rn. 43 (09/2009).

1477 *Drüen*, DStR 2010, 2, 5; *ders.*, IFSt-Schrift Nr. 469 (2011), S. 55.

1478 *Wünnemann,* Ubg 2011, 197, 203. Gemäß § 164 Abs.4 S.1 AO entfällt der Vorbehalt der Nachprüfung i.S.v. § 164 Abs.1 AO erst, wenn die (reguläre) Festsetzungsfrist abläuft. § 169 Abs.2 S.2 und § 171 Abs.7, 8 und 10 AO sind gemäß § 164 Abs.4 S.2 AO nicht anzuwenden. Zur Vorbehaltsfestsetzung und Vertrauensschutz siehe *Drüen*, StuW 2009, 97 ff.

1479 *Wünnemann,* Ubg 2011, 197, 203.

sen[1480]. Des Weiteren wird kritisiert, dass die vierjährige Ablaufhemmung der Festsetzungsfrist nach Abschluss einer Außenprüfung gemäß §§ 171 Abs.4 S.3 AO i.V.m. 169 Abs.2 S.1 Nr.2 AO ermöglicht, den Erlass berichtigender Steuerbescheide hinauszuschieben und die Rechtssicherheit zu verzögern[1481]. In der Tat erzeugen die vierjährige Festsetzungsfrist und die ebenso lange Ablaufhemmung bei Steuern und Steuervergütungen i.S.d. § 169 Abs.2 S.1 Nr.2 AO – insbesondere im Zusammenspiel – wenig Zeitdruck bei der Durchführung der Außenprüfung[1482]. Im Interesse einer möglichst zeitnahen Außenprüfung ist daher der Ansicht zuzustimmen, die sich für eine Verkürzung der Länge sowohl der gesetzlichen Festsetzungsfrist nach § 169 Abs.2 S.1 Nr.2 AO als auch der Ablaufhemmung nach § 171 Abs.4 S.3 AO ausspricht, um Fehlentwicklungen zu vermeiden[1483].

II. Reaktion des Steuervollzugs auf die mangelnde Zeitnähe

Die Finanzverwaltungen einiger Länder haben den Reformbedarf bei der Außenprüfung erkannt und entsprechende Praxismodelle entwickelt, die zu zeitnäheren Prüfungen führen sollen. Entsprechend der föderalen Ausgestaltung des Steuervollzuges nach Art. 108 GG entstanden dabei seit den 1990er Jahren verschiedenartige Projekte und Modelle, die auf zeitnähere Außenprüfungen abzielen. *Drüen* wertet dies als Ausdruck eines kompetitiven Verwaltungsföderalismus, der im Hinblick auf das Ziel der zeitnahen Prüfung zu einer Art Innovationswettbewerb

---

1480 Einschränkend ist allerdings § 171 Abs.4 S.2 AO zu beachten.

1481 *Wünnemann,* Ubg 2011, 197, 202 f.

1482 So beginnt für eine im Mai 2012 abgegebene Steuererklärung für das Jahr 2011 die Festsetzungsfrist mit Ablauf des 31.12.2012. Wird nun im Dezember 2016 eine Außenprüfung begonnen und erfolgt die Schlussbesprechung im September 2017, so endet die Ablaufhemmung erst zum 31.12.2021 (d.h. zehn Jahre nach dem zu prüfenden Veranlagungsjahr). In der Praxis kann diese Zeitspanne noch erheblich länger sein, wenn die Prüfung mehr Zeit in Anspruch nimmt und / oder die Prüfung nicht unmittelbar nach Erlass der Prüfungsordnung beginnt. Beispiel in Anlehnung an *Wünnemann,* Ubg 2011, 197, 202.

1483 Vgl. *Seer*, StuW 2003, 40, 55; zustimmend *Drüen*, IFSt-Schrift Nr. 469 (2011), S. 55. *Wünnemann,* Ubg 2011, 197, 202, spricht sich für eine Verkürzung der Festsetzungsfrist nach § 169 Abs.2 S.1 Nr.2 AO auf zwei Jahre sowie für eine Verkürzung der Ablaufhemmung nach § 171 Abs.4 S.3 AO auf drei Jahre nach Beginn und ein Jahr nach Abschluss der Prüfung aus.

geführt habe[1484]. Auch wenn die verschiedenen Modelle bei der konkreten Ausgestaltung Unterschiede aufweisen, mithin in der Vergangenheit keine einheitliche und abgestimmte Vorgehensweise existierte, so besteht im Hinblick auf den generellen Bedarf zeitnaher Prüfungen und die damit korrespondierende Zielrichtung weitgehend Einigkeit[1485]. Zu den bisherigen Praxismodellen zählen beispielsweise das Modell Nordrhein-Westfalen, das Modell der OFD Niedersachen, das sog. Osnabrücker Modell, das Modell Rheinland-Pfalz, das sog. Darmstädter Modell der hessischen Finanzverwaltung sowie verschiedene Pilotversuche der Finanzbehörden in Bayern und Hamburg[1486]. Die zeitnahen Außenprüfungen wurden dabei in den vergangenen Jahren teilweise als Modellversuche, teilweise im „Echtbetrieb" praktiziert[1487]. Für Außenprüfungen, die nach dem 1.1.2012 angeordnet werden, gilt jedoch erstmals ein bundeseinheitlicher Verwaltungsstandard. So wurde die nach Art. 108 Abs.7 GG erlassene Allgemeine Verwaltungsvorschrift für die Betriebsprüfung, die Betriebsprüfungsordnung, durch § 4a BpO („Zeitnahe Betriebsprüfung") ergänzt[1488]. Soweit die Finanzverwaltungen bereits zeitnahe Außenprüfungen praktizieren und dies in Zukunft auf Grundlage von § 4a BpO tun werden, setzen sie die Tax Compliance-Vollzugsstrategie also bereits in die Tat um. Nachfolgend soll die bisherige Praxis beleuchtet und sodann der neue bundeseinheitliche Standard dargestellt werden.

1. Bisherige Praxismodelle für eine zeitnahe Außenprüfung

Als Exempel für die verschiedenen Projekte und Modelle in der Vollzugspraxis, die auf zeitnahe Außenprüfungen gerichtet sind, sollen im Folgenden das Modell der OFD Niedersachsen, das Modell Nordrhein-Westfalen und das sog. Osnabrücker Modell kursorisch dargestellt werden. Daneben existierende Ansätze sind im Wesentlichen mit einem der genannten Modelle vergleichbar[1489].

1484 *Drüen*, IFSt-Schrift Nr. 469 (2011), S. 25.

1485 *Wünnemann*, Ubg 2011, 197, 199.

1486 Zu den bestehenden Modellen für eine zeitnahe Prüfung siehe *Hermenau*, FR 2011, 120 ff.; *Spengel/Ortmann-Babel/Matenaer*, Ubg 2012, 466, 467; *Wünnemann*, Ubg 2011, 197, 199.

1487 *Happe*, BBK 2011, 807.

1488 Eingeführt durch Allgemeine Verwaltungsvorschrift vom 20.7.2011, BStBl I 2011, 710; siehe auch BMF-Monatsbericht 10/2011, S. 46; *Seer*, in: Tipke/Lang, Steuerrecht, 2013, § 21, Rn. 251.

1489 So ist beispielsweise der Leitfaden der OFD Niedersachsen („Leitfaden Zeitnahe Betriebsprüfung, gemeinsam schneller – gemeinsam erfolgreich durch Jahrestaktprüfungen", 03/2009) in weiten Teilen deckungsgleich mit dem Leitfaden

a) Modell der OFD Niedersachsen

In Niedersachsen kamen bisher unterschiedliche Modelle zeitnaher Außenprüfungen zum Einsatz[1490]. Dabei soll nachfolgend das aktuelle Modell der OFD Niedersachsen dargestellt werden. Von Relevanz ist dabei zum einen der „Leitfaden zur zeitnahen Betriebsprüfung“[1491], der sich in erster Linie an Großbetriebe und Konzerne richtet, sowie zum anderem das „Merkblatt Kooperativ ausgerichtete Konzernbetriebsprüfung“[1492]. Ziel ist es danach, die Prüfung zeitnah, zügig in der Abwicklung und mit dem kleinstmöglichen Aufwand für alle Beteiligten durchzuführen. Die OFD betont, dass dies ein optimales Zusammenwirken von Unternehmen und Verwaltung voraussetze, wobei dies auch eine uneingeschränkte, freiwillige und über die bestehenden Pflichten hinausgehende Mitwirkung beinhalte. Im Hinblick auf die kooperative Ausrichtung der Prüfung äußert sich die OFD wie folgt: „Durch dieses Konzept sollen die an einer Großbetriebsprüfung beteiligten Personen zur freiwilligen Mitwirkung motiviert werden. Es soll die Einsicht gefördert werden, dass eine kooperative Ausrichtung allen Verfahrensbeteiligten Vorteile bringen kann. Dazu gilt es mittels Transparenz und Verlässlichkeit unter Betonung der gemeinsamen Ziele, Vertrauen aufzubauen“. Die Prüfung soll dabei wie folgt ablaufen: Vorbereitung, Beginn und Orientierungsphase, Planung der konkreten Prüfung, Planungsgespräch mit dem Unternehmen, Planungshandlungen mit Ergebnissen, regelmäßige Fortganggespräche, ggf. notwendige Themenanpassungen und Schlussbesprechung. Dabei sieht die OFD Niedersachsen vor, dass zunächst eine unterschriebene Steuererklärung vorliegen muss. Von besonderer Relevanz im Rahmen der Prüfungsvorbereitung ist die gewünschte Erteilung einer Selbstauskunft durch die Steuerpflichtigen, in welcher neben Informationen über „Änderungen aus gesellschaftsrechtlicher und wirtschaftlicher Sicht mit steuerlicher Relevanz“ auch „steuerliche Risiken“ zu benennen sind. Daneben soll seitens des Unternehmens ein uneingeschränkter, bis zum aktuellen Prüfungstag möglicher elektronischer Datenzugriff nach den Grundsätzen zum Datenzugriff und zur

---

der OFD Koblenz („Eckpunkte für die Durchführung einer zeitnahen Prüfung von Großbetrieben und Konzernen“, 08/2009).

1490 *Drüen*, IFSt-Schrift Nr. 469 (2011), S. 26; *Kaiser*, Ubg 2012, 631, 633.

1491 OFD Niedersachsen, Leitfaden Zeitnahe Betriebsprüfung, gemeinsam schneller – gemeinsam erfolgreich durch Jahrestaktprüfungen, 03/2009. Die OFD betont darin, dass der Leitfaden als Anleitung und nicht als Vorgabe fungieren soll.

1492 OFD Niedersachsen, Merkblatt Kooerativ ausgerichtete Konzernbetriebsprüfung, 01/2012 (S 1502 -7-St 11).

Prüfbarkeit digitaler Unterlagen (GDPdU) sichergestellt sein. Auf dieser Basis werden sodann Prüfungsschwerpunkte erstellt und dem Unternehmen auch mitgeteilt. Während der Prüfung sind konkrete Ansprechpartner auf Unternehmensseite bereitzustellen und Anfragen der Prüfer zügig, im Regelfall binnen vier Wochen zu bearbeiten. In regelmäßigen Abständen werden zudem gemeinsame Besprechungen abgehalten. Eine Erweiterung der Prüfungsschwerpunkte findet in der Regel nur noch um solche Prüffelder statt, die sich aus der Prüfung der gebildeten Schwerpunkte ergeben. Nach Beendigung der Prüfung wird nicht auf die Erstellung eines Prüfungsberichts verzichtet.

b) Modell Nordrhein-Westfalen

Das in Nordrhein-Westfalen praktizierte Modell der zeitnahen Prüfung ist in den Erlass des Finanzministeriums zur zeitnahen Prüfung von Großbetrieben aus dem Jahr 2008 eingegangen[1493]. Dieser prägt als Verwaltungsvorschrift die Ermessensausübung der Finanzverwaltung des Landes Nordrhein-Westfalen[1494]. Angestrebt wird dabei eine größere Zeitnähe zu den zu prüfenden Veranlagungszeiträumen. Nach dem Erlass setzt eine zeitnahe Außenprüfung voraus, dass zu Beginn der Prüfung eine eingereichte und veranlagte Steuererklärung vorliegt und eine Prüfungsanordnung (§ 5 BpO) erfolgt. Des Weiteren soll die Prüfung mit einem förmlichen Prüfungsbericht abgeschlossen werden (§ 12 BpO). Schließlich dürfen die Mitwirkungsrechte der Bundesbetriebsprüfung nicht beeinträchtigt werden. Die Entscheidung, welches Unternehmen für eine zeitnahe Außenprüfung geeignet und daher von der Finanzverwaltung auszuwählen ist, soll im Einzelfall getroffen werden. Starre Abgrenzungskriterien, wie Umsatzgrößen, sollen dabei nicht herangezogen werden. Vielmehr sind nach den bisherigen Erfahrungen der Verwaltung besonders „Fälle mit bedeutenden Einkünften, konzernunabhängige Betriebe und Fälle mit einfachen Konzernstrukturen" geeignet. Auch „Fälle mit Verrechnungspreisproblematiken" können sich für die zeitnahe Betriebsprüfung anbieten. Außerdem eignen sich gut „steuerloyale Unternehmen", die sich beispielsweise dadurch auszeichnen, dass sich die Unternehmen in der Vergangenheit „steuerehrlich" verhalten, bei vorangegangenen Prüfungen „aktiv" bei der Informationsbeschaffung mitgewirkt

---

1493 FinMin NRW v. 11.06.2008, S 0401–10–VA5 (BeckVerw 242338); siehe dazu *Drüen*, IFSt-Schrift Nr. 469 (2011), S. 28 ff.; *Seer*, Ubg 2009, 673, 675 ff.; *ders.*, in: FS Streck, 2011, S. 403, 406 ff.; *Spengel/Ortmann-Babel/Matenaer*, Ubg 2012, 466, 467; *Wünnemann*, Ubg, 197, 198.

1494 Siehe FG Köln v. 07.07.2009, 13 V 1232/09, DStRE 2009, 1334 ff.; *Drüen*, IFSt-Schrift Nr. 469 (2011), S. 30.

und die steuerlichen Pflichten „ernst genommen“ sowie keine „fragwürdigen Steuergestaltungsmodelle“ genutzt haben. Im Einzelfall kann eine zeitnahe Prüfung jedoch auch bei „hohem Risiko- und geringem Compliance-Faktor“ angezeigt sein, damit gerade in diesen Fällen die zutreffende Steuer rechtzeitig festgesetzt wird und steuerliches Fehlverhalten zeitnah sanktioniert werden kann. Um die größere Zeitnähe zu erreichen wird eine „risikoorientierte Fallauswahl“, ein „konsequent nach Schwerpunkten gebildeter Prüfungsansatz“ und eine „effiziente Zeitplanung“ angestrebt. Die zeitliche Planung soll dabei möglichst im Einvernehmen mit den Unternehmen erfolgen, wobei vor allem Vereinbarungen von Zeitkorridoren zur Prüfungsabwicklung zu treffen sind.

c) Osnabrücker Modell

Auf Grund seiner speziellen Ausgestaltung hat daneben das sog. Osnabrücker Modell für Aufsehen gesorgt[1495]. Anders als die sonstigen Modelle sah das Osnabrücker Modell vor, dass sich interessierte Unternehmen bereits vor Abgabe einer unterschriebenen Steuererklärung prüfen lassen können, mithin eine veranlagungsbegleitende Prüfung vor Erklärungsabgabe erfolgen kann. Indem die unmittelbare Einbindung der Festsetzungsfinanzämter wegfällt und nur ein Erklärungsentwurf samt vorläufiger Steuerbilanz und handelsrechtlicher Abschlussunterlagen beim Finanzamt für Großbetriebsprüfung abgegeben wird, soll der Verwaltungs- bzw. Zeitaufwand minimiert werden. Ebenso wird abweichend vom Modell Nordrhein-Westfalen bei unstreitigen Prüfungsfeststellungen auf die Erstellung eines förmlichen Prüfungsberichtes verzichtet, um den Abschluss der Prüfung zu beschleunigen. Vielmehr werden einvernehmliche Prüfungsfeststellungen in einem tabellarischem Ergebnisvermerk zusammengefasst. Die unstreitigen Feststellungen werden vom Steuerpflichtigen in die Steuererklärung eingearbeitet, diese wird nach Überprüfung der Einarbeitung an das Festsetzungsfinanzamt weitergeleitet und dort ohne weitere Prüfung veranlagt. In Übereinstimmung mit den anderen Modellen gilt es auch beim Osnabrücker Modell Rahmenbedingungen zu schaffen, die eine effizientere Prüfung ermöglichen sollen. So ist die zeitnahe Prüfung sinnvoll vorzubereiten, wozu auch eine steuerliche Selbstauskunft der Unternehmen zählt. Die Prüfung wird dann unter Bildung von Prüfungsschwerpunkten durchgeführt.

1495 Siehe dazu *Hermenau*, FR 2011, 120, 121 f.; *Wünnemann*, Ubg 2011, 197, 198.

2. Vorgabe eines einheitlichen Maßstabes durch § 4a BpO

Seit 01.01.2012 gilt für die deutsche Steuervollzugspraxis ein einheitlicher Maßstab für die Durchführung zeitnaher Betriebsprüfungen, soweit die Anordnung in § 4a BpO reicht. Entsprechend ihrem Charakter als allgemeine Verwaltungsvorschrift i.S.v. Art. 108 Abs.7 GG ist die in § 4a Abs.1 bis 3 BpO enthaltene Regelung für die Finanzverwaltungen aller Länder verbindlich und also bei der Durchführung zeitnaher Außenprüfungen einzuhalten[1496]. Soweit bisherige Praxismodelle und -projekte nicht mit § 4a BpO zu vereinbaren sind, sind diese aufzugeben. Allerdings beschränkt sich die neu eingeführte Regelung auf die Vorgabe einheitlicher Rahmenbedingungen und belässt der einzelnen Finanzverwaltung noch immer Spielraum bei der konkreten Ausgestaltung zeitnaher Prüfungen. § 4a BpO wird demgemäß auch als „relativ unkonkret" kritisiert[1497].

a) Inhalt

Die neu eingeführte Vorschrift enthält folgende Regelung: Die Finanzbehörde kann Steuerpflichtige unter den Voraussetzungen des Absatzes 2 für eine zeitnahe Betriebsprüfung auswählen, § 4a Abs.1 S.1 BpO. Eine Betriebsprüfung ist zeitnah, wenn der Prüfungszeitraum einen oder mehrere gegenwartsnahe Besteuerungszeiträume umfasst, § 4a Abs.1 S.2 BpO. Grundlage zeitnaher Betriebsprüfungen sind die Steuererklärungen im Sinne des § 150 der Abgabenordnung der zu prüfenden Besteuerungszeiträume (Absatz 1 S.2), § 4a Abs.2 S.1 BpO. Zur Sicherstellung der Mitwirkungsrechte des Bundeszentralamtes für Steuern ist der von der Finanzbehörde ausgewählte Steuerpflichtige dem Bundeszentralamt für Steuern abweichend von der Frist des § 21 Abs.1 S.1 BpO unverzüglich zu benennen, § 4a Abs.2 S.2 BpO. Über das Ergebnis der zeitnahen Außenprüfung ist ein Prüfungsbericht oder eine Mitteilung über die ergebnislose Prüfung anzufertigen (§ 202 der Abgabenordnung), § 4a Abs.3 BpO.

b) Folgen für die Verwaltungspraxis

Die in § 4a Abs.1 S.1 und 2 BpO getroffenen Regelungen sind äußerst vage und enthalten weder begriffliche Klarstellungen noch konkrete Ausgestaltungsaufträge für die Durchführung zeitnaher Außenprüfungen. So sind die Finanzbehörden

---

1496 Zur Bindungswirkung von Verwaltungsanweisungen bzw. der BpO siehe bereits **4. Kapitel A. II. 2**.

1497 *Happe*, BBK 2011, 807, 808; vgl. auch *Bolik/Günther*, StuB 2011, 381, 382 f.

ausweislich des Wortlautes „kann" in Abs.1 S.1 insbesondere nicht dazu verpflichtet, in Zukunft überhaupt zeitnahe Außenprüfungen durchzuführen[1498]. Des Weiteren stellt die Vorschrift die Auswahl der Steuerpflichtigen, bei denen zeitnahe Prüfungen erfolgen sollen, den Finanzbehörden anheim und schweigt im Hinblick auf taugliche oder untaugliche Auswahlkriterien[1499]. Ein an dieser Stelle denkbares Antragsrecht der Steuerpflichtigen auf Durchführung einer zeitnahen Außenprüfung bzw. auf eine entsprechende Behördenentscheidung nach pflichtgemäßem Ermessen wurde nicht eingeführt[1500]. Die Durchführung zeitnaher Außenprüfungen ist nach alldem auch gegen den Willen des geprüften Unternehmens von § 4a BpO gedeckt. Zudem enthält sie keinerlei Angaben zum näheren Ablauf der zeitnahen Außenprüfung, beispielsweise zu den in der Praxis geläufigen Selbstauskünften und Absprachen über den Prüfungsverlauf. Die Formulierung in Abs.1 S.2, wonach eine Prüfung zeitnah ist, wenn der Prüfungszeitraum einen oder mehrere gegenwartsnahe Besteuerungszeiträume erfasst, bringt ebenso keine konkreten Konsequenzen für die Prüfungspraxis mit sich. Vielmehr wird das Attribut „zeitnah" durch das ebenso viel oder wenig aussagekräftige Attribut „gegenwartsnah" ausgetauscht. Der Versuch einer Definition führte vielmehr zu einer Tautologie. Auf die Angabe konkreter Zeiträume oder Fristen wird verzichtet, es erfolgte keine Festlegung hinsichtlich der Anzahl der geprüften Jahre bzw. der Prüfungsdauer. Die Vorschrift weicht insoweit von der Ankündigung im Koalitionsvertrag bzw. im Entwurf des Steuervereinfachungsgesetzes 2011 ab, wonach Betriebsprüfungen grundsätzlich innerhalb von fünf Jahren nach Beginn bzw. dann abgeschlossen sein müssen, wenn die neue Betriebsprüfung beginnt. Indem die Prüfung sich auf einen oder mehrere Besteuerungszeiträume beziehen kann, erfolgt keine Gleichsetzung mit sog. Jahrestaktprüfungen, bei denen immer nur ein Besteuerungszeitraum untersucht wird[1501]. Ausweislich der amtlichen Kurzbegründung zu § 4a BpO kann die Gegenwartsnähe dadurch zum Ausdruck kommen, dass der Prüfungszeitraum den letzten Veranlagungszeitraum, für den eine Steuererklärung abgegeben wurde, umfasst[1502]. Summa summarum ist § 4a Abs.1 S.1 und 2 BpO eher als – politisch

1498 So auch *Happe*, BBK 2011, 807, 809.

1499 Vgl. *Costa/Wamsler*, BBK 2011, 813, 814.

1500 Kritisch insoweit *Costa/Wamsler*, BBK 2011, 813, 815.

1501 Kritisch insoweit *Costa/Wamsler*, BBK 2011, 813, 814.

1502 Regierungsentwurf für eine Allgemeine Verwaltungsvorschrift zur Änderung der BpO v. 27.05.2011, BR-Drucks 330/11.

motivierter – Appell zur Durchführung zeitnaher Außenprüfungen zu verstehen, denn als eine konkreten Nutzen stiftende Verwaltungsvorschrift.

Indem die Vorschrift sowohl explizit die Abgabe einer Steuererklärung zur Voraussetzung einer zeitnahen Prüfung macht (§ 4a Abs.2 S.1 BpO) als auch normiert, dass die Prüfung mit einem Prüfungsbericht i.S.d. § 202 AO bzw. einer Mitteilung über die ergebnislose Prüfung abzuschließen ist (§4a Abs.3 BpO) erteilt sie eine klare Absage an das sog. Osnabrücker Modell, wonach die Abgabe einer Steuererklärung und die Erstellung eines formellen Prüfungsberichts als entbehrlich angesehen wurden. Nach der Kurzbegründung zu § 4a BpO soll der schriftliche Bericht gewährleisten, dass der Steuerpflichtige und verwaltungsinterne Stellen (z.B. der Folgeprüfer) über die in der Prüfung getroffenen Feststellungen informiert sind. § 4a BpO vereinheitlicht insoweit die Praxis zur zeitnahen Außenprüfung und trägt insoweit zur Rechtssicherheit bei. Sowohl das beispielhaft aufgezeigte Modell der OFD Niedersachsen als auch das Modell NRW entsprechen den von § 4a BpO aufgestellten Anforderungen. Des Weiteren sichert die Vorschrift die Mitwirkungsrechte des Bundeszentralamtes für Steuern (BZSt) durch die Pflicht zur unverzüglichen Benennung des Steuerpflichtigen ab. Es reicht also nicht mehr aus, dem BZSt die Prüfungsgeschäftspläne spätestens zehn Tage vor dem Beginn des Zeitraums, für den sie aufgestellt worden sind, zur Verfügung zu stellen, vgl. § 21 Abs.1 S.1 BpO. § 4a Abs.2 S.2 BpO korrespondiert damit unter anderem mit dem Erlass des Finanzministeriums NRW, der vorsieht, dass die Mitwirkungsrechte des Bundeszentralamts für Steuern durch zeitnahe Prüfungen nicht beeinträchtigt werden dürfen.

III. Rechtliche Vorgaben zur Zeitnähe der Außenprüfungen

Aus rechtlicher Sicht stellt sich zunächst die Frage, inwiefern der Finanzverwaltung de lege lata ein Spielraum bei der Frage zukommt, *ob überhaupt* zeitnahe, d.h. auf die Verkürzung des Zeitraums zwischen Veranlagungszeitraum und anschließendem Prüfungsbeginn bzw. des Zeitraums zwischen Prüfungsbeginn und Prüfungsabschluss gerichtete, Außenprüfungen durchgeführt werden können.

1. Ermessensspielraum nach §§ 193 ff. AO

Der von Gesetzes wegen eingeräumte Ermessensspielraum bzgl. des *Ob* (§ 193 AO) und des *Wie* (§ 194 AO) der Außenprüfung steht der Durchführung zeitnaher

Prüfungen, insbesondere auch einer Prüfung im Jahrestakt, nicht entgegen, schreibt diese aber auch nicht zwingend vor[1503]. § 194 Abs.1 S.2 AO regelt dabei ausdrücklich, dass die Prüfung auch nur einen Besteuerungszeitraum umfassen kann[1504]. Eine Festlegung hinsichtlich der maximalen Anzahl der geprüften Jahre erfolgt indes ebenso wenig wie eine Festlegung der Prüfungsdauer. Insgesamt liegt es daher im weiten finanzbehördliche Ermessen nach §§ 193, 194 AO, ob zeitnah geprüft werden soll oder nicht[1505]; die Finanzbehörde kann die zu prüfenden Besteuerungszeiträume nach ihrem Ermessen festlegen[1506].

2. Lenkung des Ermessens durch die BpO

Auch die Betriebsprüfungsordnung, mit der die Finanzverwaltung den ihr eingeräumten gesetzlichen Ermessensspielraum selbst einschränkt, steht einer zeitnahen Außenprüfung nicht entgegen. Ebenso enthält sie aber auch keine diesbezügliche Rechtspflicht. Der neu eingeführte § 4a Abs.1 S.1 BpO stellt die Durchführung ausdrücklich in das finanzbehördliche Ermessen. Ein entsprechender Ermessensspielraum folgt zudem bereits aus § 2 Abs.3 S.1 BpO, wonach die Finanzbehörde nach pflichtgemäßem Ermessen entscheidet, ob und wann eine Außenprüfung durchgeführt wird[1507]. Ebenso regelt § 4 Abs.1 BpO, dass die Finanzbehörde den Umfang der Außenprüfung nach pflichtgemäßem Ermessen bestimmt[1508]. Soweit § 4 Abs.2 BpO normiert, dass bei Großbetrieben (§ 3 BpO), Konzernunternehmen (§ 13 BpO) und international verbundenen Unternehmen (§ 19 BpO) lückenlos jeder Besteuerungszeitraum geprüft werden soll, sagt dies nichts darüber aus, wann und wie viele Zeiträume geprüft werden sollen und steht einer zeitnahen Prüfung bzw. auch einer Jahrestaktprüfung nicht entgegen[1509]. Auch wenn es nach dem FG Köln der jahrzehntelang geübten

1503 Vgl. dazu auch *Drüen*, IFSt-Schrift Nr. 469 (2011), S. 30 ff.

1504 Vgl. auch *Baumann*, NWB 2009, 3338; *Buse*, AO-Stb 2008, 341; *Seer*, Ubg 2009, 673, 679; *ders.*, in: Tipke/Kruse, AO/FGO, § 194 AO, Rn. 26 (01/2010), der im Hinblick auf die Durchführung zeitnaher Außenprüfung von einem „Höchstmaß an Flexibilität" durch § 194 Abs.1 S.2 AO spricht.

1505 Vgl. *Wünnemann*, Ubg 2011, 197, 199.

1506 BFH v. 23.07.1985, VIII R 48/85, BStBl II 1986, 433; BFH v. 30.03.1989, IV R 41/88, BStBl II 1989, 592; BFH v. 21.06.1994, VIII R 54/92, BStBl II 1994, 678.

1507 Nach § 2 Abs.3 S.2 BpO gilt dies auch, wenn der Steuerpflichtige eine baldige Außenprüfung begehrt.

1508 Nach *Happe*, BBK 2011, 807, 808, ist § 4a Abs.1 BpO daher überflüssig.

1509 *Drüen*, IFSt-Schrift Nr. 469 (2011), S. 33; vgl. auch *Baumann*, NWB 2009, 3338.

Praxis der Finanzverwaltung entspricht, die Anschlussprüfung in aller Regel auf mehrere Besteuerungszeiträume zu erstrecken, normiert § 4 Abs.2 BpO keine zwingende Untergrenze und § 4 Abs.3 BpO keine Obergrenze für die Zahl der Besteuerungszeiträume bei der Prüfung der genannten Unternehmen[1510]. § 4 Abs.3 BpO, wonach bei anderen Betrieben (Mittel- Klein- und Kleinstbetriebe) der Prüfungszeitraum in der Regel nicht mehr als drei zusammenhängende Besteuerungszeiträume umfassen soll, ermöglicht im Umkehrschluss bei diesen Betrieben einen Prüfungszeitraum von einem oder zwei zusammenhängenden Besteuerungszeiträumen[1511]. Im Gegensatz zu § 4 Abs.3 BpO 1987 sieht die Vorschrift nun nicht mehr vor, dass der Prüfungszeitraum nicht über die letzten drei Besteuerungszeiträume, für die bis zur Unterzeichnung der Prüfungsanordnung Steuererklärungen für die Ertragsteuern abgegeben wurden, zurückreicht[1512]. Ausweislich der Formulierung „soll in der Regel" kann in atypischen Fällen auch ein längerer Zeitraum als drei Jahre geprüft werden[1513].

3. Grundsatz der Rechtzeitigkeit staatlichen Handelns als ermessenslenkender Faktor

Das weite Ermessen ist indes stets pflichtgemäß auszuüben (§ 5 AO). Insbesondere ist es dabei auch im Lichte des rechtlichen Grundsatzes der Zeitnähe staatlichen Handelns zu betätigen[1514]. Die mangelnde Zeitnähe der Betriebsprüfungen stößt nämlich nicht nur unter praktischen respektive wirtschaftlichen Gesichtspunkten auf erhebliche Bedenken; vielmehr streiten auch grundsätzliche rechtliche Wertungen für eine möglichst zeitnahe Durchführung steuerlicher Prüfungen[1515]:

So postuliert *Seer* für das Steuerrecht das „Prinzip zeitnaher Besteuerung"[1516]. Demnach entspricht es einem kooperativen Steuerrechtsverhältnis, wenn Einnahmeerzielung auf Seiten des Steuerpflichtigen zeitlich mit der Steuerzahlung

1510 Siehe Beschluss des FG Köln, v. 07.07.2009, 13 V 1232/09, DStRE 2009, 1334 ff., BB 2009, 1891 und 2747 f. Zum Sonderfall gegen den Willen des Unternehmens angeordneter zeitnaher Außenprüfungen siehe sogleich **4. Kapitel C. IV. 5.**

1511 Vgl. *Seer*, in: Tipke/Kruse, AO/FGO, § 194 AO, Rn. 26 (01/2010).

1512 Siehe *Buse*, AO-StB 2008, 341, 342.

1513 *Seer*, in: Tipke/Kruse, AO/FGO, § 194 AO, Rn. 26 (01/2010); ebenso *Buse*, AO-StB 2008, 341, 346.

1514 *Drüen*, IFSt-Schrift Nr. 469 (2011), S. 17.

1515 *Drüen*, IFSt-Schrift Nr. 469 (2011), S. 14 ff.

1516 *Seer*, StuW 2003, 40, 50.

verknüpft wird, die wirtschaftliche Leistungsfähigkeit[1517] also zu dem Zeitpunkt abgeschöpft wird, zu dem sie noch vorhanden ist[1518]. „Wer kooperiert, hat einen legitimen Anspruch darauf, dass nach einer bestimmten Frist (2 bis 4 Jahre) die Steuer spätestens endgültig abgerechnet worden ist"[1519]. Rechtlicher Anknüpfungspunkt ist dabei vor allem die durch Art. 12 Abs.1, 14 Abs.1 und 2 Abs.1 GG geschützte vermögensrechtliche Handlungsfreiheit, die es erforderlich macht, dass die steuerliche Belastung zu einer voraussehbaren Kalkulationsgröße wird und dem Steuerpflichtigen insoweit steuerliche Planungs- und Rechtssicherheit zukommt[1520]. Je länger der Zeitraum zwischen wirtschaftlicher Disposition und endgültigem Steuerbescheid, desto länger besteht eine die genannten Freiheitsgrundrechte belastende Unsicherheit. „Erst der Steuerbescheid gibt dem Steuerpflichtigen die Verfügungsfreiheit über die von ihm erwirtschafteten Einnahmen *für die Zukunft* zurück"[1521].

Das Prinzip zeitnaher Besteuerung korrespondiert mit dem allgemein anerkannten Gebot eines rechtzeitigen Rechtsschutzes bzw. dem Prinzip der Verfahrensbeschleunigung im Verwaltungsrecht. So ist im Hinblick auf (Finanz-) Gerichtsverfahren anerkannt, dass eine überlange Dauer des Verfahrens den Kläger in seinen Rechten verletzten kann. „Wirksamer Rechtsschutz bedeutet zumal auch Rechtsschutz innerhalb angemessener Zeit"[1522]. Das Gebot eines rechtzeitigen Rechtsschutzes folgt dabei direkt aus Art. 19 Abs.4 GG, sowie auch aus dem

1517 Sowohl die Körperschaft- als auch die Einkommensteuer sind Periodensteuern, die nach dem Jahreseinkommen bemessen und veranlagt werden (§ 7 Abs.3, 4 KStG und § 2 Abs.7 S.1 EStG, sog. Periodizitätsprinzip), siehe *Hey,* in: Tipke/Lang, Steuerrecht, 2013, § 8, Rn. 44 und § 11, Rn. 36.

1518 *Seer*, StuW 2003, 40, 50; siehe auch *Drüen*, Periodengewinn und Totalgewinn, 1999, S. 90; *Drüen*, IFSt-Schrift Nr. 469 (2011), S. 18; *Hey*, Steuerplanungssicherheit als Rechtsproblem, 2002, S. 787. Vgl. auch *P.Kirchhof*, in: Isensee/Kirchhof, Handbuch des Staatsrechts, Band V, 2007, § 118, Rn. 211, der mit Blick auf Art. 3 Abs.1 GG einen gegenwartsnahen Vollzug der Steuergesetze für erforderlich hält („Besteuerungsgleichheit in der Zeit").

1519 *Seer*, StuW 2003, 40, 55.

1520 *Hey*, Steuerplanungssicherheit als Rechtsproblem, 2002, S. 133 ff.; 195 ff.; *Seer,* Verständigungen in Steuerverfahren, 1996, S. 305 ff.; *ders.*, in: Tipke/Kruse, AO/FGO, § 89 AO, Rn. 23 (01/2012).

1521 *Hey*, Steuerplanungssicherheit als Rechtsproblem, 2002, S. 42.

1522 BVerfG v. 16.12.1980, 2 BvR 419/80, BVerfGE 55, 349, 369; vgl. auch BFH v. 21.02.1991, V R 105/84, NVwZ-RR 1993, 5, 6.

Rechtsstaatsprinzip und anderen Grundrechten[1523] und ist zudem durch Art. 6 Abs.1 EMRK abgesichert[1524]. Unabhängig von der Frage, ob bei Beurteilung der Dauer des Gerichtsverfahrens auch die Länge eines Verwaltungsvorverfahrens miteinbezogen werden kann[1525], verlangt der Rechtsstaat auch für administrative Verfahren, dass sie in angemessener Zeit abgeschlossen werden[1526]. Mithin gilt das Prinzip der Verfahrensbeschleunigung im Verwaltungsrecht[1527]. In diesem Sinne sind auch die Vorschriften §§ 10 S.2 VwVfG und 9 SGB X zusehen, wonach das Verfahren unter anderem „zügig" durchzuführen ist. Verwaltungseffizienz fordert mithin auch, den administrativen Rechts- und Sachauftrag zeitlich angemessen zu verwirklichen[1528]. Dementsprechend ist auch von einem allgemeinen „Grundsatz der Rechtzeitigkeit" im Verwaltungsrecht die Rede, da Recht nur dann wirksam werde, wenn es auch rechtzeitig umgesetzt wird[1529]. Freilich kann dabei die angemessene, zulässige Verfahrensdauer nicht abstrakt festgelegt werden, sondern ist abhängig vom jeweiligen Einzelfall[1530].

Insgesamt kann das Prinzip zeitnaher Besteuerung als steuerrechtliche Ausformung des Prinzips der Verfahrensbeschleunigung bzw. des Grundsatzes der Rechtzeitigkeit im allgemeinen Verwaltungsverfahren gesehen werden. Die Tatsache, dass die Abgabenordnung keine mit §§ 10 S.2 VwVfG und 9 SGB X vergleichbare explizite Normierung des Beschleunigungsprinzips aufweist, steht

---

1523 *Schmidt-Aßmann,* in: Schoch/Schmidt-Aßmann/Pietzner, VwGO, Einleitung, Rn. 157 ff. (03/1999); *ders.*, in: Maunz/Dürig, GG, Art. 19 Abs.4, Rn. 262 (02/2003); siehe auch *Müller*, AO-StB 2010, 21 ff.

1524 Siehe dazu aus steuerlicher Sicht *Levedag*, in: Gräber, FGO, 2010, Anhang, Rn. 212 ff.

1525 Bejahend: EGMR v. 28.06.1978, 6232/73, EuGRZ 1978, 406; in diese Richtung auch BVerfG v. 02.09.2009, 1 BvR 3171/08, VersR 2010, 1617, 1618. Anderer Ansicht BFH v. 22.07.2008, II B 18/08, BFH/NV 2008, 1866. Vgl. dazu *Müller*, AO-StB 2010, 21, 26.

1526 *Pitschas,* in: Hoffmann-Riem/Schmidt-Aßmann/Voßkuhle, GVwR, Band II, 2012, § 42, Rn. 139 ff.; *Schmidt-Aßmann,* in: Schoch/Schmidt-Aßmann/Pietzner, VwGO, Einleitung, Rn. 157 ff., 210 (03/1999); *ders.*, Das allgemeine Verwaltungsrecht als Ordnungsidee, 2006, Kapitel 6, Rn. 71; zustimmend *Drüen*, IFSt-Schrift Nr. 469 (2011), S. 14 ff.

1527 *Pitschas*, in: Hoffmann-Riem/Schmidt-Aßmann/Voßkuhle, GVwR, Band. II, 2012, § 42, Rn. 140 f; *Schmitz*, in: Stelkens/Bonk/Sachs, VwVfG, 2008, § 10, Rn. 25.

1528 Vgl. *Pitschas,* in: Hoffmann-Riem/Schmidt-Aßmann/Voßkuhle, GVwR, Band II, 2012, § 42, Rn. 139.

1529 *Schmidt-Aßmann,* Das allgemeine Verwaltungsrecht als Ordnungsidee, 2006, Kapitel 2, Rn. 30 f., Kapitel 6, Rn. 55 f.

1530 *Pitschas,* in: Hoffmann-Riem/Schmidt-Aßmann/Voßkuhle, GVwR, Band II, 2012, § 42, Rn. 150.

dem nicht entgegen. Schließlich kommt den genannten Regelungen nur eine rein deklaratorische Funktion zu[1531]; das Gebot der Beschleunigung war bereits vor Einführung der Regelungen anerkannt[1532]. Mit Blick auf das Prinzip zeitnaher Besteuerung ist die Außenprüfung also möglichst zeitnah durchzuführen. Bei alledem bedarf es keiner näheren Erläuterung, dass die Prüfung eines Großkonzerns mehr Zeit in Anspruch nehmen wird, als die Prüfung eines Einzelunternehmens[1533].

4. Grundsatz des schonenden Umgangs mit Verwaltungsressourcen als ermessenslenkender Faktor

Auch der allgemein geltende Grundsatz des schonenden Umgangs mit Verwaltungsressourcen[1534], der nichts anderes meint als der bereits erörterte Grundsatz effizienten Verwaltungshandelns[1535], spricht für eine zeitnahe Durchführung der Außenprüfung[1536]. Schließlich belastet die zeitferne Prüfung die Verwaltungsressourcen regelmäßig in weitaus höherem Maß als die zeitnähere Durchführung. Dass die Verwaltung zu einem effizienten Umgang mit den ihr zur Erfüllung des gesetzlichen Auftrags aus § 85 AO überlassenen Ressourcen angehalten ist, hat sie im Rahmen ihrer Ermessensausübung zu berücksichtigen. Dabei wird deutlich, dass die zeitnahe Außenprüfung mit den elementaren Zielen einer Tax Compliance-Vollzugsstrategie, insbesondere mit dem Ziel der Erhöhung der Verwaltungseffizienz, korrespondiert.

IV. Rechtliche Vorgaben bei der Auswahl der Unternehmen für zeitnahe Außenprüfungen

Wie bereits dargelegt, ist die Durchführung zeitnaher Außenprüfungen sowohl nach §§ 193 ff. AO als auch nach BpO an sich zulässig, wobei der Verwaltung ein erheblicher Ermessensspielraum zukommt. Entscheidet sie sich in diesem Rahmen für die Realisierung zeitnaher Prüfungen, so stellt sich die zentrale Folgefrage,

---

1531 *Pitschas*, in: Hoffmann-Riem/Schmidt-Aßmann/Voßkuhle, GVwR, Band II, 2012, § 42, Rn. 140 f.; *Schmitz*, in: Stelkens/Bonk/Sachs, VwVfG, 2008, § 10, Rn. 25.

1532 Vgl. *Schmitz*, in: Stelkens/Bonk/Sachs, VwVfG, 2008, § 10, Rn. 25.

1533 *Drüen*, IFSt-Schrift Nr. 469 (2011), S. 17.

1534 Siehe *Schmidt-Aßmann,* Das allgemeine Verwaltungsrecht als Ordnungsidee, 2006, Kapitel 6, Rn. 65 ff.

1535 Siehe dazu bereits **3. Kapitel C. I. 1. b)**.

1536 Vgl. *Drüen*, IFSt-Schrift Nr. 469 (2011), S. 19.

welche Unternehmen nun konkret für eine derartige Prüfung ausgewählt werden sollen. Weder §§ 193 ff. AO noch die BpO, namentlich § 4a BpO, enthalten Kriterien oder Maßstäbe, die bei der Auswahl heranzuziehen sind bzw. herangezogen werden können. Mithin kommt auch hier der Finanzverwaltung de lege lata ein weites Gestaltungsermessen zu. Wie immer ist dieses pflichtgemäß, also entsprechend dem Zweck der Ermächtigung und unter Einhaltung der gesetzlichen Grenzen des Ermessens auszuüben (§ 5 AO)[1537]. Denkbar ist dabei einerseits, kooperativen, mitwirkenden Unternehmen, also Unternehmen, die eigenmotiviert Tax Compliance gewährleisten, eine übereinstimmend gewollte zeitnahe Außenprüfung zu ermöglichen, wie beispielsweise seitens der OFD Niedersachsen beabsichtigt[1538]. Dies entspräche dem Verständnis der zeitnahen Prüfung als „Kooperations- und Serviceelement" im Rahmen einer Tax Compliance-Vollzugsstrategie. In diesem Sinne knüpft auch der Erlass des Finanzministeriums NRW unter anderem an Auswahlkriterien wie „Steuerloyalität"[1539] oder einen hohen „Compliance-Faktor"[1540] an. Andererseits zeigt der Erlass, dass zeitnahe Außenprüfungen offenbar auch bei nicht mitwirkenden Unternehmen eingesetzt werden sollen. Ebenso nennt er Fälle mit bedeutenden Einkünften oder Verrechnungspreisproblematiken sowie Fälle mit einfachen Konzernstrukturen oder konzernunabhängige Betriebe. Mangels ausreichender Personalausstattung werden die Finanzämter für Groß- und Konzernbetriebsprüfung im nordrhein-westfälischen Erlass angehalten „aus dem Fallbestand einen Anteil von geeigneten Fällen auszuwählen, in denen zukünftig zeitnahe Betriebsprüfungen erfolgen sollen"[1541]. Nachfolgend gilt es, die Ermessenskriterien, nach denen eine Auswahl der Unternehmen zur zeitnahen Außenprüfung erfolgt oder erfolgen kann, mit Blick auf Tax Compliance zu würdigen[1542].

1537 *Drüen*, IFSt-Schrift Nr. 469 (2011), S. 44; ebenso FinMin NRW, Erlass v. 11.06.2008, S 0401 10 VA5. Die korrekte Ermessensanwendung im Einzelfall bzw. in Gestalt entsprechender Ermessensrichtlinien ist nach § 102 FGO gerichtlich überprüfbar, siehe bereits oben **4. Kapitel A. II. 4**.

1538 So die OFD Niedersachsen in ihrem Leitfaden und dem korrespondierenden Merkblatt. Kritisch gegenüber einer Anknüpfung an das „Wohlverhalten" der Steuerpflichtigen und für eine möglichst flächendeckende zeitnahe Betriebsprüfung *Hey*, WPg 2011, Editorial I; ähnlich *Drüen*, IFSt-Schrift Nr. 469 (2011), S. 43 ff.

1539 FinMin NRW, Erlass v. 11.06.2008, S 0401-10-VA5.

1540 FinMin NRW, Erlass v. 11.06.2008, S 0401-10-VA5.

1541 FinMin NRW, Erlass v. 11.06.2008, S 0401-10-VA5.

1542 Zu sonstigen Auswahlkriterien, wie zum Beispiel die Konzernunabhängigkeit oder Konzernstruktur im Erlass des Finanzministeriums NRW siehe *Seer*, Ubg 2009, 673, 676.

1. Kriterium der bisherigen steuerlichen Pflichterfüllung

Nach dem Erlass des Finanzministeriums NRW zeichnen sich steuerloyale Unternehmen unter anderem dadurch aus, dass sie sich „in der Vergangenheit steuerehrlich" verhalten haben, bei vorangegangenen Prüfungen „aktiv bei der Informationsbeschaffung mitgewirkt" haben und die steuerlichen Pflichten „ernst genommen" haben[1543].

a) Kriterium der positiven Steuervita

Insoweit wird also auf den Grad der steuerlichen Mitwirkung bzw. Erfüllung der Mitwirkungspflichten nach §§ 90 ff. AO in der Vergangenheit, d.h. auf die sog. Steuervita abgestellt[1544]. Im Hinblick auf § 5 AO darf die Anknüpfung an den Grad der steuerlichen Mitwirkungspflichterfüllung in der Vergangenheit weder eine Ermessensüber- oder Ermessensunterschreitung noch einen Ermessensfehlgebrauch darstellen. Hat die Anknüpfung an die Steuervita –losgelöst vom Modell NRW – zur Folge, dass nur oder primär Unternehmen mit positiver Steuervita in den Genuss zeitnaher Prüfungen kommen und andere mit negativer steuerlicher Vergangenheit von einer derartigen Prüfung ausgeschlossen werden, wäre darin eine an Art. 3 Abs.1 GG zu messende Ungleichbehandlung der Unternehmen zu sehen[1545]. Schließlich gilt der Gleichheitssatz auch für die „Auswahl der Kooperationspartner", wobei die Kooperationskriterien nachprüfbar und sachangemessen sein müssen[1546]. In der vorliegenden Konstellation bestehen indes erhebliche, eine Ungleichbehandlung rechtfertigende Unterschiede. So ist die zeitnahe, auf gemeinsame Verfahrensabsprachen setzende Prüfung vor allem als Entgegenkommen der Finanzverwaltung respektive als Kooperations- und Serviceelement zu sehen. Sie zielt grundsätzlich darauf ab, den Steuervollzug für Unternehmen, die die Steuergesetze einhalten, möglichst angenehm, schonend und zügig auszugestalten. Mithin fungiert sie als *Anreiz* für ein möglichst hohes

1543 FinMin NRW, Erlass v. 11.06.2008, S 0401-10-VA5.

1544 Siehe dazu bereits oben **4. Kapitel A. V. 2. a)**.

1545 Ein Verstoß gegen Art. 3 GG ist grundsätzlich ermessensfehlerhaft, siehe *Kruse*, in: Tipke/Kruse, AO/FGO, § 5 AO, Rn. 50 (09/2009).

1546 *Gusy*, ZUR 2001, 1, 5; ebenso *Drüen*, IFSt-Schrift Nr. 469 (2011), S. 43; *ders.*, FR 2011, 101, 109; vgl. auch *Eckhoff*, Rechtsanwendungsgleichheit, 1999, S. 452, wonach eine selektive Kooperation nur mit großen Unternehmen oder gut beratenen und vertretenen Steuerpflichtigen dem Gebot der Rechtsanwendungsgleichheit nicht genügen könnte.

Maß an eigenmotivierter steuerlicher Pflichterfüllung[1547]. Von daher ist es folgerichtig, dass auch in erster Linie entsprechend mitwirkungsbereite und tatsächlich mitwirkende Unternehmen, die eine zeitnahe Prüfung anstreben, zu einer solchen Prüfung ausgewählt werden. Sieht man die zeitnahe Außenprüfung in diesem Sinn als „positiven Kooperationsanreiz"[1548] bzw. als eine Art Bonus, sollte sie nicht auch dann durchgeführt werden, wenn der Steuerpflichtige in der Vergangenheit mehrfach seine steuerlichen Pflichten ignoriert hat und davon auszugehen ist, dass er dies auch in Zukunft tut. Insoweit stößt die Forderung von *Hey* nach einer flächendeckenden zeitnahen Prüfung möglichst aller Steuerpflichtigen[1549] auf Bedenken; der Anreizgedanke würde verfehlt. Der Steuerpflichtige hat es dabei selbst in der Hand, ob seine Steuervita positiv oder negativ ausfällt. Indem er sich pflichtgemäß verhält, schafft er die Grundlage für entsprechende verfahrensmäßige Privilegierungen. Der Gedanke der verfahrensmäßigen Besserstellung von Rechtssubjekten, die ihre gesetzlichen Pflichten erfüllen, liegt zudem der zollrechtlichen Figur des zugelassenen Wirtschaftsbeteiligten zu Grunde[1550]; insoweit ist der Ansatz der Privilegierung im Verfahren bei hohem Compliance-Faktor bereits in der bestehenden Steuerrechtsordnung im weiteren Sinn angelegt. Wie bereits an anderer Stelle ausgeführt, entspricht es zudem dem Verhältnismäßigkeitsprinzip, rechtstreue Steuerpflichtige im Rahmen des Vollzuges zu verschonen bzw. entgegenkommend zu behandeln[1551].

b) Mögliches Kriterium des Vorhaltens eines Tax Compliance-Systems

Kann die Steuervita als Kriterium zur Bestimmung der Steuerloyalität und also als zulässiges Auswahlkriterium im Rahmen zeitnaher Prüfungen herangezogen werden, wäre es nur konsequent, flankierend auf das Vorhalten eines Tax Compliance-Systems im Unternehmen abzustellen[1552]. Zwar spielt die Vorhaltung eines entsprechenden

---

1547 Zum Zusammenhang zwischen Tax Compliance-Vollzugsstrategie und zeitnaher Außenprüfung *Seer*, Ubg 2009, 673, 676.

1548 Begriff nach *Drüen*, in: Schön/Beck, Zukunftsfragen des deutschen Steuerrechts, 2009, S. 1, 22.

1549 WPg 2011, Editorial I.

1550 Vgl. *Drüen*, in: in: Schön/Beck, Zukunftsfragen des deutschen Steuerrechts, 2009, S. 1, 23. Siehe dazu **5. Kapitel A.**

1551 Siehe bereits **3. Kapitel D. I.** sowie zum Gebot der Verhältnismäßigkeit **4. Kapitel A. II. 5. b)**.

1552 Zur Berücksichtigung von Tax Compliance-Systemen im Rahmen des risikoorientierten Prüfungsansatzes siehe bereits oben **4. Kapitel B. I.**

Systems bisher noch keine Rolle bei der Auswahl der Unternehmen zur zeitnahen Außenprüfung. Allerdings stellt das steuerpflichtige Unternehmen mit der Einführung und Nutzung eines derartigen Systems strukturell unter Beweis, dass es seine steuerlichen Pflichten ernst nimmt und zu erfüllen gedenkt[1553]. Dabei bietet sich eine Zusammenschau des Systems mit der vergangenheitsbezogenen Steuervita an[1554]. Die Berücksichtigung eines vorhandenen Tax Compliance-Systems nicht nur als risikomindernder Faktor im Rahmen des allgemeinen risikoorientierten Kontrollansatzes, sondern auch speziell als positives Kriterium bei der Unternehmensauswahl zur zeitnahen Außenprüfung fungierte somit als zusätzlicher Anreiz für die Unternehmen, entsprechende Systeme zu implementieren und wirksame Eigenkontrolle zu betreiben. Wie bereits dargelegt, stehen der finanzbehördlichen Berücksichtigung vorhandener Tax Compliance-Systeme keine rechtlichen Vorgaben entgegen[1555]. Überdies wären Unternehmen, die etwa auf Grund überschaubarer Größenverhältnisse über keine ausgeprägten Systeme, aber dennoch über eine positive Steuervita verfügen, nicht von der Teilnahme an zeitnahen Prüfungen auszuschließen.

2. Kriterium der Erteilung einer steuerlichen Selbstauskunft

Einige Modelle zur zeitnahen Außenprüfung sehen vor, dass das teilnahmewillige Unternehmen vor Beginn der Prüfung eine sog. steuerliche Selbstauskunft erteilt: So zählt eine „Selbstauskunft des Unternehmens zu steuerlichen Risiken" nach dem Leitfaden der OFD Niedersachsen zu den Unterlagen, die zu Beginn einer Prüfung vorliegen müssen[1556]. Ebenso setzt das Eckpunktepapier der OFD Koblenz voraus, dass das Unternehmen eine „steuerliche Selbstauskunft" erteilt[1557]. Zurückhaltender spricht das Merkblatt der OFD Niedersachsen zur kooperativ ausgerichteten Konzernbetriebsprüfung davon, dass vom Prüfungsdienst „erwünscht" wird, in den Erörterungen zwischen den Großbetriebsprüfern und den Unternehmensvertretern „Selbstauskünfte" in Betracht zu ziehen[1558]. Im Rahmen der steuerlichen

---

1553 *Seer*, in: FS Streck, 2011, S. 403, 409.

1554 Dafür auch *Seer*, in: FS Streck, 2011, S. 403, 409, 414.

1555 Siehe dazu bereits oben **4. Kapitel B. I. 1**.

1556 OFD Niedersachen, Leitfaden Zeitnahe Betriebsprüfung, gemeinsam schneller – gemeinsam erfolgreich durch Jahrestaktprüfungen, 03/2009.

1557 OFD Koblenz, Eckpunkte für die Durchführung einer zeitnahen Prüfung von Großbetrieben und Konzernen, 08/2009.

1558 OFD Niedersachsen, Merkblatt Kooerativ ausgerichtete Konzernbetriebsprüfung, 01/2012 (S 1502 -7-St 11).

Selbstauskunft soll das Unternehmen der Betriebsprüfung Informationen über Änderungen aus gesellschaftsrechtlicher und wirtschaftlicher Sicht mit steuerlicher Relevanz (z.B. Gesellschafterwechsel, Umstrukturierungsmaßnahmen, Rechtsbeziehungen zwischen konzernangehörigen Unternehmen) mitteilen, die aus seiner Sicht prüfungsrelevanten Sachverhalte erläutern und die zugehörigen entscheidungserheblichen Unterlagen vorlegen. Ein Muster zur Selbstauskunft liegt sowohl dem Leitfaden der OFD Niedersachsen als auch dem Eckpunktepapier der OFD Koblenz bei. Zur Begründung wird angeführt, die Selbstauskünfte über wesentliche steuerliche Entscheidungen der Vergangenheit dienten nach Erfahrungen der Prüfungsdienste regelmäßig der deutlichen Beschleunigung des Prüfungsablaufs. Ziel sei, „frühzeitig Klarheit bei der Rechtsanwendung zu ermöglichen“[1559]. Insoweit entspricht die Praxis der Finanzverwaltung den international verbreiteten Tax Compliance-Programmen, die regelmäßig eine *extensive Transparenz* der Steuerpflichtigen voraussetzen[1560]. Fraglich ist dabei, ob die Unternehmen bereits von Gesetzes wegen zur Erteilung einer derartigen Auskunft *verpflichtet* sind. Wäre dies der Fall, könnte die Finanzverwaltung daran im Rahmen des Auswahlprozesses zur zeitnahen Außenprüfung anknüpfen[1561]. Besteht hingegen keine gesetzliche Pflicht, so stellt sich die grundlegende Frage, ob die Verwaltung auch an *überobligatorische* Verhaltensweisen der Unternehmen anknüpfen bzw. die zeitnahe Prüfung davon abhängig machen darf.

a) Reichweite der gesetzlichen Mitwirkungspflichten

Das Steuerrecht ist ebenso wie beispielsweise das Polizeirecht Recht der Eingriffsverwaltung[1562]. Die in den Mitwirkungspflichten zu sehenden Beeinträchtigungen der Grundrechte – tangiert ist jedenfalls die allgemeine Handlungsfreiheit nach Art. 2 Abs.1 GG[1563] - bedürfen folglich der gesetzlichen Grundlage, die ihrerseits den verfassungsrechtlichen Anforderungen zu entsprechen hat. Demgemäß

1559 OFD Niedersachsen, Merkblatt Kooperativ ausgerichtete Konzernbetriebsprüfung, Fassung Januar 2012 (S 1502 -7-St 11).

1560 Vgl. *Spengel/Ortmann-Babel/Matenaer,* Ubg 2012, 466, 470.

1561 Einschlägig wäre dann das zulässige Kriterium der „steuerlichen Pflichterfüllung“, siehe bereits **4. Kapitel C. IV. 1. a)**.

1562 Siehe etwa *Seer*, in: Tipke/Lang, Steuerrecht, 2013, § 1, Rn. 27.

1563 Des Weiteren kommen Eingriffe in das Grundrecht auf informationelle Selbstbestimmung aus Art. 2 Abs.1 GG i.V.m. Art. 1 GG, die Berufsfreiheit nach Art. 12 Abs.1 GG oder Beschränkungen des durch Art. 14 GG geschützten eingerichteten und eingeübten Gewerbebetriebs in Betracht, siehe *Jochum,* Mitwirkungspflichten

vermag die Aufforderung zur steuerlichen Selbstauskunft nur dann eine entsprechende Rechtspflicht auf Seiten des Steuerpflichtigen zu begründen, wenn sie auf eine wirksame Ermächtigungsgrundlage gestützt werden kann.

Dabei gilt es zu berücksichtigen, dass der Steuergesetzgeber anders als zunächst geplant, gerade keine allgemeine Anzeigepflicht für Steuergestaltungen eingeführt hat[1564]. So wurde der Entwurf von § 138a AO aus dem Jahr 2008, wonach insbesondere Steuerberater, aber auch Steuerpflichtige verfahrensrechtlich zur umfassenden, äußerst detaillierten Anzeige von „Steuergestaltungen" verpflichtet worden wären (vollständige Beschreibung der Gestaltung, Angabe des erzielbaren Steuervorteils, Nennung betroffener Rechtsvorschriften), um der Verwaltung bzw. dem Gesetzgeber möglichst früh und umfassend Kenntnis über steuerliche Gestaltungen zu verschaffen, nicht in die Abgabenordnung aufgenommen[1565]. In der Folge existiert, anders als beispielsweise in den USA, wo die „unsicheren Steuerpositionen" in der Steuererklärung anzugeben und zu beschreiben sind[1566], keine allgemeine Anzeigepflicht mit Blick auf steuerrechtliche Risiken.

§§ 193, 194 AO räumen der Finanzverwaltung zwar einen weiten Ermessensspielraum bei der Durchführung der Außenprüfung ein, stellen indes keine Ermächtigungsgrundlagen dar, aus denen konkrete Mitwirkungspflichten der Steuerpflichtigen abgeleitet werden können. In Betracht kommt vielmehr § 200 Abs.1 AO, der die Mitwirkungspflichten im Rahmen der Außenprüfung regelt und insoweit die allgemeinen Pflichten nach §§ 93 ff. AO modifiziert und ergänzt. Daneben soll auf die Deklarationspflicht nach §§ 149 ff. AO eingegangen werden, handelt es sich bei der Selbstauskunft schließlich auch um einen Deklarationsakt.

aa) Reichweite von § 200 AO

Im Rahmen der Außenprüfung richtet sich die Mitwirkungspflicht vornehmlich nach § 200 AO als lex specialis[1567]. Gemäß § 200 Abs.1 S.1 AO hat der Steuerpflichtige bei der Feststellung der Sachverhalte, die für die Besteuerung erheblich sein können, mitzuwirken. Die Vorschrift rekapituliert insoweit die

---

des Steuerpflichtigen in der Außenprüfung, 2011, S. 32 ff; vgl. allgemein auch *Hey*, in: Tipke/Lang, Steuerrecht, 2013, § 3, Rn. 180 ff.

1564 Vgl. *Drüen*, IFSt-Schrift Nr. 469 (2011), S. 44; *Haarmann,* in: Dahlmanns, IFSt-Schrift Nr. 467 (2011), S. 31; *Spengel/Ortmann-Babel/Matenaer,* Ubg 2012, 466, 470.

1565 Siehe *Flämig*, Beihefter zu DStR 44, 2007, 2 ff.; *Kessler/Eicke*, BB 2007, 2370 ff.

1566 Siehe dazu bereits **1. Kapitel B. I. 4**.

1567 Siehe *Seer*, in: Tipke/Kruse, AO/FGO, § 200 AO, Rn. 1, 25, 29 (05/2010).

bereits nach § 90 AO allgemein bestehende Mitwirkungsverpflichtung des Steuerpflichtigen[1568]. § 200 Abs.1 S.2 AO konkretisiert dabei die entsprechenden Pflichten: So sind insbesondere Auskünfte zu erteilen, Aufzeichnungen, Bücher, Geschäftspapiere und andere Urkunden zu Einsicht und Prüfung vorzulegen, die zum Verständnis der Aufzeichnungen erforderlichen Erläuterungen zu geben und die Finanzbehörde bei Ausübung ihrer Befugnisse nach § 147 Abs.6 AO zu unterstützen. Bei alledem obliegt es dem Außenprüfer, die einzelnen Pflichten nach pflichtgemäßem Ermessen genauer zu bestimmen[1569], wobei das Mitwirkungsverlangen nur rechtmäßig ist, wenn es notwendig, zumutbar und verhältnismäßig im engeren Sinne ist[1570]. Der Umfang der Mitwirkungspflichten richtet sich nach dem konkreten Einzelfall namentlich nach konkreten materiell-rechtlichen Vorgaben und den daraus erwachsenden verfahrensrechtlichen Konsequenzen[1571].

Soweit der Steuerpflichtige dazu aufgefordert wird, im Rahmen einer Selbstauskunft sämtliche Änderungen aus gesellschaftsrechtlicher und wirtschaftlicher Sicht mit steuerlicher Relevanz zu benennen und entsprechende Unterlagen vorzulegen, kann dies jedoch nicht auf § 200 Abs.1 S.1 und 2 AO gestützt werden[1572]. Schließlich ist allgemein anerkannt, dass die konkretisierende Aufforderung zur Urkundenvorlage stets im Rahmen des pflichtgemäßen Ermessens zu betätigen ist[1573] und insbesondere nicht gegen das Übermaßverbot verstoßen darf[1574]. Eine

1568 *Seer*, in: Tipke/Kruse, AO/FGO, § 200 AO, Rn. 1 (05/2010).

1569 Vgl. BFH v. 15.09.1992, VII R 66/91, BFH/NV 1993, 76. Bei § 200 AO handelt es sich mithin um eine konkretisierungsbedürftige Mitwirkungspflicht, die erst noch durch ein Mitwirkungsverlangen zu „aktivieren" ist, siehe *Keller*, Rechtsschutz gegen Maßnahmen der steuerlichen Außenprüfung, 2011, S. 9

1570 *Intemann*, in: Pahlke/Koenig, AO, 2009, § 200, Rn. 6; *Mrosek*, AO-Stb 2004, 367, 368 ff.; *Rüsken*, in: Klein, AO, 2012, § 200, Rn. 2

1571 *Mrosek*, AO-Stb 2004, 411, 413.

1572 Auch § 90 Abs.1 AO, der ebenfalls für das Außenprüfungsverfahren gilt, vermag keine entsprechende Pflicht zu begründen. Schließlich ist darin mangels Bestimmtheit keine Ermächtigungsgrundlage für die Finanzbehörde zu sehen, um von dem Beteiligten ein konkretes Verhalten zu verlangen, siehe etwa *Seer*, in: Tipke/Kruse, AO/FGO, § 90 AO, Rn. 3 f. (01/2010); *Wenzig*, DStZ 1986, 375, 380; *Wünsch*, in: Pahlke/Koenig, AO, 2009, § 90, Rn. 1.

1573 Vgl. Anwendungserlass zur Abgabenordnung (AEAO), BMF-Schreiben v. 02.01.2008, (BStBl I 2008, 26) zu § 200 AO, Tz. 1.

1574 Siehe etwa BFH v. 04.11.2003, VII R 28/01, BStBl II 2004, 1032, 1033; *Drüen*, StbJb 2006/2007, S. 273; *Seer*, in: Tipke/Kruse, AO/FGO, § 200 AO, Rn. 9 f. (05/2010); vgl. auch *Intemann*, in: Pahlke/Koenig, AO, 2009, § 200, Rn. 17.

solche an die konkreten Umstände des Falles anknüpfende Ermessensausübung liegt indes bei der pauschalen Aufforderung zur Selbstauskunft respektive Benennung und Vorlage relevanter Sachverhaltsänderungen ohne Eingrenzungen nicht vor. Vielmehr handelt es sich um eine unzulässige Aufforderung „ins Blaue hinein“[1575]. Überdies wird sogar generell die Vorlage freiwillig aufbewahrter Unterlagen, etwa Unternehmenskaufverträge oder Gutachten über die Bildung von Pensionsrückstellungen, miteinbezogen. Selbst wenn man entgegen vielfach geäußerter Ansicht[1576] davon ausgehen sollte, dass im Rahmen von § 200 Abs.1 S.2 AO die Vorlage von nicht aufbewahrungs- und vorlagepflichtigen, freiwillig geführten Unterlagen verlangt werden kann, so setzt dies doch voraus, dass stets eine qualifizierte Ermessensausübung stattfindet[1577]. Der Prüfer hat substantiiert darzulegen, dass diese Unterlagen überhaupt existieren und warum diese für die Besteuerung relevant sein könnten[1578]. Eine derartige qualifizierte Ermessensbetätigung und -begründung kann nicht im pauschalen Verlangen einer Selbstauskunft gesehen werden.

Zudem kann der Steuerpflichtige durch die Aufforderung zur Selbstauskunft nicht verpflichtet werden vorab auf prüfungsbedürftige Felder respektive steuerrechtliche Unsicherheiten hinzuweisen[1579]. Mit Blick auf die in § 200 Abs.1 S.2 AO genannte Erteilung von Auskünften und Erläuterungen besteht dahingehend Einigkeit, dass der Steuerpflichtige nur dazu verpflichtet werden kann, über steuerlich erhebliche Tatsachen Auskunft zu geben. Demnach besteht weder eine Pflicht zur Äußerung von Werturteilen oder Vermutungen noch zur Abgabe rechtlicher Bewertungen[1580]. Wie bereits der eindeutige Wortlaut in § 90 Abs.1 S.1 AO („Mitwirkung bei der Ermittlung des Sachverhalts“), § 90 Abs.1 S.2 AO („erheblichen Tatsachen vollständig und wahrheitsgemäß offen legen“)

1575 Siehe dazu *Drüen*, StbJb 2006/2007, S. 273; *Intemann*, in: Pahlke/Koenig, AO, 2009, § 200, Rn. 17.

1576 Vgl. BFH v. 26.09.2007, I B 53/07, BStBl II 2008, 415, 417; BFH v. 24.06.2009, VIII R 89/06, BStBl II 2010, 452; *Drüen*, StbJb 2006/2007, S. 273, 284 ff.; *Panek*, Die steuerliche Außenprüfung, 2008, S. 232; *Schüßler*, Digitale Außenprüfung, 2010, S. 120 f.

1577 *Seer*, in: Tipke/Kruse, AO/FGO, § 200 AO, Rn. 9 (05/2010); siehe auch *Intemann*, in: Pahlke/Koenig, AO, 2009, § 200, Rn. 17 ff.; *Rüsken*, in: Klein, Abgabenordnung, 2012, § 200, Rn. 4. Zur Vorlagepflicht von Rechtsgutachten siehe *Weiß*, StBp 2004, 220 ff.

1578 *Seer*, in: Tipke/Kruse, AO/FGO, § 200 AO, Rn. 9 f. (05/2010).

1579 Vgl. *Seer*, in: FS Streck, 2011, S. 403, 415.

1580 *Intemann*, in: Pahlke/Koenig, AO, 2009, § 200, Rn. 16.

und § 200 Abs.1 S.1 AO („Feststellung der Sachverhalte") zeigt, zielen die gesetzlichen Mitwirkungspflichten auf die Ermittlung des besteuerungsrelevanten Sachverhalts, nicht auf die Beurteilung von Rechtsfragen, deren Entscheidung Aufgabe der Finanzbehörde ist[1581]. Erst recht nicht muss der Steuerpflichtige wie eine Art „Mitprüfer" nach sinnvollen Prüfungsstrategien und -wegen suchen[1582].

bb) Reichweite von §§ 149 ff. AO

Da die Selbstauskunft als Deklarationstätigkeit angesehen werden kann, stellt sich die Frage, ob sich jedenfalls aus den gesetzlichen Deklarationspflichten nach §§ 149 ff. AO entsprechende Offenbarungsobliegenheiten herleiten lassen. Die nach §§ 149 ff. AO i.V.m. den Einzelsteuergesetzen jährlich abzugebende Steuererklärung des Steuerpflichtigen kann dabei als elementare und im Zentrum des modernen Besteuerungsverfahrens stehende Mitwirkungshandlung angesehen werden[1583]. Die Erklärung ist gemäß § 150 Abs.1 S.1 AO nach amtlich vorgeschriebenem Vordruck abzugeben[1584], um sicherzustellen, dass alle Angaben enthalten sind, die die Finanzbehörde als wesentlich erachtet[1585]. Die Angaben sind gemäß § 150 Abs.2 S.1 AO wahrheitsgemäß nach bestem Wissen und Gewissen zu machen, wobei sich die Wahrheitspflicht nur auf Tatsachen bezieht, können doch nur diese wahr oder unwahr sein[1586]. Nicht von der Wahrheitspflicht umfasst sind demnach in der Steuererklärung enthaltene Willenserklärungen und rechtliche Würdigungen[1587]. Nach allgemeiner Auffassung kann der Steuerpflichtige bzw. sein Berater folglich in der Erklärung von der Rechtsauffassung der einschlägigen

1581 Vgl. *Dreßler*, StBp 1982, 205, 209; *Jochum*, Mitwirkungspflichten des Steuerpflichtigen in der Außenprüfung, 2011, S. 44 f.; vgl. auch *Kromer*, DStR 2001, 1017, 1018.

1582 *Mrosek*, AO-StB 2004, 367.

1583 Vgl. *Hoffmann*, Der maßvolle Gesetzesvollzug im Steuerrecht, 1999, S. 201.

1584 Siehe dazu die Grundsätze für die Verwendung von Steuererklärungsvordrucken; Amtlich vorgeschriebene Vordrucke, BMF-Schreiben v. 11.03.2011, IV A 5 –O 1000/07/10086-07IV A 3 –S 0321/07/10004, BStBl I 2011, 247.

1585 *Rätke*: in Klein, AO, 2012, § 150, Rn. 2.

1586 *Cöster*, in: Pahlke/Koenig, AO, 2009, § 150, Rn. 15; *Seer*, in; Tipke/Lang, Steuerrecht, 2013, § 21, Rn. 185.

1587 *Cöster*, in: Pahlke/Koenig, AO, 2009, § 150, Rn. 15. Da die Erklärung auch rechtliche Schlussfolgerungen, wie beispielsweise die Einkünfte- oder Werbungskostenqualifikation, enthält, ist sie nicht als bloße Wissenserklärung zu qualifizieren, *Hoffmann*, Der maßvolle Gesetzesvollzug im Steuerrecht, 1999, S. 208 ff.; *Schick*, StuW 1988, 301, 318; *Seer*, in; Tipke/Lang, Steuerrecht, 2013, § 21, Rn. 185.

Rechtsprechung und der Finanzverwaltung abweichen[1588]. Im Hinblick auf § 370 Abs.1 Nr.1 AO, wonach die Angaben über steuerlich erhebliche Tatsachen nicht „unrichtig oder unvollständig“ sein dürfen, wird jedoch die Frage kontrovers beurteilt, inwiefern der Steuerpflichtige eine abweichende Rechtsauffassung gesondert kenntlich zu machen hat[1589]:

Es werden dabei im Wesentlichen *zwei Positionen* vertreten[1590]: Nach einer Ansicht[1591] sei eine entsprechende Offenlegungspflicht weder praktikabel noch von Gesetzes wegen vorgesehen. Korrespondierend mit der mangelnden Verpflichtung zur Befolgung der finanzbehördlichen und gerichtlichen Rechtsauffassung gäbe es keine Verpflichtung zur Offenlegung steuerlicher Zweifelsfragen. Nur wenn die vertretene Auffassung nicht mehr „nachvollziehbar“ sei, namentlich gegen Denkgesetze oder wissenschaftliche Erfahrungssätze verstoße, und keine Offenlegung erfolge, liege eine unrichtige bzw. unvollständige Angabe nach § 370 Abs.1 Nr.1 AO vor. Bei Anerkennung entsprechender Offenlegungspflichten müsste die Steuererklärung zu einem Buch werden[1592]. Auch die amtlichen Vordrucke, die den Umfang der Deklarationspflicht begrenzen, enthielten keine entsprechenden Möglichkeiten zur Eintragung von Alternativzahlungen auf Grund abweichender Auffassungen[1593]. Demnach sei der Steuerpflichtige von sich aus auch nicht verpflichtet, zweifelhafte Sachverhalte zu offenbaren, wenn er einer vertretbaren Rechtsauffassung folgt[1594].

1588 *Cöster*, in: Pahlke/Koenig, 2009, § 150, Rn. 15; *Rätke*: in Klein, AO, 2012, § 150. Rn. 5; *Seer*, in; Tipke/Lang, Steuerrecht, 2013, § 21, Rn. 185.

1589 *Seer*, StuW 2003, 40, 54, weist diesbezüglich auf die Ausgestaltung im US-amerikanischen Besteuerungsverfahren hin, wonach eine von der Verwaltung abweichende Auffassung zwar zugrunde gelegt werden kann, die als kritisch angesehenen Annahmen aber in einem besonderen sog. Disclosure Statement zu offenbaren sind.

1590 Zur überkommenen Ansicht, wonach eine Steuerhinterziehung auch begehe, wer seinen Angaben unzutreffende Rechtsansichten zu Grunde legt, siehe etwa *Danzer*, in: Kohlmann, Strafverfolgung und Strafverteidigung, 1983, S. 67, 94 ff.

1591 *Dörn*, wistra 1992, 241 ff; *ders.*, DStZ 1993, 478, 483; *Hanssen*, Steuerhinterziehung durch Abweichen von der Finanzrechtsprechung, 1984, S. 147 ff.; *Joecks*, in: Franzen/Gast/Joecks, Steuerstrafrecht, 2009, § 370, Rn. 127 f.; *Krieger*, Täuschung über Rechtsauffassungen im Steuerstrafrecht, 1987, S. 32 ff.; *Meilicke*, BB 1984, 1885 ff.; *Tipke*, StbJb 1972/73, 509, 527.

1592 *Meilicke*, BB 1984, 1885.

1593 Vgl. *Frizen*, Das Deklarationsprinzip, 2009, S. 263 f.

1594 *Dörn*, wistra 1992, 241 ff.; *ders.*, DStZ 1993, 478, 483.

Nach anderer, insbesondere vom BGH vertretenen Auffassung[1595] ist der Steuerpflichtige zwar nicht verpflichtet, die Rechtsauffassung der Finanzverwaltung bzw. der Gerichte seiner Erklärung zu Grunde zu legen und kann dementsprechend eine für ihn günstigere Position einnehmen. Wird jedoch eine „von der Rechtsprechung, den Richtlinien oder der regelmäßigen Verwaltungspraxis" abweichende Rechtsauffassung vertreten, dürfen keine Tatsachen verschwiegen werden, deren Relevanz objektiv zweifelhaft ist[1596]. Maßgeblich ist mithin die Vollständigkeit der erklärten Tatsachen. Problematisch ist an dieser Rechtsprechung, dass eine Abweichung von der Verwaltungsmeinung – beispielsweise im Fall des Nichtanwendungserlasses – dennoch konform mit höchstrichterlicher Rechtsprechung sein kann. Während nach einer Ansicht daher nur der objektive Empfängerhorizont der Gerichte maßgeblich sein soll[1597], stellt eine andere Auffassung auf den objektivierten Empfängerhorizont der Finanzverwaltung, der in den Verwaltungsvorschriften und den in BStBl. II als Verwaltungsleitlinien veröffentlichten Präjudizien der Rechtsprechung nach außen hin erkennbar wird, ab[1598].

Für die erstgenannte Ansicht spricht zunächst, dass der Abgabenordnung und den anderen Steuergesetzen an keiner Stelle eine konkrete, explizite Pflicht zu entnehmen ist, wonach sich der Steuerpflichtige Kenntnis von der Rechtsprechung und den Verwaltungsvorschriften der Finanzbehörden verschaffen muss[1599]. Ebenso wird keine ausdrückliche Verpflichtung dahingehend ausgesprochen, dass von Rechtsprechung oder Verwaltung abweichende Rechtspositionen kenntlich zu machen sind[1600]. *Tipke* weist insoweit darauf hin, dass im Steuererklärungsformular an keiner Stelle nach Abweichungen von Rechtsprechung und Richtlinien gefragt wird[1601].

1595 BGH v. 19.12.1990, 3 StR 90/90, BGHSt 37, 266, 284; BGH v. 10.11.1999, 5 StR 221/99, wistra 2000, 137, 139; *Seer*, StuW 2003, 40, 54; *ders.*, in: Tipke/Lang, Steuerrecht, 2013, § 23, Rn. 24; ebenso *Lindenthal*, Mitwirkungspflichten des Steuerpflichtigen, 2006, S. 20 f. *Seer*, in: Tipke/Lang, Steuerrecht, 2013, § 23, Rn. 24.

1596 BGH v. 19.12.1990, 3 StR 90/90, BGHSt 37, 266, 284; BGH v. 10.11.1999, 5 StR 221/99, wistra 2000, 137, 139. Eine Offenlegung kann beispielsweise in Form von ausdrücklichen Sachverhaltsschilderungen oder der Angabe von alternativen Zahlen erfolgen, vgl. *Frizen*, Das Deklarationsprinzip, 2009, S. 261.

1597 *Schmitz/Wulf*, in: Münchener Kommentar zum StGB, 2010, § 370 AO, Rn. 218 f.

1598 *Rolletschke*, in: Graf/Jäger/Wittig, Wirtschafts- und Steuerstrafrecht, 2011, § 370, Rn. 33; *Seer*, in: Tipke/Lang, Steuerrecht, 2013, § 23, Rn. 24.

1599 *Tipke*, BB 2009, 636, 639; vgl. auch *Joecks*, in: Franzen/Gast/Joecks, Steuerstrafrecht, 2009, § 370, Rn. 127 f.

1600 *Tipke*, BB 2009, 636, 639.

1601 *Tipke*, BB 2009, 636, 639.

Nichtsdestotrotz streiten gewichtige Gründe für die andere Auffassung, insbesondere für die Abstellung auf den objektivierten Empfängerhorizont der Finanzverwaltung. Schließlich kann nur unter Zugrundelegung dieser Ansicht gewährleistet werden, dass der Verwaltung nicht von vornherein die Möglichkeit genommen wird, ihre eigene als richtig erkannte Rechtsansicht zu vertreten[1602]. Würden Tatsachen nicht offenbart, deren rechtliche Relevanz mit Blick auf den finanzbehördlichen Empfängerhorizont zweifelhaft ist, wäre eine abweichende Auslegung oder Subsumtion des Steuerpflichtigen für den Veranlagungsbeamten nicht erkennbar; die praktische Auswertbarkeit der Steuererklärung wäre stark eingeschränkt[1603]. Dabei bleibt der Steuerpflichtige, der eine Rechtsanwendung der Verwaltung für unzutreffend hält, nicht ohne Schutz: Es steht ihm offen, gegen die finanzbehördliche Rechtsanwendung Einspruch einzulegen oder gegebenenfalls gerichtlichen Rechtsschutz zu suchen[1604]. Schließlich vermag der formalistische Hinweis auf fehlende Offenlegungsmöglichkeiten im amtlichen Erklärungsformular kaum zu überzeugen, lassen sich zweifelhafte Umstände doch ohne ersichtliche Schwierigkeiten in einer Anlage zur Steuererklärung offenbaren.

Selbst unter Zugrundelegung der von der Rechtsprechung vertretenen extensiven Auffassung umfasst die Deklaration indes keine erschöpfende steuerliche Selbstauskunft, wie im Rahmen der zeitnahen Prüfung gefordert. Den Steuerpflichtigen trifft nach BGH zwar eine Offenbarungspflicht hinsichtlich derjenigen tatsächlichen Umstände, deren rechtliche Relevanz objektiv zweifelhaft ist. Er ist darüber hinaus jedoch nicht dazu verpflichtet, weitere Angaben zu machen, seine Angaben zu erläutern oder auf bestimmte „prüfungsrelevante" Felder hinzuweisen. Insbesondere hat keine Erläuterung der eigenen Rechtsauffassung zu erfolgen. Erst recht besteht nach der erstgenannten, restriktiven Ansicht keine Pflicht zur umfassenden Offenbarung. Schließlich verpflichten §§ 149 ff. AO i.V.m. den Einzelsteuergesetzen in formeller Hinsicht nur zur Abgabe von

1602 *Rolletschke*, in: Graf/Jäger/Wittig, Wirtschafts- und Steuerstrafrecht, 2011, § 370, Rn. 33 f.; *Seer*, in: Tipke/Lang, Steuerrecht, 2013, § 23, Rn. 24.

1603 Vgl. *Rolletschke*, in: Graf/Jäger/Wittig, Wirtschafts- und Steuerstrafrecht, 2011, § 370, Rn. 34; dies bedenkend auch *Joecks*, in: Franzen/Gast/Joecks, Steuerstrafrecht, 2009, § 370, Rn. 127.

1604 *Seer*, in: Tipke/Lang, Steuerrecht, 2013, § 23, Rn. 24. Mit Blick auf § 370 AO setzt eine Bestrafung voraus, dass der Steuerpflichtige überhaupt erkennt, dass er eine von der Finanzverwaltung abweichende Auffassung einnimmt; ist dies nicht der Fall, handelt er selbst bei objektiver Zweifelhaftigkeit der Umstände jedenfalls ohne Vorsatz (§ 16 Abs.1 S.1 StGB), siehe dazu *Rolletschke*, in: Graf/Jäger/Wittig, Wirtschafts- und Steuerstrafrecht, 2011, § 370, Rn. 34.

Steuererklärungen in der dafür vorgeschriebenen Form (§ 150 AO) und Frist (§ 149 Abs.2 AO). Eine Pflicht zur Abgabe nachfolgender und ergänzender bzw. aktualisierender Erklärungen anlässlich einer Außenprüfung existiert nicht. Eine Ausnahme stellt insoweit nur § 153 AO dar, wonach insbesondere unrichtige oder unvollständige Erklärungen im Nachhinein zu berichtigen sind, wenn der Steuerpflichtige dies vor Ablauf der Festsetzungsfrist erkennt.

Obgleich insgesamt gute Gründe für die von der Rechtsprechung vertretene Auffassung sprechen, kann eine Entscheidung des Meinungsstreits somit dahinstehen: Eine umfassende Selbstauskunft anlässlich einer Betriebsprüfung wird nach nach keiner der Auffassungen geschuldet. Nichtsdestotrotz wäre de lege ferenda eine gesetzliche Klarstellung der Offenbarungspflicht i.R.v. §§ 149 ff. AO wünschenswert, um die bestehenden Unklarheiten i.R.v. §§ 370 Abs.1 AO zu beseitigen und Rechtssicherheit zu schaffen.

cc) Zwischenergebnis: Keine Rechtspflicht zur Selbstauskunft

Insgesamt kann die pauschale Aufforderung zur umfassenden steuerlichen Selbstauskunft de lege lata auf keine Ermächtigungsgrundlage gestützt werden[1605]. Eine entsprechende Rechtspflicht der Steuerpflichtigen existiert nicht. Mit Blick auf die zeitnahe Außenprüfung fällt die Selbstauskunft somit nicht unter das Auswahl- bzw. Ermessenskriterium der „steuerlichen Pflichterfüllung".

b) Anknüpfung an eine überobligatorische Selbstauskunft

Kann eine umfassende steuerliche Selbstauskunft im Rahmen der zeitnahen Außenprüfung de lege lata nicht verpflichtend angeordnet werden, stellt sich die Frage, ob die Finanzverwaltung jedenfalls eine überobligatorische Selbstauskunft der Steuerpflichtigen anregen und daran bei der Auswahl geeigneter Unternehmen zur zeitnahen Außenprüfung anknüpfen darf. Insoweit geht es um eine mögliche Konnexität zwischen überobligatorischer Tax Compliance auf Unternehmensseite und hoheitlichem Handeln.

aa) Überobligatorische Selbstauskunft als optionaler Bestandteil von Tax Compliance

Zunächst ist festzuhalten, dass es dem Steuerpflichtigen von Gesetzes wegen unbenommen bleibt, von sich aus auf prüfungsrelevante Bereiche hinzuweisen

1605 Vgl. *Drüen,* in: Dahlmanns, IFSt-Schrift Nr. 467 (2011), S. 31; *Seer*, in: FS Streck, 2011, S. 403, 409.

bzw. *freiwillig* eine entsprechende Selbstauskunft zu erteilen. Tax Compliance aus Unternehmensperspektive muss sich schließlich nicht notwendig in der Erfüllung der gesetzlichen Mindestvorgaben erschöpfen[1606]. Maßgeblich ist aus Unternehmenssicht, ob die (wirtschaftlichen) *Vorteile* eines derartigen überobligatorischen Verhaltens mögliche *Nachteile* überwiegen. Auf der einen Seite ist nicht zu verkennen, dass die Selbstauskunft mit erheblichem administrativem Mehraufwand auf Unternehmensseite verbunden sein kann. Zudem ist nicht von der Hand zu weisen, dass die freiwillige Nennung von Unsicherheiten und prüfungsbedürftigen Feldern die Verhandlungsposition bzw. -taktik des Unternehmens schwächen kann; die Redensart, wonach „schlafende Hunde nicht geweckt werden sollten" drängt sich auf. Steuerehrlichkeit und Offenheit sind mithin nicht vollkommen deckungsgleich[1607]. So steht aus Unternehmenssicht zu befürchten, dass eine umfassende Offenlegung von der Verwaltung zum Anlass für noch kritischere und noch umfangreichere Prüfungen genommen wird. Auf der anderen Seite kann es Vorteile bringen, Tatsachen umfassend und aktualisiert offen zu legen und auf rechtliche Problemfelder hinzuweisen. Als möglicher Vorteil einer derart kooperativen Offenlegung ist vor allem eine größere Prüfungseffizienz bzw. -beschleunigung zu sehen[1608]. Die Betriebsprüfer müssen nicht mehr lange nach möglichen kritischen Feldern suchen und können sogleich auf Basis des umfassend vorgelegten Sachverhaltes mit der rechtlichen Würdigung beginnen. Verhält sich das Unternehmen hingegen zwar legal, aber weitgehend passiv, erschwert dies die Prüfung, was zu Komplikationen und insbesondere einer längeren Prüfungsdauer führen kann. In diesem Sinne ist bisweilen die Aussage anzutreffen, wonach „die Zeiten des „Versteck-Spielens" endgültig überwunden seien" und das Unternehmen den Betriebsprüfern daher von vornherein alle Tatsachen mitteile und „kritische" Themen offen lege[1609]. Dass die kritischen Themen freiwillig offen gelegt werden heiße keineswegs, dass darüber nicht gestritten und gegebenenfalls auch eine gerichtliche Klärung angestrebt wird. Insgesamt kann die freiwillige Offenlegung klärungsbedürftiger Punkte aus Unternehmenssicht somit sinnvoll sein, um zur Beschleunigung der Prüfung beizutragen.

1606 Siehe bereits **2. Kapitel A. II. 1. b)**.

1607 *Haarmann*, in: Dahlmanns, IFSt-Schrift Nr. 467 (2011), S. 31.

1608 So auch die Begründung der OFD Niedersachsen, Merkblatt Kooperativ ausgerichtete Konzernbetriebsprüfung, 01/2012 (S 1502 -7-St 11).

1609 So *Gerner*, in: Dahlmanns, IFSt-Schrift Nr. 467 (2011), S. 29. Zustimmend *Herbener*, in: Dahlmanns, IFSt-Schrift Nr. 467 (2011), S. 32.

bb) Überobligatorische Selbstauskunft als finanzbehördliches Ermessenskriterium

Unternehmen werden von einer überobligatorischen Offenlegung absehen, wenn in der Folge keine Prüfungsbeschleunigung, sondern eine intensivere Prüfung stattfindet; die zusätzliche Offenlegung muss ökonomisch vorteilhaft sein. Die Prüfungsdurchführung beruht insoweit auf einem Geben und Nehmen[1610]. Mithin erweisen sich überobligatorische Maßnahmen für ein Unternehmen nur dann als sinnvoll, wenn die Finanzverwaltung *im Gegenzug* auch entsprechend reagiert und das Unternehmen im Rahmen des gesetzlich möglichen verfahrensmäßig privilegiert. Damit korrespondierend wäre eine Anknüpfung an freiwillige Selbstauskünfte bei der Auswahl geeigneter Unternehmen zur zeitnahen Außenprüfung angezeigt; in der zeitnahen Prüfung wäre eine entsprechende verfahrensmäßige Besserstellung quasi als Gegenleistung zur Selbstauskunft zu sehen.

Fraglich ist allerdings, ob eine entsprechende Ermessensausübung der Finanzverwaltung auch rechtlich zulässig bzw. mit § 5 AO vereinbar wäre; insbesondere dürfte die Ermessensbetätigung nicht gegen Art. 3 Abs.1 GG verstoßen[1611]. Soweit Unternehmen, die nicht zu einer überobligatorischen Selbstauskunft bereit sind, vom Vorteil[1612] der zeitnahen Außenprüfung ausgeschlossen würden oder die Weigerung zumindest als ein negatives Kriterium im Rahmen des finanzbehördlichen Auswahlprozesses gewertet würde, läge darin eine zu rechtfertigende Ungleichbehandlung. Allerdings ließe sich eine solche vor dem Hintergrund rechtfertigen, dass eine beschleunigte, kooperative Prüfungs*durchführung* auf ein bestimmtes Maß an wechselseitiger Offenheit faktisch angewiesen ist. Ohne die Bereitschaft zur Kommunikation und Gewährleistung angemessener Transaprenz ist eine kooperative und zügige Prüfung schlechterdings nicht denkbar. Würden Unternehmen, die von sich aus mehr Transparenz als gesetzlich gefordert zeigen, nicht entsprechend privilegiert, bestünde für sie kaum ein Anreiz zu einem entsprechenden Verhalten.

Dabei würden die Unternehmen auch nicht von der Finanzverwaltung mittelbar und contra legem zu einer überobligatorischen Selbstauskunft gezwungen. So bleibt es ihnen anheim gestellt, auf eine weitergehende Selbstauskunft zu verzichten; die

---

1610 Vgl. *Herbener*, in: Dahlmanns, IFSt-Schrift Nr. 467 (2011), S. 33.

1611 Zu den gesetzlichen Grenzen des finanzbehördlichen Ermessens siehe bereits **4. Kapitel A. II. 4. und 5**.

1612 Wie noch ausgeführt wird, kann die zeitnahe Außenprüfung jedoch unter Umständen auch Nachteile für ein zu prüfendes Unternehmen mit sich bringen, siehe sogleich **4. Kapitel C. IV. 5**.

überobligatorische bzw. freiwillige Maßnahme kann als *Grundrechtsbetätigung* angesehen werden[1613]. Die Tatsache, dass ein Verzicht womöglich den Ausschluss von der zeitnahen, kooperativen Außenprüfung zur Folge hat, ändert daran nichts. Zwar kann ausnahmsweise auch die Verleitung zur Kooperation einen (faktisch-indirekten) Grundrechtseingriff darstellen; Voraussetzung ist allerdings, dass das hoheitliche Kooperationsangebot von einer Drohung mit andernfalls zu ergreifenden „ordnungsrechtlichen Alternativmaßnahmen" begleitet und die private Kooperationsbereitschaft mehr oder weniger abgenötigt wird[1614]. Von einem derartigen die Freiheitsrechte einschränkenden staatlichen Zwang zum überobligatorischen Handeln bzw. einem „Zwang zur Kooperation" ist vorliegend entgegen der Ansicht *Drüens*[1615] indes nicht auszugehen. Schließlich wäre die Verweigerung überobligatorischer Beiträge lediglich damit verbunden, dass das Besteuerungsverfahren und insbesondere die Außenprüfung nach herkömmlichem, „klassischem" Muster ablaufen. So weist auch *Fehling* ausdrücklich darauf hin, dass die Freiwilligkeit privater Kooperation nicht schon deshalb in Frage gestellt werden kann, „weil der Private andernfalls mit einem für ihn eventuell noch nachteiligeren hoheitlichen Vorgehen rechnen müsse". Der Vergleich mit dem „Vorzeigen der Folterinstrumente"[1616] treffe nicht zu, sofern es sich alternativ um „eine rechtmäßige staatliche Regelung handeln würde, welche die Betroffenen ohnehin einzukalkulieren hätten"[1617]. Genau so liegt es jedoch im vorliegenden

1613 Vorliegend kommen die wirtschaftlichen Grundrechte des Art. 12 Abs.1 GG (Unternehmens- und Wettbewerbsfreiheit) und Art. 14 Abs.1 GG (eingerichteter und ausgeübter Gewerbebetrieb), jedenfalls Art. 2 Abs.1 GG (jeweils i.V.m. Art. 19 Abs.3 GG) in Betracht. Zum (negativen) Grundrechtsgebrauch in Form unternehmensseitiger Selbstverpflichtungen siehe *Michael*, Rechtssetzende Gewalt im kooperierenden Verfassungsstaat, 2002, S. 324 ff. Vgl. auch *Faber*, Gesellschaftliche Selbstregulierungssysteme im Umweltrecht, 2001, S. 309 f.

1614 So *Fehling*, in: Hoffmann-Riem/Schmidt-Aßmann/Voßkuhle, GVwR, Band II, 2012, § 38, Rn. 61.

1615 IFSt-Schrift Nr. 469 (2011), S. 43 ff., *ders.*, FR 2011, 101, 109, mit Blick auf überobligatorische Maßnahmen im Rahmen der zeitnahen Außenprüfung.

1616 So *Murswiek*, JZ 1988, 985, 988, mit Blick auf das Umweltrecht. Aus steuerrechtlicher Sicht siehe *Drüen*, IFSt-Schrift Nr. 469 (2011), S. 45, der von einer bewusst aufgebauten Diskrepanz zwischen dem „Übel" der zeitfernen und dem Modell der zeitnahen Außenprüfung spricht.

1617 *Fehling*, in: Hoffmann-Riem/Schmidt-Aßmann/Voßkuhle, GVwR, Band II, 2012, § 38, Rn. 61. Siehe auch *Michael*, DV 2004, 557, 564 sowie *ders.*, Rechtssetzende Gewalt im kooperierenden Verfassungsstaat, 2002, S. 330, der Freiwilligkeit etwa bei hoheitlichen Drohungen mit *rechtswidrigen* Rechtsverordnungen verneint.

Fall: Die herkömmliche Außenprüfung wäre von der Unternehmenseite ohnehin einzukalkulieren und nicht als besonderes „Übel“ anzusehen[1618]; das Unternehmen stünde mit Blick auf die Außenprüfung genauso dar wie bisher. Die Verwaltung droht weder mit konkreten Sanktionen noch mit unrechtmäßigen Maßnahmen. Auch soll die Prüfung keineswegs mit „besonderer Härte“ durchgeführt werden.

Im Ergenis steht es der Finanzverwaltung bei der Auswahl geeigneter Kandidaten für die zeitnahe Außenprüfung offfen, auch an die überobligatorische steuerliche Selbstauskunft der Unternehmen anzuknüpfen. Zwar sind die Steuerpflichtigen de lege lata nicht zu einer solchen Selbstauskunft im Vorfeld der Außenprüfung verpflichtet. Nichtsdestotrotz bestehen keine Bedenken, wenn die Finanzverwaltung eine überobligatorische Selbstauskunft der Steuerpflichtigen anregt – so etwa die Formulierung der OFD Niedersachsen, wonach eine entsprechende Selbstauskunft „erwünscht“ wird[1619]. Kommt der Steuerpflichtige dieser Anregung nach und gibt sich freiwillig transparent, kann dies im Rahmen der finanzbehördlichen Auswahlentscheidung zu seinen Gunsten gewertet werden.

3. Kriterium der Gewährung eines unbegrenzten Datenzugriffs

Im Rahmen bisher eingesetzter Modelle zur zeitnahen Außenprüfung wird bisweilen ein „uneingeschränkter elektronischer Datenzugriff nach den Grundsätzen zum Datenzugriff und zur Prüfbarkeit digitaler Unterlagen (GDPdU)“ gefordert, wobei der Zugriff bis zum aktuellen Prüfungstag sichergestellt sein muss[1620]. Durch die Bezugnahme auf die GDPdU, die als Verwaltungsanweisung des BMF die Anwendung der Regelungen zum Datenzugriff und zur Prüfbarkeit digitaler Unterlagen (§§ 146 Abs.5, 147 Abs.2, 5, 6, 200 Abs.1 AO und § 14 Abs.4 UStG) konkretisieren[1621], zeigt die Finanzverwaltung, dass der unbegrenzte Datenzugriff in allen drei Varianten von § 147 Abs.6 AO möglich sein soll[1622].

Auch bei diesem Kriterium stellt sich die Frage, ob die Unternehmen bereits von Gesetzes wegen zur Gewährung eines derartigen Datenzugriffs *verpflichtet* sind

---

1618 A.A. hingegen *Drüen*, IFSt-Schrift Nr. 469 (2011), S. 44 f.; *ders.*, FR 2011, 101, 109.

1619 Merkblatt Kooerativ ausgerichtete Konzernbetriebsprüfung, 01/2012 (S 1502 -7-St 11).

1620 So zum Beispiel von der OFD Niedersachen und der OFD Koblenz in ihren Leitfäden zur zeitnahe Betriebsprüfung.

1621 BMF-Schreiben v. 16.07.2001, IV D 2 – S 0316 – 136/01, BStBl I 2001, 415.

1622 *Seer*, in: FS Streck, 2011, S. 403, 410.

oder die Verwaltung einen *überobligatorischen* Datenzugriff anregen und bei ihrer Ermessensentscheidung bezüglich der Teilnahme an der zeitnahen Außenprüfung berücksichtigen kann.

a) Reichweite der gesetzlichen Mitwirkungspflichten

Nach der gesetzlichen Konzeption steht die Frage, ob eine digitale oder konventionelle Außenprüfung durchgeführt wird und welche der drei Zugriffsformen gewählt wird, im (doppelten) Ermessen der Behörde[1623]. So hat sie gemäß § 147 Abs.6 S.1 AO das Recht, im Rahmen einer Außenprüfung Einsicht in die gespeicherten Daten zu nehmen und das Datenverarbeitungssystem zur Prüfung dieser Unterlagen zu nutzen (unmittelbarer Datenzugriff). Des Weiteren kann die Behörde gemäß § 147 Abs.6 S.2 AO im Rahmen einer Außenprüfung auch verlangen, dass die Daten nach ihren Vorgaben maschinell ausgewertet werden (mittelbarer Datenzugriff) oder ihr die gespeicherten Unterlagen und Aufzeichnungen auf einem maschinell verwertbaren Datenträger zur Verfügung gestellt werden (Datenträgerüberlassung). Ausweislich des eindeutigen Wortlautes ist das Ermessen, von den drei genannten digitalen Zugriffsmöglichkeiten Gebrauch zu machen, jedoch nur „im Rahmen einer Außenprüfung" eröffnet. Das Ermessen ist mithin tatbestandlich gebunden. Sind die tatbestandlichen Voraussetzungen einer gesetzlichen Ermächtigung nicht erfüllt, bewirkt dies eine Ermessenssperre und die Finanzbehörde darf nicht nach ihrem Rechtsfolgeermessen handeln[1624]; die Prüfung der Tatbestandsvoraussetzung ist gerichtlich voll überprüfbar[1625]. Das Tatbestandsmerkmal „im Rahmen einer Außenprüfung" bezieht sich dabei auf den persönlichen, sachlichen und zeitlichen Umfang bzw. Rahmen der Außenprüfung, der nach pflichtgemäßem Ermessen (vgl. § 194 Abs.1, 2 AO) zu bestimmen und in der nach § 196 AO obligatorischen Prüfungsanordnung festzulegen ist[1626]. Ausschließlich in diesem durch die Prüfungsanordnung bestimmten Umfang kommt der Finanzverwaltung das in § 147 Abs.6 AO normierte Recht zur digitalen Außenprüfung zu, darüber hinaus bestehen von Gesetzes wegen

---

1623 Zur Ermessensausübung im Rahmen des digitalen Datenzugriffs siehe *Drüen,* StuW 2003, 365, 366 ff.

1624 *Kruse*, in: Tipke/Kruse, AO/FGO, § 5 AO, Rn. 30, 30a (09/2009).

1625 Siehe etwa BFH v. 14.06.2000, X R 56/98, BStBl II 2001, 60, 62.

1626 *Schüßler*, Digitale Außenprüfung, 2010, S. 33 ff.; *Seer*, in: FS Streck, 2011, S. 403, 411 ff. Siehe auch § 5 Abs.2 S.1 BpO.

keine entsprechenden Datenzugriffsrechte[1627]. Damit korrespondierend ist der Steuerpflichtige auch nur in diesem Rahmen zur Mitwirkung nach § 200 Abs.2 S.1, 2 AO, insbesondere zur Unterstützung der Finanzbehörde bei Ausübung ihrer Befugnisse nach § 147 Abs.6 AO, verpflichtet[1628]. Der Umfang der Außenprüfung soll durch den digitalen Datenzugriff nicht erweitert werden[1629].

Nach alledem besteht für die Forderung eines unbegrenzten Datenzugriffs anlässlich der zeitnahen Außenprüfung keine ausreichende gesetzliche Grundlage[1630]. Der Steuerpflichtige ist demnach nicht verpflichtet, einen umfassenden, sowohl auf Zeiträume vor und nach der Außenprüfung gerichteten Zugriff zu gewährleisten.

b) Anknüpfung an eine überobligatorische Datenzugriffsgewährung

Mangels gesetzlicher Grundlage stellt sich die Frage, ob das steuerpflichtige Unternehmen freiwillig einen umfassenden Datenzugriff gewährt. Für die Finanzverwaltung ist dabei relevant, ob sie eine entsprechende überobligatorische Maßnahme der Unternehmen anregen und die Reaktion des Unternehmens im Rahmen ihres Ermessens berücksichtigen darf.

aa) Überobligatorische Datenzugriffsgewährung als optionaler Bestandteil von Tax Compliance

Dem Steuerpflichtigen steht es frei, gegebenenfalls die Datenzugriffsmöglichkeit über den gesetzlich vorgegebenen Rahmen hinaus auf zu erweitern[1631] und somit überobligatorisch Tax Compliance zu gewährleisten. Dabei gilt es aus Unternehmenssicht, mögliche Vorteile einer freiwilligen Eröffnung des Zugriffs mit möglichen Nachteilen, wie insbesondere gesteigertem Umsetzungsaufwand, abzuwägen. So ist es in der Tat denkbar, dass die Gewährung eines umfassenderen Datenzugriffs faktisch zu einer schnelleren Klärung – insbesondere bei Dauersachverhalten – beiträgt und etwaige Rückfragen seitens der Prüfer vermeiden kann. Insbesondere die Ankündigung der OFD Niedersachsen, wonach durch Einsichtnahme in die aktuellen Daten geklärte Dauersachverhalte bei einer

1627 *Apitz*, StBp 2002, 33, 44; *Drüen*, StuW 2003, 205, 215; *ders.*, StuW 2003, 365, 369; *Panek*, Die steuerliche Außenprüfung, 2008, S. 48 ff., 99 f.; *Schüßler*, Digitale Außenprüfung, 2010, S. 33; *Seer*, in: FS Streck, 2011, S. 403, 412.

1628 *Intemann*, in: Pahlke/Koenig, AO, 2009, § 200, Rn. 66; *Seer*, in: FS Streck, 2011, S. 403, 412.

1629 Siehe BMF-Schreiben v. 16.07.2001, IV D 2 – S 0316 – 136/01, BStBl I 2001, 415.

1630 *Seer*, in: FS Streck, 2011, S. 403, 412.

1631 So auch *Seer*, in: FS Streck, 2011, S. 403, 414.

nachfolgenden Prüfung nicht mehr aufgegriffen werden bräuchten[1632], dürfte im Interesse der Steuerpflichtigen liegen. Soweit sich die Prüfungshandlungen auf Zeiträume beziehen, die nach dem Außenprüfungszeitraum liegen, scheidet mangels vorliegender Prüfungsanordnung eine Hemmung der Verjährungsfrist nach § 171 Abs.4 AO aus[1633]. Ebenso vermag eine freiwillige Eröffnung des Datenzugriffs insoweit auch keine Sperrwirkung für eine Selbstanzeige zu begründen[1634].

bb) Überobligatorische Datenzugriffsgewährung als finanzbehördliches Ermessenskriterium

Auch wenn die Steuerpflichtigen nicht zu einer umfassenden Datenzugriffsgewährung verpflichtet werden können, bleibt es der Finanzverwaltung unbenommen, eine überobligatorische Eröffnung des Datenzugriffs anzuregen. Wie bei der Erteilung steuerlicher Selbstauskünfte ist es überdies zulässig, die freiwillige umfassende Datenzugriffsgewährung als positives Kriterium bei der Auwahl geeigneter Unternehmen zur zeitnahen Außenprüfung zu berücksichtigen; umgekehrt kann der unternehmensseitige Verzicht negativ im Rahmen der Ermessensentscheidung berücksichtigt werden[1635]. Eine mögliche Ungleichbehandlung ließe sich – analog zum Fall der freiwilligen Selbstauskunft – rechtfertigen[1636]. Schließlich kann eine freiwillige umfassende Datenzugriffsgewährung die Prüfungsdurchführung faktisch erheblich beschleunigen und dazu beitragen, dass zeitaufwändige Rückfragen des Prüfers vermieden werden können. Nur bei einer Berücksichtigung zu Gunsten des Unternehmens besteht für dieses ein Anreiz zu einem entsprechenden überobligatorischen Verhalten. Zu guter Letzt handelt das steuerpflichtige Unternehmen auch hier in Ausübung seiner Freiheitsrechte; von einem staatlichen, in die Grundrechtspositionen eingreifenden Zwang ist mangels qualifizierter Drohung nicht auszugehen.

1632 Leitfaden Zeitnahe Betriebsprüfung, gemeinsam schneller – gemeinsam erfolgreich durch Jahrestaktprüfungen, 03/2009.

1633 Vgl. *Schüßler*, Digitale Außenprüfung, 2010, S. 34; *Stahl,* KÖSDI 2005, 14532, 14537.

1634 Vgl. *Schüßler*, Digitale Außenprüfung, 2010, S. 34; *Stahl,* KÖSDI 2005, 14532, 14537.

1635 A.A. *Seer*, in: FS Streck, 2011, S. 403, 409 ff., der eine Abhängigkeit der zeitnahen Außenprüfung von einem unbeschränkten Datenzugriff für unzulässig hält.

1636 Vgl. die Begründung unter **Kapitel 4 C. IV. 2. b) bb)**.

4. Kriterium des Verzichts auf „fragwürdige Steuergestaltungsmodelle“

Soweit im Rahmen der Auswahl von Unternehmen zur zeitnahen Außenprüfung an einen Verzicht auf „fragwürdige Steuergestaltungsmodelle“[1637] angeknüpft wird oder auf den bisweilen verwendeten Begriff der „aggressiven Steuerplanung“[1638] abgestellt würde, ist fraglich, ob darin ein taugliches, rechtlich zulässiges Ermessenskriterium (vgl. § 5 AO) zu sehen ist. Zu klären ist diesbezüglich, ob die Unternehmen bereits von Gesetzes wegen zu einem entsprechenden Verzicht verpflichtet sind. Soweit dies nicht der Fall wäre, stellte sich die Folgefrage, ob auch hier ein freiwilliger Verzicht möglich wäre und von der Finanzverwaltung angeregt respektive verfahrensmäßig „belohnt“ werden könnte.

a) Gesetzliche Vorgaben für die Steuergestaltung bzw. -planung

Wie bereits in **Kapitel 2** ausgeführt, bedeutet Steuerplanung für ein Unternehmen allgemein, den unternehmerischen Geschehensablauf auf das steuerliche Umfeld einzustellen und die Besteuerung dem Grunde, der Höhe und bzw. oder dem Zeitpunkt nach zu beeinflussen[1639]. Dabei legte das BVerfG bereits im Jahre 1959 dar, dass es jedem Steuerpflichtigen frei stehe, seine Angelegenheiten so einzurichten, dass er möglichst wenig Steuern zu zahlen braucht[1640]. Dementsprechend handelt nach ständiger Rechtsprechung des BFH sowie nach einhelliger Meinung im Schrifttum nicht missbräuchlich, wer nach geltendem Recht bestehende Gestaltungsmöglichkeiten ausnutzt[1641]. Nach verbreiteter Ansicht im Schrifttum werden Unternehmen geradezu zur Steuerplanung bzw. Ausnutzung

---

1637 FinMin NRW, Erlass v. 11.06.2008, S 0401-10-VA5.

1638 Siehe etwa *EU Kommission* in ihrer Empfehlung v. 06.12.2012 betreffend aggressive Steuerplanung (C (2012) 8806 final); *OECD*, Study into the Role of Tax Intermediaries, 2008, S. 5 ff.; dazu auch **1. Kapitel B**.

1639 Siehe **2. Kapitel D. I**.

1640 BVerfG v. 14.04.1959, 1 BvL 23/57, BVerfGE 9, 237, 250.

1641 Vgl. etwa BFH v. 29.11.1982, GrS 1/81, BStBl II 1983, 272, 277; BFH v. 02.03.1966, II 113/61, BStBl III 1966, 509, 510; BFH v. 16.01.1996, BStBl II 1996, 214; aus dem Schrifttum siehe beispielsweise *Drüen*, StuW 2008, 154, 155 f.; *Flämig*, Beihefter zu DStR 44, 2007, 2, 6; *Hey*, Steuerplanungssicherheit als Rechtsproblem, 2002, S. 13 ff.; *Lenz/Gerhard*, BB 2007, 2429 ff.; *Schaumburg*, DB 2000, 1884 ff. Nach *Schön*, DStJG 33 (2010), S. 29, 39, handelt es sich bei der Gestaltungsfreiheit indes nicht um ein „Grundrecht auf Steuergestaltung“, sondern um einen Reflex des streng verstandenen Prinzips der Tatbestandsmäßigkeit der Besteuerung.

des Gestaltungspotentials herausgefordert, da wirtschaftlich gleichartige, aber in rechtlicher Hinsicht nur minimal unterschiedlich ausgestaltete Sachverhalte vollkommen verschiedene Besteuerungsfolgen auslösen können[1642]. Nach *Rose* sanktioniert die Steuer die „Dummheit" derjenigen, die sich die Lückenhaftigkeit des Steuerrechts nicht zu Nutze machen[1643]. *Vogel* betont nachdrücklich, dass ein „Übermaß an Steuergestaltung" daher kein Grund sei „an Staatsgesinnung oder Steuermoral der Bürger zu zweifeln"[1644]. Im Ergebnis trifft den Steuerpflichtigen somit einzig eine Pflicht zu gesetzeskonformem Handeln[1645]. Sofern man nun unter dem deutungsoffenen Begriff der „fragwürdigen Steuergestaltungsmodelle" solche Modelle versteht, die letztlich gegen Steuergesetze verstoßen bzw. diese missbräuchlich umgehen, kann die Finanzverwaltung zweifellos an dieses Kriterium anknüpfen und bei der Auswahl geeigneter Unternehmen zur zeitnahen Außenprüfung berücksichtigen; es handelte sich um einen Unterfall des unter 1. erörterten Kriteriums der steuerlichen Pflichterfüllung bzw. Gesetzeseinhaltung.

b) Anknüpfung an einen überobligatorischen Gestaltungsverzicht

Denkbar ist allerdings ebenso, dass sich der Terminus „fragwürdige Steuergestaltungsmodelle" auf Steuergestaltungen bezieht, die *unterhalb* der Grenze zur Steuerhinterziehung bzw. zum Steuermissbrauch (insbes. § 42 AO) anzusiedeln sind[1646]. Zwar steht es Unternehmen de lege lata offen, sämtliche noch legalen Steuergestaltungsmodelle einzusetzen bzw. auszureizen. Indes hängt es von der steuerlichen Risikoaffinität der Unternehmensleitung ab, wie riskant die steuerliche Unternehmensplanung erfolgen soll[1647]. Ein Verzicht auf grenzwertige,

---

1642 *Rödder*, Gestaltungssuche im Ertragsteuerrecht, 1991, S. 436; ebenso *Hey*, Steuerplanungssicherheit als Rechtsproblem, 2002, S. 15; vgl. auch *Rödder*, BB Beilage 19/1988, 6.

1643 *Rose*, StbJb 1975/76, S. 41, 47.

1644 *Vogel*, StuW 1980, 206, 208, wonach ein solches Übermaß vielmehr ein Indiz für mangelhafte Steuergesetze sei. Ähnlich *Schneider*, DB 1997, 485, 487 ff.

1645 Zum häufig äußerst schmalen Grat zwischen legaler Steueroptimierung durch geschicktes Nutzen von gesetzlichen Spielräumen und einer unrichtigen Anwendung der Steuergesetze siehe bereits **2. Kapitel D. II. 1**.

1646 So etwa die *EU-Kommission* in ihrer Empfehlung v. 06.12.2012 betreffend aggressive Steuerplanung (C (2012) 8806 final), S. 2, wonach „aggressive Steuerplanung" darin bestehe „die Feinheiten eines Steuersystems" oder „Unstimmigkeiten zwischen zwei oder mehr Steuersystemen" auszunutzen. Kritisch gegenüber derartigen Abstufungen *Hey*, Steuerplanungssicherheit als Rechtsproblem, 2002, S. 16.

1647 Siehe bereits **2. Kapitel D. II. 3**.

fehleranfällige Steuergestaltungen, die mit einem entsprechend hohen Non-Compliance-Risiko einhergehen, kann sich dabei aus unternehmerischer Sicht als sinnvoll erweisen: Auch wenn womöglich nicht das steuergünstigste Ergebnis erzielt wird, können Vorteile (Planungssicherheit, Vermeidung kostenintensiver Rechtsstreitigkeiten, positive Reputationseffekte) im Einzelfall überwiegen. Mithin umfasst die den Unternehmen zukommende steuerliche Planungs- und Gestaltungsfreiheit im Rahmen der Gesetze auch den Verzicht auf bestimmte Planungen und Gestaltungen.

Analog zu obigen Ausführungen unter **3.** und **4.** ist es der Finanzverwaltung dabei nicht verwehrt, einen solchen überobligatorischen, graduellen Gestaltungsverzicht anzuregen. Ebenso könnte sie einen entsprechenden Verzicht im Rahmen ihres Ermessens bei der zeitnahen Außenprüfung zu Gunsten des Unternehmens berücksichtigen[1648]. Die Freiwilligkeit eines Gestaltungsverzichts würde – wie in den Fällen der freiwilligen Selbstauskunft und Datenzugriffsgewährung – nicht dadurch in Frage gestellt, dass anderenfalls mit einer herkömmlichen Außenprüfung zu rechnen wäre[1649]. Schließlich stellt die traditionelle Außenprüfung einen ohnehin einzukalkulierenden, von Gesetzes wegen vorgesehenen Bestandteil des Besteuerungsverfahrens und keine finanzbehördliche „Drohung" oder „Bestrafung" dar. Dem Unternehmen bleibt es unbenommen, die Anregung der Finanzverwaltung zu ignorieren und grenzwertige, aber letztlich noch legale Gestaltungen unter Ausnutzung von Gesetzeslücken respektive des internationalen Steuergefälles vorzunehmen. Aus Unternehmenssicht scheint es keineswegs ausgeschlossen, dass ein solches Vorgehen im Einzelfall lukrativer als ein möglichst kooperatives Verhältnis zur Verwaltung sein kann. Auch mit Blick auf Art. 3 Abs.1 GG lässt sich eine gegebenenfalls eintretende verfahrensmäßige Besserstellung freiwillig verzichtender Unternhemen rechtfertigen. So kann insbesondere ein Verzicht auf besonders kompliziert-komplexe, die minimalste Gesetzeslücke ausreizende Steuergestaltungen die behördliche Außenprüfung faktisch und im beiderseitigen Interesse erleichtern und beschleunigen. Durch eine verfahrensmäßige Privilegierung kann zudem entsprechend dem Ansatz der Tax

1648 So auch die Praxis der niederländischen Finanzverwaltung, siehe *Meussen*, FR 2011, 114, 116 sowie bereits **1. Kapitel B. III. 1**. Ablehnend hingegen *Drüen*, IFSt-Schrift Nr. 469 (2011), S. 43 ff.; *ders.*, FR 2011, 101, 109. In diese Richtung auch *Hey*, WPg 2011, I, wonach steuermindernde Steuergestaltung zu den Pflichten der Steuerabteilung zählt und nicht von vornherein mit einem Unwerturteil und dem Ausschluss von zeitnahen Betriebsprüfungen belegt werden darf.

1649 Siehe bereits die Begründung unter **Kapitel 4 C. IV. 2. b) bb) und 3. b) bb)**.

Compliance-Strategie ein Anreiz zur Gewährleistung (überobligatorischer) Tax Compliance geschaffen werden.

Obgleich die finanzbehördliche Anregung und ermessensmäßige Berücksichigung auch eines überobligatorischen Gestaltungsverzichts dem Grunde nach denkbar sind, müsste die Verwaltung insbesondere mit Blick auf den Gleichbehandlungsgrundsatz spezifizieren, welche Steuergestaltungen unterhalb der Grenze zur Steuerhinterziehung bzw. zum Steuermissbrauch unerwünscht bzw. „fragwürdig" oder „aggressiv" sind. Nur wenn diesbezüglich hinreichend Transparenz besteht, können Unternehmen ihre Planungen entsprechend ausrichten und bewusste Entscheidungen pro oder contra bestimmte Steuergestaltungsmodelle treffen. Eine entsprechende finanzbehördliche Konkretisierung könnte etwa durch den Erlass beispielgebender Verwaltungsvorschriften vorgenommen werden.

5. Kriterium des steuerlichen Fehlverhaltens (zeitnahe Außenprüfung gegen den Willen des Unternehmens)

Während zumeist Unternehmen zur zeitnahen Prüfung ausgewählt werden, die an einer solchen Prüfung interessiert sind, eröffnet der Erlass des Finanzministeriums NRW der Verwaltung ausdrücklich auch die Möglichkeit zur zeitnahen Prüfung von Unternehmen mit „hohem Risiko- und geringem Compliance-Faktor"[1650]. Zur Begründung wird darauf verwiesen, dass gerade in diesen Fällen eine zeitnahe Sanktionierung des steuerlichen Fehlverhaltens und eine rechtzeitige Festsetzung der zutreffenden Steuer angezeigt seien. Insoweit entfernt sich der Erlass von dem der zeitnahen Prüfung ansonsten zu Grunde liegenden Ansatz der Kooperation, Verfahrenserleichterung und „Belohnung" mitwirkender Steuerpflichtiger. In der Folge kann hier die Frage nach einer möglichst für beide Seiten vorteilhaften, effizienten und kooperativen Durchführung der Außenprüfung, insbesondere durch Abschluss einer Verfahrensabsprache oder durch überobligatorische Beiträge der Steuerpflichtigen, keine Rolle spielen.

Um beurteilen zu können, ob der Ermessensspielraum nach §§ 193, 194 AO auch zeitnahe Außenprüfungen gegen den Willen des Steuerpflichtigen umfasst, gilt es zunächst zu erörtern, inwiefern sich derartige Außenprüfungen im Vergleich zu herkömmlichen Prüfungen möglicherweise als nachteilig für den Steuerpflichtigen erweisen können. Darauf aufbauend sollen die Anforderungen an die Ermessensausübung bei zeitnahen Prüfungen ohne Einverständnis des Unternehmens näher spezifiziert werden.

1650 FinMin NRW, Erlass v. 11.06.2008, S 0401-10-VA5.

a) Mögliche Nachteile für den Steuerpflichtigen durch zeitnahe Außenprüfungen

Auch wenn die zeitnahe Außenprüfung im Allgemeinen als ein für beide Seiten vorteilhaft einzustufendes Instrumentarium anzusehen ist[1651], kann sie in bestimmten Konstellationen nicht im Interesse des Steuerpflichtigen liegen. Namentlich kann die Anordnung einer zeitnahen Außenprüfung für Unternehmen, die gemäß § 4 Abs.2 S.1 BpO einer sog. Anschlussprüfung unterliegen, eine gesteigerte Belastung bedeuten, die mögliche Vorteile der Zeitnähe überwiegt[1652]. Im Fall der Anschlussprüfung soll sich ein Außenprüfungszeitraum an den vorangegangenen Prüfungszeitraum anschließen (§ 4 Abs.2 S.1 BpO), das Unternehmen also lückenlos geprüft werden. In der Praxis üblich sind dabei jeweils dreijährige Prüfungszeiträume[1653], sodass im Grundsatz alle drei Jahre eine Außenprüfung stattfindet. Wird nun der Prüfungszeitraum beispielsweise auf nur einen Besteuerungszeitraum verkürzt, hat dies zu Folge, dass jedes Jahr eine Außenprüfung durchgeführt wird (Prinzip der sog. Jahrestaktprüfung). Als Konsequenz fallen mit einer Außenprüfung einhergehende Administrations- bzw. Mitwirkungskosten nicht mehr nur alle drei Jahre, sondern jährlich an[1654]. Insgesamt kann es so zu einem Multiplikatoreffekt der Belastungen und Kosten kommen[1655]. Eine pauschale Quantifizierung dieses Effektes ist indes kaum möglich, vorgetragen wird bisweilen eine Kostensteigerung um den Faktor 2,5 bis 3 gegenüber einer gebündelten Prüfung[1656]. Mit Blick auf die externen Kosten durch Steuerberater oder Rechtsanwälte ergeben sich bei mehrjährigem Prüfungszeitraum Degressionseffekte[1657]. Die Multiplikation der Kosten fällt vor allem dann ins Gewicht, wenn die Vorteile, die im Allgemeinen mit zeitnahen Prüfungen einhergehen, im konkreten Einzelfall von untergeordneter Bedeutung sind. Dies kann vor allem bei Unternehmen der Fall sein, die auf Grund des steuerlichen Gewinns oder der Umsatzerlöse zwar als Großbetriebe i.S.d. § 3 BpO zu qualifizieren sind, ansonsten jedoch eher die Strukturmerkmale mittelständischer Betriebe aufwei-

1651 Siehe dazu bereits **4. Kapitel C. I.**

1652 Siehe FG Köln v. 07.07.2009, 13 V 1232/09, DStRE 2009, 1334 ff.; dazu *Baumann,* NWB 2009, 3338, 3339 ff.; *Drüen*, IFSt-Schrift Nr. 469 (2011), S. 30 ff; *Ränsch,* SteuK 2009, 23; *Seer*, Ubg 2009, 673, 678.

1653 *Baumann,* NWB 2009, 3338; vgl. auch FG Köln v. 07.07.2009, 13 V 1232/09, DStRE 2009, 1334, 1335.

1654 FG Köln v. 07.97.2009, 13 V 1232/09, DStRE 2009, 1334 ff

1655 *Baumann,* NWB 2009, 3338, 3339.

1656 Vgl. FG Köln v. 07.07.2009, 13 V 1232/09, DStRE 2009, 1334 ff.

1657 *Baumann,* NWB 2009, 3338, 3339.

sen[1658]. Als strukturelle Merkmale in diesem Sinne können etwa die Anzahl der Mitarbeiter, die Zahl der Standorte, Konzernstrukturen, Internationalität oder die Komplexität des Produktes angesehen werden. So liegen bei „kleineren Großbetrieben" tendenziell weniger komplexe Sachverhalte und Rechtsfragen (beispielsweise mit Blick auf Verrechnungspreise) vor, deren möglichst frühzeitige Klärung besonders dringlich wäre. Ebenso verfügen sie nicht unbedingt über eine eigene Steuerabteilung, die die Prüfungen ohne signifikanten Mehraufwand begleiten kann. *Baumann* weist zudem auf eine mögliche emotionale Belastung hin, wenn die Betriebsprüfung stets vor Ort ist[1659]. Summa summarum entzieht sich jedoch die Frage, ob die Vor- oder Nachteile einer zeitnahen Außenprüfung für anschlussgeprüfte, aber strukturell kleinere Großbetriebe überwiegen einer pauschalisierten Betrachtung; maßgeblich sind stets die konkreten Fallumstände. Unabhängig von der Frage, ob das Unternehmen anschlussgeprüft wird oder nicht, kann ein Nachteil zeitnaher Außenprüfungen im Einzelfall darin liegen, dass mögliche spätere Änderungen der Rechtsprechung oder Verwaltungsauffassung zugunsten des Unternehmens bei früh bestandskräftigen Steuerbescheiden keine Auswirkungen mehr haben, der Steuerpflichtige davon also nicht mehr profitiert.

b) Folgen für das Auswahlermessen

Zwar verfügt die Verwaltung nach §§ 193, 194 AO sowie nach den selbstbindenden Verwaltungsvorschriften über ein weites Ermessen bei der Auswahl von Unternehmen zur zeitnahen Prüfung. Nicht von vornherein ausgeschlossen ist demnach die zeitnahe Außenprüfung in Gestalt einer sog. Jahrestaktprüfung auch gegen den Willen des Steuerpflichtigen. Indes ist dieses Ermessen stets pflichtgemäß auszuüben (§ 5 AO); der Spielraum wird dabei insbesondere durch das aus dem Rechtstaatprinzip folgende und ebenso in § 2 Abs.1 S.2 BpO festgehaltene Übermaßverbot in Gestalt des Grundsatzes der Verhältnismäßigkeit des Mittels und des geringstmöglichen Eingriffs begrenzt[1660]. Mit Blick auf die Anordnung von Jahrestaktprüfungen in Abweichung vom Regelprüfungszeitraum hat das FG Köln daher im Jahr 2009 deutlich und zutreffend herausgestellt, dass die Verwaltung für jeden Einzelfall zu prüfen hat, ob die Jahrestaktprüfung mit dem Übermaßverbot zu vereinbaren ist[1661]. Allein die Einordung des Unternehmens als Großbetrieb i.S.d. BpO reicht dabei

1658 *Baumann,* NWB 2009, 3338, 3340.
1659 *Baumann,* NWB 2009, 3338, 3340.
1660 *Kruse,* in: Tipke/Kruse, AO/FGO, § 5 AO, Rn. 60 ff. (05/2010).
1661 FG Köln v. 07.07.2009, 13 V 1232/09, DStRE 2009, 1334, 1335.

nicht aus, um die Verhältnismäßigkeit der Maßnahme zu begründen. Vielmehr bedarf es einer besonderen Begründung, warum eine Jahrestaktprüfung gegen den Willen des Steuerpflichtigen und entgegen der „jahrzehntelang geübten Praxis", die Anschlussprüfung auf mehrere Besteuerungszeiträume zu erstrecken erfolgen soll[1662]. Als Gründe, die für eine zeitnahe Prüfung sprechen, kommen unter anderem der geringere Rekonstruktionsaufwand, ein einfacherer Datenzugriff oder schnellere Planungssicherheit in Betracht[1663]. Soweit darauf abgestellt wird, dass die zeitnahe Prüfung bei geringem Compliance-Faktor zum Einsatz kommen soll, um Steuernachforderungen möglichst zeitnah haushaltswirksam festzusetzen und zu erheben, müssen konkrete Anhaltspunkte für entsprechende Nachforderungen vorliegen; das rein abstrakte Risiko von Steuernachforderungen reicht gerade nicht aus[1664]. Hohe Mehrergebnisse bei den Vorprüfungen können dabei zwar ein Indiz sein, jedoch können zwischenzeitlich eingetretene Korrekturen oder Einigungen dazu führen, dass ein konkretes Nachforderungsrisiko für den in Frage stehenden Besteuerungszeitraum nicht mehr zu bejahen ist. Mögliche Vorteile zeitnaher Prüfungen sind schließlich mit etwaigen Nachteilen für den Steuerpflichtigen abzuwägen[1665].

Insgesamt besteht somit durchaus die rechtliche Befugnis zur Durchführung von Jahrestaktprüfungen gegen den Willen des Steuerpflichtigen. Voraussetzung ist indes, dass im Einzelfall dem Grundsatz der Verhältnismäßigkeit entsprochen wird. Zwar korrespondiert eine derartige Prüfung nicht mit dem kooperativen, serviceorientierten Ansatz der Tax Compliance-Vollzugsstrategie. Jedoch entspricht sie dem der Tax Compliance-Vollzugsstrategie ebenso immanenten Gedanken, dass Steuerpflichtige, die nicht mitwirken auch adäquat geprüft bzw. sanktioniert werden. Die Effektivität der Kontrolle wird dabei verstärkt, wenn Fehlverhalten möglichst zeitnah aufgedeckt und abgestellt wird. Von daher können sich Jahrestaktprüfungen auch bei entgegengesetztem Willen des Steuerpflichtigen als sinnvoll erweisen.

V. Rechtliche Vorgaben bei der Ausgestaltung zeitnaher, kooperativer Außenprüfungen

Nach der gesetzlichen und der in den bestehenden Verwaltungsvorschriften angelegten Konzeption können zeitnahe Außenprüfungen grundsätzlich sowohl in

1662 FG Köln v. 07.07.2009, 13 V 1232/09, DStRE 2009, 1334, 1335.

1663 Siehe dazu bereits **4. Kapitel C. I. 1**.

1664 FG Köln v. 07.07.2009, 13 V 1232/09, DStRE 2009, 1334, 1335.

1665 FG Köln v. 07.07.2009, 13 V 1232/09, DStRE 2009, 1334, 1335.

Übereinstimmung mit dem Steuerpflichtigen als auch gegen dessen Willen angeordnet werden. So ist im Allgemeinen auch bei entgegenstehendem Willen des Steuerpflichtigen eine Verkürzung des drei- oder mehrjährigen Prüfungszeitraumes auf ein oder zwei Jahre möglich.

Indes setzt die Beschleunigung der eigentlichen Prüfungsdurchführung, d.h. die Verkürzung der Zeitspanne zwischen Prüfungsbeginn und -abschluss, auf ein *Zusammenwirken* von Steuerpflichtigen bzw. deren Beratern und den Vollzugsbehörden. Grundlegende und tatsächliche Voraussetzung für eine beschleunigte und vor allem auch effiziente Durchführung der Außenprüfung ist mithin die Bereitschaft aller Beteiligten, kooperativ an der Prüfung mitzuwirken[1666]. Nur wenn sowohl auf Seiten der Steuerpflichtigen als auch auf Seiten der Finanzverwaltung die Einsicht und der Wille zur Zusammenarbeit gegeben sind, lassen sich Vorteile für beide Seiten in Gestalt einer reibungsloseren, ressourcenschonenderen und kürzeren Prüfung generieren[1667]. Freilich handelt es sich dabei um „weiche" Faktoren[1668], da eine entsprechende Überzeugung nicht gesetzlich angeordnet werden kann. Soweit das Verhältnis zwischen Unternehmen, deren Beratern und Finanzbehörden von einem Freund-Feind-Denken geprägt ist, die Unternehmensseite bisweilen mit „Sollbruchstellen" oder „Prüferfutter" agiert, damit Prüfer fündig werden[1669] und die Finanzverwaltung mit ausufernden, auf ein möglichst hohes Mehrergebnis zielenden Prüfungen und der Verhängung von Verzögerungsgeldern nach § 146 Abs.2b AO reagiert, liegt die Durchführung einer beschleunigten und ressourcenschonenden Außenprüfung in weiter Ferne. Erhebliche Fehlanreize auf Verwaltungsseite verursachen insofern auch auf konkrete Mehrergebnisse ausgerichtete, gegen die Fundamentalprinzipien der Gesetz- und Gleichmäßigkeit verstoßende Zielvereinbarungen innerhalb der Finanzverwaltung[1670]. Verweigerungs- und Verzögerungsstrategien auf beiden Seiten sind schlechterdings nicht geeignet, einen zeitnahen Abschluss einer Außenprüfung zu erzielen[1671]. Die Bereitschaft der Unternehmen zur freiwilligen Mitwirkung wird gegen Null gehen, wenn derjenige, der voll mitwirkt, der Behörde alle relevanten Unterlagen überlässt, im Gegenzug mittels Prüfsoftware unter

1666 Vgl. OFD Niedersachsen, Merkblatt Kooperativ ausgerichtete Konzernbetriebsprüfung, 01/2012 (S 1502 -7-St 11); *Wünnemann*, Ubg 2011, 197, 200.

1667 Vgl. *Wünnemann*, Ubg 2011, 197, 200.

1668 *Wünnemann*, Ubg 2011, 197, 200.

1669 Siehe dazu *Huber/Seer*, StuW 2007, 355, 357.

1670 *Huber/Seer*, StuW 2007, 355, 357.

1671 *Risse*, FR 2011, 117, 119.

Einsatz mathematischer Methoden „so lange genau geprüft wird, bis die sachliche Richtigkeit vollkommen außer Zweifel steht (Prüfung nach der 100%-Doktrin)" und „irgendein Mehrergebnis" gefunden wurde[1672]. Fällt die Prüfung im Fall der Mitwirkungsverweigerung mangels ausreichender Ansätze für eine quantitative Entdeckungswahrscheinlichkeit und potentiell hohem Ermittlungsaufwand hingegen knapp aus[1673], wird der ökonomisch handelnde Steuerpflichtige sich vermutlich für diesen Weg entscheiden.

Nachfolgend soll beleuchtet werden, welche rechtlichen Vorgaben bei der zeitnahen und kooperativen Ausgestaltung der Außenprüfung (Vorgaben hinsichtlich des *Wie* der Prüfung) zu beachten sind.

1. Zulässigkeit sog. Verfahrensverständigungen

Zur Realisierung einer beschleunigten und ressourcenschonenden Außenprüfung schließen gewillte Unternehmen und Finanzverwaltung vermehrt einvernehmliche, regelmäßig schriftlich festgehaltene und von beiden Seiten unterzeichnete Verständigungen über einzelne Modalitäten und den Verfahrensablauf der Außenprüfung (sog. Verfahrensverständigungen)[1674]. Bisweilen werden diese Verständigungen auch als sog. Betriebsprüfungsrichtlinien (Bp-RL) bezeichnet[1675]. Die vorab getroffenen Verfahrensverständigungen können dabei als zentrales Element zeitnaher, kooperativer Außenprüfungen angesehen werden[1676].

a) Rechtliche Qualifikation der Verständigung

Um die Frage nach der rechtlichen Zulässigkeit von Verfahrensverständigungen im Rahmen zeitnaher Außenprüfungen beantworten zu können, ist zunächst zu klären, welchen Rechtscharakter eine derartige Verständigung aufweist. Schließlich ist es nach wie vor umstritten, ob öffentlich-rechtliche Verträge (vgl. §§ 54 ff. VwVfG) im Steuerrecht grundsätzlich zulässig sind, konkret ob die Finanzbehörde für den Abschluss öffentlich-rechtlicher Verträge einer speziellen gesetzlichen Ermächtigung bedarf und worin eine solche gegebenenfalls zu sehen ist. Während eine Ansicht die grundsätzliche Zulässigkeit öffentlich-rechtlicher

---

1672 *Huber/Seer*, StuW 2007, 355, 358.

1673 Vgl. *Huber/Seer*, StuW 2007, 355, 358.

1674 *Risse*, FR 2011, 117, 119; *ders.*, DB 2011, 667, 673 f.; *Seer*, Ubg 2009, 673, 677; *ders.*, in: FS Streck, 2011, S. 403, 407; *Wünnemann*, Ubg 2011, 197, 200.

1675 *Risse*, DB 2011, 667, 673.

1676 *Drüen*, IFSt-Schrift Nr. 469 (2011), S. 50.

Verträge im Steuerrecht in Ermangelung einer § 54 Abs.2 VwVfG entsprechenden Norm in der Abgabenordnung verneint[1677], spricht sich die Gegenansicht basierend auf einer Unterscheidung zwischen Handlungsform und Handlungsinhalt für die Zulässigkeit aus[1678]. Ob eine rechtliche Bindung durch Konsensualakt gewollt ist oder nicht, ist Auslegungsfrage im Einzelfall, wobei die Grundsätze über die Auslegung von Willenserklärungen nach §§ 133, 157 BGB entsprechend heranzuziehen sind[1679]. Nach diesen Grundsätzen ist die verfahrensmäßige Verständigung vorliegend mangels Rechtsbindungs- bzw. Rechtsfolgewillens der Beteiligten nicht als rechtlich bindender und also öffentlich-rechtlicher Vertrag zu qualifizieren[1680]. Den Beteiligten geht es schließlich nicht darum, durch die Absprachen unmittelbar durchsetzbare Erfüllungsansprüche respektive Schadensersatzansprüche bei Nicht- oder Schlechterfüllung zu begründen. Vielmehr sollen die Durchführung zeitnaher Prüfungen insgesamt und der Abschluss der Verständigungen in erster Linie auf der beiderseitigen Einsicht beruhen, dass ein kooperativer Weg zu Vorteilen für Verwaltung und Steuerpflichtige führen kann[1681]. Mögliche Sanktionen gegen das Unternehmen sollen sich nicht aus der Verständigung selbst, sondern aus dem Gesetz ergeben, soweit die Mitwirkung nicht den in der Verständigung festgehaltenen Erwartungen entspricht[1682]. Ebenso will die Finanzbehörde nicht, dass eine Überschreitung der vereinbarten Prüfungsdauer zu Schadensersatzansprüchen des Steuerpflichtigen oder einer Unverwertbarkeit der entsprechenden Prüfungshandlungen führt[1683]. Insbesondere können im Verlauf der Prüfung unerwartete, gravierende Fehler in Erscheinung treten, die es im Hinblick auf die Gesetzmäßigkeit der Verwaltung ohne Rücksicht auf Zeitvorgaben zu verfolgen gilt[1684]; eine rechtliche Bindung an eine vereinbarte Prüfungsdauer dürfte daher nicht intendiert sein. Mangelnde Rechtsverbindlichkeit ist jedoch nicht

---

1677 So etwa *Offerhaus*, DStR 2001, 2093, 2094.

1678 So etwa *Seer*, Verständigungen in Steuerverfahren, 1996, S. 133 ff.; 485; *ders.*, BB 1999, 78, 82 f.

1679 Vgl. etwa BVerwG v. 21.09.2966, V C 155.65, BVerwGE 25, 72, 78; BVerwG v. 19.01.1990, 4 C 21.89, BVerwGE 84, 257, 264; *Bonk*, in: Stelkens/Bonk/Sachs, VwVfG, 2008, § 54, Rn. 28 f.

1680 *Seer*, Ubg 2009, 673, 677.

1681 Vgl. OFD Niedersachen, Merkblatt Kooperativ ausgerichtete Konzernbetriebsprüfung, 01/2012 (S 1502 -7-St 11).

1682 *Seer*, Ubg 2009, 673, 677.

1683 Vgl. *Seer*, Ubg 2009, 673, 677.

1684 Vgl. bereits *Papperitz*, in: Wysocki, Handbuch des Jahresabschlusses in Einzeldarstellungen, 1987, Rn. 202.

gleichzusetzen mit Folgenlosigkeit[1685]. So erzeugt die Verfahrensverständigung vor allem eine „tatsächliche Wirkung“ indem jeder von seinem Gegenüber erwartet, dass dieser die Verständigung einhält[1686]. Die Rede ist insoweit auch von einer „verwaltungspsychologischen Bestandskraft“[1687]. Sobald gegen die Verständigung verstoßen wird, tritt eine Störung im Dauerrechtsverhältnis Finanzbehörde – Steuerpflichtiger ein, was sich vor allem in Hinblick auf das gegenseitige Vertrauensverhältnis und das zukünftige Prüfungsklima negativ auswirken kann[1688]. Insgesamt ist die Verfahrensverständigung somit als informale Absprache zu qualifizieren[1689], sodass hier dahinstehen kann, ob von einem Verbot öffentlich-rechtlicher Verträge im Steuerrecht auszugehen ist oder nicht.

b) Erfordernis eines hoheitlichen Handlungsspielraums

Bei alledem ist auch informales konsensuales Verwaltungshandeln ausgeschlossen, soweit der Verwaltung kein entsprechender Handlungsspielraum zukommt und eine strikte Gesetzesbindung der Verwaltung besteht. Die Finanzbehörde darf mithin nur in den durch die Abgabenordnung und den anderen Steuergesetzen gezogenen Grenzen agieren[1690]. Entsprechende Konkretisierungsspielräume, die grundsätzlich durch informales Verwaltungsverhandeln ausgefüllt werden können, bestehen indes in Gestalt des weiten Verfahrensermessens der Finanzbehörde im Rahmen der Außenprüfung[1691]. So kommt der Behörde insbesondere bei der Auswahl der Prüfungssubjekte (§ 193 AO), der Bestimmung der zu prüfenden Steuerarten, Sachverhalte und Besteuerungszeiträume (§ 194 Abs.1 S.2 AO) und bei der Konkretisierung der Mitwirkung (§ 200 Abs.1 AO) ein erheblicher Ermessensspielraum zu. Nach zutreffender Ansicht umfasst ein solches Verfahrensermessen auch die Möglichkeit zum Abschluss von kon-

---

1685 *Seer*, Verständigungen in Steuerverfahren, 1996, S. 443.

1686 *Seer*, Ubg 2009, 673, 677; vgl. auch bereits *ders.*, Verständigungen in Steuerverfahren, 1996, S. 443.

1687 *Dreier*, Staatswissenschaften und Staatspraxis Band 4 (1993), S. 647, 663, in Anlehnung an *Hufen*, NJW 1982, 2160, 2165; siehe auch *Seer*, Verständigungen in Steuerverfahren, 1996, S. 444, Fußnote 7.

1688 *Seer*, Verständigungen in Steuerverfahren, 1996, S. 444; allgemein auch *Fehling*, in: Hoffmann-Riem/Schmidt-Aßmann/Voßkuhle, GVwR, Band II, 2012, § 38, Rn. 8.

1689 *Seer*, Ubg 2009, 673, 677.

1690 *Seer*, Verständigungen in Steuerverfahren, 1996, S. 168.

1691 *Drüen*, IFSt-Schrift Nr. 469 (2011), S. 50 f.; *ders.*, FR 2011, 101, 111; *Risse*, FR 2011, 117, 119; *ders.*, DB 2011, 667, 672.

sensualen Verfahrensverständigungen, die den gesetzlich gewährten Spielraum ausfüllen (sog. konkludente Verständigungsermächtigung)[1692]. Schließlich sollen die Ermessensvorschriften gerade dazu dienen, für den Einzelfall sachgerechte Lösungen zu erzielen; dies kann gerade durch eine vorherige Abstimmung mit dem Steuerpflichtigen erreicht werden. Die Abstimmung stellt insoweit sicher, dass eine für die pflichtgemäße Ermessensbetätigung erforderliche Abwägung aller Belange stattfindet. Darf die Finanzbehörde auf Grund ihres Ermessens einseitig die Modalitäten zur Durchführung der Prüfung anordnen, ist sie aber auch befugt, dies mit dem Steuerpflichtigen gemeinsam abzustimmen[1693]. Entgegen *Müller-Franken*[1694] bedarf es insoweit auch keiner speziellen gesetzlichen Ermächtigung, um den Grundsatz des Vorbehalts des Gesetzes zu wahren. Schließlich sagt die Handlungsform über den Handlungsinhalt noch nichts aus, ist von diesem zu unterscheiden[1695]. Da der Handlungsform vorliegend kein eigenständiger Eingriffscharakter zukommt, unterliegt die informale Verfahrensverständigung im Hinblick auf die Instrumentenwahl auch nicht dem Vorbehalt des Gesetzes[1696].

c) Inhalt der Verfahrensverständigung

Durch eine neue, wirtschaftliche Organisation und Struktur der Prüfungsdurchführung gilt es, die beiderseitigen Administrationskosten zu verringern und die Planungssicherheit zu erhöhen. Diesbezüglich ist auch von der Implementation eines „Prozessmanagements" in der Außenprüfung die Rede[1697]. Allgemein kann darunter die Identifikation, Gestaltung, Dokumentation, Implementierung,

---

1692 *Drüen*, IFSt-Schrift Nr. 469 (2011), S. 50 f.; *ders.*, FR 2011, 101, 111; *Risse*, FR 2011, 117, 119; *ders.*, DB 2011, 667, 672; allgemein *Fehling*, in: Hoffmann-Riem/Schmidt-Aßmann/Voßkuhle, GVwR, Band II, 2012, § 38, Rn. 72; *Schoch*, in: Isensee/Kirchhof, Handbuch des Staatsrechts, Band III, 2005, § 37, Rn. 163.

1693 *Drüen*, IFSt-Schrift Nr. 469 (2011), S. 50 f.; *ders.*, FR 2011, 101, 111.

1694 *Müller-Franken*, Maßvolles Verwalten, 2004, S. 211 ff.; ähnlich in Bezug auf das allgemeine Verwaltungsrecht *Brohm*, DÖV 1992, 1025, 1032 ff.

1695 *Seer*, Verständigungen in Steuerverfahren. 1996, S. 133 ff.; 485; *ders.*, BB 1999, 78, 82 f.

1696 *Drüen*, IFSt-Schrift Nr. 469 (2011), S. 50 f.; vgl. allgemein *Fehling*, in: Hoffmann-Riem/Schmidt-Aßmann/Voßkuhle, GVwR, Band II, 2012, § 38, Rn. 72; *Frenz*, Selbstverpflichtungen der Wirtschaft, 2001, S. 187 ff.; *Kautz*, Absprachen im Verwaltungsrecht, 2002, S. 152.

1697 *Risse*, FR 2011, 117, 119; *Wünnemann*, Ubg 2011, 197, 200.

Steuerung und Verbesserung von Geschäftsprozessen[1698] verstanden werden. Zentrale Fragestellung lautet: „Wer macht was, wann, wie und womit?“.

Namentlich werden zum einen Absprachen über den Prüfungszeitraum und die Prüfungsdauer getroffen[1699]. Die Beteiligten können einen sog. Prüfungsablaufplan vereinbaren und einen zeitlichen Rahmen zum Abschluss der Prüfung avisieren. Durch Zustimmung zu diesem Plan erklärt sich das Unternehmen bereit, an der kooperativ ausgerichteten (Konzern-)Betriebsprüfung mitzuwirken[1700]. Dabei kann insbesondere zur Beschleunigung ein Prozessablauf für das Anfrage- und Antwortverhalten auf beiden Seiten abgestimmt werden[1701]. Die Beteiligten können sich darauf einigen, dass bestimmte Personen im Unternehmen als Ansprechpartner benannt werden, an die sämtliche Anfragen und Anforderungen im Rahmen der Prüfung zu richten sind[1702]. Idealerweise verfügen die Ansprechpartner über entsprechende unternehmensinterne Handlungsvollmachten, um die Anfragen gegenüber den verschiedenen Unternehmensabteilungen durchsetzen zu können. Zudem kann vereinbart werden, dass für jede Anfrage ein Erledigungstermin festgelegt wird. Durch eine Bündelung der Anfragen seitens der Finanzverwaltung kann eine weitere Vereinfachung des Ablaufs bewirkt werden. In der Folge kann nicht nur die Prüfung beschleunigt und transparenter ablaufen, sondern auch die „passive Objektstellung“ des Unternehmens verringert werden[1703].

Des Weiteren können regelmäßige, in einem einvernehmlich festgelegten Turnus zu führende Zwischenbesprechungen (sog. Fortganggespräche) vereinbart werden, bei welchen ein Austausch über den bisherigen und zukünftigen Prüfungsverlauf und –inhalt stattfinden kann[1704]. Diese Gespräche sollen vor allem dazu dienen, Zwischenergebnisse herbeizuführen, den Stand der Außenprüfung darzustellen, mögliche Probleme schnell zu erkennen und zu lösen, Verbesserungsüberlegungen zu diskutieren und den Fortgang der Prüfung zu

1698 Ein Geschäftsprozess umfasst grundsätzlich eine Folge von Einzeltätigkeiten, die schrittweise ausgeführt werden, um ein bestimmtes Ziel zu erreichen.

1699 *Seer*, Ubg 2009, 673, 677; *ders.*, in: FS Streck, 2011, S. 403, 407; *ders.*, in: Tipke/Lang, Steuerrecht, 2013, § 21, Rn. 251.

1700 OFD Niedersachsen, Merkblatt Kooperativ ausgerichtete Konzernbetriebsprüfung, 01/2012 (S 1502 -7-St 11).

1701 *Risse,* FR 2011, 117, 119; *Wünnemann,* Ubg 2011, 197, 200.

1702 So auch der Ansatz der OFD Niedersachsen, Leitfaden Zeitnahe Betriebsprüfung, 03/2009.

1703 *Risse*, DB 2011, 667, 673.

1704 *Wünnemann,* Ubg 2011, 197, 200.

planen[1705]. Insoweit korrespondieren die Fortganggespräche mit dem Recht des Steuerpflichtigen auf Informationsteilhabe i.R.d. Außenprüfung respektive der Sicherstellung des Parteiengehörs (vgl. auch § 199 Abs.2 AO)[1706].

Mit Blick auf die elektronische Datenverarbeitung kann vereinbart werden, in welcher Art und Weise der Außenprüfer in der eingesetzten Unternehmenssoftware durch das Unternehmen geschult wird[1707]. Damit korrespondiert die in § 200 Abs.1 S.2 AO verankerte Pflicht des Steuerpflichtigen, die Finanzbehörde bei Ausübung ihrer Befugnisse nach § 147 Abs.6 AO zu unterstützen, wozu insbesondere die Einweisung in das Datenverarbeitungssystem zählt[1708]. Vor allem im Rahmen des unmittelbaren Datenzugriffs nach § 147 Abs.6 S.1 AO muss der Prüfer mit der unternehmenseigenen, installierten Software vertraut sein, um diese eigenständig einzusetzen und die vorhandenen prüfungsrelevanten Daten zu lesen, zu filtern, zu sortieren und in sonstiger Weise für seine Prüfung auszuwerten[1709]. Für Fragen zu den Benutzeroberflächen, etwa eine SAP-Benutzeroberfläche, oder zu technischen Problemen sollte ein direkter Ansprechpartner zur Verfügung stehen, um einen reibungslosen Datenzugriff zu ermöglichen[1710].

Weiterhin kann die freiwillige Einrichtung einer Betriebsprüfungsdatenbank, d.h. einer interaktiven webbasierten Dokumentationssoftware, vereinbart werden, die die Durchführung der Außenprüfung unterstützt[1711]. Erreicht wird dadurch vor allem ein harmonisierter Wissensstand aller Beteiligten respektive eine transparente Kommunikation. Einsehbar für beide Seiten umfasst die Datenbank die Prüffelder der Prüfung, die Anfragen hierzu einschließlich deren Fristen und die steuerlichen Auswirkungen[1712]. Die Erfassung der Auswirkungen auf das steuerliche Einkommen schafft insoweit frühzeitiger Klarheit über zu erwartende Mehr- oder Minderergebnisse der Prüfung. Soweit ein Sachverhalt abschließend geprüft wurde und das Unternehmen der Beurteilung durch die Finanzbehörde zustimmt, kann eine Prüfungsmitteilung gefertigt werden und die Änderung umgehend in

1705 OFD Niedersachsen, Merkblatt Kooperativ ausgerichtete Konzernbetriebsprüfung, 01/2012 (S 1502 -7-St 11).

1706 Vgl. dazu *Huber/Seer*, StuW 2007, 355, 359; *Seer*, in: Tipke/Kruse, AO/FGO, § 199 AO, Rn. 17 (05/2010).

1707 Vgl. *Seer*, Ubg 2009, 673, 677; *ders.*, in: FS Streck, 2011, S. 403, 407; *ders.*, in: Tipke/Lang, Steuerrecht, 2013, § 21, Rn. 251.

1708 Siehe dazu *Schüßler*, Digitale Außenprüfung, 2010, S. 25.

1709 *Schüßler*, Digitale Außenprüfung, 2010, S. 18.

1710 OFD Niedersachsen, Leitfaden Zeitnahe Betriebsprüfung, 03/2009.

1711 *Risse*, FR 2011, 117, 119.

1712 OFD Niedersachsen, Leitfaden Zeitnahe Betriebsprüfung, 03/2009.

die Prüferbilanzen aufgenommen werden. Diese laufende Fortschreibung der Prüfungsfeststellungen erleichtert die Planung für beide Seiten[1713].

2. Zulässigkeit der gemeinsamen Erörterung der materiellen Rechtslage

Neben dem Abschluss einer Verfahrensverständigung kann eine kooperative, zeitnahe Durchführung der Außenprüfung auch beinhalten, gemeinsam die materielle Rechtslage bzw. den besteuerungsrelevanten Sachverhalt zu erörtern[1714]. Dabei kommen einseitige „Informationsleistungen"[1715] der Finanzverwaltung, wie Beratung und die Erteilung verbindlicher und unverbindlicher Auskünfte (siehe dazu unten) ebenso in Betracht wie zweiseitige Verständigungen zwischen Verwaltung und Steuerpflichtigen. Elementar ist diesbezüglich der Abschluss sog. tatsächlicher Verständigungen zwischen Steuerpflichtigem und Verwaltung, die die Beteiligten rechtlich binden. Obgleich die tatsächliche Verständigung nicht in der Abgabenordnung geregelt wird, ist sie seit langem sowohl von der Rechtsprechung[1716] als auch der Wissenschaft[1717] anerkannt. Neben der verbindlichen tatsächlichen Verständigung sind unverbindliche „informale Absprachen" über die materielle Rechtslage denkbar[1718]. Im allgemeinen Verwaltungsrecht werden derartige Vorverhandlungen und Kooperationen zwischen Behörde und Beteiligten über wesentliche Fragen der Auslegung und Anwendung der materiellen Rechtslage oder bzgl. des Sachverhalts als sog. informelle Verständigungen bezeichnet[1719]. Dabei kann eine unklare Rechtsfrage von Finanzverwaltung und Unternehmen gemeinsam erörtert und verschiedene Sichtweisen und Auslegungsmöglichkeiten ausgetauscht werden[1720]. *Risse* nennt

1713 Nach *Risse*, FR 2011, 117, 120, kann der Prüfer temporäre Effekte sofort und einfach erkennen und das Unternehmen ggf. basierend den Feststellungen berichtigte (Zwischen-)Steuererklärungen abgeben.

1714 Vgl. *Risse*, DB 2011, 667, 673.

1715 *Dalichau*, Auskünfte und Zusagen der Finanzverwaltung, 2003, S. 73.

1716 Grundlegend BFH v. 11.12.1984, VIII R 131/76, BStBl II 1985, 354.

1717 Siehe nur *Seer*, in: Tipke/Lang, Steuerrecht, 2013, § 21, Rn. 20 ff., mit weiterführenden Nachweisen.

1718 Grundlegend zu Verständigungen als informale Absprachen *Seer*, Verständigungen in Steuerverfahren, 1996, S. 443 ff.

1719 *Bonk*, in: Stelkens/Bonk/Sachs, VwVfG, 2008, § 54, Rn. 40.

1720 Zur Auslegung und Konkretisierung materiell offener und unbestimmter Steuertatbestände siehe *Eich*, Die tatsächliche Verständigung, 1992, S. 35 ff.;

als mögliches Beispiel die Verteilung der Hinzurechnungsbeträge auf die betroffenen Unternehmen nach dem Außensteuergesetz (AStG)[1721]. Gewiss setzt dies voraus, dass insoweit keine behördeninternen Verwaltungsvorschriften entgegenstehen, die den Finanzbeamten bei der Rechtsauslegung binden; da der Erlass von Verwaltungsvorschriften oftmals einige Zeit in Anspruch nimmt, dürfte ein Konkretisierungsspielraum bei zeitnahen Außenprüfungen eher gegeben sein. Eine einheitliche Interpretation hat dabei den Vorteil, dass spätere Rechtsstreitigkeiten vermieden werden und entspricht daher grundsätzlich sowohl dem Interesse des Unternehmens als auch der Finanzverwaltung[1722]. Freilich erfordert dies, dass beide Seiten eine gewisse Offenheit im Hinblick auf einen entsprechenden Diskurs an den Tag legen und nicht rigide auf ihrer Position verharren[1723]. Umgekehrt ist Offenheit weder gleichzusetzen mit einer Aufgabe der eigenen Rechtsauffassung noch mit einer Ergebnisfindung contra legem. Auch für unverbindliche Absprachen gilt das Verbot gesetzesabweichender Steuervereinbarungen[1724]. So wäre es etwa unzulässig in Gestalt sog. Paketlösungen einen Tauschhandel zu vollziehen, bei dem einzelne Punkte für sich genommen nicht mehr vom konsensual ausfüllungsfähigen Konkretisierungsspielraum des Gesetzes gedeckt sind[1725]. Im Gegensatz zur tatsächlichen Verständigung bindet die informale Absprache keine Partei in rechtlicher Hinsicht[1726]. Gleichwohl bietet sich an, die Ergebnisse gemeinsamer materieller Erörterungen wie auch die Verfahrensabsprache schriftlich festzuhalten; insoweit kann eine Bindung im Dauerrechtsverhältnis Steuerpflichtiger – Finanzbehörde wie bei der Verfahrensabsprache nur rein faktische Wirkung entfalten. Dass die Abgabenordnung unverbindliche materielle Absprachen im Rahmen der Außenprüfung nicht ausdrücklich geregelt hat, steht ihrer Zulässigkeit nicht entgegen; sogar die seit langem anerkannte rechtsverbindliche tatsächliche Verständigung wurde bisher nicht kodifiziert. Überdies zeigt etwa § 364a Abs.1 S.1 AO, der die gemeinsame Erörterung des Sach- und Rechtsstandes vor Erlass

Hoffmann, Der maßvolle Gesetzesvollzug im Steuerrecht, 1999, S. 97 ff.; *Osterloh*, Gesetzesbindung und Typisierungsspielräume, 1992, S. 57 ff., 325 ff.; *Seer*, Verständigungen in Steuerverfahren, 1996, S. 167 ff.

1721 *Risse*, DB 2011, 667, 674.

1722 Vgl. *Risse*, Ubg 2012, 169, 172.

1723 *Risse*, Ubg 2012, 169, 172.

1724 Siehe *Seer*, Verständigungen in Steuerverfahren, 1996, S. 445.

1725 So ausdrücklich *Seer*, Verständigungen in Steuerverfahren, 1996, S. 447 f., mit Blick auf die Außenprüfungspraxis.

1726 Zu den Einschränkungen des Grundsatzes der rechtlichen Unverbindlichkeit von Absprachen siehe *Seer*, Verständigungen in Steuerverfahren, 1996, S. 449 ff.

einer Einspruchsentscheidung auf Antrag eines Einspruchsführers vorsieht[1727], dass der Gedanke der Einigung über strittige Fragen der Abgabenordnung immanent ist[1728].

3. Zulässigkeit sog. Echtzeitprüfungen (Realtime-Audits)

Wie bereits in **Kapitel 1** erörtert, spielt im Rahmen des auf Transparenz und Zeitnähe ausgerichteten Compliance Assurance Process der US-amerikanischen Finanzverwaltung die Interaktion zwischen Finanzbehörde und Steuerpflichtigen bereits *vor* Abgabe der Jahressteuererklärung eine zentrale Rolle[1729]. So wird von den Steuerpflichtigen erwartet, die Finanzbehörde bereits während des Veranlagungszeitraums kontinuierlich und umgehend über abgeschlossene Geschäftsvorfälle und Transaktionen zu informieren und so eine Prüfung in Echtzeit (Realtime-Audit) zu ermöglichen. Dadurch soll die Prüfung im Sinne beider Seiten beschleunigt und in ihrer Effizienz gesteigert werden. Damit korrespondierend kam auch in Deutschland der Gedanke der Außenprüfung bereits vor Abgabe einer Unternehmenssteuererklärung auf. Namentlich wurde beim sog. Osnabrücker Modell sowie beim sog. Bielefelder Modell der zeitnahen Außenprüfung auf die Abgabe einer unterschriebenen Steuererklärung verzichtet und bereits veranlagungsbegleitend geprüft[1730].

a) Vereinbarkeit der Echtzeitprüfung mit §§ 193 ff. AO

Weder § 193 AO und § 194 AO noch die sonstigen für die Außenprüfung maßgeblichen Vorschriften der Abgabenordnung erheben das Vorliegen einer unterschriebenen Jahressteuererklärung i.S.d. § 150 AO ausdrücklich zur Voraussetzung für die Durchführung einer Außenprüfung; an keiner Stelle wird gefordert, dass nur bereits abgeschlossene Veranlagungszeiträume geprüft werden dürfen[1731]. Dass

---

1727 Vgl. für das gerichtliche Verfahren § 79 Abs.1 S.2 Nr.1 FGO, wonach die Beteiligten zur Erörterung des Sach-und Streitstandes und zur gütlichen Beilegung des Rechtsstreits geladen werden können.

1728 *Achatz*, DStJG 27 (2004), S. 161, 169; vgl. auch *Seer*, in: Tipke/Lang, Steuerrecht, 2013, § 22, Rn. 36 f.

1729 Siehe dazu bereits **1. Kapitel B. I**.

1730 Zu den einzelnen Modellen der zeitnahen Prüfung siehe bereits oben **4. Kapitel C. II. 1**.

1731 Siehe auch *Schallmoser*, in: H/H/Sp, AO/FGO, § 193 AO, Rn. 36 (02/2011); *Seer*, Ubg 2009, 673, 679; *ders.*, in: FS Streck, S. 403, 413. Vgl. insoweit auch *Drüen*, IFSt-Schrift Nr. 469 (2011), S. 34.

die Abgabenordnung die Außenprüfung auch nicht implizit vom Vorhandensein einer Steuererklärung abhängig macht, zeigt etwa § 199 Abs.1 AO, wonach der Außenprüfer „die tatsächlichen und rechtlichen Verhältnisse, die für die Steuerpflicht und für die Bemessung der Steuer maßgebend sind (Besteuerungsgrundlagen)" zugunsten wie zuungunsten des Steuerpflichtigen zu prüfen hat; insoweit wird deutlich, dass die steuerlichen Verhältnisse und nicht die Steuererklärung als solche im Rahmen der Außenprüfung zu prüfen sind[1732]. In diesem Sinne normiert § 2 Abs.1 S.1 BpO auf untergesetzlicher Ebene, dass der Zweck der Außenprüfung „die Ermittlung und Beurteilung der steuerlich bedeutsamen Sachverhalte" ist, um die Gleichmäßigkeit der Besteuerung sicherzustellen. Auch hier wird nicht auf die Prüfung der Erklärung als solcher abgestellt. In diesem Sinne kann die Nichtabgabe der Steuererklärung gerade ein besonderer Anlass für eine Außenprüfung sein[1733]. Beurteilte man dies anders, könnte der Steuerpflichtige etwa durch pflichtwidrig verspätete oder unterlassene Abgabe der Steuererklärung eine Außenprüfung vereiteln oder hinauszögern[1734]; die Finanzverwaltung ware gezwungen, vor der Prüfung stets die Abgabe der Erklärung zu erzwingen (§ 328 AO)[1735]. Insgesamt stehen §§ 193 ff. AO einer Echtzeitprüfung also nicht entgegen.

b) Derzeitige Unvereinbarkeit der Echtzeitprüfung mit § 4a Abs.2 S.1 BpO

In Abkehr vom sog. Osnabrücker bzw. Bielefelder Modell hat sich die Finanzverwaltung nunmehr jedoch in § 4a Abs.2 S.1 BpO ausdrücklich gegen die Durchführung veranlagungsbegleitender Außenprüfungen entschieden. Nach der Vorschrift sind die Steuererklärungen i.S.d. § 150 AO der zu prüfenden Besteuerungszeiträume Grundlage zeitnaher Betriebsprüfungen. § 4a Abs.2 S.1 BpO gewährt insoweit ausweislich des Wortlautes „Grundlage [...] sind" keinen Ermessensspielraum. Als intern bindende Verwaltungsvorschrift führt § 4a Abs.2 S.1 BpO dazu, dass gegenwärtig keine Echtzeitprüfungen durch die Finanzbeamten durchgeführt werden dürfen.

c) Möglichkeit einer künftigen Änderung von § 4a Abs.2 S.1 BpO

Obgleich die Finanzverwaltung auf Basis der in § 4a Abs.2 S.1 BpO getroffenen Regelung derzeit keine Echtzeitprüfungen vornimmt, bleibt es den zuständigen

1732 *Schallmoser*, in: H/H/Sp, AO/FGO, § 193 AO, Rn. 36 (02/2011); *Seer*, in: Tipke/Kruse, AO/FGO, § 193 AO, Rn. 4 (09/2009).
1733 *Seer*, in: Tipke/Kruse, AO/FGO, § 193 AO, Rn. 4 (09/2009).
1734 Vgl. BFH v. 27.10.2003, III B 13/03, BFH/NV 2004, 312 f.
1735 Vgl. *Drüen*, IFSt-Schrift Nr. 469 (2011), S. 34.

Organen prinzipiell anheimgestellt, Verwaltungsvorschriften weiterzuentwickeln bzw. abzuändern[1736]. Die für die Außenprüfung maßgeblichen und den rechtlichen Rahmen vorgebenden Vorschriften in der AO (§§ 193 ff.) stehen einer Änderung von § 4a BpO und also einer Einführung der Echtzeitprüfung nicht entgegen. Allerdings ist fraglich, ob sonstige rechtliche Erwägungen gegen eine Änderung der Verwaltungsvorschrift sprechen. Insoweit wird geltend gemacht, dass die Durchführung veranlagungsbegleitender Außenprüfungen zu nicht unerheblichen *Rechtsunsicherheiten* und *Abgrenzungsschwierigkeiten* führen könne:

Zum einen werfe die veranlagungsbegleitende Außenprüfung Fragen in strafrechtlicher Hinsicht auf. So wird befürchtet, dass die „steuerstrafrechtliche Verfolgbarkeit" durch das Modell eingeschränkt würde[1737]. Dabei wird die Frage aufgeworfen, ob bereits die Vorlage unrichtiger, aber nur vorläufiger Steuerbilanzen bzw. eines unrichtigen, nicht unterschriebenen Entwurfs der Steuererklärung als Tathandlungen im Sinne von § 370 Abs.1 Nr.1, Abs.2 AO zu qualifizieren sind und (nur) zu einer Strafbarkeit wegen versuchter Steuerhinterziehung führen können[1738]. Indes spricht diese Befürchtung keineswegs für den pauschalen Ausschluss veranlagungsbegleitender Prüfungen. Schließlich ist die Begehung von Steuerstraftaten nicht die Regel, sondern die Ausnahme; die Möglichkeit zur Bestrafung nach §§ 370 ff. AO ist als ultima ratio zu sehen. Würde man von der Echtzeitprüfung auf Grund einer ggf. verminderten strafrechtlichen Verantwortlichkeit absehen, hieße dies, den pathologischen Fall als Ausgangspunkt anzusehen und den Normalfall mangelnder Strafbarkeit zu vernachlässigen. Im Gegenteil soll die veranlagungsbegleitende Prüfung gerade dazu führen, dass die Steuergesetze von vornherein besser eingehalten werden. Schließlich würden potenzielle Täter mit Blick auf die gesetzlich vorgesehene Versuchsstrafbarkeit nach § 370 Abs.2 AO auch bei der Echtzeitprüfung nicht unbillig entlastet.

Soweit mit Blick auf strafrechtliche Gesichtspunkte angeführt wird, dass eine dauerhafte Kooperation bereits im Veranlagungszeitraum auch ein gesteigertes Risiko von Korruption in sich bergen könne[1739], lässt sich auch hier entgegenhalten,

1736 Die Betriebsprüfungsordnung (BpO) wird durch die Bundesregierung mit Zustimmung des Bundesrates erlassen bzw. geändert, vgl. Art. 108 Abs.7 GG. Zur BpO siehe bereits oben **4. Kapitel A. II. 2.**

1737 *Fahrenbach,* in: Dahlmanns, IFSt-Schrift Nr. 467 (2011), S. 15.

1738 Vgl. *Drüen,* IFSt-Schrift Nr. 469 (2011), S. 37.

1739 Darauf hinweisend *Drüen,* FR 2011, 101, 112, der jedoch auch betont, dass allgemein ein Vertrauen in die geringe Korruptionsanfälligkeit der deutschen Finanzverwaltung angezeigt ist.

dass die Korruption von Finanzbeamten den krassen Ausnahmefall darstellt. Sind die Beteiligten dennoch zu korruptem Gebaren entschlossen, so lassen sich entsprechende Handlungen auch im herkömmlichen Modell der Prüfung nach abgegebener Steuererklärung vornehmen.

Zum anderen wird eine trennscharfe Abgrenzung der Echtzeitprüfung zum Institut der verbindlichen Auskunft nach § 89 Abs.2 bis 7 AO und insbesondere eine drohende Umgehung der Gebührenpflicht bemängelt[1740]. Allerdings gilt es zu berücksichtigen, dass sich die beiden Institute regelmäßig deutlich voneinander unterscheiden: So kann sich die verbindliche Auskunft nach § 89 Abs.2 S.1 AO stets nur auf die steuerliche Beurteilung von bestimmten „noch nicht verwirklichten Sachverhalten" beziehen. Im Gegensatz dazu stehen bei der veranlagungsbegleitenden Außenprüfung im Verwirklichungsprozess befindliche oder bereits verwirklichte und somit keine rein zukünftigen Sachverhalte im Mittelpunkt; die Klärung von Fragen zu rein prospektiven steuerlichen Gestaltungen dürfte die Ausnahme darstellen. Jedenfalls darf nicht außer Acht gelassen werden, dass die Gebührenerhebung in § 89 Abs.3 bis 7 AO noch immer in der Literatur umstritten und keineswegs Selbstzweck ist. Überdies ist die veranlagungsbegleitende Außenprüfung eher in „Konkurrenz" zur verbindlichen Zusage im Verfahren der Außenprüfung bzw. im Anschluss an eine Außenprüfung (§ 204 AO) zu sehen; danach kann eine verbindliche Zusage zur künftigen steuerrechtlichen Behandlung eines für die Vergangenheit geprüften und im Prüfungsbericht dargestellten Sachverhalts erteilt werden. Diese ist jedoch gerade nicht gebührenpflichtig, vgl. § 204 AO. Insoweit geht das Argument der Gebührenumgehung von vornherein ins Leere.

Schließlich weist *Drüen* mit Blick auf die Zulässigkeit veranlagungsbegleitender Prüfungen auf das rechtsstaatliche Gebot der Transparenz bei Kooperation zwischen Verwaltung und Privaten hin, wonach allgemein bei Kooperation die einzelnen Verfahrensstufen, namentlich ihr jeweiliger Beginn und ihr Ende sichtbar bleiben müssen[1741]. Indem auf die Abgabe einer Steuererklärung und ggf. auch noch auf den Prüfungsbericht verzichtet wird, verschwimmen nach Ansicht *Drüens* die Verfahrensschritte der Deklaration durch den Steuerpflichtigen und nachvollziehender Verifikation durch die Finanzverwaltung[1742]. Dabei ba-

---

1740 Vgl. *Drüen*, IFSt-Schrift Nr. 469 (2011), S. 35; *Fahrenbach,* in: Dahlmanns, IFSt-Schrift Nr. 467 (2011), S. 15.

1741 IFSt-Schrift Nr. 469 (2011), S. 35 f.; *ders.,* FR 2011, 101, 105, 112, unter Verweis auf *Fehling,* in: Hoffmann-Riem/Schmidt-Aßmann/Voßkuhle, GVwR, Band II, 2012, § 38, Rn. 110 f.; *Gusy*, ZUR 2001, 1, 5.

1742 *Drüen*, IFSt-Schrift Nr. 469 (2011), S. 36; *ders.,* FR 2011, 101, 112.

siere das gesamte System indes stillschweigend auf der vorherigen Abgabe einer Steuererklärung, die der Steuerpflichtige rechtlich verantwortet. Im Fall der Echtzeitprüfung bestünde mithin die Gefahr einer „Verantwortungsdiffusion" und die Problematik, dass das von Verwaltung und Privaten gemeinsam gewonnene Besteuerungsergebnis planmäßig sowohl einer Kontrolle durch die Finanzgerichte entzogen als auch die Kontrolle durch die Rechnungshöfe erschwert wird[1743].

Da informelles Verwaltungshandeln respektive ein Zusammenwirken von Verwaltung und Rechtsunterworfenen in der Tat ein „Mindestmaß an Transparenz" erfordert, um insbesondere den Schutz des privaten Kooperationspartners und möglicherweise betroffener Dritter sowie eine wirksame politisch-demokratische Kontrolle zu gewährleisten[1744], muss die zeitnahe Außenprüfung ausreichend klar strukturiert sein bzw. transparent ablaufen. Allerdings spricht dies nicht zwingend gegen die Vornahme auch veranlagungsbegleitender Prüfungen, lassen sich diese doch in einer strukturierten und transparenten Art und Weise durchführen[1745]. Der Ansicht *Drüens* ist insoweit zuzugeben, dass generell bei der zeitnahen Außenprüfung und damit auch bei der Echtzeitprüfung nicht auf einen abschließenden Prüfungsbericht (§ 202 AO) verzichtet werden sollte[1746]; der Bericht liefert Klarheit bezüglich der Prüfungsergebnisse bzw. des Prüfungsabschlusses und kann daher als Endpunkt gesehen werden. Vergleichbar mit dem Ansatz des „Compliance Assurance Process" der US-amerikanischen Finanzverwaltung lässt sich die Echtzeitprüfung daneben etwa durch die Bestimmung fester Ansprechpartner auf beiden Seiten sowie die Festlegung eines zeitlichen Rahmens (insbesondere bzgl. des offiziellen Prüfungsbeginns und anvisiertem Ende) klar strukturieren. Bei alledem gilt es zu berücksichtigen, dass das rechtsstaatliche Transparenzgebot bei Kooperation keine absoluten, fixen Vorgaben beinhaltet. Schließlich relativiert auch *Drüen* seine diesbezüglichen Aussagen, indem er zugesteht, dass „die gerügte Beeinträchtigung des Gebots rechtsstaatlicher Verantwortungsklarheit keineswegs zwingend ist"[1747].

Summa summarum bleibt festzuhalten, dass die genannten Befürchtungen mit Blick auf mögliche Unsicherheiten und Abgrenzungsschwierigkeiten zwar nicht

---

1743 *Drüen,* FR 2011, 101, 112.

1744 *Fehling,* in: Hoffmann-Riem/Schmidt-Aßmann/Voßkuhle, GVwR, Band II, 2012, § 38, Rn. 110.

1745 Vgl. dazu *Fehling,* in: Hoffmann-Riem/Schmidt-Aßmann/Voßkuhle, GVwR, Band II, 2012, § 38, Rn. 110, wonach sich Durchsichtigkeit „auf verschiedenste Weise herstellen lässt".

1746 Siehe dazu sogleich **4. Kapitel C. V. 4**.

1747 *Drüen,* IFSt-Schrift Nr. 469 (2011), S. 37.

zu vernachlässigen sind, allerdings keineswegs zwingend zum Ausschluss bzw. zur Unzulässigkeit der Echtzeitprüfung führen. Dabei gilt es, auch die erheblichen Vorteile veranlagungsbegleitender Prüfungen zu sehen: So hat eine derartige Vorgehensweise den grundlegenden Vorteil, dass mögliche Fehler noch frühzeitiger erkannt respektive korrigiert werden können und in der Folge erst gar nicht in die Steuererklärungen eingehen; die Finanzbehörde hätte dann – entsprechend dem Zweck der Außenprüfung – ihre Aufgabe der Sicherstellung der Gesetz- und Gleichmäßigkeit der Besteuerung (§ 85 S.1 AO) optimal erfüllt[1748]. Mithin tragen die Aufdeckung und Korrektur von steuerlichen Unstimmigkeiten vor Abgabe der Steuererklärung dazu bei, dass die Deklaration insoweit von vornherein richtig ist und bereits die gesetzmäßige Steuer festgesetzt und erhoben werden kann. Korrespondierend mit dem der Tax Compliance-Strategie immanenten Ansatz hoheitlicher Hilfestellung würde das steuerliche Risiko bzw. die Gefahr einer unzutreffenden Steuererklärung (mit einschlägigen Negativfolgen) nicht einseitig dem Unternehmen aufgebürdet, sondern durch die Finanzverwaltung möglichst früh verringert. Die Echtzeitprüfung entspräche einem proaktiven bzw. präventiven, risikovorbeugenden Steuervollzug[1749]. Aus hoheitlicher bzw. fiskalischer Sicht gilt es schließlich zu bedenken, dass ein schnellerer Prüfungsabschluss in Folge von Echtzeitprüfungen regelmäßig eine zeitnähere Realisierung des Steueranspruchs mit sich bringt[1750]. Im Ergebnis sollte die Finanzverwaltung daher eine Änderung von § 4a Abs.2 S.1 BpO zu Gunsten der Echtzeitprüfung in Erwägung ziehen[1751]. Dabei könnte etwa eine vorläufige Steuerbilanz bzw. ein Quartalsabschluss zur Grundlage eines steuerlichen „Realtime-Audits" gemacht werden[1752].

1748 *Seer,* Ubg 2009, 673, 679.

1749 Für einen derartigen proaktiven Vollzugsansatz im Allgemeinen *Kaiser*, Ubg 2012, 631, 633. *Kaiser* weist diesbezüglich auf die Formulierung in Ziffer 1 des Erlasses zur Rationalisierung der Betriebsprüfung, (FinMin NRW v. 13.06.1995, S 1502-4-V C 5) hin, wonach die Betriebsprüfung „vorbeugend" zu wirken und „die geprüften Betriebe zu vorschriftsmäßigem Handeln anzuhalten und Fehler abzustellen" hat.

1750 *Hermenau*, FR 2011, 120, 121.

1751 Offen gelassen von *Seer,* Ubg 2012, 1000, 1001. Eine Echtzeitprüfung grundsätzlich befürwortend *Bolik/Günther,* StuB 2011, 381, 382 sowie *Hermenau,* FR 2011, 120, 122: „Rechtliche Bedenken gegen zeitnahe Betriebsprüfungen nach dem „Osnabrücker Modell" gibt es nicht".

1752 *Seer,* in: FS Streck, 2011, S. 403, 413, der dann die Zusage der Finanzbehörde für angebracht hält, dass sie die in Echtzeit geprüften Felder in einer späteren Außenprüfung nicht erneut aufgreift.

4. Unzulässigkeit des Verzichts auf einen Prüfungsbericht

Im Rahmen der zeitnahen Außenprüfung nach dem Osnabrücker bzw. Bielefelder Modell sollte nicht nur auf die Abgabe einer endgültigen Steuererklärung zu Beginn, sondern auch auf die Erstellung eines förmlichen Prüfungsberichts am Ende der Prüfung verzichtet werden, um die Prüfung zu beschleunigen und das Verfahren zu verschlanken. Unstreitige Ergebnisse sollten mit Zustimmung des Steuerpflichtigen lediglich in einem formlosen, unter Umständen nur tabellarischen Ergebnisvermerk festgehalten werden. Auch hier stellt sich die Frage, ob eine derartige Praxis rechtlich zulässig ist.

Die Finanzverwaltung hat sich in § 4a BpO nunmehr gegen einen Verzicht auf einen Prüfungsbericht entschieden. Gemäß § 4a Abs.3 BpO ist über das Ergebnis der zeitnahen Betriebsprüfung ein Prüfungsbericht oder eine Mitteilung über die ergebnislose Prüfung anzufertigen (§ 202 AO). Insoweit darf der Prüfer auf Grund der internen Bindung an die Verwaltungsvorschrift nicht in Übereinstimmung mit dem Steuerpflichtigen auf einen förmlichen Bericht verzichten. Die Verwaltungsvorschrift wiederholt die in § 202 Abs.1 S.1 AO enthaltene Regelung, wonach über das Ergebnis der Außenprüfung ein schriftlicher Bericht (Prüfungsbericht) ergeht. Im Prüfungsbericht sind die für die Besteuerung erheblichen Prüfungsfeststellungen in tatsächlicher und rechtlicher Art sowie die Änderungen der Besteuerungsgrundlagen darzustellen (§ 202 Abs.1 S.2 AO). Nur wenn die Außenprüfung zu keiner Änderung der Besteuerungsgrundlagen führt, genügt es, dies dem Steuerpflichtigen schriftlich mitzuteilen (vgl. § 202 Abs.1 S.3 AO). Wie bei § 4a Abs.2 S.1 BpO sollte auch hier von einer Änderung der Verwaltungsvorschrift abgesehen werden. Zunächst ist festzuhalten, dass § 202 Abs.1 AO einen Verzicht des Steuerpflichtigen oder der Verwaltung auf einen Prüfungsbericht in § 202 AO nicht vorsieht. Der Verwaltung kommt ausweislich des Wortlauts „ergeht" und „sind […] darzustellen" kein Ermessensspielraum zu[1753]. Ein Verzicht wäre demnach mit dem Wortlaut von § 202 AO nicht zu vereinbaren. Auch eine teleologische Reduktion der Vorschrift zur Ermöglichung eines Verzichts muss ausscheiden, schafft der Prüfungsbericht doch Rechtssicherheit und Verfahrenstransparenz, die nicht zur Disposition der Beteiligten stehen[1754]. So dient der Bericht nicht nur der Information des Steuerpflichtigen, sondern auch der nicht beteiligten veranlagenden Verwaltungsstelle[1755]. Überdies wird durch den Prüfungsbericht Klarheit bezüglich des Prüfungsabschlusses geschaf-

1753 *Rüsken,* in: Klein, AO, 2012, § 202, Rn. 1a f.

1754 Vgl. *Drüen,* IFSt-Schrift Nr. 469 (2011), S. 39 f.

1755 Vgl. *Intemann,* in: Pahlke/Koenig, 2009, AO § 202, Rn. 1.

fen, kann die Prüfung doch in der Regel mit der Zusendung des Berichts als abgeschlossen angesehen werden[1756]. Zuletzt kommt nur einem schriftlichen und nicht nur kursorischen Bericht mit Blick auf die Wissensperpetuierung in Unternehmen und Verwaltung unter Berücksichtigung der üblichen Personalfluktuation eine hinreichende Informations- und Dokumentationsfunktion zu[1757].

5. Vereinbarkeit der zeitnahen Außenprüfung mit Steuerstreit

Auch wenn die zeitnahe, kooperative Durchführung der Außenprüfung auf den ersten Blick ein weitgehend harmonisches Miteinander von Unternehmen und Finanzbehörden suggeriert, steht es außer Frage, dass es zwischen den Aktueren zu Meinungsverschiedenheiten im Hinblick auf die rechtliche bzw. tatsächliche Beurteilung steuerlicher Zweifelsfragen kommen kann[1758]. Die Durchführung zeitnaher, kooperativer Außenprüfungen muss dabei gewährleisten, dass solche Streitigkeiten auch ausgetragen werden können. Als zutreffend erweist sich die Aussage *Drüens*, wonach der „Kampf ums Recht" auch beim kooperativen Steuervollzug notfalls gerichtlich ausgetragen werden muss[1759]. Kooperation und Steuerloyalität sind schließlich nicht damit gleichzusetzen, dass der Steuerpflichtige sämtliche Auffassungen der Finanzverwaltung akzeptiert und stets auf die gerichtliche Durchsetzung legitimer Positionen verzichtet[1760]. Es gilt zu berücksichtigen, dass der Steuerpflichtige und seine Berater – anders als der Betriebsprüfer – gerade nicht an norminterpretierende Verwaltungsvorschriften und im Bundessteuerblatt veröffentlichte höchstrichterliche Urteile gebunden sind[1761]. Eine Vorschrift wie § 168 S.2 Reichsabgabenordnung, wonach die

---

1756 *Buse,* AO-StB 2008, 50.

1757 *Happe,* BBK 2011, 807, 809.

1758 Vgl. *Meussen,* FR 2011, 114, 116, mit Blick auf die niederländische kooperative Prüfung.

1759 *Drüen,* in: Schön/Beck, Zukunftsfragen des deutschen Steuerrechts, 2009, S. 1, 20; *ders.*, FR 2011, 101, 113.

1760 Vgl. *Seer,* in: FS Streck, 2011, S. 403, 406. Einen entsprechenden Verzicht unter dem Deckmantel der Steuerloyalität von vornherein als „Gegenleistung" für Verfahrenserleichterungen i.R.d. Außenprüfung zu verlangen, käme einer Forderung nach einem „Blanko-Verzicht" auf die Einlegung von Rechtsmitteln gleich, welche indes mit Blick auf Art. 19 Abs.4 S.1 GG unzulässig wäre, vgl. allgemein *Schmidt-Aßmann,* in: Maunz/Dürig, Art.19 Abs.4, Rn. 247 (02/2003).

1761 Mit Blick auf das Thema zeitnahe Außenprüfung siehe etwa *Drüen,* FR 2011, 101, 113; *Risse,* in: Dahlmanns, IFSt-Schrift Nr. 467 (2011), S. 18. Siehe auch **2. Kapitel A. II. 1. a)** und **4. Kapitel C. IV. 2. a) bb)**.

Erklärungen „nach Form und Inhalt“ so abzugeben sind „wie es das Finanzamt nach den Gesetzen und Ausführungsbestimmungen vorschreibt“ existiert nicht mehr[1762].

In diesem Sinne ist zum einen das Bewusstsein auf Seiten der Finanzbehörden erforderlich, dass auch ein Steuerpflichtiger, der im Einzelfall Rechtsschutz gegen die Verwaltungsmeinung sucht, ein kooperativer „compliant taxpayer“ sein kann, wenn er seine steuerlichen Erklärungs- und Aufzeichnungspflichten im Übrigen erfüllt[1763]. Zum anderen verdient der Vorschlag *Drüens* Zustimmung, wonach eine „Kanalisierung“ anstehender Rechtsstreitigkeiten erfolgen sollte, wenn bezüglich einzelner Punkte keine Einigung erzielt werden kann[1764]. Hat die Einlegung eines Einspruchs (§§ 347 ff. AO) de lege lata zur Folge, dass die Finanzbehörde eine erneute Prüfung der Sache in vollem Umfang durchführt (§ 367 Abs.2 AO, Grundsatz der Gesamtaufrollung) wäre de lege ferenda die Einführung eines konsequenten Teileinspruchsverfahrens respektive eines Teileinspruchs zu erwägen[1765]; dies würde eine punktuelle Klärung streitiger Fragen und eine Teil-Bestandskraft des Steuerverwaltungsakts im Übrigen ermöglichen[1766]. Im Sinne des zeitnahen, kooperativen Ansatzes könnten Streitigkeiten so zielgerichtet und zügiger aufgegriffen und eine volle Überprüfung des Steuerfalls mit vollumfänglicher Hemmung der Bestandskraft vermieden werden[1767].

6. Notwendigkeit der Sicherstellung der Mitwirkungsrechte des BZSt

Die Durchführung zeitnaher Außenprüfungen muss zudem gewährleisten, dass die gesetzlichen Mitwirkungsrechte des Bundeszentralamts für Steuern (BZSt) im Rahmen der Außenprüfung nicht beeinträchtigt werden. Die Rechte des BZSt

---

1762 Zu § 168 RAO siehe *Frizen*, Das Deklarationsprinzip, 2009, S. 257.

1763 Vgl. *Seer*, in: FS Streck, 2011, S. 403, 406.

1764 *Drüen*, IFSt-Schrift Nr. 469 (2011), S. 56; *ders.*, FR 2011, 101, 113; befürwortend auch *Spengel/Ortmann-Babel/Matenaer*, Ubg 2012, 466, 468.

1765 Vgl. *Drüen*, FR 2011, 101, 113.

1766 Zur grundsätzlichen Unmöglichkeit der Erreichung einer Teil-Bestandskraft im Rahmen des Einspruchsverfahrens siehe *Seer*, in: Tipke/Lang, Steuerrecht, 2013, § 22, Rn. 10; zu den Ausnahmen siehe *v. Wedelstädt*, DB 1997, 696 ff.

1767 Kritisch mit Blick auf die derzeitige Regelung des Einspruchsverfahrens auch *Bergan/Martin*, DStR 2007, 1384, 1387; *dies.*, DStZ 2010, 643, 645 f.; *Intemann*, DB 2008, 1005, 1006 f.; *Seer*, in: Tipke/Lang, Steuerrecht, 2013, § 22, Rn. 47. Zur bisherigen Regelung der Teileinspruchsentscheidung in § 367 Abs.2a AO siehe etwa *Krüger*, DStZ 2009, 810 ff.

folgen aus §§ 19, 5 Abs.1 Nr.1 FVG, die auf Grundlage von Art. 108 Abs.4 S.1 Alt.1 GG erlassen wurden. Sinn und Zweck der Mitwirkungsrechte ist es, zu einer bundesweiten steuerlichen Gleichbehandlung bei der Außenprüfung beizutragen[1768]. Das BZSt bestimmt dabei Art und Umfang seiner Mitwirkung[1769]. Es ist grundsätzlich zur Mitwirkung bei allen Betriebsprüfungen berechtigt und kann verlangen, dass bestimmte von ihm namhaft gemachte Betriebe zu einem bestimmten Zeitpunkt geprüft werden[1770]. In Betracht kommt dabei insbesondere eine Mitwirkung durch Prüfungstätigkeit durch Übernahme in sich geschlossener Prüfungsfelder und Entwurf des entsprechenden Teils des Prüfungsberichts sowie Beteiligung an Besprechungen[1771]. Das BZSt besitzt zudem ein umfassendes Informationsrecht gegenüber den Landesfinanzbehörden[1772]. Überdies besteht sogar die Möglichkeit zur Alleinprüfung durch das BZST, wobei die Prüfung sodann im Auftrag des zuständigen Finanzamts durchgeführt wird[1773]. Dies gilt insbesondere bei Prüfungen von Auslandsbeziehungen und Prüfungen, die sich über das Gebiet eines Landes hinaus erstrecken[1774]. Um das BZSt über die anstehenden Außenprüfungen in Kenntnis zu setzen, stellen die Landesfinanzbehörden dem BZSt die Prüfungsgeschäftspläne für Großbetriebe spätestens 10 Tage vor dem Beginn des Zeitraums, für den sie aufgestellt worden sind, zur Verfügung (§ 21 Abs.1 S.1 BpO)[1775]. Betriebe, bei deren Prüfung eine Mitwirkung des BZSt von den Landesfinanzbehörden für zweckmäßig gehalten wird, sollen kenntlich gemacht werden; das BZSt teilt den Landesfinanzbehörden sodann unverzüglich die Betriebe mit, an deren Prüfung es mitwirken will (§ 21 Abs.1 S.2 und 3 BpO). Führen die Landesfinanzverwaltungen nun kurzfristig und ggf. unter Abweichung vom ursprünglich aufgestellten Prüfungsgeschäftsplan zeitnahe Außenprüfungen durch, besteht die Gefahr, dass das BZSt übergangen wird und nichts von der zeitnahen Prüfung erfährt. Dies hätte jedoch zur Folge, dass die gesetzlichen Mitwirkungsrechte ausgehebelt würden. Daher sieht § 4a Abs.2 S.2 BpO nunmehr

1768 *Höppner,* FinArch, Band 43 (1985), 106, 115 f.; *Seer,* in: Bonner Kommentar zum GG, Art. 108, Rn. 135 (04/2011).

1769 § 19 Abs.2 S.1 FVG.

1770 § 19 Abs.1 S.1 und 2, Abs.5 FVG.

1771 §§ 20 Abs.1, 22 Abs.1 BpO.

1772 § 19 Abs.2 S.2 FVG.

1773 § 19 Abs.3 S.1 FVG.

1774 § 19 Abs.3 S.2 FVG.

1775 Die Prüfungsgeschäftspläne dürfen bei Großbetrieben nicht in Abständen von weniger als 6 Monaten und mehr als 12 Monaten aufgestellt werden (§ 34 S.2 BpO).

explizit vor, dass der von der Finanzverwaltung zur zeitnahen Außenprüfung ausgewählte Steuerpflichtige dem BZSt abweichend von der Frist des § 21 Abs.1 S.1 BpO unverzüglich zu benennen ist, um die Mitwirkungsrechte des BZSt sicherzustellen. Durch die Pflicht zur unverzüglichen Mitteilung wird das BZSt in die Lage versetzt, zu entscheiden, ob bzw. wie es von seinen in § 19 FVG normierten Mitwirkungsbefugnissen Gebrauch zu machen gedenkt. Die Rechte des BZSt werden mithin durch die in § 4a Abs.2 S.2 BpO enthaltene Regelung gewahrt. In dem das BZSt gemäß § 19 Abs.1 S.2, Abs.5 S.1 FVG verlangen kann, dass bestimmte von ihm namhaft gemachte Betriebe zu einem bestimmten Zeitpunkt geprüft werden und Regelungen zur Durchführung und zu Prüfungsinhalten festlegen darf, ist es auch denkbar, dass die Initiative zur zeitnahen Prüfung eines bestimmten Steuerpflichtigen vom BZSt aus geht.

D. Flankierende Beratung und Auskunftserteilung als Bestandteile eines serviceorientierten Steuervollzuges

Konstituierendes Element einer finanzbehördlichen Tax Compliance-Strategie ist die Förderung und Erleichterung der eigenmotivierten steuerlichen Mitwirkung durch Verfolgung eines im Ausgangspunkt kooperativen, serviceorientierten Vollzugsansatzes. Wichtige Bausteine für ein vernünftiges Miteinander von Steuerpflichtigen und Verwaltung stellen dabei die Beratung und Erteilung von Auskünften durch die Finanzverwaltung dar (Beratung und Auskünfte als Ausdruck des Compliance-Gedankens)[1776]. Finanzbehördliche Beratungs- und Auskunftsmaßnahmen sind insofern geeignet, die Durchführung risikoorientierter, zeitnaher Außenprüfungen zu flankieren und den Kooperations- und Servicegedanken abzurunden. Sie korrespondieren mit dem Interesse der Steuerpflichtigen an einer Vermeidung kosten- und zeitintensiver Streitigkeiten sowie an möglichst frühzeitiger Rechts- und Planungssicherheit[1777].

1776 Vgl. *Neumann,* DStJG 33 (2010), S. 73, 78, 84. Insbesondere Zusagen können hier einen Mentalitätswechsel vom reaktiven zum aktiven Steuerpflichtigen bewirken und die Steuermoral steigern, *Birk,* in: FS Pöllath + Partners, 2008, S. 161, 164; *Horst,* Verbindliche Auskunft, 2010, S. 18 f.; ähnlich *Fiedler* Zusagen im Verwaltungsrecht, 1977, S. 207.

1777 Zur Vermeidung außergerichtlicher und gerichtlicher Rechtsbehelfsverfahren durch die Auskunftserteilung siehe *Birk,* FS Pöllath + Partners, 2008, S. 161, 164; *Hey,*

Treffend formuliert es die OFD Frankfurt in ihrem Leitfaden zur Auskunftserteilung: „Gleichzeitig sind verbindliche Auskünfte ein Ausdruck einer bürgernahen und serviceorientierten Verwaltung. [...] Die Arbeitszeit, die für die Bearbeitung dieser Anträge benötigt wird, erspart vielfach erheblichen Aufwand in späteren Jahren zur Aufdeckung des Sachverhalts und dessen steuerlicher Würdigung. [...] Es entspricht auch nicht dem einer modernen Verwaltung immanenten Servicegedanken, dem Steuerbürger in einem solchen Fall erst Jahre später im Zuge einer Betriebsprüfung eine gegenteilige Auffassung der Verwaltung zur Kenntnis zu geben“[1778].

Nachfolgend gilt es, die gesetzlichen Befugnisse der Finanzverwaltung zur Beratung und Auskunftserteilung zu beleuchten. Wurde zuvor dezidiert zu möglichen Tax Compliance-Schnittmengen im besonderen Verfahren der Außenprüfung Stellung genommen, soll die Beratung und Auskunftserteilung nun im Allgemeinen, d.h. losgelöst vom Außenprüfungsverfahren, erörtert werden[1779]. Dabei soll insbesondere der Frage nachgegangen werden, inwiefern de lege lata entsprechende Spielräume bestehen, die seitens der Verwaltung im Sinne eines an Tax Compliance orientierten Vollzuges ausgefüllt werden können. Zu unterscheiden ist dabei einerseits zwischen der Beratung und Erteilung unverbindlicher Auskünfte (**I.**) sowie andererseits der Erteilung verbindlicher Auskünfte nach § 89 Abs.2 AO (**II.**).

I. Beratung und Erteilung unverbindlicher Auskünfte als Serviceleistungen

Ist der Servicegedanke konstitutiv für einen an Tax Compliance ausgerichteten Steuervollzug, so bedeutet dies für die Finanzverwaltung, von den von Gesetzes wegen gegebenen Möglichkeiten zur Hilfestellung bewusst Gebrauch zu machen. Die Abgabenordnung sieht dazu ausdrücklich die Beratung und

Steuerplanungssicherheit als Rechtsproblem, 2002, S. 185 ff.; *Horst,* Verbindliche Auskunft, 2002, S. 18; *Fiedler,* Zusagen im Verwaltungsrecht, 1977, S. 213; *Pfander,* Zusage im öffentlichen Recht, 1970, S. 221.

1778 OFD Frankfurt/M, Verfügung betr. Leitfaden zur Bearbeitung von Anträgen auf Erteilung verbindlicher Auskünfte vom 12.12.2007 (S 0224 A-3-St 23), Tz. 1.

1779 Im Hinblick auf die Erteilung verbindlicher Zusagen im Anschluss an eine Außenprüfung (§ 204 AO) sowie die gesetzlichen Sonderformen der Lohnsteueranrufungsauskunft (§ 42e EStG) und der verbindlichen Zolltarif-/Ursprungsauskunft (Art. 12 ZK; Art. 20 MZK; Art. 5 bis 14 ZK-DVO) wird auf die einschlägige Fachliteratur verwiesen, siehe etwa *Seer,* in: Tipke/Lang, Steuerrecht, 2013, § 21, Rn. 15.

Erteilung unverbindlicher Auskünfte nach § 89 Abs.1 AO vor[1780]; sie belässt der Finanzverwaltung dabei gleichwohl einen weiten Spielraum, was in den Formulierungen „soll“, „offensichtlich“ und „soweit erforderlich“ zum Ausdruck kommt.

1. Beratung nach § 89 Abs.1 S.1 AO

Gemäß § 89 Abs.1 S.1 AO soll die Finanzbehörde die Abgabe von Erklärungen, die Stellung von Anträgen oder die Berichtigung von Erklärungen oder Anträgen anregen, wenn diese offensichtlich nur versehentlich oder aus Unkenntnis unterblieben oder unrichtig abgegeben oder gestellt worden sind[1781]. Nach *Seer* ist die Vorschrift Teil der Kooperationsmaxime und soll neben der gesetzmäßigen Besteuerung auch der Grundrechtsverwirklichung der Steuerpflichtigen durch Herstellung von Waffengleichheit im Verwaltungsverfahren dienen[1782]. Korrespondierend mit dem Service- und Dienstleistungsgedanken auf Verwaltungsseite bezeichnete der BGH Verwaltungsbeamte auch als „Helfer des Staatsbürgers“[1783].

Die Vorschrift erfasst dabei Erklärungen des Verfahrensrechts und des materiellen Rechts[1784]. Zwar trifft die Finanzverwaltung im Rahmen der Betreuung keine grundsätzliche und umfassende Pflicht zur steuerlichen Beratung der Steuerpflichtigen[1785]. Sie muss insbesondere keine Tipps zum Steuersparen geben.

1780 Siehe allgemein auch § 25 Abs.1 VwVfG.

1781 Im Falle der Offensichtlichkeit der Fehlerhaftigkeit des Beteiligtenverhaltens ist die Finanzverwaltung dabei zum Hinweis verpflichtet, sog. Ermessensreduktion auf null, *Seer*, in: Tipke/Kruse, AO/FGO, § 89 AO, Rn. 2 (01/2012); *Söhn*, in: H/H/Sp, AO/FGO, § 89 AO, Rn. 14 (11/2008).

1782 *Seer*, in: Tipke/Kruse, AO/FGO, § 89 AO, Rn. 1 (01/2012).

1783 BGH v. 06.04.1960, III ZR 38/59, NJW 1960, 1244; sicha auch BGH v. 20.07.2000, III ZR 64/99, NVwZ-RR 2000, 746.

1784 *Seer*, in: Tipke/Kruse, AO/FGO, § 89 AO, Rn. 3 (01/2012); *Söhn*, in: H/H/Sp, AO/FGO, § 89 AO, Rn. 7 (11/2008). Siehe auch *Weber-Grellet*, StuW 1999, 311, 317, wonach ein Aufklärungsgespräch vor allem mit Existenzgründern nach US-amerikanischem Vorbild des sog. office audit/examination geführt werden sollte, um diesen Art und Umfang der steuerlichen Pflichten zu verdeutlichen und auf die Folgen von steuerlichem Fehlverhalten hinzuweisen. Ebenso sei mit Gewerbetreibenden und Freiberuflern zu verfahren, wenn diese nicht einer permanenten Außenprüfung unterliegen, *Habammer*, Stbg 2001, 612, 616; *Tipke*, Die Steuerrechtsordnung, Band III, 1993, S. 1226.

1785 BGH v. 02.10.2003, III ZR 420/02, VersR 2005, 1730; *Lohmeyer*, DStZ 1979, 190, 191. Nach *Seer*, in: Tipke/Kruse, AO/FGO, § 89 AO, Rn. 4 (01/2012), kann und

Dies ist jedoch im Umkehrschluss nicht gleichbedeutend mit einem allgemeinen Verbot der materiell-rechtlichen Steuerberatung; durch § 89 Abs.1 AO wird mithin nicht untersagt, auch Rat im materiellen Recht zu erteilen[1786]. Ein solches Verbot ergibt sich zudem nicht aus dem Steuerberatungsgesetz: So sind „Behörden“[1787] gemäß § 4 Nr.3 StBerG ausdrücklich „im Rahmen ihrer Zuständigkeit“ zur geschäftsmäßigen Hilfeleistung in Steuersachen befugt[1788]. Von der Vorschrift erfasst werden somit auch Finanzbehörden im Rahmen ihrer Zuständigkeit bei der Steuerhebung und –veranlagung[1789]. Auch der BFH verweist im Urteil zur steuerlichen Absetzbarkeit von Steuerberatungskosten explizit auf die Beratung der Steuerpflichtigen durch die Finanzverwaltung im Rahmen von § 89 Abs.1 AO, um zu verdeutlichen, dass der Steuerpflichtige auch ohne die Konsultation eines Steuerberaters nicht auf sich alleine gestellt ist[1790]. Insgesamt sollte die Finanzverwaltung daher den von § 89 Abs.1 S.1 AO eingeräumten Spielraum möglichst nutzen, um dem Servicegedanken zu entsprechen; freilich sind einer umfassenden Beratung durch die begrenzten Verwaltungsressourcen von vornherein gewisse Grenzen gesetzt[1791]. Dennoch ist es im Sinne eines partnerschaftlichen,

---

will § 89 Abs.1 AO die Hilfe von Angehörigen der steuerberatenden Berufe nicht ersetzen; vgl. auch *Müller*, AO-StB 2011, 144, 146.

1786 So explizit *Seer*, in: Tipke/Kruse, AO/FGO, § 89 AO, Rn. 5 (01/2012), der darauf hinweist, dass ein auch ohne zu Grunde liegende Rechtspflicht erteilter Rat richtig sein muss, um eine Amtspflichtverletzung nach § 839 BGB auszuschließen.

1787 Siehe § 1 Abs.4 VwVfG: „jede Stelle, die Aufgaben der öffentlichen Verwaltung wahrnimmt“.

1788 Nach *Dalichau*, Auskünfte und Zusagen der Finanzverwaltung, 2003, S. 73 ff. ist die Finanzverwaltung jedoch nicht zur Beratung betreffend hypothetischer Sachverhalte befugt. Begründet wird dies mit dem fehlenden Bezug zur konkreten Gesetzesumsetzung und Ertragserzielung, der jedoch von Verfassungs wegen (insbesondere nach Art. 108 GG) erforderlich sei.

1789 *Riddermann/Goez,* in: Kuhls/Busse, Kommentar zum Steuerberatungsgesetz, 2012, § 4, Rn. 16, die jedoch darauf hinweisen, dass die finanzbehördliche Beratung auf Grund des „natürlichen Interessengegensatzes“ anders ausfallen kann als die Beratung durch Steuerberater. Vgl. bereits *Rose,* StB 1972, 41, 44.

1790 BFH v. 04.02.2010, X R 10/08, DStR 2010, 739, 742.

1791 Vgl. Anwendungserlass zur Abgabenordnung (AEAO), BMF-Schreiben v. 02.01.2008 (BStBl I 2008, 26) zu § 89 AO, Tz. 1.1. S.3: Die Finanzämter wären überfordert, wenn sie darauf zu achten hätten, ob der Steuerpflichtige jede sich ihm bietende Möglichkeit, Steuern zu sparen, ausgenutzt hat. Tz. 1.1. S.3 verweist diesbezüglich auf BFH v. 22.01.1960, VI 175/59 U, BStBl III 1960, 178, wonach das Finanzamt im allgemeinen nicht verpflichtet ist, einen Steuerpflichtigen, der den

kooperativen Steuervollzuges, die Beratungsmöglichkeit ernst zu nehmen. Soweit die in der Vorschrift verankerte Fürsorgefunktion in Folge der zurückhaltenden gesetzlichen Ausgestaltung in § 89 Abs.1 AO in der Praxis selten zur Anwendung kommt[1792], widerspricht dies dem Tax Compliance-Gedanken.

2. Unverbindliche Auskünfte nach § 89 Abs.1 S.2 AO

Nach § 89 Abs.1 S.2 AO erteilt die Finanzverwaltung, soweit erforderlich, Auskunft über die den Beteiligten im Verwaltungsverfahren zustehenden Rechte und die ihnen obliegenden Pflichten. Schließlich soll die Möglichkeit zur Rechtsdurchsetzung nicht an Form- oder Verfahrensfehlern scheitern[1793]. Ausweislich des Wortlauts bezieht sich die Auskunft hier nicht auf das materielle Steuerrecht. Die Vorschrift wird dementsprechend auch als besondere Verfahrensfürsorgepflicht (etwa mit Blick auf die Fristenberechnung, Wiedereinsetzung in den vorigen Stand, Aussetzung der Vollziehung etc.) bezeichnet[1794]. Die Hinweise brauchen dabei grundsätzlich nur auf Verlangen der Beteiligten gegeben werden[1795].

Allerdings ist die Finanzverwaltung auch über den Anwendungsbereich von § 89 Abs.1 S.2 AO hinaus berechtigt, generell oder auf individuelle Anfrage hin unverbindliche Auskünfte im Rahmen ihrer Zuständigkeit zu erteilen[1796]. Die entsprechende Kompetenz wird dabei aus der allgemeinen Rechtsanwendungskompetenz der Finanzverwaltung abgeleitet und als nobile officium qualifiziert[1797]. Auskünfte können formlos ergehen und sich sowohl auf Vorgänge in der Vergangenheit oder in der Zukunft beziehen. Neben Tatsachenmitteilungen können sie auch unverbindliche, d.h. ohne Rechtsbindungswillen erteilte Rechtsmitteilungen durch die Finanzverwaltung beinhalten[1798]. So erwähnt auch die Finanzverwaltung explizit

---

Antrag auf Steuerbegünstigung des nicht entnommenen Gewinns nicht gestellt hat, auf die Möglichkeit hinzuweisen.

1792 So ausdrücklich aus Sicht der Finanzverwaltung *Neumann,* DStJG 33 (2010), S. 73, 74.

1793 *Seer*, in: Tipke/Kruse, AO/FGO, § 89 AO, Rn. 11 (01/2012).

1794 Vgl. *Seer*, in: Tipke/Kruse, AO/FGO, § 89 AO, Rn. 10 (01/2012); siehe auch AEAO zu § 89, Tz. 2 S.1.

1795 *Seer*, in: Tipke/Kruse, AO/FGO, § 89 AO, Rn. 10 (01/2012).

1796 *Neumann,* DStJG 33 (2010), S. 73, 74; *Seer*, in: Tipke/Kruse, AO/FGO, § 89 AO, Rn. 13 (01/2012); siehe auch AEAO zu § 89, Tz. 2 S.2.

1797 *Seer*, in: Tipke/Kruse, AO/FGO, § 89 AO, Rn. 13 (01/2012).

1798 *Seer*, in: Tipke/Kruse, AO/FGO, § 89 AO, Rn. 13 ff. (01/2012). Ob die Erklärung verbindlich oder unverbindlich zu verstehen ist, richtet sich entsprechend §§ 133, 157 BGB nach dem objektiven Empfängerhorizont.

die Möglichkeit nicht nur verfahrensbezogener unverbindlicher Auskünfte im AEAO zu § 89: „Die Erteilung von Auskünften materieller Art ist den Finanzbehörden gestattet; hierauf besteht jedoch kein Anspruch"[1799]. Wie bereits im Rahmen von § 89 Abs.1 S.1 AO wäre eine entsprechend hohe Bereitschaft seitens der Verwaltung zur Erteilung verfahrensmäßiger und auch materieller unverbindlicher Auskünfte mit Blick auf den servicebezogenen Ansatz einer Tax Compliance-Vollzugsstrategie wünschenswert; dennoch sind auch hier die limitierten Verwaltungskapazitäten zu beachten. Eine Gebühr, wie für die verbindliche Auskunft nach § 89 Abs.2 bis 7 AO, kann mangels gesetzlicher Grundlage nicht verlangt werden.

II. Erteilung verbindlicher Auskünfte nach § 89 Abs.2 AO als Serviceleistung

Aus Perspektive der Steuerpflichtigen besteht nicht nur ein Interesse an Beratung und unverbindlichen Auskünften, sondern vor allem ein dringendes, verfassungsrechtlich fundiertes Bedürfnis nach Erteilung verbindlicher[1800] Auskünfte durch die Finanzverwaltung[1801]. Mit Blick auf einen an Tax Compliance ausgerichteten Steuervollzug gilt es, dieses Bedürfnis auf Seiten der Steuerpflichtigen ernst zu nehmen und die verbindliche Auskunft als Teil des Servicegedankens in den Vollzug zu integrieren[1802]. Gesetzlicher Anknüpfungspunkt ist dabei das in § 89 Abs.2 S.1 AO eingeräumte Ermessen zur Erteilung verbindlicher Auskünfte. Die Ermessensausübung setzt voraus, dass die Auskunftserteilung zulässig ist, also die tatbestandlichen Voraussetzungen von § 89 Abs.2 S.1 AO vorliegen.

1. Zulässigkeitsvoraussetzungen

Die Finanzämter und das Bundeszentralamt für Steuern können auf Antrag verbindliche Auskünfte über die steuerliche Beurteilung von genau bestimmten, noch nicht verwirklichten Sachverhalten erteilen, wenn daran im Hinblick auf die erheblichen steuerlichen Auswirkungen ein besonderes Interesse besteht (§ 89 Abs.2

1799 AEAO zu § 89, Tz. 2 S.2.

1800 Die Auskunft ist von Gesetzes wegen bindend, siehe § 2 StAusKV i.V.m. § 89 Abs.2 S.4 AO.

1801 Vgl. *Seer,* in: FS Pelka, S. 2010, S. 33, 42

1802 Vgl. *Neumann,* DStJG 33 (2010), S. 73, 78.

S.1 AO)[1803]. Neben einem Antrag, der insbesondere eine umfassende Darstellung des Sachverhalts und Rechtsproblems enthält (§ 1 Abs.1 Nr.2 und 4 StAuskV[1804]) ist demnach ein „besonderes Interesse" des Steuerpflichtigen an einer verbindlichen Auskunft erforderlich (darzulegen nach § 1 Nr.3 StAusKV)[1805]. Ein solches liegt grundsätzlich vor, wenn eine objektive rechtliche Unsicherheit über die steuerliche Behandlung eines Sachverhalts besteht[1806], wobei auf die Perspektive der Finanzverwaltung abzustellen ist. Schließlich soll mit der verbindlichen Auskunft gerade die rechtliche Würdigung durch die Verwaltung nach vorne gezogen werden[1807]. Eine verbindliche Auskunft für bereits abgeschlossene Sachverhalte kommt ausweislich des Wortlautes nicht in Frage; ein Dispositionsinteresse kann jedoch bei Sachverhalten mit Dauerwirkung oder mit Dauerwiederkehr gegeben sein[1808]. Die von § 89 Abs.2 S.1 AO geforderte Erheblichkeit der steuerlichen Auswirkungen stellt sich als spezielle Ausprägung des Dispositionsinteresses dar und ist daher aus Perspektive des Antragstellers zu beurteilen[1809].

2. Auskunftserteilung nach pflichtgemäßem Ermessen

Sind die tatbestandlichen Voraussetzungen von § 89 Abs.2 S.1 AO gegeben, liegt die Erteilung der beantragten verbindlichen Auskunft ausweislich des Wortlauts „können" im Ermessen der Finanzverwaltung. Der Verwaltung kommt mithin ein

---

1803 Zur Annexzuständigkeit der Finanzbehörde siehe § 89 Abs.2 S.2 AO.

1804 Verordnung des BMF zur Durchführung von § 89 Abs.2 der Abgabenordnung (Steuer-Auskunftsverordnung) v. 30.11.2007, BGBl I 2007, 2783.

1805 Nach *Horst,* Verbindliche Auskunft, 2010, S. 64, handelt es sich bei § 89 Abs.2 S.1 AO um eine sog. Koppelungsvorschrift, da der unbestimmte Rechtsbegriff „besonderes Interesse" mit der Ermessensregelung „können erteilen" kombiniert wird. Die Koppelung unbestimmter Rechtsbegriffe mit Ermessenstatbeständen ändert indes nichts daran, dass Rechtsbegriff und Ermessen jeweils nach ihren eigenen Regeln zu beurteilen sind, siehe *Kruse,* in: Tipke/Kruse, AO/FGO, § 5 AO, Rn. 25 ff. (09/2009); *Maurer,* Allgemeines Verwaltungsrecht, 2011, § 7, Rn. 48 ff.; nicht verallgemeinerbar BVerwG v. 19.10.1971, GmS-OGB 3/70, BVerwGE 39, 355, 363 ff.

1806 Vgl. bereits *Spitaler*, BB 1961, 1333, 1335.

1807 Demnach sind insbesondere die im Bundessteuerblatt I veröffentlichten Verwaltungsanweisungen sowie die im Bundessteuerblatt II veröffentlichten BFH-Urteile maßgeblich, *Horst,* Verbindliche Auskunft, 2010, S. 67.

1808 Vgl. AEAO zu § 89, Tz. 3.5.3; siehe auch *Seer,* Verständigungen in Steuerverfahren, 1996, S. 216, 312 f.

1809 *Horst,* Verbindliche Auskunft, 2010, S. 69; vgl. auch *Hey,* Steuerplanungssicherheit als Rechtsproblem, 2002, S. 706 ff; *Rätke,* in: Klein, AO, 2012, § 89, Rn. 19.

Entschließungsermessen bezüglich der Frage zu, ob eine Auskunft erteilt wird oder nicht[1810]. Weder in § 89 AO noch in §§ 1 bis 3 StAusKV werden dabei Kriterien genannt, die im Rahmen der Ermessensausübung zu berücksichtigen sind; gleichwohl ist das Ermessen pflichtgemäß auszuüben (§ 5 AO).

a) Bisherige Ermessenspraxis

Die Finanzverwaltung statuiert im Anwendungserlass zu § 89, Tz. 3.5.4 standardisierte, ermessenslenkende Gründe für die Ablehnung einer verbindlichen Auskunft[1811]. Danach sollen verbindliche Auskünfte nicht erteilt werden in Angelegenheiten, bei denen die Erzielung eines Steuervorteils im Vordergrund steht (z.B. Prüfung von Steuersparmodellen, Feststellung der Grenzpunkte für das Handeln eines ordentlichen Geschäftsleiters), AEAO zu § 89, Tz. 3.5.4 S.1. Die Befugnis, nach pflichtgemäßem Ermessen auch in anderen Fällen die Erteilung verbindlicher Auskünfte abzulehnen bleibt unberührt (z.B. wenn zu dem Rechtsproblem eine gesetzliche Regelung, eine höchstrichterliche Entscheidung oder einer Verwaltungsanweisung in absehbarer Zeit zu erwarten ist), AEAO zu § 89, Tz. 3.5.4 S.2. Die Ablehnung einer Auskunftserteilung in Fällen, bei denen die „Erzielung eines Steuervorteils im Vordergrund steht“, ist darauf zurückzuführen, dass die Finanzverwaltung nicht zum Schaden des Fiskus mit dem Steuerpflichtigen kooperieren will; letzterer soll das alleinige Risiko tragen, ob entsprechende Gestaltungsmaßnahmen steuerlich anerkannt werden[1812]. In der Praxis wird eine Auskunftserteilung daher bereits dann abgelehnt, wenn „auch nur die Sorge besteht, dass eine Planung vorgenommen wird, die letztlich bei der Verwirklichung unter § 42 AO zu subsumieren wäre“[1813].

b) Kritik der bisherigen Ermessenspraxis

Die standardisierten Ablehnungsgründe im Anwendungserlass und die damit korrespondierende Praxis stoßen indes mit Blick auf § 5 AO auf Bedenken.

1810 Siehe dazu *Krumm*, DStR 2011, 2429, 230 ff., der sich gegen eine administrative Auslegungsprärogative der Finanzverwaltung im Rahmen von § 89 Abs.2 S.1 AO ausspricht.

1811 Eine entsprechende Praxis bestand bereits vor Einführung von § 89 Abs.2 AO nach dem früheren „Auskunftserlass“, siehe BMF-Schreiben v. 24.06.1987, IV A 5-S 0430-9/87, BStBl I 1987, 474.

1812 Vgl. *Burchert,* INF 2004, 178, 180; *Hey,* Steuerplanungssicherheit als Rechtsproblem, 2002, S. 700 f.

1813 *Neumann,* DStJG 33 (2010), S. 73, 79.

aa) Kritik bezüglich AEAO zu § 89, Tz. 3.5.4 S.1

Die pauschale Formulierung, wonach die Auskunft abgelehnt werden soll, wenn die „Erzielung eines Steuervorteils im Vordergrund steht“, geht bedenklich weit. So können allgemein unter den Begriff des Steuervorteils Differenzen gefasst werden, die sich bei der Betrachtung von mindestens zwei rechtlichen Gestaltungen in steuerlicher Hinsicht ergeben[1814]. Derartige Differenzen sind jedoch per se weder missbräuchlich noch gesetzeswidrig. Nach der Vorstellung des Gesetzgebers kann ein gesetzlich vorgesehener Steuervorteil etwa aus der Ausübung gesetzlicher Wahlrechte oder der Nutzung steuerlicher Lenkungs- und Fördernormen resultieren[1815]. Allgemein anerkannt ist schließlich, dass von den Gestaltungsmöglichkeiten des Rechts grundsätzlich Gebrauch gemacht werden darf; die Absicht, Steuern zu sparen oder zu vermeiden, ist unschädlich[1816]. In diesem Sinne geht es bei wirtschaftlichen Gestaltungen immer auch um die steuerliche Vor- oder Nachteilhaftigkeit der Alternativen[1817]. Die Zielsetzung, Steuern zu sparen, darf daher nicht pauschal mit einem Missbrauch (vgl. insbesondere § 42 AO) gleichgesetzt werden und zu einer Verweigerung der Auskunft führen[1818].

In Anerkennung eines legitimen Interesses des Steuerpflichtigen, Steuern im Rahmen der Legalität zu minimieren, spricht sich *Seer* für eine enge Auslegung des Begriffs des Steuervorteils aus[1819]. Demnach soll die Zielsetzung, Steuern zu sparen für sich noch keinen Ablehnungsgrund darstellen; auf der anderen Seite könne es nicht Aufgabe der Finanzverwaltung sein, „vorab steuerliches Grenzverhalten zu prüfen und Steuersparmodelle zu testieren“. Mithin wird ein grundsätzliches Interesse der Finanzverwaltung anerkannt, bei Gefahr einer missbräuchlichen Steuerumgehung die Auskunft zu verweigern[1820]. Allerdings sei der Antrag auf

---

1814 *Ratschow,* in: Klein, AO, 2012, § 42, Rn. 67.

1815 So *Ratschow,* in: Klein, AO, 2012, § 42, Rn. 68, vgl. auch *Mayer,* Zusage nach der AO, 1991, S. 107 f.

1816 So explizit *Ratschow,* in: Klein, AO, 2012, § 42, Rn. 42.

1817 So explizit *Burchert,* INF 2004, 178, 181 und *Seer,* in: FS Pelka, 2010, S. 33, 44; *ders.*, in: Tipke/Kruse, AO/FGO, § 89 AO, Rn. 43 (01/2012).

1818 Vgl. *Hey,* Steuerplanungssicherheit als Rechtsproblem, 2002, S.705; *Mayer*, Zusage nach der AO, 1991, S. 108 ff.; *Seer,* in: FS Pelka, 2010, S. 33, 44; *ders.*, in: Tipke/Kruse, AO/FGO, § 89 AO, Rn. 43 (01/2012); siehe auch *Kaligin/Rieckmann,* StB 1988, 87, 90.

1819 Vgl. *Seer,* FS Pelka, 2010, S. 33, 44; *ders.*, in: Tipke/Kruse, AO/FGO, § 89 AO, Rn. 43 (01/2012). Zum Verständnis des Begriffs des Steuervorteils im Rahmen von § 42 AO siehe *Drüen,* in: Tipke/Kruse, AO/FGO, Vor § 42 AO, Rn. 20 ff. (10/2010).

1820 So auch *Neumann,* DStJG 33 (2010), S. 73, 79.

Auskunftserteilung dabei in seiner Gesamtheit zu würdigen und zu bewerten[1821]. So soll in die Ermessensentscheidung einfließen, ob sich der Antragsteller in der Vergangenheit als kooperativer Steuerpflichtiger erwiesen hat oder sich umgekehrt bisher als unzuverlässig und nicht mitwirkungsbereit gezeigt hat[1822].

Würde bei der Ermessensentscheidung nach § 89 Abs.2 S.1 AO auch das bisherige Verhalten des Steuerpflichtigen im Besteuerungsverfahren berücksichtigt, korrespondierte dies grundsätzlich mit dem Gedanken des positiven Compliance-Faktors und wäre daher zu begrüßen. Gleichwohl wäre einem compliance-orientierten Steuervollzug noch mehr damit gedient, wenn die Finanzverwaltung gänzlich von den in Tz. 3.5.4 S.1 genannten Versagungskriterien Abstand nähme. Nur so ließe sich eine Benachteiligung legaler Steuergestaltungen, die letztlich nicht den Tatbestand einer Missbrauchsnorm erfüllen, verhindern. Rechtliche Unsicherheiten, die in erster Linie auf den Gesetzgeber respektive die Kompliziertheit und Komplexität der Gesetzesmaterie zurückzuführen sind, gingen dann nicht zu Lasten der Steuerpflichtigen. Sind Steuergestaltungen und insbesondere Steuersparmodelle aus fiskalischen Gründen unerwünscht, liegt es am Gesetzgeber entsprechende legale Gestaltungsmöglichkeiten abzuschaffen; eine verwaltungsmäßige Sonderbehandlung ist nicht gerechtfertigt[1823]. Zu Gunsten der Finanzverwaltung könnte die grundsätzlich bestehende Informationsasymmetrie zwischen ihr und dem Steuerpflichtigen frühzeitig verringert und die Verwaltung „mit ins Boot“ geholt werden. Zutreffend fungiert die verbindliche Auskunft insofern als „Informationsquelle, Gestaltungs- und Steuerungsinstrument der Verwaltung“[1824]. Konflikte ließen sich eher von vornherein vermeiden, da der Steuerpflichtige den Sachverhalt noch nicht verwirklicht hat und sich demgemäß kooperativer zeigen dürfte[1825]. Die Auskunftserteilung auch bei Abgrenzungsschwierigkeiten zum Steuermissbrauch käme insoweit einem kooperativen statt konfrontativen Kurs beim Steuervollzug entgegen. Die Finanzverwaltung hat es dabei in der Hand, durch entsprechend negative

1821 *Burchert,* INF 2004, 178, 180 f.; *Seer,* in: FS Pelka, 2010, S. 33, 44; *ders.*, in: Tipke/Kruse, AO/FGO, § 89 AO, Rn. 43 (01/2012).

1822 *Burchert,* INF 2004, 178, 180 f.; zustimmend *Seer*, in: FS Pelka, 2010, S. 33, 44; *ders.*, in: Tipke/Kruse, AO/FGO, § 89 AO, Rn. 43 (01/2012).

1823 Vgl. *Mayer,* Zusage nach der AO, 1991, S. 110.

1824 *Hey,* Steuerplanungssicherheit als Rechtsproblem, 2002, S. 705, unter Verweis auf *Fiedler,* Zusagen im Verwaltungsrecht, 1977, S. 185.

1825 *Hey,* DStJG 33 (2010), S. 110.

Auskünfte der Gestaltung frühzeitig Einhalt zu gebieten.[1826] Eine verbindliche Auskunft negativen Inhalts muss dabei keine Hinweise auf eine Verbesserung der Gestaltung enthalten[1827]. Es gilt überdies zu bedenken, dass die Gestaltung und die Frage des Missbrauchs in vielen Fällen ohnehin im Rahmen einer späteren Außenprüfung zu begutachten wäre. Ungeachtet dessen dürfte allgemein davon auszugehen sein, dass ein auf Missbrauch bedachter Steuerpflichtiger meist schon deshalb keine Anfrage stellen wird, um die Finanzverwaltung nicht auf besondere Zusammenhänge aufmerksam zu machen[1828]. Schließlich wird die Auskunft in Missbrauchsfällen bereits durch die tatbestandlichen Voraussetzungen des § 89 Abs.2 S.1 AO und der §§ 1 und 2 StAusKV begrenzt. Eine Auskunftserteilung ist demnach zu rein fiktiven, nicht ernsthaft geplanten Sachverhalten und abstrakten Rechtsfragen bereits ausgeschlossen[1829]. Der Antragsteller hat zudem zu erklären, dass über den zur Beurteilung gestellten Sachverhalt bei keiner anderen der in § 89 Abs.2, 3 AO genannten Finanzbehörden eine verbindliche Auskunft beantragt wurde (§ 1 Abs.1 Nr.6 StAusKV). Ebenso sind Initiatoren von Steuersparmodellen nicht antragsbefugt, da sich der Gesetzgeber in § 89 Abs.2 bis 7 AO gegen ein generelles Antragsrecht von Dritten entschieden hat[1830]; Dritte sind nur unter den engen Voraussetzungen des § 1 Abs.3 StAusKV im Ausnahmefall antragsbefugt.

Ein Verzicht auf die in Tz. 3.5.4 S.1 genannten Kriterien vermeidet darüber hinaus einen Widerspruch zu der in § 178a AO getroffenen Regelung. Indem die „Feststellung der Grenzpunkte für das Handeln eines ordentlichen Geschäftsleiters" ausdrücklich als Beispiel für einen Versagungsgrund aufgeführt wird, widerspricht sie § 178a AO, der die Erteilung verbindlicher Auskünfte zu Verrechnungspreisgestaltungen im internationalen Konzernverbund als zulässige, gebührenpflichtige Leistung der Finanzverwaltung voraussetzt[1831]. In diesem Fall wird jedoch gerade auf den Maßstab des „ordentlichen Geschäftsleiters" abgestellt, vgl. 1 Abs.1 S.2 AStG.

1826 *Hey,* Steuerplanungssicherheit als Rechtsproblem, 2002, S. 706; *dies.*, DStJG 33 (2010), S. 110.

1827 *Hey,* Steuerplanungssicherheit als Rechtsproblem, 2002, S. 706.

1828 Insoweit auch *Burchert,* INF 2004, 178, 180.

1829 *Horst,* Verbindliche Auskunft, 2010, S. 77.

1830 So *Horst,* Verbindliche Auskunft, 2010, S. 77; *Mayer,* Zusage nach der AO, 1991, S. 110; a.A. *Hey,* Steuerplanungssicherheit als Rechtsproblem, 2002, S.706.

1831 *Seer,* in: Tipke/Kruse, AO/FGO, § 89 AO, Rn. 42 (01/2012); *ders.,* in: Tipke/Lang, Steuerrecht, 2013, § 21, Rn. 16.

bb) Kritik bezüglich AEAO zu § 89 3.5.4 S.2

Neben dem Ablehnungsgrund der Erzielung von Steuervorteilen können nach AEAO zu § 89, Tz. 3.5.4 S.2 weitere Gründe für die Versagung einer Auskunft geltend gemacht werden. Vor dem Hintergrund, dass die verfassungsrechtlich indizierte, Rechtssicherheit ermöglichende Auskunft nunmehr grundsätzlich gebührenpflichtig ist (§ 89 Abs.3 bis 7 AO) und damit der Verwaltungsaufwand abgegolten wird, kann die Berufung auf eine Kapazitätsbelastung kein tauglicher Ablehnungsgrund mehr sein[1832]. Anderenfalls hätte es der Gebührenerhebung kaum bedurft. Der Ermessensspielraum diente vor der Gebührenpflichtigkeit in erster Linie dazu, eine Abwägung der Verwaltungsbelastung durch Auskunftserteilung gegen das Dispositionsinteresse des Steuerpflichtigen zu ermöglichen[1833]. Zudem sorgen die Gebührenpflicht sowie die umfassenden Zulässigkeitsvoraussetzungen respektive Antragsinhalte für eine Begrenzung der Zahl der Anträge[1834].

Auch die Berufung auf die Erwartung einer gesetzlichen Regelung, höchstrichterlichen Entscheidung oder Verwaltungsanweisung zum Rechtsproblem in absehbarer Zeit überzeugt nicht in dieser Pauschalität. So haben die genannten Änderungen nicht automatisch zur Folge, dass die Rechtsfrage mit Blick auf den in Rede stehenden speziellen Sachverhalt vollends geklärt wird; vielmehr können durch neue Regelungen und Entscheidungen auch neue Fragen aufgeworfen werden. Zudem entfällt die Bindungswirkung der Auskunft ohnehin nach § 2 Abs.2 StAusKV ab dem Zeitpunkt, in dem die Rechtsvorschriften, auf denen die Auskunft beruht, aufgehoben oder geändert werden. Könnte die Verwaltung durch Ankündigung neuer Verwaltungsvorschriften die Auskunftserteilung verweigern, so stünde es letztlich in ihrem Belieben, Auskünfte zu erteilen oder eine Abstimmung mit übergeordneten Behörden zu suchen, die dann eine Änderung der Verwaltungsvorschriften ankündigen[1835]. Insgesamt ist eine Versagung daher nur dann denkbar, wenn eine gesetzliche Regelung oder eine Gerichtsentscheidung, die zur Klärung der Rechtsfrage geeignet ist, absehbar bevorsteht und dem Antragsteller ein Abwarten zugemutet werden kann[1836].

1832 *Seer,* in: Tipke/Kruse, AO/FGO, § 89 AO, Rn. 40 (01/2012); *Horst,* Verbindliche Auskunft, 2010, S. 79, hält das Kapazitätsargument allenfalls dann für tragbar, wenn die Finanzverwaltung ansonsten ihre Primärpflichten aus § 85 AO nicht mehr erfüllen könnte.

1833 Vgl. *Burchert,* INF 2004, 178, 179.

1834 *Horst,* Verbindliche Auskunft, 2010, S. 79.

1835 *Horst,* Verbindliche Auskunft, 2010, S. 78.

1836 Ebenso auf die Zumutbarkeit der Aufschiebung für den Steuerpflichtigen abstellend *Hey,* Steuerplanungssicherheit als Rechtsproblem, 2002, S. 704; *Seer,* in: FS Korn, 2005, S. 707, 714; *ders.,* in: Tipke/Kruse, AO/FGO, § 89 AO, Rn. 44 (01/2012).

c) Ausrichtung des Ermessens an Tax Compliance

Im Rahmen eines auf die Förderung eigenmotivierter Tax Compliance gerichteten Steuervollzuges ist die Erteilung verbindlicher Auskünfte ein wesentliches Serviceelement. In Folge dessen gilt es, davon bewusst und einheitlich Gebrauch zu machen und den Interessen der Steuerpflichtigen so entgegenzukommen. Das grundsätzlich eingeräumte Ermessen bei Auskunftserteilung kann und sollte in diesem Sinne eingesetzt werden.

aa) § 89 Abs.2 S.1 AO als Soll-Vorschrift

Wie gezeigt wurde, stoßen die standardisierten Ablehnungsgründe der Finanzverwaltung auf nicht unerhebliche Kritik. Überdies wirken bereits die tatbestandlichen Voraussetzungen, insbesondere das unbestimmte Merkmal des „besonderen Interesses" begrenzend; die Bindungswirkung der Auskunft wird zudem durch § 2 StAusKV eingeschränkt. Demgemäß gehen zahlreiche Literaturstimmen zu Recht davon aus, dass im Rahmen von § 89 Abs.2 S.1 AO eine weitgehende Ermessensreduktion auf Null erfolgt bzw. die Ermessensvorschrift als Sollvorschrift zu verstehen ist und der Finanzbehörde im Normalfall kein Ermessen zukommt[1837]. Ein derartiges Verständnis korrespondiert mit einer Ausrichtung des Steuervollzuges an Tax Compliance; allein eine ausgeprägte Bereitschaft zur Auskunftserteilung entspricht einem im Grundsatz serviceorientierten und transparenten Vollzug. Umgekehrt konterkariert eine zurückhaltende Ausübung des Entschließungsermessens nach § 89 Abs.2 S.1 AO den partnerschaftlichen Ansatz. Wird das Ermessen dann auch noch uneinheitlich betätigt, liegt also eine uneinheitliche Bereitschaft zur Auskunftserteilung je nach Finanzbehörde oder Bundesland vor[1838], so fördert dies nicht nur Steuerwiderstand auf Seiten der Steuerpflichtigen, sondern verletzt zugleich das Gebot der Rechtsanwendungsgleichheit, nach Art. 3 Abs.1 GG, § 85 S.1 AO[1839]. Schließlich ist es von erheblichem Interesse für den

1837 *Bruschke,* DStZ 2007, 267 ff.; *Burchert,* INF 2004, 178, 179; *Dalichau,* Auskünfte und Zusagen der Finanzverwaltung, 2003, S. 214 f.; *Horst,* Verbindliche Auskunft, 2010, S. 78 f.; *Seer,* in: Tipke/Kruse, AO/FGO, § 89 AO, Rn. 40 (01/2012); zustimmend nunmehr auch *Rätke*, in: Klein, AO 2012, § 89, Rn. 26; ähnlich auch *Neumann,* DStJG 33 (2010), S. 73, 76; a.A. *Hagen,* StWa 2007, 219, 224. Zum Begriff der Soll-Vorschrift siehe *Kruse,* in: Tipke/Kruse, AO/FGO, § 5 AO, Rn. 11 ff. (09/2009).

1838 Von einer unterschiedlichen Bereitschaft ausgehend und diese kritisierend *Seer,* in: FS Pelka, 2010, S. 33, 44

1839 Zum Erfordernis einer einheitlichen Auskunftspraxis *Horst,* Verbindliche Auskunft, 2010, S. 79.

Steuerpflichtigen, im Rahmen der Auskunftserteilung nicht schlechter gestellt zu werden als andere Steuerpflichtige bzw. Wettbewerber[1840].

bb) Versagung der Auskunft nur im Ausnahmefall

Ist von einer grundsätzlichen Ermessensreduktion respektive der Ermessensvorschrift AO als Soll-Vorschrift auszugehen, kommt der Finanzverwaltung für den Normalfall kein Ermessen zu. Nur in Ausnahmesituationen kann sie unter Berufung auf ihr Ermessen die Auskunftserteilung verweigern. Denkbar ist ein derartiger Ausnahmefall, wenn etwa Anhaltspunkte dafür bestehen, dass die Gebühr nicht gezahlt wird (vgl. § 89 Abs.3 S.3 AO) oder klärende Gesetze bzw. Gerichtsentscheidungen erwartet werden und dem Antragsteller ein Abwarten zugemutet werden kann. Wie bereits oben dargelegt, ist die Möglichkeit, dass eine Gestaltung unter den Tatbestand einer Missbrauchsnorm zu qualifizieren ist, kein tauglicher Ablehnungsgrund.

cc) Zeitnahe, kooperative Durchführung des Auskunftsverfahrens

Neben einer einheitlichen und deutlichen Bereitschaft zur Auskunftserteilung entspricht es zudem einem kooperativen Steuervollzug, das *Verfahren* der Auskunftserteilung an den Interessen des Steuerpflichtigen auszurichten[1841]. So ist besonders wesentlich, dass sowohl die Ablehnung des Antrags als auch die positive oder negative Auskunft möglichst zeitnah nach Antragstellung erfolgen. Schließlich dient die verbindliche Auskunft gerade dazu, frühzeitig und nicht erst im Rahmen einer retrospektiven Prüfung Rechtssicherheit zu erlangen. Eine bestimmte Frist sehen jedoch weder die Abgabenordnung und die StAusKV noch die einschlägigen Verwaltungsvorschriften vor. Dies ist vor allem mit Blick auf die Gebührenpflichtigkeit der Auskunft nach § 89 Abs.3 bis 7 AO problematisch, da der Steuerpflichtige als Gegenleistung eine zeitnahe Bearbeitung erwarten darf[1842]. Im Sinne eines serviceorientierten, partnerschaftlichen Vollzuges ist es daher, einer zeitnahen Bescheidung hohe Priorität einzuräumen. In die richtige Richtung weist die Aussage des BMF, wonach eine zeitnahe Bearbeitung der Auskunftsanträge „auch im Interesse der Finanzverwaltung" liege[1843]. Indes lassen

1840 *Horst,* Verbindliche Auskunft, 2010, S. 16.

1841 In diese Richtung *Neumann,* DStJG 33 (2010), S. 115.

1842 Vgl. *Fatouros,* DStZ 2007, 382, 390; *Hahn,* Probleme der verbindlichen Auskunft, 2001, S. 36; *Korn,* KÖSDI 2008, 16099, 16110.

1843 BMF-Schreiben v. 27.06.2008, IV A 3-S 0224/08/10005: Zweifelsfragen im Zusammenhang mit verbindlichen Auskünften nach § 89 AO, DStR 2008, 1883.

sich kaum abstrakte zeitliche Vorgaben aufstellen[1844], kommt es doch maßgeblich auf Art und Umfang des zu prüfenden Sachverhalts bzw. Rechtsproblems und die Darstellungsweise im Antrag an[1845].

Des Weiteren bietet es sich an, das Auskunftsverfahren mit einem „Non-paper" zu beginnen, das noch keine offizielle Bescheidung durch die Finanzverwaltung erfordert[1846]. *Seer* regt diesbezüglich die Durchführung eines informellen Vorgesprächs an (sog. Prefiling)[1847]. Die Finanzverwaltung kann sich so vorab einen Überblick über die konkrete Problematik verschaffen, dem Steuerpflichtigen sodann eine erste, unverbindliche Einschätzung zu den formalen Voraussetzungen und den Erfolgsaussichten einer verbindlichen Auskunft liefern und ggf. zur Nachbesserung seines dann offiziell einzureichenden Antrags auffordern. Eine derartige informale Sondierung im Vorfeld kann als Paradebeispiel eines kooperativen Steuervollzugs angesehen werden[1848]. Unklarheiten und Missverständnisse können so schneller beseitigt werden; das Arbeitsklima wird verbessert. Für den Steuerpflichtigen bietet eine solche Vorgehensweise den Vorteil, dass etwaige Fehler im nach § 1 StAusKV einzureichenden Antrag noch behoben werden können. Zudem kann er sein Anliegen nach Einholung einer ersten finanzbehördlichen Einschätzung erneut überprüfen und gegebenenfalls von der gebührenpflichtigen Einholung einer verbindlichen Auskunft absehen, soweit die Erfolgsaussichten gering sind[1849]. Fruchtlose, die Verwaltungskapazitäten belastende Antragsverfahren können so auch im Interesse der Finanzverwaltung vermieden werden. Die rechtliche Zulässigkeit einer derartigen (unverbindlichen) Erörterung im Voraus folgt aus § 89 Abs.1 AO und kommt auch in AEAO zu § 89 Tz. 4.5.1 zum Ausdruck, wonach die Finanzbehörde den Antragsteller vor einer Ablehnung eines Antrags aus formalen Gründen auf diese Mängel und die Möglichkeit der Ergänzung oder Rücknahme des Antrags hinzuweisen hat.

1844 *Fatouros,* DStZ 2007, 382, 390, hält etwa eine Frist von vier bis neun Wochen für angemessen; *Korn,* KÖSDI 2008, 16099, 16110, geht von vier bis acht Wochen aus.

1845 *Beyer,* AO-StB 2010, 217, 218. Hat die Finanzbehörde über den Antrag ohne Mitteilung eines zureichenden Grundes nicht innerhalb einer angemessenen Frist entschieden, so kann zunächst Untätigkeitseinspruch (§ 347 Abs.1 S.2 AO) eingelegt und im Anschluss Verpflichtungsklage (§ 40 Abs.1 Alt.2 FGO) erhoben werden.

1846 *Raupach,* DStJG 33 (2010), S. 113.

1847 *Seer*, in: Tipke/Kruse, AO/FGO, § 89 AO, Rn. 69 (01/2012).

1848 Vgl. auch *Seer*, in: Tipke/Kruse, AO/FGO, § 89 AO, Rn. 69 (01/2012).

1849 In diesem Sinne wohl auch *Raupach,* DStJG 33 (2010), S. 113.

dd) Gebührenreduzierung bei Erfolglosigkeit

Schließlich gilt es mit Blick auf einen serviceorientierten Vollzug in Erwägung zu ziehen, die Gebühr im Fall der Erfolglosigkeit, d.h. einer materiellen Verweigerung der Zusage respektive einer Zurückweisung des Antrags auf verbindliche Auskunft aus anderen Gründen, zu ermäßigen[1850]. Als gesetzlicher Anknüpfungspunkt fungiert insoweit § 89 Abs.7 S.1 AO, wonach auf die Gebühr ganz oder teilweise verzichtet werden kann, wenn ihre Erhebung nach Lage des einzelnen Falls unbillig wäre[1851]. Zwar ist die Gebührenpflicht für die Erteilung einer verbindlichen Auskunft nach Ansicht des BFH sowohl dem Grunde als auch der Höhe nach verfassungsgemäß[1852]. Die verfassungsrechtliche Rechtfertigung der Gebühr folgt allerdings aus dem Aspekt sowohl der *Kostendeckung* als auch des *Vorteilsausgleichs*: Die Gebühr soll zum einen besonderen, durch die Auskunft verursachten Verwaltungsaufwand ersetzen und zum anderen den besonderen Vorteil in Gestalt einer zu Gunsten des Steuerpflichtigen bestehenden Bindungswirkung abgelten[1853]. Gerade an letzterem Vorteil mangelt es jedoch im Fall einer erfolglosen bzw. negativen Auskunft[1854]. So muss der Antragsteller hier entweder Abstand von der geplanten Sachverhaltsverwirklichung nehmen oder versuchen, seine Rechtsauffassung im zeit- und kostenverursachenden Einspruchs- und Klageverfahren durchzusetzen[1855]. Der entscheidende Vorteil der verbindlichen

---

1850 Siehe auch die Forderung von *Seer*, in: Tipke/Kruse, AO/FGO, § 89 AO, Rn. 68 (01/2012); *ders.*, FR 2012, 1000, 1006; ähnlich *Stemplewski*, BB 2012, 2220, 2223. Hingegen wird die Erfolgsunabhängigkeit der Gebühr durch FG Hessen v. 08.08.2011, 8 V 1281/11, EFG 2011, 1938, nicht in Frage gestellt. Nach AEAO zu § 89, Tz. 4.5.1 sollen vor einer Ablehnung der Auskunftserteilung aus formalen Gründen dem Antragsteller allerdings die Mängel mitgeteilt und auf die Möglichkeit der Ergänzung oder Rücknahme des Antrags hingewiesen werden.

1851 Siehe dazu BT-Drucks 17/5125, 50.

1852 BFH v. 30.03.2011, I R 61/10, DStR 2011, 858; a.A. etwa *Dißars/Bürkle*, StB 2007, 54, 59; *Lahme/Reiser*, BB 2007, 408, 410; *Simon*, DStR 2007, 557, 563.

1853 BFH v. 30.03.2011, I R 61/10, DStR 2011, 858, 859 f.; *Birk*, NJW 2007, 1325, 1328; *Horst*, Verbindliche Auskunft, 2010, S. 167 ff.; *Seer*, in: Tipke/Kruse, AO/FGO, § 89 AO, Rn. 68 (01/2012); *Wienbracke*, NvWZ 2007, 749, 750.

1854 Vgl. *Seer*, in: Tipke/Kruse, AO/FGO, § 89 AO, Rn. 68 (01/2012).

1855 BFH v. 29.02.2012, IX R 11/11, DStR 2012, 1272, verneint allerdings einen Anspruch auf einen bestimmten rechtmäßigen Inhalt einer verbindlichen Auskunft. Kritisch dazu *Bergan/Martin*, DStR 2012, 2164, 2165 f. Nach *Seer*, FR 2012, 1000, 1006, spricht die eingeschränkte gerichtliche Kontrolle einer Negativauskunft umso mehr für eine Ermäßigung der Gebühr.

Auskunft, bereits im Vorfeld Rechtssicherheit und einen aufschiebend bedingten Erfüllungsanspruch gegen die Verwaltung zu erlangen, besteht nicht. In der Folge wäre es mit Blick auf das der Gebührenregelung und Vorteilsausgleichung zu Grunde liegende Äquivalenzprinzip[1856] angezeigt, die Gebühr nur zur Kostendeckung für den verursachten Verwaltungsaufwand zu erheben und ansonsten entsprechend zu ermäßigen[1857]. Eine derartige Praxis entspräche überdies dem der Tax Compliance-Strategie immanenten Service- und Fairnessgedanken und trüge dazu bei, die Einstellung der Steuerpflichtigen gegenüber dem Steuerstaat zu verbessern.

E. Resümee

Schnittmengen zwischen den beiden Tax Compliance-Perspektiven bestehen mit Blick auf das *Besteuerungsverfahren.* Beide Parteien haben insoweit ein Interesse an einer möglichst *ressourcenschonenden* und *zeitnahen* Ausgestaltung des Verfahrens. Auf der einen Seite sind die Vollzugsbehörden an einer möglichst eigenmotivierten Einhaltung der steuerlichen Mitwirkungspflichten durch die Unternehmen interessiert, um ihre Kapazitäten entlasten und zielgerichteter einsetzen zu können. Auf der anderen Seite entspricht es dem unternehmensseitigen Interesse, wenn das Besteuerungsverfahren mit möglichst wenigen Eingriffen verbunden ist und so zeitnah, kostensparend und planbar wie möglich durchgeführt wird. Soweit moderne Vollzugskonzepte nun vorsehen, dass die eigenmotivierte steuerliche Pflichterfüllung *strukturell honoriert* wird bzw. verfahrensmäßige „Tax Compliance-Prämien" gewährt werden, können die Interessen von Steuervollzug und Unternehmen zusammengeführt und eine Win-win-Situation geschaffen werden: Die eigenmotivierte Einhaltung der steuerlichen Pflichten entlastet die hoheitlichen Ressourcen, bringt gleichzeitig aber auch verfahrensmäßige Vorteile bzw. Privilegierungen für das Unternehmen mit sich. Insoweit wird das bereits bestehende Eigeninteresse der Unternehmen an steuerlich korrektem Verhalten weiter verstärkt.

1856 Für die Gebühr gilt anders als für Steuern (vgl. § 3 Abs. 1 AO) das Äquivalenzprinzip, wonach die Höhe der Gebühr nicht in einem Missverhältnis zur hoheitlichen Leistung stehen darf, siehe allgemein etwa BVerwG v. 14.04.1967, IV C 179.65, BVerwGE 26, 305, 308; BVerwG v. 26.02.1988, 7 C 34.87, BVerwGE 79, 90, 91.

1857 Siehe *Seer*, in: Tipke/Kruse, AO/FGO, § 89 AO, Rn. 68 (01/2012); *ders.*, FR 2012, 1000, 1006. Vgl. auch *Horst*, Verbindliche Auskunft, 2010, S. 169; *Wienbracke*, NVwZ 2007, 749, 754.

De lege lata können verfahrensmäßige Tax Compliance-Prämien durch eine entsprechende Ausübung des weiten finanzbehördlichen Verfahrens- bzw. Außenprüfungsermessens gewährt werden. Mithin erlaubt es der von Gesetzes wegen eingeräumte finanzbehördliche *Spielraum*, den Steuervollzug entsprechend einer Tax Compliance-Vollzugsstrategie auszuüben und sowohl ein Servicemanagement als auch ein Risikomanagement in den Vollzug zu implementieren.

Konkret können Anreize de lege lata vor allem in Gestalt *risikoorientierter statt fiskalorientierter Prüfungen* und also der konsequenten Verringerung der Prüfungsintensität bei steuerlich korrektem Verhalten gewährt werden. Insoweit kann das Außenprüfungsverfahren – auch ohne explizite gesetzliche Vorgabe – als Risikomanagementprozess verstanden und ausgestaltet werden; nach der Identifikation des steuerlichen Risikos, der Risikobewertung und Einteilung der Unternehmen in entsprechende Risikoklassen folgen die Risikobewältigung und schließlich die Risikoevaluierung. Neben dem Gebot der Rechtsanwendungsgleichheit streiten der Verhältnismäßigkeitsgrundsatz sowie das Effizienzprinzip für eine entsprechende Ermessensausübung (§ 5 AO). Das EDV-basierte finanzbehördliche Risikomanagement wird durch eine zunehmende Digitalisierung des Besteuerungsverfahrens, insbesondere durch die Abgabe elektronischer Steuererklärungen und die elektronische Übermittlung der EÜR und Steuerbilanz, ermöglicht. Zielgenauigkeit und Effizienz des risikoorientierten Steuervollzuges sind mithin nur denkbar, wenn die Finanzverwaltung auf eine ausreichende und auswertbare (elektronische) Datenbasis zurückgreifen kann.

Die konsequente Ausrichtung des Vollzuges am Risiko bzw. an der Gefahr einer unzutreffenden Besteuerung schließt überdies die *Einbeziehung privater Kontrollmaßnahmen* mit ein. Möglich ist namentlich, an vorhandene Strukturen und Prozesse der privaten Eigenkontrolle (Tax Compliance-Systeme) anzuknüpfen und das öffentliche Interesse an die Eigenlogik der Unternehmen „organisatorisch anzudocken“[1858]. Des Weiteren umfasst ein risikoorientierter Vollzug die Berücksichtigung von risikomindernden Mitwirkungs- und Kontrollmaßnahmen durch vom Steuerpflichtigen beauftragte Steuerberater und Wirtschaftsprüfer. Diese können durch ihre Mitwirkungshandlungen bzw. Kontrolltätigkeiten zu einer Minimierung des Risikos von Steuerrechtsverstößen beitragen; insoweit ist die Gewährung eines freiheitsschonenden Vertrauensvorschusses zu Gunsten des

1858 Vgl. *Di Fabio,* VVDStRL 56 (1997), 235, 247, mit Blick auf die Gemeinwohlausrichtung der Organisationsstruktur als Erscheinungsform der staatlich veranlassten gesellschaftlichen Selbstregulierung. Siehe dazu auch *Burgi,* in: Lange/Wall, Risikomanagement nach dem KonTraG, 2001, S. 307, 313.

Steuerpflichtigen durch die Finanzverwaltung zulässig. Auch wenn de lege lata eine Differenzierung zwischen „guten“ und „schlechten“ Steuerberatern und eine daran anknüpfende Vergabe positiver oder negativer Compliance-Faktoren auf Bedenken stößt, ist eine entsprechende Vorgehensweise de lege ferenda in Erwägung zu ziehen.

Die risikoorientierte Prüfung kann schließlich als weiterer Anreiz *zeitnah und kooperativ* ausgestaltet werden. Eine zeitnahe Prüfung zielt im Allgemeinen darauf, den Zeitraum sowohl zwischen dem Veranlagungszeitraum und anschließendem Prüfungsbeginn als auch zwischen dem Prüfungsbeginn und der Erstellung abschließender Steuerbescheide zu verringern. Die Durchführung zeitnaher Außenprüfungen kann dabei vom Grad der steuerlichen Pflichterfüllung des Unternehmens abhängig gemacht werden. Darüber hinaus ist es zulässig, die zeitnahe Prüfung an überobligatorische Mitwirkungsbeiträge der Steuerpflichtigen zu koppeln; in Betracht kommen etwa die Erteilung einer umfassenden steuerlichen Selbstauskunft, die Gewährung eines unbegrenzten Datenzugriffs und der Verzicht auf bestimmte, grenzwertige Steuergestaltungen. Zur kooperativen Prüfungsdurchführung können rechtlich unverbindliche, aber faktische bindende Verfahrensverständigungen zwischen Verwaltung und Unternehmen getroffen werden. Weder die Abgabenordnung noch sonstige Rechtsvorschriften bzw. -prinzipien schließen die zeitnahe Außenprüfung vor Abgabe der Steuererklärung (Echtzeitprüfung) von vornherein aus. Um möglichst frühzeitig und wirkungsvoll Fehler in der Steuererklärung zu unterbinden, könnte die ermessenslenkende Verwaltungsvorschrift § 4a Abs.2 S.1 BpO geändert und die Echtzeitprüfung eingeführt werden.

Schließlich gilt es, die Erteilung verbindlicher und unverbindlicher *Auskünfte als Teil des Servicemanagements* im Rahmen einer Tax Compliance-Vollzugsstrategie zu begreifen. In diesem Sinne ist von einer restriktiven Ermessensausübung bei Auskunftserteilung abzusehen. Die Auskunftserteilung kann vielmehr als weiterer Anreiz und Ausdruck eines kooperativen und transparenten Steuervollzuges fungieren. Konkret sollte von den verwaltungsseitig standardisierten Ablehnungsgründen Abstand genommen, das Auskunftsverfahren zeitnah und partnerschaftlich durchgeführt und eine Gebührenreduktion bei Erfolglosigkeit der Auskunft erwogen werden.

5. Kapitel: Möglichkeiten de lege ferenda und Zusammenfassung

Wurden in **Kapitel 4** die Möglichkeiten eines an Tax Compliance ausgerichteten Vollzuges – insbesondere einer Gewährung von verfahrensmäßigen Mitwirkungsanreizen – de lege lata beleuchtet, soll schließlich ein Ausblick de lege ferenda erfolgen (**A.**). Dabei stellt sich vor allem die Frage, inwiefern der auf die Förderung eigenmotivierter steuerlicher Pflichterfüllung gerichtete Ansatz der Tax Compliance-Vollzugsstrategie in eine rechtssichere Form gebracht werden kann. Zu guter Letzt gilt es, die Erkenntnisse der vorangegangenen Kapitel überblicksmäßig zusammenzufassen und mit den zu Beginn der Untersuchung formulierten Fragestellungen abzugleichen (**B.**).

A. Möglichkeiten de lege ferenda

Im Hinblick auf die künftige Rechtsentwicklung soll nachfolgend erörtert werden, inwieweit der zentrale Gedanke der verfahrensmäßigen Anreizgewährung und Honorierung eigenmotivierter Tax Compliance formalisiert bzw. institutionalisiert werden kann[1859]. Soweit Voraussetzungen, Inhalte und Grenzen verfahrensmäßiger Privilegierungen und Kooperationen formal geregelt sind, kann dies nämlich Vorteile sowohl für den Steuervollzug als auch die Steuerpflichtigen mit sich bringen: Zum einen wird die Rechtsanwendung durch die Vollzugsbehörden vereinheitlicht und Sicherheit für die Bediensteten der Finanzverwaltung geschaffen. Zum anderen besteht aus Unternehmenssicht Klarheit und Planbarkeit in Bezug auf den Erhalt möglicher Tax Compliance-Prämien. Als Beispiel für die Institutionalisierung von Anreizen bzw. Verfahrensprivilegierungen kann das zum Steuerrecht im weiteren Sinne zählende Zollrecht bzw. in concreto die zollrechtliche Figur des „zugelassenen Wirtschaftsbeteiligten" herangezogen werden. Diese Figur gilt es daher nachfolgend zu beleuchten (**I.**), um sodann der Frage

1859 Zur Idee der Formalisierung von Kooperationsanreizen siehe auch *Drüen,* in: Schön/Beck, Zukunftsfragen des deutschen Steuerrechts, 2009, S. 1, 24.

nachzugehen, inwieweit eine entsprechende formelle Statusregelung auch in das Steuerrecht im engeren Sinn implementiert werden sollte (**II.**).

I. Die zollrechtliche Figur des AEO als Beispiel sich deckender Compliance-Perspektiven von Unternehmen und Staat

Die zollrechtliche Figur des zugelassenen Wirtschaftsbeteiligten – englisch: Authorized Economic Operator (AEO) - wurde im Jahr 2005 in den Zollkodex der Europäischen Gemeinschaften eingeführt (Art. 5a Zollkodex bzw. künftig Art. 13 ff. Modernisierter Zollkodex)[1860]; ergänzend wurden Art. 14a bis 14x Zollkodex-Durchführungsverordnung (ZK-DVO) erlassen[1861]. Allgemein besteht danach die gesetzliche Möglichkeit für die Zollverwaltung, Wirtschaftsbeteiligten, die von ihr geprüft und als zuverlässig eingestuft wurden, den Status des zugelassenen Wirtschaftsbeteiligten zu verleihen. An diesen Status sind verschiedenartige Erleichterungen im Zollverfahren, wie Zollvereinfachungen oder/und Sicherheitserleichterungen, geknüpft. Insgesamt existieren drei AEO-Zertifikate: Zollrechtliche Vereinfachungen"; „Sicherheit" und „Zollrechtliche Vereinfachungen/Sicherheit" (Art. 14a Abs.1 ZK DVO)[1862]. Grundidee ist dabei, dass sich die Zollbehörden bei geprüften und für zuverlässig befundenen Wirtschaftsbeteiligten verstärkt aus der Überwachung (Art. 4 Nr.13 ZK) und Kontrolle (Art. 4 Nr.14 ZK) zurückziehen und ihre Ressourcen zielgerichteter

---

1860 Verordnung (EG) Nr. 648/2005 des Europäischen Parlaments und des Rates vom 13.04.2005, Amtsblatt Nr. L 117 vom 04.05.2005. Der Zollkodex ist eine Verordnung i.S.d. Art. 288 Abs.2 AEUV und gilt damit verbindlich in jedem Mitgliedstaat. Der Modernisierte Zollkodex (MZK, Verordnung (EG) Nr. 450/2008 des Europäischen Parlaments und des Rates vom 23.04.2008, Amtsblatt Nr. L 145/1 vom 04.06.2008) ist zwar im Juni 2008 in Kraft getreten, die wesentlichen Bestimmungen gelten jedoch voraussichtlich erst zum 24.6.2013 mit In-Kraft-Treten der neuen ZK-DVO. Die Rechtsfigur des zugelassenen Wirtschaftsbeteiligten wird im MZK fortgeschrieben (Art. 13 bis 15 MZK), siehe dazu *Daiker,* Risikomanagement im Zollbereich, 2008, S. 19. Den nachfolgenden Ausführungen wird der ZK zu Grunde gelegt.

1861 Verordnung (EG) Nr. 1875/2006 der Kommission vom 18.12.2006, Amtsblatt Nr. L 360/64 vom 19.12.2006. Die Vorschriften traten in den Jahren 2008 und 2009 in Kraft, siehe Art.3 Abs.2 ÄnderungsVO zur ZK-DVO.

1862 Die Bewilligungen gelten gemeinschaftsweit, Art. 5s Abs.1 Unterabschnitt 2, S.1 ZK, Art. 14q Abs.2 ZK-DVO.

zur Erfüllung ihrer Aufgaben einsetzen können[1863]. Die Rechtsfigur des AEO soll mithin dazu beitragen, die Sicherheit des internationalen Handels zu gewährleisteten, gleichzeitig jedoch auch verfahrensmäßige Belastungen und Hindernisse zu Gunsten der Wirtschaftsbeteiligten soweit wie möglich zu minimieren[1864].

1. Formelle Bewilligungsvoraussetzungen

In formeller Hinsicht setzt die Erteilung eines AEO-Zertifikats voraus, dass der Wirtschaftsbeteiligte zunächst einen entsprechenden Antrag auf Zulassung bei der zuständigen Zollbehörde stellt[1865]. Der Antrag muss die Bestimmung der begehrten Zulassung erkennen lassen, Angaben und Unterlagen zum Nachweis der materiellen Bewilligungsvoraussetzungen und gegebenenfalls einen Hinweis auf Aufzeichnungen und Betriebsstätten im Ausland enthalten sowie eine zentrale Kontaktstelle oder –person für das Verfahren benennen. Der Zulassungsantrag ist schriftlich oder elektronisch nach einem vorgesehenen Muster einzureichen, das beizufügende Datenmaterial sollte nach Möglichkeit elektronisch übermittelt werden[1866]. Mit Eingang des Antrags wird das sog. Bewilligungsverfahren eröffnet[1867]. Die Behörde prüft zunächst die Vollständigkeit der Angaben und Unterlagen und hat den Antragsteller innerhalb von 30 Tagen zu einer Ergänzung aufzufordern, falls der Antrag unvollständig ist. Die der Verfahrensbeschleunigung dienende Frist wirkt indes nur behördenintern; eine Überschreitung kann daher nicht vom Antragsteller, sondern nur von der jeweils übergeordneten Behörde beanstandet werden[1868].

Ist der Antrag vollständig, nimmt die Behörde den Antrag an und teilt dies dem Antragsteller mit; dieser erhält Klarheit über den Stand des Verfahrens. Sodann findet ein verwaltungsinternes Abstimmungsverfahren zwischen den Gemeinschaftsstaaten statt, um sicherzustellen, dass die Interessen der für die Erteilung unzuständigen Mitgliedstaaten gewahrt werden[1869]. Auch hier wird durch gesetzliche Weiterleitungs- und Bearbeitungsfristen gewährleistet, dass sich das Verfahren nicht unnötig in die Länge zieht[1870].

1863 Vgl. *Witte,* in: Witte/Wolffgang, Lehrbuch des Europäischen Zollrechts, 2009, S. 29.
1864 *Natzel,* Der zugelassene Wirtschaftsbeteiligte, 2007, S. 2 ff.
1865 Art. 14 c, 14 d ZK-DVO.
1866 Art. 14c Abs.1, Art. 14d Abs.7 ZK-DVO.
1867 *Daiker,* Risikomanagement im Zollbereich, 2008, S. 22 ff.
1868 *Natzel,* Der zugelassene Wirtschaftsbeteiligte, 2007, S. 223.
1869 Art. 14l, 14m ZK-DVO.
1870 Siehe Art. 14l Abs.1 ZK-DVO (Übermittlungsfrist von 5 Tagen) und Art. 14l Abs.2 ZK-DVO (Rückmeldung binnen 35 Tagen).

Im Anschluss prüft die Zollbehörde, ob die einzelnen materiellen Bewilligungsvoraussetzungen vorliegen[1871]. Sie hat dabei grundsätzlich innerhalb von 120 Tagen nach Erhalt des Antrags zu entscheiden und das Zertifikat zu bewilligen oder den Antrag abzulehnen[1872]. Sie kann (Ermessen) zur Überprüfung der in Art. 14i, 14j und 14k ZK-DVO genannten materiellen Bewilligungsvoraussetzungen[1873] von Gesetzes auf die Begutachtung eines Sachverständigen zurückgreifen, ist aber an dessen Aussagen nicht gebunden[1874]. Eine Bindung durch externe Auditierung widerspräche der Gesamtkonzeption erhöhter Sicherheit[1875]. Anders als im Rahmen von § 96 AO erfolgt die Hinzuziehung des Sachverständigen indes nicht durch die Behörde, sondern auf Veranlassung des Wirtschaftsbeteiligten. Dieser kann auf seine Kosten einen Sachverständigen mit der Begutachtung beauftragen, ob die genannten Bewilligungsvoraussetzungen vorliegen oder nicht. Die Ressourcen der Zollbehörde sollen dadurch entlastet werden, erfordert die Ermittlung der Bewilligungsvoraussetzungen doch regelmäßig eine umfassende Kenntnis der konkreten Umstände des Antragstellers sowie u.a. betriebswirtschaftliche und technische Kenntnisse. Wer als Sachverständiger in Frage kommt, bestimmt die Vorschrift jedoch nicht; sie beschränkt sich darauf, dass es sich um einen Sachverständigen „für die [...] genannten Bereiche" handeln muss und dieser nicht mit dem Antragsteller „verbunden" sein darf. Somit ist nicht erforderlich, dass der Sachverständige durch einen speziellen Anerkennungsakt durch die Behörde ausgewählt oder zertifiziert wurde[1876]. Das Merkmal der Verbundenheit korrespondiert mit den in §§ 82, 83 AO getroffenen Regelungen und soll eine hinreichende Neutralität des Sachverständigen gewährleisten[1877]. In der Folge kommen etwa Wirtschaftsprüfer (Prüfung der Buchführung), Banken (Prüfung der Zahlungsfähigkeit) oder der TÜV (Prüfung der Sicherheitsstandards) in Betracht[1878].

1871 Art. 14n ZK-DVO.

1872 Art. 14o Abs.2 ZK-DVO.

1873 D.h. Buchführung, Zahlungsfähigkeit und Sicherheitsstandards.

1874 Vgl. Art. 14n Abs.2 ZK-DVO; siehe auch *Daiker,* Risikomanagement im Zollbereich, 2008, S. 29.

1875 *Witte,* in: Witte/Wolffgang, Lehrbuch des Europäischen Zollrechts, 2009, S. 40.

1876 *Natzel,* Der zugelassene Wirtschaftsbeteiligte, 2007, S. 236.

1877 *Natzel,* Der zugelassene Wirtschaftsbeteiligte, 2007, S. 237.

1878 *Natzel,* Der zugelassene Wirtschaftsbeteiligte, 2007, S. 236 f.; Vgl. *Witte,* in: Witte/Wolffgang, Lehrbuch des Europäischen Zollrechts, 2009, S. 34.

Ergibt die Prüfung, dass alle Voraussetzungen für eine Bewilligung vorliegen, so hat die Zollbehörde den entsprechenden Status zu verleihen („Die Zollbehörden bewilligen", § 5a Abs.1 Unterabschnitt1 ZK)[1879]. Der Antragsteller hat also einen Anspruch auf Verleihung des AEO-Zertifikats. Eine Ablehnung ist zu begründen, mit einer Rechtsbehelfsbelehrung zu versehen und dem Antragsteller zuzustellen[1880]. Die Entscheidung ist zudem den übrigen Mitgliedstaaten mitzuteilen[1881]. Die AEO-Bewilligung stellt einen „europäischen Verwaltungsakt" dar, vgl. Art. 4 Nr.5 ZK[1882].

2. Materielle Bewilligungsvoraussetzungen

Die Verleihung eines AEO-Zertifikats setzt voraus, dass der Wirtschaftsbeteiligte bestimmte materielle Anforderungen erfüllt. Diese Anforderungen sind in Art. 14fff. ZK-DVO normiert. Stets sind folgende sechs Voraussetzungen zu erfüllen[1883]:

- im Zollgebiet der Gemeinschaft ansässiger Wirtschaftsbeteiligter,
- keine einschlägige strafrechtliche Verurteilung,
- kein Insolvenzverfahren anhängig,
- bisher angemessene Einhaltung der Zollvorschriften,
- zufrieden stellendes System der Führung der Geschäftsbücher,
- nachweisliche Zahlungsfähigkeit.

Wird das AEO-Zertifikat „Sicherheit" oder „„„Zollrechtliche Vereinfachungen/ Sicherheit" angestrebt ist, muss der Wirtschaftsbeteiligte zusätzlich angemessene Sicherheitsstandards einhalten[1884]. Nachfolgend sollen die stets zu erfüllenden Bewilligungsvoraussetzungen kursorisch dargestellt werden.

a) Fehlen von Ausschlussgründen

Handelt es sich bei dem Antragsteller um einen im Zollgebiet der Gemeinschaft ansässigen Wirtschaftsbeteiligten (u.a. natürliche und juristische Personen, Personenvereinigungen), so prüft die Behörde zunächst, ob einer der beiden

1879 *Witte,* in: Witte, Zollkodex, 2009, Art. 5a, Rn. 45.
1880 Art. 6 Abs.3 S.2 ZK, Art. 14o Abs.6 S.1 ZK-DVO.
1881 Art. 14p ZK-DVO.
1882 *Witte,* in: Witte, Zollkodex, 2009, Art. 4, Rn. 2.
1883 Sie dazu umfassend *Natzel,* Der zugelassene Wirtschaftsbeteiligte, 2007, S. 88 ff. sowie *Daiker,* Risikomanagement im Zollbereich, 2008, S. 25 ff.
1884 Art. 14k ZK-DVO.

Ausschlussgründe, nämlich eine einschlägige strafrechtlichen Verurteilung oder die Anhängigkeit eines Insolvenzverfahrens gegeben ist. Nur wenn dies nicht der Fall ist, wird geprüft, ob die restlichen materiellen Bewilligungsvoraussetzungen vorliegen. Diese Vorgehensweise dient der Verfahrenseffizienz.

So darf weder der Antragsteller zum Zeitpunkt der Antragstellung wegen einer schweren Straftat im Zusammenhang mit seiner wirtschaftlichen Tätigkeit verurteilt sein, noch darf ein möglicher Vertreter des Antragstellers in Zollangelegenheiten im Rahmen seiner Tätigkeit als Vertreter wegen einer schweren Straftat im Zusammenhang mit einem Verstoß gegen die Zollvorschriften verurteilt sein[1885]. Da das deutsche Strafrecht jedoch keine Strafbarkeit von Unternehmen kennt (societas delinquere non potest), das Unternehmen aber selbst als Wirtschaftsbeteiligter bzw. Antragsteller angesehen wird, läuft diese Bewilligungsvoraussetzung für deutsche Unternehmen weitgehend leer[1886].

Einen weiteren Ausschlussgrund, der von vornherein zur Ablehnung führt, ist die Anhängigkeit eines Insolvenzverfahrens über das Vermögen des Wirtschaftsbeteiligten zum Zeitpunkt der Antragstellung[1887]. Der Grund für dieses Kriterium liegt darin, dass die Prognose, ob der Wirtschaftsbeteiligte sich in Zukunft als zuverlässig erweisen und die einschlägigen Rechtsvorschriften einhalten wird, bei einem anstehenden Insolvenzverfahren kaum möglich ist; so geht etwa das Verwaltungs- und Verfügungsrecht nach § 80 Abs.1 InsO auf den Insolvenzverwalter über[1888].

b) Bisher angemessene Einhaltung der Zollvorschriften

Die „bisher angemessene Einhaltung der Zollvorschriften" i.S.d. Art. 5a Abs.2 ZK, Art. 14h Abs.1 ZK-DVO kann als zentrale Bewilligungsvoraussetzung angesehenen werden[1889]. Die Einhaltung der Zollvorschriften gilt nach Art. 14h Abs.1 ZK-DVO als angemessen, wenn vor der Antragstellung keine schweren Zuwiderhandlungen und keine wiederholten Zuwiderhandlungen gegen Zollvorschriften begangen wurden. Maßgeblicher Zeitraum, der in die Begutachtung einfließt, sind die letzten drei Jahre vor Antragstellung. Dabei dürfen entsprechende Zuwiderhandlungen nicht von den folgenden Personen begangen worden sein: dem Antragsteller; den Personen,

1885 Art. 14f lit. b), c) ZK-DVO.
1886 Kritisch insoweit *Natzel,* Der zugelassene Wirtschaftsbeteiligte, 2007, S. 115 f.
1887 Art. 14f lit. b) Alt.2 ZK-DVO.
1888 *Natzel,* Der zugelassene Wirtschaftsbeteiligte, 2007, S. 119.
1889 *Witte,* AW-Prax 2005, 237, 239.

die für das antragstellende Unternehmen verantwortlich sind oder die Kontrolle über seine Leitung ausüben; gegebenenfalls dem Vertreter des Antragstellers in Zollangelegenheiten und der Person, die im antragstellenden Unternehmen für Zollangelegenheiten verantwortlich ist. Die Einhaltung der Zollvorschriften kann trotz Verstößen als angemessen betrachtet werden, wenn die zuständige Zollbehörde der Auffassung ist, dass etwaige Zuwiderhandlungen im Verhältnis zu Zahl oder Umfang der zollrelevanten Vorgänge geringfügig sind und keinen Zweifel am guten Glauben des Antragstellers aufkommen lassen[1890]. Demgemäß führen geringe, im Alltagsgeschäft vorkommende Arbeitsfehler regelmäßig nicht dazu, dass eine angemessene Einhaltung zu verneinen ist[1891]; Angemessenheit ist schließlich gerade nicht mit Absolutheit gleichzusetzen. Neben der Frage, ob Verstöße vorsätzlich oder fahrlässig, einfach oder wiederholt, mit hohen oder geringen Schadensfolgen begangen wurden, ist auch zu berücksichtigen, ob und wie der Wirtschaftsbeteiligte bzw. die Unternehmensleitung auf etwaige Verstöße reagiert[1892].

c) Zufrieden stellende Führung der Geschäftsbücher

Des Weiteren ist ein „zufrieden stellendes System der Führung der Geschäftsbücher" notwendige Voraussetzung für die Bewilligung des AEO-Status[1893]. Dabei muss der Antragsteller etwa über eine Verwaltungsorganisation verfügen, die Art und Größe des Unternehmens entspricht und für die Verwaltung der Warenbewertung geeignet ist und über interne Kontrollen verfügen, mit denen illegale oder nicht ordnungsgemäße Geschäfte erkannt werden können, Art. 14i lit d) ZK-DVO. Insgesamt soll dadurch eine bessere Aufdeckung möglicher Verstöße gegen Zollvorschriften durch Behörden gewährleistet werden. Daneben kommt dem ordnungsgemäßen System der Buchführung auch eine präventive Funktion einer Vorbeugung von Verstößen zu[1894].

d) Nachweisliche Zahlungsfähigkeit

Schließlich muss eine nachweisliche Zahlungsfähigkeit („gesicherte finanzielle Lage") des Antragstellers gegeben sein[1895]. So entstehen bei Durchführung von

1890 Art. 14h Abs.2 ZK-DVO.

1891 Vgl. *Witte,* in: Witte/Wolffgang, Lehrbuch des Europäischen Zollrechts, 2009, S. 34.

1892 Vgl. *Witte,* in: Witte, Zollkodex, 2009, Art. 5a, Rn. 27; ebenso *Natzel,* Der zugelassene Wirtschaftsbeteiligte, 2007, S. 155.

1893 Art. 14 i ZK-DVO.

1894 *Natzel,* Der zugelassene Wirtschaftsbeteiligte, 2007, S. 167.

1895 Art 14j ZK-DVO.

Zollverfahren gem. Art. 201 ff. ZK Zollschulden, die es zu begleichen gilt; eine ordnungsgemäße Abwicklung des Zollverfahrens setzt daher voraus, dass der Wirtschaftsbeteiligte über ausreichende Finanzmittel verfügt.

3. Vorteile des AEO-Status für den Wirtschaftsbeteiligten

Mit Erlangung des Zertifikats bzw. des Status eines zugelassenen Wirtschaftsbeteiligten i.S.d. Art. 5a Abs.1 ZK sind für den Wirtschaftsbeteiligten zum einen konkrete rechtliche Vorteile zum anderen auch tatsächliche bzw. wirtschaftliche Vorteile verbunden.

a) Rechtliche Vorteile

Die Vorteile divergieren je nach AEO-Zertifikat. Das Zertifikat „Zollrechtliche Vereinfachungen" gewährt Vereinfachung bei Durchführung des Zollverfahrens. Als solche sind Erleichterungen hinsichtlich der Zollkontrollen (Verringerung von Zollkontrollen, Vorrang bei der Durchführung erforderlicher Kontrollen, keine Bindung der Kontrolle an den Amtsplatz) und die vereinfachte Bewilligung vereinfachter Verfahren (bei Zollanmeldungen, Versandverfahren, Linienverkehr in der Schifffahrt) zu nennen[1896]. Mit Blick auf die risikoorientierte Durchführung der Zollkontrollen[1897] senkt der AEO-Status den Risikowert mithin erheblich ab[1898].

Verfügt der Wirtschaftsbeteiligte über ein Zertifikat „Sicherheit", so kommt er in den Genuss von Erleichterungen bei sicherheitsbezogenen Kontrollen, die anlässlich des Verbringens von Waren in das bzw. aus dem Zollgebiet der Gemeinschaft durchgeführt werden (Verringerung von Kontrollen, Vorrang bei der Durchführung erforderlicher Kontrollen, keine Bindung der Kontrolle an den Amtsplatz, vorherige Mitteilung der Kontrolle) [1899]. Des Weiteren ist der Umfang des im Rahmen der zollrechtlichen Vorabanmeldung (Art. 36a bis 36c ZK) zu übermittelnden Datensatzes reduziert[1900]. Soweit der Wirtschaftsbeteiligte über die dritte Variante des kombinierten AEO-Zertifikats verfügt, kommen ihm sämtliche der genannten Erleichterungen zu Gute.

1896 Art. 14b Abs.1, 4 ZK-DVO. Die Durchführung vereinfachter Verfahren steht allgemein auch Wirtschaftsbeteiligten ohne AEO-Zertifikat zu.

1897 Art. 13 Abs.2 ZK: „Die Zollkontrollen [...] stützen sich auf eine Risikoanalyse unter Verwendung automatisierter Datenverarbeitungsmethoden".

1898 *Natzel,* Der zugelassene Wirtschaftsbeteiligte, 2007, S. 285.

1899 Art. 14a Abs.1 lit.b) ZK-DVO.

1900 Art. 14b Abs.3 ZK-DVO.

b) Wirtschaftliche Vorteile

Wirtschaftliche Vorteile entstehen einerseits als unmittelbare Konsequenz der rechtlichen Erleichterungen: soweit die Wirtschaftsbeteiligten weniger intensiv geprüft werden und das Zollverfahren zu ihren Gunsten beschleunigt wird, sind damit regelmäßig nicht unerhebliche Kostenersparnisse in Gestalt der Verringerung des Personal- und Sachaufwands verbunden. Daneben kann sich der AEO-Status jedoch auch positiv auf unternehmensinterne Abläufe auswirken, ist der Antragsteller doch gezwungen, zur Erfüllung der Bewilligungsvoraussetzungen seine eigenen Prozesse zu überprüfen und ggf. zu verbessern, vgl. etwa Art. 14i ZK-DVO[1901]. Schließlich dürfte sich der Status des AEO positiv auf das Verhältnis des Unternehmens zu seinen Geschäftspartnern auswirken (AEO als Qualitätsmerkmal)[1902].

4. Überwachung des AEO

Die Dauer der AEO-Bewilligung ist gemäß Art. 14q Abs.3 ZK-DVO nicht begrenzt. Freilich können sich jedoch im Laufe der Zeit sowohl die Verhältnisse beim Wirtschaftsbeteiligten als auch die Bewilligungsvoraussetzungen ändern. Als Konsequenz hat die Zollbehörde zu kontrollieren, dass die andauernde Einhaltung der Bewilligungsvoraussetzungen durch den Wirtschaftsbeteiligten gewährleistet wird. Sie hat dazu den zugelassenen Wirtschaftsbeteiligten mit Blick auf die Einhaltung der Voraussetzungen laufend und ohne konkreten Anlass zu „überwachen“[1903]. Die Rede ist insoweit auch von einem Monitoringverfahren[1904]. Dabei soll für jeden AEO ein individueller Kontrollplan angefertigt und so ein systematisches, gründliches Vorgehen sichergestellt werden[1905]. Bei einem AEO-Zertifikat für einen seit weniger als drei Jahren bestehenden Antragsteller ist während des ersten Jahres eine strenge Überwachung vorzusehen[1906]. Daneben ist eine „Neubewertung“ der Bewilligungsvoraussetzungen durchzuführen, wenn es zu wesentlichen Änderungen der einschlägigen Gemeinschaftsvorschriften kommt oder ein begründeter Hinweis darauf vorliegt, dass der zugelassene

1901 Vgl. *Natzel,* Der zugelassene Wirtschaftsbeteiligte, 2007, S. 302.

1902 *Witte,* in: Witte/Wolffgang, Lehrbuch des Europäischen Zollrechts, 2009, S. 30.

1903 Art. 14q Abs.4 ZK-DVO; siehe auch *Daiker,* Risikomanagement im Zollbereich, 2008, S. 24.

1904 Vgl. *Witte,* in: Witte/Wolffgang, Lehrbuch des Europäischen Zollrechts, 2009, S. 41.

1905 *Natzel,* Der zugelassene Wirtschaftsbeteiligte, 2007, S. 272.

1906 Art. 14q Abs.5 ZK-DVO.

Wirtschaftsbeteiligte die einschlägigen Voraussetzungen nicht mehr erfüllt[1907]. Auch im Rahmen der Kontrolle kann auf Gutachten privater, vom AEO beauftragter Sachverständiger zurückgegriffen werden[1908]. Kommt die Behörde ihrem Kontrollauftrag nicht nach, so hat dies keine Auswirkungen auf den AEO-Status. Stellt sich heraus, dass der Wirtschaftsbeteiligte nicht mehr die Bewilligungsvoraussetzungen erfüllt und schafft dieser keine Abhilfe, so besteht die Möglichkeit für die Zollbehörde, die Bewilligung auszusetzen oder zu widerrufen (Art. 14r bis 14v ZK-DVO). Der Widerruf löst grundsätzlich eine Sperre von drei Jahren für eine erneute Beantragung eines AEO-Zertifikats aus[1909].

II. Mögliche Impulse für das Besteuerungsverfahren

Mit Blick auf die angestrebte Modernisierung des Besteuerungsverfahrens stellt sich die Frage, ob die steuerliche Prüfung an das zollrechtliche Modell des formellen Statusverfahrens adaptiert werden kann.

1. Vorteilhaftigkeit eines formellen Statusverfahrens

Die zollrechtliche Figur des zugelassenen Wirtschaftsbeteiligten kann als Paradebeispiel für die formalisierte Berücksichtigung unternehmensseitiger Compliance in einem hoheitlichen Verwaltungsverfahren gesehen werden. Die Zertifizierung führt zu einer Win-win-Situation: der zugelassene Wirtschaftsbeteiligte erhält – rechtssicher und verlässlich – verfahrensmäßige Erleichterungen in Gestalt geringerer und modifizierter Kontrollen und erleichterte Zulassungen zu bestimmten zollrechtlichen Verfahren; die Verwaltung wird entlastet, stellt aber durch die eigens vorgenommene AEO-Zertifizierung samt anschließendem Monitoring sicher, dass der Rückzug hoheitlicher Überwachung nicht dort erfolgt, wo ein hohes Risiko von Zollrechtsverstößen besteht.

Der zollrechtliche Ansatz korrespondiert in seiner Wirkungsweise mit dem in **Kapitel 4** dargestellten Grundprinzip der verfahrensmäßigen Privilegierung von Steuerpflichtigen, die eigenmotiviert die Steuergesetze einhalten. Bei beiden Ansätzen geht es darum, unternehmensseitige Compliance für den Vollzug nutzbar zu machen, die hoheitlichen Verifikationsressourcen zielgerichteter einsetzen zu

1907 Art. 14q Abs.5 lit. a), b) ZK-DVO.
1908 Art. 14q Abs.5 Unterabschnitt 3 i.V.m. Art. 14n Abs.2 ZK-DVO.
1909 Art, 14v Abs.4 ZK-DVO.

können und gleichzeitig die Freiheitsrechte der Privaten zu schonen. Wie gezeigt wurde, kann eine derartige Privilegierung im Besteuerungsverfahren de lege lata erfolgen, soweit die Finanzverwaltung über ausreichende Handlungsspielräume verfügt. Mangels entsprechender Vorgaben kann es dabei jedoch zu einer divergierenden, uneinheitlichen Verwaltungspraxis kommen, was mit Blick auf das Gebot der Rechtsanwendungsgleichheit (Art. 3 Abs.1 GG) auf Bedenken stößt. Darüber hinaus führt das Fehlen eines verbindlichen und transparenten Handlungsrahmens dazu, dass sowohl für die Unternehmen als auch die Finanzverwaltung im Einzelfall Unsicherheiten bezüglich der Gewährung verfahrensmäßiger Erleichterungen bestehen können. Insgesamt spricht daher einiges dafür, künftig eine Institutionalisierung bzw. Formalisierung der verfahrensmäßigen Privilegierungen auch im Besteuerungsverfahren einzuführen. Das Modell des Zolls taugt mithin auch für das Steuerrecht[1910].

2. Ansätze zur Ausgestaltung eines „Tax Compliance Zertifikats"

In diesem Sinne bietet sich de lege ferenda die Einführung eines hoheitlichen „Tax Compliance-Zertifikats" zu Gunsten steuerpflichtiger Unternehmen an. Dabei würde der Kreis der Unternehmen quasi vorsortiert: Losgelöst von konkreten steuerbezogenen Geschäftsvorfällen würden Unternehmen *vorab* auf ihre steuerliche Zuverlässigkeit hin überprüft. Wie bei der Rechtsfigur des zugelassenen Wirtschaftsbeteiligten wäre das Unternehmen also Antragsteller bzw. Adressat der Zertifizierung (z.B. bei Rechtsform der Aktiengesellschaft die juristische Person als solche)[1911]. Korrespondierend mit dem zollrechtlichen Ansatz nach Art. 14 h ZK-DVO wären auch die hinter der juristischen Person stehenden natürlichen Personen bzw. die als gesetzliche Vertreter handelnden natürlichen Personen zu bewerten (z.B. Vorstandsmitglieder und die in Steuerangelegenheiten tätigen Mitarbeiter, vor allem also Leiter von Steuerabteilungen)[1912]. Wird die

1910 So auch *Drüen,* in: Schön/Beck, Zukunftsfragen des deutschen Steuerrechts, 2009, S. 1, 24.

1911 Adressat der zollrechtlichen Zertifizierung ist der „Wirtschaftsbeteiligte", wozu u.a. juristische und natürliche Personen oder Personenvereinigungen zählen können, siehe bereits oben **5. Kapitel A. I. 2. a)**.

1912 Zur entsprechenden zollrechtlichen Regelung und Praxis siehe *Witte,* in: Witte, Zollkodex, 2009, Art. 5a, Rn. 25. Gemäß Art. 14h ZK-DVO wird bezüglich der Einhaltung der Zollvorschriften auf den Antragsteller (Abs.1a), die Personen, die für das antragstellende Unternehmen verantwortlich sind oder die Kontrolle über seine Leitung ausüben (Abs.1b), gegebenenfalls auf den Vertreter des Antragstellers in

steuerliche Zuverlässigkeit festgestellt und zertifiziert, kann das finanzbehördliche Verifikationsniveau bei diesem Unternehmen in der Folgezeit gesenkt werden. Freilich darf die finanzbehördliche Verifikation im Anschluss an die Zertifizierung dabei nicht vollkommen aufgegeben werden; es gilt, nicht gegen das Untermaßverbot bei der Überprüfung der Steuerpflichtigen zu verstoßen[1913]. Eine Zertifizierung kann und soll eine Verifikation im Anschluss mithin nicht ersetzen; vielmehr soll sie dazu dienen, das Kontrollbedürfnis vor Durchführung der eigentlichen Steuerprüfung rechtssicher und zuverlässig zu identifizieren. Sie fügt sich insoweit in das Konzept der risikoorientierten (Außen-)Prüfung ein. Die „zertifizierte Zuverlässigkeit" korreliert dabei mit dem subjektiven Risiko eines Steuerfalles bzw. der steuerlichen Integrität des Steuerpflichtigen und rechtfertigt die Gewährung eines freiheitsschonenden Vertrauensvorschusses[1914].

Um sicherzustellen, dass die formell zertifizierte steuerliche Zuverlässigkeit des Unternehmens auch in der Zeit nach der Vergabe des Zertifikats fortbesteht, wäre ein regelmäßiges behördliches *Monitoring* im Anschluss an die Zertifizierung durchzuführen[1915]. Stellte die Finanzverwaltung dabei fest, dass die materiellen Voraussetzungen der Zertifizierung – etwa auf Grund zwischenzeitlicher Rechtsverstöße – nicht mehr vorliegen, müsste sie dazu befugt sein, den Status auszusetzen oder zu widerrufen. Um einem Missbrauch des Status vorzubeugen und vor allem dem generalpräventiven Ansatz der Steuerprüfung Rechnung zu tragen[1916], könnte zudem eine Ergänzung bzw. Absicherung durch eine zufallsgesteuerte Intensivprüfung auch zertifizierter Unternehmen erfolgen.

Korrespondierend mit der zollrechtlichen Regelung wären sowohl die *formellen* und *materiellen Voraussetzungen* der Zertifizierung festzulegen als auch die *verfahrensmäßigen Folgen* zu bestimmen. Art. 5a Zollkodex[1917] und Art. 14a bis 14x Zollkodex-Durchführungsverordnung (ZK-DVO) fungieren insoweit als Anschauungsbeispiele. Mit Blick auf das Bewilligungsverfahren könnten

---

Zollangelegenheiten (Abs.1c) und die Person, die im antragstellenden Unternehmen für Zollangelegenheiten verantwortlich ist (Abs.1d), abgestellt.

1913 Zum Untermaßverbot siehe bereits **4. Kapitel B. I. 1. b)**.

1914 Siehe dazu bereits **3. Kapitel A. III. 2.** und **4. Kapitel A. V. 2**.

1915 Denkbar wäre auch, dass die Unternehmen nach Ablauf einer bestimmten Frist erneut das Vorliegen der materiellen Zertifizierungsvoraussetzungen nachweisen müssen; das Compliance-Zertifikat würde also nur befristet erteilt.

1916 Siehe dazu *Eckhoff,* Rechtsanwendungsgleichheit, 1999, S. 391; *Schallmoser*, in: H/H/Sp, AO/FGO, § 193 AO, Rn. 102 (02/2011).

1917 Bzw. künftig Art. 13 ff. MZK.

– wie bei Vergabe des AEO-Zertifikats – für die Verwaltung einzuhaltende Bearbeitungsfristen vorgesehen werden, um das Verfahren nicht unnötig in die Länge zu ziehen. In materieller Hinsicht gilt es, auf die in **Kapitel 4** aufgezeigten (subjektiven) Risikokriterien abzustellen: Demnach wäre die bisherige Einhaltung der Steuergesetze (sog. Steuervita) das maßgebliche Kriterium für die künftige Zuverlässigkeit des Steuerpflichtigen; flankierend sollte die Vorhaltung eines unternehmensseitigen Tax Compliance-Systems als wesentlicher Faktor herangezogen werden. Da die künftige Zuverlässigkeit bei einem anstehendem Insolvenzverfahren und den damit einhergehenden Verwerfungen kaum abzuschätzen ist, sollte zudem die Nichtanhängigkeit eines Insolvenzverfahrens respektive die nachweisliche Zahlungsfähigkeit des Unternehmens als materielle Voraussetzung aufgenommen werden. Insgesamt gilt es, bei der Ausgestaltung der tatbestandlichen Voraussetzungen der Zertifizierung, den schwierigen Spagat zwischen Bestimmtheit bzw. Normklarheit und Wahrung der administrativen Spielräume zu meistern. Auf der Rechtsfolgenseite sollte die Entscheidung, ob das Zertifikat erteilt wird oder nicht, zur Sicherstellung einer einheitlichen Praxis nicht in das finanzbehördliche Ermessen gestellt werden; in diesem Sinne ist auch die Entscheidung über den AEO-Status eine gebundene. Im Hinblick auf mögliche verfahrensmäßige Erleichterungen kommen die in **Kapitel 4** festgestellten Privilegierungen in Betracht: Zu nennen sind insbesondere reduzierte, zeitnahe und kooperative Steuerprüfungen.[1918]

Ferner stellt sich die Frage nach dem geeigneten *Regelungsort* für die finanzbehördliche Tax Compliance-Zertifizierung. In Betracht käme einerseits eine Verankerung der Zertifizierung in der das Besteuerungsverfahren regelnden Abgabenordnung (beispielsweise in Gestalt eines § 88b AO). Andererseits wäre es denkbar, die Zertifizierung nicht auf gesetzlicher Ebene zu implementieren, sondern auf Stufe der intern bindenden, verwaltungsseitig erlassenen Verwaltungsvorschriften einzuführen. Sachgerechter Regelungsort für eine derartige Bestimmung wäre die auf Grund von Art. 108 Abs.7 GG von der Bundesregierung mit Zustimmung des Bundesrates erlassene allgemeine Verwaltungsvorschrift der Betriebsprüfungsordnung (beispielsweise in Gestalt eines § 4b BpO)[1919]. Insoweit würde der in **Kapitel 4** festgestellte, weite administrative Ermessensspielraum eigens durch die Finanzverwaltung vereinheitlicht und konkretisiert.

1918 Im Einzelnen wird dazu auf die Ausführungen in **4. Kapitel A. bis C.** verwiesen.
1919 Zur Bindungswirkung der BpO siehe bereits **4. Kapitel A. II. 2.**

In Verbindung mit einer möglichen Tax Compliance-Zertifizierung steuerpflichtiger Unternehmen stellt sich schließlich die Frage, ob auch *Dritte* als potenzielle Adressaten einer freiwilligen steuerlichen Zertifizierung in Betracht kommen. In concreto wird dabei der bereits in **Kapitel 4** erörterte Ansatz relevant, wonach zur Optimierung des finanzbehördlichen Risikomanagements de lege ferenda eine Differenzierung zwischen „guten" und „schlechten" Steuerberatern und eine daran anknüpfende Vergabe positiver oder negativer Compliance-Faktoren erfolgen könnte[1920]. Eine entsprechende Risikobewertung bzw. ein Risikorating der Steuerberater auf Basis der „Steuerberatervita" ließe sich nämlich auch in einem formalisierten Verfahren vornehmen, welches bei Zuverlässigkeit des Steuerberaters mit einer Zertifizierung abgeschlossen werden könnte. In diesem Sinne könnten steuerliche Berater, die in der Vergangenheit im Wesentlichen ihre beruflichen Pflichten eingehalten und nicht gegen Steuergesetze verstoßen haben, auf freiwilliger Basis eine finanzbehördliche Compliance-Zertifizierung beantragen. Eine derartige Vorgehensweise könnte Vorteile sowohl für Steuerberater als auch deren Mandanten und die Finanzverwaltung mit sich bringen: Die Zertifizierung als „hoheitliches Gütesiegel" könnte zum einen als wesentliches Instrument der Selbstvermarktung auf Beraterseite eingesetzt werden. Zum anderen würde zu Gunsten der Mandanten die Informationsgrundlage bei Auswahl der Steuerberater erweitert und also zu ihrem Schutz zusätzliche Transparenz geschaffen. Schließlich kann die Finanzverwaltung von einer Zertifizierung der Berater dergestalt profitieren, dass sich die Treffsicherheit bzw. Zielgenauigkeit ihrer Risikobestimmung eines Steuerfalls erhöht, wenn in Folge der Zertifizierung von vornherein Klarheit über die Zuverlässigkeit mitwirkender Steuerberater besteht. Summa summarum bleibt somit festzuhalten, dass auch die Zertifizierung steuerlicher Berater de lege ferenda in Erwägung zu ziehen ist. Freilich gilt es dabei, möglichen Aufwand durch das Zertifizierungsverfahren sowohl für die steuerlichen Berater als auch die Verwaltung zu berücksichtigen und in Relation zu den genannten Vorteilen zu setzen; Verwaltungskosten ließen sich durch eine Gebührenpflichtigkeit der Zertifizierung ausgleichen.

B. Zusammenfassung

I. Trotz divergierender Rahmenbedingungen in gesetzlicher, administrativer und kultureller Hinsicht können kooperative Vollzugskonzepte ausländischer Finanzverwaltungen Impulse für das zu modernisierende deutsche

---

1920 Siehe bereits **4. Kapitel B. II. 2.**

Steuerverfahren liefern. Entsprechende Konzepte erweisen sich trotz des im Ausgangspunkt bestehenden, natürlichen Interessenwiderstreits zwischen steuerpflichtigen Unternehmen und Steuerstaat regelmäßig als erfolgreich. Gemeinsam orientieren sich die Ansätze am Leitbild einer offenen und partnerschaftlichen Zusammenarbeit von Unternehmen und Finanzbehörden beim Steuervollzug. Sie basieren insoweit auf der Erkenntnis, dass der Vollzug ohne *eigenmotivierte* Mitwirkung und Einhaltung der Steuergesetze durch die Steuerpflichtigen (internationale Terminologie: Voluntary Tax Compliance) kaum durchführbar ist. In der Folge sollen Anreize zu einem möglichst hohen Grad an eigenmotivierter Mitwirkung gewährt und das Besteuerungsverfahren für mitwirkende Unternehmen möglichst reibungslos, zügig und kostensparend durchgeführt werden. Allerdings wird dabei regelmäßig vorausgesetzt, dass die Unternehmen überobligatorische Mitwirkungsbeiträge erbringen, sich insbesondere in hohem Maße steuerlich transparent zeigen (Prinzip steuerlicher Transparenz). Sowohl die US-amerikanische und australische als auch die niederländische Finanzverwaltung schließen mit mitwirkungsbereiten Unternehmen auf freiwilliger Basis Vereinbarungen über die Art und Weise der Steuerprüfung, namentlich über den Zeit- und Organisationsrahmen sowie die Modalitäten der gemeinsamen Zusammenarbeit. Vor allem die Praxis der niederländischen Verwaltung zeigt, dass bestehende Prozesse und Mechanismen der Unternehmen zur Gewährleistung und Kontrolle von Tax Compliance (Tax Control Framework) bereits in den hoheitlichen Steuervollzug integriert werden.

II. Aus Unternehmensperspektive ist Tax Compliance als Bestandteil der allgemeinen Corporate Compliance und damit auch als Element guter Unternehmensführung (Corporate Governance) zu verstehen; es steht in diesem Sinne für die unternehmensseitige Normenkonformität im Steuerbereich sowie die Einrichtung eines entsprechenden Systems im Unternehmen, das die steuerliche Normenkonformität strukturell sicherstellt. Zu den einzuhaltenden Normen können auch freiwillige Verhaltensstandards sowie die Regeln zur Finanzberichterstattung über Steueraspekte zählen.

III. Zentrale Zielsetzung von Tax Compliance aus Unternehmenssicht ist die systematische Prävention von Schäden und negativen Konsequenzen auf Grund von steuerlichen Rechtsverstößen. Sollte es trotzdem zu Regelübertretungen kommen, zielt Tax Compliance zudem auf deren Beendigung und konsequente Sanktionierung. Schließlich ist Tax Compliance auch darauf gerichtet, positive Folgen in Gestalt eines „Mehrwertes“ herbeizuführen. Insgesamt liegt Tax Compliance damit einerseits eine negative, andererseits aber auch eine positive Motivation zu Grunde.

IV. Mit Blick auf die mannigfaltigen unerwünschten Folgen steuerlicher Rechtsverstöße, aber auch auf mögliche positive Wertschöpfungseffekte dürften sich verantwortungsvolle Unternehmensleitungen regelmäßig eigenmotiviert zur Etablierung eines Tax Compliance-Systems im Unternehmen entschließen. Rechtlich sind sie dazu im Grundsatz auch verpflichtet. Dogmatischer Anknüpfungspunkt ist die gesellschaftsrechtliche Legalitätspflicht der Unternehmensleitung, die eine Legalitätskontrolle auf nachgeordneten Ebenen miteinschließt. Zudem implizieren § 130 OWiG sowie § 69 AO und § 378 AO eine entsprechende Pflicht. Allerdings ist die Pflicht stets nur „relativ"; die Anforderungen an die Ausgestaltung des Systems richten sich nach den konkreten Umständen des Einzelfalls (Relativität der Tax Compliance-Systeme); der Unternehmensleitung kommt dabei ein erheblicher Ermessensspielraum zu.

V. Auch im Steuerbereich existieren keine schablonenartigen Anforderungen an die Ausgestaltung der Compliance-Systeme. Maßgeblich für die Konzeption ist vor allem das vorhandene Gefahrenpotential. Typische Komponenten eines Tax Compliance-Systems sind: (i) Tax Compliance-Kultur, (ii) Tax Compliance-Organisation, (iii) Risikoidentifikation, (iv) Tax Compliance-Programm, (v) Tax Compliance-Kommunikation sowie (vi) Dokumentation und Systemüberwachung. Weder dem IDW noch einem sonstigen „Standard-Setter" kommt eine rechtliche Deutungshoheit bezüglich der Ausgestaltung eines Tax Compliance-Systems zu; entsprechende Standards können allerdings als Orientierungshilfe für die Unternehmensleitungen fungieren.

VI. Bei alledem heißt Tax Compliance aus Unternehmenssicht keineswegs, auf Steuerstreit zu verzichten. Der Steuerstreit zur Verteidigung und Durchsetzung einer legitimen Steuerposition des Unternehmens ist vielmehr Bestandteil einer funktionsfähigen Tax Compliance-Struktur. Ebenso schließen sich Tax Compliance und Steuerplanung mit den Zielen der relativen Steuerbarwertminimierung bzw. Optimierung der Steuerquote nicht aus. Tax Compliance fungiert insoweit jedoch als Grenze für Steuergestaltungen. Zur Risikominimierung respektive Erhöhung der Steuerplanungssicherheit kommt insbesondere die Einholung verbindlicher Auskünfte durch die Finanzverwaltung in Betracht. Überdies ist mit Blick auf Tax Compliance abzuwägen, ob im Einzelfall ein sicherer, aber steuerlich ungünstigerer Gestaltungsweg dem Ausreizen von steuerlichem Grenzverhalten vorzuziehen ist.

VII. Die Gewährleistung von Tax Compliance kann schließlich nicht unerhebliche Kosten für das Unternehmen mit sich bringen. Neben Kosten, die unmittelbar aus der Umsetzung gesetzlicher Mitwirkungspflichten resultieren – Beispiel: Kosten durch Einführung der E-Bilanz – kann insbesondere die Implementierung eines unternehmensweiten Tax Compliance-Systems erheblichen Kostenaufwand verursachen. Summa summarum dürfte es indes auch unter rein wirtschaftlichen Gesichtspunkten angezeigt sein, ein angemessenes und funktionsfähiges System vorzuhalten.

VIII. Aus Perspektive des Steuervollzuges ist die Thematik Tax Compliance vor dem Hintergrund der angespannten Vollzugssituation zu sehen. So erschweren vor allem die Begrenztheit der Verwaltungsressourcen bei einer Vielzahl zu bearbeitender Steuerfälle sowie die seit langem beklagte Komplexität und Kompliziertheit des Steuerrechts die Erfüllung des Vollzugsauftrags zur Sicherstellung einer gesetz- und gleichmäßigen Besteuerung. Potential zur Modernisierung und Verbesserung des Vollzuges verspricht ein im Ausgangspunkt kooperativer Vollzugsansatz. Zentrale Zielsetzung ist dabei, die eigenmotivierte Einhaltung der Mitwirkungspflichten durch die Steuerpflichtigen zu fördern, um dergestalt die Verwaltungsressourcen zu entlasten und eine zielgenauere Allokation der Ressourcen zu ermöglichen. Langfristig sollen so sowohl die Effektivität (Grad der Zielerreichung) als auch die Effizienz (Verhältnis Ressourceneinsatz – Grad der Zielerreichung) der finanzbehördlichen Aufgabenerfüllung nach § 85 S.1 AO optimiert werden.

IX. Der Vollzugsansatz korrespondiert mit der Erkenntnis, dass die Erfüllung des finanzbehördlichen Vollzugsauftrags gegen den Willen der Steuerpflichtigen faktisch und rechtlich nicht durchführbar und der Vollzug auf die eigenmotivierte Erfüllung der umfassenden gesetzlichen Mitwirkungspflichten im Besteuerungsverfahren elementar angewiesen ist.

X. In terminologischer Hinsicht existieren folgende Besonderheiten: Der Begriff Tax Compliance steht aus Vollzugssicht – wie auch aus Unternehmenssicht – zunächst für die Einhaltung der steuergesetzlichen Pflichten durch die Steuerpflichtigen. In einem weiteren Schritt wird jedoch danach differenziert ob die Pflichterfüllung eigenmotiviert oder auf Grund hoheitlicher Druckmittel und Zwangsmaßnahmen erfolgt; je nachdem ist entweder von Voluntary oder Enforced Tax Compliance die Rede. Voluntary Tax Compliance kann auch die Erbringung überobligatorischer Mitwirkungsbeiträge beinhalten. Die auf die Förderung und Honorierung eigenmotivierter Tax Compliance gerichteten finanzbehördlichen Ansätze lassen sich schließlich unter dem Terminus der Tax Compliance-Vollzugsstrategien zusammenfassen.

XI. Eine Tax Compliance-Vollzugsstrategie bedient sich in der Theorie zweier Wirkungsmechanismen: Einerseits sollen Serviceleistungen, Anreize und eine kooperative Verwaltungsausrichtung die eigenmotivierte steuerliche Gesetzeskonformität der Steuerpflichtigen erhöhen (Servicemanagement).

Andererseits soll das Risiko von Steuerrechtsverstößen und einer unzutreffenden Steuerfestsetzung und -erhebung verringert und der gesetzliche Verifikationsauftrag erfüllt werden; die Steuerpflichtigen werden dazu je nach Risiko kontrolliert und im Fall des steuerlichen Rechtsverstoßes konsequent sanktioniert (Risikomanagement). Das finanzbehördliche Risikomanagement lässt sich allgemein als Prozess mit den Stufen der Risikoidentifikation und -analyse, -bewertung, -bewältigung sowie -evaluation beschreiben. Die Vollzugsstrategie korreliert in toto mit dem hergebrachten Modell „Zuckerbrot und Peitsche“ und entspricht überdies den Erkenntnissen der Finanz- bzw. Steuerpsychologie.

XII. Eine konsequente Umsetzung der Tax Compliance-Vollzugsstrategie bringt die Interessen von Unternehmen und Finanzverwaltung zusammen und kann zu einer Win-win-Situation beim Thema Tax Compliance führen. Sie berücksichtigt das Interesse beider Parteien an einer möglichst ressourcenschonenden und zeitnahen Ausgestaltung des Besteuerungsverfahrens. Die eigenmotivierte Einhaltung der steuerlichen Pflichten entlastet dann nicht nur die hoheitlichen Ressourcen, sondern bringt gleichzeitig auch Vorteile bzw. Privilegierungen („Tax Compliance-Prämien“) für das Unternehmen mit sich. Insoweit wird das bereits bestehende Eigeninteresse der Unternehmen an steuerlich korrektem Verhalten weiter verstärkt.

XIII. De lege lata kommen als Tax Compliance-Prämien keine materiellen Steuervergünstigungen in Betracht, da insoweit das Prinzip der Gesetzmäßigkeit der Besteuerung entgegensteht. Gleichwohl können bestehende finanzbehördliche Spielräume genutzt werden, um Anreize zu eigenmotivierter Gesetzeseinhaltung zu liefern. Namentlich können verfahrensmäßige Privilegierungen durch eine entsprechende Ausübung des weiten finanzbehördlichen Verfahrens- bzw. Außenprüfungsermessens gewährt werden. Nach geltender Rechtslage ist es möglich, sowohl ein Servicemanagement als auch ein Risikomanagement in den Vollzug zu implementieren.

XIV. Derzeit können Anreize vor allem in Gestalt einer konsequenten Verringerung der finanzbehördlichen Prüfungsintensität (*Ob* und *Wie* der Prüfung) bei steuerlich korrektem Verhalten gewährt werden. Voraussetzung dafür ist, dass die hoheitliche Verifikation primär am steuerlichen Risiko bzw. Kontrollbedürfnis und nicht in erster Linie fiskalisch bzw. an der Unternehmensgröße und der Höhe möglicher Mehrergebnisse ausgerichtet ist. Für eine Ermessensorientierung am Kriterium des Risikos streiten neben dem Gebot der Rechtsanwendungsgleichheit der Verhältnismäßigkeitsgrundsatz sowie das Effizienzprinzip.

XV. Eine risikoorientierte Außenprüfung unter Nutzung automationsgestützter Datenverarbeitung ist auch ohne explizite gesetzliche Normierung zulässig.

Insoweit kann das Außenprüfungsverfahren als Risikomanagementprozess verstanden und ausgestaltet werden; nach der Identifikation des steuerlichen Risikos, der Risikobewertung und Einteilung der Unternehmen in entsprechende Risikoklassen folgen die Risikobewältigung und schließlich die Risikoevaluierung. Unabdingbare Voraussetzung einer zielgenauen Risikoidentifikation ist eine breite Datenbasis. Um die elektronische Auswertbarkeit zu gewährleisten sollten die Daten in elektronischer Form vorliegen; die zunehmende Digitalisierung des Besteuerungsverfahrens, insbesondere die digitale Übermittlung von Bilanz und Gewinn- und Verlustrechnung, können langfristig das Risikomanagement verbessern.

XVI. Die konsequente Ausrichtung des Vollzuges am Risiko schließt die behördliche Berücksichtigung privater Kontroll- bzw. Selbstregulierungsmaßnahmen mit ein. Private Kontrollmaßnahmen können entweder durch das steuerpflichtige Unternehmen selbst oder durch von ihm beauftragte Steuerberater und Wirtschaftsprüfer vorgenommen werden. Zulässig ist es, im Rahmen der Verifikation bzw. der Gewichtung der Prüfungsintensität an entsprechende private Maßnahmen anzuknüpfen ohne gegen das Untermaßverbot zu verstoßen. In diesem Sinne können und sollten im Unternehmen vorhandene Strukturen und Prozesse der steuerlichen Eigenkontrolle (d.h. vorhandene Tax Compliance-Systeme) in den Vollzug miteinbezogen werden. Das Eigeninteresse bzw. die Eigenlogik der Unternehmen kann dergestalt für das öffentliche Interesse nutzbar gemacht werden. Des Weiteren umfasst ein risikoorientierter Vollzug die Berücksichtigung von risikomindernden Mitwirkungs- und Kontrollmaßnahmen durch beauftragte Steuerberater und Wirtschaftsprüfer; insoweit ist die Gewährung eines freiheitsschonenden Vertrauensvorschusses fundiert. Auch wenn de lege lata eine Differenzierung zwischen „guten" und „schlechten" Steuerberatern und eine daran anknüpfende Vergabe positiver oder negativer Compliance-Faktoren auf Bedenken stößt, ist eine entsprechende Vorgehensweise de lege ferenda in Erwägung zu ziehen, um die Zielgenauigkeit des finanzbehördlichen Risikomanagements zu erhöhen.

XVII. De lege lata kann die risikoorientierte Prüfung als weiterer Anreiz zeitnah und kooperativ ausgestaltet werden. Eine zeitnahe Prüfung zielt darauf, den Zeitraum sowohl zwischen dem Veranlagungszeitraum und anschließendem Prüfungsbeginn als auch zwischen dem Prüfungsbeginn und der Erstellung abschließender Steuerbescheide zu verringern. Ein Schritt in die richtige Richtung ist insoweit die rudimentäre Regelung der zeitnahen Außenprüfung in § 4a BpO. Die Verwaltungsvorschrift vereinheitlicht die bisher divergierende Praxis, lässt indes die wesentliche Frage offen, welche Unternehmen in den Genuss zeitnaher Prüfungen kommen sollen und wie die Prüfung im Einzelnen auszugestalten ist. Die Durchführung zeitnaher Außenprüfungen kann dabei vom Grad der steuerlichen Pflichterfüllung des Unternehmens abhängig gemacht werden; die Finanzverwaltung sollte insoweit vorhandene Tax Compliance-Systeme, die eine strukturelle Pflichterfüllung sicherstellen, zu Gunsten der Unternehmen berücksichtigen. Darüber hinaus ist es zulässig, die zeitnahe Prüfung an überobligatorische Mitwirkungsbeiträge der Steuerpflichtigen zu koppeln; in Betracht kommen etwa die Erteilung einer umfassenden steuerlichen Selbstauskunft, die Gewährung eines unbegrenzten Datenzugriffs und der Verzicht auf bestimmte, grenzwertige Steuergestaltungen. Zur kooperativen Prüfungsdurchführung können rechtlich unverbindliche, aber faktische bindende Verfahrensverständigungen zwischen Verwaltung und Unternehmen getroffen werden. Überdies schließen weder die Abgabenordnung noch sonstige Rechtsvorschriften bzw. -prinzipien eine Außenprüfung vor Abgabe der Steuererklärung (Echtzeitprüfung) von vornherein aus. Um möglichst frühzeitig und wirkungsvoll Fehler in der Steuererklärung zu unterbinden, könnte die ermessenslenkende Verwaltungsvorschrift § 4a Abs.2 S.1 BpO geändert und die Echtzeitprüfung eingeführt werden.

XVIII. Flankierend zur risikoorientierten und zeitnahen Prüfung sollte die Erteilung verbindlicher und unverbindlicher Auskünfte als Komponente des finanzbehördlichen Servicemanagements gesehen werden. In diesem Sinne ist von einer restriktiven Ermessensausübung bei Auskunftserteilung abzusehen und dem Interesse der Unternehmen an Rechts- und Planungssicherheit Rechnung zu tragen. Konkret sollte von den verwaltungsseitig standardisierten Ablehnungsgründen Abstand genommen, das Auskunftsverfahren einheitlich, zeitnah und partnerschaftlich durchgeführt und eine Gebührenreduktion bei erfolgloser Auskunft erwogen werden.

XIX. De lege ferenda empfiehlt es sich, den Ansatz der Tax Compliance-Vollzugsstrategie in eine rechtssichere Form zu bringen. Als Exempel für die Institutionalisierung verfahrensmäßiger Anreize kann die zollrechtliche Figur des „zugelassenen Wirtschaftsbeteiligten" herangezogen werden. Die Figur stellt ein Musterbeispiel für die formalisierte Berücksichtigung unternehmensseitiger Compliance in einem hoheitlichen Verwaltungsverfahren dar: Als zuverlässig bzw. wenig kontrollbedürftig eingestufte und zertifizierte Unternehmen erhalten im Gegenzug von Gesetzes wegen verfahrensmäßige Erleichterungen. Für das Steuerverfahren bietet sich insoweit die Einführung eines hoheitlichen „Tax Compliance-Zertifikats" zu Gunsten zuverlässiger Unternehmen an. Losgelöst von konkreten Geschäftsvorfällen können diese vorab auf ihre steuerliche Zuverlässigkeit hin überprüft werden; wird sie festgestellt, kann ein entsprechendes

Zertifikat verliehen und das finanzbehördliche Verifikationsniveau in der Folgezeit gesenkt werden. Ein entsprechendes Verfahren ist durch Zufallsprüfungen abzusichern, um dem generalpräventiven Ansatz der Steuerprüfung Rechnung zu tragen. Überdies wäre ein behördliches Monitoring im Anschluss an die Zertifizierung durchzuführen, um sicherzustellen, dass die zertifizierte steuerliche Zuverlässigkeit des Unternehmens fortbesteht. Alternativ ist de lege ferenda auch eine Zertifizierung steuerlicher Berater denkbar. Berater, die in der Vergangenheit im Wesentlichen ihre beruflichen Pflichten eingehalten, nicht gegen Steuergesetze verstoßen und sich somit als zuverlässig erwiesen haben, könnten in den Genuss einer Tax Compliance-Zertifizierung kommen. Die Erstellung der Steuererklärung durch einen zertifizierten Steuerberater wäre sodann als positiver Compliance-Faktor zu Gunsten des Steuerpflichtigen zu werten. Als sachgerechter Regelungsort für Zertifizierungen käme die Abgabenordnung oder die allgemeine Verwaltungsvorschrift der Betriebsprüfungsordnung in Betracht.

Anlage

Verordnung über Art und Umfang der steuerlichen Ermittlungen der Landesfinanzbehörden bei Einsatz automationsgestützter Risikomanagementsysteme (Steuer-Ermittlungs-Verordnung – StErmV)[1921]

§ 1 Einsatz von Risikomanagementsystemen im Besteuerungsverfahren

(1) Die Finanzbehörden der Länder können bei der Festsetzung un Erhebung von Steuern automationsgestützte Verfahren zur Erkennung von steuerlichen Risikopotenzialen und zur Bewältigung des Kontrollbedürfnisses (Risikomanagementsysteme) einsetzen.

(2) Wurde ein Fall vom Risikomanagementsystem zur personellen Bearbeitung ausgewählt, sind die nach Lage des Einzelfalls gebotenen Ermittlungen und Prüfungen personell vorzunehmen und zu dokumentieren.

(3) Fälle, die durch das Risikomanagementsystem nicht zur personellen Bearbeitung ausgewählt wurden, können vollmaschinell bearbeitet werden.

§ 2 Ziel der Risikomanagementsysteme

(1) Die Risikomanagementsysteme sind darauf auszurichten, die Steuern nach Maßgabe der Gesetze gleichmäßig und unter Berücksichtigung des Grundsatzes der Verhältnismäßigkeit sowie des Grundsatzes der Wirtschaftlichkeit der Verwaltung festzusetzen und zu erheben.

1921 Referentenentwurf des BMF, Zweite Verordnung zur Änderung steuerlicher Verordnungen vom 5.08.2011 (abrufbar unter www.nwb.de/portal/content/ir/downloads/224902/Referentenentwurd.pdf?referrer=www2.nwb.de, Stand: 02.01.2013).

(2) Maßstab für die Ausgestaltung der Risikomanagementsysteme ist es. Unzutreffende Steuerfestsetzungen und unzutreffende Anrechnungen von Steuerabzugsbeträgen zu Gunsten wie auch zu Ungunsten des Steuerpflichtigen weitgehend zu vermeiden.

§ 3 Ausgestaltung der Risikomanagementsysteme

(1) Im Rahmen der Risikomanagementsysteme werden Risikofilter oder andere Methoden eingesetzt, die insbesondere auf Grund steuerrechtlicher oder verhaltensorientierter Umstände auf personell zu prüfende Sachverhalte hinweisen. Verhaltensorientierte Umstände bestimmen sich nach dem bisherigen Verhalten des betroffenen Steuerpflichtigen im Besteuerungsverfahren. Bestandteile der Risikofilter sind auch Zufalls- und Turnusauswahl sowie personelle Fallauswahl. Elektronisch auswertbare Kontrolldaten sind in den Risikomanagementsystemen zu berücksichtigen.

(2) Wird für die Auswahl der von den Außenprüfungsdiensten zu überprüfenden Steuerfälle ein Risikomanagementsystem eingesetzt, können in einer allgemeinen Verwaltungsvorschrift nach Art. 108 Absatz 7 des Grundgesetzes mit Zustimmung des Bundesrates Abweichungen von Absatz 1 vorgesehen werden.

(3) Zur Qualitätssicherung der Risikomanagementsysteme sind die eingesetzten Risikofilter und Methoden im Sinne von Absatz 1 und 1 regelmäßig auf ihre Zweckmäßigkeit zu überprüfen und soweit notwendig anzupassen.

(4) Die Ausgestaltung der Risikomanagementsysteme wird nach § 21a Absatz 1 des Finanzverwaltungsgesetzes bundeseinheitlich festgelegt. Länderspezifisch erforderliche Abweichungen sind nur bei Einhaltung bundeseinheitlicher Mindestanforderungen und mit Zustimmung des Bundesministeriums der Finanzen zulässig. Die Gründe für solche Abweichungen sind in bundeseinheitlich festgelegter Weise zu dokumentieren.

(5) Einzelheiten der Ausgestaltung der Risikomanagementsysteme werden nicht veröffentlicht.

Abkürzungsverzeichnis

a.A.	anderer Ansicht
Abs.	Absatz
ACA	Annual Compliance Arrangement
AEAO	Anwendungserlass zur Abgabenordnung
AEO	Authorized Economic Operator
AG	Aktiengesellschaft/ Die Aktiengesellschaft
AGG	Allgemeines Gleichbehandlungsgesetz
Alt.	Alternative
AktG	Aktiengesetz
AN	Arbeitnehmer
AnwBl	Anwaltsblatt
AO	Abgabenordnung
AO-StB	Der Abgabenordnung-Steuerberater
AöR	Archiv des öffentlichen Rechts
APA	Advance Pricing Agreement
Art.	Artikel
ASC	Accounting Standards Codification
AStG	Außensteuergesetz
ATO	Australian Tax Office
Aufl.	Auflage
AW-Prax	Außenwirtschaftspraxis
Az.	Aktenzeichen
BaFin	Bundesanstalt für Finanzdienstleistungsaufsicht
BayVBl	Bayerische Verwaltungsblätter
BB	Betriebs-Berater
BBK	Buchführung, Bilanzierung, Kostenrechnung
BC	Zeitschrift für Bilanzierung, Rechnungswesen und Controlling
BDI	Bundesverband der deutschen Industrie
Begr.	Begründung
Beil.	Beilage
betr.	betreffend

BFH	Bundesfinanzhof
BFH/NV	Sammlung der Entscheidungen des Bundesfinanzhofs
BGB	Bürgerliches Gesetzbuch
BGBl	Bundesgesetzblatt
BGH	Bundesgerichtshof
BHO	Bundeshaushaltsordnung
BilMoG	Bilanzrechtsmodernisierungsgesetz
BMF	Bundesfinanzministerium
BoNiR	Bochumer Nachwuchsforscherkolleg intradisziplinäre Rechtswissenschaft
BpO	Betriebsprüfungsordnung
BR-Drucks	Bundesratsdrucksache
BStBl	Bundessteuerblatt
BT-Drucks	Bundestagsdrucksache
BVerfG	Bundesverfassungsgericht
BVerfGE	Entscheidungen des Bundesverfassungsgerichts
BVerwG	Bundesverwaltungsgericht
BVerwGE	Entscheidungen des Bundesverwaltungsgerichts
BZSt	Bundeszentralamt für Steuern
CAP	Compliance Assurance Process
CCZ	Corporate Compliance Zeitschrift
CDU	Christlich Demokratische Union
CMS	Compliance-Management-System
COSO	Committee of Sponsoring Organizations of the Treadway Commission
CPA	Certified Public Accountant
CSU	Christlich-Soziale Union in Bayern
DB	Der Betrieb
DCGK	Deutscher Corporate Governance Kodex
dens.	denselben
ders.	derselbe
DFDDA	Deggendorfer Forum zur digitalen Datenanalyse
d.h.	das heißt
dies.	dieselbe
DÖV	Die Öffentliche Verwaltung
DStJG	Deutsche Steuerjuristische Gesellschaft
DStR	Deutsches Steuerrecht
DStRE	Deutsches Steuerrecht-Entscheidungsdienst

DStR-KR	Deutsches Steuerrecht Kammer-Report
DStZ	Deutsche Steuer-Zeitung
DV	Die Verwaltung
DVBl	Deutsches Verwaltungsblatt
DWS	Deutsches wissenschaftliches Institut der Steuerberater
E-Bilanz	Elektronische Bilanz
EDV	Elektronische Datenverarbeitung
EFG	Entscheidungen der Finanzgerichte
EGAO	Einführungsgesetz zur Abgabenordnung
EGMR	Europäischer Gerichtshof für Menschenrechte
EStDV	Einkommensteuer-Durchführungsverordnung
EStG	Einkommensteuergesetz
et al.	et alii
etc.	et cetera
ETR	Effective Tax Rate
EU	Europäische Union
EÜR	Einnahmenüberschussrechnung
e.V.	eingetragener Verein
f.	folgende (Einzahl)
ff.	folgende (Mehrzahl)
FAG	Finanzausgleichsgesetz
FAGO	Gleich lautende Erlasse der obersten Finanzbehörden der Länder zur Neufassung der Geschäftsordnung für die Finanzämter
FAZ	Frankfurter Allgemeine Zeitung
FDP	Freie Demokratische Partei
FG	Finanzgericht
FGO	Finanzgerichtsordnung
FinArch	Finanzarchiv
FinMin	Finanzministerium
FR	Finanz-Rundschau
FS	Festschrift
FVG	Finanzverwaltungsgesetz
GDPdU	Grundsätze zum Datenzugriff und zur Prüfbarkeit digitaler Unterlagen
GewO	Gewerbeordnung
GewStG	Gewerbesteuergesetz
GewStDV	Gewerbesteuer-Durchführungsverordnung
GG	Grundgesetz

GGO	Gemeinsame Geschäftsordnung der Bundesministerien
GmbH	Gesellschaft mit beschränkter Haftung
GmbHG	Gesetz betreffend die Gesellschaften mit beschränkter Haftung
GNoFÄ	Grundsätze zur Neuorganisation der Finanzämter und zur Neuordnung des Besteuerungsverfahrens
GVwR	Grundlagen des Verwaltungsrechts
GwG	Geldwäschegesetz
HFR	Höchstrichterliche Finanzrechtsprechung
HGB	Handelsgesetzbuch
HGrG	Gesetz über die Grundsätze des Haushaltsrechts des Bundes und der Länder
Hrsg./hrsg.	Herausgeber/herausgegeben
IAS	International Accounting Standards
ICS	Internal Control System
IDEA	Interactive Data Extraction and Analysis
IDW EPS	Prüfungsstandard (Entwurf) des Instituts der Wirtschaftsprüfer
IDW PS	Prüfungsstandard des Instituts der Wirtschaftsprüfer
IFRS	International Financial Reporting Standards
IFSt	Institut für Finanzen und Steuern
IKS	Internes Kontrollsystem
INF	Die Information für Steuerberater und Wirtschaftsprüfer
IOTA	Intra-European Organisation of Tax Administrations
IRA	Issue Resolution Agreement
IRM	Internal Revenue Manual
IRS	Internal Revenue Service
IRZ	Zeitschrift für Internationale Rechnungslegung
ISO	International Organization of Standardization
IStR	Internationales Steuerrecht
i.S.v.	im Sinne von
i.S.d.	im Sinne des/der
i.V.m.	in Verbindung mit
IWB	Internationales Steuer- und Wirtschaftsrecht
JStG	Jahressteuergesetz
JZ	JuristenZeitung
KonTraG	Gesetz zur Kontrolle und Transparenz im Unternehmensbereich
KOR	Zeitschrift für internationale und kapitalmarktorientierte Rechnungslegung
KÖSDI	Kölner Steuerdialog

KStG	Körperschaftsteuergesetz
KWG	Gesetz über das Kreditwesen
LBTC	Large business and tax compliance
LKV	Landes- und Kommunalverwaltung
MaComp	Mindestanforderungen an Compliance
MaßstG	Maßstäbegesetz
MDR	Monatsschrift für Deutsches Recht
Mio.	Million
MOU	Memorandum of Understanding
MPI	Max Planck-Institut
m.w.N.	mit weiteren Nachweisen
MZK	Modernisierter Zollkodex
n.F.	neue Fassung
NiPt	Neue Interaktive Prüfungstechniken
NJW	Neue Juristische Wochenschrift
Nr.	Nummer
NRW	Nordrhein-Westfalen
NStZ	Neue Zeitschrift für Strafrecht
NVwZ	Neue Zeitschrift für Verwaltungsrecht
NVwZ-RR	Neue Zeitschrift für Verwaltungsrecht-Rechtsprechungs-Report
NWB	Neue Wirtschafts-Briefe
NZG	Neue Zeitschrift für Gesellschaftsrecht
OECD	Organisation für wirtschaftliche Zusammenarbeit und Entwicklung
OECG	Open Compliance and Ethics Group
OFD	Oberfinanzdirektion
OWiG	Gesetz über Ordnungswidrigkeiten
PS	Prüfungsstandard
PStR	Praxis Steuerstrafrecht
RAO	Reichsabgabenordnung
RegE	Regierungsentwurf
RMS	Risikomanagementsystem
Rn.	Randnummer/Randnummern
Rspr.	Rechtsprechung
S.	Satz/Seite
SEC	Securities and Exchange Commission
Sec.	Section
SGB	Sozialgesetzbuch

sog.	sogenannt
SOX	Sarbanes-Oxley Act
StAusKV	Steuer-Auskunftsverordnung
StB	Der Steuerberater
StBerG	Steuerberatungsgesetz
Stbg	Die Steuerberatung
StbJb	Steuerberater-Jahrbuch
StBp	Die steuerliche Betriebsprüfung
StC	SteuerConsultant
StEK	Steuererlasse in Karteiform
SteuerStud	Steuer und Studium
SteuK	Steuerrecht kurzgefasst
StGB	Strafgesetzbuch
St.Rspr.	Ständige Rechtsprechung
StuB	Steuern und Bilanzen
StuW	Steuer und Wirtschaft
StVj	Steuerliche Vierteljahresschrift
StWa	Die Steuerwarte
TCF	Tax Control Framework
TÜV	Technischer Überwachungsverein
Tz.	Textziffer
u.a.	unter anderem
Ubg	Die Unternehmensbesteuerung
UR	Umsatzsteuer-Rundschau
USA	United States of America
US-GAAP	United States Generally Accepted Accounting Principles
USt	Umsatzsteuer
UStG	Umsatzsteuergesetz
UStVA	Umsatzsteuer-Voranmeldung
UTP	Uncertain Tax Position
v.	vom/von
VAG	Gesetz über die Beaufsichtigung von Versicherungsunternehmen
VersR	Versicherungsrecht
VerwArch	Verwaltungsarchiv
vgl.	vergleiche
VO	Verordnung
Vol.	Band / volume

Vor.	Vorbemerkung
VOP	Verwaltungsführung, Organisation, Personalwesen
VR	Verwaltungsrundschau
VwGO	Verwaltungsgerichtsordnung
VwVfG	Verwaltungsverfahrensgesetz
VVDStRL	Veröffentlichungen der Vereinigung der Deutschen Staatsrechtslehrer
WA	Wertpapieraufsicht
wistra	Zeitschrift für Wirtschafts- und Steuerstrafrecht
WM	Wertpapier-Mitteilungen
WpDVerOV	Verordnung zur Konkretisierung der Verhaltensregeln und Organisationsanforderungen für Wertpapierdienstleistungsunternehmen
WPg	Die Wirtschaftsprüfung
WphG	Gesetz über Wertpapierhandel
ZFRC	Zeitschrift Risk, Fraud & Compliance
ZGR	Zeitschrift für Unternehmens- und Gesellschaftsrecht
ZHR	Zeitschrift für das gesamte Handels- und Wirtschaftsrecht
Ziff.	Ziffer
ZIP	Zeitschrift für Wirtschaftsrecht
ZIS	Zeitschrift für Internationale Strafrechtsdogmatik
ZK	Zollkodex
ZK-DVO	Zollkodex-Durchführungsverordnung
ZPO	Zivilprozessordnung
ZRP	Zeitschrift für Rechtspolitik
ZUR	Zeitschrift für Umweltrecht

Literaturverzeichnis

A

Achatz, Markus, Verständigungen im Steuerrecht, in: Pezzer, Heinz-Jürgen, Vertrauensschutz im Steuerrecht, Deutsche Steuerjuristische Gesellschaft (DStJG) Band 27, Köln 2004, S. 161 ff.

Ahrens, Susanne, Der Vollzug von Steuergesetzen durch den niederländischen Belastingdienst im Vergleich zur deutschen Finanzverwaltung, Berlin 2005.

Allingham, Michael G. / Sandmo, Agnar, Income Tax Evasion: A Theoretical Analysis, Journal of Public Economics 1 (1972), S. 323 ff.

Alm, James / McClelland, Gary H. / Schulze, William D., Why do People Pay Taxes?, Journal of Public Economics 48 (1992), S. 21 ff.

Apitz, Wilfried, Verfahrensrechtliche Aspekte einer Außenprüfung nach BpO (2000), StBp 2001, S. 29 ff.

–, Digitale Buchführung und Datenzugriff der Finanzverwaltung ab 1.1.2002, StBp 2002, S. 33 ff.

Arnim, Hans Herbert von, Wirtschaftlichkeit als Rechtsprinzip, Berlin 1988.

Auerbach, Dirk / Jost, Oliver, Bedeutung und Aufgaben der Compliance-Funktion, in: Hopt, Klaus J. / Wohlmannstetter, Gottfreid, Handbuch Corporate Governance von Banken, München 2011. S. 651 ff.

B

Bachmann, Peter, Controlling für die öffentliche Verwaltung: Grundlagen, Verfahrensweisen, Einsatzgebiete, 2. Auflage, Wiesbaden 2009.

Baetge, Jörg / Schulz, Dennis, Möglichkeiten der Objektivierung der Lageberichterstattung über „Risiken der künftigen Entwicklung“, DB 1998, S. 937 ff.

Ballwieser, Wolfgang / Coenenberg, Adolf G. / Wysocki, Klaus von, Handwörterbuch der Rechnungslegung und Prüfung, 3. Auflage, Stuttgart 2002.

Baumann, Holger, Zulässigkeit einer „Betriebsprüfung im Jahrestakt“, NWB 2009, S. 3338 ff.

Baumbach, Adolf / Hueck, Alfred, Gesetz betreffend die Gesellschaften mit beschränkter Haftung (GmbHG), Kommentar, 19. Auflage, München 2010.

Baumbach, Adolf / Hopt, Klaus J., Handelsgesetzbuch (HGB), Kommentar, 35. Auflage, München 2012.

Beck'scher Bilanz-Kommentar, Handels- und Steuerbilanz, herausgegeben von *Ellrott, Helmut / Förschle, Gerhart* u.a., 8. Auflage, München 2012.

Behringer, Stefan, Compliance kompakt: Best Practice im Compliance-Management, 2. Auflage, Berlin 2011.

Benz, Arthur, Kooperative Verwaltung: Funktionen, Voraussetzungen und Folgen, Baden-Baden 1994.

Benzel, Ute / Linzbach, Meike, Bilanzierung und Offenlegung von Ertragsteuerrisiken – Quo vadis? Unsichere Steuerpositionen in der Rechnungslegung nach IFRS, US-GAAP und HGB, IRZ 2010, S. 499 ff.

Berg, Cai, Korruption in Unternehmen und Risikomanagement nach § 91 Abs.2 AktG, AG 2007, S. 271 ff.

Bergan, Maik / Martin, Sascha, Allgemeinverfügung und Teileinspruchsentscheidung – die Wunderwaffe der Finanzverwaltung, DStR 2007, S. 1384 ff.

–, Die Teileinspruchsentscheidung – Kann Weniger mehr als Mehr sein?, DStZ 2010, S. 643 ff.

–, Die elektronische Bilanz, DStR 2010, S. 1755 ff.

–, Rechtsschutz gegen eine Negativauskunft nach § 89 Abs.2 AO, DStR 2012, S. 2164 ff.

Bergmoser, Ullrich / Theusinger, Ingo / Gushurst, Klaus Peter, Corporate Compliance – Grundlagen und Umsetzung, BB-Beilage Nr. 5, 2008, S. 1 ff.

Berndt, Thomas, Im Blickpunkt: Zertifizierung von Compliance-Management-Systemen als neues Geschäftsfeld, BB 2012, S. VI.

Beyer, Dirk, Antrag auf verbindliche Auskunft, AO-StB 2010, S. 217 ff.

Bilsdorfer, Peter, Grundsätze für die Arbeitsweise in den Veranlagungsstellen der Finanzämter, NWB 14/1998, S. 1055 ff.

–, Informationsquellen und -wege der Finanzverwaltung: Auf dem Weg zum „gläsernen Steuerbürger", 8. Auflage, Berlin 2009.

Birk, Dieter, Gleichheit und Gesetzmäßigkeit der Besteuerung – Zum Stellenwert zweier Grundprinzipien in der Steuerreform 1990, StuW 1989, S. 212 ff.

–, Sachverhaltsermittlung und Kontrollbefugnisse der Verwaltung im Besteuerungsverfahren, StVj 1991, S. 310 ff.

–, Das Gebot des gleichmäßigen Steuervollzugs und dessen Sanktionierung, StuW 2004, S. 277 ff.

–, Gebühren für die Erteilung von verbindlichen Auskünften der Finanzverwaltung, NJW 2007, S. 1325 ff.

–, Die Finanzverwaltung als steuerlicher Berater – Die verbindliche Auskunft als kostenpflichtige Hilfestellung, in: Festschrift zum zehnjährigen Bestehen von Pöllath + Partners, München 2008, S. 161 ff.

–, Steuermoral, Steuerkultur und Rückwirkung von Steuergesetzen, in: Festschrift für Wolfgang Spindler zum 65. Geburtstag, Köln 2011, S. 13 ff.

–, Steuerrecht, 15. Auflage, Heidelberg u.a. 2012.

Birkenfeld, Wolfram, Beweis und Beweiswürdigung im Steuerrecht, Köln 1973.

Bohnert, Joachim, Kommentar zum Ordnungswidrigkeitengesetz (OWiG), 3. Auflage, München 2010.

Böhret, Carl, Bessere Rechtsvorschriften durch Gesetzesfolgenabschätzungen? Ein Uralt-Thema, Verwaltung und Management 2006, S. 284 ff.

Bolik, Andreas / Günther, Joachim, Regierungsentwurf zu den Rahmenbedingungen einer zeitnahen Betriebsprüfung, StuB 2011, 381 ff.

Bonner Kommentar zum Grundgesetz, hrsg. von *Dolzer, Rudolf / Graßhof, Karin / Kahl, Wolfgang / Waldhoff, Christian*, Heidelberg, Loseblatt.

Boos, Karl-Heinz / Fischer, Reinfrid / Schulte-Mattler, Hermann, Kreditwesengesetz: KWG, Kommentar, 4. Auflage, München 2012.

Börner, Dietrich / Krawitz, Norbert, Steuerbilanzpolitik, Herne u.a. 1977.

Böttcher, Lars, Compliance: Der IDW PS 980 – Keine Lösung für alle (Haftungs-) Fälle, NZG 2011, S. 1054 ff.

Braithwaite, Valerie A., A New Approach to Tax Compliance, in: Braithwaite, Valerie A., Taxing Democracy, Aldershot (England) 2002, S. 1 ff.

Braun, Norbert, Aktuelle Fragen aus der Praxis der Außenprüfung, StBp 2008, S. 173 ff.

Breithecker, Volker / Garden, Christian / Thönnes, Marco, Steuerbelastung jenseits der Steuerbelastung, DStR 2007, S. 361 ff.

Brohm, Winfried, Rechtsgrundsätze für normersetzende Absprachen – Zur Substitution von Rechtsverordnungen, Satzungen und Gesetzen durch kooperatives Verwaltungshandeln, DÖV 1992, S. 1025 ff.

Bruschke, Gerhard, Die verbindliche Auskunft nach § 89 Abs.2 AO, DStZ 2007, S. 267 ff.

–, Allgemeine Verwaltungsvorschriften für die Betriebsprüfung, StB 2001, S. 162 ff.

Buciek, Klaus, Grenzen des „maßvollen Gesetzesvollzugs“, DStZ 1995, S. 513 ff.

Bullinger, Martin, Das Ermessen der öffentlichen Verwaltung, JZ 1984, S. 1001 ff.

Bungartz, Oliver, Handbuch Interne Kontrollsysteme (IKS): Steuerung und Überwachung von Unternehmen, 3. Aufl., Berlin 2012.

Burchert, Bernd, Neufassung der Verwaltungsanweisung zur verbindlichen Auskunft – Anmerkungen zum BMF-Schreiben vom 29.12.2003, IV A 4 – S 0430 – 7/03, BStBl I 2003, S. 742, INF 2004, S. 178 ff.

Burgi, Martin, Funktionale Privatisierung und Verwaltungshilfe: Staatsaufgabendogmatik – Phänomenologie – Verfassungsrecht, Tübingen 1999.

–, Risk Management und Bankenaufsicht im System des Wirtschaftsverwaltungsrechts, in: Lange, Knut Werner / Wall, Friederike, Risikomanagement nach dem KonTraG, München 2001, S. 307 ff.

–, Der Grundsatz der Wirtschaftlichkeit im Verwaltungsrecht, in: Butzer, Hermann, Wirtschaftlichkeit durch Organisations- und Verfahrensrecht, Berlin 2004, S. 53 ff.

–, Compliance im Staat – Staat und Compliance, CCZ 2010, S. 41 ff.

Burkhard, Jörg / Adler, Jens H., Betriebsprüfung und Steuerfahndungsprüfung: Praktikerkommentar der §§ 193 – 208 AO, Neuwied u.a. 2001.

–, Fehlerquellen in der Betriebsprüfung, Bonn 2004.

Bürkle, Jürgen, Corporate Compliance –Pflicht oder Kür für den Vorstand der AG?, BB 2005, S. 565 ff.

–, Corporate Compliance als Standard guter Unternehmensführung des Deutschen Corporate Governance Kodex, BB 2007, S. 1797 ff.

Buse, Johannes W., Der Prüfungsbericht (§ 202 AO), AO-StB 2008, S. 50 ff.

–, Die Beteiligten einer Außenprüfung und deren Prüfungsvorbereitung, AO-StB 2008, S. 190 ff.

–, Der Umfang der Außenprüfung nach § 194 (Teil III), AO-StB 2008,S. 341 ff.

Busekist, Konstantin von / Hein, Oliver, Der IDW PS 980 und die allgemeinen rechtlichen Mindestanforderungen an ein wirksames Compliance Management System (1) - Grundlagen, Kultur und Ziele, CCZ 2012, S. 41 ff.

Bussmann, Kai-D. / Matschke, Sebastian, Die Zukunft der unternehmerischen Haftung bei Compliance-Verstößen, CCZ 2009, S. 132 ff.

Büssow, Thomas / Taetzner, Tobias, Sarbanes-Oxley Act Section 404: Internes Kontrollsystem zur Sicherstellung einer effektiven Finanzberichterstattung im Steuerbereich von Unternehmen – Pflicht oder Kür? BB 2005, S. 2437 ff.

C

Campos Nave, José / Bonenberger, Saskia, Korruptionsaffären, Corporate Compliance und Sofortmaßnahmen für den Krisenfall, BB 2008, S. 734 ff.

Carlé, Thomas, Aktuelle Entwicklungen im Steuerverfahrensrecht, KÖSDI 2009, S. 16342 ff.

Caruso, Patrizio, Der Public Corporate Governance Kodex, NZG 2009, S. 1419 ff.

Cleaveland, Catherine M. / Epps, Kathryn K. / Bradley, Cassie F., Real Time Corporate Tax Audits and Their Impact on Financial Reporting, The CPA Journal 2010, S. 46 ff.

Costa, Martin / Wamsler, Friedrich, Die zeitnahe Betriebsprüfung aus Beratersicht, BBK 2011, S. 813 ff.

Cöster, Thilo / Intemann, Jens, Rechtsschutzmöglichkeiten beim behördlichen Kontenabruf nach § 93 Abs.7 und 8 AO, DStR 2005, S. 1249 ff.

D

Dahlke, Jürgen, Mehr Transparenz bei der Bilanzierung von Steuerrisiken? – Eine erste kritische Bestandsaufnahme der Neureglungen von Fin 48 und Vergleich mit IAS 12, KOR 2007, S. 311 ff.

Dahlmanns, Tanja, Tagungsbericht zum Kolloquium zur Beschleunigung der Betriebsprüfung, IFSt-Schrift Nr. 467, Berlin 2011.

Daiker, Nicole, Risikomanagement im Zollbereich unter besonderer Berücksichtigung des zugelassenen Wirtschaftsbeteiligten, Stuttgart 2008.

Dalichau, Beatrice, Auskünfte und Zusagen der Finanzverwaltung: Modalitäten – zivilrechtlicher Schadensersatz – Verhältnis zur Steuerberatung, Berlin 2003.

Danzer, Jürgen, Die strafrechtliche Verantwortlichkeit des steuerlichen Beraters, in: Kohlmann, Günter, Strafverfolgung und Strafverteidigung im Steuerstrafrecht, Köln 1983, S. 67 ff.

Deggendorfer Forum zur digitalen Datenanalyse e.V. (DFDDA), Elektronische Betriebsprüfung: Neue Herausforderungen für Wirtschaftsprüfung und Steuerberatung, Berlin 2011.

Deibel, Dorith, Die Reichweite des § 153 Abs.1 S.1 AO: steuerverfahrensrechtliche und steuerstrafrechtliche Aspekte der Verpflichtung zur „Berichtigung von Erklärungen“, Freiburg 2011.

Dietl, Clara-Erika / Lorenz, Egon, Wörterbuch für Recht, Wirtschaft und Politik, Teil 1., 6. Auflage, München 2000.

Di Fabio, Udo, Verwaltung und Verwaltungsrecht zwischen gesellschaftlicher Selbstregulierung und staatlicher Steuerung, VVDStRL 56 (1997), S. 235 ff.

–, Das Kooperationsprinzip – ein allgemeiner Rechtsgrundsatz des Umweltrechts, NVwZ 1999, S. 1153 ff.

Dißars, Ulf-Christian / Bürkle, Michael, Gesetzliche Regelung der verbindlichen Auskunft nach § 89 Abs.2 bis 5 AO, StB 2007, S. 54 ff.

Dittmann, Armin, Gleichheitssatz und Gesetzesvollzug im Bundesstaat – Föderative Ungleichheiten beim Vollzug von Steuergesetzen, in: Festschrift für Günter Dürig zum 70. Geburtstag, München 1990, S. 221 ff.

Dörn, Harald, Steuerhinterziehung und Steuerrecht, wistra 1992, S. 241 ff.

–, Fragen des Steuerstraf- und Steuerordnungswidrigkeitenrechts bei Beauftragung eines Steuerberaters, DStZ 1993, S. 478 ff.

Dörner, Dietrich / Horvath, Peter / Kagermann, Henning, Praxis des Risikomanagements, Stuttgart 2000.

Dreier, Horst, Informales Verwaltungshandeln, Staatswissenschaften und Staatspraxis Band 4 (1993), S. 647 ff.

–, Grundgesetz (GG), Kommentar, Band I, Artikel 1 bis 19, 2. Auflage, Tübingen 2004.

Dreßler, Günter, Auskunftserteilung zu internationalen Sachverhalten(Teil 1), StBp 1982, S. 205 ff.

Drüen, Klaus-Dieter, Periodengewinn und Totalgewinn: Zum Einfluß des Totalgewinngedankens auf die steuerrechtliche Gewinnermittlung, Berlin 1999.

–, Ermessensfragen der digitalen Außenprüfung, StuW 2003, 365 ff.

–, Verfassungsfragen der digitalen Außenprüfung, StuW 2003, S. 205 ff.

–, Neue Pflichten zur Vorlage von Unterlagen bei der Betriebsprüfung von Kapitalgesellschaften und Konzernen?, Steuerberater-Jahrbuch 2006/2007, S. 273 ff.

–, Konzernbetriebsprüfung im föderalen Steuerstaat, StuW 2007, S. 112 ff.

–, Unternehmerfreiheit und Steuerumgehung, StuW 2008, S. 154 ff.

–, Vorbehaltsfestsetzung und Vertrauensschutz, StuW 2009, S. 97 ff.

–, Die Zukunft des Steuerverfahrens, in: Schön, Wolfgang / Beck, Karin E., MPI Studies on Intellectual Property, Competition and Tax Law 11, Zukunftsfragen des deutschen Steuerrechts, Berlin u.a. 2009, S. 1 ff.

–, 2010: Der Aufbruch zu einer neuen Steuerkultur, DStR 2010, S. 2 ff.

–, Kooperation im Besteuerungsverfahren, FR 2011, S. 101 ff.

–, Modelle und Rechtsfragen zeitnaher Betriebsprüfung, IFSt-Schrift Nr. 469, Berlin 2011.

DWS-Institut, Finanzverwaltung – ein Ersatzgesetzgeber?, DStR-KR 2006, S. 2.

E

Eckhoff, Rolf, Vom konfrontativen zum kooperativen Steuerstaat, StuW 1996, S. 107 ff.

–, Rechtsanwendungsgleichheit im Steuerrecht: Die Verantwortung des Gesetzgebers für einen gleichmäßigen Vollzug des Einkommensteuerrechts, Köln 1999.

Egge, Hinnerk, Lage der Steuerverwaltung und Folgerungen, StuW 1994, S. 272 ff.

Ehlers, Harald, Tax Compliance, Neue Beratungsfelder bei Betreuung kleiner und mittlerer Unternehmen, NWB 2012, S. 1535 ff.

Ehlers, Dirk / Fehling, Michael / Pünder, Hermann, Besonderes Verwaltungsrecht, Band 1: Öffentliches Wirtschaftsrecht, 3. Auflage, Heidelberg u.a. 2012.

Eich Andreas, Die tatsächliche Verständigung im Steuerverfahren und Steuerstrafverfahren: Zulässigkeit, Rechtsnatur, Auswirkungen, Strategien, Köln 1992.

Eichfelder, Sebastian, Bürokratiekosten der Besteuerung, Eine Analyse der empirischen Literatur, StuW 2011, S. 38 ff.

Eisele, Dieter, Insiderrecht und Compliance, WM 1993, S. 1021 ff.

Eismayr, Rainer / Schnell, Marc, Betriebsprüfungserfahrungen multinationaler Unternehmen in Deutschland, IWB 2010, S. 907 ff.

Endres, Dieter / Eckstein, Hans-Martin, Steuerrecht International: Ein Wegweiser für den Unternehmer beim Schritt über die Grenze, 2. Auflage, Schwäbisch Hall 2001.

Erchinger, Holger /Melcher, Winfried, Neuregelung der SEC zu IFRS-Abschlüssen von Foreign Private Issuers, DB 2007, S. 2635 ff.

Erichsen, Hans-Uwe / Ehlers, Dirk, Allgemeines Verwaltungsrecht, 14. Auflage, Berlin u.a. 2010.

F

Faber, Angela, Gesellschaftliche Selbstregulierungssysteme im Umweltrecht – unter besonderer Berücksichtigung der Selbstverpflichtungen, Stuttgart u.a. 2001.

Falk, Armin, Homo Oeconomicus versus Homo Reciprocans: Ansätze für ein neues wirtschaftspolitisches Leitbild?, Perspektiven der Wirtschaftspolitik 4/2003, S. 141 ff.

Fatouros, Nikos, Die neue Gebührenpflicht für verbindliche Auskünfte i.S.v. § 89 Abs.2 AO – Zugleich Anmerkung zum BMF-Schreiben vom 12.03.2007, DStZ 2007, S. 382 ff.

Feld, Lars P. / Frey, Bruno S., Trusts Breeds Trust: How Taxpayers Are Treateds, Economics of Governance 3/2002, S. 87 ff.

Fiedler, Wilfried, Funktion und Bedeutung öffentlich-rechtlicher Zusagen im Verwaltungsrecht, Heidelberg u.a. 1977.

Flämig, Christian, Der Steuerstaat auf dem Weg in den Überwachungsstaat – Stellungnahme zu dem Entwurf einer Anzeigepflicht von Steuergestaltungen, Beihefter zu DStR 44, 2007, S. 2 ff.

Fleischer, Holger, Legal Transplants im deutschen Aktienrecht, NZG 2004, S. 1129 ff.

–, Aktienrechtliche Legalitätspflicht und „nützliche" Pflichtverletzungen von Vorstandsmitgliedern, ZIP 2005, S. 141 ff.

–, Handbuch des Vorstandrechts, München 2006.

–, Aktuelle Entwicklungen der Managerhaftung, NJW 2009, S. 2337 ff.

–, Corporate Compliance im aktienrechtlichen Unternehmensverbund, CCZ 2008, S. 1 ff.

Fleischmann, Michael, Die Prüfungssoftware IDEA als Hilfsmittel beim digitalen Datenzugriff der Finanzverwaltung, BBK 2003, S. 85 ff.

Förster, Hartmut, Seminar: Von Konfrontation zur Kooperation; der Steuerpflichtige und die Steuerverwaltung; Empfehlungen der OECD für eine effektivere Steuerverwaltung, IStR 2008, S. 561 ff.

Franzen, Klaus / Gast-de Haan, Brigitte / Joecks, Wolfgang, Steuerstrafrecht, Kommentar, 7. Auflage, München 2009.

Friauf, Karl Heinrich, Unser Steuerstaat als Rechtsstaat, Steuerberater-Jahrbuch 1977/78, S. 39 ff.

Frizen, Friederike, Das Deklarationsprinzip im Einkommensteuerrecht: Steuerehrlichkeit, Sachverhaltsverantwortung und Kontrolle, Frankfurt am Main u.a. 2009.

Fuest, Clemens, Steuerakzeptanz und Steuerwiderstand als Herausforderung in der Steuergesetzgebung, in: Brandt, Jürgen, Mitverantwortung von Bürger und Staat für ein gerechtes Steuerrecht, Vierter Deutscher Finanzgerichtstag 2007, Stuttgart u.a. 2007, S. 87 ff.

Frenz, Walter, Selbstverpflichtungen der Wirtschaft, Tübingen 2001.

Fuisting, Bernhard, Grundzüge der Steuerlehre, Berlin 1902.

G

Gabel, Monika, Spezielle Missbrauchsnormen und der allgemeine Gleichheitssatz, StuW 2011, S. 3 ff.

Gebauer, Stefan / Kleinert, Ursula, Risikobereich und Haftung: Compliance in Finanzdienstleistungsunternehmen, in: Krieger, Gerd / Schneider, Uwe H., Handbuch Managerhaftung: Vorstand, Geschäftsführer, Aufsichtsrat, Pflichten und Haftungsfolgen, typische Risikobereiche, 2. Auflage, Köln 2010, S. 583 ff.

Gebbers, Harald, Die Strukturanalyse Teil I bis III, StBp 2007, S. 225 ff., 257 ff. und 289 ff.

Geiser, Martina, Leitungspflichten des Vorstandes in der AG: Grenzziehung zwischen der business judgement rule und den notwendigen Anforderungen an eine Compliance-Organisation, Hamburg 2010.

Geuenich, Marcus / Kiesel, Hanno, Tax Compliance bei Unternehmen – einschlägige Risiken und Folgerungen für die Praxis, BB 2012, S. 155 ff.

Gödel, Ralf Dieter, Unverzichtbarkeit der Prognoseberichterstattung im (Konzern-)Lagebericht, DB 2010, S. 431 ff.

Goette, Wulf, Leitung, Aufsicht, Haftung – zur Rolle der Rechtsprechung bei der Sicherung einer modernen Unternehmensführung, in: Festschrift aus Anlass des fünfzigjährigen Bestehens von Bundesgerichtshof, Bundesanwaltschaft und Rechtsanwaltschaft am Bundesgerichtshof, Köln u.a. 2000, S. 123 ff.

–, Organisationspflichten in Kapitalgesellschaften zwischen Rechtspflicht und Opportunität, ZHR 2011, S. 388 ff.

Göhler, Erich, Gesetz über Ordnungswidrigkeiten, Kommentar, 16. Auflage, München 2012.

Goldshteyn, Michael / Purer, Boris, Zur Verfassungskonformität des Mindestumfangs der E-Bilanz, StBp 2011, S. 185 ff.

Gosch, Dietmar, Rechtsprechung im besonderen Blickpunkt der Außenprüfung, StBp 1992, S. 119 ff.

Gotzens, Markus, Tax Compliance – Fluch oder Segen für den steuerlichen Berater? in: Festschrift für Imme Roxin, Heidelberg u.a. 2012, S. 453 ff.

Görling, Helmut / Inderst, Cornelia / Bannenberg, Britta, Compliance, Aufbau – Management – Risikobereiche, Heidelberg u.a. 2010.

Görtz, Birthe, Der neue Compliance-Prüfungsstandard (EPS 980). Inhalte und Aussagen, CCZ 2010, S. 127 ff.

Görtz, Birthe / Roßkopf, Michael, Zur Signalwirkung von zertifizierten Compliance-Management-Systemen, CCZ 2011, S. 103 ff.

Grabatin, Günther, Effizienz von Organisationen, Berlin 1981.

Gräber, Fritz, Finanzgerichtsordnung (FGO), mit Nebengesetzen, Kommentar, 7. Auflage, München 2010.

Grabower, Rolf, Die Stellung der Buch- und Betriebsprüfung im Steuerwesen, Festgabe für Hermann Grossmann zum 60. Geburtstage, Berlin u.a. 1932, S. 95 ff.

–, Zur steuerlichen Betriebsprüfung, StuW 1956, S. 606 ff.

Graf, Jürgen Peter / Jäger, Markus / Wittig, Petra, Wirtschafts- und Steuerstrafrecht, Kommentar, München 2011.

Graumann, Mathias, Wirtschaftliches Prüfungswesen: Integrierende Darstellung von Berufsrecht und Berufspraxis, Prozessschritte der Abschlussprüfung, Prüfung der wesentlichen Jahresabschlusspositionen, Kontrollfragen und Übungsaufgaben, 2. Auflage, Herne 2009.

Groh, Manfred, Rechtsschutz gegen Betriebsprüfungen, DStR 1985, S. 679 ff.

Gröpl, Christoph, Haushaltsrecht und Reform, Tübingen 2001.

–, Ökonomisierung von Verwaltung und Verwaltungsrecht, VerwArch 93 (2002), S. 459 ff.

Grotherr, Siegfried, Grundlagen der internationalen Steuerplanung, in: Grotherr, Siegfried, Handbuch der internationalen Steuerplanung, 3. Auflage, Herne 2011, S. 1 ff.

Grunst, Bettina, Steuerhinterziehung durch Unterlassen, Frankfurt am Main u.a. 1996.

Gusy, Christoph, Kooperation als staatlicher Steuerungsmodus, ZUR 2001, S. 1 ff.

H

Habammer, Christoph, Werbung für das Steuerzahlen, Stbg 2001, S. 612 ff.

Häberle, Peter, Effizienz und Verfassung, AöR Band 98 (1973), S. 625 ff.

Häde, Ulrich, Das Ende der Solidarität zwischen den Ländern? – Der Streit um den Länderfinanzausgleich, LKV 2011, S. 1 ff.

Hagen, Jürgen, Verbindliche Auskünfte über die steuerliche Beurteilung von noch nicht verwirklichten Sachverhalten, Die Steuerwarte 2007, S. 219 ff.

Hahn, Hartmut, Probleme der verbindlichen Auskunft im Steuerrecht, Bonn 2001.

Hamer, Eberhard, Bürokratieabwälzung auf die Wirtschaft, Hannover 1979.

Hanssen, Klaus, Steuerhinterziehung und leichtfertige Steuerverkürzung (§§ 370, 378 AO) durch Abweichen von der höchstrichterlichen Finanzrechtsprechung – insbesondere durch Steuerberater?, Frankfurt am Main u.a. 1984.

Happe, Rüdiger, Die zeitnahe Betriebsprüfung aus Sicht eines Betriebsprüfers, BBK 2011, S. 807 ff.

Haumann, Christian, Die „gewichtende Arbeitsweise“ der Finanzverwaltung: Eine Untersuchung über die Aufgabenerfüllung der Finanzverwaltung bei der Festsetzung der Veranlagungssteuern, Berlin 2008.

Haunhorst, Sabine, Risikomanagement in der Finanzverwaltung – ein Fall für die Finanzgerichte, DStR 2010, S. 2105 ff.

Hauschka, Christoph E., Compliance, Compliance-Manager, Compliance-Programme: Eine geeignete Reaktion auf gestiegene Haftungsrisiken für Unternehmen und Management? NJW 2004, S. 257 ff.

–, Von Compliance zu Best Practice, ZRP 2006, S. 258 ff.

–, Die Voraussetzungen für ein effektives Compliance System i.S. von § 317 Abs.4 HGB, DB 2006, S. 1143 ff.

–, Corporate Compliance: Handbuch der Haftungsvermeidung im Unternehmen, München 2007.

–, Compliance als Teil einer modernen Unternehmensführung, AnwBl 2010, S. 629 ff.

–, Corporate Compliance: Handbuch der Haftungsvermeidung im Unternehmen, 2. Auflage, München 2010.

Hauschka, Christoph E. / Greeve, Gina, Compliance in der Korruptionsprävention – was müssen, was sollen, was können Unternehmen tun? BB 2007, S. 165 ff.

Helmschrott, Eberhart, Die wichtigsten Änderungen der AO und ihrer Nebengesetze durch das Mißbrauchsbekämpfungs- und Steuerbereinigungsgesetz, DStR 1994, S. 481 ff.

Helsper, Helmut, Die Chaotisierung der Steuerrechtsordnung und die Verantwortung der Führungskräfte, BB 1996, S. 2326 ff.

–, Steuervereinfachung: Chancen im Gesetzgebungsprozess, in: Bizer, Kilian / Falk, Armin / Lange, Joachim, Am Staat vorbei, Transparenz, Fairness und Partizipation kontra Steuerhinterziehung, Berlin 2004, S. 139 ff.

Herder, Klaus, Abschlussprüfung und Außenprüfung: Notwendigkeit, Möglichkeiten und Grenzen einer Kooperation – dargestellt am Beispiel Großbritanniens, Hamburg 1988.

Hermenau, Cora-Jeanette, Rechtsstaatlichkeit und zeitnahe Betriebsprüfung – ein Widerspruch? FR 2011, S. 120 ff.

Herrfurth, Jörg, Die E-Bilanz aus Sicht der Unternehmen, Beilage BBK/StuB 2010, S. 9 ff.

Herrmann, Harald, Rolle des Steuerberaters im Risikomanagement – positiver Compliance-Faktor?, in: Risikomanagement der Finanzverwaltung – Herausforderungen für den Berufsstand der Steuerberater, herausgegeben vom Deutschen wissenschaftlichen Institut der Steuerberater e.V., DWS-Schriftenreihe Nr. 19, Berlin 2008, S. 33 ff.

Herzig, Norbert, Gestaltung der Konzernsteuerquote – eine neue Herausforderung für die Steuerberatung? WPg-Sonderheft 2003, S. 80 ff.

Herzig, Norbert / Briesemeister, Simone, Problemfelder der E-Bilanz, DB 2010, Standpunkte, S. 57 f.

Herzig, Norbert / Dempfle, Urs, Konzernsteuerquote, betriebliche Steuerpolitik und Steuerwettbewerb, DB 2002, S. 1 ff.

Herzog, Roman, Von der Akzeptanz des Rechts, in: Festgabe zum zehnjährigen Jubiläum der Gesellschaft für Rechtspolitik, München 1984, S. 127 ff.

Hey, Johanna, Mitteilungspflichten oder Quellenabzug – Maßnahmen zur Sicherung von Steueransprüchen, in: Festschrift für Heinrich Wilhelm Kruse zum 70. Geburtstag, Köln 2001, S. 269 ff.

–, Steuerplanungssicherheit als Rechtsproblem, Köln 2002.

–, Schutz des Vertrauens in BFH-Rechtsprechung und Verwaltungspraxis, DStR 2004, S. 1897 ff.

–, Spezialgesetzliche Missbrauchsgesetzgebung aus steuersystematischer, verfassungs- und europarechtlicher Sicht, StuW 2008, S. 167 ff.

–, Diskussionsbeitrag in: Hüttemann, Rainer, Gestaltungsfreiheit und Gestaltungsmissbrauch im Steuerrecht, Deutsche Steuerjuristische Gesellschaft (DStJG) Band 33, Köln 2010, S. 10.

–, Zeit ist Geld – Wie lässt sich die Betriebsprüfung beschleunigen? WPg 2011, Editorial I.

Hidien, Jürgen W., Bundesstaatlicher Finanzausgleich und Vollzug der Steuerverwaltungszuständigkeit, in: Festschrift zum 20-jährigen Bestehen der Fachhochschule für Finanzen NRW in Nordkirchen, Baden-Baden 1997, S. 79 ff.

Hill, Hermann, Verfahrensermessen der Verwaltung, NVwZ 1985, S. 449 ff.

–, Akzeptanz des Rechts – Notwendigkeit eines besseren Politikmanagements, JZ 1988, S. 377 ff.

Hobbes, Thomas, Leviathan: erster und zweiter Teil, 1651, aus dem Englischen übersetzt von *Mayer, Jacob Peter*, Stuttgart 2012.

Hoffmann, Jürgen, Der maßvolle Gesetzesvollzug im Steuerrecht, Köln 1999.

Hoffmann, Ralph, Betriebsprüfungspraxis im internationalen Vergleich, IStR 1995, S. 7 ff.

–, Neue Grundsätze für die Arbeitsweise in den Veranlagungsstellen der Finanzämter (GNoFÄ 1997), DStR 1997, S. 1189 ff.

Hoffmann, Wolf-Dieter, Bilanzierungsfehler, BC 2005, S. 1 ff.

Hoffmann-Riem, Wolfgang, Verwaltungsrechtsreform – Ansätze am Beispiel des Umweltschutzes, in: Hoffmann-Riem, Wolfgang / Schmidt-Aßmann, Eberhard / Schuppert, Gunnar Folke, Reform des Allgemeinen Verwaltungsrechts, Baden-Baden 1993, S. 115 ff.

–, Risiko- und Innovationsrecht im Verbund, Die Verwaltung 2005, S. 145 ff.

Hoffmann-Riem, Wolfgang / Schmidt-Aßmann, Eberhard, Innovation und Flexibilität des Verwaltungshandelns, Baden-Baden 1994.

–, Effizienz als Herausforderung an das Verwaltungsrecht, Baden-Baden 1998.

Hoffmann-Riem, Wolfgang / Schmidt-Aßmann, Eberhard / Voßkuhle, Andreas, Grundlagen des Verwaltungsrechts (GVwR), Band I: Methoden, Maßstäbe, Aufgaben. Organisation, 2. Auflage München 2012.

Hoffmann-Riem, Wolfgang / Schmidt-Aßmann, Eberhard / Voßkuhle, Andreas, Grundlagen des Verwaltungsrechts (GVwR), Band II: Informationsordnung, Verwaltungsverfahren, Handlungsformen, 2. Auflage, München 2012.

Hoffmann-Riem, Wolfgang / Schmidt-Aßmann, Eberhard / Voßkuhle, Andreas, Grundlagen des Verwaltungsrechts (GVwR), Band III: Personal, Finanzen, Kontrolle, Sanktionen, Staatliche Einstandspflichten, München 2009.

Hofmann, Philipp, Steuermoral: eine wirtschaftspsychologische Analyse, Hamburg 2010.

Homann, Klaus, Verwaltungscontrolling: Grundlagen, Konzept, Anwendung, Wiesbaden 2005.

Hommerich, Christoph, Ethik des steuerberatenden Berufs als Freier Beruf, DStR 2008, S. 1161 ff.

Höppner, Horst Dieter, Das Bundesamt für Finanzen: Stellung, Aufgaben und Bedeutung, Finanzarchiv, Band 43 (1985), S. 106 ff.

Hopt, Klaus J., Vom Aktien- und Börsenrecht zum Kapitalmarktrecht? Teil 2: Die deutsche Entwicklung im internationalen Vergleich, ZHR 141 (1977), S. 389 ff.

Horney, Jörg / Kuhlmann, Matthias, Der Entwurf des IDW für einen Standard zur Prüfung von Compliance-Management-Systemen aus Sicht der Unternehmenspraxis, CCZ 2010, S. 192 ff.

Horst, Julian, Die verbindliche Auskunft nach § 89 Abgabenordnung, Aachen 2010.

Huber, Erich, Risikomanagement im Problembereich der Einnahmen/Erlöse bei Betriebsprüfungen im Klein- und Mittelstandsbereich, StBp 2006, S. 5 ff. und 49 ff.

–, (Erlösrevision) zum Problem der quantitativen Entdeckungswahrscheinlichkeit bei der Erlösrevision im Spannungsfeld von Aufzeichnungen, Schätzungsmethoden und mangelnder Compliance, StBp 2007, S. 129 ff., 161 ff. und 193 ff.

Huber, Erich / Seer, Roman, Steuerverwaltung im 21. Jahrhundert: Risikomanagement und Compliance, StuW 2007, S. 355 ff.

Huber, Erich / Wähnert, Andreas, Neue interaktive Prüfungstechnik (NiPt), NWB 36/2009, S. 2814 ff.

Hübschmann, Walter / Hepp, Ernst / Spitaler, Armin, Abgabenordnung/ Finanzgerichtsordnung (AO/FGO), Kommentar, Köln, Loseblatt.

Hufen, Friedhelm, Heilung und Unbeachtlichkeit, NJW 1982, S. 2160 ff.

Hüffer, Uwe, Compliance im Innen- und Außenrecht der Unternehmen, in: Festschrift für Günther H. Roth zum 70. Geburtstag, München 2011, S. 299 ff.

–, Aktiengesetz, Kommentar, 10. Auflage, München 2012.

I

Institut der Wirtschaftsprüfer e.V. (IDW), Prüfungsstandard 261 n.F.: Feststellung und Beurteilung von Fehlerrisiken und Reaktionen des Abschlussprüfers auf die beurteilten Fehlerrisiken, WPg Supplement 2/2012, S. 3 ff.

–, Grundsätze ordnungsgemäßer Prüfung von Compliance Management-Systemen, WPg Supplement 2/2011, S. 78 ff.

Intemann, Jens, Ausgewählte Probleme der Teileinspruchsentscheidung, DB 2008, S. 1005 ff.

Isensee, Josef, Verwaltungsraison gegen Verwaltungsrecht, StuW 1973, S. 199 ff.

–, Die typisierende Verwaltung: Gesetzesvollzug im Massenverfahren am Beispiel der typisierenden Betrachtungsweise des Steuerrechts, Berlin 1976.

Isensee, Josef / Kirchhof, Paul, Handbuch des Staatsrechts der Bundesrepublik Deutschland, Band III: Demokratie, Bundesorgane, 3. Auflage, Heidelberg u.a. 2005.

–, Handbuch des Staatsrechts der Bundesrepublik Deutschland, Band V: Rechtsquellen, Organisation, Finanzen, 3. Auflage, Heidelberg u.a. 2007.

J

Jacobs, Otto H. / Endres, Dieter / Spengel, Christoph, Internationale Unternehmensbesteuerung – Deutsche Investitionen im Ausland – Ausländische Investitionen im Inland, 7. Auflage, München 2011.

Jaehnike, Götz Uwe, Die Bindung der Finanzgerichte an Verwaltungsvorschriften, StuW 1979, S. 293 ff.

James, Simon / Alley, Clinton, Tax compliance, self-assessment and tax administration, Journal of Finance and Management in Public Services, 2/2002, S. 27 ff.

Jarass, Hans D. / Pieroth, Bodo, Grundgesetz für die Bundesrepublik Deutschland, 12. Auflage, München 2012.

Jenetzky, Johannes, Die Misere der Steuerverwaltung, StuW 1982, S. 273 ff.

Jhering, Rudolf von, Der Geist des Rechts: Eine Auswahl an Schriften, Bremen 1965.

Jochum, Alexander, Die Mitwirkungspflichten des Steuerpflichtigen in der Außenprüfung: Grundlagen, Datenzugriff, internationale Sachverhalte, Sanktionen, Berlin 2011.

Joecks, Wolfgang, Klimawandel, in: Festschrift für Harald Schaumburg zum 65. Geburtstag, Köln 2009, S. 1225 ff.

John, Betty, Steuerliche Unterschiede in der EU und deren Implikationen auf Standortwahl und staatliches Handeln, München 2011.

Jonas, Bernd, Bürokratieaufbau durch E-Bilanz, Ubg 2010, S. 601 ff.

K

Kaiser, Andreas, Tax Compliance in ausländischen Finanzverwaltungen, IWB 2010, S. 774 ff.

–, Chancen und Risiken von kooperativ ausgerichteten Finanzverwaltungen, Die Steuerwarte 2011, S. 101 ff.

–, Zur Terminologie „Risikomanagement" aus Sicht der Finanzverwaltungen, Ubg 2012, S. 631 ff.

–, Förderung der Akzeptanz von Steuerrechtsnormen im Segment der großen Steuerzahler, Benchmarking-Studie zur Tax Compliance, IWB 2012, S. 800 ff.

Kaligin, Thomas / Rieckmann, Walter, Die Neuregelung der verbindlichen Zusage nach dem bundeseinheitlichen Erlaß vom 24.6.1987, Der Steuerberater 1988, S. 87 ff.

Kälin, Ruth / Strohe, Martin, „Gebt dem Kaiser was des Kaisers ist" Tax Compliance aus dem Blickwinkel von Unternehmen und Öffentlichkeit, ZFRC 2011, S. 102 ff.

Kanitz, Friedrich Graf von, Bilanzkunde für Juristen, 2. Auflage, München 2010.

Karl, Roland, Rechtsanwendungsgleichheit und Verwaltungsanweisungen zur Begrenzung der Sachverhaltsermittlung, DStZ 2002, S. 598 ff.

–, Kommentar zu FG München, 15.07.2010 – 14 V 1552/10: Haftung des Geschäftsführers einer GmbH für Steuerschulden bei interner Aufgabenverteilung, BB 2011, S. 229 f.

Karlsruher Kommentar zum Gesetz über Ordnungswidrigkeiten, herausgegeben von *Senge, Lothar*, 3. Auflage, München 2006.

Karpen Ulrich, Gesetzescheck (2005 – 2007): Empfehlungen zur Qualitätsverbesserung von Gesetzen, ZRP 2008, S. 97 ff.

Kassebohm, Martin, Lean Auditing, BB 1994, S. 2171 ff.

Kautz, Steffen, Absprachen im Verwaltungsrecht: Zulässigkeit, Grenzen, Folgen, Berlin 2002.

Keller, Anne, Rechtsschutz gegen Maßnahmen der steuerlichen Außenprüfung, Frankfurt am Main u.a. 2011.

Kessler, Wolfgang / Eicke, Rolf, Anzeigepflicht für Steuergestaltungen nach § 138a AO durch das JStG 2008 – Transparente Perspektiven für die Finanzverwaltung, BB 2007, S. 2370 ff.

Kessler, Wolfgang / Kröner, Michael / Köhler, Stefan, Konzernsteuerrecht, 2. Auflage, München 2008.

Kessler, Wolfgang / Scholz-Görlach, Ulrich, Neue Berichtspflichten über Steuerrisiken in den USA, in: Festschrift für Wienand Meilicke, Baden Baden 2010, S. 287 ff.

Kiesel, Hanno / Böhringer, Jacob, Tax Compliance – Risikominimierung durch sanktionsbezogene Enthaftungsmaßnahmen, BB 2012, S. 1190 ff.

Kiethe, Kurt, Vermeidung der Haftung von geschäftsführenden Organen durch Corporate Compliance, GmbHR 2007, S. 393 ff.

Kirchhof, Gregor, Die Erfüllungspflichten des Arbeitgebers im Lohnsteuerverfahren, Berlin 2005.

Kirchhof, Paul, Die Steuerung des Verwaltungshandelns durch Haushaltsrecht und Haushaltskontrolle, NVwZ 1983, S. 505 ff.

–, Die Kunst der Steuergesetzgebung, NJW 1987, S. 3217 ff.

–, Kontinuität und Vertrauensschutz bei Änderungen der Rechtsprechung, DStR 1989, S. 263ff.

–, Steuergleichheit und Steuervereinfachung, in: Fischer, Peter, Steuervereinfachung, Deutsche Steuerjuristische Gesellschaft (DStJG) Band 21, Köln 1998, S. 9 ff.

–, Besteuerung nach Gesetz, in: Festschrift für Heinrich Wilhelm Kruse zum 70. Geburtstag, Köln 2001, S. 17 ff.

–, Erläuterungen zum Karlsruher Entwurf zur Reform des Einkommensteuergesetzes, DStR 2001, S. 913 ff.

–, Bundessteuergesetzbuch: Ein Reformentwurf zur Erneuerung des Steuerrechts, Heidelberg u.a. 2011.

Kirchler, Erich, The Economic Psychology of Tax Behaviour, Cambridge 2007

–,Wirtschaftspsychologie, Individuen, Gruppen, Märkte, Staat, 4. Auflage, Göttingen u.a. 2011.

Kirchler, Erich / Hözl, Erik / Wahl, Ingrid, Enforced versus Voluntary Tax Compliance: The Slippery Slope Framework, Journal of Economic Psychology 2008, S. 210 ff.

Klein, Alexander, Steuerreform und Akzeptanz, BB 1998, S. 1180 ff.

Klein, Franz, Abgabenordnung, einschließlich Steuerstrafrecht, 11. Auflage, München 2012.

Klein-Blenkers, Fritz, Die Belastung von Industrieunternehmen durch administrative Leistungen durch den Staat, 2. Auflage, Göttingen 1982.

Klinger, Michael A. /Klinger, Oskar, Das Interne Kontrollsystem im Unternehmen: Checklisten, Organisationsanweisungen, Praxisbeispiele und Muster-Prüfberichte, 2. Auflage, München 2009.

Kluth, Winfried, Funktionale Selbstverwaltung: Verfassungsrechtlicher Status – verfassungsrechtlicher Schutz, Tübingen 1997.

–, Föderalismusreformgesetz: Einführung und Kommentierung, Baden-Baden 2007.

Kneip, Christoph / Jänisch, Christian, Tax Due Diligence: Steuerrisiken und Steuergestaltungen beim Unternehmenskauf, 2. Auflage, München 2010.

Kobor, Hagen, Kooperative Amtsermittlung im Verwaltungsrecht: Mitwirkungspflichten und Informationshilfe im Lichte des verfassungsdirigierten Leitbildes des Untersuchungsgrundsatzes, Baden-Baden 2009.

Koch, Karl / Scholz, Rolf-Detlev, Abgabenordnung (AO), Kommentar, 5. Auflage, Köln u.a. 1996.

Koeberle-Schmid, Alexander / Schween, Karsten / May, Peter, Governance Kodex für Familienunternehmen in der Praxis – Ergebnisse einer Studie über Familienverfassungen, BB 2011, S. 2499 ff.

Koller, Ingo / Roth, Wulf-Henning / Morck, Winfried, Handelsgesetzbuch (HGB), Kommentar, 7. Auflage, München 2011.

Kolleß, Frieder, Internationaler Kapitalsteuerwettbewerb und Arbeitslosigkeit, Frankfurt am Main u.a. 2010.

Kopp, Ferdinand / Schenke, Wolf-Rüdiger, Verwaltungsgerichtsordnung (VwGO), Kommentar, 18. Auflage, München 2012.

Korn, Klaus, Verbindliche Auskünfte durch Steuerbehörden in der Beratungspraxis: Gesetzliche Anforderungen, Gebühren, Praxishinweise, KÖSDI 2008, S. 16099 ff.

Körner, Martin / Strotmann, Harald, Steuermoral: Das Spannungsfeld von Freiwilligkeit der Steuerzahlung und Regelverstoß durch Steuerhinterziehung, Tübingen 2006.

Kort, Michael, Verhaltensstandardisierung durch Corporate Compliance, NZG 2008, S. 81 ff.

–, Corporate Governance-Grundsaätze als haftungsrechtlich relevante Verhaltensstandards? in: Festschrift für Karsten Schmidt zum 70. Geburtstag, Köln 2009, S. 945 ff.

–, Risikomanagement nach dem Bilanzrechtsmodernisierungsgesetz, ZGR 2010, S. 440 ff.

Kraft, Cornelia / Kraft, Gerhard, Grundlagen der Unternehmensbesteuerung: Die wichtigsten Steuerarten und ihr Zusammenwirken, 3. Auflage, Wiesbaden 2009.

Kremer, Thomas / Klahold, Christoph, Compliance-Programme in Industriekonzernen, ZGR 2010, S. 113 ff.

Kreutzer, Rudolf, Selbstbindung der Verwaltung durch Verwaltungsvorschriften, MDR 1970, S. 564 ff.

Krieger, Jochen, Täuschung über Rechtsauffassungen im Steuerstrafrecht, Frankfurt am Main 1987.

Krieger, Steffen, Ist es unethisch, sich verklagen zu lassen? Verlorene Rechtsstreitigkeiten als Compliance-Verstöße, CCZ 2012, S. 64.

Kromer, Christoph, Datenzugriff der Finanzverwaltung auf die IT-Systeme des Unternehmens ab 2002: Umfang und Lösungsansätze, DStR 2001, S. 1017 ff.

Krommes, Werner, Handbuch Jahresabschlussprüfung: Ziele, Technik, Nachweise – Wegweiser zum sicheren Prüfungsurteil, 3. Auflage, Wiesbaden 2011.

Krüger, Elmar, Zum Für und Wider der Teileinspruchsentscheidung gemäß § 367 Abs. 2a AO, DStZ 2009, S. 810 ff.

Krumm, Marcel, Verbindliche Auskunft und gerichtliche Kontrolle – Zu den Voraussetzungen und Grenzen einer administrativen Letztentscheidungskompetenz bei verbindlichen Auskünften, DStR 2011, S. 2429 ff.

Kruse, Heinrich Wilhelm, Über die Gleichmäßigkeit der Besteuerung, StuW 1990, S. 322 ff.

–, Zwei Steuerrechtsprobleme bis zum Jahr 2000, FR 1995, S. 525 ff.

–, Der Standort der Finanzgerichtsbarkeit gegenüber der Finanzverwaltung und der Steuergesetzgebung, in: Trzaskalik, Christoph, Der Rechtsschutz in Steuersachen, Deutsche Steuerjuristische Gesellschaft (DStJG) Band 18, Köln 1995, S. 115 ff.

Kuhls, Clemens / Busse, Alexander, u.a., Kommentar zum Steuerberatungsgesetz: Praktikerkommentar mit Schwerpunkten zum Berufsrecht der Steuerberater, 3. Auflage, Herne 2012.

Kumanoff, Anton / Schwarzkopf, Anett / Fröse, Armin, Die Einführung von Risikomanagementsystemen – eine Aufgabe der kommunalen Wirtschaftsführung, BayVBl 2001, S. 225 ff.

Kußmaul, Heinz / Ollinger, Carina, E-Bilanz: Kritische Analyse aus betriebswirtschaftlicher Sicht, StuW 2012, S. 131 ff.

L

Lahme, Stefan / Reiser, Hagen, Verbindliche Auskünfte und Gebührenpflicht, BB 2007, S. 408 ff.

Lambrecht, Claus, Normative Bindung und Sachverhaltserfassung, in: Friauf, Karl Heinrich, Steuerrecht und Verfassungsrecht, Deutsche Steuerjuristische Gesellschaft (DStJG) Band 12, Köln 1989, S. 79 ff.

Lampe, Alexander, Die Regulierung von Ratingagenturen, Hamburg 2010.

Lang, Christine K., Steuerehrlichkeit in Österreich. Eine Überprüfung des Slippery Slope Modells, Wien 2011.

Lang, Joachim, Einkommensteuer – quo vadis?, FR1993, S. 661 ff.

–, Stärkung der Steuermoral durch Steuervereinfachung, in: *Bizer, Kilian / Falk, Armin / Lange, Joachim*, Am Staat vorbei, Transparenz, Fairness und Partizipation kontra Steuerhinterziehung, Berlin 2004, S. 91 ff.

Lang, Joachim / Hey, Johanna, u.a., Kölner Entwurf eines Einkommensteuergesetzes, Köln 2005.

Lappas, Marc, Senkung der Bürokratiekosten durch elektronische Steuererklärungen?, Stbg 2009, S. 256 ff.

Lavermiocca, Catriona, Managing Tax Risk and Compliance, The Tax Specialist 13 / 2009, S. 66 ff.

Lehwald, Klaus-Jürgen, Die Erteilung des Bestätigungsvermerks bei Abschlussprüfungen, DStR 2000, S. 259 ff.

Leisner, Walter, Effizienz als Rechtsprinzip, Tübingen 1971.

Lenz, Christofer / Gerhard, Torsten, Das Grundrecht auf „steueroptimierende Gestaltung“, BB 2007, S. 2429 ff.

Lindenthal, Steffen Alexander, Mitwirkungspflichten des Steuerpflichtigen und Folgen ihrer Verletzung, unter besonderer Berücksichtigung der Dokumentationspflichten bei Verrechnungspreisen, Frankfurt am Main u.a. 2006.

Lindgens, Bernhard / Groß, Stefan, Elektronischer Geschäftsverkehr – Verbrauchsortregelung und zentraler Internetabgleich, DStR 2003, S. 1915 ff.

Lohmeyer, Heinz, Die Fürsorgepflicht der Finanzbehörde nach § 89 AO, DStZ 1979, S. 190 ff.

Loitz, Rüdiger, Auswirkungen von Section 404 des Sarbanes-Oxley Act auf die Tätigkeit von Steuerabteilungen, WPg, 2005, S. 817 ff.

–, E-Bilanz – Buchführung quo vadis?, DB 2011, Nr.6, Gastkommentar M1.

Loose, Matthias, Funktion der steuerlichen Nebenleistungen für den Steuervollzug, in: Widmann, Werner, Steuervollzug im Rechtsstaat, Deutsche Steuerjuristische Gesellschaft (DStJG) Band 31, Köln 2008, S. 203 ff.

Loose, Thomas, Tax Management der kapitalmarktorientierten internationalen Unternehmung, Lohmar u.a. 2009.

Lösler, Thomas, Das moderne Verständnis von Compliance im Finanzmarktrecht, NZG 2005, S. 104 ff.

Lück, Wolfgang, Der Umgang mit unternehmerischen Risiken durch ein Risikomanagementsystem und durch ein Überwachungssystem – Anforderungen durch das KonTraG und Umsetzung in der betrieblichen Praxis, DB 1998, S. 1925 ff.

Lutter, Marcus / Hommelhoff, Peter, GmbH-Gesetz, Kommentar, 18. Auflage, Köln 2012.

Luttermann, Claus, Normenklarheit im Steuerrecht und „unbestimmte" Rechtsbegriffe, FR 2007, S. 18 ff.

Lyding, Jürgen, Welchen Beitrag zur Steuermoral kann die Steuerverwaltung leisten? in: Bizer, Kilian / Falk, Armin / Lange, Joachim, Am Staat vorbei, Transparenz, Fairness und Partizipation kontra Steuerhinterziehung, Berlin 2004, S. 113 ff.

M

Mammen, Andreas, Die Konzernsteuerquote als Lenkungsinstrument im Rahmen des Risikomanagementsystems börsennotierter Muttergesellschaften, Wiesbaden 2011.

Mangoldt, Hermann / Klein, Friedrich / Starck, Christian, Kommentar zum Grundgesetz (GG), Band 1: Präambel, Artikel 1 bis 19, 6. Auflage, München 2010.

Mann, Thomas, Öffentlich-rechtliche Anforderungen an ein rechtmäßiges Risikomanagement, in: Risikomanagement der Finanzverwaltung – Herausforderungen für den Berufsstand der Steuerberater, herausgegeben vom Deutschen wissenschaftlichen Institut der Steuerberater e.V., DWS-Schriftenreihe Nr. 19, Berlin 2008, S. 45 ff.

–, Der Steuerberater als Compliance-Faktor, DStR 2009, S. 506 ff.

Martens, Joachim, Verwaltungsvorschriften zur Beschränkung der Sachverhaltsermittlung, Köln 1980.

–, Rechtsanwendung und Rechtssetzung durch Verwaltungsvorschriften, in: Tipke, Klaus, Grenzen der Rechtsfortbildung durch Rechtsprechung und Verwaltungsvorschriften im Steuerrecht, Deutsche Steuerjuristische Gesellschaft (DStJG) Band 5, Köln 1982, S. 165 ff.

Maschmann, Frank, Corporate Compliance und Arbeitsrecht / Mannheimer Arbeitsrechtstag 2009, Baden Baden 2009.

Maunz, Theodor / Dürig, Günter, Grundgesetz, Kommentar, München, Loseblatt.

Maurer, Hartmut, Allgemeines Verwaltungsrecht, 18. Auflage, München 2011.

Mayer, Otto, Zur Lehre vom öffentlichrechtlichen Vertrage, AöR Band 3 (1888), S. 3 ff.

–, Deutsches Verwaltungsrecht, Erster/Zweiter Band, unveränderter Nachdruck der 3. Auflage von 1924, Berlin 2004.

Mayntz, Renate, Vollzugsprobleme der Umweltpolitik: empirische Untersuchung der Implementation von Gesetzen im Bereich der Luftreinhaltung und des Gewässerschutzes, Stuttgart u.a. 1978.

–, Steuerung, Steuerungsakteure und Steuerungsinstrumente: Zur Präzisierung des Problems, Siegen 1986.

McBarnet, Doreen, When Compliance is not the Solution but the Problem: From Changes in Law to Changes in Attitude, in: Braithwaite, Valerie A., Taxing Democracy, Aldershot (England) 2002, S. 229 ff.

Meilicke, Wienand, Wird das Steuerstrafrecht für die Steuerpraxis zum russischen Roulette?, BB 1984, S. 1885 ff.

Melcher, Winfried / Mattheus, Daniela, Zum Referentenentwurf des Bilanzrechtsmodernisierungsgesetzes (BilMoG): Lageberichterstattung, Risikomanagement-Bericht und Corporate Governance-Statement, DB 2008, Beilage Heft 7, S. 52 ff.

Mellinghoff, Rudolf, Anforderungen an ein zukunftsfähiges Steuerrecht, Stbg 2007, S. 549 ff.

Menzies, Christof, Sarbanes-Oxley und Corporate Compliance: Nachhaltigkeit, Optimierung, Integration, Stuttgart 2006.

Merz, Peter, Tatbestandsmäßigkeit und Verwaltungsermessen im Steuerrecht: ein Beitrag zu Grundlagen und Reichweite des steuerlichen Bestimmtheitsgrundsatzes sowie seinen Auswirkungen auf Zulässigkeit und Umfang finanzbehördlicher Ermessensspielräume, Berlin 2009.

Meurer, Ingetraut, E-Bilanz aus Sicht der Finanzverwaltung, DB 2010, Standpunkte, S. 63 f.

Meussen, Gerard, Horizontaal toezicht, eine neue Kooperationsform im Besteuerungsverfahren in den Niederlanden, FR 2011, S. 114 ff.

Meyer, Ingeborg, Gestaltungsmissbrauch – Im Schattenreich des § 42 AO, PStR 2005, S. 239 ff.

Michael, Lothar, Rechtssetzende Gewalt im kooperierenden Verfassungsstaat – normprägende und normersetzende Absprachen zwischen Staat und Wirtschaft, Berlin 2002.

–, Selbstverpflichtungen der Wirtschaft und Absprachen mit dem Staat, DV 2004, S. 557 ff.

Modlinger, Florian, Das Risikomanagement der Finanzämter, Stbg 2011, S. 515 ff.

Möllenbeck, Claus, Das Verhältnis der EG-Amtshilfe zu den erweiterten Mitwirkungspflichten bei internationalen Steuerfällen, Frankfurt am Main, 2010.

Montag, Heinrich, Die Steuerquote in der Krise, in: Festschrift für Norbert Herzig zum 65. Geburtstag, München 2010, S. 555 ff.

Moosmayer, Klaus, Compliance: Praxisleitfaden für Unternehmen, 2. Auflage, München 2012.

Mrosek, Bettina, Mitwirkungspflichten bei der Betriebsprüfung, AO-StB 2004, S. 367 ff.

Mrozek, Alfons, Die Mängel der Veranlagung zur Einkommensteuer und Vorschläge zu ihrer Beseitigung, Preußische Jahrbücher, Band 136, Berlin 1909, S. 259 ff.

Müller, Arnold, Strafbar durch Nichtstun – Steuerhinterziehung durch Unterlassen – Fallstricke infolge der „Garantenstellung“, AO-StB 2002, S. 58 ff.

–, Die Verfahrensverzögerung im Steuerprozess – Ein ungelöstes Problem, AO-StB 2010, S. 21 ff.

–, Die Antragstellung im Besteuerungsverfahren, AO-StB 2011, S. 144 ff.

Müller-Franken, Sebastian, Maßvolles Verwalten: Effiziente Verwaltung im System exekutiver Handlungsmaßstäbe am Beispiel des maßvollen Gesetzesvollzugs im Steuerrecht, Tübingen 2004.

Münchener Kommentar zum Aktiengesetz, Band 3, hrsg. v. *Goette, Wulf / Habersack, Mathias*, 3. Auflage, München 2008.

Münchener Kommentar zum Bilanzrecht, Band 2, hrsg. von *Hennrichs, Joachim / Kleindiek, Detlef / Watrin, Christoph*, 1. Auflage, München 2012.

Münchener Kommentar zum GmbH-Gesetz, Band 2, hrsg. v. *Fleischer, Holger / Goette, Wulf*, 1. Auflage, München 2012.

Münchener Kommentar zum Handelsgesetzbuch, Band 4, hrsg. v. *Schmidt, Karsten / Ebke, Werner F.*, 2. Auflage, München 2008.

Münchener Kommentar zum Strafgesetzbuch, Nebenstrafrecht II, Band 6/1, hrsg. v. *Joecks, Wolfgang / Miebach, Klaus* u.a., 1. Auflage, München 2010.

Murswiek, Dietrich, Mehr Umweltschutz durch weniger Reglementierung, JZ 1988, S. 985 ff.

–, Das sogenannte Kooperationsprinzip – ein Prinzip des Umweltschutzes?, ZUR 2001, S. 7 ff.

Musielak, Hans-Joachim, Kommentar zur Zivilprozessordnung (ZPO), mit Gerichtsverfassungsgesetz, 9. Auflage, München 2012.

Mutius, Albert von, Grundrechtsschutz contra Verwaltungseffizienz im Verwaltungsverfahren?, NJW 1982, S. 2150 ff.

N

Nacke, Aloys, Die Haftung für Steuerschulden: Beratung, Gestaltung, Verfahren, 3. Auflage, Köln 2012.

Nagel, Sibylle, Selbstveranlagung im britischen und amerikanischen Steuerrecht, Frankfurt am Main u.a. 2003.

Nagel, Sibylle / Waza, Thomas, Risikomanagement beim Steuervollzug – ein Weg aus der Krise! DStZ 2008, S. 321 ff.

Nationaler Normenkontrollrat, Fünf Jahre Bürokratieabbau, Jahresbericht 2011, www.normenkontrollrat.bund.de/Webs/NKR/Contentent/DE/Publikationen/2011-09-20-Jahresbericht%202011.pdf (Stand: 02.01.2013)

Natzel, Julia Maren, Der zugelassene Wirtschaftsbeteiligte: Entwicklung und Ergebnis des Rechtssetzungsprozesses, Witten 2007.

Neddermeyer, Walter, Zur Verfassungsmäßigkeit der Außenprüfung vor dem Hintergrund der Steuerharmonisierung in der Europäischen Union, Beilage zu BB 1994 Heft 16.

–, Die Außenprüfung als Mittel zur „vollständigen Ausschöpfung der Steuerquellen“, BB 1995, S. 1378 ff.

Neumann, Steffen, Steuergestaltung aus Sicht der Verwaltungspraxis, in: Hüttemann, Rainer, Gestaltungsfreiheit und Gestaltungsmissbrauch im Steuerrecht, Deutsche Steuerjuristische Gesellschaft (DStJG) Band 33, Köln 2010, S. 73 ff.

Nieskens, Hans, Steuerbürger oder doch lieber Steuerpflichtiger, UR 2009, S. 408 ff.

O

Offerhaus, Klaus, Die tatsächlicher Verständigung – Voraussetzungen und Wirkung, DStR 2001, S. 2093 ff.

Ohletz, Hilmar, Beweisrecht im Steuerverwaltungsverfahren unter besonderer Berücksichtigung des Beweisantrags, Berlin u.a. 2006.

Ohlf, Gunther, Die Mitteilungsverordnung, BB 1995, S. 229 ff.

Ondracek, Dieter, Zum Gleichmaß der Besteuerung, in: Festschrift für Wolfgang Ritter zum 70. Geburtstag, Köln 1997, S. 227 ff.

Ossenbühl, Fritz, Verwaltungsvorschriften und Grundgesetz, Bad Homburg u.a. 1968.

–, Administrative Selbstbindung durch gesetzwidrige Verwaltungsübung, DÖV 1970, S. 264 ff.

–, Verwaltungsverfahren zwischen Verwaltungseffizienz und Rechtsschutzauftrag, NVwZ 1982, S. 465 ff.

Osterloh, Lerke, Gesetzesbindung und Typisierungsspielräume bei der Anwendung der Steuergesetze, Baden-Baden 1992.

–, Aktuelle Fragen zur „offensichtlich unzutreffenden Besteuerung" durch typisierende Verwaltung und Gesetzgebung, StuW 1993, S. 342 ff.

Otto, Harro, Die Haftung für kriminelle Handlungen in Unternehmen, Jura 1998, S. 409 ff.

P, Q

Paefgen, Walter G., Unternehmerische Entscheidungen und Rechtsbindung der Organe in der AG, Köln 2002.

Pahlke, Armin / Koenig, Ulrich, Abgabenordnung: §§ 1 bis 368, Kommentar, 2. Auflage, München 2009.

Panek, Martin, Die steuerliche Außenprüfung: Digitale Außenprüfung unter Berücksichtigung der §§ 146, 147 und 200 AO, Hamburg 2008.

Papier, Der Bestimmtheitsgrundsatz, in: Friauf, Karl Heinrich, Steuerrecht und Verfassungsrecht, Deutsche Steuerjuristische Gesellschaft (DStJG) Band 12, Köln 1989, S. 61 ff.

Papist, Wolfgang, Zur Abgrenzung der Außenprüfung von den Einzelermittlungsmaßnahmen, DStR 1986, S. 356 ff.

Papperitz, Günter, Aufgaben und Umfang der steuerlichen Außenprüfung sowie ihre Beziehungen zur Jahresabschlussprüfung, in: *Wysocki, Klaus von*, Handbuch des Jahresabschlusses in Einzeldarstellungen, Köln 1987, S. 3 ff.

–, Die Betriebsprüfungsordnung 2000 – Ein Fortschritt oder eher ein Rückschritt, DB 2001, S. 1217 ff.

Paschinger, Josef, Die Grenzen der Kundenorientierung in der Finanzverwaltung, Hamburg 2011.

Passarge, Malte, Grundzüge eines nachhaltigen Compliance-Programms – Was jeder Steuerberater zum Thema Compliance wissen sollte, DStR 2010, S. 1675 ff.

Pelka, Jürgen, Zum maßvollen Gesetzesvollzug, DB 1996, S. 699 ff.

Pestke, Axel, Zur Rolle des Steuerberaters im Risikomanagement der Finanzverwaltung, Stbg 2011, S. 1 ff.

Peters, Anne, Die Ausfüllung von Spielräumen der Verwaltung durch Wirtschaftlichkeitserwägungen, DÖV 2001, S. 749 ff.

Petrak, Lars / Schneider, Julia, Compliance und Steuern: Praxistipps zur Vermeidung wirtschaftlicher Risiken, BC 2008, S. 11 ff.

Pezzer, Heinz-Jürgen, Mitverantwortung von Gesetzgebung, Verwaltung, Rechtsprechung und Bürger für ein handhabbares Steuerrecht, in: Brandt, Jürgen, Mitverantwortung von Bürger und Staat für ein gerechtes Steuerrecht, Vierter Deutscher Finanzgerichtstag 2007, Stuttgart u.a. 2007, S. 67 ff.

–, Gleichmäßiger Gesetzesvollzug in der Steuerrechtsordnung, StuW 2007, S. 101 ff.

Pfander, Nikolaus, Die Zusage im öffentlichen Recht, Berlin 1970.

Pietzcker, Jost, Selbstbindungen der Verwaltung, NJW 1981, S. 2087 ff.

–, Das Verwaltungsverfahren zwischen Verwaltungseffizienz und Rechtsschutzauftrag, VVDStrRL 41 (1983), S. 193 ff.

Popp, Thomas / Riedel, Henrik, Eingriffsverwaltung contra Kundenorientierung? VOP 2000, S. 13 ff.

Prase, Oliver, Einführung betriebswirtschaftlicher Steuerungsinstrumente in die öffentliche Verwaltung, VR 2002, S. 293 ff.

Präsident des Bundesrechnungshofes als Bundesbeauftragter für die Wirtschaftlichkeit in der Verwaltung, Probleme beim Vollzug der Steuergesetze, Band 13, Stuttgart 2006.

Pratter, Kirsten / Köster, Oliver / Zeller, Lars, Tax Accounting: Bilanzierung von Gewinnsteuern nach IFRS, Steuer Revue 2010, S. 354 ff.

Preussner, Joachim, Corporate Governance in öffentlichen Unternehmen, NZG 2005, S. 575 ff.

Pross, Achim / Czakert, Ernst, Aggressiver Steuerplanung entgegentreten durch verbesserte Transparenz und Ofenlegung. Bericht über Initiativen zu verbesserter Offenlegung, Februar 2011, IStR 2011, S. 279 ff.

Pünder, Hermann, Der Beitrag der Verwaltung zur Konsolidierung der Staatsfinanzen, Die Verwaltung 2012, S. 1 ff.

R

Ränsch, Ulrich, Zum Urteil FG Köln, 07.07.2009 – 13 V 1232/09, SteuK 2009, S. 23.

Rätke, Bernd, Taxonomie ohne Rechtsgrundlage, Beilage zu BBK 23/2011, S. 4.

Rau, Charlotte, Compliance und Unternehmensverantwortlichkeit: materiellrechtliche Fragen der sanktionsrechtlichen Unternehmensverantwortlichkeit unter Berücksichtigung von Compliance-Maßnahmen, Frankfurt am Main u.a. 2010.

Rau, Simon, Statistisch-mathematische Methoden der steuerlichen Betriebsprüfung und die Strukturanalyse als ergänzende Alternative, Lohmar 2012.

Raupach, Arndt, Diskussionsbeitrag in: Hüttemann, Rainer, Gestaltungsfreiheit und Gestaltungsmissbrauch im Steuerrecht, Deutsche Steuerjuristische Gesellschaft (DStJG) Band 33, Köln 2010, S. 113.

Reichert, Jochem / Ott, Nicolas, Non Compliance in der AG – Vorstandspflichten im Zusammenhang mit der Vermeidung, Aufklärung und Sanktionierung von Rechtsverstößen, ZIP 2009, S. 2173 ff.

Reuß, Andreas, Grenzen steuerlicher Mitwirkungspflichten, dargestellt am Beispiel der erhöhten Mitwirkungspflicht der Steuerpflichtigen bei Auslandsbeziehungen, München 1979.

Richter, Lutz / Kruczynski, Magdalena / Kurz, Christof, Die E-Bilanz: Ein Beitrag zum Steuerbürokratieabbau?, DB 2010, S. 1604 ff.

–, Die Auswirkungen der Einführung der E-Bilanz au Klein- und Kleinstbetriebe – eine empirische Analyse, DStR 2012, S. 919 ff.

Ricken, Robin, Compliance im Interaktionsrahmen zwischen Unternehmen uns Staat, Zwischenbericht zum Bochumer Nachwuchsforscherkolleg intradisziplinäre Rechtswissenschaft (BoNiR), CCZ 2011, Aktuell V – VII.

Riedel, Eibe, Einleitung, in: Riedel, Eibe, Risikomanagement im öffentlichen Recht, Baden-Baden 1997, S. 9 ff.

Riewald, Alfred, Reichsabgabenordnung und Steueranpassungsgesetz, Teil 1, enthaltend das Steueranpassungsgesetz und die §§ 1 bis 159 der Reichsabgabenordnung 1956, zugleich 8. Auflage des Kommentars zur Reichsabgabenordnung von Becker, Enno, unveränderter Nachdruck, Berlin 1956.

Ringleb, Henrik-Michael /Kremer, Thomas / Lutter, Marcus / Werder, Axel von, Kommentar zum Deutschen Corporate Governance Kodex, 4. Auflage, München 2010.

Risse, Robert, Steuercontrolling und Reporting: Konzernsteuerquote und deren Bedeutung für das Steuermanagement, Wiesbaden 2010.

–, Auswirkungen der E-Bilanz auf die Unternehmen – Vergleich zur GDPdU-Regelung, DB 2010, Standpunkte, S. 61 ff.

–, Tax Compliance in der Form der zeitnahen steuerlichen Außenprüfung, DB 2011, S. 667 ff.

–, Steuerliches Risikomanagement, Ubg 2012, S. 169 ff.

–, Zeitnahe Betriebsprüfung, FR 2011, S. 117 ff.

Risse, Robert / Große-Allermann, Tax Compliance auf der Grundlage handelsrechtlicher Risikomanagementsysteme – Auswirkungen des § 289 Abs.5 HGB in der Fassung des BilMoG, Ubg 2010, S. 629 ff.

Ritter, Ernst-Hasso, Der kooperative Staat, AöR 104 (1979), S. 389 ff.

Rödder, Thomas, Steuerplanungslehre und steuerliche Gestaltungsfindung, BB 1988, Beilage 19, S. 6.

–, Gestaltungssuche im Ertragsteuerrecht: Entwicklung von Gestaltungsmöglichkeiten und Gestaltungsbeispiele, Wiesbaden 1991.

–, Steuergestaltung aus der Sicht der Beratungspraxis, in: Hüttemann, Rainer, Gestaltungsfreiheit und Gestaltungsmissbrauch im Steuerrecht, Deutsche Steuerjuristische Gesellschaft (DStJG) Band 33, Köln 2010, S. 93 ff.

Röhl, Klaus F., Rechtssoziologie, Köln u.a.1987.

Rose, Gerd, Steuerberatung, Steuerberater-Jahrbuch 1969/1970, S. 36 ff.

–, Kleine Philosophie der Steuerberatung, Der Steuerberater 1972, S. 41 ff.

–, Verunsicherte Steuerpraxis, Steuerberater-Jahrbuch 1975/76, S. 41 ff.

–, Über die Entstehung von „Dummensteuern“ – und ihre Vermeidung, in: Festschrift für Klaus Tipke, Köln 1995, S. 153 ff.

–, Ein Grundgerüst planungsrelevanter Steuerrechtsrisiken, in: Festschrift für D. Schneider zum 60. Geburtstag, Wiesbaden 1995, S. 479 ff.

–, Steuerrechtssprünge und Betriebswirtschaftliche Steuerplanung, in: Festschrift für Günter Wöhe zum 65. Geburtstag, München 1989, S. 289 ff.

Rotsch, Thomas, Criminal Compliance, ZIS 2010, S. 614 ff.

S

Sandner, Petra, Rechtliche Basis und ökonomische Aspekte der Außenprüfung: Entwicklung einer ökonomisch fundierten Entscheidungshilfe zur verbesserten Steuerung der Außenprüfung, Aachen 2011.

Schaumburg, Harald, Internationales Steuerrecht: Außensteuerrecht – Doppelbesteuerungsrecht, 3. Auflage, Köln 2011.

Schaumburg, Heide, Rückwirkung und Planungssicherheit im Steuerrecht, DB 2000, S. 1884 ff.

Schick, Walter, Steuerverfahrensrechtliche Aspekte der Bilanz, BB 1987, S. 133 ff.

–, Die Steuererklärung, StuW 1988, S. 301 ff.

Schiffers, Joachim, E-Bilanz (§ 5b EStG) – schlichte Verfahrensvorschrift vor dem Hintergrund des Risikomanagements im Steuervollzug und des Tax Accounting, Stbg 2011, S. 7 ff.

Schimansky, Herbert / Bunte, Hermann-Josef / Lwowski, Hans-Jürgen, Bankrechts-Handbuch, Band II, 4. Auflage, München 2011.

Schliesky, Utz, Der Grundsatz der Wirtschaftlichkeit – vom Organisations- zum Verfahrensmaßstab, DVBl 2007, S. 1453 ff.

Schmarbeck, Tim, Kienbaum Management Consultants, Tax Compliance – Ein ganzheitlicher Ansatz für die Modernisierung des Steuervollzugs (sog. Kienbaum Studie), Gastbeitrag in: BMF-Monatsbericht 12/2002, S. 57 ff.

Schmid, Arnulf, Die Neuorganisation und Neuordnung des „Besteuerungsverfahrens“ – Abkehr vom Grundsatz der Gesetzmäßigkeit der Verwaltung (Art. 20 III GG), FR 1977, S. 295 ff.

Schmidt, Christian, Steuerliche Handlungspflichten der Unternehmensleitung im Rahmen einer Internal Investigation, CCZ 2012, S. 121 ff.

Schmidt, Eckehard, Moderne Steuerungssysteme im Steuervollzug, in: Widmann, Werner, Steuervollzug im Rechtsstaat, Deutsche Steuerjuristische Gesellschaft (DStJG) Band 31, Köln 2008, S. 37 ff.

Schmidt, Eckehard / Schmitt, Michael, Risikomanagement – Zaubermittel oder Bankrotterklärung der Verwaltung, in: Festschrift für Wolfgang Spindler zum 65. Geburtstag, Köln 2011, S. 529 ff.

Schmidt, Karsten / Lutter, Marcus, Aktiengesetz: AktG, Kommentar, Band I, 2. Auflage, Köln 2010.

Schmidt, Stefan, Handbuch Risikoorientierte Abschlussprüfung, Fachliche Regeln für Auftragsabwicklung und Qualitätssicherung, Düsseldorf 2008.

Schmidt, Walter, Die Gleichheitsbindung an Verwaltungsvorschriften, JuS 1971, S. 184 ff.

Schmidt-Ahrens, Lutz, Steuerplanung aus Sicht eines international tätigen Unternehmens, in: Oestreicher, Andreas, Internationale Steuerplanung, Berlin u.a., 2005, S. 143 ff.

Schmidt-Aßmann, Eberhard, Das allgemeine Verwaltungsrecht als Ordnungsidee: Grundlagen und Aufgaben der verwaltungsrechtlichen Systembildung, 2. Auflage, Berlin u.a. 2006.

Schmidt-Jortzig, Edzard, Der Grundsatz der Wirtschaftlichkeit – Verfassungsrechtliche Determinanten, in: Butzer, Hermann, Wirtschaftlichkeit durch Organisations- und Verfahrensrecht, Berlin 2004, S. 17 ff.

Schmidt-Preuß, Matthias, Verwaltung und Verwaltungsrecht zwischen gesellschaftlicher Selbstregulierung und staatlicher Steuerung, VVDStRL 56 (1997), S. 160 ff.

Schmitt, Michael, Steuervollzug im föderalen Staat, in: Widmann, Werner, Steuervollzug im Rechtsstaat, Deutsche Steuerjuristische Gesellschaft (DStJG) Band 31, Köln 2008, S. 99 ff.

Schmölders, Günter, Finanz- und Steuerpsychologie: Das irrationale in der öffentlichen Finanzwirtschaft, 3. Auflage, Reinbeck 1970.

Schnellenbach, Jan, Vertical and Horizontal Reciprocity in a Theory of Taxpayer Compliance, in: Alm, James / Martinez-Vazquez, Jorge / Torgler, Benno, Developing Alternative Frameworks for Explaining Tax Compliance, Volume 1, London u.a. 2010, S. 56 ff.

–, Steuerehrlichkeit als reziprokes Handeln, ZRFC 2011, S. 106 ff.

Schneider, Dieter, Steuervermeidung, ein Kavaliersdelikt?, DB 1997,S. 485 ff.

Schneider, Helmut, Die steuerliche Arbeitsteilung innerhalb der Unternehmung – Zentralisation und Dezentralisation steuerlicher Aufgaben in Großunternehmen, DStR 2001, S. 1224 ff.

Schneider, Uwe H., Compliance als Aufgabe der Unternehmensleitung, ZIP 2003, S. 645 ff.

Schneider, Uwe H. / Schneider, Sven H., Konzern-Compliance als Aufgabe der Konzernleitung, ZIP 2007, S. 2061 ff.

Schoch, Friedrich / Schmidt-Aßmann, Eberhard / Pietzner, Rainer, Verwaltungsgerichtsordnung (VwGO), Kommentar, München, Loseblatt.

Schön, Wolfgang, Vermeidbare und unvermeidbare Hindernisse der Steuervereinfachung, StuW 2002, S. 23 ff.

–, Legalität, Gestaltungsfreiheit und Belastungsgleichheit als Grundlagen des Steuerrechts, in: Hüttemann, Rainer, Gestaltungsfreiheit und Gestaltungsmissbrauch im Steuerrecht, Deutsche Steuerjuristische Gesellschaft (DStJG) Band 33, Köln 2010, S. 29 ff.

Schönke, Adolf / Schröder, Horst, Strafgesetzbuch, Kommentar, 28. Auflage, München 2010.

Schug, Christoph, Risikoeinschränkung und -transfer in der Vorstandshaftung, Baden Baden 2010.

Schüller, Hans, „Teststrecke Steuerrecht" – Qualitätsverbesserung durch retrospektives Gesetzescontrolling der Finanzverwaltung, DStR 2003, S. 1949 ff.

Schultz-Söderlund, Rüdiger, Der Datenzugriff – Anlass zur Sorgfalt, nicht zur Sorge, BB 2003, S. 1201 ff.

Schultze-Fielitz, Helmuth, Kooperatives Recht im Spannungsfeld von Rechtsstaatsprinzip und Verfahrensökonomie, DVBl 1994, S. 657 ff.

–, Wege, Umwege oder Holzwege zur besseren Gesetzgebung, JZ 2004, S. 862 ff.

Schuppert, Gunnar Folke, Schlüsselbegriffe der Perspektivenverklammerung, DV (Beiheft 2) 1999, S. 103 ff.

–, Jenseits von Privatisierung und „schlankem" Staat,: Verantwortungsteilung als Schlüsselbegriff eines sich verändernden Verhältnisses von öffentlichem und privatem Sektor, Baden-Baden 1999.

Schüßler, Björn, Der Datenzugriff der Finanzverwaltung im Rahmen der (digitalen) Außenprüfung, Frankfurt am Main u.a. 2010.

Schützeberg, Jost, Die Schätzung im Besteuerungs- und im Steuerstrafverfahren, StBp 2009, S. 34 ff.

Schwarze, Jürgen, Administrative Leistungsfähigkeit, DÖV 1980, S. 581 ff.

Schwedhelm, Rolf, Tax Compliance – mehr als ein Trend? Im Spannungsfeld zwischen Haftungsvermeidung und Steueroptimierung, Liechtenstein-Journal 2009, S. 7 ff.

–, Tax Compliance – mehr als ein Trend? Im Spannungsfeld zwischen Haftungsvermeidung und Steueroptimierung, AnwBl 2009, S. 90 ff.

Schwintowski, Hans-Peter, Gesellschaftsrechtliche Anforderungen an Vorstandshaftung und Corporate Governance durch das neue System der kartellrechtlichen Legalausnahme, NZG 2005, S. 200 ff.

Seer, Roman, Verständigungen in Steuerverfahren, Köln 1996.

–, Möglichkeit und Grenzen eines „maßvollen" Gesetzesvollzuges durch die Finanzverwaltung, FR 1997, S. 553 ff.

–, Das Rechtsinstitut der tatsächlichen Verständigung im Steuerrecht, BB 1999, S. 78 ff.

–, Besteuerungsverfahren: Rechtsvergleich USA – Deutschland, Heidelberg 2002.

–, Reform des Veranlagungsverfahrens, StuW 2003, S. 40 ff.

–, Reform der Steuerveranlagung, Steuerberater-Jahrbuch 2004/2005, S. 53 ff.

–, Steuerplanungssicherheit durch Zusage – Zum Auskunftserlass vom 29.12.2003, in: Festschrift für Klaus Korn zum 65. Geburtstag, Bonn 2005, S. 707 ff.

–, Kooperativ-föderale Steuerverwaltung in Deutschland, in: Festschrift für Hans Georg Ruppe, Wien 2007, S. 533 ff.

–, Selbstveranlagung, Risikomanagement sowie andere Maßnahmen gegen Vollzugsdefizite im Steuerrecht, in: Brandt, Jürgen, Mitverantwortung von Bürger und Staat für ein gerechtes Steuerrecht, Vierter Deutscher Finanzgerichtstag 2007, Stuttgart u.a. 2007, S. 99 ff.

–, Die Rolle des Steuerberaters in einer elektronischen Finanzverwaltung, DStR 2008, S. 1553 ff.

–, Der Vollzug von Steuergesetzen unter den Bedingungen einer Massenverwaltung, in: Widmann, Werner, Steuervollzug im Rechtsstaat, Deutsche Steuerjuristische Gesellschaft (DStJG) Band 31, Köln 2008, S. 7 ff.

–, Zeitnahe Außenprüfung bei Groß- und Konzernbetrieben, Ubg 2009, S. 673 ff.

–, Datenschutz im Besteuerungsverfahren, in: Festschrift für Wienand Meilicke zum 65. Geburtstag, Baden Baden 2010, S. 687 ff.

–, Die Rolle des Steuerberaters im kooperativen Steuerstaat, in: Symposium für Jürgen Pelka zum 65. Geburtstag, München 2010, S. 33 ff.

–, Der Untersuchungsgrundsatz im heutigen Besteuerungsverfahrens, SteuerStud 2010, S. 369 ff.

–, Tax Compliance und Außenprüfung, in: Festschrift für Michael Streck zum 70. Geburtstag, Köln 2011, S. 403 ff.

–, Besteuerungsverfahren im 21. Jahrhundert, FR 2012, S. 1000 ff.

Sell, Michael, Der Zugriff der Finanzverwaltung auf Kontenstammdaten ab 1.4.2005 unter Berücksichtigung der Entscheidung des BVerfG vom 22.3.2005, DStR 2005, S. 717 ff.

Slemrod, Joel / Blumenthal, Marsha / Christian, Charles, Taxpayer response to increased probability of audit: evidence from a controlled experiment in Minnesota, Journal of Public Economics 79 (2001), S. 455 ff.

Senger, Eike Alexander, Die Reform der Finanzverwaltung in der Bundesrepublik Deutschland, Wiesbaden 2009.

Shirvani, Foroud, Das Kooperationsprinzip im deutschen und europäischen Umweltrecht, Berlin 2005.

Simon, Hans-Jörg, Die neue Gebührenpflicht für die Bearbeitung von verbindlichen Auskünften, DStR 2007, S. 557 ff.

Simonet, Michael, Die Implementierung interner Whistleblowingsysteme im Rahmen der Corporate Governance, Berlin 2012.

Singer, Reinhard, Risikomanagement in der Finanzverwaltung und Haftungsrisiken des Steuerberaters, in: Risikomanagement der Finanzverwaltung – Herausforderungen für den Berufsstand der Steuerberater, herausgegeben vom Deutschen wissenschaftlichen Institut der Steuerberater e.V., DWS-Schriftenreihe Nr. 19, Berlin 2008, S. 39 ff.

Spahlinger, Andreas / Wegen, Gerhard, Internationales Gesellschaftsrecht in der Praxis, München 2005.

Spannowsky, Willy, Grenzen des Verwaltungshandelns durch Verträge und Absprachen, Berlin 1994.

Spengel, Christoph / Ortmann-Babel, Martina / Matenaer, Sebastian, Tax Risk Management der Finanzverwaltung: Hat Deutschland den Anschluss an die internationale Entwicklung verpasst? Ubg 2012, S. 466 ff.

Spengel, Christoph / Matenaer, Sebastian, Tax Risk Management – Strategische, prozessuale und organisatorische Einflussfaktoren, Ubg 2011, S. 798 ff.

Spindler, Gerald / Stilz, Eberhard, Aktiengesetz, Kommentar, Band 1, 2. Auflage, München 2010.

Spindler, Wolfgang, Kooperation im Besteuerungsverfahren sowie Diskussionsbericht zum 37. Berliner Steuergespräch „Kooperationsformen im Besteuerungsverfahren von Richter, Andreas / Welling, Berthold, FR 20011, S. 122 ff.

Spitaler, Armin, Verbindliche Zusagen im Steuerrecht, BB 1961, S. 1333 ff.

–, Der maßvolle Gesetzesvollzug im Steuerrecht, Steuerberater-Jahrbuch 1961/62, S. 461 ff.

Stahl, Rudolf, Elektronische Betriebsprüfung, KÖSDI 2005, S. 14532 ff.

Stahl, Rudolf / Durst, Diana, Vorbereitung des Beraters auf die steuerliche Außenprüfung, Stbg 2009, S. 149 ff.

Steffen, Karl-Heinz, Instrumente des Neuen Steuerungsmodells und ihre Anwendung, in: Baunack-Bennefeld, Ulla / Elsenbroich, Thomas et al., Verwaltungsmodernisierung, Neue Steuerungsmodelle, 3. Auflage, Wiesbaden 2009, S. 39 ff.

Steinberg, Rudolf, Komplexe Verwaltungsverfahren zwischen Verwaltungseffizienz und Rechtsschutzauftrag, DÖV 1982, S. 619 ff.

Stelkens, Paul / Bonk, Heinz-Joachim / Sachs, Michael, Verwaltungsverfahrensgesetz (VwVfG), Kommentar, 7. Auflage, München 2008.

Stemplewski, Niclas, Kooperation im Steuerverfahren am Beispiel der verbindlichen Auskunft, BB 2012, S. 2220 ff.

Stiewe, Susanne, Die verfahrensrechtliche Umsetzung internationaler Verständigungsvereinbarungen (§ 175a AO), Frankfurt am Main u.a. 2011.

Strangmeier, Reinhard, Die steuerliche Betriebsprüfung und die Unbestimmtheit des ökonomischen Erfolges: Eine wirtschaftssoziologische Studie mit einer Analyse der Groß- und Konzernbetriebsprüfung, Bielefeld 2000.

Streck, Michael, Der Steuerhinterzieher als Mandant, BB 1984, S. 2205 ff.

–, Auswirkungen der Ertrags- und Verwaltungshoheit auf die steuerliche Belastung, in: Friauf, Karl Heinrich, Steuerrecht und Verfassungsrecht, Deutsche Steuerjuristische Gesellschaft (DStJG) Band 12, Köln 1989, S. 187 ff.

–, Steuercontrolling, Tax Compliance und Haftungsvorsorge, Steuerberater-Jahrbuch 2009/2010, S. 415 ff.

Streck, Michael / Binnewies, Burkhard, Tax Compliance, DStR 2009,S. 229 ff.

Streck, Michael / Mack, Alexandra / Schwedhelm, Rolf, Tax Compliance, Risikominimierung durch Pflichtenbefolgung und Rechteverfolgung, Köln 2010.

Streck, Michael / Mack, Alexandra / Kamps, Heinz-Willi, Der Steuerstreit, 3. Auflage, Köln 2012.

Strieder, Thomas, Erweiterung der Lageberichterstattung nach dem BilMoG, BB 2009, S. 1002 ff.

Strobel, Wilhelm, Das Föderalismusproblem der steuerlichen Gleichmäßigkeit von der Betriebsprüfung bis zum Länder-Finanzausgleich, BB 1986, S. 809 ff.

Strunk, Günther, Wettbewerbswirkungen unterschiedlicher Betriebsprüfungssysteme: ein internationaler Vergleich – USA, Japan, Großbritannien, Frankreich und Deutschland, Baden-Baden 1994.

Suck, Jendrick, Die Anlage EÜR: Zwischen Risikomanagement und Rechtswidrigkeit, DStZ 2010, S. 606 ff.

T

Talaska, Peter, Tax Compliance in Unternehmen – Organhaftung, BB 2012, S. 1195 ff.

Tangermann, Uta, Compliance: Risikobegrenzung und Imagevorteil, Jena 2010.

Teubner, Gunther, Das Recht als autopoietisches System, Frankfurt am Main 1989.

Tibel, Christoph, Überwälzte Kosten der Gesetze. Eine empirische Analyse der Folgekosten für den Markt, Göttingen 1986.

Tipke, Klaus, Steuerliche Betriebsprüfung im Rechtsstaat, München 1968.

–, Steuerrecht – Chaos, Konglomerat oder System, StuW 1971, S. 2 ff.

–, An den Grenzen der Steuerberatung, Steuerberater-Jahrbuch 1972/73, S. 509 ff.

–, Ungleichmäßigkeit der Besteuerung, BB 1986, S. 601 ff.

–, Gleichmäßigkeit der Steuerrechtsanwendung, in: Vogelsang, Horst, Perspektiven der Finanzverwaltung, Köln 1992, S. 95 ff.

–, Das Dilemma der Finanzverwaltung – Zeitnahe oder gesetzmäßig-gleichmäßige Besteuerung, Die Steuerwarte 1994, S. 221 ff.

–, Besteuerungsmoral und Steuermoral, Wiesbaden 2000.

–, Die Steuerrechtsordnung, Band I, 2. Auflage, Köln 2000.

–, Die Steuerrechtsordnung, Band III, 1. Auflage, Köln 1993.

–, Steuerberatung tut Not – auch verfassungsrechtlich, BB 2009, S. 636 ff.

Tipke, Klaus / Lang, Joachim, Steuerrecht, 20. Auflage, Köln 2010.

Tipke, Klaus / Lang, Joachim, Steuerrecht, 21. Auflage, Köln 2013.

Tipke, Klaus / Kruse, Heinrich Wilhelm, Abgabenordnung, Finanzgerichtsordnung (AO/FGO), Kommentar, Köln, Loseblatt.

Többens, Hans W., Die Bekämpfung der Wirtschaftskriminalität durch die Troika der §§ 9, 130 und 30 des Gesetzes über Ordnungswidrigkeiten, NStZ 1999, S. 1 ff.

Tomohara, Akinori / Lee, Sangjik / Lee, Ho Jin, Does Fin 48 Benefit the Tax Authorities through an Increase in Taxpayer Compliance?, in: Berube, Warren J. / Pinto, Camron N., Taxation, Tax Policies and Income Taxes, 2010, S. 49 ff.

Torgler, Benno, Tax Morale, Rule-Governed Behaviour and Trust, Constitutional Political Economy 14/2003, S. 119 ff.

–, Tax Compliance and Tax Morale: A Theoretical and Empirical Analysis, Cheltenham 2007.

Trips, Marco, Risikomanagement in der öffentlichen Verwaltung, NVwZ, 2003, S. 804 ff.

Tucholsky, Kurt, Zuckerbrot und Peitsche, Die Weltbühne: Wochenschrift für Politik, Kunst, Wirtschaft, 1930, Nr. 50, S. 872.

U

Uebensee, Stefan, Analyse der Prüfung großer Datenmengen in der Jahresabschlussprüfung, Jena 2008.

Uhländer, Christoph, Steuergesetzgebung 2000 bis 2010 in Theorie und Wirklichkeit, AO-StB 2010, S. 372 ff.

Umnuß, Karsten, Corporate Compliance Checklisten, Rechtliche Risiken im Unternehmen erkennen und vermeiden, 2. Auflage München 2012.

V

Vera, Antonio, Organisation von Steuerabteilungen und Einsatz externer Steuerberatung in deutschen Großunternehmen: Eine empirische Analyse, Lohmar 2001.

–, Das steuerliche Zielsystem einer international tätigen Großunternehmung, StuW 2001, S. 308 ff.

Vetter, Eberhard, Die Änderungen 2007 des Deutschen Corporate Governance Kodex, DB 2007, 1963 ff.

Voet van Vormzieele, Philipp, Kartellrechtliche Compliance-Programme im Rahmen der Bußgeldbemessung de lege lata und de lege ferenda, CCZ 2009, S. 41 ff.

Vogel, Klaus, Perfektionismus im Steuerrecht, StuW 1980, S. 206 ff.

–, Vergleich und Gesetzmäßigkeit der Verwaltung im Steuerrecht, Festschrift für Hans Döllerer, Düsseldorf 1988, S. 677 ff.

–, Steuerrechtswissenschaft als Steuergerechtigkeitswissenschaft, JZ 1993, S. 1121 ff.

Voßkuhle, Andreas, Das Kooperationsprinzip im Immissionsschutzrecht, ZUR 2001, S. 23 ff.

W

Wähnert, Andreas, Summarische Risikoprüfung – Echtes Risikomanagement in der Finanzverwaltung mit Hilfe einer neuen Prüfungsmethode, StBp 2008, S. 296 ff.

–, Risikomanagement mit summarischen Methoden, StC 2009, S. 26 ff.

Wassermeyer, Franz, Rechtsschutz des Steuerbürgers, DStZ 1985, S. 159 ff.

Weber-Grellet, Heinrich, Fairneß, Aufklärung und Transparenz. Wege zu einer leistungsgerechten Besteuerung, StuW 1999, S. 311 ff.

–, Strukturwandel des Steuerstaates, DB 2007, S. 1717 ff.

Wedelstädt, Alexander von, Teilanfechtung und ihre Folgen, DB 1997,S. 696 ff.

–, Kontrollmitteilungen bei Außenprüfungen/Fertigung für Zwecke der Besteuerung Dritter, AO-StB 2005, S. 238 ff.

Weiß, Gerhard, Das an den Steuerpflichtigen gerichtete Verlangen auf Vorlage vorhandener Rechtsgutachten, StBp 2004, S. 220 ff.

Weller, Heinz, Die Bedeutung der Präjudizien im Verständnis der deutschen Rechtswissenschaft, Berlin 1979.

Wellhöfer, Werner / Peltzner, Martin /Müller, Welf, Die Haftung von Vorstand, Aufsichtsrat und Wirtschaftsprüfer, München 2008.

Wendt, Rudol / Elicker, Michael, Zur steuerstrafrechtlichen Verantwortlichkeit des steuerlich vertretenen Unternehmens oder Geschäftsführers, wistra 2009, S. 329 ff.

Wengert, Sascha / Widmann, Andreas, Lässt sich das Rechtsinstitut der Außenprüfung verfassungsrechtlich und vor dem Hintergrund einer europäischen Steuerharmonisierung noch rechtfertigen?, BB 1998, S. 22 ff.

Wenzig, Herbert, Das pflichtgemäße Ermessen bei der Auswahl zur Außenprüfung, StuW 1982, S. 321 ff.

–, Die Mitwirkungspflicht des Steuerpflichtigen und ihre Grenzen, DStZ 1986, S. 375 ff.

Wessing, Jürgen, Compliance – Ein Thema auch im Steuerstrafrecht?, Steueranwaltsmagazin 2007, S. 175 ff.

Weyand, Raimnund, Zur Beantwortungspflicht des Steuerpflichtigen bei formularmäßigen Anfragen der Finanzverwaltung, INF 1992, S. 217 ff.

Widmann, Werner, Die Kooperationsstrategie als Mittel zum gleichmäßigen Vollzug des Steuerrechts im Rahmen der Tax Compliance, in: Festschrift für Wolfgang Spindler zum 65. Geburtstag, Köln 2011, S. 563 ff.

Wieland, Joachim, Das Kooperationsprinzip im Atomrecht, ZUR 2001, S. 20 ff.

Wienbracke, Mike, Gebühr für verbindliche Auskunft (§ 89 Abs.3 bis 5 AO) verfassungsgemäß?, NVwZ 2007, S. 749 ff.

Winter, Gerd, Das Vollzugsdefizit im Wasserrecht, Berlin 1975.

Winter, Martin, Die Verantwortlichkeit des Aufsichtsrats für „Corporate Compliance“, in: Festschrift für Uwe Hüffer zum 70. Geburtstag, München 2010, S. 1103 ff.

Winterhoff, Christian, Steuerverfahrensrecht und tatsächliche Belastungsgleichheit: Zur Verfassungswidrigkeit der Spekulationsgewinnbesteuerung, Baden-Baden 2004.

Withus, Karl-Heinz / Hein, Oliver, Prüfung oder Zertifizierung eines Compliance Management Systems, CCZ 2011, S. 125 ff.

Witte, Peter, Zollkodex 2005, AW-Prax 2005, S. 237 ff.

–, Zollkodex mit Durchführungsverordnung und Zollbefreiungsverordnung, Kommentar, 5. Auflage, München 2009.

Witte, Peter / Wolffgang, Hans-Michael, Lehrbuch des Europäischen Zollrechts, 6. Auflage, Herne 2009.

Wittmann, Rolf, Mitwirkungspflicht und Aufklärungspflicht in der AO, StuW 1987, S. 35 ff.

Wöhe, Günter / Döring, Ulrich, Einführung in die Allgemeine Betriebswirtschaftslehre, 24. Auflage, München 2010.

Wolf, Klaus, Interne Kontroll- und Risikomanagementsysteme in der Unternehmenspraxis – Status quo und Möglichkeiten einer Integration zu einem ganzheitlichen Kontroll- und Risikomanagement, WPg 2010, S. 867 ff.

–, Der IDW Prüfungsstandard 980 zur ordnungsgemäßen Prüfung von Compliance Management Systemen, DStR 2011, S. 997 ff.

Wulf, Martin, Tax Compliance als Feld steueranwaltlicher Tätigkeit, Der Mittelweg zwischen Steueroptimierung und Finanzamtstreue, AnwBl 2010, S. 656 ff.

Wünnemann, Monika, Gesetzlicher Regelungsbedarf für eine zeitnahe Betriebsprüfung, Ubg 2011, S. 197 ff.

X, Y, Z

Zülich, Henning / Pronobis, Paul, Die neuen US-GAAP – Auswirkungen des FASB Accounting Standards Codification Project (FASB ASC), DB 2009, S. 2669 ff.

Internet-Quellen

ATO, Large business and tax compliance (LBTC), 2012, www.ato.gov.au/content/downloads/COR33802n8675.pdf (Stand: 02.01.2013).

–, Compliance program 2012–13, www.ato.gov.au/content/downloads/COR00326650_NAT7769.pdf (Stand: 02.01.2013).

–, Compliance program 2011-12, www.ato.gov.au/content/downloads/cr-00284023compliance.pdf (Stand: 02.01.2013).

–, Large business Annual Compliance Arrangements process map, www.ato.gov.au/content/downloads/bus00167346js18353.pdf (Stand: 02.01.2013).

Bundesrechnungshof, Bericht nach § 99 BHO über den Vollzug der Steuergesetze, insbesondere im Arbeitnehmerbereich, 2012, www.dstg-nrw.de/mitgliederbereich/aktuelles/2012/01/20120117-Bericht%20BRH.pdf (Stand: 02.01.2013).

Bundesverband der Deutschen Industrie (BDI), Betriebsprüfungspraxis in Europa – Reformbedarf in Deutschland, 2010, www.bdi.eu/download_content/SteuernUnndFinanzpolitik/BDI-Flyer-Betriebsprüfung.PDF (Stand: 02.01.2013).

CDU, CSU, FDP, Koalitionsvertrag vom 26.10.2009, 17. Legislaturperiode:

Wachstum. Bildung. Zusammenhalt. www.cdu.de/doc/pdfc/091026-koalitionsvertrag-cducsu-fdp.pdf (Stand: 02.01.2013).

Ernst & Young, Entwicklung der Dax-30-Unternehmen 2008/2009, www.das-hoefer.de/download/pdf/Dax30_Praesentation%202010.pdf?wa=DAS (Stand: 02.01.2013).

European Comission, Compliance Risk Management Guide, 2010, www.ec.europa.eu/taxation_customs/resources/documents/common/publications/info_docs/taxation/risk_managt_guide_en.pdf (Stand: 02.01.2013).

Europäische Kommission, Empfehlung v. 06.12.2012 betreffend aggressive Steuerplanung (C (2012) 8806 final), www.ec.europa.eu/taxation_customs/

resources/documents/taxation/tax_fraud_evasion/c_2012_8806_de.pdf (Stand: 02.01.2013).

–, Generaldirektion Steuern und Zollunion, Fiscalis-Projektgruppe Risikoanalyse, Leitfaden – Risikomanagement für Steuerverwaltungen, 2006, www.ec.europa.eu/taxation_customs/resources/documents/taxation/tax_cooperation/gen_overview/risk_managament_guide_for_tax_administrations_de.pdf (Stand: 02.01.2013).

IRS, International Revenue Bulletin – December 12, 2005-50 Announcement 2005-87, www.irs.gov/irb/2005-50_IRB/ar14.html (Stand: 02.01.2013).

–, IR-2011-32, March 31, 2011, www.irs.gov/uac/IRS-Expands-and-Makes-Permanent-Its-Compliance-Assurance-Process-(CAP)-for-Large_Corporate-Taxpayers (Stand: 02.01.2013).

–, Internal Revenue Manual – 8.26.8 Compliance Assurance Process – Fast Track Settlement, www.irs.gov/irm/part8/irm_08-026-008.html (Stand: 02.01.2013).

–, Compliance Assurance Process (CAP): Internal Revenue Manual (IRM) 2012, www.irs.gov/irm/part4/irm_04-051-008.html (Stand: 02.01.2013).

–, Form 1120 Schedule Uncertain Tax Positions (UTP), 2012, www.irs.gov/pub/irs-pdf/f1120utp.pdf (Stand: 02.01.2013).

–, Instructions for Form 1120 Schedule UTP, 2012, www.irs.gov/pub/irs-pdf/i1120utp.pdf (Stand: 02.01.2013).

–, Announcement 2010-75, www.irs.gov/pub/irs-drop/a-10-75.pdf (Stand: 02.01.2013).

–, Announcement 2010-9, www.irs.gov/pub/irs-drop/a-10-09.pdf (Stand: 02.01.2013).

–, Internal Revenue Bulletin – May 10, 2010-19 – Announcement 2010-30, www.irs.gov/irb/2010-19_IRB/ar08.html (Stand: 02.01.2013).

OECD, Compliance Risk Management: Managing and Improving Tax Compliance, 2004, www.oecd.org/tax/taxadmistration/33818656.pdf (Stand: 002.01.2013).

–, Study into the Role of Tax Intermediaries, 2008, www.oecd.org/tax/taxadministration/39882938.pdf (Stand: 02.01.2013).

–, Monitoring Taxpayers's Compliance, 2008, www.oecd.org/tax/taxadministration/40947920.pdf (Stand: 02.01.2013).

–, Engaging with High Net Worth Individuals on Tax Compliance, 2009, www.oecd.org/tax/taxadministration/engagingwithhighnetworth individualsontaxcompliance.htm (Stand: 02.01.2013).

–, Tax Compliance and Tax Accounting Systems, 2010, www.oecd.org/tax/taxadministration/45045662.pdf (Stand: 02.01.2013).

OFD Koblenz, Eckpunkte für die Durchführung einer zeitnahen Prüfung von Großbetrieben und Konzernen, 08/2009, www.fin-rlp.de/fileadmin/user_upload/Presse/Broschüren/broschuere_eckpunkte_11_09.pdf (Stand: 02.01.2013).

OFD Niedersachsen, Leitfaden zur zeitnahen Betriebsprüfung/Jahrestaktprüfung, 03/2009, www.ofd.niedersachsen.de/portal/live.php?navigation_id=17549&article_id=67842&_psmand=110 (Stand: 02.01.2013).

–, Merkblatt für die kooperativ ausgerichtete Konzernbetriebsprüfung, 01/2012, www.ofd.niedersachsen.de/portal/live.php?navigation_id=17549&article_id=67842&_psmand=110 (Stand: 02.01.2013).

SEC, Acceptance From Foreign Private Issuers of Financial Statements Prepared in Accordance With International Financial Reporting Standards Without Reconciliation to U.S.-GAAP, Final Rule, www.sec.gov/rules/final/2008/33-8879fr.pdf (Stand: 02.01.2013).

–, Final Rule: Management's Report on Internal Control Over Financial Reporting an Certification of Disclosure in Exchange Act Periodic Reports, www.sec.gov/rules/final/33-8238.htm (Stand: 02.01.2013).

TCF Working Group, Tax Control Framework, From a focus on risks to being in control: a different approach, 2008, ec.europa.eu.taxation_customs/resources/documents/taxation/vat/vat_conferences/tax_control_framework_en.pdf (Stand: 02.01.2013).

Intradisziplinäre Forschung zur Compliance
Studien zur Rechtsentwicklung und -praxis

Herausgegeben von Andrea Lohse und Roman Seer

Band 1 Henrik Zapfe: Compliance und Strafverfahren. Das Spannungsverhältnis zwischen Unternehmensinteressen und Beschuldigtenrechten. 2013

Band 2 Christina Altemeier: Verantwortlichkeit des Vorstands für Kartellrechtsverstöße. Ein Beitrag zur Organhaftung und zur Organuntreue. 2013

Band 3 Kristof Nenninger: Kartellrechtliche Kronzeugenprogramme und Datenschutzrecht. Eine Untersuchung der datenschutzrechtlichen Voraussetzungen und Grenzen der Informationsweitergabe anlässlich einer freiwilligen Kooperation mit nationalen und U.S.-Behörden. 2013

Band 4 André Frischemeier: Die Haftung geschäftsführender Organe für Compliance-Verstöße in Tochtergesellschaften. 2014.

Band 5 Christian Schützler: Tax Compliance im Kooperationsverhältnis zwischen Unternehmen und Finanzverwaltung. 2015.

www.peterlang.com

www.ingramcontent.com/pod-product-compliance
Ingram Content Group UK Ltd.
Pitfield, Milton Keynes, MK11 3LW, UK
UKHW021828290926
8980IPUK00004B/314

9 783631 651520